Laravel
Die umfassende Einführung

Zu diesem Buch – sowie zu vielen weiteren O'Reilly-Büchern –
können Sie auch das entsprechende E-Book im PDF-Format
herunterladen. Werden Sie dazu einfach Mitglied bei oreilly.plus[+]:

www.oreilly.plus

ÜBERSETZUNG DER 2. AMERIKANISCHEN AUFLAGE

Laravel
Die umfassende Einführung

Das Framework für moderne PHP-Entwicklung

Matt Stauffer

Deutsche Übersetzung von
Jens Olaf Koch

Matt Stauffer

Lektorat: Ariane Hesse
Übersetzung: Jens Olaf Koch
Fachlicher Review: Mitarbeiter von mindtwo, *www.mindtwo.de*
Korrektorat: Claudia Lötschert, *www.richtiger-text.de*
Satz: III-satz, *www.drei-satz.de*
Herstellung: Stefanie Weidner
Umschlaggestaltung: Michael Oreal, *www.oreal.de*
Druck und Bindung: mediaprint solutions GmbH, 33100 Paderborn

Bibliografische Information der Deutschen Nationalbibliothek
Die Deutsche Nationalbibliothek verzeichnet diese Publikation in der Deutschen Nationalbibliografie; detaillierte bibliografische Daten sind im Internet über *http://dnb.d-nb.de* abrufbar.

ISBN:
Print   978-3-96009-129-5
PDF   978-3-96010-374-5
ePub   978-3-96010-372-1
mobi   978-3-96010-373-8

1. Auflage 2020
Translation Copyright der deutschsprachigen Ausgabe © 2020 dpunkt.verlag GmbH
Wieblinger Weg 17
69123 Heidelberg

Authorized German translation of the English edition of titled *Laravel: Up & Running*, 2E
ISBN 9781492041214 © 2019 Matt Stauffer.
This translation is published and sold by permission of O'Reilly Media, Inc., which owns or controls all rights to publish and sell the same.

Dieses Buch erscheint in Kooperation mit O'Reilly Media, Inc. unter dem Imprint »O'REILLY«. O'REILLY ist ein Markenzeichen und eine eingetragene Marke von O'Reilly Media, Inc. und wird mit Einwilligung des Eigentümers verwendet.

Hinweis:
Dieses Buch wurde auf PEFC-zertifiziertem Papier aus nachhaltiger Waldwirtschaft gedruckt. Der Umwelt zuliebe verzichten wir zusätzlich auf die Einschweißfolie.

Schreiben Sie uns:
Falls Sie Anregungen, Wünsche und Kommentare haben, lassen Sie es uns wissen: kommentar@oreilly.de.

Die vorliegende Publikation ist urheberrechtlich geschützt. Alle Rechte vorbehalten. Die Verwendung der Texte und Abbildungen, auch auszugsweise, ist ohne die schriftliche Zustimmung des Verlags urheberrechtswidrig und daher strafbar. Dies gilt insbesondere für die Vervielfältigung, Übersetzung oder die Verwendung in elektronischen Systemen.

Es wird darauf hingewiesen, dass die im Buch verwendeten Soft- und Hardware-Bezeichnungen sowie Markennamen und Produktbezeichnungen der jeweiligen Firmen im Allgemeinen warenzeichen-, marken- oder patentrechtlichem Schutz unterliegen.

Alle Angaben und Programme in diesem Buch wurden mit größter Sorgfalt kontrolliert. Weder Autor noch Verlag noch Übersetzer können jedoch für Schäden haftbar gemacht werden, die in Zusammenhang mit der Verwendung dieses Buches stehen.

5 4 3 2 1 0

Dieses Buch ist meiner Familie gewidmet.
Mia, meiner kleinen Prinzessin, diesem Bündel voller Freude und Energie.
Malachi, meinem kleinen Prinzen, Abenteurer und Empathen.
Tereva, meiner Inspiration, Ermutigerin, Upgraderin, Motivatorin, Rippe.

Inhalt

Vorwort		XXI
1	**Warum Laravel?**	**1**
	Warum ein Framework verwenden?	1
	»Ich baue es einfach selbst«	2
	Konsistenz und Flexibilität	2
	Eine kurze Geschichte der Web- und PHP-Frameworks	2
	Ruby on Rails	3
	Eine Welle von PHP-Frameworks	3
	Das Gute und das Schlechte an CodeIgniter	3
	Laravel 1, 2 und 3	4
	Laravel 4	4
	Laravel 5	4
	Laravel 6	5
	Was ist so besonders an Laravel?	5
	Die Philosophie von Laravel	5
	Wie sich Laravel um die Zufriedenheit des Entwicklers verdient macht	6
	Die Laravel-Community	8
	Wie es funktioniert	8
	Warum also Laravel?	10
2	**Eine Laravel-Entwicklungsumgebung einrichten**	**11**
	Systemanforderungen	11
	Composer	12
	Lokale Entwicklungsumgebungen	12
	Laravel Valet	12
	Laravel Homestead	13

	Ein neues Laravel-Projekt erstellen	14
	Installation von Laravel mit dem Laravel-Installations-programm	14
	Installation von Laravel mit dem create-project-Feature von Composer	14
	Das Helfer-Paket installieren	15
	Lambo: »laravel new« mit Düsenantrieb	15
	Die Verzeichnisstruktur von Laravel	15
	Die Ordner	16
	Die Dateien	17
	Konfiguration	18
	Die .env-Datei	19
	Achtung, fertig, los!	21
	Testen	22
	TL;DR	22
3	**Routing und Controller**	**23**
	Eine kurze Einführung in MVC, HTTP-Verben und REST	23
	Was ist MVC?	23
	Die HTTP-Verben	24
	Was ist REST?	25
	Routendefinitionen	26
	Routing-Verben	28
	Routen-Handling	28
	Routenparameter	29
	Benannte Routen	30
	Routen gruppieren	33
	Middleware	33
	Pfad-Präfixe	36
	Fallback-Routen	36
	Subdomain-Routing	36
	Namensraum-Präfixe	37
	Namenspräfixe	37
	Signierte Routen	38
	Eine Route signieren	38
	Signierte Links zulassen	39
	Views	40
	Einfache Routen direkt mit Route::view() zurückgeben	41
	Verwendung von View Composern, um Variablen für alle Views bereitzustellen	41

Controller	41
Benutzereingaben	44
Abhängigkeiten in Controller einfügen	46
Ressourcen-Controller	47
API-Ressourcen-Controller	48
Controller für eine einzelne Aktion	48
Routen-Modell-Bindung	49
Implizite Routen-Modell-Bindung	49
Benutzerdefinierte Routen-Modell-Bindung	50
Routen-Caching	51
Methoden-Spoofing für Formulare	51
HTTP-Verben in Laravel	52
HTTP-Methoden-Spoofing	52
CSRF-Schutz	52
Umleitungen	54
redirect()->to()	55
redirect()->route()	55
redirect()->back()	56
Andere Umleitungsmethoden	56
redirect()->with()	57
Einen Request abbrechen	58
Gebräuchliche Response-Typen	59
response()->make()	59
response()->json() und ->jsonp()	59
response()->download(), ->streamDownload() und ->file()	59
Testen	60
TL;DR	61

4   Vorlagen erstellen mit Blade   63

Daten ausgeben	64
Kontrollstrukturen	65
Bedingungen	65
Schleifen	66
Vorlagen-Vererbung	67
Definieren von Abschnitten mit @section/@show und @yield	68
Einbinden von Teilansichten	70
Verwendung von Stacks	72
Verwendung von Komponenten und Slots	73
View Composer und Service Injection	75
Daten mit View Composern an Views binden	76
Service Injection	78

	Benutzerdefinierte Blade-Direktiven................................	79
	Parameter in benutzerdefinierten Blade-Direktiven.............	81
	Beispiel: Verwendung benutzerdefinierter Blade-Direktiven für eine mandantenfähige Anwendung	81
	Einfachere benutzerdefinierte Direktiven für »if«-Anweisungen ...	82
	Testen	83
	TL;DR	84
5	**Datenbanken und Eloquent**	**85**
	Konfiguration	85
	Datenbankverbindungen	86
	Weitere Optionen zur Konfiguration von Datenbanken	87
	Migrationen	88
	Migrationen definieren..	88
	Migrationen ausführen...	95
	Seeding	96
	Eine Seeder-Klasse anlegen	97
	Modellfabriken..	98
	Der Query Builder...	102
	Grundlegender Einsatz der DB-Fassade......................	103
	Direktes SQL	104
	Verkettung mit dem Query Builder	105
	Transaktionen	114
	Einführung in Eloquent	115
	Erstellen und Definieren von Eloquent-Modellen..............	116
	Abrufen von Daten mit Eloquent...............................	118
	Inserts und Updates mit Eloquent.............................	120
	Löschen mit Eloquent	124
	Geltungsbereiche	126
	Anpassen von Feldinteraktionen durch Akzessoren, Mutatoren und Attribut-Casting..	130
	Eloquent-Collections	133
	Serialisierung mit Eloquent	135
	Beziehungen mit Eloquent.....................................	137
	Aktualisierung von Zeitstempeln durch verknüpfte Datensätze ...	150
	Ereignisse in Eloquent...	153
	Testen	154
	TL;DR	156
6	**Frontend-Komponenten**	**157**
	Laravel Mix..	157
	Verzeichnisstruktur von Mix	159

	Mix ausführen.	159
	Was bietet Mix?.	160
	Frontend-Frameworks und Auth-Scaffolding	167
	laravel/ui.	167
	Frontend-Presets.	168
	Auth-Scaffolding.	169
	Paginierung	169
	Paginieren von Datenbank-Ergebnissen	169
	Paginatoren manuell erstellen.	170
	Message Bags.	171
	Benannte Error Bags	173
	Hilfsfunktionen für Strings, Pluralisierung und Lokalisierung	173
	Zeichenketten-Helfer und Pluralisierung	173
	Lokalisierung	175
	Testen	179
	Message und Error Bags testen	179
	Übersetzung und Lokalisierung	179
	TL;DR	179
7	**Benutzereingaben erfassen und verarbeiten**	**181**
	Injizieren eines Anforderungsobjekts	181
	$request->all()	182
	$request->except() und $request->only().	182
	$request->has().	183
	$request->input()	183
	$request->method() und ->isMethod()	184
	Benutzereingaben in Array-Form	184
	JSON-Input (und $request->json())	184
	Routendaten	186
	Daten aus dem Request-Objekt extrahieren.	186
	Daten aus Routenparametern.	186
	Hochgeladene Dateien.	187
	Validierung	189
	validate() auf das Anforderungsobjekt anwenden	189
	Manuelle Validierung.	191
	Benutzerdefinierte Regeln	192
	Fehlermeldungen der Validierung anzeigen	193
	Form Requests	194
	Erstellen eines Form Requests	194
	Verwendung eines Form Requests	195
	Eloquent-Modelle und Massenzuweisung.	196
	{{ und {!!	197

	Testen	198
	TL;DR	199
8	**Artisan und Tinker**	**201**
	Eine Einführung in Artisan	201
	Grundlegende Artisan-Befehle	202
	Optionen	202
	Befehle nach Gruppen	203
	Benutzerdefinierte Artisan-Befehle	206
	Ein Beispielbefehl	207
	Argumente und Optionen	208
	Benutzereingaben verwenden	210
	Eingabeaufforderungen	212
	Ausgaben	213
	Schreiben von Closure-basierten Befehlen	214
	Aufruf von Artisan-Befehlen in normalem Anwendungscode	214
	Tinker	215
	Laravels Dump-Server	216
	Testen	217
	TL;DR	218
9	**Authentifizierung und Autorisierung**	**219**
	User-Modell und -Migration	220
	Verwendung des globalen auth()-Helfers und der Auth-Fassade	223
	Die Auth-Controller	224
	RegisterController	224
	LoginController	225
	ResetPasswordController	227
	ForgotPasswordController	227
	VerificationController	227
	ConfirmPasswordController	227
	Auth::routes()	228
	Das Auth-Gerüst	230
	»Remember Me«: Die Erinnerungsfunktion	231
	Manuelle Authentifizierung von Benutzern	233
	Manuelles Abmelden eines Benutzers	233
	Invalidierung von Sitzungen auf anderen Geräten	233
	Auth-Middleware	234
	E-Mail-Verifizierung	235
	Blade-Direktiven zur Authentifizierung	236

	Guards	236
	Ändern des Standard-Wächters	237
	Verwendung anderer Guards ohne Änderung des Standards	237
	Hinzufügen eines neuen Guards	237
	Closure Request Guards	238
	Erstellen eines benutzerdefinierter Providers	238
	Benutzerdefinierte Provider für nicht-relationale Datenbanken	239
	Authentifizierungs-Ereignisse	239
	Autorisierung (ACL) und Rollen	240
	Berechtigungsregeln definieren	241
	Die Gate-Fassade (und wie man Gate injiziert)	242
	Gate für Ressourcen	243
	Die Authorize-Middleware	243
	Autorisierung per Controller	244
	Überprüfen einer Instanz des User-Modells	245
	Überprüfungen mit Blade	246
	Abfangen von Prüfungen	246
	Richtlinien	247
	Testen	249
	TL;DR	252
10	**Request, Response und Middleware**	**253**
	Der Lebenszyklus des Request-Objekts	253
	Bootstrapping der Anwendung	254
	Service Provider	255
	Das Request-Objekt	256
	Zugriff auf das Request-Objekt in Laravel	257
	Informationen aus einem Request erhalten	258
	Das Response-Objekt	262
	Response-Objekte in Controllern erzeugen und verwenden	262
	Spezialisierte Antworttypen	263
	Laravel und Middleware	269
	Eine Einführung in Middleware	269
	Benutzerdefinierte Middleware erstellen	270
	Middleware binden	272
	Parameter an die Middleware übergeben	275
	Vertrauenswürdige Proxys	276
	Testen	277
	TL;DR	278

11 Der Container — 279
- Eine kurze Einführung in die Injektion von Abhängigkeiten — 279
- Abhängigkeitsinjektion und Laravel — 281
- Der globale Helfer app() — 282
- Wie ist der Container verdrahtet? — 283
- Klassen an den Container binden — 284
  - Bindung mittels Closure — 284
  - Bindung von Singletons, Aliasen und Instanzen — 285
  - Binden einer konkreten Instanz an ein Interface — 286
  - Kontextuelle Bindung — 287
- Konstruktor-Injektion in Laravel-Framework-Dateien — 287
- Methoden-Injektion — 288
- Fassaden und Container — 289
  - Wie Fassaden funktionieren — 290
  - Echtzeit-Fassaden — 291
- Service Provider — 292
- Testen — 292
- TL;DR — 293

12 Testen — 295
- Grundlagen des Testens — 296
- Tests benennen — 300
- Die Testumgebung — 301
- Vier spezielle Traits beim Testen — 302
  - RefreshDatabase — 302
  - WithoutMiddleware — 302
  - DatabaseMigrations — 302
  - DatabaseTransactions — 303
- Einfache Unit-Tests — 303
- Anwendungstests: So funktionieren sie — 304
  - Die TestCase-Klasse — 304
- HTTP-Tests — 305
  - Testen von Standardseiten mit $this->get() und anderen HTTP-Aufrufen — 305
  - Testen von JSON-APIs mit $this->getJson() und anderen JSON-HTTP-Aufrufen — 306
  - Behauptungen bezüglich $response — 307
  - Authentifizierung von Antworten — 309
  - Weitere Anpassungen für HTTP-Tests — 310
  - Behandlung von Ausnahmen in Anwendungstests — 310

	Datenbank-Tests	311
	Verwendung von Modellfabriken	312
	Seeding in Tests	312
	Testen anderer Laravel-Features	312
	Ereignisse faken	312
	Bus- und Warteschlangen-Fakes	314
	Mails faken	315
	Benachrichtigungen faken	316
	Dateioperationen faken	317
	Mocking	317
	Eine kurze Einführung ins Mocken	318
	Eine kurze Einführung in Mockery	318
	Andere Fassaden faken	321
	Artisan-Befehle testen	322
	Behauptungen bezüglich der Artisan-Befehlssyntax	322
	Browser-Tests	323
	Auswahl des Werkzeugs	323
	Testen mit Dusk	324
	TL;DR	335
13	**APIs schreiben**	**337**
	Die Grundlagen REST-ähnlicher JSON-APIs	337
	Controller-Organisation und JSON-Antworten	339
	Header lesen und senden	342
	Response-Header senden	343
	Request-Header lesen	343
	Paginierung	343
	Sortieren und Filtern	345
	Sortieren der API-Ergebnisse	345
	Filtern der API-Ergebnisse	347
	Ergebnisse transformieren	348
	Schreiben eines eigenen Transformators	348
	Verschachtelung und Beziehungen mit benutzerdefinierten	
	Transformatoren	349
	API-Ressourcen	351
	Erstellen einer Ressourcen-Klasse	352
	Ressourcen-Collections	353
	Verschachtelte Beziehungen	354
	Paginierung in API-Ressourcen verwenden	355
	Bedingtes Anwenden von Attributen	356
	Weitere Anpassungen für API-Ressourcen	356

API-Authentifizierung mit Laravel Passport	357
Eine kurze Einführung in OAuth 2.0	357
Passport installieren	357
Die Passport-API	359
Passports Grant-Typen	360
Clients und Tokens mit der Passport-API und Vue-Komponenten verwalten	368
Passport-Scopes	370
Bereitstellen von Passport	372
API-Token-Authentifizierung	373
Benutzerdefinierte 404-Antworten	374
Triggern der Fallback-Route	374
Testen	374
Passport testen	375
TL;DR	375

14 Daten speichern und abrufen — 377

Lokale und Cloud-basierte Datei-Manager	377
Konfiguration des Dateizugriffs	377
Verwendung der Storage-Fassade	378
Zusätzliche Flysystem-Provider hinzufügen	380
Grundlagen von Datei-Uploads und -Handhabung	380
Einfache Datei-Downloads	381
Sessions	382
Zugriff auf die Session	382
Methoden, die für Session-Instanzen verfügbar sind	383
Flash-Sitzungsspeicher	385
Cache	385
Zugriff auf den Cache	386
Methoden, die für Cache-Instanzen verfügbar sind	386
Cookies	388
Cookies in Laravel	388
Auf Cookies zugreifen	388
Logging	391
Wann und warum man Logs verwenden sollte	392
In Logs schreiben	392
Log-Kanäle	393
Volltextsuche mit Laravel Scout	396
Scout installieren	396
Ein Modell für die Indexierung kennzeichnen	396
Einen Index durchsuchen	397
Warteschlangen und Scout	397

	Operationen ohne Indizierung durchführen.	397
	Bedingt ausgeführte Indizierung.	398
	Manuelles Auslösen der Indizierung im Code	398
	Manuelles Auslösen der Indizierung über die Kommandozeile	398
	Testen	398
	Dateien speichern	399
	Session	400
	Cache	401
	Cookies	401
	Logging	403
	Scout	403
	TL;DR	403

15 E-Mail und Benachrichtigungen 405

E-Mail 405
    »Klassische« E-Mail 406
    E-Mails als »Mailable« 406
    E-Mail-Vorlagen 408
    In build() verfügbare Methoden 409
    Anhänge und Inline-Bilder 410
    Markdown-Mailables 411
    Darstellung von Mailables im Browser 413
    Warteschlangen 413
    Lokale Entwicklung 414
Benachrichtigungen 415
    Definieren der via()-Methode für die zu benachrichtigenden
    Empfänger. 418
    Senden von Benachrichtigungen 419
    Benachrichtigungen in Warteschlangen stellen 419
    Laravels integrierte Benachrichtigungstypen 420
Testen 424
    E-Mail 424
    Benachrichtigungen 424
TL;DR 425

16 Queues, Jobs, Events, Broadcasting und der Scheduler 427

Warteschlangen 427
    Warum Warteschlangen? 428
    Grundlegende Warteschlangen-Konfiguration 428
    Warteschlangen-Jobs 429
    Ausführen eines Queue-Workers 432
    Fehlerbehandlung 433

	Kontrolle der Warteschlange	435
	Warteschlange für andere Funktionen	436
Laravel Horizon		436
Ereignisse		437
	Ein Ereignis auslösen	438
	Nach einem Ereignis »lauschen«	439
Broadcasting von Ereignissen über WebSockets und Laravel Echo		442
	Konfiguration und Einrichtung	443
	Übertragung eines Ereignisses	444
	Empfang der Nachricht	446
	Fortgeschrittene Broadcasting-Werkzeuge	449
	Laravel Echo (die JavaScript-Seite)	452
Scheduler		457
	Verfügbare Aufgabentypen	457
	Verfügbare Zeitangaben	458
	Definieren von Zeitzonen für geplante Befehle	460
	Blockierung und Überlappung	460
	Output von Aufgaben handhaben	460
	Aufgaben-Hooks	461
Testen		462
TL;DR		463

17 Helfer und Collections — 465

Helfer		465
	Arrays	465
	Zeichenketten	467
	Anwendungspfade	469
	URLs	470
	Verschiedenes	472
Collections		475
	Die Grundlagen	475
	Ein paar Methoden	477
TL;DR		482

18 Das Laravel-Ökosystem — 483

Tools, die in diesem Buch behandelt werden		483
	Valet	483
	Homestead	483
	Der Laravel-Installer	484
	Mix	484
	Dusk	484
	Passport	484

	Horizon	484
	Echo	485
Tools, die in diesem Buch nicht behandelt werden		485
	Forge	485
	Envoyer	485
	Cashier	486
	Socialite	487
	Nova	487
	Spark	487
	Lumen	487
	Envoy	488
	Telescope	488
	Vapor	488
Weitere Ressourcen		489

Glossar — 491

Index — 499

Vorwort

Der Weg, der mich zu Laravel geführt hat, ist ganz typisch: Ich hatte jahrelang in PHP programmiert, war aber bereits dabei, mich davon zu verabschieden und mich den Möglichkeiten von Rails und anderen modernen Web-Frameworks zu widmen. Insbesondere Rails besaß eine lebendige Community und bot eine perfekte Kombination aus meinungsstarken Vorgaben und Flexibilität sowie das Potenzial von Ruby Gems, vorgefertige Packages mit Programmen und Bibliotheken zu nutzen.

Aber etwas hielt mich noch davon ab, PHP endgültig hinter mir zu lassen, und ich war froh darüber, als ich auf Laravel stieß. Laravel bot alles, was mich an Rails anzog, aber es war mehr als bloß ein Rails-Klon. Es war ein innovatives Framework mit unglaublich guter Dokumentation, einer einladenden Community und deutlichen Einflüssen verschiedener Sprachen und Frameworks.

Seitdem habe ich in Blogs, Podcasts und Vorträgen auf Konferenzen geteilt, was ich auf meiner Reise mit Laravel gelernt habe; ich habe Dutzende von Laravel-Apps für Arbeits- und Nebenprojekte geschrieben; und ich habe Tausende von Laravel-Entwicklern online und persönlich getroffen. Es gibt viele Tools in meinem Entwicklungs-Werkzeugkasten, aber ich bin ehrlich gesagt am glücklichsten, wenn ich mich vor eine Kommandozeile setzen und `laravel new projektName` eingeben kann.

Worum es in diesem Buch geht

Dies ist nicht das erste Buch über Laravel, und es wird nicht das letzte sein. Es soll kein Buch sein, das jede Zeile Code oder jedes mögliche Implementierungsmuster abdeckt. Und es soll kein Buch sein, das automatisch veraltet ist, sobald eine neue Version von Laravel veröffentlicht wird. Stattdessen geht es in erster Linie darum, Entwicklern einen wirklichen Überblick und konkrete Beispiele zu geben, damit sie wissen, was sie benötigen, um in allen Laravel-Releases mit jedem einzelnen Feature und Subsystem arbeiten zu können. Anstatt einfach die Dokumentation nachzuerzählen, möchte ich Ihnen helfen, die grundlegenden Konzepte zu verstehen, auf denen Laravel aufbaut.

Laravel ist ein leistungsfähiges und flexibles PHP-Framework. Es gibt eine florierende Community und ein umfassendes Ökosystem an Werkzeugen, was dazu beiträgt, dass Laravels Attraktivität und Reichweite ständig wachsen. Dieses Buch richtet sich an Entwickler, die bereits wissen, wie man Websites und Anwendungen erstellt, und die jetzt lernen wollen, wie man genau das erfolgreich auch mit Laravel macht.

Die Laravel-Dokumentation ist umfassend und ausgezeichnet. Wenn Sie feststellen, dass ich ein bestimmtes Thema Ihrem Geschmack zufolge nicht gründlich genug abdecke, empfehle ich Ihnen, die Onlinedokumentation (*https://laravel.com/docs*) zu besuchen und tiefer in dieses spezielle Thema einzutauchen.

In diesem Buch erwartet Sie eine angenehme Balance zwischen einer Einführung auf hohem Niveau und konkreter Anwendung, und am Ende werden Sie sich hoffentlich dabei wohlfühlen, wenn Sie eine komplette Anwendung in Laravel von Grund auf neu schreiben. Und wenn ich meinen Job gut gemacht habe, werden Sie auch heiß darauf sein.

Für wen dieses Buch gedacht ist

Dieses Buch setzt Kenntnisse grundlegender objektorientierter Programmierpraktiken, PHP (oder zumindest der allgemeinen Syntax der Sprachen der C-Familie), grundlegender Konzepte des Entwurfsmusters »Model-View-Controller« (MVC, auf Deutsch »Modell-Präsentation-Steuerung«) und der Arbeit mit Template Engines voraus. Wenn Sie zuvor noch nie selbst eine Website entworfen haben, wird es vielleicht etwas zu anspruchsvoll sein. Aber solange Sie über Programmiererfahrung verfügen, müssen Sie vor der Lektüre dieses Buchs kein Vorwissen zu Laravel haben – wir decken alles ab, was Sie wissen müssen, angefangen beim einfachsten »Hallo, Welt!«.

Laravel kann mit jedem Betriebssystem eingesetzt werden, aber es wird einige Kommandozeilen-Befehle im Buch geben, die am einfachsten unter Linux/macOS ausgeführt werden können. Windows-Benutzer werden es mit diesen Befehlen und mit moderner PHP-Entwicklung möglicherweise etwas schwerer haben, aber wenn Sie Homestead (eine virtuelle Linux-Maschine) zum Laufen bringen, können Sie alle Befehle von dort aus ausführen.

Wie dieses Buch aufgebaut ist

Dieses Buch ist in gewisser Weise chronologisch gegliedert: Wenn Sie Ihre erste Webanwendung mit Laravel erstellen, decken die ersten Kapitel die grundlegenden Komponenten ab, die Sie zum Einstieg benötigen, während die späteren Kapitel weniger grundlegende bzw. etwas ausgefallenere Funktionen behandeln.

Jeder Abschnitt des Buchs kann für sich allein gelesen werden, aber für alle, die dieses PHP-Framework zum ersten Mal einsetzen, habe ich versucht, die Kapitel so zu strukturieren, dass es sinnvoll ist, alles in der vorgegebenen Reihenfolge zu lesen.

Wenn es passt, schließt ein Kapitel mit zwei speziellen Abschnitten: »Testen« und »TL;DR.« Falls Sie es nicht kennen: »TL;DR« steht für »too long; didn't read«, also »zu lang, nicht gelesen«. Diese letzten Abschnitte zeigen, wie Sie Tests für die im Kapitel behandelten Funktionen schreiben können, und fassen sehr kompakt zusammen, um was es im betreffenden Kapitel geht.

Dieses Buch ist für Laravel 6 geschrieben, deckt aber in der Regel Funktionen und Syntaxänderungen von Laravel 5.1 an ab – auch um die permanente Weiterentwicklung des Frameworks lebendig darzustellen.

Über die zweite Ausgabe

Die erste Ausgabe von *Laravel: Up & Running* erschien im November 2016 und umfasste die Laravel-Versionen 5.1 bis 5.3. Diese zweite Ausgabe deckt die Versionen 5.4 bis 6.6 sowie Laravel Dusk und Horizon ab, zudem ist ein 18. Kapitel über Community-Ressourcen und andere Laravel-Pakete hinzugekommen, die nicht zum Kern des Frameworks gehören und in den ersten 17 Kapiteln nicht behandelt wurden.

Vorbemerkung zur deutschen Ausgabe

Laravel gibt es nur in einer englischsprachigen Version, und das gilt auch für nahezu alle zusätzlichen Module, Programmpakete und Dienstleistungsangebote des gesamten Laravel-Ökosystems.

Wir haben deshalb bei der Übersetzung dieses Buchs versucht, eine angenehme Balance zwischen englischen Originalbegriffen und deutschen Fachausdrücken zu erreichen. Zumal es für viele der in Programmierung und Anwendungsentwicklung benutzten Begrifflichkeiten gar keine deutsche Entsprechung gibt. Deshalb benutzen wir mal die englischen, mal die deutschen Begriffe, mit einer Tendenz zum Englischen. Da Sie sich als angehender Laravel-Entwickler überwiegend im englischsprachigen Umfeld bewegen werden, wäre es eher kontraproduktiv, würden wir zu viele Begriffe oder Teile von Programmlistings eindeutschen.

Dazu kommt, dass Laravel von sich aus einige Funktionen mitbringt, die selbstständig Pluralformen (zum Beispiel von Modell-Namen) erstellen. Dabei wird standardmäßig ein »s« benutzt und angehängt. Obwohl man dieses Verhalten individuell übersteuern kann, liest sich der Code insgesamt geschmeidiger, und man hat weniger Arbeit, wenn man Laravel seinen »Willen« lässt.

Der Schöpfer von Laravel, Taylor Otwell, gibt sich extrem viel Mühe, den Code so lesbar und so nah an natürlicher Sprache zu halten, wie es nur geht. Und es liest sich natürlich besser, wenn eine Datenbank-Migration *create_customers_table* heißt und nicht *create_kundens_table* (ohne Übersteuerung des Standardverhaltens) oder *create_kunden_table* (mit angepasster Pluralform).

Konventionen, die in diesem Buch verwendet werden

Die folgenden typografischen Konventionen werden in diesem Buch verwendet:

Kursiv
: Zeigt neue Begriffe, URLs, E-Mail-Adressen, Dateinamen und Dateierweiterungen an.

Nichtproportional
: Wird für Programm-Listings verwendet, aber auch innerhalb von Absätzen, um dort auf Programmelemente wie Variablen- oder Funktionsnamen, Datenbanken, Datentypen, Umgebungsvariablen, Anweisungen und Schlüsselwörter zu verweisen.

Nichtproportional fett
: Zeigt Befehle oder anderen Text an, der vom Benutzer wortgetreu eingegeben werden muss.

Nichtproportional kursiv
: Zeigt Programmcode an, der durch Benutzereingaben oder durch kontextabhängige Werte ersetzt werden soll.

{Kursiv in Klammern}
: Zeigt Dateinamen oder Dateipfade an, die durch Benutzereingaben oder durch kontextabhängige Werte ersetzt werden sollen.

Dieses Element weist auf einen Tipp oder Vorschlag hin.

Dieses Element kennzeichnet einen allgemeinen Hinweis.

Dieses Element weist auf eine Warnung hin.

O'Reilly Online-Lernen

 Seit fast 40 Jahren bietet *O'Reilly Media* Technologie- und Business-Training, Wissen und Einsichten, um Unternehmen zum Erfolg zu verhelfen.

Unser einzigartiges Netzwerk von Experten und Innovatoren teilt sein Wissen und seine Expertise in Büchern, Artikeln, Konferenzen und auf unserer Online-Lernplattform. Die Online-Lernplattform von O'Reilly bietet Ihnen On-Demand-Zugriff auf Live-Schulungen, detaillierte Lernpfade, interaktive Codierumgebungen und eine umfangreiche Sammlung von Texten und Videos von O'Reilly und über 200 anderen Verlagen. Für weitere Informationen besuchen Sie bitte *https://www.oreilly.com*.

Englischsprachige Website zu diesem Buch

Es gibt eine englischsprachige Website zu diesem Buch, auf der wir Errata, Beispiele und alle weiteren Informationen aufführen. Sie können diese Seite unter *https://bit.ly/laravel-up-and-running-2e* aufrufen.

Danksagung für die erste Ausgabe

Dieses Buch wäre ohne die verständnisvolle Unterstützung meiner wunderbaren Frau Tereva und meines Sohnes Malachi (»Papa schreibt, Buddy!«) nicht möglich gewesen. Und obwohl sie es selbst nicht wirklich bewusst miterlebt hat, war meine Tochter Mia fast über die gesamte Zeit der Entstehung des Buchs dabei, sodass dieses Buch der ganzen Familie gewidmet ist. Es gab viele lange Abendstunden und Arbeitsbesuche bei Starbucks am Wochenende, sodass ich oft nicht bei meiner Familie war, und ich könnte nicht dankbarer sein für ihre Unterstützung und vor allem für ihr Da-Sein, das mein Leben einfach bereichert.

Darüber hinaus hat mich die gesamte Tighten-Familie während des Schreibens des Buchs unterstützt und ermutigt, und mehrere meiner Kollegen haben Codebeispiele bearbeitet (Keith Damiani, »Editor Extraordinaire«) und mir bei schwierigen Projekten geholfen (Adam Wathan, König der Collection-Pipeline). Dan Sheetz, mein Partner bei Tighten, war so freundlich, mir viele Stunden nachzusehen, die ich mit der Arbeit an diesem Buch verbracht habe, und war dabei immer eine Stütze und Ermutigung; und Dave Hicking, unser Betriebsleiter, half mir, meine Zeiteinteilung und Verantwortlichkeiten rund um meine Schreibzeiten zu organisieren.

Taylor Otwell verdient Dank und Anerkennung als Schöpfer von Laravel – und damit auch für die Schaffung vieler Jobs und dafür, dass so viele Entwickler ihr Leben noch mehr lieben. Er verdient Anerkennung dafür, wie sehr er sich auf die Zufriedenheit der Entwickler konzentriert und wie hart er gearbeitet hat, um mit

Empathie für uns Entwickler eine positive und ermutigende Community aufzubauen. Aber ich möchte ihm auch dafür danken, dass er ein liebenswürdiger, unterstützender und anregender Freund ist. Taylor, du bist ein Held.

Vielen Dank an Jeffrey Way, der einer der besten Lehrer im Internet ist. Er hat mich mit Laravel bekannt gemacht und bringt Laravel heute noch jeden Tag vielen Menschen näher. Er ist auch, wenig überraschend, ein fantastischer Mensch, den ich gerne Freund nenne.

Vielen Dank an Jess D'Amico, Shawn McCool, Ian Landsman und Taylor, die mich schon früh als Konferenzsprecher geschätzt haben und mir eine Plattform bieten, von der aus ich wirken kann. Vielen Dank an Dayle Rees, der in den frühen Tagen von Laravel so vielen Menschen dabei geholfen hat, es zu erlernen.

Vielen Dank an alle Menschen, die ihre Zeit und Mühe dem Schreiben von Blog-Posts über Laravel gewidmet haben, besonders in den Kindertagen von Laravel: Eric Barnes, Chris Fidao, Matt Machuga, Jason Lewis, Ryan Tablada, Dries Vints, Maks Surguy und viele mehr.

Und vielen Dank an die gesamte Community von Freunden auf Twitter, IRC und Slack, die über die Jahre mit mir kommuniziert haben. Ich wünschte, ich könnte jeden Namen nennen, aber ich würde einige vergessen und mich dann dafür schämen. Ihr seid alle brillant, und ich fühle mich geehrt, regelmäßig mit euch in Kontakt zu stehen.

Vielen Dank an meine O'Reilly-Lektorin, Ally MacDonald, und alle meine technischen Redakteure: Keith Damiani, Michael Dyrynda, Adam Fairholm und Myles Hyson.

Und natürlich danke an den Rest meiner Familie und meine Freunde, die mich direkt oder indirekt unterstützt haben – meine Eltern und Geschwister, die Gainesville-Community, Geschäftspartner und Autoren, andere Konferenzredner und die einzigartige DCB. Ich muss aufhören, weiter zu schreiben, bevor ich noch meinen Starbucks-Baristas danke.

Danksagung für die zweite Ausgabe

Die zweite Ausgabe ist der ersten sehr ähnlich, sodass alle vorherigen Danksagungen noch gültig sind. Aber ich habe diesmal Hilfe von ein paar weiteren Personen bekommen. Meine technischen Korrekturleser waren Tate Peñaranda, Andy Swick, Mohamed Said und Samantha Geitz, und meine neue O'Reilly-Lektorin war Alicia Young, die mich im letzten Jahr über viele Veränderungen in meinem Leben und innerhalb der Laravel-Community hinweg bei der Arbeit gehalten hat. Matt Hacker vom Atlas-Team beantwortete alle meine dummen AsciiDoc-Formatierungsfragen, auch zur überraschend schwierigen Formatierung der __()-Methode.

Und ohne die Hilfe meines Assistenten Wilbur Powery hätte ich es nicht geschafft, diese zweite Ausgabe zu schreiben. Wilbur war bereit, die Changelogs,

Pull-Requests und Ankündigungen der letzten Jahre zu durchsuchen und jedes Feature der aktuellen Struktur des Buchs zuzuordnen, und testete tatsächlich jedes einzelne Codebeispiel, damit ich meine begrenzte Zeit und Energie auf das Schreiben der neuen und aktualisierten Abschnitte konzentrieren konnte.

Außerdem hat meine Tochter Mia jetzt den Weg aus dem Bauch ihrer Mutter gefunden. Also lassen Sie mich einfach noch ihre Freude und Energie und Liebe und Niedlichkeit und ihren Abenteuergeist der Liste meiner Inspirationsquellen hinzufügen.

KAPITEL 1
Warum Laravel?

In den frühen Tagen des dynamischen World Wide Web sah das Schreiben einer Anwendung ganz anders aus als heute. Die Entwickler waren damals nicht nur dafür verantwortlich, den Code für die jeweils spezielle Anwendungslogik zu schreiben, sondern auch für all jene Komponenten, die immer wieder für Websites benötigt werden: für die Authentifizierung von Benutzern, die Validierung von Eingaben, Datenbankzugriffe, die Erstellung von Vorlagen und vieles mehr.

Heutzutage gibt es Dutzende von Frameworks für die Anwendungsentwicklung und Tausende von Komponenten und Bibliotheken, die allen Programmierern leicht zugänglich sind. Es ist gängige Rede unter Entwicklern, dass, kaum habe man ein Framework gelernt, es bereits drei neuere (und angeblich bessere) Frameworks gebe, die es gerne ersetzen möchten.

»Weil er halt existiert«, mag eine sinnvolle Rechtfertigung dafür sein, einen Berg zu besteigen. Aber es gibt bessere Gründe als »Weil es halt existiert«, um sich für ein bestimmtes Framework zu entscheiden – oder überhaupt eines zu verwenden. Stellen wir uns also die berechtigte Frage: Wozu sind Frameworks eigentlich gut? Genauer gesagt: Wozu ist Laravel gut?

Warum ein Framework verwenden?

Es ist leicht nachzuvollziehen, warum es hilfreich ist, die einzelnen Komponenten und Pakete zu verwenden, die es für PHP-Entwickler gibt. Bei Packages ist jemand anderes für die Entwicklung und Wartung eines isolierten Stücks Programmcode verantwortlich, mit dem eine bestimmte Aufgabe gelöst wird, und theoretisch sollte diese Person ein tieferes Verständnis für diese einzelne Komponente besitzen, als Sie sich selbst in angemessener Zeit aneignen können.

Frameworks wie Laravel – und Symfony, Lumen und Slim – versammeln eine Reihe Komponenten von Drittanbietern und bündeln diese mit Framework-eigenem »Klebstoff« wie Konfigurationsdateien, Service Providern, vordefinierten Verzeichnisstrukturen und Anwendungs-Bootstraps. Ganz allgemein besteht der Vorteil, ein Framework zu verwenden, darin, dass jemand für Sie nicht nur bereits über einzelne

Komponenten entschieden hat, sondern auch darüber, wie diese Komponenten zusammenarbeiten sollen.

»Ich baue es einfach selbst«

Nehmen wir an, Sie beginnen mit einer neuen Webapplikation, ohne die Vorteile eines Frameworks zu nutzen. Womit fangen Sie an? Ziemlich sicher müssen HTTP-Requests geroutet werden, sodass Sie sich alle verfügbaren HTTP-Request- und Response-Bibliotheken anschauen und danach eine auswählen müssen. Dann brauchen Sie einen Router. Und wahrscheinlich benötigen Sie auch irgendeine Art Konfigurationsdatei für die Routen. Welche Syntax soll dabei verwendet werden? An welcher Stelle soll die Konfigurationsdatei abgelegt werden? Und was ist mit Controllern? Wo sollen die liegen und wie sollen sie geladen werden? Wahrscheinlich benötigen Sie einen Dependency Injection Container, um die Controller und ihre Abhängigkeiten aufzulösen. Aber welchen?

Wenn Sie sich die Zeit nehmen, all diese Fragen zu beantworten und Ihre Anwendung erfolgreich zu erstellen, was bedeutet das dann für einen möglichen späteren Entwickler? Und was machen Sie, wenn Sie beispielsweise vier dieser Anwendungen mit solch einem Framework Marke Eigenbau programmiert haben – oder gar ein ganzes Dutzend – und Sie sich jeweils daran erinnern müssen, wo sich die Controller befinden oder wie genau die Routing-Syntax lautet?

Konsistenz und Flexibilität

Frameworks lösen dieses Problem, indem sie eine sorgfältig durchdachte Antwort auf die Frage »Welche Komponente sollen wir verwenden?« geben und zudem sicherstellen, dass die jeweils gewählten Komponenten auch gut zusammenarbeiten. Darüber hinaus bieten Frameworks feste Konventionen, die die Menge an Code reduzieren, die ein Entwickler, der neu zu einem Projekt stößt, verstehen muss: Sobald Sie begriffen haben, wie Routing in *einem* Laravel-Projekt funktioniert, wissen Sie sofort, wie es in *allen* Laravel-Projekten funktioniert.

Wenn jemand vorschreibt, dass sein eigenes Framework für jedes neue Projekt benutzt werden muss, dann geht es letztlich darum, zu *kontrollieren*, was in die Grundlage seiner Applikation einfließt und was nicht. Das bedeutet, dass Ihnen die besten Frameworks nicht nur ein solides Fundament bieten, sondern auch die Freiheit geben, praktisch alles Ihren eigenen Wünschen entsprechend anzupassen. Und genau das ist es, was Laravel so besonders macht und was ich Ihnen im weiteren Verlauf dieses Buchs zeigen möchte.

Eine kurze Geschichte der Web- und PHP-Frameworks

Will man die Frage »Warum Laravel?« beantworten, muss man seine Geschichte kennen – und seine Vorläufer. Bevor Laravel populär wurde, gab es bereits eine

Vielzahl von Frameworks und anderer Entwicklungen in PHP und verwandten Bereichen.

Ruby on Rails

David Heinemeier Hansson veröffentlichte 2004 die erste Version von Ruby on Rails, und seitdem ist fast jedes Web Application Framework in irgendeiner Weise von Rails beeinflusst.

Rails popularisierte MVC, das Model-View-Controler-Paradigma, aber auch RESTful JSON APIs, die Regel »Konvention vor Konfiguration«, ActiveRecord und viele weitere Tools und Konventionen, die einen großen Einfluss auf die Art und Weise hatten, wie Webentwickler an ihre Anwendungen herangingen – insbesondere im Hinblick auf die schnelle Anwendungsentwicklung.

Eine Welle von PHP-Frameworks

Es war den meisten Entwicklern klar, dass Rails und ähnliche Frameworks die Zukunft darstellten, und schnell erschienen PHP-Frameworks auf der Bildfläche, einschließlich derjenigen, die zugegebenermaßen Rails imitierten.

CakePHP war im Jahr 2005 das erste, und es folgten bald Symfony, CodeIgniter, Zend Framework und Kohana (ein CodeIgniter-Fork). 2008 kam Yii, und 2010 erschienen Aura und Slim. 2011 sah dann die Geburt von FuelPHP und Laravel, die beide als CodeIgniter-Alternativen vorgeschlagen wurden.

Einige dieser Frameworks orientierten sich eher an Rails und konzentrierten sich auf objektrelationale Abbildung (Object-relational mapper, ORM), MVC-Strukturen und andere Tools für eine rapide Entwicklung. Andere – wie Symfony und Zend – konzentrierten sich mehr auf Enterprise Design Patterns und E-Commerce.

Das Gute und das Schlechte an CodeIgniter

CakePHP und CodeIgniter waren die beiden frühen PHP-Frameworks, bei denen klar kommuniziert wurde, wie sehr sie von Ruby on Rails inspiriert waren. CodeIgniter wurde schnell bekannt und war 2010 wohl das beliebteste der unabhängigen PHP-Frameworks.

CodeIgniter war simpel, einfach zu bedienen, besaß eine erstaunlich gute Dokumentation und wurde von einer starken Community gestützt. Aber der Einsatz moderner Technologien und Entwurfsmuster schritt nur langsam voran. Als die Framework-Welt wuchs und die PHP-Tools weiterentwickelt wurden, begann CodeIgniter sowohl in Bezug auf den technologischen Fortschritt als auch auf die Funktionen, die es out of the box mitbrachte, ins Hintertreffen zu geraten. Im Gegensatz zu vielen anderen Frameworks wurde CodeIgniter von einem Unternehmen verwaltet, und es dauerte einige Zeit, bis man die neueren Features von PHP 5.3 wie Namespaces, die Nutzung von GitHub und später Composer aufgriff. Im

Jahr 2010 war Taylor Otwell, Laravels Schöpfer, schließlich so unzufrieden mit CodeIgniter, dass er begann, sein eigenes Framework zu schreiben.

Laravel 1, 2 und 3

Die erste Beta von Laravel 1 wurde im Juni 2011 veröffentlicht und war eine komplette Neuentwicklung. Sie beinhaltete einen eigenen objektrelationalen Mapper namens Eloquent, ein Closure-basiertes Routing (inspiriert von Ruby Sinatra), ein modulares Erweiterungssystem und Hilfsfunktionen für Formulare, Validierung, Authentifizierung und vieles mehr.

Die frühe Entwicklung von Laravel ging schnell voran, und Laravel 2 und 3 wurden bereits im November 2011 bzw. Februar 2012 veröffentlicht. In diesen Versionen wurden Controller, Modul-Tests, ein Befehlszeilen-Tool, ein Container mit Inversion of Control (Steuerungsumkehr), Relationen zwischen Eloquent-Modellen sowie Migrationen eingeführt.

Laravel 4

Für Laravel 4 hat Taylor Otwell das gesamte Framework noch einmal von Grund auf neu geschrieben. Zu diesem Zeitpunkt war Composer, der inzwischen allgegenwärtige Paketmanager von PHP, bereits auf dem Weg dazu, sich zu einem Industriestandard zu entwickeln, und Taylor sah einen großen Mehrwert darin, das Framework als eine Sammlung von Komponenten zu konzipieren, die von Composer verteilt und zu einem Ganzen gebündelt wurden.

Er entwickelte eine Reihe von Komponenten unter dem Codenamen *Illuminate* und brachte im Mai 2013 Laravel 4 heraus, das eine völlig neue Struktur besaß. Anstatt das Framework als einen großen Download anzubieten, zieht sich Laravel nun die meisten seiner Komponenten per Composer aus Symfony, einem anderen PHP-Framework, das seine Module zur Verwendung durch andere freigegeben hat, und kombiniert diese mit den eigenen Illuminate-Komponenten.

Laravel 4 führte auch erstmals Warteschlangen, eine Mail-Komponente, Fassaden und Datenbank-Seedings ein. Und da Laravel nun auf Symfony-Komponenten setzte, wurde angekündigt, dass Laravel den halbjährlichen Release-Terminplan von Symfony widerspiegeln würde (nicht exakt, aber zeitnah).

Laravel 5

Laravel 4.3 sollte im November 2014 veröffentlicht werden, aber im Laufe der Entwicklung wurde deutlich, dass den Änderungen eine größere Bedeutung zukam und damit ein Versionssprung nahelag, und so wurde es im Februar 2015 als Laravel 5 herausgebracht.

Für Laravel 5 wurden die Verzeichnisstruktur überarbeitet, die Formular- und HTML-Helper entfernt sowie Contract Interfaces, eine Flut neuer Views, Socialite für eine Social-Media-Authentifizierung, Elixir für die Zusammenstellung von Assets, Scheduler zur Vereinfachung von Cron, Dotenv für vereinfachtes Umgebungsmanagement, Verbesserungen bei der Validierung von Formulareingaben und eine brandneue REPL (Read-Evaluate-Print-Loop) eingeführt. Seitdem ist die Funktionalität von Laravel weiter ausgereift, aber es gab keine größeren Änderungen mehr wie in früheren Versionen.

Laravel 6

Laravel 6 erschien im September 2019. Die sichtbarste Veränderung bestand darin, dass bei der Versionsbenennung auf Semantic Versioning (*https://semver.org/lang/de/*) umgestellt wurde.

Vor Laravel 6 lag zwischen zwei sogenannten Major Releases ungefähr eine Zeitspanne von sechs Monaten, beispielsweise zwischen den Versionen 5.4 und 5.5. Die neue semantische Versionierung bedeutet, dass jedes Mal, wenn ein neues rückwärtskompatibles Feature zum Framework hinzugefügt wird, die zweite Ziffer der Versionsnummer erhöht wird. Deshalb folgen seit Version 6.0 in schneller Folge 6.1, 6.2 usw. Das ist allerdings nur eine optische Beschleunigung, die inhaltliche Fortentwicklung von Laravel geht weiterhin im gleichen Rhythmus vonstatten.

Neben der semantischen Versionierung brachte Version 6 unter anderem eine deutlich verbesserte Fehlerseite namens Ignition, die neue Job-Middleware, Lazy Collections, Verbesserungen bei Eloquent-Subqueries und die Separierung des Frontend-Scaffoldings in ein separates Paket.

Zudem wurde das Laravel-Ökosystem durch Laravel Vapor bereichert, eine serverlose Deployment-Plattform, die als Infrastruktur Amazons AWS Lambda nutzt.

Was ist so besonders an Laravel?

Was genau ist es letztlich, was Laravel so außergewöhnlich macht? Wozu soll es gut sein, dass es mehr als ein PHP-Framework gibt? Alle Frameworks verwenden doch sowieso Komponenten von Symfony, oder nicht? Lassen Sie uns also ein wenig darüber reden, was Laravel ausmacht.

Die Philosophie von Laravel

Schon wenn man das Marketingmaterial zu Laravel und die Readme-Dateien liest, bekommt man einen Eindruck von den »inneren Werten« des Frameworks. Taylor verwendet Wörter wie »Illuminate« (dt. *Erleuchtung*) und »Spark« (dt. *Funke*), die sich um das Thema »Licht« drehen. Und dann gibt es noch diese Begriffe: »Artisan« »Elegant« Und diese: »Frische Luft zum Atmen« »Neuanfang« Und schließlich: »Schnell« »Warp-Geschwindigkeit«.

Die beiden am stärksten kommunizierten Werte des Frameworks liegen in der beabsichtigten Steigerung der Entwicklungsgeschwindigkeit und der Entwicklerzufriedenheit. Die Sprache »Artisan« (dt. *Handwerker*) beschreibt Taylor Otwell als bewusst in Kontrast stehend zu eher funktionalen Werten. Die Anfänge dieses Denkens kann man in einem seiner Postings auf StackExchange (*https://bit.ly/ 2dT5kmS*) sehen, in dem er sagte: »Manchmal verbringe ich geradezu lächerlich viel und quälende Zeit damit, Code ›hübsch aussehen zu lassen‹« – nur damit es sich besser anfühlt, wenn man den Code als solchen betrachtet. Und er hat oft über den Wert gesprochen, der darin liegt, es Entwicklern leichter zu machen, ihre Ideen zu verwirklichen, und unnötige Hindernisse für die Entwicklung großartiger Produkte zu beseitigen.

Bei Laravel geht es im Kern darum, Entwickler für ihre Arbeit besser auszustatten und zu befähigen. Taylors Ziel ist es, klaren, einfachen und schönen Code bereitzustellen sowie Features, die Entwicklern helfen, schnell zu lernen, loszulegen und zu entwickeln und Code zu produzieren, der einfach, klar und dauerhaft nutzbar ist.

Das Konzept, die Entwickler in den Fokus zu stellen, wird in allen Materialien deutlich, die es zu Laravel gibt. »Zufriedene Entwickler schreiben den besten Code« steht in der Dokumentation. »Entwicklerzufriedenheit vom Download bis zum Deployment« (»Developer happiness from download to deploy«) war eine Zeit lang der inoffizielle Slogan. Natürlich wird jedes Tool oder Framework mit dem Anspruch vermarktet, dass die Zufriedenheit von Entwicklern im Mittelpunkt steht. Aber dass die Zufriedenheit der Entwickler als *primäres* und nicht nur als sekundäres Anliegen derart proklamiert wurde, hatte einen großen Einfluss auf den gesamten Stil von Laravel und die Art und Weise, wie Entscheidungen getroffen wurden. Während andere Frameworks in erster Linie die architektonische Reinheit oder die Kompatibilität mit den Wünschen und Anforderungen von Entwicklungsteams größerer Unternehmen anstreben, liegt das Hauptaugenmerk von Laravel auf der Unterstützung des einzelnen Entwicklers. Das bedeutet nicht, dass Sie in Laravel keine architektonisch reinen oder unternehmenstauglichen Anwendungen schreiben können, aber das muss nicht auf Kosten der Lesbarkeit und Verständlichkeit Ihrer Codebasis gehen.

Wie sich Laravel um die Zufriedenheit des Entwicklers verdient macht

Zu sagen, dass man Entwickler glücklich und zufrieden machen will, ist eine Sache. Es tatsächlich auch zu tun, ist etwas anderes. Und man muss sich dazu fragen, was in einem Framework Entwickler am ehesten unzufrieden und was sie zufrieden macht. Es gibt einige Ansätze, das Leben von Entwicklern zu erleichtern.

Erstens ist Laravel ein Framework für eine rapide Anwendungsentwicklung. Die Lernkurve ist relativ flach, und es wird versucht, mit möglichst wenigen Schritten von der ersten Einrichtung einer Anwendung zu ihrer Veröffentlichung zu kommen. Alle typischen Aufgaben beim Erstellen von Webanwendungen, von den

Interaktionen mit Datenbanken über Authentifizierung, Warteschlangen, E-Mails bis hin zum Caching, werden durch die von Laravel bereitgestellten Komponenten vereinfacht. Aber die Komponenten von Laravel sind nicht nur für sich jeweils allein betrachtet exzellent, sie bieten auch eine konsistente API und vorhersehbare Strukturen im gesamten Framework. Wenn Sie in Laravel etwas Neues ausprobieren, werden Sie am Ende wahrscheinlich sagen können: »... und es funktioniert einfach.«

Dieser Ansatz geht zudem über das Framework selbst hinaus. Um Laravel herum existiert ein ganzes Ökosystem von Tools für die Erstellung und Veröffentlichung von Anwendungen. Da gibt es Homestead und Valet für die lokale Entwicklung, Forge für die Serververwaltung und Envoyer für eine fortgeschrittene Softwareverteilung. Zudem gibt es eine Reihe von Add-on-Paketen: Cashier für Zahlungen und Abonnements, Echo für WebSockets, Scout für die Suche, Passport für API-Authentifizierung, Dusk für Frontend-Tests, Socialite für Social Login, Horizon für die Überwachung von Warteschlangen, Nova für den Aufbau von Admin-Panels und Spark für Software-as-a-Service-Angebote. Laravel versucht, uns Entwicklern repetitive Arbeit zu ersparen, damit wir mit der eingesparten Zeit etwas Sinnvolleres anfangen können.

Außerdem gilt in Laravel die Regel »Konvention vor Konfiguration«. Das bedeutet, dass es in Laravel viel einfacher als in anderen Frameworks ist, die Standardwerte zu verwenden, weil man dort oft sogar die empfohlenen Einstellungen explizit deklarieren muss. Projekte, die mit Laravel realisiert werden, sind damit schneller umzusetzen als mit den meisten anderen PHP-Frameworks.

Laravel legt zudem großen Wert auf Einfachheit. Natürlich kann man Dependency Injection und Mocking und Data-Mapping und Repositories und Command Query Responsibility Segregation und alle Arten von anderen komplexeren Architekturmustern mit Laravel verwenden, wenn man will. Aber während andere Frameworks die Verwendung dieser Tools und Strukturen für jedes Projekt vorschlagen, tendieren Laravel und seine Dokumentation und Community dazu, mit der einfachsten möglichen Implementierung zu beginnen – einer globalen Funktion hier, einer Fassade dort, ActiveRecord bei Bedarf. Damit können Entwickler mit der für die gewünschte Lösung einfachsten Anwendung beginnen, ohne in komplexen Umgebungen bei der späteren Erweiterung eingeschränkt zu sein.

Laravel unterscheidet sich von anderen PHP-Frameworks auch dadurch, dass sein Schöpfer und die Community als Ganze eher mit Ruby und Rails und funktionalen Programmiersprachen verbunden und von diesen inspiriert sind als von Java. Im modernen PHP gibt es eine starke Strömung, die eher der Ausführlichkeit und Komplexität zuneigt und damit die eher Java-ähnlichen Aspekte von PHP betont und ausbauen möchte. Laravel steht dagegen eher auf der anderen Seite und stellt ausdrucksstarke, dynamische und einfache Codierungspraktiken und Sprachmerkmale in den Vordergrund.

Die Laravel-Community

Wenn dieses Buch Ihre erste Begegnung mit der Laravel-Community sein sollte, dann freuen Sie sich auf etwas Besonderes. Sie macht einen wesentlichen Unterschied und ist eines der Elemente, die zum Wachstum und Erfolg von Laravel beigetragen haben: die einladende, unterstützende Gemeinschaft all derer, die das Framework nutzen. Von Jeffrey Ways Video-Tutorials auf Laracasts (*https://laracasts.com/*) über die Laravel News (*https://laravel-news.com/*) zu Slack und IRC und Discord-Kanälen, von Twitter-Freunden über Blogger zu Podcasts und den Laracon-Konferenzen – Laravel besitzt eine große und lebendige Gemeinschaft voller Menschen, die oft seit dem ersten Tag dabei sind, und solchen, die gerade erst ihren eigenen »Tag 1« mit Laravel erleben. Und das ist kein Zufall:

> Von Anfang an hatte ich die Vorstellung, dass alle Menschen gerne das Gefühl haben, Teil von etwas zu sein. Es ist ein natürlicher menschlicher Instinkt, zu einer Gruppe anderer gleichgesinnter Menschen gehören und akzeptiert werden zu wollen. Indem man also Persönlichkeit in ein Web-Framework einbringt und wirklich aktiv mit der Community interagiert, kann diese Art von Gefühl in der Community wachsen.
>
> – Taylor Otwell, Zitat aus einem Interview der Website »Product and Support«

Taylor verstand von Anfang an, dass für ein erfolgreiches Open-Source-Projekt zwei Dinge nötig sind: eine gute Dokumentation und eine einladende Community. Und diese beiden Zutaten sind heute Markenzeichen von Laravel.

Wie es funktioniert

Bis jetzt war alles ziemlich abstrakt, zugegeben. Wie wäre es mit ein bisschen Code, fragen Sie vielleicht? Lassen Sie uns in eine einfache Anwendung einsteigen (Beispiel 1-1), damit Sie sehen können, wie die tägliche Arbeit mit Laravel wirklich aussieht.

Beispiel 1-1: »Hello, World« in routes/web.php

```php
<?php

Route::get('/', function () {
   return 'Hello, World!';
});
```

Die einfachste Aktion, die Sie in einer Laravel-Anwendung durchführen können, besteht darin, eine Route zu definieren und ein Ergebnis zurückzugeben, wenn jemand diese Route aufruft. Wenn Sie eine brandneue Laravel-Anwendung auf Ihrem Computer initialisieren, die Route so definieren wie im Beispiel 1-1 angegeben und dann die Website aus dem Verzeichnis *public* bedienen, haben Sie ein voll funktionsfähiges »Hallo, Welt«-Beispiel (siehe Abbildung 1-1).

```
Hello, World!
```

Abbildung 1-1: »Hello, World!« mit Laravel ausgeben

Mit Controllern sieht es ziemlich ähnlich aus, wie Sie in Beispiel 1-2 sehen können.

Beispiel 1-2: »Hello, World« mit Controllern

```
// Datei: routes/web.php
<?php

Route::get('/', 'WelcomeController@index');

// Datei: app/Http/Controllers/WelcomeController.php
<?php

namespace App\Http\Controllers;

class WelcomeController extends Controller
{
    public function index()
    {
        return 'Hello, World!';
    }
}
```

Und wenn Sie Ihre Grüße an die Welt in einer Datenbank speichern, wird es ebenfalls ziemlich ähnlich aussehen (siehe Beispiel 1-3).

Beispiel 1-3: Mehrfach-Gruß »Hello, World« mit Datenbankzugriff

```
// Datei: routes/web.php
<?php

use App\Greeting;

Route::get('create-greeting', function () {
    $greeting = new Greeting;
    $greeting->body = 'Hello, World!';
    $greeting->save();
});

Route::get('first-greeting', function () {
    return Greeting::first()->body;
});
```

```php
// Datei: app/Greeting.php
<?php

namespace App;

use Illuminate\Database\Eloquent\Model;

class Greeting extends Model
{
    //
}

// Datei: database/migrations/2019_12_19_010000_create_greetings_table.php
<?php

use Illuminate\Database\Migrations\Migration;
use Illuminate\Database\Schema\Blueprint;
use Illuminate\Support\Facades\Schema;

class CreateGreetingsTable extends Migration
{
    public function up()
    {
        Schema::create('greetings', function (Blueprint $table) {
            $table->bigIncrements('id');
            $table->string('body');
            $table->timestamps();
        });
    }

    public function down()
    {
        Schema::dropIfExists('greetings');
    }
}
```

Falls Ihnen Beispiel 1-3 im Moment noch ein wenig kompliziert vorkommt, überspringen Sie es einfach. In den weiteren Kapiteln wird nach und nach alles erklärt, aber Sie können hier bereits sehen, dass Sie mit nur wenigen Programmzeilen Datenbankmigrationen und -modelle einrichten und Datensätze abfragen können. Einfach einfach!

Warum also Laravel?

Weil Laravel Ihnen hilft, Ihre Ideen in die Welt zu bringen, ohne überflüssigen Code produzieren zu müssen, indem Sie moderne Programmierstandards verwenden, unterstützt von einer lebendigen Community und einem leistungsfähigen Ökosystem mit hilfreichen Tools.

Und weil Sie, lieber Entwickler, es verdienen, glücklich und zufrieden zu sein.

KAPITEL 2
Eine Laravel-Entwicklungsumgebung einrichten

Ein Teil des Erfolgs von PHP liegt darin begründet, dass man praktisch keinen Webserver findet, der *kein* PHP ausführen kann. Allerdings haben moderne PHP-Tools strengere Anforderungen als in der Vergangenheit. Wenn man für Laravel entwickelt, ist es am besten, eine konsistente lokale und entfernte Serverumgebung zu gewährleisten – zum Glück bietet das Laravel-Ökosystem für diesen Zweck ein paar Tools an, die dabei helfen können.

Systemanforderungen

Alles, was wir in diesem Kapitel behandeln werden, kann man auch unter Windows einrichten, aber oft muss man dazu leider Dutzende von Seiten mit zusätzlichen Anweisungen und Einschränkungen lesen. Damit wir uns aufs Wesentliche beschränken können, konzentriere ich mich in den Beispielen hier und im Rest des Buchs auf den Einsatz unter Unix/Linux/macOS.

Unabhängig davon, ob Sie PHP und die anderen Tools auf Ihrem lokalen Computer installieren oder die Entwicklungsumgebung in einer virtuellen Maschine über Vagrant oder Docker betreiben oder sich auf ein Tool wie MAMP/WAMP/XAMPP oder Laragon verlassen, müssen in Ihrer Entwicklungsumgebung die folgenden Komponenten installiert sein, damit Laravel-Websites betrieben werden können:

- PHP >= 7.2.0 für Laravel 6.x, PHP >= 7.1.3 für Laravel-Versionen 5.6 bis 5.8, PHP >= 7.0.0 für Version 5.5, PHP >= 5.6.4 für Version 5.4, PHP zwischen 5.6.4 und 7.1.* für Version 5.3, PHP >= 5.5.9 für Versionen 5.2 und 5.1
- OpenSSL (PHP-Erweiterung)
- PDO (PHP-Erweiterung)
- Mbstring (PHP-Erweiterung)
- Tokenizer (PHP-Erweiterung)
- XML (PHP-Erweiterung) für Laravel 5.3 und höher
- Ctype (PHP-Erweiterung) für Laravel 5.6 und höher

- JSON (PHP-Erweiterung) für Laravel 5.6 und höher
- BCMath (PHP-Erweiterung) für Laravel 5.7 und höher

Composer

Egal, auf welchem Rechner auch immer Sie entwickeln, dort muss Composer (*https://getcomposer.org/*) global installiert sein. Falls Sie mit Composer nicht vertraut sind: Es ist ein Werkzeug, das die Grundlage für den Großteil moderner PHP-Entwicklung bildet. Composer ist ein Abhängigkeitsmanager für PHP, ähnlich wie NPM für Node oder RubyGems für Ruby. Aber wie NPM bildet Composer auch die Basis für den überwiegenden Teil unserer Anwendungstests, das Laden lokaler Skripte, Installationsskripte und vieles andere. Sie benötigen Composer, um Laravel zu installieren, es zu aktualisieren und Abhängigkeiten von externen Paketen bzw. Bibliotheken aufzulösen.

Lokale Entwicklungsumgebungen

Für viele Projekte reicht es aus, Ihre Entwicklungsumgebung mithilfe eines eher einfachen Toolsets zu hosten. Wenn Sie bereits MAMP oder WAMP oder XAMPP oder Laragon auf Ihrem System installiert haben, sollte das normalerweise schon ausreichen, um mit Laravel arbeiten zu können. Sie können Laravel auch einfach mit dem integrierten Webserver von PHP ausführen, vorausgesetzt, die auf Ihrem System installierte PHP-Version ist die richtige.

Alles, was Sie wirklich brauchen, ist die Möglichkeit, PHP auszuführen. Alles, was darüber hinausgehen soll, liegt ganz bei Ihnen.

Laravel bietet jedoch zwei Instrumente für die lokale Entwicklung, Valet und Homestead, und diese beide schauen wir uns kurz an. Wenn Sie sich nicht sicher sind, welches Sie verwenden sollen, empfehle ich Ihnen, Valet – auf Deutsch etwa *Kammerdiener* – zu benutzen und sich nur kurz mit Homestead – *Eigenheim* oder *Heimstätte* – vertraut zu machen; beide Werkzeuge sind jedoch wertvoll und nützlich.

Laravel Valet

Wenn Sie den integrierten Webserver von PHP verwenden möchten, ist es am einfachsten, eine Website über eine *localhost*-URL aufzurufen. Wenn Sie `php -S localhost:8000 -t public` im Stammordner Ihrer Laravel-Site ausführen, wird der eingebaute Webserver von PHP Ihre Website unter *[http://localhost:8000/]* anzeigen. Sie können auch den Kommandozeilen-Befehl `php artisan serve` benutzen, nachdem Sie Ihre Anwendung eingerichtet haben, und damit einen gleichwertigen Server starten.

Wenn Sie jedoch Ihre Sites an eine bestimmte Entwicklungsdomain binden möchten, müssen Sie sich mit der Hosts-Datei Ihres Betriebssystems vertraut machen und ein Tool wie dnsmasq (*https://bit.ly/2eNPJ5T*) verwenden. Lassen Sie uns stattdessen etwas Einfacheres versuchen.

Wenn Sie macOS als Betriebssystem nutzen, kann Ihnen Laravel Valet die Arbeit abnehmen und Ihre Domains mit den Anwendungsordnern verbinden. (Es gibt auch inoffizielle Valet-Forks für Windows und Linux.) Valet installiert dnsmasq und eine Reihe von PHP-Skripten, sodass es danach reicht, `laravel new myapp && open myapp.test` einzugeben, damit alles funktioniert. Sie müssen dann mit Homebrew noch ein paar Tools installieren, aber es sind nur einige wenige, einfache Schritte von der Erstinstallation bis zur Funktionsfähigkeit einer Anwendung.

Installieren Sie Valet – siehe die Dokumentation (*https://bit.ly/2U7uy7b*) für die neuesten Installationsanweisungen – und teilen Sie Valet mit, in welchen Verzeichnissen es nach Ihren Anwendungen suchen soll. Ich führe dazu beispielsweise `valet park` aus meinem Verzeichnis *~/Sites* aus, in dem ich alle meine Anwendungen verwalte, die sich gerade in der Entwicklung befinden. Jetzt können Sie einfach *.test* an das Ende des Verzeichnisnamens anhängen und die URL in Ihrem Browser aufrufen.

Valet bieten verschiedene Optionen: Man kann einfach den Befehl `valet park` benutzen, um auf alle Unterordner eines bestimmten Hauptordners mit *{Ordnername}.test* zuzugreifen; oder man richtet nur einen einzigen Ordner mit `valet link` ein; oder man öffnet eine von Valet verwaltete Domain für einen Ordner mit `valet open`; oder man nutzt für eine Valet-Site HTTPS mit `valet secure` oder öffnet einen ngrok-Tunnel, um die Website mit anderen über `valet share` teilen zu können.

Laravel Homestead

Homestead ist ein weiteres Werkzeug, mit dem Sie eine lokale Entwicklungsumgebung einrichten können. Es ist ein Konfigurationstool, das auf Vagrant aufsetzt (ein Werkzeug zur Verwaltung virtueller Maschinen) und ein vorkonfiguriertes Virtual-Machine-Image bereitstellt, das perfekt für die Laravel-Entwicklung eingerichtet ist *und* die gängige Produktionsumgebung widerspiegelt, auf der viele Laravel-Sites laufen. Homestead ist wahrscheinlich auch die beste lokale Entwicklungsumgebung für Entwickler, die unter Windows arbeiten.

Die Homestead-Dokumentation (*https://bit.ly/2FwQ7EZ*) ist solide und wird ständig auf den neuesten Stand gebracht, deshalb möchte ich Sie dorthin verweisen, wenn Sie wissen möchten, wie Homestead funktioniert und wie Sie es einrichten können.

Vessel

Vessel (*https://vessel.shippingdocker.com/*) ist kein offizielles Laravel-Projekt, aber Chris Fidao von Servers for Hackers (*https://serversforhackers.com/*) und Shipping Docker (*https://shippingdocker.com/*) hat ein einfaches Tool geschrieben, mit dem man Docker-Umgebungen für die Laravel-Entwicklung einrichten kann. Werfen Sie einen Blick in die Dokumentation von Vessel, um mehr zu erfahren.

Ein neues Laravel-Projekt erstellen

Es gibt zwei Möglichkeiten, ein neues Laravel-Projekt zu erstellen – bei beiden geht man über die Befehlszeile. Die erste Option ist die globale Installation des Laravel-Installationsprogramms (mit Composer), die zweite ist die Verwendung der Funktion create-project von Composer.

Sie können sich in der Dokumentation der Laravel-Installation (*https://bit.ly/2HFzBFY*) ausführlicher über beide Optionen informieren, aber ich würde das Laravel-Installationsprogramm empfehlen.

Installation von Laravel mit dem Laravel-Installationsprogramm

Wenn Sie Composer global installiert haben, reicht für die Einrichtung des Laravel-Installationsprogramms die Ausführung des folgenden Befehls:

```
composer global require "laravel/installer"
```

Jetzt muss nur noch das Verzeichnis vendor/bin der neuen globalen Composer-Installation der Umgebungsvariablen $PATH hinzugefügt werden. Dieses Verzeichnis befindet sich je nach Betriebssystem an verschiedenen Orten, in der Regel finden Sie es hier:

```
// macOS und GNU/Linux-Distributionen:
$HOME/.composer/vendor/bin

// Windows:
%USERPROFILE%\AppData\Roaming\Composer\Vendor\bin
```

Sobald Sie das Laravel-Installationsprogramm eingerichtet haben, ist es sehr leicht, ein neues Laravel-Projekt zu beginnen. Führen Sie einfach diesen Befehl von der Kommandozeile aus:

```
laravel new projectName
```

Dadurch wird ein neues Unterverzeichnis des aktuellen Verzeichnisses namens *{projectName}* erstellt und darin ein »nacktes« Laravel-Projekt initialisiert.

Installation von Laravel mit dem create-project-Feature von Composer

Composer bietet eine Funktion namens create-project, mit der man ebenfalls ein neues Projekt mit der vorgegebenen Grundstruktur einrichten kann. Um auf diese Weise ein neues Laravel-Projekt zu erstellen, geben Sie den folgenden Befehl ein:

```
composer create-project laravel/laravel projectName
```

Genau wie beim Installer-Tool wird auch jetzt ein Unterverzeichnis des aktuellen Verzeichnisses namens *{projectName}* angelegt, das ein »Skelett« eines Laravel-Projekts enthält, das sofort zur weiteren Bearbeitung bereit ist.

Das Helfer-Paket installieren

In Laravel gibt es eine große Anzahl von globalen Hilfsfunktionen, die oft auch kurz als *Helfer* bezeichnet werden. Zwei Gruppen dieser Helfer, die mit Zeichenketten und Arrays arbeiten und bis auf wenige Ausnahmen an den Präfixen *str_* und *array_* erkannt werden können, wurden in Version 6 in das neue Composer-Paket laravel/helpers verschoben und aus dem Framework entfernt. Stattdessen können diese Hilfsfunktionen jetzt als Methoden der Klassen Illuminate\Support\Str und Illuminate\Support\Arr aufgerufen werden.

Damit der in diesem Buch gezeigte Beispielcode auch mit früheren Versionen funktioniert, verwende ich vorerst noch die bisherigen Varianten. Installieren Sie deshalb bitte auch das Helfer-Paket:

```
composer require laravel/helpers
```

Mehr zu Hilfsfunktionen finden Sie in Kapitel 17.

Lambo: »laravel new« mit Düsenantrieb

Da ich oft eine Reihe gleicher Schritte ausführen möchte, nachdem ich ein neues Laravel-Projekt erstellt habe, habe ich ein einfaches Skript namens Lambo (*https://bit.ly/2TCcQo8*) geschrieben, um diese Vorgänge zu automatisieren.

Lambo führt laravel new aus und überträgt dann Ihren Code an Git, richtet Ihre *.env*-Konfiguration mit vernünftigen Voreinstellungen ein, öffnet das Projekt in einem Browser und (optional) in Ihrem Editor und führt zudem einige weitere hilfreiche Build-Schritte durch.

Sie können Lambo mit dem Composer-Befehl global require installieren:

```
composer global require tightenco/lambo
```

Und Sie können es genauso benutzen wie laravel new:

```
cd Sites
lambo my-new-project
```

Die Verzeichnisstruktur von Laravel

Wenn Sie ein Verzeichnis öffnen, das das Grundgerüst einer Laravel-Anwendung enthält, sehen Sie die folgenden Dateien und Verzeichnisse:

```
app/
bootstrap/
config/
database/
public/
resources/
routes/
storage/
```

```
tests/
vendor/
.editorconfig
.env
.env.example
.gitattributes
.gitignore
artisan
composer.json
composer.lock
package.json
phpunit.xml
README.md
server.php
webpack.mix.js
```

Verschiedene Build-Tools in Laravel-Versionen vor 5.4

In Projekten, die vor Laravel 5.4 erstellt wurden, werden Sie wahrscheinlich eine Datei *gulpfile.js* anstelle von *webpack.mix.js* sehen; dies zeigt, dass das Projekt Laravel Elixir (*https://bit.ly/2s5aKVm*) anstelle von Laravel Mix (*https://bit.ly/2OTXZGc*) verwendet.

Lassen Sie uns alles nacheinander durchgehen, um uns damit vertraut zu machen.

Die Ordner

Das Stammverzeichnis enthält standardmäßig die folgenden Ordner:

app
    Wird den Großteil der eigentlichen Anwendung enthalten. Modelle, Controller, Befehle und der überwiegende Teil des anwendungsspezifischen PHP-Codes residieren hier.

bootstrap
    Enthält die Dateien, die das Laravel-Framework beim Booten nutzt, wenn es gestartet wird.

config
    Hier befinden sich alle Konfigurationsdateien.

database
    Hier befinden sich die Datenbankmigrationen, Seed-Dateien und Fabriken (Factories).

public
    Das Verzeichnis, auf das der Server zugreift, wenn er die Website ausliefert. Hier liegt auch *index.php*, der Front-Controller, der den Bootstrapping-Prozess startet und alle Anfragen entsprechend weiterleitet. Hier befinden sich auch alle öffentlich zugänglichen Dateien wie Bilder, Stylesheets, Skripte oder Downloads.

resources
: Hier befinden sich Dateien, die von anderen Skripten benötigt werden. Ansichten (Views), Sprachdateien und (optional) Sass/Less/Quell-CSS- und Quell-JavaScript-Dateien.

routes
: Hier befinden sich die Routendefinitionen, sowohl für HTTP-Routen als auch für »Konsolenrouten« oder Artisan-Befehle.

storage
: Die Heimat von Caches, Protokollen und kompilierten Systemdateien.

tests
: Hier residieren die Modul- und Integrationstests.

vendor
: Hier installiert Composer seine »Abhängigkeiten«, also die Module bzw. Pakete, die von anderen Teilen der Anwendung benötigt werden. Der Ordner wird von Git ignoriert, d. h., der Inhalt wird vom Versionskontrollsystem ausgeschlossen, weil davon ausgegangen wird, dass im Rahmen der späteren Bereitstellung der Anwendung auf Remote-Servern ebenfalls Composer ausgeführt wird und dieser sich auch dort alle benötigten Pakete »zieht«.

Die Dateien

Das Stammverzeichnis enthält außerdem die folgenden Dateien:

.editorconfig
: Gibt Ihrem IDE- bzw. Texteditor Anweisungen zu Laravels Codierungsstandards (z. B. zur Größe von Einrückungen, zum Zeichensatz und ob Leerzeichen am Ende einer Zeile entfernt werden sollen). Diese Datei existiert in allen Laravel-Anwendungen ab Version 5.5.

.env und .env.example
: In diesen Dateien werden die Umgebungsvariablen festgelegt (Variablen, die in jeder Umgebung unterschiedlich sein sollen und daher nicht der Versionskontrolle unterliegen). *.env.example* ist eine Vorlage, anhand derer in jeder neuen Umgebung eine eigene *.env*-Datei erstellt werden kann, die dann als »Git-ignored« vermerkt werden sollte.

.gitignore und .gitattributes
: Die Git-Konfigurationsdateien.

artisan
: Erlaubt Ihnen, Artisan-Befehle von der Kommandozeile aus auszuführen (siehe Kapitel 8).

composer.json und composer.lock
: Konfigurationsdateien für Composer; *composer.json* ist benutzerdefiniert und *composer.lock* nicht. Diese Dateien enthalten einige grundlegende Informationen über das Projekt und die Definitionen der PHP-Abhängigkeiten.

package.json und *package-lock.json*
   Wie *composer.json* und *composer.lock*, aber für Frontend-Assets und Abhängigkeiten des Build-Systems; es weist NPM an, welche JavaScript-basierten Abhängigkeiten einzubeziehen sind.

phpunit.xml
   Eine Konfigurationsdatei für PHPUnit, das Tool, das Laravel zum Testen verwendet.

README.md
   Eine Datei im Markdown-Format, die eine grundlegende Einführung in Laravel bietet. Diese Datei entfällt, wenn Sie den Laravel-Installer verwenden.

server.php
   Ein Backup-Server, der versucht, Servern mit geringerer Funktionalität dennoch eine Vorschau der Laravel-Anwendung zu ermöglichen.

webpack.mix.js
   Die (optionale) Konfigurationsdatei für Mix. Wenn Sie Elixir verwenden, gibt es stattdessen die Datei *gulpfile.js*. Diese Dateien dienen dazu, Ihrem Build-System Anweisungen zur Kompilierung und Verarbeitung Ihrer Frontend-Assets zu geben.

Konfiguration

Die zentralen Einstellungen Ihrer Laravel-Anwendung – zu Datenbankverbindungen, Warteschlangen und zur E-Mail-Konfiguration u. v. m. – werden in Dateien im Ordner *config* gespeichert. Jede dieser Dateien gibt ein PHP-Array zurück, und jeder Wert in einem solchen Array ist über einen Konfigurationsschlüssel zugänglich, der sich aus dem Dateinamen und den untergeordneten Schlüsseln zusammensetzt, getrennt durch Punkte (.).

Wenn Sie also beispielsweise in der Datei *config/services.php* folgenden Eintrag hätten ...

```
// config/services.php
<?php
return [
    'third_party_service' => [
        'secret' => 'abcdefg',
    ],
];
```

... könnten Sie auf diese Konfigurationsvariable mit config('services.third_party_service.secret') zugreifen.

Konfigurationsvariablen, die sich je nach Umgebung – z.B. in Entwicklung und Produktion – unterscheiden (und daher nicht der Versionsverwaltung unterliegen sollten) werden stattdessen in einer *.env*-Datei definiert. Nehmen wir an, Sie möchten für jede Umgebung einen eigenen Bugsnag-API-Schlüssel verwenden. Dann würden Sie es in der Konfigurationsdatei so formulieren, damit dieser Schlüssel aus *.env* eingelesen wird:

```php
// config/services.php
<?php
return [
    'bugsnag' => [
        'api_key' => env('BUGSNAG_API_KEY'),
    ],
];
```

Die env()-Helferfunktion liest einen Wert aus der aktuellen *.env*-Datei, der zum angegebenen Schlüssel gehört. Fügen Sie also jetzt diesen Schlüssel *mit* Wert Ihrer *.env*-Datei hinzu (also den Einstellungen für die aktuelle Umgebung) und ebenso der *.env.example*-Datei (der Vorlage für alle Umgebungen), hier aber *ohne* Wert:

```
# In .env
BUGSNAG_API_KEY=oinfp9813410942

# In .env.example
BUGSNAG_API_KEY=
```

Ihre *.env*-Datei enthält bereits einige umgebungsspezifische Variablen, die vom Framework benötigt werden, z.B. die Angabe, welcher Mail-Treiber verwendet werden soll und welche grundlegenden Datenbankeinstellungen es gibt.

> **env() außerhalb von Konfigurationsdateien**
>
> Bestimmte Funktionen in Laravel, einschließlich einiger Caching- und Optimierungsfeatures, sind nicht verfügbar, wenn env()-Aufrufe außerhalb von Konfigurationsdateien verwendet werden.
>
> Der beste Weg, Umgebungsvariablen verfügbar zu machen, besteht darin, Konfigurationselemente für solche Einstellungen anzulegen, die umgebungsspezifisch sein sollen. In diesen Konfigurationselementen lesen Sie die Umgebungsvariablen mit env() ein und können dann per config() an beliebiger Stelle in Ihrer Anwendung auf diese Konfigurationsvariablen verweisen:
>
> ```php
> // config/services.php
> return [
>     'bugsnag' => [
>         'key' => env('BUGSNAG_API_KEY'),
>     ],
> ];
>
> // In einem Controller oder an beliebiger Stelle in der
> // Anwendung
> $bugsnag = new Bugsnag(config('services.bugsnag.key'));
> ```

Die .env-Datei

Lassen Sie uns jetzt einen kurzen Blick auf den Standardinhalt der Datei *.env* werfen. Die genauen Schlüssel variieren je nach verwendeter Version von Laravel, aber in Beispiel 2-1 sehen Sie die Schlüssel, wie sie in Version 6.6 aussehen.

Beispiel 2-1: Standardwerte der Umgebungsvariablen in Laravel 6.6

```
APP_NAME=Laravel
APP_ENV=local
APP_KEY=
APP_DEBUG=true
APP_URL=http://localhost

LOG_CHANNEL=stack

DB_CONNECTION=mysql
DB_HOST=127.0.0.1
DB_PORT=3306
DB_DATABASE=homestead
DB_USERNAME=homestead
DB_PASSWORD=secret

BROADCAST_DRIVER=log
CACHE_DRIVER=file
QUEUE_CONNECTION=sync
SESSION_DRIVER=file
SESSION_LIFETIME=120

REDIS_HOST=127.0.0.1
REDIS_PASSWORD=null
REDIS_PORT=6379

MAIL_DRIVER=smtp
MAIL_HOST=smtp.mailtrap.io
MAIL_PORT=2525
MAIL_USERNAME=null
MAIL_PASSWORD=null
MAIL_ENCRYPTION=null

AWS_ACCESS_KEY_ID=
AWS_SECRET_ACCESS_KEY=
AWS_DEFAULT_REGION=us-east-1
AWS_BUCKET=

PUSHER_APP_ID=
PUSHER_APP_KEY=
PUSHER_APP_SECRET=
PUSHER_APP_CLUSTER=mt1

MIX_PUSHER_APP_KEY="${PUSHER_APP_KEY}"
MIX_PUSHER_APP_CLUSTER="${PUSHER_APP_CLUSTER}"
```

Ich werde nicht auf alle eingehen, denn viele davon sind reine Authentifizierungsinformationen für verschiedene Dienste (Pusher, Redis, Datenbank, E-Mail). Hier folgen jedoch zwei wichtige Umgebungsvariablen, die Sie kennen sollten:

APP_KEY
> Eine zufällig generierte Zeichenkette, die zur Verschlüsselung von Daten verwendet wird. Wenn dieser Schlüssel leer ist, könnten Sie die Fehlermeldung »No application encryption key has been specified.« (»Es wurde kein Anwen-

dungsverschlüsselungscode angegeben.«) erhalten. In diesem Fall führen Sie einfach den Befehl php artisan key:generate aus, und Laravel wird einen solchen Schlüssel für Sie generieren.

APP_DEBUG

Ein boolescher Wert, der festlegt, ob Benutzer Ihrer Anwendung Debug-Meldungen sehen sollen – wunderbar geeignet in lokalen und Staging-, katastrophal in Produktionsumgebungen.

Der Rest der Einstellungen, der keinen Authentifizierungszwecken dient (BROADCAST_DRIVER, QUEUE_CONNECTION usw.), enthält Standardwerte, die mit möglichst wenig Abhängigkeit von externen Services arbeiten, was zu Beginn ideal ist.

Wenn Sie mit einer Laravel-Anwendung loslegen, ist die einzige Änderung, die Sie wahrscheinlich für die meisten Projekte vornehmen werden, eine Änderung der Datenbank-Konfigurationseinstellungen. Ich benutze Laravel Valet, also ändere ich DB_DATABASE auf den Namen meines Projekts, DB_USERNAME auf root und DB_PASSWORD auf eine leere Zeichenkette:

```
DB_DATABASE=myProject
DB_USERNAME=root
DB_PASSWORD=
```

Dann erstelle ich in meinem bevorzugten MySQL-Client eine Datenbank, die den gleichen Namen wie mein Projekt erhält, und schon bin ich startbereit.

Achtung, fertig, los!

Jetzt ist Ihre – noch »leere« – Laravel-Installation nahezu startklar. Führen Sie git init aus, committen Sie die Projektdateien mit git add . und git commit, und schon ist alles bereit, um mit der Programmierung beginnen zu können. So einfach ist das! Und falls Sie Valet verwenden, können Sie die folgenden Befehle ausführen und Ihre Website sofort live in Ihrem Browser sehen:

```
laravel new myProject && cd myProject && valet open
```

Jedes Mal, wenn ich ein neues Projekt beginne, sind dies also die Schritte, die ich ausführe:

```
laravel new myProject
cd myProject
git init
git add .
git commit -m "Initial commit"
```

Ich verwalte alle meine Websites in einem Ordner ~/Sites, den ich als mein primäres Valet-Verzeichnis eingerichtet habe, sodass ich in diesem Fall in meinem Browser sofort und ohne weitere Vorbereitung *myProject.test* aufrufen kann. Ich kann die *.env*-Datei bearbeiten und auf eine bestimmte Datenbank verweisen, diese in meinem MySQL-Client anlegen und bin bereit, mit der Programmierung zu beginnen. Und denken Sie daran: Wenn Sie Lambo verwenden, können Sie alle diese Schritte automatisiert ausführen.

Testen

In jedem der weiteren Kapitel zeige ich Ihnen zum Abschluss in einem Abschnitt »Testen«, wie Sie Tests für die beschriebenen Features anlegen können. Da dieses Kapitel aber kein testfähiges Feature behandelt, lassen Sie uns kurz grundlegend über Tests sprechen. (Um mehr über das Schreiben und Ausführen von Tests in Laravel zu erfahren, gehen Sie bitte zu Kapitel 12.)

Laravel bringt PHPUnit als installierte Abhängigkeit mit und ist so konfiguriert, dass Tests aus all jenen Dateien im Verzeichnis *tests* ausgeführt werden, deren Name mit *Test.php* endet (z. B. *tests/UserTest.php*).

Der einfachste Weg, Tests anzulegen, besteht also darin, eine Datei im Verzeichnis *tests* mit einem Namen zu erstellen, der mit *Test.php* endet. Und am einfachsten führt man diese Tests mit dem Befehl `./vendor/bin/phpunit` von der Kommandozeile (im Rootverzeichnis des Projekts) aus.

Wenn Tests einen Datenbankzugriff erfordern, führen Sie Ihre Tests auf dem Rechner aus, auf dem auch Ihre Datenbank liegt – wenn Sie also Ihre Datenbank in Vagrant hosten, stellen Sie sicher, dass Sie per `ssh` auf Ihre Vagrant-Box zugreifen, um Ihre Tests von dort aus auszuführen. Auch dazu und zu weiteren Aspekten können Sie mehr in Kapitel 12 erfahren.

In einigen der folgenden Kapitel können in den Abschnitten zum Testen auch Syntaxelemente und Funktionen vorkommen, mit denen Sie noch nicht vertraut sind, wenn Sie das Buch zum ersten Mal lesen. Wenn Sie Code in einem dieser Abschnitte verwirrend finden, überspringen Sie ihn einfach und kehren noch einmal zurück, wenn Sie das Kapitel über Tests gelesen haben.

TL;DR

Da Laravel ein PHP-Framework ist, lässt es sich sehr einfach lokal ausführen. Laravel bietet zudem zwei Werkzeuge für die Verwaltung Ihrer lokalen Entwicklungsumgebung: ein einfacheres Tool namens Valet, das die Abhängigkeiten auf Ihrem lokalen Computer installiert, sowie ein vorkonfiguriertes Vagrant-Setup namens Homestead. Laravel basiert auf und kann von Composer installiert werden und bringt von Haus aus eine Reihe von Ordnern und Dateien mit, die sowohl die eigenen Konventionen als auch die Beziehungen zu anderen Open-Source-Tools widerspiegeln.

KAPITEL 3
Routing und Controller

Die wesentliche Funktion eines Frameworks für Webanwendungen besteht darin, Anfragen eines Benutzers entgegenzunehmen und diesem Antworten zu liefern, in der Regel über HTTP(S). Deshalb muss man als Allererstes herausfinden, wie man in einer Anwendung Routen definiert, wenn man anfängt, sich mit einem Web-Framework zu beschäftigen; ohne Routen haben Sie wenig bis gar keine Möglichkeiten, überhaupt mit dem Endbenutzer zu interagieren.

In diesem Kapitel werden wir uns mit dem Routen-Handling in Laravel befassen; Sie werden erfahren, wie man Routen definiert, wie man sie mit dem auszuführenden Code verknüpft und wie man die Routing-Tools darüber hinaus verwenden kann, um eine Vielzahl weiterer Aufgaben zu erfüllen.

Eine kurze Einführung in MVC, HTTP-Verben und REST

Dieses Kapitel beschäftigt sich überwiegend mit der Struktur von Model-View-Controller-Anwendungen, und in vielen Beispielen kommen REST-artige Routennamen und Verben vor – lassen Sie uns deshalb auf beide einen kurzen Blick werfen.

Was ist MVC?

In MVC, dem Model-View-Controller-Entwurfsmuster, gibt es drei grundlegende Konzepte:

Model
    Stellt eine einzelne Datenbanktabelle (oder einen Datensatz aus dieser Tabelle) dar – denken Sie an eine »Firma« oder einen »Hund«.

View
    Bezeichnet die Ansicht bzw. Vorlage, die Ihre Daten an den Endbenutzer ausgibt – z.B. eine »Log-in-Seite mit HTML-, CSS- und JavaScript-Code«.

Controller
> Der Controller nimmt HTTP-Anfragen vom Browser entgegen, besorgt die richtigen Daten aus der Datenbank oder anderen Speichern, validiert Benutzereingaben und sendet schließlich eine Antwort zurück an den Benutzer.

In Abbildung 3-1 können Sie sehen, dass der Endbenutzer zuerst mit dem Controller interagiert, wenn er über seinen Browser eine HTTP-Anfrage sendet. Als Reaktion auf diese Anforderung schreibt der Controller Daten in das Modell bzw. die Datenbank und/oder liest Daten aus diesem bzw. dieser ein. Der Controller sendet dann wahrscheinlich Daten an eine View, woraufhin diese Ansicht an den Endbenutzer zurückgegeben wird, um sie in seinem lokalen Browser anzuzeigen.

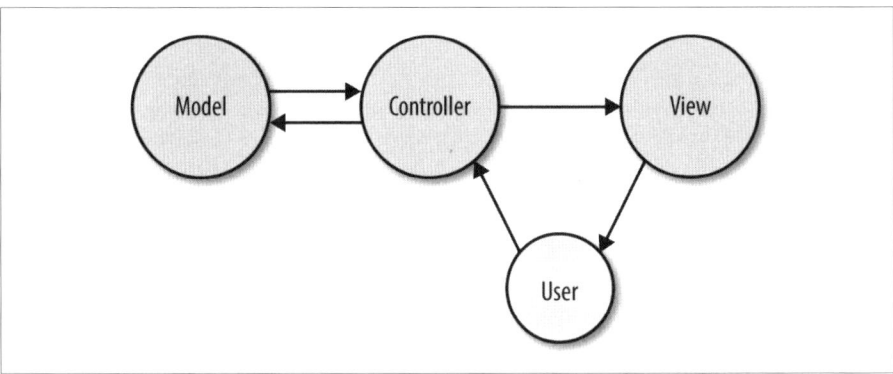

Abbildung 3-1: Eine grundlegende Darstellung von MVC

Wir werden uns im weiteren Verlauf auch einige Anwendungsfälle in Laravel anschauen, die nicht zu dieser relativ vereinfachten Betrachtungsweise der Anwendungsarchitektur passen. Betrachten Sie das MVC-Modell bitte nicht als absolut – es geht jetzt mehr darum, uns auf einen späteren Abschnitt dieses Kapitels vorzubereiten, in dem es um Views und Controller gehen wird.

Die HTTP-Verben

Die gebräuchlichsten HTTP-Verben sind GET und POST, gefolgt von PUT und DELETE. Es gibt auch noch HEAD, OPTIONS und PATCH sowie zwei weitere, die in der normalen Webentwicklung so gut wie nie verwendet werden: TRACE und CONNECT.

Hier ein kurzer Überblick:

GET
> Anfordern einer Ressource (oder einer Liste von Ressourcen).

HEAD
> Fragt nach einer reinen Header-Version der Antwort, die auf eine GET-Anfrage geliefert wird.

POST
> Erstellt eine Ressource.

PUT
: Überschreibt eine Ressource.

PATCH
: Ändert eine Ressource.

DELETE
: Löscht eine Ressource.

OPTIONS
: Fragt den Server, welche HTTP-Verben bei dieser URL erlaubt sind.

Tabelle 3-1 zeigt die Aktionen, die mit einem Ressourcen-Controller verfügbar sind (mehr dazu unter »Ressourcen-Controller« auf Seite 47). Jede Aktion wird durch den Aufruf eines bestimmten URL-Musters mit einem bestimmten HTTP-Verb ausgelöst. In der Übersicht können Sie – am Beispiel einer Aufgabenplanung – einen Eindruck davon gewinnen, wofür jedes Verb verwendet wird.

Tabelle 3-1: HTTP-Verben und zugeordnete Methoden in Ressourcen-Controllern

Verb	URL	Controller-Methode	Name	Beschreibung
GET	tasks	index()	tasks.index	Alle Aufgaben (Tasks) anzeigen
GET	tasks/create	create()	tasks.create	Das Formular für die Erstellung der Aufgabe anzeigen
POST	tasks	store()	tasks.store	Die Daten aus dem Formular übergeben und speichern
GET	tasks/{task}	show()	tasks.show	Eine Aufgabe anzeigen
GET	tasks/{task}/edit	edit()	tasks.edit	Eine Aufgabe bearbeiten
PUT/PATCH	tasks/{task}	update()	tasks.update	Geänderte Daten aus dem Formular übergeben und speichern
DELETE	tasks/{task}	destroy()	tasks.destroy	Eine Aufgabe löschen

Was ist REST?

Wir werden REST in »Die Grundlagen REST-ähnlicher JSON-APIs« auf Seite 337 ausführlicher behandeln, aber es ist, kurz gesagt, ein Architekturmuster zum Erstellen von APIs. Wenn wir in diesem Buch über REST sprechen, beziehen wir uns hauptsächlich auf einige Merkmale wie z. B.:

- Strukturierung um jeweils genau eine Primärressource (z. B. tasks)
- Bestehend aus Interaktionen mit voraussagbaren bzw. planbaren URL-Strukturen unter Verwendung von HTTP-Verben (wie in Tabelle 3-1 zu sehen)
- Rückgabe von JSON und oft auch angefordert mit JSON

Das ist nur eine Auswahl – wenn wir den Begirff »REST-artig« in diesem Buch verwenden, ist damit eine »URL-basierte Aufrufstruktur« gemeint, sodass wir planbare Aufrufe wie GET /tasks/14/edit ausführen können, um beispielsweise eine Bearbeitungsseite für eine bestimmte Aufgabe aufzurufen. Dies ist auch relevant, wenn es nicht um APIs geht, da das Routing in Laravel grundsätzlich auf einer REST-ähnlichen Struktur basiert, wie Sie in Tabelle 3-1 sehen können.

REST-basierte APIs folgen hauptsächlich derselben Struktur, abgesehen davon, dass sie keine *create*- oder *edit*-Route aufweisen, denn APIs führen nur Aktionen aus, aber zeigen keine Seiten an, auf denen diese Aktionen vorbereitet werden.

Routendefinitionen

In einer Laravel-Anwendung definieren Sie Webrouten in *routes/web.php* und API-Routen in *routes/api.php*. Webrouten sind diejenigen, die von Ihren Endbenutzern besucht werden; API-Routen sind diejenigen für Ihre API, falls Sie eine anbieten. Im Moment konzentrieren wir uns vor allem auf die Routen in *routes/web.php*.

Speicherort der Routendatei in Laravel-Versionen vor 5.3

In Versionen vor 5.3 gibt es nur *eine* Routendatei, und zwar *app/Http/routes.php*.

Die einfachste Art, eine Route zu definieren, besteht darin, einem bestimmten Pfad (z. B. /) eine Closure zuzuordnen wie in Beispiel 3-1.

Beispiel 3-1: Grundlegende Routendefinition

```
// routes/web.php
Route::get('/', function () {
    return 'Hello, World!';
});
```

> **Was ist eine Closure?**
>
> Eine Closure, auch als Funktionsabschluss bezeichnet, ist die PHP-Version einer anonymen Funktion. Eine Closure lässt sich einer Variablen zuweisen, als Parameter an andere Funktionen und Methoden oder als Objekt übergeben und sogar serialisieren.

Sie haben nun festgelegt, dass bei einem Aufruf des Stammverzeichnisses Ihrer Domain die definierte Closure ausgeführt und das Ergebnis dieses Funktionsaufrufs zurückgegeben werden soll. Beachten Sie, dass wir unseren Inhalt mit return tatsächlich *zurückgeben* und keine echo- oder print-Anweisung benutzen.

Was ist Middleware?

Sie fragen sich vielleicht: »Warum gebe ich *Hello, World!* mit return zurück und nicht mit echo aus?«

Darauf gibt es verschiedene Antworten, aber die einfachste lautet, dass es viele Wrapper gibt, die Laravels Request/Responce Cycle umschließen (den Zyklus von eingehender Anfrage und ausgehender Antwort), u. a. auch die sogenannte *Middleware*. Wenn der Aufruf einer Routen-Closure oder einer Controller-Methode abgeschlossen ist, wird die Antwort nicht direkt an den Browser gesendet. Weil der Inhalt mit return zurückgegeben wird, kann er den weiteren Response-Stack und die gesamte Middleware durchlaufen und darin weiter verarbeitet oder »veredelt« werden, bevor er endgültig an den Benutzer zurückgegeben wird.

Viele einfache Websites können vollständig in der Webroutendatei definiert werden. Mit ein paar einfachen GET-Routen in Kombination mit einigen Vorlagen, wie in Beispiel 3-2 veranschaulicht, können Sie sehr leicht eine klassische Website aufsetzen.

Beispiel 3-2: Einfache Beispiel-Website

```
Route::get('/', function () {
    return view('welcome');
});

Route::get('about', function () {
    return view('about');
});

Route::get('products', function () {
    return view('products');
});

Route::get('services', function () {
    return view('services');
});
```

Statische Aufrufe

Wenn Sie viel Erfahrung in der Entwicklung mit PHP haben, werden Sie vielleicht überrascht sein, statische Aufrufe der Klasse Route zu sehen. Das sind allerdings keine statischen Methodenaufrufe per se, sondern eine Art Dienstleistung, die von Laravels Fassaden erbracht wird und die wir uns in Kapitel 11 genauer anschauen werden.

Wenn Sie keine Fassaden benutzen möchten, können Sie die Definitionen auch wie folgt anlegen:

```
$router->get('/', function () {
    return 'Hello, World!';
});
```

Routing-Verben

Vielleicht haben Sie bemerkt, dass wir `Route::get()` in unseren Routendefinitionen verwendet haben. Damit weisen wir Laravel an, diese Routen nur aufzurufen, wenn der HTTP-Request die `GET`-Methode verwendet. Aber was passiert, wenn es sich um Formulardaten handelt, die mit `POST` gesendet werden, oder vielleicht um ein JavaScript, das `PUT`-oder `DELETE`-Anfragen sendet? Auch dafür gibt es passende Methoden, die man bei Routen einsetzen kann, wie Sie in Beispiel 3-3 sehen können.

Beispiel 3-3: Routing-Verben

```
Route::get('/', function () {
    return 'Hello, World!';
});

Route::post('/', function () {
    // Wird ausgeführt, wenn jemand eine POST-Anfrage an diese Route sendet
});

Route::put('/', function () {
    // Wird ausgeführt, wenn jemand eine PUT-Anfrage an diese Route sendet
});

Route::delete('/', function () {
    // Wird ausgeführt, wenn jemand eine DELETE-Anfrage an diese Route sendet
});

Route::any('/', function () {
    // Wird ausgeführt, egal welche HTTP-Methode für eine Anfrage an diese Route
    // verwendet wird
});

Route::match(['get', 'post'], '/', function () {
    // Wird ausgeführt, wenn GET- oder POST-Anfragen an diese Route gesendet werden
});
```

Routen-Handling

Wie Sie wahrscheinlich schon erraten haben, ist die Angabe einer Closure nicht der einzige Weg, eine Route zu definieren. Closures sind eine schnelle Lösung, aber je größer eine Anwendung wird, desto nachteiliger ist es, die gesamte Routinglogik in einer einzigen Datei zu speichern. Darüber hinaus können Anwendungen, die Closures in Routendefinitionen verwenden, Laravels Routen-Caching (mehr dazu später) nicht nutzen, das bei jeder Anfrage einige Hundert Millisekunden einsparen kann.

Die andere gängige Option ist deshalb, anstelle einer Closure eine bestimmte Controller-Methode anzugeben wie in Beispiel 3-4.

Beispiel 3-4: Routen, die Controller-Methoden aufrufen

```
Route::get('/', 'WelcomeController@index');
```

Das weist Laravel an, dass Anfragen an diesen Pfad an die index()-Methode des Controllers App\Http\Controllers\WelcomeController weitergeleitet werden sollen. Diese Methode wird mit den gleichen Parametern aufgerufen und genauso behandelt wie eine Closure.

> ### Syntax für Controller-Methoden
> In Laravel gibt es eine Konvention, wie man sich auf eine bestimmte Methode in einem bestimmten Controller bezieht: *ControllerName@methodName*. Laravel analysiert, was vor und nach dem @ liegt, und verwendet diese Segmente, um den Controller und die Methode zu identifizieren. In Laravel 5.7 wurde auch eine »Tupel«-Syntax eingeführt (Route::get('/', [WelcomeController::class, 'index'])), aber es ist immer noch üblich, *ControllerName@methodName* zu verwenden, u.a. um eine Methode in der schriftlichen Kommunikation zu beschreiben.

Routenparameter

Wenn in einer Route auch Parameter – variable Abschnitte innerhalb der URL-Struktur – vorkommen, lassen sich diese einfach an eine Closure weitergeben (siehe Beispiel 3-5).

Beispiel 3-5: Routenparameter
```
Route::get('users/{id}/friends', function ($id) {
    //
});
```

Sie können Ihre Routenparameter auch optional gestalten, indem Sie hinter dem Namen des Parameters ein Fragezeichen (?) einfügen wie in Beispiel 3-6 dargestellt. In diesem Fall sollten Sie für die entsprechende Variable der Route auch einen Defaultwert angeben.

Beispiel 3-6: Optionale Routenparameter
```
Route::get('users/{id?}', function ($id = 'fallbackId') {
    //
});
```

Zudem können Sie reguläre Ausdrücke (regex) verwenden, um festzulegen, dass einer Route nur dann gefolgt werden soll, wenn ein Parameter bestimmte Anforderungen erfüllt wie in Beispiel 3-7.

Beispiel 3-7: Einschränkungen der Route durch reguläre Ausdrücke
```
Route::get('users/{id}', function ($id) {
    //
})->where('id', '[0-9]+');
```

```
Route::get('users/{username}', function ($username) {
    //
})->where('username', '[A-Za-z]+');

Route::get('posts/{id}/{slug}', function ($id, $slug) {
    //
})->where(['id' => '[0-9]+', 'slug' => '[A-Za-z]+']);
```

Wie Sie wahrscheinlich schon erraten haben, reicht es nicht, wenn zwar ein Pfad mit einer Routendefinition, aber der Parameter nicht mit dem regulären Ausdruck übereinstimmt. Da die Routen beim Vergleich mit dem Pfad des ankommenden Requests von oben nach unten durchgegangen werden, würde – lautete der Pfad users/abc – die erste Closure in Beispiel 3-7 übersprungen, aber sich beim zweiten Vergleichsausdruck ein Match ergeben, sodass dieser Route gefolgt werden würde. Andererseits würde beispielsweise posts/abc/123 mit keinem der regulären Ausdrücke übereinstimmen, sodass letztlich ein 404-Fehler (Not Found) zurückgegeben würde.

> ### Die Namensbeziehung zwischen Parametern in Routen und in Closures bzw. Controller-Methoden
>
> Wie Sie in Beispiel 3-5 sehen können, verwendet man meistens die gleichen Namen für die Routenparameter (`{id}`) und die Methodenparameter (`function ($id)`). Aber ist das wirklich notwendig?
>
> Die Antwort lautet »nein« – es sei denn, Sie verwenden eine Routen-Modell-Bindung, die später in diesem Kapitel erläutert wird. Welcher Routenparameter mit welchem Methodenparameter übereinstimmt, bestimmt allein die Reihenfolge (von links nach rechts), wie Sie hier sehen können:
>
> ```
> Route::get('users/{userId}/comments/{commentId}', function (
>     $thisIsActuallyTheUserId,
>     $thisIsReallyTheCommentId
>     ) {
>     //
> });
> ```
>
> Allerdings bedeutet das nicht, dass man sie unterschiedlich benennen *sollte*, nur weil man es *kann*. Ich würde empfehlen, sie allein schon wegen möglicher zukünftiger anderer Entwickler, die vielleicht einmal mit Ihrem Code arbeiten müssen, identisch zu benennen.

Benannte Routen

Will man Links auf andere Stellen einer Anwendung setzen, kann man einfach den Pfad verwenden. Dazu gibt es einen globalen Helfer url(); siehe Beispiel 3-8. Diese Hilfsfunktion stellt der URL die vollständige Domain Ihrer Website voran.

Beispiel 3-8: Die url()-Hilfsfunktion

```
<a href="<?php echo url('/'); ?>">
// Gibt <a href="http://myapp.com/"> aus.
```

In Laravel kann man Routen aber auch benennen, sodass man ohne URL auf sie verweisen kann. So kann man komplexen Routen einfache Spitznamen geben und verhindern, dass man Frontend-Links händisch aktualisieren muss, wenn sich einmal Pfade ändern (siehe Beispiel 3-9).

Beispiel 3-9: Routen benennen

```
// Benennen einer Route mit name() in routes/web.php:
Route::get('members/{id}', 'MembersController@show')->name('members.show');

// Verknüpfen der Route in einer View mithilfe des route()-Helfers:
<a href="<?php echo route('members.show', ['id' => 14]); ?>">
```

Dieses Beispiel veranschaulicht einige neue Konzepte. Zum einen verwenden wir eine »flüssige« Routendefinition, um den Namen festzulegen, indem wir die Methode name() mit der Methode get() verketten. Damit geben wir der Route einen kurzen Alias, um sie an anderer Stelle einfacher referenzieren zu können.

Definieren von benutzerdefinierten Routen in Laravel 5.1

Fließende Routendefinitionen gibt es erst seit Laravel 5.2. Zuvor musste man stattdessen ein Array als zweiten Parameter der Routendefinition übergeben; in der Laravel-5.1-Dokumentation (*https://bit.ly/2UZm1Aw*) finden Sie weitere Hinweise dazu. Hier folgt Beispiel 3-9 in einer Version für Laravel 5.1:

```
Route::get('members/{id}', [
    'as' => 'members.show',
    'uses' => 'MembersController@show',
]);
```

Konventionen für Routennamen

Sie können Ihre Route beliebig benennen, aber üblicherweise benutzt man den Plural des Ressourcennamens und, getrennt durch einen Punkt, die Bezeichnung der Aktion. Für eine Ressource mit dem Namen Photo wären die folgenden die am häufigsten verwendeten Routen:

```
photos.index
photos.create
photos.store
photos.show
photos.edit
photos.update
photos.destroy
```

Mehr über diese Konventionen erfahren Sie in »Ressourcen-Controller« auf Seite 47.

In unserem Beispiel haben wir diese Route members.show genannt; *resourcePlural.
action* ist eine gängige Laravel-Konvention für Routen- und Ansichtsnamen.

Im Beispiel 3-9 haben wir auch die Hilfsfunktion route() eingeführt. Genau wie
url() ist route() für die Verwendung in Views vorgesehen, um die Verknüpfung
mit einer benannten Route zu vereinfachen. Wenn die Route keine Parameter
benötigt, können Sie einfach den Routennamen (route('members.index')) übergeben und erhalten einen Routenstring (*http://myapp.com/members*). Wenn Parameter
existieren, übergeben Sie diese als Array im zweiten Parameter des route()-Aufrufs,
so wie wir es in Beispiel 3-9 gemacht haben.

Ich würde empfehlen, generell mit Routennamen anstelle von Pfaden zu arbeiten
und daher den Helfer route() anstelle von url() zu verwenden. Manchmal kann das
etwas umständlich werden – z.B., wenn Sie mit mehreren Subdomains arbeiten –,
aber es bietet ein unglaubliches Maß an Flexibilität, wenn man die Routing-Struktur
einer Anwendung später ohne zu großen Aufwand ändern möchte.

> ### Übergabe von Routenparametern an den route()-Helfer
>
> Wenn Ihre Route Parameter besitzt (z.B. users/*id*), müssen Sie diese Parameter
> beim Aufruf des route()-Helfers übergeben, um einen korrekten Link zur Route zu
> erzeugen.
>
> Es gibt verschiedene Möglichkeiten, diese Parameter zu übergeben. Nehmen wir
> an, wir hätten eine Route, die als users/*userId*/comments/*commentId* definiert ist.
> Des Weiteren nehmen wir an, die Benutzer-ID würde 1 und die Kommentar-ID 2
> lauten. Dann stehen uns verschiedene Optionen zur Verfügung:
>
> Option 1:
> ```
> route('users.comments.show', [1, 2])
> // http://myapp.com/users/1/comments/2
> ```
>
> Option 2:
> ```
> route('users.comments.show', ['userId' => 1, 'commentId' => 2])
> // http://myapp.com/users/1/comments/2
> ```
>
> Option 3:
> ```
> route('users.comments.show', ['commentId' => 2, 'userId' => 1])
> // http://myapp.com/users/1/comments/2
> ```
>
> Option 4:
> ```
> route('users.comments.show', ['userId' => 1, 'commentId' => 2, 'opt' => 'a'])
> // http://myapp.com/users/1/comments/2?opt=a
> ```
>
> Wie Sie sehen, werden Array-Werte *ohne* Schlüssel in der Reihenfolge zugewiesen,
> in der sie angegeben werden; Array-Werte *mit* Schlüssel werden mit den Routenpa-
> rametern verglichen, die ihren Schlüsseln entsprechen, und alles, was übrig bleibt,
> wird als Abfrageparameter hinzugefügt.

Routen gruppieren

Häufig teilt sich eine Gruppe von Routen ein bestimmtes Merkmal – eine bestimmte Authentifizierungsanforderung, ein Pfadpräfix oder vielleicht einen Controller-Namensraum. Es ist nicht nur mühsam, diese gemeinsamen Merkmale vielen Routen einzeln zuzuweisen, es kann die Routendatei auch unübersichtlich machen und die Strukturen Ihrer Anwendung verschleiern.

Man kann mehrere Routen gruppieren, um gemeinsame Konfigurationseinstellungen nur einmalig auf die gesamte Gruppe anwenden zu müssen, und reduziert damit Doppelarbeit. Zudem dienen Routengruppen als visuelle Hinweise für zukünftige Entwickler (und für das eigene Gehirn), dass diese Routen gemeinsame Merkmale aufweisen.

Um zwei oder mehr Routen zusammenzufassen, umschließen Sie die Routendefinitionen mit einer speziellen Methode wie in Beispiel 3-10 gezeigt. Dabei übergeben Sie eine Closure an die Methode group() und definieren die gruppierten Routen innerhalb dieser Closure.

Beispiel 3-10: Routen zu einer Gruppe zusammenfassen

```
Route::group(function () {
    Route::get('hello', function () {
        return 'Hello';
    });
    Route::get('world', function () {
        return 'World';
    });
});
```

An sich »macht« eine Routengruppe erst einmal nichts. Es macht also keinen Unterschied, ob Sie wie in Beispiel 3-10 group() verwenden oder Gruppen von Routendefinitionen beispielsweise durch Kommentare oder Leerzeilen im Code voneinander trennen.

Middleware

Am häufigsten werden Routengruppen wahrscheinlich dazu verwendet, um Middleware auf mehrere Routen gleichzeitig anzuwenden. Mehr über Middleware erfahren Sie in Kapitel 10 – unter anderem nutzt Laravel Middleware zur Authentifizierung von Benutzern und dazu, Gastbenutzern den Zugang zu bestimmten Teilen einer Website zu verwehren.

In Beispiel 3-11 erstellen wir eine Routengruppe, die die Ansichten dashboard und account umfasst, und wenden dann auf beide die Middleware auth an. Damit erreichen wir, dass Benutzer in der Anwendung angemeldet sein müssen, um das Dashboard oder die Seite mit den eigenen Kontoeinstellungen erreichen zu können.

Beispiel 3-11: Eine Gruppe von Routen auf angemeldete Benutzer einschränken

```
Route::middleware('auth')->group(function() {
    Route::get('dashboard', function () {
        return view('dashboard');
    });
    Route::get('account', function () {
        return view('account');
    });
});
```

Ändern von Routengruppen vor Laravel 5.4

Genauso wie es in Laravel vor 5.2 noch keine flüssige Routendefinition gab, war es vor 5.4 nicht möglich, Modifikatoren wie Middleware, Präfixe, Domains und anderes auf Routengruppen anzuwenden.

Hier folgt Beispiel 3-11 in einer Version für Laravel 5.3 und früher:

```
Route::group(['middleware' => 'auth'], function () {
    Route::get('dashboard', function () {
        return view('dashboard');
    });
    Route::get('account', function () {
        return view('account');
    });
});
```

Middleware in Controllern

Oft ist es übersichtlicher, Middleware in einem Controller anzuwenden anstatt in der Routendefinition. Dazu ruft man die Methode middleware() im Konstruktor eines Controllers auf. Man übergibt dabei den Namen der anzuwendenden Middleware und kann optional per Verkettung die Methoden only() und except() anhängen, um die Verwendung der Middleware auf einzelne Methoden des Controllers einzuschränken:

```
class DashboardController extends Controller
{
    public function __construct()
    {
        $this->middleware('auth');

        $this->middleware('admin-auth')
            ->only('editUsers');

        $this->middleware('team-member')
            ->except('editUsers');
    }
}
```

Falls Sie viele Einschränkungen mit »only« und »except« vornehmen, kann das ein Zeichen dafür sein, dass Sie für diese speziellen Routen besser einen neuen Controller anlegen sollten.

Rate Limiting

Damit Benutzer auf bestimmte Routen innerhalb eines bestimmten Zeitraums nur beschränkt oft zugreifen dürfen (sogenanntes *Rate Limiting*, das häufig bei APIs eingesetzt wird), können Sie seit Version 5.2 die Middleware `throttle` einsetzen, die zwei Parameter benötigt: Der erste ist die Anzahl der Zugriffe, die einem Benutzer erlaubt sind, und der zweite ist die Anzahl der Minuten, bevor der Zugriffszähler wieder zurückgesetzt wird. Beispiel 3-12 demonstriert die Verwendung.

Beispiel 3-12: Rate Limiting für eine Route festlegen

```
Route::middleware('auth:api', 'throttle:60,1')->group(function () {
    Route::get('/profile', function () {
        //
    });
});
```

Dynamisches Rate Limiting. Wenn Sie die Zugriffsbegrenzung eines Benutzers von der eines anderen unterscheiden möchten, können Sie die `throttle`-Middleware benutzen, um sich den Wert für die erlaubte Anzahl an Versuchen aus dem Eloquent-Modell des Benutzers zu holen. Anstatt im ersten Parameter eine feste Maximalzahl an Versuchen festzulegen, übergeben Sie stattdessen den Namen eines Attributs des entsprechenden Eloquent-Modells (meist user) – dann wird dieses Attribut verwendet, um zu berechnen, ob der Benutzer sein individuelles Limit überschritten hat oder nicht.

Gäbe es beispielsweise ein Attribut `plan_rate_limit` im User-Modell, könnten Sie die Middleware mit `throttle:plan_rate_limit,1` aufrufen.

Eine kurze Einführung in Eloquent

Wir werden Eloquent, Datenbankzugriffe und den Query Builder ausführlich in Kapitel 5 behandeln, aber da wir bis dahin diesen Themen schon sporadisch begegnen werden, ist ein grundlegendes Verständnis hilfreich.

Eloquent ist Laravels ActiveRecord-ORM, ein objektrelationaler Mapper, der zwischen Objekten in Laravel und Tabellen in einer Datenbank »vermittelt« bzw. diese aufeinander »abbildet« – was es erleichtert, z. B. eine Klasse (bzw. ein Modell) `Comment` mit der Datenbanktabelle `comments` zu verknüpfen und alle Datensätze mit einem Aufruf wie `Comment::all()` zu erhalten.

Der Query Builder (bzw. *Abfrage-Generator*) ist das Tool, mit dem man Aufrufe wie `Post::where('active', true)->get()` oder auch `DB::table('users')->all()` durchführen kann. Sie erstellen eine Abfrage, indem Sie mehrere Methoden miteinander verketten.

Pfad-Präfixe

Wenn Sie mehrere Routen haben, die sich ein Segment ihres Pfads teilen – z.B., wenn das Dashboard Ihrer Website das Präfix /dashboard aufweist – , lässt sich einer ganzen Gruppe von Routen dieses Präfix gemeinsam zuweisen (siehe Beispiel 3-13).

Beispiel 3-13: Einer Gruppe von Routen ein Pfad-Präfix zuweisen

```
Route::prefix('dashboard')->group(function () {
    Route::get('/', function () {
        // Deckt den Pfad /dashboard ab
    });
    Route::get('users', function () {
        // Deckt den Pfad /dashboard/users ab
    });
});
```

Bitte beachten Sie, dass Gruppen mit Präfix auch eine /-Route besitzen, quasi das Wurzelverzeichnis der Gruppe – in Beispiel 3-13 ist das /dashboard.

Fallback-Routen

In Laravel vor Version 5.6 können Sie am Ende Ihrer Routendatei eine »Fallback-Route« definieren, um alle Anfragen abzufangen, bei denen es keine Übereinstimmung mit einer anderen Routendefinition gibt:

```
Route::any('{anything}', 'CatchAllController')->where('anything', '*');
```

Seit Laravel 5.6 können Sie stattdessen die Methode Route::fallback() verwenden:

```
Route::fallback(function () {
    //
});
```

Subdomain-Routing

Subdomain-Routing ähnelt dem Präfixing, aber die Routen werden nach Subdomain statt nach Pfad zusammengefasst. Hierfür gibt es zwei Hauptanwendungen. Zum einen möchte man vielleicht verschiedene Bereiche der Anwendung (oder auch ganz unterschiedliche Anwendungen) über unterschiedliche Subdomains ausliefern. Beispiel 3-14 zeigt, wie das geht.

Beispiel 3-14: Subdomain-Routing

```
Route::domain('api.myapp.com')->group(function () {
    Route::get('/', function () {
        //
    });
});
```

Zum anderen könnten Sie einen Teil der Subdomain über einen Parameter definieren, wie in Beispiel 3-15 veranschaulicht. Dies geschieht am häufigsten bei Multitenancy-Anwendungen, also solchen mit Mandantenfähigkeit – denken Sie beispielsweise an Angebote wie Slack oder Harvest, bei denen jedes nutzende Unternehmen eine eigene Subdomain erhält wie etwa *tighten.slack.co*.

Beispiel 3-15: Parametrisiertes Subdomain-Routing

```
Route::domain('{account}.myapp.com')->group(function () {
    Route::get('/', function ($account) {
        //
    });
    Route::get('users/{id}', function ($account, $id) {
        //
    });
});
```

Beachten Sie, dass alle Parameter, die in der Domaindefinition verwendet werden, als jeweils erster Parameter an die Closures übergeben werden.

Namensraum-Präfixe

Wenn Sie Routen nach Subdomain oder Pfadpräfix gruppieren, haben deren Controller wahrscheinlich auch einen ähnlichen PHP-Namensraum. Im Dashboard-Beispiel könnten sich alle Controller der Dashboard-Routen in einem gemeinsamen Dashboard-Namensraum bewegen. Indem Sie Namensraum-Präfixe für Routengruppen wie in Beispiel 3-16 verwenden, können Sie lange Controller-Referenzen wie `"Dashboard/UsersController@index"` oder `"Dashboard/PurchasesController@index"` vermeiden.

Beispiel 3-16: Präfixe für den Namensraum einer Routengruppe

```
// App\Http\Controllers\UsersController
Route::get('/', 'UsersController@index');

Route::namespace('Dashboard')->group(function () {
    // App\Http\Controllers\Dashboard\PurchasesController
    Route::get('dashboard/purchases', 'PurchasesController@index');
});
```

Namenspräfixe

Und es gibt weitere Präfixe. Es ist üblich, dass Routennamen die Pfadhierarchie widerspiegeln, sodass beispielsweise `users/comments/5` von einer Route mit dem Namen `users.comments.show` bedient wird. In diesem Fall fasst man meist alle Routen der Ressource `users.comments` in einer Gruppe zusammen.

Neben URL-Segmenten und Controller-Namensräumen kann man dem Routennamen auch Zeichenketten voranstellen. Mit Namenspräfixen können wir festlegen, dass der Name jeder Route innerhalb einer Gruppe eine bestimmte Zeichenkette als Präfix zugewiesen bekommen soll. In Beispiel 3-17 stellen wir – in einer verschachtelten Routengruppe – jedem Routennamen zuerst das Präfix "users." und dann "comments." voran.

Beispiel 3-17: Namenspräfixe für eine Routengruppe
```
Route::name('users.')->prefix('users')->group(function () {
    Route::name('comments.')->prefix('comments')->group(function () {
        Route::get('{id}', function () {

        })->name('show');
    });
});
```

Signierte Routen

Viele Anwendungen senden regelmäßig Benachrichtigungen über einmalige Aktionen aus – wie das Zurücksetzen eines Passworts, die Annahme einer Einladung usw. – und stellen einfache Links für diese Aktionen zur Verfügung. Stellen wir uns vor, wir wollen eine E-Mail versenden, um uns vom Empfänger über einen Link bestätigen zu lassen, dass er in eine Mailingliste aufgenommen werden möchte.

Es gibt drei Möglichkeiten, diesen Link zu gestalten:

1. Als öffentliche URL – in der Hoffnung, dass niemand sonst diese Bestätigungs-URL entdeckt oder jemand seine eigene Bestätigungs-URL ändert, um die Zustimmung einer anderen Person zu simulieren.

2. Versteckt hinter einer Authentifizierungsschranke, sodass sich der Empfänger erst anmelden muss, nachdem er auf den Link geklickt hat (was vielleicht gar nicht möglich ist, da viele Empfänger von Mailinglisten wahrscheinlich keine registrierten Benutzer sind).

3. Als signierten Link, sodass der Link selbst bereits eindeutig beweist, dass der Benutzer den Link mit einer E-Mail erhalten hat, und er sich nicht anmelden muss – der Link könnte beispielsweise *http://myapp.com/invitations/5816/yes?signature=030ab0ef6a8237bd86a8b8* lauten.

Die dritte Variante lässt sich mit einer in Laravel 5.6.12 eingeführten Funktion für *signierte URLs* einsetzen, mit der man ein Signatur-Authentifizierungssystem für das Versenden solcher Links einrichten kann. Diese Links bestehen aus dem normalen Routenlink mit einer angehängten »Signatur«, die sicherstellt, dass die URL nicht nachträglich geändert wurde (um etwa auf die Informationen einer anderen Person zuzugreifen).

Eine Route signieren

Um eine signierte URL für den Zugriff auf eine bestimmte Route zu erstellen, muss die Route einen Namen haben:

```
Route::get('invitations/{invitation}/{answer}', 'InvitationController')
    ->name('invitations');
```

Wie wir weiter oben bereits gesehen haben, würden Sie normalerweise den Helfer route() verwenden, um einen normalen Link zu dieser Route zu erzeugen, aber das geht stattdessen auch mit der Fassade URL: URL::route('invitations', ['invitation' => 12345, 'answer' => 'yes']). Um einen *signierten* Link zu dieser Route zu erzeugen, verwenden Sie hier statt route() einfach die Methode signedRoute(). Und falls Sie eine signierte Route mit Ablaufzeitpunkt erzeugen möchten, verwenden Sie temporarySignedRoute():

```
// Erzeugt einen normalen Link
URL::route('invitations', ['invitation' => 12345, 'answer' => 'yes']);

// Erzeugt einen signierten Link
URL::signedRoute('invitations', ['invitation' => 12345, 'answer' => 'yes']);

// Erzeugt einen temporären signierten Link
URL::temporarySignedRoute(
    'invitations',
    now()->addHours(4),
    ['invitation' => 12345, 'answer' => 'yes']
);
```

> **Verwendung des now()-Helfers**
>
> Seit Version 5.5 verfügt Laravel über einen now()-Helfer, ein Äquivalent von Carbon::now(); er gibt ein Carbon-Objekt zurück, das den aktuellen Zeitpunkt des Methodenaufrufs als Datums-/Zeitwert enthält. Falls Sie mit Laravel vor Version 5.5 arbeiten, können Sie grundsätzlich jedes Vorkommen von now() in diesem Buch durch Carbon::now() ersetzen.
>
> Carbon ist eine Datetime-Bibliothek, die zusammen mit Laravel ausgeliefert wird.

Signierte Links zulassen

Nachdem Sie nun einen Link auf eine signierte Route generiert haben, müssen Sie sich natürlich gegen unerlaubte Zugriffe schützen. Am einfachsten geht das mit der Middleware signed (die standardmäßig durch die Nennung im Array $routeMiddleware in *app/Http/Kernel.php* zur Anwendung vorbereitet ist):

```
Route::get('invitations/{invitation}/{answer}', 'InvitationController')
    ->name('invitations')
    ->middleware('signed');
```

Alternativ können Sie die Methode hasValidSignature() auf das Request-Objekt anwenden, um manuell zu validieren:

```
class InvitationController
{
    public function __invoke(Invitation $invitation, $answer, Request $request)
    {
```

```
        if (! $request->hasValidSignature()) {
            abort(403);
        }

        //
    }
}
```

Views

In einigen Closures von Routendefinitionen, die uns bisher begegnet sind, stand etwas wie beispielsweise return view('account'). Worum geht es da?

Im MVC-Entwurfsmuster (Abbildung 3-1) sind *Views* (oder Templates bzw. Ansichten) Dateien, die beschreiben, wie eine bestimmte Seitenausgabe an den Benutzer aussehen soll. Gelegentlich benutzt man Ansichten auch für JSON oder XML oder E-Mails, aber die Views in einem Web-Framework geben normalerweise HTML aus.

In Laravel gibt es zwei Formate, die Sie sofort verwenden können: einfache PHP-Views oder Blade-Vorlagen (siehe Kapitel 4). Der Unterschied liegt im Dateinamen: Eine Datei *about.php* würde mit der PHP-Engine, eine Datei *about.blade.php* mit der Blade-Engine gerendert werden.

> **Drei Möglichkeiten, eine Ansicht zu laden**
>
> Es gibt drei verschiedene Möglichkeiten, eine View zurückzugeben. Im Moment beschränken wir uns auf den view()-Helfer, aber View::make() bewirkt das Gleiche, und alternativ könnten Sie auch die Illuminate\View\View\ViewFactory injizieren.

Sobald Sie eine Ansicht »geladen« haben, können Sie sie einfach zurückgeben bzw. ausliefern (wie in Beispiel 3-18), was funktioniert, solange die View nicht darauf angewiesen ist, bestimmte Variablen bzw. Daten von einem Controller zu erhalten.

Beispiel 3-18: Einfacher Einsatz von view()
```
Route::get('/', function () {
    return view('home');
});
```

Dieser Code lädt eine View namens *resources/views/home.blade.php* oder *resources/views/home.php*, analysiert alle Inline-PHP-Segmente und Kontrollstrukturen und liefert letztendlich die fertig gerenderte Ansicht zurück. Nachdem sie zurückgegeben wurde, wird sie an den Rest des Response Stacks weitergeleitet und schließlich an den Benutzer zurückgesendet.

Aber was machen Sie, wenn Sie Variablen übergeben müssen? Werfen Sie einen Blick auf Beispiel 3-19.

Beispiel 3-19: Variablen an Views übergeben
```
Route::get('tasks', function () {
    return view('tasks.index')
        ->with('tasks', Task::all());
});
```

Diese Closure lädt die Ansicht *resources/views/tasks/index.blade.php* oder *resources/views/tasks/index.php* und übergibt ihr eine einzelne Variable namens tasks, die das Ergebnis der Methode `Task::all()` enthält. `Task::all()` ist eine Eloquent-Datenbankabfrage, über die Sie in Kapitel 5 mehr erfahren werden.

Einfache Routen direkt mit Route::view() zurückgeben

Da es sehr häufig vorkommt, dass eine Route einfach eine Ansicht zurückgibt, ohne dass irgendwelche Daten benötigt werden, kann man ab Laravel 5.5 eine Route als reine »View«-Route definieren, ohne dass die Routendefinition überhaupt eine Closure oder einen Controller-Methoden-Aufruf enthalten muss – wie Sie in Beispiel 3-20 sehen können.

Beispiel 3-20: Route::view()
```
// Gibt resources/views/welcome.blade.php zurück
Route::view('/', 'welcome');

// Einfache Daten an Route::view() übergeben
Route::view('/', 'welcome', ['User' => 'Michael']);
```

Verwendung von View Composern, um Variablen für alle Views bereitzustellen

Manchmal kann es mühsam sein, die gleichen Variablen immer und immer wieder zu übergeben. Möglicherweise gibt es eine Variable, die in allen Views der Website oder in einer bestimmten Klasse von Views oder einer bestimmten Teilansicht gebraucht wird – z.B. in allen Ansichten, die sich auf eine Aufgabenplanung beziehen, oder einer Teilansicht, die eine Kopfzeile enthält.

Es ist möglich, bestimmte Variablen mit allen oder bestimmten Views zu teilen wie im folgenden Code:
```
view()->share('variableName', 'variableValue');
```
Mehr dazu in »View Composer und Service Injection« auf Seite 75.

Controller

Controller habe ich zwar schon einige Male erwähnt, aber bisher enthielten die meisten gezeigten Routendefinitionen Closures. Im MVC-Muster sind Controller im Wesentlichen Klassen, die die Logik einer oder mehrerer Routen gemeinsam an einer Stelle organisieren. Controller werden oft dazu benutzt, ähnliche Routen zusammenzufassen, insbesondere bei Anwendungen, die dem traditionellen CRUD-Format folgen; in diesem Fall ist oft ein einziger Controller für alle Aktionen zuständig, die für eine bestimmte Ressource ausgeführt werden können.

Was ist CRUD?

CRUD steht für *create*, *read*, *update*, *delete*, das sind die vier primären Operationen, die Webanwendungen am häufigsten auf eine Ressource anwenden müssen. Beispielsweise könnte es sein, dass ein neuer Blog-Beitrag erstellt, gelesen, aktualisiert oder gelöscht werden soll.

Es mag verlockend sein, die gesamte Anwendungslogik in die Controller zu packen, aber man sollte Controller eher als Verkehrspolizisten betrachten, die die HTTP-Anfragen durch die Anwendung lotsen. Da es andere Möglichkeiten gibt, wie Anfragen Ihre Anwendung erreichen können – Cron-Jobs, Artisan-Befehle von der Kommandozeile, Warteschlangenaufträge usw. –, ist es ratsam, das Anwendungsverhalten nicht zu sehr den Controllern zu überlassen. Die Hauptaufgabe eines Controllers besteht darin, die Intention eines HTTP-Requests zu erfassen und diesen an den Rest der Anwendung weiterzugeben.

Aber lassen Sie uns jetzt einfach einen Controller erstellen. Am schnellsten geht das mit einem Artisan-Befehl auf der Kommandozeile:

```
php artisan make:controller TasksController
```

Artisan und Artisan-Generatoren

Zu Laravel gehört ein Befehlszeilen-Tool namens Artisan. Mit Artisan kann man Migrationen durchführen, Benutzer und andere Datensätze manuell erstellen und viele weitere punktuelle Aufgaben durchführen.

Zusammengefasst unter dem Namensraum make bietet Artisan Werkzeuge, mit denen man für eine Vielzahl von Dateivarianten schablonierte Versionen erzeugen kann. Genau so ein Hilfsbefehl ist `php artisan make:controller`.

Mehr über dieses und andere Artisan-Features finden Sie in Kapitel 8.

Dadurch wird eine neue Datei namens *TasksController.php* in *app/Http/Controllers* erstellt, deren Inhalt Sie in Beispiel 3-21 sehen.

Beispiel 3-21: Automatisch erzeugter Standard-Controller

```
<?php

namespace App\Http\Controllers;

use Illuminate\Http\Request;

class TasksController extends Controller
{
```

```
    //
}
```

Ändern Sie diese Datei wie in Beispiel 3-22 gezeigt, um eine neue öffentliche Methode namens index() anzulegen. Wir werden mit ihr einfach etwas Text ausgeben.

Beispiel 3-22: Einfaches Controller-Beispiel

```
<?php

namespace App\Http\Controllers;

class TasksController extends Controller
{
    public function index()
    {
        return 'Hello, World!';
    }
}
```

Jetzt legen wir wie in Beispiel 3-23 eine Route an, die auf diese Methode verweist.

Beispiel 3-23: Route zu einer Controller-Methode

```
// routes/web.php
<?php

Route::get('/', 'TasksController@index');
```

So einfach ist das! Sie können jetzt diese Root-URL Ihrer Anwendung besuchen und sollten die Worte »Hello, World!« sehen.

> **Controller-Namensräume**
>
> In Beispiel 3-23 haben wir auf einen Controller verwiesen, der den voll qualifizierten Klassennamen App\Http\Controller\TasksController besitzt, haben aber nur den reinen Klassennamen verwendet. Das liegt nicht daran, dass wir Controller einfach über ihren Klassennamen referenzieren können. Wir können die Angabe App\Http\Controllers\ nur deshalb weglassen, weil Laravel standardmäßig so konfiguriert ist, dass es nach Controllern immer innerhalb dieses Namensraums sucht.
>
> Einen Controller mit einem voll qualifizierten Klassennamen App\Http\Controllers\API\ExercisesController können Sie in einer Routendefinition also als API\ExercisesController referenzieren.

Die gebräuchlichste Variante einer Controller-Methode sieht deshalb so aus wie in Beispiel 3-24 und bietet die gleiche Funktionalität wie die Routen-Closure in Beispiel 3-19.

Beispiel 3-24: Eine typische Controller-Methode

```
// TasksController.php
...
public function index()
{
    return view('tasks.index')
        ->with('tasks', Task::all());
}
```

Diese Controller-Methode lädt die Ansicht *resources/views/tasks/index.blade.php* bzw. *resources/views/tasks/index.php* und übergibt ihr eine einzelne Variable namens tasks, die das Ergebnis der Eloquent-Abfrage Task::all() enthält.

Ressourcen-Controller anlegen

Wenn Sie php artisan make:controller bereits in Laravel-Versionen vor 5.3 verwendet haben, rechnen Sie vielleicht damit, dass Methoden für alle grundlegenden Ressourcenrouten wie create() und update() automatisch generiert werden. Sie können dieses Verhalten ab Laravel 5.3 wiederherstellen, indem Sie beim Aufruf des make-Befehls das Flag --resource verwenden:

```
php artisan make:controller TasksController --resource
```

Benutzereingaben

Am zweithäufigsten werden in einer Controller-Methode Eingaben vom Benutzer entgegengenommen, um dann darauf zu reagieren. Dabei kommen ein paar neue Konzepte ins Spiel, lassen Sie uns also einen Blick auf etwas Beispielcode werfen und diesen besprechen.

Zuerst binden wir unsere Route, siehe Beispiel 3-25.

Beispiel 3-25: Grundlegende Formularaktionen binden

```
// routes/web.php
Route::get('tasks/create', 'TasksController@create');
Route::post('tasks', 'TasksController@store');
```

Bitte beachten Sie, dass wir die GET-Aktion von tasks/create (die ein Formular zum Erstellen einer neuen Aufgabe anzeigt) und die POST-Aktion von tasks/ binden (die die Formulardaten übergibt). Die create()-Methode unseres Controllers würde einfach ein Formular anzeigen, deshalb schauen wir uns in Beispiel 3-26 direkt die Methode store() an.

Beispiel 3-26: Typische Controller-Methode zum Speichern von Formulareingaben

```
// TasksController.php
...
public function store()
{
```

```
    Task::create(request()->only(['title', 'description']));

    return redirect('tasks');
}
```

Dieses Beispiel verwendet Eloquent-Modelle und `redirect()`, aber dazu kommen wir noch. Jetzt geht es erst einmal darum, wie wir hier tatsächlich unsere Daten erhalten.

Wir verwenden den `request()`-Helfer, der letztlich die HTTP-Anfrage repräsentiert (auch dazu später mehr) und verwenden die Methode `only()`, um aus der Benutzereingabe die Werte für die Felder `title` und `description` zu extrahieren.

Diese beiden Werte übergeben wir dann an die Methode `create()` unseres `Task`-Modells, die daraus eine neue Instanz von `Task` erzeugt und auch direkt in der Datenbank speichert. Schließlich leiten wir den Besucher zurück auf die Seite, die alle Tasks in einer Übersicht anzeigt.

Hier sind ein paar Abstraktionsebenen am Werk, um die wir uns gleich kümmern, aber zuerst einmal ist es wichtig zu wissen, dass die Daten, die von der Methode `only()` zurückgegeben werden, aus dem gleichen Datenpool stammen, aus dem sich alle gängigen Methoden bedienen, die auf dem Request-Objekt angewendet werden – einschließlich `all()` und `get()`. Dieser Pool enthält alle vom Benutzer eingegebenen Daten, egal ob sie in URL-Parametern oder POST-Werten übergeben wurden. Unser imaginärer Benutzer hat zwei Felder auf der Seite »Add Tasks/Aufgabe hinzufügen« ausgefüllt: »title« und »description.«

Um die Abstraktion ein wenig aufzuschlüsseln: `request()->only()` erwartet als Parameter ein assoziatives Array mit Namen von Eingabefeldern und gibt ein assoziatives Array zurück, in dem die Werte stehen, die in diesen Feldern enthalten sind:

```
request()->only(['title', 'description']);
// gibt zurück:
[
    'title' => 'Durch den Benutzer im Formular eingegebener Titel',
    'description' => 'Durch den Benutzer im Formular eingegebene Beschreibung',
]
```

Und `Task::create()` empfängt wiederum ein solches assoziatives Array und erstellt daraus eine neue Aufgabe:

```
Task::create([
    'title' => 'Kauf Milch',
    'description' =>
    'Denk daran, diesmal das Mindesthaltbarkeitsdatum zu kontrollieren, Norbert!',
]);
```

Die Kombination dieser Felder stellt eine Aufgabe mit den beiden vom Benutzer vorgegebenen Feldern »title« und »description« dar.

Abhängigkeiten in Controller einfügen

Laravels Fassaden und globale Helfer stellen eine einfache Schnittstelle zu den nützlichsten Klassen in Laravels Codebasis dar. Sie können Informationen über den aktuellen Request, Benutzereingaben, die Sitzung, Caches und vieles mehr erhalten.

Aber wenn Sie es vorziehen, Abhängigkeiten zu injizieren, oder wenn Sie einen Dienst verwenden möchten, für den es keine Fassade und keinen Helfer gibt, müssen Sie selbst einen Weg finden, Instanzen dieser Klassen in einem Controller verwenden zu können.

Dies ist unsere erste Begegnung mit Laravels Service-Container. Falls Ihnen der Begriff noch nicht vertraut ist, betrachten Sie ihn als einen Teil der Laravel'schen »Magie«; wenn Sie mehr darüber erfahren wollen, wie er tatsächlich funktioniert, dann können Sie zu Kapitel 11 springen.

Alle Controller-Methoden (einschließlich der Konstruktoren) werden von Laravels Container aufgelöst – wenn Sie also Type-Hints verwenden, die der Container kennt, kann automatisch injiziert werden.

Type-Hints in PHP

»Type-Hinting« in PHP bedeutet, den Namen einer Klasse oder eines Interfaces in einer Methodensignatur vor den Variablennamen zu setzen:

```
public function __construct(Logger $logger) {}
```

Dieser Typ-Hinweis teilt PHP beispielsweise mit, dass die Methode __construct() einen Parameter vom Typ Logger erwartet, der entweder ein Interface oder eine Klasse sein kann.

Möglicherweise ziehen Sie es vor, eine Instanz des Request-Objekts anstelle des globalen Helfers zu verwenden? Dann verwenden Sie als Typ-Hinweis einfach Illuminate\Http\Request im Methodenparameter wie in Beispiel 3-27.

Beispiel 3-27: Controller-Methode mit Type-Hinting

```
// TasksController.php
...
public function store(\Illuminate\Http\Request $request)
{
    Task::create($request->only(['title', 'description']));

    return redirect('tasks');
}
```

Damit haben Sie hier einen Parameter definiert, der an die Methode store() übergeben werden muss. Anhand des Type-Hints erkennt Laravel, wie man diesen Klassennamen auflöst, und kann das Request-Objekt innerhalb der Methode verwenden, ohne dass weitere Vorkehrungen nötig sind: keine explizite Bindung und sonst etwas – es steht einfach als Variable $request zur Verfügung.

Wie Sie erkennen können, wenn Sie Beispiel 3-26 und Beispiel 3-27 vergleichen, verhalten sich die Helfermethode request() und das Objekt Request genau gleich.

Ressourcen-Controller

Manchmal ist beim Schreiben eines Controllers die sinnvolle Benennung der Methoden die schwierigste Aufgabe. Glücklicherweise gibt es in Laravel einige Konventionen für die Methodennamen eines traditionellen REST/CRUD- bzw. Ressourcen-Controllers. Zudem gibt es auch für Ressourcen-Controller einen mitgelieferten Generator und eine Variante der Routendefinition, mit der man einen kompletten Ressourcen-Controller auf einmal binden kann.

Um die Methoden zu sehen, die Laravel typischerweise in einem Ressourcen-Controller erwartet, lassen Sie uns einen neuen Controller von der Befehlszeile aus generieren:

```
php artisan make:controller MySampleResourceController --resource
```

Öffnen Sie nun *app/Http/Controllers/MySampleResourceController.php*. Sie werden sehen, die Datei enthält bereits ein paar Methoden. Schauen wir uns deren Aufgaben an. Wir verwenden wieder unser Beispiel der Aufgabenplanung.

Methoden eines Ressourcen-Controllers

Denken Sie an die frühere Tabelle 3-1, die die HTTP-Verben, die URLs und die Namen der Controller-Methoden enthält, die in Ressourcen-Controllern generiert werden.

Binden eines Ressourcen-Controllers

Wir kennen die konventionellen Routennamen, die in Laravel verwendet werden, und wissen, wie einfach es ist, einen Ressourcen-Controller mit Methoden für jede dieser Standardrouten zu generieren. Glücklicherweise müssen Sie die Routen für diese Controller-Methoden nicht alle von Hand schreiben, wenn Sie nicht möchten. Es gibt einen Trick dafür, der sich *Ressourcen-Controller-Bindung* nennt. Werfen Sie einen Blick auf Beispiel 3-28.

Beispiel 3-28: Ressourcen-Controller-Bindung
```
// routes/web.php
Route::resource('tasks', 'TasksController');
```

Dadurch werden automatisch alle in Tabelle 3-1 für diese Ressource aufgeführten Routen an die entsprechenden Methodennamen im angegebenen Controller gebunden. Dabei werden diese Routen auch passend benannt, z.B. erhält die Methode index() im tasks-Ressourcen-Controller den Namen tasks.index – ohne dass dies mit name() separat spezifiziert werden muss.

artisan route:list

Wenn Sie wissen möchten, welche Routen in der aktuellen Anwendung definiert sind, können Sie in der Kommandozeile den Befehl php artisan route:list ausführen, der eine Listenübersicht erzeugt (siehe Abbildung 3-2).

Abbildung 3-2: Auflistung der vorhandenen Routen (einer Beispielanwendung)

API-Ressourcen-Controller

Wenn Sie mit RESTful-APIs arbeiten, unterscheiden sich die möglichen Aktionen einer Ressource von denen eines HTML-Ressourcen-Controllers. Sie können zwar beispielsweise ein POST-Request an eine API senden, um eine Ressource zu erstellen, aber Sie können in einer API nicht wirklich »ein Erstellungsformular anzeigen«.

Seit Laravel 5.6 kann man direkt *API-Ressourcen-Controller* erzeugen, denen im Vergleich zu »normalen« Ressourcen-Controllern die Methoden *create* und *edit* fehlen. API-Ressourcen-Controller lassen sich generieren, indem beim Erstellen eines Controllers das --api-Flag übergeben wird:

```
php artisan make:controller MySampleResourceController --api
```

Binden eines API-Ressourcen-Controllers

Um einen API-Ressourcen-Controller zu binden, verwendet man die Methode apiResource() anstelle von resource(), wie Beispiel 3-29 zeigt.

Beispiel 3-29: Bindung eines API-Ressourcen-Controllers

```
// routes/web.php
Route::apiResource('tasks', 'TasksController');
```

Controller für eine einzelne Aktion

Manchmal gibt es den Fall, dass ein Controller nur eine einzige Route bedienen soll. Sie werden sich vielleicht fragen, wie Sie die Controller-Methode für diese Route benennen sollen. Glücklicherweise können Sie eine einzelne Route an einen einzelnen Controller binden, ohne sich mit der Benennung dieser Methode beschäftigen zu müssen.

Wie Sie vielleicht schon wissen, ist die Methode __invoke() eine magische PHP-Methode, die es Ihnen erlaubt, eine Instanz einer Klasse »aufzurufen« und sie wie eine Funktion zu behandeln. Genau diese Methode ermöglicht es, in Laravel einen Single-Action-Controller zu verwenden, den man ohne Methodenangabe in einer Routendefinition aufrufen kann, wie Beispiel 3-30 zeigt.

Beispiel 3-30: Einsatz der __invoke()-Methode

```
// \App\Http\Controllers\UpdateUserAvatar.php
public function __invoke(User $user)
{
    // Das Avatarbild des Benutzers aktualisieren
}

// routes/web.php
Route::post('users/{user}/update-avatar', 'UpdateUserAvatar');
```

Routen-Modell-Bindung

Besonders häufig muss man in der ersten Zeile einer Controller-Methode versuchen, die Ressource mit einer bestimmten ID zu finden, um die Daten zu dieser ID aus der Datenbank in eine Instanz des Modells zu holen wie in Beispiel 3-31.

Beispiel 3-31: Ressource zu einer ID finden

```
Route::get('conferences/{id}', function ($id) {
    $conference = Conference::findOrFail($id);
});
```

Laravel ermöglicht eine sogenannte *Routen-Modell-Bindung* (Route Model Binding). Man kann damit festlegen, dass ein bestimmter Parametername (z.B. {conference}) anzeigt, dass direkt der gesamte, zu dieser ID gehörige Datenbankeintrag (also die gesamte Zeile) ausgelesen und als Parameter übergeben werden soll und nicht nur die ID.

Es gibt zwei Arten von Routen-Modell-Bindungen: implizite und benutzerdefinierte (bzw. explizite).

Implizite Routen-Modell-Bindung

Am einfachsten bindet man eine Route an ein Modell, indem man dem Routenparameter einen eindeutigen Namen gibt, vorzugsweise den des betreffenden Modells (z.B. $conference anstelle von $id), und diesen auch als Parameter in der Closure bzw. Controller-Methode verwendet. Das lässt sich – siehe Beispiel 3-32 – einfacher zeigen als beschreiben.

Beispiel 3-32: Implizite Routen-Modell-Bindung

```
Route::get('conferences/{conference}', function (Conference $conference) {
    return view('conferences.show')->with('conference', $conference);
});
```

Da der Parameter, der im Routenpfad Verwendung findet ({conference}), mit dem Parameter übereinstimmt, der in der Methode (bzw. hier der Closure) verwendet wird und den passenden Typ-Hinweis auf das Conference-Modell (Conference $conference) enthält, erkennt Laravel dies als eine implizite Routen-Modell-Bindung. Jedes Mal, wenn diese Route besucht wird, geht die Anwendung automatisch davon aus, dass in der URL anstelle von {conference} eine ID übergeben wird, die direkt dazu verwendet werden soll, um die passende Conference-Modellinstanz aus der Datenbank einzulesen und diese (anstelle der ID) an die Abschlussfunktion bzw. Controller-Methode zu übergeben.

> **Abweichenden Routenschlüssel für ein Eloquent-Modell festlegen**
>
> Wenn ein Eloquent-Modell (bzw. ein Datensatz) anhand eines URL-Segments gesucht wird, verwendet Laravel dazu standardmäßig den Primärschlüssel (in der Regel id).
>
> Sie können eine abweichende Spalte festlegen, die anhand des übergebenen URL-Segments durchsucht werden soll, indem Sie Ihrem Modell eine Methode namens getRouteKeyName() hinzufügen:
>
> ```
> public function getRouteKeyName()
> {
>     return 'slug';
> }
> ```
>
> Jetzt wird in einer URL wie conferences/{conference} keine ID, sondern ein Eintrag aus der Spalte slug erwartet, um das Lookup durchzuführen.

Diese implizite Bindung zwischen Route und Modell wurde in Laravel 5.2 eingeführt.

Benutzerdefinierte Routen-Modell-Bindung

Um Routen-Modell-Bindungen manuell zu konfigurieren, können Sie der boot()-Methode in App\Providers\RouteServiceProvider eine Zeile wie die in Beispiel 3-33 verwendete hinzufügen.

Beispiel 3-33: Explizite Routen-Modell-Bindung

```
    public function boot()
    {
        // Führt die boot()-Methode des Parents aus
        parent::boot();

        // Bindung vornehmen
        Route::model('event', Conference::class);
    }
```

Damit ist festgelegt, dass immer dann, wenn in einer Routendefinition ein Parameter mit dem Namen {event} vorkommt, wie in Beispiel 3-34 gezeigt, eine Instanz der Klasse Conference mit der ID dieses URL-Segments verwendet werden soll.

Beispiel 3-34: Routendefinition, in der eine explizite Routen-Modell-Bindung verwendet wird

```
Route::get('events/{event}', function (Conference $event) {
    return view('events.show')->with('event', $event);
});
```

Routen-Caching

Falls Sie noch ein paar zusätzliche Millisekunden bei den Ladezeiten herauskitzeln möchten, sollten Sie einen Blick auf Routen-Caching werfen. Während des Bootstrap-Prozesses von Laravel kann das Parsen der *routes/*-Dateien zwischen einigen Dutzend und einigen Hundert Millisekunden dauern – Routen-Caching beschleunigt diesen Prozess erheblich.

Um Routen-Caching zu nutzen, dürfen nur Routen verwendet werden, die keine Routen-Closures enthalten – alle anderen Varianten sind erlaubt. Wenn das auf Ihre Anwendung zutrifft, können Sie mit dem Befehl `php artisan route:cache` Laravel anweisen, die Inhalte der Dateien im Verzeichnis *routes/* einmal zu parsen und die Ergebnisse zwischenzuspeichern. Wenn Sie den Cache wieder löschen möchten, führen Sie dazu den Befehl `php artisan route:clear` aus.

Einen Nachteil gibt es aber auch: Laravel vergleicht Routen nun anhand dieser Cache-Datei und nicht mehr anhand der aktuellen Dateien in *routes/*. Wenn Sie jetzt Änderungen an Ihren Routendateien vornehmen, werden diese erst wirksam, wenn Sie `route:cache` erneut ausführen. Das bedeutet, dass Sie bei jeder Änderung den Cache erneuern müssen, was einiges Fehlerpotenzial mit sich bringt.

Meine Empfehlung wäre: Da Git die Cache-Datei sowieso standardmäßig ignoriert, sollten Sie das Routen-Caching ausschließlich auf Ihrem Produktionsserver verwenden und den Befehl `php artisan route:cache` immer dann ausführen, wenn Sie neuen Code bereitstellen (sei es über einen Post-Deploy-Hook in Git, einen Deploy-Befehl in Laravel Forge oder durch einen Job in einem anderen Bereitstellungssystem). Auf diese Weise werden Sie nicht mit verwirrenden lokalen Entwicklungsproblemen konfrontiert, während Ihre Produktionsumgebung dennoch vom Routen-Caching profitiert.

Methoden-Spoofing für Formulare

Manchmal muss man manuell definieren, mit welchem HTTP-Verb ein Formular gesendet werden soll. HTML-Formulare erlauben nur GET oder POST. Wenn man eine andere Methode benötigt, muss man diese anders angeben.

HTTP-Verben in Laravel

Wie wir bereits gesehen haben, können Sie mit Route::get(), Route::post(), Route::any() oder Route::match() definieren, auf welche Methoden eine Route ansprechen soll. Das gilt aber auch für Route::patch(), Route::put() und Route::delete().

Aber wie sendet man aus einem Webbrowser eine Anfrage mit einer anderen Methode als GET? Das Attribut method im <form>-Tag eines HTML-Formulars bestimmt sein HTTP-Verb: Wird dort "GET" angegeben, werden die Formulardaten über Abfrageparameter übergeben, die an die URL gehängt werden; wird als Methode "POST" benutzt, werden die Daten im POST-Array transportiert.

Mit JavaScript-Frameworks kann man recht leicht auch andere Methoden angeben wie z.B. DELETE oder PATCH. Um in Laravel HTML-Formulare mit anderen Verben als GET oder POST zu benutzen, müssen Sie das sogenannte *Form Method Spoofing* verwenden, mit dem die HTTP-Methode in einem HTML-Formular quasi gefälscht wird.

HTTP-Methoden-Spoofing

Soll ein Formular nicht mit der POST-Methode versendet werden, fügen Sie einfach eine versteckte Variable namens _method mit einem der möglichen Werte "PUT", "PATCH" oder "DELETE" hinzu. Laravel wird diese Formularübermittlung dann so zuordnen und weiterleiten, als ob es tatsächlich ein Request mit diesem Verb bzw. dieser Methode wäre.

Das Formular aus Beispiel 3-35, mit der "DELETE"-Methode gekennzeichnet, wird deshalb nur von solchen Routen als möglicherweise passend erkannt, die mit Route::delete() definiert wurden, während mit Route::post() definierte Routen es von vornherein ignorieren und gar nicht weiter auf eine Pfadübereinstimmung prüfen würden.

Beispiel 3-35: Methoden-Spoofing für Formulare
```
<form action="/tasks/5" method="POST">
    <input type="hidden" name="_method" value="DELETE">
    <!-- oder: -->
    @method('DELETE')
</form>
```

CSRF-Schutz

Wenn Sie bereits versucht haben, in einer Laravel-Anwendung ein Formular abzuschicken, einschließlich des in Beispiel 3-35 gezeigten, sind Sie wahrscheinlich auf die gefürchtete TokenMismatchException gestoßen.

Standardmäßig sind alle Routen in Laravel – mit Ausnahme von »read-only«-Routen (die GET, HEAD oder OPTIONS verwenden) – vor standortübergreifenden CSRF-Angriffen geschützt, indem bei jeder Anfrage (in einem verborgenen Input-Feld namens _token) ein passendes Token übergeben werden muss. Dieses Token wird zu Beginn jeder Session generiert, und jede nicht schreibgeschützte Route vergleicht das übermittelte _token mit diesem Session-Token.

Was ist CSRF?

Ein Angriff mittels Cross Site Request Forgery, auf Deutsch etwa *Website-übergreifende Anfragefälschung*, liegt dann vor, wenn eine fremde Website eine bekannte Identität ausnutzt, um Zugriff auf eine Anwendung zu bekommen. Dabei versucht der Angreifer, den erlaubten Zugriff bekannter Benutzer Ihrer Website zu missbrauchen, indem er Formulare von *seiner* Website an *Ihre* Website über den Browser des angemeldeten Benutzers sendet.

Der beste Schutz gegen CSRF-Angriffe besteht darin, alle eingehenden Routen – POST, DELETE usw. – mit einem Token zu schützen, was Laravel standardmäßig auch so unterstützt und erwartet.

Sie haben zwei Möglichkeiten, die Exception wegen eines fehlenden CSRF-Tokens zu vermeiden. Die erste und bevorzugte Methode: Fügen Sie einfach jedem gesendeten Formular das Token hinzu. In HTML-Formularen ist das nicht schwierig, siehe Beispiel 3-36.

Beispiel 3-36: CSRF-Token

```
<form action="/tasks/5" method="POST">
    <?php echo csrf_field(); ?>
    <!-- oder: -->
    <input type="hidden" name="_token" value="<?php echo csrf_token(); ?>">
    <!-- oder: -->
    @csrf
</form>
```

CSRF-Helfer in Laravel-Versionen vor 5.6

Die Blade-Direktive @csrf ist in Projekten, die mit Versionen von Laravel vor 5.6 arbeiten, nicht verfügbar. Stattdessen müssen Sie die Hilfsfunktion csrf_field() verwenden.

In JavaScript-Anwendungen ist der Aufwand etwas höher, aber nur ein wenig. Die häufigste Lösung für Websites, die JavaScript-Frameworks verwenden, besteht darin, das Token auf jeder Seite in einem <meta>-Tag wie diesem zu speichern:

```
<meta name="csrf-token" content="<?php echo csrf_token(); ?>" id="token">
```

Indem das Token in einem <meta>-Tag gespeichert wird, lässt es sich leicht an den richtigen HTTP-Header binden, was Sie einmal global für alle Anfragen eines JavaScript-Frameworks tun können, wie Beispiel 3-37 zeigt.

Beispiel 3-37: Globale Bindung eines CSRF-Tokens

```
// Mit jQuery:
$.ajaxSetup({
    headers: {
        'X-CSRF-TOKEN': $('meta[name="csrf-token"]').attr('content')
    }
});

// Mit Axios:
window.axios.defaults.headers.common['X-CSRF-TOKEN'] =
    document.head.querySelector('meta[name="csrf-token"]');
```

Laravel überprüft das X-CSRF-TOKEN bei jeder Anfrage und erkennt den CSRF-Schutz als erfüllt, wenn ein gültiges Token übergeben wurde.

Falls Sie mit dem standardmäßigen Vue-Bootstrap einer Laravel-5-Installation arbeiten oder in Laravel 6 Vue selbst als Frontend eingerichtet haben (mehr zu Frontends in Laravel finden Sie in den Abschnitten »Frontend-Frameworks und Auth-Scaffolding« auf Seite 167 und »Das Auth-Gerüst« auf Seite 230), müssen Sie die Anweisung nicht selbst vornehmen, das geschieht automatisch.

> **CSRF-Tokens mit Vue Resource binden**
>
> In Projekten mit Laravel bis inklusive Version 5.3 und Vue hilft eine Bibliothek namens Vue Resource (*https://bit.ly/2UbVkLz*) dabei, Ajax-Aufrufe durchzuführen. Die Einbindung des CSRF-Tokens sieht in Vue Resource etwas anders aus als in Laravel; Beispiele dazu finden Sie in der Dokumentation zu Vue Resource.

Umleitungen

Bisher haben wir als Rückgabewerte von Controller-Methoden oder Routendefinitionen nur Views kennengelernt. Aber es gibt noch ein paar andere Strukturen, die wir zurückgeben können, um dem Browser mitzuteilen, wie er sich verhalten soll.

Zuerst wollen wir uns mit Umleitungen bzw. *Redirects* befassen. Einige Umleitungen haben Sie bereits in vorherigen Beispielen gesehen. Es gibt zwei gebräuchliche Möglichkeiten, eine Umleitung zu erzeugen; wir verwenden hier den globalen Helfer redirect(), aber vielleicht möchten Sie lieber die Fassade nutzen. Beide erstellen eine Instanz von Illuminate\Http\RedirectResponse, führen einige Komfortmethoden darauf aus und geben die Instanz dann zurück. Sie können dies auch manuell tun, müssen dann aber etwas mehr Arbeit aufwenden. In Beispiel 3-38 sehen Sie ein paar Möglichkeiten, eine solche Umleitung vorzunehmen.

Beispiel 3-38: Verschiedene Möglichkeiten, eine Umleitung zurückzugeben

```
// Redirect-Antwort mit dem globalen Helfer generieren
Route::get('redirect-with-helper', function () {
    return redirect()->to('login');
});
```

```
// Globalen Helfer mit Shortcut verwenden
Route::get('redirect-with-helper-shortcut', function () {
    return redirect('login');
});

// Redirect-Antwort per Fassade generieren
Route::get('redirect-with-facade', function () {
    return Redirect::to('login');
});

// Route::redirect-Shortcut ab Laravel 5.5
Route::redirect('redirect-by-route', 'login');
```

Bitte beachten Sie, dass der Helfer redirect() die gleichen Methoden wie die Fassade Redirect bietet, aber dazu einen Shortcut besitzt: Wenn Sie Parameter direkt an den Helfer übergeben, ersetzt es die zusätzliche Verknüpfung mit der to()-Methode. Als (optionalen) dritten Parameter in Route::redirect() können Sie bei Bedarf einen Statuscode (z. B. 302) für Ihre Umleitung übergeben.

redirect()->to()

Die Methodensignatur für die to()- Methode für Redirects sieht so aus:

```
function to($to = null, $status = 302, $headers = [], $secure = null)
```

$to ist ein gültiger interner Pfad, $status ist der HTTP-Status (standardmäßig 302), $headers gibt an, welche HTTP-Header zusammen mit dem Redirect gesendet werden sollen, und mit $secure kann man die Standardvorgabe, dass die URL darüber entscheidet, ob http oder https benutzt wird, durch eine eigene feste Vorgabe überschreiben. Beispiel 3-39 zeigt ein Beispiel für die Verwendung von to().

Beispiel 3-39: redirect()->to()

```
Route::get('redirect', function () {
    return redirect()->to('home');

    // Oder mit Shortcut:

    return redirect('home');
});
```

redirect()->route()

Die route()-Methode entspricht to(), mit dem Unterschied, dass sie nicht auf einen bestimmten Pfad, sondern auf einen bestimmten Routennamen zeigt (siehe Beispiel 3-40).

Beispiel 3-40: redirect()->route()

```
Route::get('redirect', function () {
    return redirect()->route('conferences.index');
});
```

Da einige Routennamen Parameter erfordern, ist hier zu beachten, dass die Reihenfolge der Parameter etwas abweicht. route() besitzt einen optionalen zweiten Parameter für die Routenparameter:

```
function route($to = null, $parameters = [], $status = 302, $headers = [])
```

Die Verwendung könnte also etwa so wie in Beispiel 3-41 aussehen.

Beispiel 3-41: redirect()->route() mit Parametern
```
Route::get('redirect', function () {
    return redirect()->route('conferences.show', ['conference' => 99]);
});
```

redirect()->back()

Zu einer der eingebauten Annehmlichkeiten des Laravel'schen Session-Managements gehört es, dass Ihre Anwendung immer weiß, welche Seite ein Benutzer zuletzt besucht hat. Dadurch kann man mit redirect()->back() einen Benutzer sofort auf die vorhergehende Seite umleiten. Auch dafür gibt es einen globalen Helfer: back().

Andere Umleitungsmethoden

Es gibt noch weitere Methoden zur Umleitung, die etwas seltener verwendet werden:

home()
: Leitet zu einer Route mit dem Namen home weiter.

refresh()
: Leitet zur aktuellen Seite um, d.h., die Seite wird neu geladen.

away()
: Ermöglicht die Umleitung auf eine externe URL ohne die standardmäßige URL-Validierung.

secure()
: Wie to(), wenn dort der Parameter secure auf "true" gesetzt ist.

action()
: Damit kann man auf zwei Arten auf einen Controller und eine Methode verweisen: als Zeichenkette (redirect()->action('MyController@myMethod')) oder als Tupel (redirect()->action([MyController::class, 'myMethod'])).

guest()
: Intern vom Authentifizierungssystem verwendet (siehe Kapitel 9); wenn ein Benutzer eine Route besucht, für die er nicht authentifiziert ist, speichert dies die gewünschte Route, aber leitet den Benutzer erst einmal weiter (normalerweise auf eine Anmeldeseite).

intended()
> Wird ebenfalls intern vom Authentifizierungssystem verwendet; nach einer erfolgreichen Authentifizierung wird ein Benutzer auf die Seite weitergeleitet, die zuvor von der guest()-Methode gespeichert wurde.

redirect()->with()

Obwohl es den anderen Methoden ähnelt, die mit redirect() verkettet werden können, unterscheidet sich with() von diesen, denn es wird hier kein Ziel angegeben, sondern es werden Daten übergeben. Wenn Sie Benutzer auf bestimmte Seiten umleiten, ist es oft wichtig, gleichzeitig auch Daten weiterzugeben, die dort gebraucht werden. Sie können die Daten manuell in der Session speichern, aber Laravel bietet dafür einige praktischere Methoden.

Am häufigsten wird mit with() entweder ein Array von Schlüsseln und Werten oder ein einzelner Schlüssel mit Wert übergeben, siehe Beispiel 3-42. Dadurch werden diese Daten in der Session ausschließlich bis zum nächsten Seitenaufbau zwischengespeichert.

Beispiel 3-42: Umleitung mit Daten

```
Route::get('redirect-with-key-value', function () {
    return redirect('dashboard')
        ->with('error', true);
});

Route::get('redirect-with-array', function () {
    return redirect('dashboard')
        ->with(['error' => true, 'message' => 'Whoops!']);
});
```

> **Methoden zur Verkettung von Umleitungen**
> Wie bei vielen anderen Fassaden akzeptieren die meisten Aufrufe der Redirect-Fassade fließende Methodenketten wie die with() Aufrufe in Beispiel 3-42. Mehr über Methodenverkettung erfahren Sie in »Was ist ein Fluent Interface?« auf Seite 103.

Sie können auch withInput() verwenden, siehe Beispiel 3-43, um beim Umleiten die Formulareingaben des Benutzers mitzusenden; das setzt man am häufigsten bei Validierungsfehlern ein, wenn man den Benutzer zurück in das Formular führen muss und die Eingaben erneut angezeigt werden sollen.

Beispiel 3-43: Umleitung mit Formulareingaben

```
Route::get('form', function () {
    return view('form');
});

Route::post('form', function () {
    return redirect('form')
```

```
            ->withInput()
            ->with(['error' => true, 'message' => 'Whoops!']);
});
```

Am einfachsten kann man die vorhandenen Benutzereingaben, die mit `withInput()` übergeben wurden, mit dem `old()`-Helfer wiederverwenden. Damit kann man entweder alle vorherigen Eingaben (`old()`) oder nur den Wert für einen bestimmten Schlüssel wiederherstellen, wie im folgenden Beispiel gezeigt, wobei der zweite Parameter den Defaultwert für den Fall enthält, dass gar kein alter Wert vorliegt. Sie werden dieses Vorgehen häufig bei Views mit Formularen finden, die sowohl für den »create«- wie für den »edit«-Fall verwendet werden sollen:

```
<input name="username" value="<?=
    old('username', 'Default username instructions here');
?>">
```

Apropos Validierung, es gibt auch eine nützliche Methode, um zusammen mit einer Umleitung die gefundenen Fehler zu übergeben: `withErrors()`. Dabei kann man jeden »Lieferanten« von Fehlern nutzen, sei es eine klassische Fehlermeldung, ein Array von Fehlern oder, was am häufigsten vorkommt, eine Instanz des Validators, den wir in Kapitel 10 behandeln werden. Beispiel 3-44 zeigt ein Beispiel für die Verwendung.

Beispiel 3-44: Umleitung mit Fehlern

```
Route::post('form', function (Illuminate\Http\Request $request) {
    $validator = Validator::make($request->all(), $this->validationRules);

    if ($validator->fails()) {
        return back()
            ->withErrors($validator)
            ->withInput();
    }
});
```

`withErrors()` sendet automatisch eine Variable `$errors` mit, die man auf der Zielseite der Umleitung (in der Regel erneut das Formular) wie gewünscht auswerten kann.

> **Die validate()-Methode für Umleitungen**
>
> Gefällt Ihnen nicht, wie Beispiel 3-44 aussieht? Es gibt ein leicht zu handhabendes, aber mächtiges Werkzeug, mit dem man diesen Code vereinfachen kann. Lesen Sie mehr dazu unter »validate() auf das Anforderungsobjekt anwenden« auf Seite 189

Einen Request abbrechen

Wird eine Routendefinition nicht durch die Rückgabe einer View oder einer Umleitungen verlassen, geschieht dies am häufigsten durch einen Abbruch. Es gibt einige global verfügbare Methoden, (abort(), abort_if() und abort_unless()), die optional HTTP-Statuscodes, eine Nachricht und ein Header-Array als Parameter verwenden.

Wie Beispiel 3-45 zeigt, ist bei abort_if() und abort_unless() der erste Parameter ein Wahrheitswert, dessen Ergebnis bestimmt, ob abgebrochen wird oder nicht.

Beispiel 3-45: Abbrüche mit Statuscode 403: »Forbidden«

```
Route::post('something-you-cant-do', function (Illuminate\Http\Request $request) {
    abort(403, 'You cannot do that!');
    abort_unless($request->has('magicToken'), 403);
    abort_if($request->user()->isBanned, 403);
});
```

Gebräuchliche Response-Typen

Es gibt noch ein paar weitere Möglichkeiten, die uns bei der Rückgabe einer Antwort zur Verfügung stehen – betrachten wir deshalb die neben Views, Redirects und Abbrüchen häufigsten Response-Arten. Genau wie bei Redirects können Sie diese Methoden entweder auf dem response()-Helfer oder der Response-Fassade ausführen.

response()->make()

Wenn Sie eine HTTP-Antwort manuell erstellen möchten, übergeben Sie Ihre Daten einfach an den ersten Parameter von response()->make(): z.B. return response()->make(*Hello, World!*). Auch hier enthält der zweite Parameter den HTTP-Statuscode und der dritte die Header.

response()->json() und ->jsonp()

Um eine JSON-codierte HTTP-Antwort manuell zu erstellen, übergeben Sie Ihren JSON-fähigen Inhalt (Arrays, Collections oder was auch immer) an die json()-Methode: beispielsweise return response()->json(User::all()). Die Methoden funktionieren genau wie make(), nur dass sie den Inhalt JSON-codieren und die entsprechenden Header setzen.

response()->download(), ->streamDownload() und ->file()

Um einem Endbenutzer eine Datei zum Download anzubieten, übergeben Sie entweder eine SplFileInfo-Instanz oder einen Dateinamen an download(), mit einem optionalen zweiten Parameter, der den anzuzeigenden Dateinamen auf der Benutzerseite festlegt: beispielsweise return response()->download('file501751.pdf', 'myFile.pdf'), womit eine Datei gesendet würde, die sich auf dem Server unter *file501751.pdf* befindet und am Ziel als *myFile.pdf* gespeichert werden soll.

Um die gleiche Datei im Browser anzuzeigen (wenn es sich um eine PDF-Datei, ein Bild oder etwas anderes handelt, das der Browser anzeigen kann), verwenden Sie stattdessen `response()->file()`, das die gleichen Parameter wie `response->download()` versteht.

Wenn Sie Inhalte anbieten wollen, die direkt von einem externen Dienst kommen und nicht erst auf Ihrem Server gespeichert werden sollen, können Sie diese mit `response()->streamDownload()` streamen. Diese Methode erwartet als Parameter eine Closure, die eine Zeichenkette ausgibt, einen Dateinamen und optional ein Array von Headern, siehe Beispiel 3-46.

Beispiel 3-46: Streaming von externen Servern
```
return response()->streamDownload(function () {
    echo DocumentService::file('myFile')->getContent();
}, 'myFile.pdf');
```

Testen

In einigen anderen Communitys werden Controller-Methoden gerne durch Unit-Tests überprüft, aber im Laravel-Umfeld (und dem größten Teil der PHP-Community) ist es eher üblich, sich stattdessen auf Anwendungstests zu verlassen, um die Funktionalität von Routen zu checken.

Um z.B. zu überprüfen, ob eine POST-Route korrekt funktioniert, könnten wir einen Test wie in Beispiel 3-47 schreiben.

Beispiel 3-47: Einfacher Test einer POST-Route
```
// tests/Feature/AssignmentTest.php
public function test_post_creates_new_assignment()
{
    $this->post('/assignments', [
        'title' => 'My great assignment',
    ]);

    $this->assertDatabaseHas('assignments', [
        'title' => 'My great assignment',
    ]);
}
```

Haben wir die Controller-Methoden direkt aufgerufen? Nein. Aber wir haben sichergestellt, dass Ziel und Aufgabe dieser Route – ein POST zu erhalten und dessen Informationen in der Datenbank zu speichern – erreicht und durchgeführt wurden.

Sie können eine ähnliche Syntax verwenden, um eine Route zu besuchen und zu überprüfen, ob ein bestimmter Text auf einer Seite angezeigt wird oder ob das Anklicken bestimmter Schaltflächen die vorgesehenen Aktionen auslöst (siehe Beispiel 3-48).

Beispiel 3-48: Einfacher Test einer GET-Route

```
// AssignmentTest.php
public function test_list_page_shows_all_assignments()
{
    $assignment = Assignment::create([
        'title' => 'My great assignment',
    ]);

    $this->get('/assignments')
        ->assertSee('My great assignment');
}
```

> **Unterschiedliche Bezeichnungen für Testmethoden vor Laravel 5.4**
> In Projekten mit Laravel-Versionen vor 5.4 sollten assertDatabase Has() durch seeInDatabase() sowie get() und assertSee() durch visit() und see() ersetzt werden.

TL;DR

Routen werden in Laravel in den Dateien *routes/web.php* und *routes/api.php* definiert. Sie können für jede Route den erwarteten Pfad definieren und festlegen, welche Segmente statisch sind und welche Parameter, welche HTTP-Verben auf die Route zugreifen können und wie sie aufgelöst wird. Sie können Routen »hinter« Middleware positionieren, sie gruppieren und ihnen Namen geben.

Die Rückgabewerte der Closure oder der Controller-Methode entscheiden darüber, wie Laravel auf den Benutzer reagiert. Wenn es sich um eine Zeichenkette oder eine View handelt, wird diese dem Benutzer gezeigt; wenn es sich um andere Arten von Daten handelt, werden sie in JSON konvertiert und dem Benutzer präsentiert; und wenn es sich um eine Umleitung handelt, wird auf eine Zielseite weitergeleitet.

Laravel bietet eine Reihe von Werkzeugen und Hilfen, um häufig benötigte Aufgaben und Strukturen des Routings zu vereinfachen. Dazu gehören u.a. Ressourcen-Controller, Routen-Modell-Bindung und Form Method Spoofing.

KAPITEL 4
Vorlagen erstellen mit Blade

Im Vergleich zu den meisten anderen Backend-Sprachen funktioniert PHP auch als Sprache für Vorlagen bzw. Templates relativ gut. Aber es hat seine Schwächen – und zudem sieht es ziemlich hässlich aus, wenn überall `<?php` verwendet wird. Deshalb bringen die meisten modernen Frameworks eine spezielle Vorlagensprache mit.

In Laravel ist dies eine eigene Templating-Engine namens *Blade*, die von der Razor-Engine von .NET inspiriert wurde. Blade zeichnet sich durch eine prägnante Syntax, eine flache Lernkurve, ein leistungsfähiges und intuitives Vererbungsmodell und leichte Erweiterbarkeit aus.

Beispiel 4-1 bietet einen ersten Eindruck davon, wie man mit Blade Vorlagen gestaltet.

Beispiel 4-1: Einige Blade-Beispiele
```
<h1>{{ $group->title }}</h1>
{!! $group->heroImageHtml() !!}

@forelse ($users as $user)
    • {{ $user->first_name }} {{ $user->last_name }}<br>
@empty
    Keine Benutzer in dieser Gruppe
@endforelse
```

Wie Sie sehen, verwendet Blade geschweifte Klammern für die Ausgabe von Variablen bzw. Ausdrücken und ein vorangestelltes @, um die eigenen Anweisungen bzw. »Direktiven« als solche zu kennzeichnen. Diese Direktiven werden für Kontrollstrukturen sowie für die Vererbung und benutzerdefinierte Funktionen verwendet, falls Sie selbst welche hinzufügen möchten.

Die Syntax von Blade ist klar und prägnant, sodass man damit angenehmer und aufgeräumter arbeiten kann als mit den meisten Alternativ-Engines. Spätestens dann, wenn Vorlagen etwas anspruchsvoller werden – durch verschachtelte Vererbung, komplexe Bedingungen oder Rekursionen –, kann Blade wirklich zeigen, was in dieser Engine steckt. Wie viele andere gute Laravel-Komponenten hilft es, einfache und umsetzbare Lösungen für komplexe Anwendungsanforderungen zu finden.

Da die gesamte Blade-Syntax zu normalem PHP-Code kompiliert und zudem gecachet wird, ist Blade nicht nur schnell, sondern erlaubt es auch, in allen Blade-Dateien natives PHP zu verwenden, falls benötigt. Ich würde jedoch empfehlen, die Verwendung von PHP nach Möglichkeit zu vermeiden – wenn man in Blade-Vorlagen irgendetwas anderes als die Bordmittel oder benutzerdefinierte Direktiven braucht, sollte man das Problem besser an anderer Stelle lösen.

Twig als Template-Engine verwenden

Im Gegensatz zu vielen anderen Symfony-basierten Frameworks verwendet Laravel standardmäßig nicht Twig als Template-Engine. Wenn Sie aber Twig gerne anstelle von Blade einsetzen möchten, hilft Ihnen dabei das Paket TwigBridge (*https://bit.ly/2U8dFt0*).

Daten ausgeben

Wie Sie in Beispiel 4-1 sehen können, werden die geschweiften Klammern {{ und }} verwendet, um PHP-Abschnitte einzufassen, die ausgegeben werden sollen. {{ $variable }} entspricht mehr oder weniger <?= $variable ?> in reinem PHP.

Es gibt jedoch einen Unterschied, und vielleicht haben Sie es schon erraten: Blade maskiert alle Ausgaben standardmäßig mit der PHP-Funktion htmlentities(), um Ihre Benutzer davor zuschützen, dass ein Angreifer Skripte mit Schadcode einfügen kann. Das bedeutet, dass {{ $variable }} funktional gleichwertig ist mit <?= htmlentities($variable) ?>. Wenn Sie Variablen ohne Escaping ausgeben wollen, verwenden Sie stattdessen {!! und !!}.

> ### {{ und }} bei Verwendung eines Frontend-Templating-Frameworks
>
> Sie haben vielleicht bemerkt, dass die Echo-Syntax von Blade – also {{ }} – der vieler Frontend-Frameworks ähnelt. Wie erkennt Laravel also, ob es sich an einer Stelle um Blade- oder beispielsweise Handlebars-Anweisungen handelt?
>
> Ganz einfach: Indem Blade {{ ignoriert, wenn ein @ vorangestellt wurde. Das erste der beiden folgenden Beispiele würde also geparst werden, das zweite dagegen direkt ausgegeben:
>
> ```
> // Parsing als Blade; der Wert von $bladeVariable wird an die Ansicht
> // zurückgegeben
> {{ $bladeVariable }}
>
> // @ wird entfernt, und der String "{{ handlebarsVariable }}" wird an die
> // Ansicht zurückgegeben
> @{{ handlebarsVariable }}
> ```

> Sie können in Blade-Vorlagen auch ganze Blocks zwischen den Direktiven @verbatim (*https://bit.ly/2OZjt4N*) und @endverbatim einschließen, was denselben Effekt auf die darin enthaltenen, in geschweife Klammern eingefassten Ausdrücke hat wie ein jeweils vorangestelltes @, das man sich damit ersparen kann.

Kontrollstrukturen

Die meisten Blade-Kontrollstrukturen wirken recht vertraut. Viele geben direkt den Namen und die Struktur der gleichartigen PHP-Anweisungen wieder.

Es gibt ein paar zusätzliche praktische Helfer, aber im Allgemeinen sehen die Kontrollstrukturen vor allem aufgeräumter aus als in PHP.

Bedingungen

Zuerst werfen wir einen Blick auf die Kontrollstrukturen, die logische Unterscheidungen ermöglichen.

@if

Blades @if (*$condition*)-Direktive wird zu <?php if ($condition) ?> kompiliert: @else, @elseif und @endif werden analog behandelt. Werfen Sie dazu einen Blick auf Beispiel 4-2.

Beispiel 4-2: @if, @else, @elseif und @endif

```
@if (count($talks) === 1)
    Aktuell gibt es eine Unterhaltung.
@elseif (count($talks) === 0)
    Aktuell gibt es keine Unterhaltungen.
@else
    Aktuell gibt es {{ count($talks) }} Unterhaltungen.
@endif
```

Genau wie bei den nativen PHP-Bedingungen können Sie diese Direktiven in vielfältiger Weise kombinieren. Sie führen keine zusätzliche Logik über die PHP-Äquivalente hinaus ein; es gibt schlicht einen Parser, der nach Ausdrücken wie @if (*$condition*) sucht und diese durch den entsprechenden PHP-Code ersetzt.

@unless und @endunless

@unless andererseits ist ein neues Syntaxelement, das kein direktes Äquivalent in PHP hat. Es ist die direkte Umkehrung von @if. @unless (*$condition*) entspricht also <?php if (! *$condition*). In Beispiel 4-3 werden beide Methoden verwendet.

Beispiel 4-3: @unless und @endunless

```
@unless ($user->hasPaid())
    Sie können Ihre Zahlung abschließen, indem Sie auf die Registerkarte Zahlung wechseln.
@endunless
```

Schleifen

Als Nächstes werfen wir einen Blick auf Programmschleifen.

@for, @foreach und @while

@for, @foreach und @while funktionieren in Blade genauso wie in PHP; siehe Beispiele Beispiel 4-4, Beispiel 4-5 und Beispiel 4-6.

Beispiel 4-4: @for und @endfor

```
@for ($i = 0; $i < $talk->slotsCount(); $i++)
    The number is {{ $i }}<br>
@endfor
```

Beispiel 4-5: @foreach und @endforeach

```
@foreach ($talks as $talk)
    • {{ $talk->title }} ({{ $talk->length }} minutes)<br>
@endforeach
```

Beispiel 4-6: @while und @endwhile

```
@while ($item = array_pop($items))
    {{ $item->orSomething() }}<br>
@endwhile
```

@forelse und @endforelse

@forelse ist ein @foreach, bei dem Sie eine Fallback-Variante für den Fall programmieren können, dass das Objekt, über das iteriert wird, leer ist. Wir haben es zu Beginn dieses Kapitels in Aktion gesehen; Beispiel 4-7 zeigt ein weiteres Beispiel.

Beispiel 4-7: @forelse

```
@forelse ($talks as $talk)
    • {{ $talk->title }} ({{ $talk->length }} minutes)<br>
@empty
    Heute keine Unterhaltungen.
@endforelse
```

> ### $loop innerhalb von @foreach und @forelse
>
> Die Direktiven @foreach und @forelse (eingeführt in Laravel 5.3) fügen ein Feature hinzu, das in foreach-Schleifen in PHP nicht verfügbar ist: die Variable $loop. Bei Verwendung innerhalb einer @foreach- oder @forelse-Schleife gibt diese Variable ein stdClass-Objekt mit u. a. diesen Eigenschaften zurück:
>
> index
> : Der bei 0 beginnende Index des aktuellen Elements; 0 entspräche also dem ersten Element.

iteration
: Die bei 1 beginnende Zählung der Durchgänge; 1 entspräche also dem ersten Durchgang.

remaining
: Wie viele Elemente noch verarbeitet werden müssen.

count
: Die Gesamtanzahl der Elemente.

first
: Ein boolescher Wert, der angibt, ob es sich um das erste Element in der Schleife handelt.

last
: Ein boolescher Wert, der angibt, ob es sich um das letzte Element in der Schleife handelt.

depth
: Anzahl der Verschachtelungsebenen der aktuellen Schleife: 1 für eine Schleife, 2 für eine Schleife innerhalb einer Schleife usw.

parent
: Eine Referenz auf die $loop-Variable des übergeordneten Schleifenelements, wenn sich die aktuelle Schleife innerhalb einer weiteren @foreach-Schleife befindet; enthält ansonsten null.

Hier ein Beispiel für die Verwendung:

```
<ul>
@foreach ($pages as $page)
    <li>{{ $loop->iteration }}: {{ $page->title }}
        @if ($page->hasChildren())
        <ul>
        @foreach ($page->children() as $child)
            <li>{{ $loop->parent->iteration }}
                .{{ $loop->iteration }}:
                {{ $child->title }}</li>
        @endforeach
        </ul>
        @endif
    </li>
@endforeach
</ul>
```

Vorlagen-Vererbung

Blade bietet eine Struktur für die Template-Vererbung, sodass Ansichten andere Ansichten erweitern, ändern oder einbeziehen können.

Werfen wir einen Blick darauf, wie diese Vererbung funktioniert.

Definieren von Abschnitten mit @section/@show und @yield

Lassen Sie uns mit einem Blade-Layout der obersten Ebene beginnen wie in Beispiel 4-8. Damit wird ein generisches Grundlayout definiert, in das wir später seitenspezifische Inhalte einfügen werden.

Beispiel 4-8: Blade-Layout

```
<!-- resources/views/layouts/master.blade.php -->
<html>
    <head>
        <title>My Site | @yield('title', 'Home Page')</title>
    </head>
    <body>
        <div class="container">
            @yield('content')
        </div>
        @section('footerScripts')
            <script src="app.js"></script>
        @show
    </body>
</html>
```

Dies sieht zwar ein wenig wie eine normale HTML-Seite aus, aber wir haben mit @yield an zwei Stellen (title und content) Platzhalter gesetzt und an einer weiteren eine @section definiert (footerScripts). Hier sind also drei Blade-Direktiven im Einsatz: @yield('content'), @yield('title', 'Home Page') mit einem Vorgabewert und das Pärchen @section/@show, das den angegebenen Inhalt umschließt.

Obwohl alle etwas unterschiedlich aussehen, funktionieren sie im Grunde ähnlich. Alle drei halten einen benannten Platz frei, der später erweitert werden kann, und legen fest, was zu tun ist, falls der Abschnitt *nicht* erweitert wird. Dazu kann ein Vorgabewert verwendet werden ('Home Page') oder *kein* Vorgabewert – was dazu führt, dass der Abschnitt leer bleibt, falls er nicht in einer anderen Vorlage mit Inhalt gefüllt wird – oder aber ein ganzer Codeblock (in diesem Fall <script src="app.js"></script>).

Worin besteht der Unterschied? In @yield('content') wird kein Standardinhalt festgelegt. In @yield('title') wird dagegen ein Vorgabewert festgelegt, der aber *nur* angezeigt wird, wenn dieser Platzhalter nicht erweitert wird. Und wird er erweitert, haben die nachrangigen Vorlagen, die den Abschnitt füllen, keinen programmatischen Zugriff auf den Vorgabewert. @section/@show hingegen definiert sowohl einen Standardwert (den Block zwischen den Anweisungen) *und* ermöglicht über die @parent-Direktive den Zugriff auf diesen Block.

Sobald Sie ein übergeordnetes Layout wie dieses erstellt haben, können Sie es in einer zusätzlichen Vorlagendatei wie in Beispiel 4-9 erweitern.

Beispiel 4-9: Erweiterung eines Blade-Layouts

```
<!-- resources/views/dashboard.blade.php -->
@extends('layouts.master')
```

```
@section('title', 'Dashboard')

@section('content')
    Willkommen im Dashboard Ihrer Anwendung!
@endsection

@section('footerScripts')
    @parent
    <script src="dashboard.js"></script>
@endsection
```

@show oder @edsection?

Vielleicht haben Sie bemerkt, dass in Beispiel 4-8 `@section/@show` verwendet wird, in Beispiel 4-9 dagegen `@section/@endsection`. Worin unterscheiden sich die beiden Anweisungspaare?

Verwenden Sie `@show`, wenn Sie die Position für einen Abschnitt in der *übergeordneten* Vorlage definieren. Verwenden Sie dagegen `@endsection`, wenn Sie die Position für einen Abschnitt in einer *nachrangigen* »Kind-Vorlage« definieren.

Diese neue, untergeordnete Vorlage ermöglicht es uns, einige zusätzliche Direktiven zu behandeln.

@extends

In Beispiel 4-9 wird mit `@extends('layouts.master')` festgelegt, dass diese Ansicht nicht alleine gerendert werden soll, sondern dass sie dazu dient, eine bereits vorliegende Ansicht *zu erweitern*. Das bedeutet, dass hier nur der Inhalt verschiedener Abschnitte definiert wird, die Vorlage aber nicht stand-alone funktioniert. Es ist also eher eine Zusammenstellung einzelner Inhaltsschnipsel als eine HTML-Seite. Diese Zeile legt zudem fest, dass die View, die sie erweitert, unter *resources/views/layouts/master.blade.php* zu finden ist.

Jede »Kind-Vorlage« sollte nur eine einzelne »Eltern-Vorlage« erweitern, und die @extends-Anweisung sollte jeweils in der ersten Zeile stehen.

@section und @endsection

Mit `@section('title', 'Dashboard')` stellen wir den Inhalt für den ersten Abschnitt title zur Verfügung. Da der Inhalt so kurz ist, verwenden wir statt @section und @endsection nur einen Shortcut, indem wir den Inhalt als zweiten Parameter von @section übergeben. Wenn es Ihnen etwas befremdlich vorkommt, @section ohne @endsection zu sehen, können Sie auch einfach die normale Syntax verwenden.

Bei `@section('content')` verwenden wir die übliche Syntax, um den Inhalt des Abschnitts content festzulegen. Wir werden darin vorerst nur einen kleinen Gruß übermitteln. Dazu noch einmal der Hinweis, dass Sie in einer Unteransicht @section mit @endsection abschließen müssen (oder dem Alias @stop) und nicht mit @show, das für die Definition von Abschnitten in *übergeordneten* Ansichten reserviert ist.

@parent

Abschließend verwenden wir mit `@section('footerScripts')` die normale Syntax, um den Inhalt des Abschnitts `footerScripts` zu definieren.

Aber dessen Inhalt haben wir ja (als Vorgabewert) bereits im Master-Layout definiert. An dieser Stelle gibt es jetzt zwei Möglichkeiten: Wir können entweder den Inhalt aus der übergeordneten Ansicht *vollständig überschreiben* oder *nur ergänzen*.

Die Ergänzung ist möglich, indem wir zuerst mit `@parent` den Inhalt einbinden, der in der Eltern-Vorlage steht. (Praktisch holen wir uns mit `@parent` den existierenden Inhalt, fügen etwas hinzu und überschreiben dann alles mit dem erweiterten Inhalt.) Würden wir `@parent` weglassen, würde tatsächlich alles, was in der übergeordneten Vorlage im dortigen Abschnitt definiert ist, vollständig überschrieben.

Einbinden von Teilansichten

Nachdem wir die Grundlagen der Vererbung kennengelernt haben, schauen wir uns noch ein paar weitere Möglichkeiten an.

@include

Was machen wir, wenn wir uns in einer Ansicht befinden und eine weitere einbinden wollen? Vielleicht haben wir einen »Anmelden«-Button, den wir auf der Website an mehreren Stellen wiederverwenden möchten. Und möglicherweise wollen wir den Text der Schaltfläche dabei jedes Mal anpassen. Werfen Sie dazu einen Blick auf Beispiel 4-10.

Beispiel 4-10: Einbinden von Teilansichten mit @include

```
<!-- resources/views/home.blade.php -->
<div class="content" data-page-name="{{ $pageName }}">
    <p>Und deshalb sollten Sie sich registrieren:
        <strong>Sie ist großartig.</strong>
    </p>

    @include('sign-up-button', ['text' => 'Probieren Sie es aus'])
</div>

<!-- resources/views/sign-up-button.blade.php -->
<a class="button button--callout" data-page-name="{{ $pageName }}">
    <i class="exclamation-icon"></i> {{ $text }}
</a>
```

`@include` bindet die Teilansicht ein und übergibt optional Daten. Interessant ist, dass Sie nicht nur *explizit* im zweiten Parameter von `@include` Daten übergeben, sondern innerhalb der *eingebundenen* Datei auch grundsätzlich alle Variablen benutzen können, die in der *einbindenden* Ansicht verfügbar sind (`$pageName` in diesem Beispiel). Doch auch wenn beides möglich ist, würde ich empfehlen, immer jede Variable, die Sie verwenden wollen, explizit zu übergeben, allein schon aus Gründen der Wartungsfreundlichkeit.

Als weitere Varianten von @include gibt es noch die Direktiven @includeIf, @includeWhen, @includeUnless und @includeFirst, wie in Beispiel 4-11 gezeigt.

Beispiel 4-11: Teilansichten bedingt einbinden
```
{{-- Fügt eine Ansicht hinzu, falls sie existiert --}}
@includeIf('sidebars.admin', ['some' => 'data'])

{{-- Fügt eine Ansicht hinzu, falls eine übergebene Variable wahr ist --}}
@includeWhen($user->isAdmin(), 'sidebars.admin', ['some' => 'data'])

{{-- Fügt eine Ansicht hinzu, falls eine übergebene Variable falsch ist --}}
{{-- ab Version 6.5.1 --}}
@includeUnless($boolean, 'view.name', ['some' => 'data'])

{{-- Fügt die erste gefundene Ansicht eines Arrays ein --}}
@includeFirst(['customs.header', 'header'], ['some' => 'data'])
```

@each

Ihnen fallen bestimmt einige Situationen ein, in denen man eine Schleife über ein Array oder eine Collection laufen lassen und per @include eine Teilansicht für jedes Element einbinden würde. Dafür gibt es eine eigene Direktive: @each.

Nehmen wir an, wir haben eine Sidebar, die aus mehreren Modulen besteht, und wollen darin mehrere Module mit jeweils eigenem Titel anzeigen. Werfen Sie dazu einen Blick auf Beispiel 4-12.

Beispiel 4-12: Teilansichten in einer @each-Schleife verwenden
```
<!-- resources/views/sidebar.blade.php -->
<div class="sidebar">
    @each('partials.module', $modules, 'module', 'partials.empty-module')
</div>

<!-- resources/views/partials/module.blade.php -->
<div class="sidebar-module">
    <h1>{{ $module->title }}</h1>
</div>

<!-- resources/views/partials/empty-module.blade.php -->
<div class="sidebar-module">
    Keine Module :(
</div>
```

Beachten Sie die Syntax von @each: Der erste Parameter enthält den Namen der Teilansicht, die eingebunden wird. Der zweite Parameter bestimmt das Array oder die Collection, über die iteriert werden soll. Der dritte enthält den Variablennamen, unter dem jedes Element (in diesem Fall jedes Element im Array $modules) an die View übergeben wird. Und der optionale vierte Parameter gibt eine Ansicht an, die angezeigt werden soll, falls das Array oder die Collection leer ist (alternativ können Sie hier auch eine Zeichenkette übergeben, die als Vorlage verwendet werden soll).

Verwendung von Stacks

Eine häufige Anforderung, die sich mit einfachen Blade-Includes schwer erfüllen lässt, liegt beispielsweise vor, wenn jede Ansicht einer ganzen Hierarchie immer demselben Abschnitt etwas hinzufügen muss – vergleichbar mit dem Hinzufügen eines Eintrags zu einem Array.

Das kann etwa dann vorkommen, wenn bestimmte Seiten (und manchmal auch ganz allgemein bestimmte Abschnitte einer Website) eigene, genau festgelegte CSS- und JavaScript-Dateien laden müssen. Stellen Sie sich vor, es gäbe eine standortweite »globale« CSS-Datei, eine CSS-Datei für einen Abschnitt »Stellenanzeigen« (»Jobs Section«) und eine weitere für eine Seite »Bewerben« (»apply for a job«).

Die *Stacks* (Stapel) von Blade sind genau für diese Situation gedacht. Definieren Sie in Ihrer übergeordneten Vorlage einen Stack, der als Platzhalter dient. Dann können Sie in jeder untergeordneten Vorlage mit @push/@endpush diesem Stack Einträge hinzufügen, wobei die zuletzt hinzugefügten beim finalen Rendering als letzte ausgeführt werden. Mit @prepend/@endprepend kann man Einträge alternativ auch an die Spitze des Stapels setzen. Beispiel 4-13 illustriert das.

Beispiel 4-13: Blade-Stacks verwenden

```
<!-- resources/views/layouts/app.blade.php -->
<html>
<head><!-- der Header --></head>
<body>
    <!-- der Rest der Seite -->
    <script src="/css/global.css"></script>
    <!-- der Platzhalter, der durch den Stapelinhalt ersetzt wird -->
    @stack('scripts')
</body>
</html>

<!-- resources/views/jobs.blade.php -->
@extends('layouts.app')

@push('scripts')
    <!-- dem Stapel etwas ganz unten hinzufügen -->
    <script src="/css/jobs.css"></script>
@endpush

<!-- resources/views/jobs/apply.blade.php -->
@extends('jobs')

@prepend('scripts')
    <!-- dem Stapel etwas ganz oben hinzufügen -->
    <script src="/css/jobs--apply.css"></script>
@endprepend
```

Und das wäre das finale Ergebnis:

```
<html>
<head><!-- der Header --></head>
```

```
<body>
    <!-- der Rest der Seite -->
    <script src="/css/global.css"></script>
    <!-- der Platzhalter, der durch den Stapelinhalt ersetzt wird -->
    <script src="/css/jobs--apply.css"></script>
    <script src="/css/jobs.css"></script>
</body>
</html>
```

Verwendung von Komponenten und Slots

Laravel bietet seit Version 5.4 eine weitere Option, um Inhalte zwischen Ansichten auszutauschen: *Komponenten* und *Slots*. Komponenten sind dann besonders sinnvoll, wenn Sie Teilansichten verwenden, denen große Teile des Inhalts als Variablen übergeben werden. In Beispiel 4-14 geht es um ein Modalfenster (Popover), das sich für den Benutzer als Reaktion auf einen Fehler bzw. als Hinweis auf eine Aktion öffnen soll.

Beispiel 4-14: Ein Modalfenster als Teilansicht

```
<!-- resources/views/partials/modal.blade.php -->
<div class="modal">
    <div>{{ $content }}</div>
    <div class="close button etc">...</div>
</div>

<!-- in einer anderen Vorlage -->
@include('partials.modal', [
    'body' => '<p>Das eingegebene Passwort ist ungültig. Hier sind die Vorgaben
    für gültige Passwörter: [...]</p><p><a href="#">...</a></p>'
])
```

Hier muss in der @include-Anweisung deutlich zu viel übergeben werden, wodurch alles ein wenig unübersichtlich wirkt, und es wäre die bessere Lösung, hier @component einzusetzen.

Komponenten mit Slots sind Teilansichten (Partials), die explizit darauf ausgelegt sind, in festgelegten Slots umfangreichere Inhalte aus der einbindenden Vorlage zu empfangen. Werfen Sie einen Blick auf Beispiel 4-15, um zu sehen, wie man Beispiel 4-14 mit Komponenten und Slots refaktorisieren kann.

Beispiel 4-15: Ein Modalfenster als Komponente mit Slot

```
<!-- resources/views/partials/modal.blade.php -->
<div class="modal">
    <div>{{ $slot }}</div>
    <div class="close button etc">...</div>
</div>

<!-- Einbindung der Komponente in einer anderen Vorlage -->
@component('partials.modal')
    <p>Das eingegebene Passwort ist ungültig.
    Hier sind die Regeln für gültige Passwörter: [...]</p>
```

```
    <p><a href="#">...</a></p>
@endcomponent
```

Wie Beispiel 4-15 zeigt, kann man mit einer @component-Direktive den benötigten HTML-Code einklammern, anstatt ihn als Zeichenkette in eine Variable zu quetschen, und ihn auf diese Weise übersichtlich in die Vorlage einbinden. Die Variable $slot in der Komponente empfängt also den Inhalt, der in der Direktive @component übergeben wird.

Mehrere Slots

In Beispiel 4-15 wird nur ein »Standard«-Slot benutzt: Was immer Sie zwischen @component und @endcomponent übergeben, wird an die Variable $slot weitergeleitet. Man kann aber mehr als nur einen Standard-Slot benutzen. Stellen wir uns wie in Beispiel 4-16 einen Modaldialog mit einem Titel vor.

Beispiel 4-16: Ein Modalfenster als Komponente mit zwei Variablen

```
<!-- resources/views/partials/modal.blade.php -->
<div class="modal">
    <div class="modal-header">{{ $title }}</div>
    <div>{{ $slot }}</div>
    <div class="close button etc">...</div>
</div>
```

Sie können innerhalb von @component-Aufrufen die @slot-Direktive verwenden, um Inhalte an weitere (benannte) Slots-Variablen als die standardmäßig vorgesehene zu übergeben, wie Sie in Beispiel 4-17 sehen können.

Beispiel 4-17: Einbindung einer Komponente mit mehreren Slots

```
@component('partials.modal')
    @slot('title')
        Fehler bei der Passwort-Validierung
    @endslot

    <p>Das eingegebene Passwort ist ungültig.
    Hier sind die Regeln für gültige Passwörter: [...]</p>

    <p><a href="#">...</a></p>
@endcomponent
```

Falls Sie weitere Variablen in Ihrer Ansicht benutzen, deren Übergabe als Slot keinen Sinn ergeben würde, können Sie als zweiten Parameter auch ein Array von Inhalten an die Komponente übergeben, genau wie bei @include. Werfen Sie einen Blick auf Beispiel 4-18.

Beispiel 4-18: Datenübergabe an eine Komponente ohne Slots

```
@component('partials.modal', ['class' => 'danger'])
    ...
@endcomponent
```

Aliasing einer Komponente als Direktive

Es gibt einen cleveren Trick, mit dem Sie Komponenten noch einfacher einsetzen können: Aliasing. Dazu rufen Sie einfach `Blade::component()` auf der `Blade`-Fassade auf – vorzugsweise in der `boot()`-Methode von `AppServiceProvider` – und übergeben zuerst den Namen der Komponente und dann die gewünschte Bezeichnung für die benutzerdefinierte Direktive, die als Alias dienen soll, wie in Beispiel 4-19 gezeigt.

Beispiel 4-19: Aliasing einer Komponente als Direktive
```
// AppServiceProvider@boot
Blade::component('partials.modal', 'modal');

<!-- in einer Vorlage -->
@modal
    Inhalt des Modalfensters hier
@endmodal
```

Importieren von Fassaden

Dies ist das erste Mal, dass wir innerhalb einer Klasse mit Namensraum mit einer Fassade arbeiten. Wir werden dieses Thema später ausführlicher behandeln, aber so viel vorab: Verwendet man Fassaden in Klassen mit Namensraum (was in den neueren Versionen von Laravel auf praktisch alle Klassen zutrifft), tauchen gelegentlich Fehlermeldung auf, die darauf hinweisen, dass die entsprechende Fassade nicht gefunden werden kann. Das liegt daran, dass auch Fassaden letztlich normale Klassen mit Namensräumen sind, bei denen Laravel recht clever dafür sorgt, dass sie im Root-Namespace verfügbar sind.

In Beispiel 4-19 müssten wir für diesen Fall die Fassade `Illuminate\Support\Facades\Blade` am Anfang der Datei importieren.

View Composer und Service Injection

Wie wir in Kapitel 3 gesehen haben, ist es einfach, Daten aus der Routendefinition an unsere Views zu übergeben (siehe Beispiel 4-20).

Beispiel 4-20: Wiederholung: Daten an Views übergeben
```
Route::get('passing-data-to-views', function () {
    return view('dashboard')
        ->with('key', 'value');
});
```

Es kann jedoch vorkommen, dass Sie die gleichen Daten immer wieder an viele verschiedene Ansichten übergeben müssen. Oder möglicherweise verwenden Sie eine Teilansicht für einen Header oder ein ähnliches Segment, das bestimmte Daten benötigt. Müssen Sie diese Daten jeder Route, die diesen Header eventuell lädt, erneut übergeben?

Daten mit View Composern an Views binden

Glücklicherweise gibt es einen einfacheren Weg. Die Lösung nennt sich *View Composer* – damit lässt sich festlegen, dass *jedes Mal*, wenn eine bestimmte Ansicht geladen wird, Daten an sie übergeben werden sollen, ohne dass diese jedes Mal explizit in der Routendefinition genannt werden müssen.

Nehmen wir an, es gäbe in Ihrer Anwendung eine Sidebar, die in einer Teilansicht namens partials.sidebar (*resources/views/partials/sidebar.blade.php*) definiert und dann auf jeder Seite eingebunden wird. Diese Sidebar zeigt eine Liste der letzten sieben Beiträge, die auf Ihrer Website veröffentlicht wurden. Damit das auf allen Seiten funktioniert, müsste diese Liste in jeder Routendefinition übergeben werden, siehe Beispiel 4-21.

Beispiel 4-21: Daten für die Sidebar in allen Routendefinitionen übergeben
```
Route::get('home', function ($view) {
    return view('home')
        ->with('posts', Post::recent());
});

Route::get('about', function ($view) {
    return view('about')
        ->with('posts', Post::recent());
});
```

Das könnte schnell nervig werden. Stattdessen werden wir View Composer verwenden, um diese Variable mit einem vorgegebenen Satz von Ansichten zu »teilen«. Dafür gibt es mehrere Ansätze – wir fangen mit dem einfachen an und steigern uns dann langsam.

Globale Nutzung einer Variablen

Die einfachste Option besteht darin, eine Variable global mit jeder Ansicht in der Anwendung zu »teilen« wie in Beispiel 4-22.

Beispiel 4-22: Globale Nutzung einer Variablen
```
// In einem Service Provider
public function boot()
{
    ...
    view()->share('recentPosts', Post::recent());
}
```

Wenn Sie view()->share() verwenden möchten, ist der beste Ort dafür die boot()-Methode eines Service Providers, sodass die Bindung bei jedem Seitenaufbau ausgeführt wird. Sie können auch einen benutzerdefinierten ViewComposerServiceProvider erstellen (siehe Kapitel 11 für weitere Informationen über Service Provider), aber fürs Erste passt die Methode boot() in App\Providers\AppServiceProvider.

view()->share() teilt diese Variable mit allen Ansichten der gesamten Anwendung, was vielleicht ein wenig Overkill ist.

Bindung an eine einzelne Ansicht mittels Closure

Die nächste Option besteht darin, einen View Composer mit Closure zu verwenden, um Variablen nur mit einer einzigen Ansicht zu teilen wie in Beispiel 4-23.

Beispiel 4-23: View Composer mit Closure erstellen

```
view()->composer('partials.sidebar', function ($view) {
    $view->with('recentPosts', Post::recent());
});
```

Hier wird der Namen der View, mit der die Daten geteilt werden sollen, als erster Parameter (partials.sidebar) definiert und eine Closure als zweiter Parameter; in dieser Closure dient dann $view->with() dazu, die Variable zu teilen.

> ### View Composer für mehrere Ansichten erstellen
>
> Überall dort, wo ein View Composer an eine bestimmte Ansicht gebunden wird (wie in Beispiel 4-23 an partials.sidebar), können Sie auch ein Array mit mehreren View-Namen übergeben.
>
> Sie können im View-Pfad auch einen Stern als Platzhalter verwenden, wie z.B. hier in partials.*:
>
> ```
> view()->composer(
>     ['partials.header', 'partials.footer'],
>     function () {
>         $view->with('recentPosts', Post::recent());
>     }
> );
>
> view()->composer('partials.*', function () {
>     $view->with('recentPosts', Post::recent());
> });
> ```

Bindung an eine einzelne Ansicht per Klasse

Die flexibelste, aber auch anspruchvollste Option besteht schließlich darin, einen View Componer als Klasse anzulegen und zu registrieren.

Also erstellen wir in einem ersten Schritt diese Klasse. Es gibt zwar keinen zwingend vorgegebenen Speicherort für View Composer, aber die Dokumentation empfiehlt dafür das Verzeichnis App\Http\ViewComposers. Lassen Sie uns also eine Datei App\Http\ViewComposers\RecentPostsComposer erstellen, wie in Beispiel 4-24 gezeigt.

Beispiel 4-24: Ein View Composer als Klasse

```php
<?php

namespace App\Http\ViewComposers;

use App\Post;
use Illuminate\Contracts\View\View;

class RecentPostsComposer
{
    public function compose(View $view)
    {
        $view->with('recentPosts', Post::recent());
    }
}
```

Dieser View Composer führt beim Aufruf die Methode compose() aus, in der wir in der Variablen recentPosts das Ergebnis der Methode recent() des Modells Post übergeben.

Wie bei den anderen Methoden, mit denen man Variablen teilt, muss auch dieser View Composer noch gebunden werden. Auch hier würden Sie am besten einen benutzerdefinierten ViewComposerServiceProvider erstellen, aber im Moment reicht es, wie schon in Beispiel 4-25, ihn einfach in die boot()-Methode von App\Providers\AppServiceProvider einzufügen.

Beispiel 4-25: Registrieren eines View Composers im AppServiceProvider

```php
public function boot()
{
    view()->composer(
        'partials.sidebar',
        \App\Http\ViewComposers\RecentPostsComposer::class
    );
}
```

Beachten Sie bitte, dass diese Bindung analog zu der bei Closure-basierten View Composern funktioniert, wir hier aber anstelle der Closure den Klassennamen unseres View Composers übergeben. Jedes Mal, wenn Blade die Ansicht partials.sidebar rendert, wird automatisch der Service Provider ausgeführt und übergibt der Ansicht die Variable recentPosts, die die Ergebnisse der recent()-Methode des Post-Modells enthält.

Service Injection

Es gibt drei primäre Arten von Daten, die am häufigsten einer Ansicht injiziert werden: Daten, über die iteriert wird, einzelne Objekte, die auf der Seite angezeigt werden sollen, und Dienste, die Daten oder Ansichten erzeugen.

Bei einem Service wird das wahrscheinlich wie in Beispiel 4-26 aussehen, wo wir eine Instanz eines Analysediensts (inklusive Typehint) in die Methodsignatur der Routendefinition einfügen und die Instanz dann der Ansicht übergeben.

Beispiel 4-26: Einen Dienst per Routendefinition übergeben

```
Route::get('backend/sales', function (AnalyticsService $analytics) {
    return view('backend.sales-graphs')
        ->with('analytics', $analytics);
});
```

Wie bei View Composern bietet diese Service-Injektion von Blade eine praktische Abkürzung, um mögliche Duplizierungen in Routendefinitionen zu reduzieren. Normalerweise würde eine Ansicht, die unseren Analysedienst verwendet, etwa wie in Beispiel 4-27 aussehen:

Beispiel 4-27: Verwendung eines injizierten Diensts in einer Ansicht

```
<div class="finances-display">
    {{ $analytics->getBalance() }} / {{ $analytics->getBudget() }}
</div>
```

Per Service-Injektion ist es leicht, eine Instanz einer Klasse aus dem Container direkt in der View zu injizieren wie in Beispiel 4-28.

Beispiel 4-28: Einen Dienst direkt in einer Ansicht injizieren

```
@inject('analytics', 'App\Services\Analytics')

<div class="finances-display">
    {{ $analytics->getBalance() }} / {{ $analytics->getBudget() }}
</div>
```

Diese @inject-Direktive stellt eine Variable zur Verfügung, die wir sofort verwenden können.

Der erste Parameter von @inject ist der Name der injizierten Variablen, der zweite Parameter die Klasse oder das Interface, von der bzw. dem eine Instanz erzeugt werden soll. Dies funktioniert genauso wie beim Typehinting von Abhängigkeiten in anderen Konstruktoren; wenn Sie wissen möchten, wie das im Einzelnen funktioniert, schauen Sie sich bitte Kapitel 11 an, um mehr zu erfahren.

Genau wie View Composer erleichtern Service-Injektionen es, bestimmte Daten oder Funktionen für eine View verfügbar zu machen, ohne sie jedes Mal in den Routendefinitionen aufführen zu müssen.

Benutzerdefinierte Blade-Direktiven

Alle Anweisungen der Blade-Syntax, die wir bisher kennengelernt haben – @if, @unless usw. –, werden *Direktiven* genannt. Jede Blade-Direktive ist eine Abbildung eines Musters (wie z. B. `@if ($condition)`) auf eine PHP-Anweisung (z. B. `<?php if ($condition): ?>`).

Sie können über die vorgegebenen Direktiven hinaus auch Ihre eigenen erstellen. Man könnte jetzt auf den Gedanken kommen, eigene Direktiven als Shortcuts für umfangreichere Codeabschnitte einzurichten – um beispielsweise eine Direktive wie `@button('buttonName')` durch ein längeres HTML-Segment zu ersetzen. Das ist zwar keine ganz abwegige Idee, aber eine einfache Codeerweiterung lässt sich besser mit einer Teilansicht erreichen.

Benutzerdefinierte Direktiven sind in der Regel dann am nützlichsten, wenn sie eine Form von wiederholt auftretender Logik vereinfachen. Angenommen, wir würden regelmäßig überprüfen, ob ein Benutzer eingeloggt ist oder nicht, und wären es leid, permanent `@if (auth()->guest())` zu benutzen – dann würde sich eine benutzerdefinierte `@ifGuest`-Direktive anbieten. Wie bei View Composern könnte es sich lohnen, dafür einen eigenen benutzerdefinierten Service Provider einzurichten, aber im Moment nehmen wir dazu einfach wieder die `boot()`-Methode von `App\Providers\AppServiceProvider`. Wie das aussehen könnte, zeigt Beispiel 4-29.

Beispiel 4-29: Definition einer benutzerdefinierten Blade-Direktive in einem Service Provider

```
public function boot()
{
    Blade::directive('ifGuest', function () {
        return "<?php if (auth()->guest()): ?>";
    });
}
```

Wir haben nun eine benutzerdefinierte Direktive registriert, `@ifGuest`, die durch den PHP-Code `<?php if (auth()->guest()): ?>` ersetzt wird.

Vielleicht kommt Ihnen das ungewohnt vor. Man gibt einen *String* zurück, der dann als PHP ausgeführt wird. Aber dadurch kann man komplexen oder hässlichen oder unklaren oder sich wiederholenden PHP-Code aus Ansichten heraushalten und hinter einer klaren, einfachen und ausdrucksstarken Syntax verstecken.

Ergebnisse von benutzerdefinierten Direktiven cachen

Möglicherweise kommen Sie auf die Idee, eine benutzerdefinierte Direktive schneller zu machen, indem Sie eine Operation bereits im Service Provider ausführen und das Ergebnis dann in die zurückgegebene Zeichenkette einbetten:

```
Blade::directive('ifGuest', function () {
    // Anti-Muster! Nicht kopieren.
    $ifGuest = auth()->guest();
    return "<?php if ({$ifGuest}): ?>";
});
```

Das funktioniert aber nur, wenn diese Direktive bei jedem Seitenaufruf erneut definiert wird. Blade cachet jedoch ziemlich viel, sodass genau das nicht passiert und das Vorhaben deshalb zum Scheitern verurteilt ist.

Parameter in benutzerdefinierten Blade-Direktiven

Vielleicht möchten Sie in Ihrer benutzerdefinierten Logik auch Parameter benutzen? Schauen Sie sich dazu Beispiel 4-30 an.

Beispiel 4-30: Erstellen einer Blade-Direktive mit Parametern
```
// Binden
Blade::directive('newlinesToBr', function ($expression) {
    return "<?php echo nl2br({$expression}); ?>";
});

// Im Einsatz
<p>@newlinesToBr($message->body)</p>
```

Der Parameter, der in der Direktive übergeben wird, wird von der Closure unter der Bezeichnung $expression empfangen. Daraus generieren wir dann einen gültigen Schnipsel mit PHP-Code und geben diesen zurück.

Geltungsbereich des $expression-Parameters vor Laravel 5.3

Vor Laravel 5.3 enthielt der Parameter $expression auch *die Klammern selbst*. In Beispiel 4-30 hätte $expression statt $message->body also den String ($message->body) inklusive runder Klammern enthalten und die PHP-Anweisung so aussehen müssen: <?php echo nl2br{$expression}; ?>.

Wenn Sie feststellen, dass Sie immer wieder die gleiche Bedingungslogik einsetzen, sollten Sie stattdessen eine eigene Blade-Direktive in Betracht ziehen.

Beispiel: Verwendung benutzerdefinierter Blade-Direktiven für eine mandantenfähige Anwendung

Stellen wir uns vor, wir würden eine mandantenfähige Anwendung erstellen, bei der Benutzer die Website über unterschiedliche Hostnamen wie *www.myapp.com*, *client1.myapp.com*, *client2.myapp.com* usw. erreichen können.

Nehmen wir weiterhin an, wir hätten eine Klasse geschrieben, die einen Teil der Mandantenlogik kapselt, und sie Context genannt. Diese Klasse enthielte Informationen und Logik zum Kontext des aktuellen Besuchs, z.B. wer der authentifizierte Benutzer ist und ob der Benutzer die öffentliche Website oder eine Kunden-Subdomain besucht.

Diese Context-Klasse würden wir wahrscheinlich häufig in unseren Ansichten nutzen und die Erfüllung bestimmter Bedingungen abfragen wie in Beispiel 4-31. app('context') ist eine Abkürzung, um eine Instanz einer Klasse aus dem Container zu holen – mehr dazu in Kapitel 11.

Beispiel 4-31: Kontextabhängige Bedingungen – ohne benutzerdefinierte Blade-Direktive
```
@if (app('context')->isPublic())
    &copy; Copyright MyApp LLC
@else
    &copy; Copyright {{ app('context')->client->name }}
@endif
```

Vielleicht können wir `@if (app('context')->isPublic())` zu `@ifPublic` vereinfachen? Okay, versuchen wir es. Schauen Sie sich Beispiel 4-32 an.

Beispiel 4-32: Kontextabhängige Bedingungen – mit benutzerdefinierter Blade-Direktive
```
// Binden
Blade::directive('ifPublic', function () {
    return "<?php if (app('context')->isPublic()): ?>";
});

// Im Einsatz
@ifPublic
    &copy; Copyright MyApp LLC
@else
    &copy; Copyright {{ app('context')->client->name }}
@endif
```

Da dies zu einer einfachen if-Anweisung aufgelöst wird, können wir weiterhin die nativen `@else`- und `@endif`-Direktiven nutzen. Aber wir könnten auch eine benutzerdefinierte `@elseIfClient`-Direktive erstellen oder eine separate `@ifClient`-Direktive – der Fantasie sind da keine Grenzen gesetzt.

Einfachere benutzerdefinierte Direktiven für »if«-Anweisungen

Benutzerdefinierte Blade-Direktiven können sehr unterschiedlich eingesetzt werden, aber am häufigsten werden sie für `if`-Anweisungen genutzt. Deshalb gibt es noch eine einfachere Möglichkeit, benutzerdefinierte »if«-Direktiven zu erstellen: `Blade::if()`. Beispiel 4-33 zeigt, wie wir Beispiel 4-32 refaktorisieren können, indem wir die Methode `Blade::if()` einsetzen:

Beispiel 4-33: Definieren einer benutzererstellten »if«-Blade-Direktive
```
// Binden
Blade::if('ifPublic', function () {
    return (app('context'))->isPublic();
});
```

So erstellte Direktiven funktionieren genauso, nur ist die Definition etwas einfacher. Anstatt das Snippet manuell als PHP-Anweisung kennzeichnen zu müssen, reicht die Angabe einer Closure, die ein Boolean zurückgibt.

Testen

Beim Testen von Ansichten wird meistens Application Testing eingesetzt. Dabei wird tatsächlich die Route aufgerufen, die die Ansichten anzeigt, um sicherzustellen, dass die Ansichten einen bestimmten Inhalt anzeigen (siehe Beispiel 4-34). Sie können auch auf Schaltflächen klicken oder Formulare absenden, um auf diese Weise sicherzugehen, dass Sie zu einer bestimmten Seite weitergeleitet werden oder dass ein bestimmter Fehler auftaucht. (Mehr über Testen erfahren Sie in Kapitel 12.)

Beispiel 4-34: Testen, ob eine Ansicht bestimmte Inhalte anzeigt
```
// EventsTest.php
public function test_list_page_shows_all_events()
{
    $event1 = factory(Event::class)->create();
    $event2 = factory(Event::class)->create();

    $this->get('events')
        ->assertSee($event1->title)
        ->assertSee($event2->title);
}
```

Sie können auch testen, ob ein bestimmter Datensatz an eine Ansicht weitergegeben wurde, was sicherer ist, als nur zu überprüfen, ob ein bestimmter Text auf der Seite erscheint. Beispiel 4-35 demonstriert diesen Ansatz.

Beispiel 4-35: Testen, ob eine Ansicht bestimmte Daten erhalten hat
```
// EventsTest.php
public function test_list_page_shows_all_events()
{
    $event1 = factory(Event::class)->create();
    $event2 = factory(Event::class)->create();

    $response = $this->get('events');

    $response->assertViewHas('events', Event::all());
    $response->assertViewHasAll([
        'events' => Event::all(),
        'title' => 'Events Page',
    ]);
    $response->assertViewMissing('dogs');
}
```

Unterschiedliche Bezeichnungen für Testmethoden vor Laravel 5.4
In Projekten mit Versionen vor 5.4 sollten get() durch visit() und assertSee() durch see() ersetzt werden.

Seit Version 5.3 kann man eine Closure an `assertViewHas()` übergeben und damit beeinflussen, wie komplexere Datenstrukturen überprüft werden sollen. Beispiel 4-36 veranschaulicht dies.

Beispiel 4-36: Übergabe einer Closure an assertViewHas()

```php
// EventsTest.php
public function test_list_page_shows_all_events()
{
    $event1 = factory(Event::class)->create();

    $response = $this->get("events/{ $event1->id }");

    $response->assertViewHas('event', function ($event) use ($event1) {
        return $event->id === $event1->id;
    });
}
```

TL;DR

Blade ist Laravels Template-Engine. Im Mittelpunkt steht dabei eine klare, prägnante und ausdrucksstarke Syntax mit wirkungsvoller Vererbung und Erweiterbarkeit. Das Klammerpaar {{ und }} führt vor der Ausgabe von Daten ein Escaping durch, um gefährliche Sonderzeichen zu maskieren, beim Klammerpaar {!! und !!} wird darauf verzichtet. Die Anweisungen von Blade werden Direktiven genannt und beginnen alle mit @ (z. B. @if oder @unless).

Sie können eine übergeordnete Vorlage definieren und mit @yield und @section/ @show Platz für einzufügende Inhalte reservieren. Unteransichten können durch die Anweisung @extends('*parent.view*') bzw. Abschnitte zwischen @section und @endsection die Eltern-Vorlage um bestimmte Inhalten erweitern. Mit @parent lässt sich der Inhalt eines @section-Abschnitts einer übergeordneten Vorlage beibehalten.

View Composer erleichtern die regelmäßige Weitergabe von Daten an Ansichten. Und Service-Injektion ermöglicht es der View, selbst Daten direkt aus dem Anwendungscontainer anzufordern.

KAPITEL 5
Datenbanken und Eloquent

Laravel bietet eine Reihe von Tools, um mit den Datenbanken Ihrer Anwendung zu interagieren, aber das bemerkenswerteste dieser Werkzeuge ist Eloquent, Laravels ActiveRecord, der objektrelationale Mapper.

Eloquent ist eines der beliebtesten und wirkungsmächtigsten Features von Laravel und ein hervorragendes Beispiel dafür, inwiefern sich Laravel von den meisten anderen PHP-Frameworks unterscheidet: Während die meisten ORMs zwar leistungsstark, aber sehr komplex sind, zeichnet sich Eloquent durch seine Einfachheit aus. Zu jeder Tabelle existiert eine eigene Klasse, die für das Abrufen, Darstellen und Speichern von Daten aus dieser und in diese Tabelle verantwortlich ist.

Aber auch, wenn Sie Eloquent nicht einsetzen, profitieren Sie von den weiteren Datenbanktools in Laravel. Bevor wir in Eloquent einsteigen, werden wir deshalb zunächst die Grundlagen der Datenbankfunktionalität von Laravel behandeln: Migrationen, Seeding – das Erstellen von Test- bzw. Anfangsdaten – und den Query Builder.

Danach erst werden wir uns mit Eloquent befassen: mit der Definition der Modelle, dem Einfügen, Aktualisieren und Löschen von Daten, wie beim Lesen und Schreiben der Daten Zugriffsmethoden, Mutatoren und Attribut-Casting eingesetzt werden können und schließlich mit den Beziehungen zwischen den Tabellen. Das klingt erst einmal ziemlich komplex, aber wir werden alles Schritt für Schritt und ganz in Ruhe durchgehen.

Konfiguration

Bevor wir uns mit der Verwendung der Datenbanktools von Laravel befassen, lassen Sie uns eine Sekunde innehalten und die Konfiguration Ihrer Datenbank-Anmeldeinformationen und Verbindungen betrachten.

Die Konfiguration für den Datenbankzugriff wird in den beiden Dateien *config/database.php* und *.env* verwaltet. Wie in vielen anderen Konfigurationsbereichen von Laravel können Sie mehrere »Verbindungen« definieren und dann entscheiden, welche davon standardmäßig verwendet werden soll.

Datenbankverbindungen

Standardmäßig gibt es für jeden der Treiber eine Verbindung, wie Sie in Beispiel 5-1 sehen können.

Beispiel 5-1: Standard-Datenbankverbindungen

```
'connections' => [

    'sqlite' => [
        'driver' => 'sqlite',
        'url' => env('DATABASE_URL'),
        'database' => env('DB_DATABASE', database_path('database.sqlite')),
        'prefix' => '',
        'foreign_key_constraints' => env('DB_FOREIGN_KEYS', true),
    ],

    'mysql' => [
        'driver' => 'mysql',
        'url' => env('DATABASE_URL'),
        'host' => env('DB_HOST', '127.0.0.1'),
        'port' => env('DB_PORT', '3306'),
        'database' => env('DB_DATABASE', 'forge'),
        'username' => env('DB_USERNAME', 'forge'),
        'password' => env('DB_PASSWORD', ''),
        'unix_socket' => env('DB_SOCKET', ''),
        'charset' => 'utf8mb4',
        'collation' => 'utf8mb4_unicode_ci',
        'prefix' => '',
        'prefix_indexes' => true,
        'strict' => true,
        'engine' => null,
        'options' => extension_loaded('pdo_mysql') ? array_filter([
            PDO::MYSQL_ATTR_SSL_CA => env('MYSQL_ATTR_SSL_CA'),
        ]) : [],
    ],

    'pgsql' => [
        'driver' => 'pgsql',
        'url' => env('DATABASE_URL'),
        'host' => env('DB_HOST', '127.0.0.1'),
        'port' => env('DB_PORT', '5432'),
        'database' => env('DB_DATABASE', 'forge'),
        'username' => env('DB_USERNAME', 'forge'),
        'password' => env('DB_PASSWORD', ''),
        'charset' => 'utf8',
        'prefix' => '',
        'prefix_indexes' => true,
        'schema' => 'public',
        'sslmode' => 'prefer',
    ],

    'sqlsrv' => [
        'driver' => 'sqlsrv',
        'url' => env('DATABASE_URL'),
        'host' => env('DB_HOST', 'localhost'),
        'port' => env('DB_PORT', '1433'),
        'database' => env('DB_DATABASE', 'forge'),
```

```
            'username' => env('DB_USERNAME', 'forge'),
            'password' => env('DB_PASSWORD', ''),
            'charset' => 'utf8',
            'prefix' => '',
            'prefix_indexes' => true,
        ],
    ]
```

Nichts hindert Sie daran, diese benannten Verbindungen zu löschen, zu ändern oder eigene zu erstellen. Sie können neue benannte Verbindungen erstellen und die dabei zu verwendenden Treiber (MySQL, Postgres usw.) selbst festlegen. Obwohl es standardmäßig nur eine Verbindung pro Treiber gibt, existiert keine diesbezügliche Einschränkung: Sie können beispielsweise auch fünf verschiedene Verbindungen mit dem mysql-Treiber anlegen, wenn Sie möchten.

Jede Verbindung ermöglicht es Ihnen, die Eigenschaften zu definieren, die für diesen Verbindungstyp und dessen Anpassung erforderlich sind.

Es gibt einige Gründe dafür, dass mehrere Treiber angelegt sind. Zunächst einmal dient der Abschnitt »connections« als eine einfache Vorlage, damit man schnell Anwendungen mit einem der unterstützten Datenbankverbindungstypen aufsetzen kann. Bei vielen Anwendungen reicht es, die zu verwendende Datenbankverbindung auszuwählen, die benötigten Informationen anzugeben und die anderen Abschnitte zu löschen. Ich selbst behalte normalerweise einfach alle, nur für den Fall, dass ich sie irgendwann doch noch benötige.

Aber es mag auch Fälle geben, in denen Sie mehrere Verbindungen innerhalb derselben Anwendung einsetzen möchten. Beispielsweise könnten Sie verschiedene Datenbankverbindungen für unterschiedliche Arten von Daten verwenden oder aus einer bestimmten Datenbank lesen und in eine andere schreiben. Da man mehrere Verbindungen definieren kann, ist das schnell eingerichtet.

Weitere Optionen zur Konfiguration von Datenbanken

Die Konfigurationsdatei *config/database.php* enthält eine Reihe weiterer Einstellungen. Sie können u.a. den Zugriff auf Redis konfigurieren, den für Migrationen verwendeten Tabellennamen anpassen und die Standard-Datenbankverbindung bestimmen.

Für jeden Dienst in Laravel, der Verbindungen aus mehreren Quellen zulässt – beispielsweise können Sessions in einer Datenbank oder im Dateisystem gesichert werden, der Cache kann Redis oder Memcached nutzen, es können MySQL- oder PostgreSQL-Datenbanken verwendet werden –, können Sie mehrere solcher Verbindungen definieren und auch festlegen, dass eine bestimmte Verbindung als Default dienen, also immer dann verwendet werden soll, wenn nicht explizit eine andere Verbindung vorgegeben wird. So legen Sie bei Bedarf eine bestimmte Verbindung fest:

```
    $users = DB::connection('secondary')->select('select * from users');
```

Migrationen

In modernen Frameworks wie Laravel kann man die Datenbankstruktur sehr einfach über codegesteuerte Migrationen festlegen. Jede neue Tabelle, Spalte, jeder Index und Schlüssel wird im Code definiert, sodass in einer neuen Umgebung in Sekundenschnelle das gesamte Datenbankschema einer Anwendung repliziert werden kann.

Migrationen definieren

Eine Migration ist eine einzelne Datei, in der zwei Dinge festgelegt werden: in welcher Weise die Datenbank beim Ausführen dieser Migration in der sogenannten *up*-Richtung geändert werden soll und – optional – die gewünschten Änderungen beim Ausführen dieser Migration in der entgegengesetzten *down*-Richtung.

»Up« und »Down« bei Migrationen

Migrationen werden immer in chronologischer Reihenfolge ausgeführt. Jede Migrationsdatei wird nach diesem Muster benannt: *2020_01_12_000000_create_users_table.php*. Wenn ein neues System migriert wird, wird die up()-Methode jeder Migration, beginnend mit dem frühesten Datum, ausgeführt – Sie migrieren an dieser Stelle »up«, also »aufwärts« oder »vorwärts«. Das Migrationssystem ermöglicht es Ihnen aber auch, Ihre letzten Migrationen zurückzusetzen. Es führt dazu die down()-Methoden der entsprechenden Migrationen aus, die alle Änderungen der up()-Methoden rückgängig machen sollen.

Die up()-Methode einer Migration führt also die gewünschten Änderungen durch, und die down()- Methode macht sie wieder rückgängig.

Beispiel 5-2 zeigt, wie die standardmäßige »create_users_table«-Migration aussieht, die mit Laravel ausgeliefert wird.

Beispiel 5-2: Laravels Standard-Migration »create_users_table«

```
<?php

use Illuminate\Database\Migrations\Migration;
use Illuminate\Database\Schema\Blueprint;
use Illuminate\Support\Facades\Schema;

class CreateUsersTable extends Migration
{
    /**
     * Run the migrations.
     *
     * @return void
     */
```

```
    public function up()
    {
        Schema::create('users', function (Blueprint $table) {
            $table->bigIncrements('id');
            $table->string('name');
            $table->string('email')->unique();
            $table->timestamp('email_verified_at')->nullable();
            $table->string('password');
            $table->rememberToken();
            $table->timestamps();
        });
    }

    /**
     * Reverse the migrations.
     *
     * @return void
     */
    public function down()
    {
        Schema::dropIfExists('users');
    }
}
```

E-Mail-Verifizierung

Die Spalte email_verified_at ist nur in Anwendungen vorhanden, die in Laravel 5.7 und höher entwickelt wurden. In ihr wird ein Zeitstempel gespeichert, der angibt, wann ein registrierter Benutzer seine E-Mail-Adresse bestätigt hat.

Wie Sie sehen können, gibt es eine up()- und eine down()-Methode. up() weist die Migration an, eine neue Tabelle namens users mit einigen Feldern zu erstellen, und down() sagt ihr, dass sie die Tabelle users wieder löschen soll.

Erstellen einer Migration

Wie Sie in Kapitel 8 sehen werden, stellt Laravel eine Reihe von Befehlszeilen-Tools zur Verfügung, mit denen Sie mit Ihrer Applikation interagieren und teilweise vorausgefüllte Dateien erzeugen können. Mit einem dieser Befehle können Sie eine Migrationsdatei erstellen. Dazu führen Sie den Befehl php artisan make:migration aus, der nur einen einzigen Parameter benötigt: den Namen der Migration. Um zum Beispiel die Tabellenmigration zu erstellen, die wir uns gerade angeschaut haben, würden Sie php artisan make:migration create_users_table eingeben (allerdings hätten Sie dann nur ein Skelett der Migrationsdatei, denn die eigentlichen Spaltendefinitionen würden fehlen).

Es gibt zwei Flags, die Sie optional an diesen Befehl übergeben können. --create=table_name füllt die Migration mit dem nötigen Code, um eine Tabelle mit dem Namen table_name zu erstellen, und --table=table_name erstellt eine Migration, die die nötigen Befehle enthält, um Änderungen an einer bereits bestehenden Tabelle vorzunehmen. Hier sind einige Beispiele:

```
php artisan make:migration create_users_table
php artisan make:migration add_votes_to_users_table --table=users
php artisan make:migration create_users_table --create=users
```

Tabellen anlegen

Wir haben bereits in der mitgelieferten create_users_table-Migration gesehen, dass unsere Migrationen von der Schema-Fassade und deren Methoden abhängen. Alles, was wir in diesen Migrationen durchführen können, stützt sich auf die Methoden von Schema.

Um in einer Migration eine neue Tabelle zu erstellen, verwenden Sie die Methode create() – der erste Parameter ist der Tabellenname und der zweite eine Closure, also eine anonyme Funktion, in der die Spalten definiert werden:

```
Schema::create('users', function (Blueprint $table) {
    // Hier werden die Spalten definiert
});
```

Spalten anlegen

Um neue Spalten in einer Tabelle anzulegen, sei es bei der Erstellung oder der nachträglichen Änderung einer Tabelle, verwenden Sie die Instanz von Blueprint, die an die Closure-Funktion übergeben wird:

```
Schema::create('users', function (Blueprint $table) {
    $table->string('name');
});
```

Betrachten wir die verschiedenen Methoden, die den Blueprint-Instanzen zum Erstellen von Spalten zur Verfügung stehen. Ich beschreibe hier, wie es in MySQL funktioniert, aber falls Sie eine andere Datenbank einsetzen, verwendet Laravel ggf. einfach das nächstbeste Äquivalent.

Im Folgenden finden Sie die Blueprint-Methoden, um einfache Spalten anzulegen:

integer(*colName*), tinyInteger(*colName*), smallInteger(*colName*), mediumInteger(*colName*), bigInteger(*colName*)
    Fügt eine Spalte vom Typ INTEGER oder eine ihrer vielen Varianten hinzu

string(*colName, length*)
    Fügt eine Spalte vom Typ VARCHAR mit einer optionalen Länge hinzu

binary(*colName*)
    Fügt eine Spalte vom Typ BLOB hinzu

boolean(*colName*)
    Fügt eine Spalte vom Typ BOOLEAN hinzu (ein TINYINT(1) in MySQL)

char(*colName, length*)
    Fügt eine Spalte vom Typ CHAR mit einer optionalen Länge hinzu

datetime(*colName*)
    Fügt eine Spalte vom Typ DATETIME hinzu

decimal(*colName, precision, scale*)
: Fügt eine DECIMAL-Spalte mit einer bestimmten Genauigkeit (maximale Anzahl der Stellen) und Anzahl der Nachkommastellen hinzu – z.B. legt decimal('*amount*', *5*, *2*) eine Genauigkeit von 5 mit 2 Nachkommastellen fest

double(*colName, total digits, digits after decimal*)
: Fügt eine DOUBLE-Spalte hinzu – double('*tolerance*', *12*, *8*) legt beispielsweise 12 Stellen fest, wobei 8 dieser Stellen rechts vom Dezimalpunkt liegen wie in 7204.05691739

enum(*colName,* [*choiceOne, choiceTwo*])
: Fügt eine Spalte vom Typ ENUM hinzu, mit den vorgegebenen Auswahlmöglichkeiten

float(*colName, precision, scale*)
: Fügt eine Spalte vom Typ FLOAT (wie DOUBLE in MySQL) hinzu

json(*colName*) *und* jsonb(*colName*)
: Fügt eine JSON- oder JSONB-Spalte hinzu (oder eine TEXT-Spalte in Laravel 5.1)

text(*colName*), mediumText(*colName*), longText(*colName*)
: Fügt eine TEXT-Spalte (oder deren verschiedene Größen) hinzu

time(*colName*)
: Fügt eine Spalte vom Typ TIME hinzu

timestamp(*colName*)
: Fügt eine TIMESTAMP-Spalte hinzu

uuid(*colName*)
: Fügt eine Spalte vom Typ UUID hinzu (CHAR(36) in MySQL)

Und das sind die komplexeren Blueprint-Methoden:

increments(*colName*) *und* bigIncrements(*colName*)
: Fügt eine inkrementelle INTEGER- oder BIG INTEGER-Primärschlüssel-ID ohne Vorzeichen hinzu

timestamps() *und* nullableTimestamps()
: Fügt created_at- und updated_at-Zeitstempel-Spalten hinzu

rememberToken()
: Fügt eine remember_token-Spalte (VARCHAR(100)) für »remember me«-Benutzer-Tokens hinzu

softDeletes()
: Fügt einen deleted_at-Zeitstempel für die Verwendung mit Soft-Deletes hinzu

morphs(*colName*)
: Fügt eine Integer-Spalte colName_id und eine Zeichenketten-Spalte colName_type zur Verwendung in polymorphen Beziehungen hinzu – z.B. würde morphs(eigenschaft) die Integer-Spalte eigenschaft_id und die Zeichenketten-Spalte eigenschaft_type ergänzen

Zusätzliche Eigenschaften verkettet definieren

Die meisten Eigenschaften eines Felds – seine Länge zum Beispiel – werden als zweiter Parameter der Felderstellungsmethode festgelegt, wie wir im vorherigen Abschnitt gesehen haben. Aber es gibt noch ein paar andere Eigenschaften, die durch weitere Methodenaufrufe direkt nach der Erstellung der Spalte angehängt werden können. Beispielsweise soll hier die Spalte `email` Nullwerte enthalten dürfen und (in MySQL) direkt nach der Spalte `last_name` platziert werden:

```
Schema::table('users', function (Blueprint $table) {
    $table->string('email')->nullable()->after('last_name');
});
```

Die folgenden Methoden werden verwendet, um zusätzliche Eigenschaften eines Felds festzulegen:

`nullable()`
: Erlaubt die Verwendung von `NULL`-Werten in einer Spalte

`default('default content')`
: Legt den Standardinhalt für diese Spalte fest, für den Fall, dass kein anderer Wert spezifiziert wird

`unsigned()`
: Legt fest, dass die Ganzzahl-Werte einer Integerspalte kein Vorzeichen haben dürfen

`first()` *(nur MySQL)*
: Platziert eine Spalte ganz am Anfang einer Tabelle

`after(colName)` *(nur MySQL)*
: Platziert eine Spalte hinter einer anderen Spalte

`unique()`
: Fügt einen eindeutigen Index hinzu

`primary()`
: Fügt einen Primärschlüsselindex hinzu

`index()`
: Fügt einen Basisindex hinzu

Bitte beachten Sie, dass die Methoden `unique()`, `primary()` und `index()` auch an anderer Stelle als in »flüssigen«, verketteten Spaltendefinitionen verwendet werden können – darauf kommen wir später zurück.

Tabellen löschen

Um eine Tabelle zu löschen, können Sie die `dropIfExists()`-Methode der `Schema`-Fassade nutzen, die den Tabellennamen als Parameter erwartet:

```
Schema::dropIfExists('contacts');
```

Spalten ändern

Um eine Spalte zu modifizieren, reicht es, an den gleichen Code, den man benutzt, um diese Spalte erstmals zu erstellen, einen Aufruf der Methode change() anzuhängen.

Eine Abhängigkeit, die vor dem Ändern von Spalten installiert werden muss
Bevor Sie Spalten ändern können (und auch bevor Sie mit SQLite Spalten löschen können), müssen Sie composer require doctrine/dbal ausführen, um das entsprechende Paket zu installieren.

Wenn wir beispielsweise eine Zeichenkettenspalte name haben, deren Länge von 255 auf 100 geändert werden soll, würde der entsprechende Befehl so aussehen:

```
Schema::table('users', function (Blueprint $table) {
    $table->string('name', 100)->change();
});
```

Das Gleiche gilt, wenn wir eine Eigenschaft anpassen wollen, dies aber nicht – anders als bei string('name', 100) – im Methodenaufruf selbst möglich ist. Um für eine Spalte Nullwerte zuzulassen, wird beispielsweise nullable() vor change() eingefügt:

```
Schema::table('contacts', function (Blueprint $table)
{
    $table->string('deleted_at')->nullable()->change();
});
```

So benennen wir eine Spalte um:

```
Schema::table('contacts', function (Blueprint $table)
{
    $table->renameColumn('promoted', 'is_promoted');
});
```

Und so wird eine Spalte gelöscht:

```
Schema::table('contacts', function (Blueprint $table)
{
    $table->dropColumn('votes');
});
```

Mehrere Spalten in SQLite gleichzeitig ändern
Bei SQLite führt es zu einer Fehlermeldung, wenn man innerhalb einer Migrations-Closure mehrere Spalten löschen oder ändern will.

In Kapitel 12 empfehle ich, dass Sie SQLite als Testdatenbank verwenden, selbst wenn Sie ansonsten eine traditionellere Datenbank einsetzen – sollten Sie diesem Ratschlag folgen und beim Testen SQLite verwenden, sollten Sie diese Einschränkung sicherheitshalber grundsätzlich beachten.

Sie müssen deshalb jedoch nicht gleich mehrere Migrationen anlegen. Stattdessen reicht es, Schema::table() innerhalb der up()-Methode Ihrer Migration mehrfach aufzurufen:

```
public function up()
{
    Schema::table('contacts', function (Blueprint $table)
```

```
    {
        $table->dropColumn('is_promoted');
    });

    Schema::table('contacts', function (Blueprint $table)
    {
        $table->dropColumn('alternate_email');
    });
}
```

Indizes und Fremdschlüssel

Wir haben bisher gesehen, wie man Spalten erstellt, ändert und löscht. Wenden wir uns jetzt der Erstellung von Indizes und deren Verknüpfung zu.

Falls Sie nicht mit Indizes vertraut sind: Ihre Datenbanken funktionieren zwar auch, wenn Sie keinerlei Indizes verwenden, aber sie sind ausgesprochen wichtig für die Leistungsoptimierung und für die Gewährleistung der Datenintegrität von verknüpften Tabellen. Deshalb würde ich empfehlen, hier weiterzulesen und den folgenden Abschnitt nur dann (vorerst) zu überspringen, wenn es unbedingt sein muss.

Indizes hinzufügen. In Beispiel 5-3 finden Sie Beispiele, wie Sie eine Spalte indizieren können.

Beispiel 5-3: Hinzufügen von Indizes in Migrationen

```
// Nachdem die Spalten erstellt wurden ...
$table->primary('primary_id'); // Primärschlüssel; unnötig, wenn eine
                               // autoinkrementelle Spalte (meistens +id+) verwendet wird
$table->primary(['first_name', 'last_name']); // Zusammengesetzter Schlüssel
$table->unique('email'); // Eindeutiger Index
$table->unique('email', 'optional_custom_index_name'); // Eindeutiger Index mit
                                                       // Namensvorgabe
$table->index('amount'); // Basisindex
$table->index('amount', 'optional_custom_index_name'); // Basisindex mit Namensvorgabe
```

Beachten Sie, dass das erste Beispiel – `primary('primary_id')` – nicht erforderlich ist, wenn Sie bei der Spaltendefinition die `increments()`- oder `bigIncrements()`-Methode benutzen; dadurch wird automatisch ein Primärschlüsselindex hinzugefügt.

Indizes löschen. Wie Indizes entfernt werden können, zeigt Beispiel 5-4.

Beispiel 5-4: Entfernen von Indizes in Migrationen

```
$table->dropPrimary('contacts_id_primary');
$table->dropUnique('contacts_email_unique');
$table->dropIndex('optional_custom_index_name');

// Wenn Sie ein Array von Spaltennamen an dropIndex übergeben, wird die Methode
// versuchen, die Indexnamen basierend auf Laravels Generierungskonventionen zu erraten
$table->dropIndex(['email', 'amount']);
```

Hinzufügen und Entfernen von Fremdschlüsseln. Um einen Fremdschlüssel hinzuzufügen, der definiert, dass eine bestimmte Spalte auf eine Spalte in einer anderen Tabelle verweist, bietet Laravel eine einfache und »sprechende« Syntax:

```
$table->foreign('user_id')->references('id')->on('users');
```

Hier fügen wir einer Spalte user_id einen Fremdschlüsselindex hinzu, der auf die Spalte id in der Tabelle users verweist. Einfacher geht es nicht.

Wenn wir Fremdschlüsselbeschränkungen angeben wollen, können wir das mit onDelete() oder onUpdate() tun. Zum Beispiel:

```
$table->foreign('user_id')
    ->references('id')
    ->on('users')
    ->onDelete('cascade');
```

Um einen Fremdschlüssel zu löschen, können wir entweder auf seinen Indexnamen verweisen (der automatisch aus den Namen der indizierten Tabellen und Spalten gebildet wird) …

```
$table->dropForeign('contacts_user_id_foreign');
```

… oder wir übergeben ein Array der Felder, auf die sich der Schlüssel in der lokalen Tabelle bezieht:

```
$table->dropForeign(['user_id']);
```

Migrationen ausführen

Nachdem Sie Ihre Migrationen definiert haben, möchten Sie vielleicht wissen, wie Sie sie ausführen können. Dafür gibt es einen Artisan-Befehl:

```
php artisan migrate
```

Dieser Befehl wendet alle »offenen« Migrationen an (indem jeweils deren up()-Methode ausgeführt wird). Laravel zeichnet auf, welche Migrationen Sie bereits durchgeführt haben und welche nicht. Dadurch kann dieser Befehl überprüfen, ob alle verfügbaren Migrationen bereits ausgeführt wurden – falls nicht, wird das nachgeholt.

Bei diesem Befehl können Sie verschiedene Optionen angeben. Erstens können Sie Migrationen *und* Seeding (das wir als Nächstes behandeln werden) auf einen Schlag durchführen:

```
php artisan migrate --seed
```

Außerdem können Sie auch eine der folgenden Befehlsvarianten nutzen:

migrate:install
> Erstellt die Datenbanktabelle, in der aufgezeichnet wird, welche Migrationen es gibt; diese Tabelle wird aber bei Bedarf automatisch angelegt, wenn Sie erstmals Migrationen durchführen, sodass Sie diesen separaten Befehl normalerweise nicht benötigen.

migrate:reset
: Führt ein Rollback aller Datenbankmigrationen durch, die Sie auf dieser Instanz der Anwendung ausgeführt haben.

migrate:refresh
: Führt zuerst ein Rollback aller Datenbankmigrationen durch, die Sie auf dieser Instanz der Anwendung ausgeführt haben, und wendet dann jede verfügbare Migration erneut an. Damit ist es eine Kombination von migrate:reset und einem vollständigen migrate – beides wird nacheinander ausgeführt.

migrate:fresh
: Löscht alle Tabellen und führt alle Migrationen erneut durch. Das ist praktisch dasselbe wie refresh, hält sich aber nicht mit den »down«-Methoden der Migrationen auf – alle Tabellen werden vollständig gelöscht und dann erneut alle »up«-Methoden ausgeführt.

migrate:rollback
: Führt nur ein Rollback der Migrationen aus, die beim letzten Aufruf des migrate-Befehls stattgefunden haben, oder »rollt« – mit der zusätzlichen Option --step=n – die angegebene Anzahl von Migrationen zurück.

migrate:status
: Zeigt eine Tabelle mit allen Migrationen an, wobei jeweils ein Y oder N anzeigt, ob sie in der aktuellen Umgebung bereits ausgeführt wurden oder nicht.

Migrationen mit Homestead/Vagrant
Wenn Sie Migrationen auf Ihrem lokalen Rechner ausführen und Ihre .env-Datei auf eine Datenbank in einer Vagrant-Box verweist, werden Ihre Migrationen fehlschlagen. Sie müssen dann mit ssh auf die Vagrant-Box zugreifen und die Migrationen dort ausführen. Dasselbe gilt für Seeds und alle anderen Artisan-Befehle, die die Datenbank ändern oder aus ihr lesen.

Seeding

Das Seeding mit Laravel ist derart einfach, dass es sich als Teil des normalen Entwicklungsablaufs in einer Weise durchgesetzt hat, die es in früheren PHP-Frameworks noch nicht gegeben hat. Es gibt einen Ordner *database/seeds*, der die Klasse DatabaseSeeder enthält, deren run()-Methode aufgerufen wird, wenn Sie ein Seeding durchführen.

Es gibt zwei Varianten, ein Seeding zu starten: zusammen mit einer Migration oder separat.

Um das Seeding zusammen mit Migrationen auszuführen, fügen Sie einfach einem Migrationsaufruf --seed hinzu:

```
php artisan migrate --seed
php artisan migrate:refresh --seed
```

Und um es separat auszuführen:

```
php artisan db:seed
php artisan db:seed --class=VotesTableSeeder
```

Dies ruft standardmäßig die Methode `run()` der Klasse `DatabaseSeeder` oder der durch `--class` angegebenen Seeder-Klasse auf.

Eine Seeder-Klasse anlegen

Um einen Seeder zu erstellen, verwenden Sie den Artisan-Befehl `make:seeder`:

```
php artisan make:seeder ContactsTableSeeder
```

Damit wird eine Klasse `ContactsTableSeeder` im Verzeichnis *database/seeds* erstellt. Bevor wir diese bearbeiten, fügen wir der Klasse `DatabaseSeeder` einen entsprechenden Aufruf hinzu, wie in Beispiel 5-5 gezeigt, damit die neue Klasse später automatisch mit aufgerufen wird.

Beispiel 5-5: Aufruf einer benutzerdefinierten Seeder-Klasse aus DatabaseSeeder.php

```php
// database/seeds/DatabaseSeeder.php
...
    public function run()
    {
        $this->call(ContactsTableSeeder::class);
    }
```

Lassen Sie uns nun die Seeder-Klasse bearbeiten. Die einfachste Variante besteht darin, manuell einen Datensatz mithilfe der DB-Fassade einzufügen, wie in Beispiel 5-6 veranschaulicht.

Beispiel 5-6: Datenbankeinträge mit einer benutzerdefinierten Seeder-Klasse anlegen

```php
<?php

use Illuminate\Database\Seeder;

class ContactsTableSeeder extends Seeder
{
    public function run()
    {
        DB::table('contacts')->insert([
            'name' => 'Lupita Smith',
            'email' => 'lupita@gmail.com',
        ]);
    }
}
```

So erhalten wir einen einzelnen Datensatz, was ein guter Anfang ist. Aber für wirklich brauchbare Seeds wäre es wahrscheinlich sinnvoller, eine Schleife über irgendeine Art von Zufallsgenerator laufen zu lassen und damit `insert()` mehrmals auszuführen, oder? Genau solch ein Feature bietet Laravel.

Modellfabriken

Modellfabriken (engl. *model factories*) definieren Muster zur Erstellung von Testeinträgen – also »gefakten« Daten – für Ihre Datenbanktabellen. Standardmäßig ist jede Fabrik nach einer Eloquent-Klasse benannt, aber Sie können sie auch einfach nach der Tabelle benennen, wenn Sie nicht mit Eloquent arbeiten wollen. Beispiel 5-7 zeigt die beiden Varianten, eine Factory zu definieren:

Beispiel 5-7: Definition von Modellfabriken per Eloquent-Klasse bzw. Tabellenname

```
$factory->define(User::class, function (Faker\Generator $faker) {
    return [
        'name' => $faker->name,
    ];
});

$factory->define('users', function (Faker\Generator $faker) {
    return [
        'name' => $faker->name,
    ];
});
```

Theoretisch können Sie diese Fabriken beliebig benennen, aber sich nach der Eloquent-Klasse zu richten, ist der gebräuchlichste Weg.

Erstellen einer Modellfabrik

Modellfabriken befinden sich in *database/factories*. Ab Laravel 5.5 ist jede Fabrik in der Regel in ihrer eigenen Klasse definiert, mit einem Namen und einer Closure, die definiert, wie eine neue Instanz der Klasse erstellt wird. Die Methode $factory->define() erwartet den Namen der Factory als ersten Parameter und eine bei jeder Generierung auszuführende Closure als zweiten Parameter.

Modellfabriken vor Laravel 5.5

In Laravel-Versionen vor 5.5 müssen alle Fabriken in der Datei *database/factories/ModelFactory.php* definiert werden. Separate Klassen für die einzelnen Factories gab es vor Version 5.5 noch nicht.

Um eine neue Factory-Klasse zu erzeugen, verwenden Sie den Artisan-Befehl make:factory; es ist üblich, auch die Fabrikklassen nach den Eloquent-Modellen zu benennen, für die Instanzen erzeugt werden sollen:

```
php artisan make:factory ContactFactory
```

Dadurch wird eine neue Datei namens *ContactFactory.php* im Verzeichnis *database/factories* erzeugt. Die einfachste Factory für einen einzelnen »Kontakt« könnte etwa so aussehen wie in Beispiel 5-8:

Beispiel 5-8: Einfache Modellfabrik

```
$factory->define(Contact::class, function (Faker\Generator $faker) {
    return [
```

```
        'name' => 'Lupita Smith',
        'email' => 'lupita@gmail.com',
    ];
});
```

Jetzt können wir den globalen Helfer factory() verwenden, um Instanzen von Contact für unser Seeding und Testing zu erstellen:

```
// Einen Kontakt erzeugen
$contact = factory(Contact::class)->create();

// Mehrere Kontakte erzeugen
factory(Contact::class, 20)->create();
```

Würden wir die Fabrik in dieser Form tatsächlich nutzen, um 20 Kontakte zu erstellen, enthielten alle 20 die gleichen Informationen. Das ist nicht besonders hilfreich.

Richtig ausnutzen können wir Modellfabriken, indem wir der Closure eine Instanz von Faker (*https://bit.ly/2FtyJRr*) übergeben; Faker erleichtert es, strukturierte Zufallsdaten zu erzeugen. Passen wir also die Fabrik in Beispiel 5-9 entsprechend an.

Beispiel 5-9: Einfache Modellfabrik, modifiziert für die Verwendung von Faker

```
$factory->define(Contact::class, function (Faker\Generator $faker) {
    return [
        'name' => $faker->name,
        'email' => $faker->email,
    ];
});
```

Jetzt werden jedes Mal, wenn wir mit dieser Modellfabrik einen gefakten Kontakt erstellen, alle Eigenschaften zufällig generiert.

Eindeutige Daten zufallsbasiert generieren

Wenn Sie sicherstellen möchten, dass die zufällig generierten Werte für ein bestimmtes Feld eindeutig sind, können Sie die unique()-Methode von Faker verwenden:

```
return ['email' => $faker->unique()->email];
```

Modellfabriken einsetzen

Es gibt zwei Situationen, in denen man Modellfabriken verwendet: Tests, die wir in Kapitel 12 besprechen werden, und Seeding, um das wir uns hier kümmern. Lassen Sie uns also einen Seeder anlegen, der eine Modellfabrik benutzt; sehen Sie sich dazu bitte Beispiel 5-10 an.

Beispiel 5-10: Modellfabriken einsetzen

```
$post = factory(Post::class)->create([
    'title' => 'My greatest post ever',
]);
```

```
// "Profi"-Fabrik; aber lassen Sie sich nicht abschrecken!
factory(User::class, 20)->create()->each(function ($u) use ($post) {
    $post->comments()->save(factory(Comment::class)->make([
        'user_id' => $u->id,
    ]));
});
```

Um ein Objekt zu erstellen, verwenden wir den globalen Helfer `factory()` und teilen ihm den Namen der Fabrik mit – was, wie wir gerade gesehen haben, gleichzeitig der Name der Eloquent-Klasse ist, von der wir eine Instanz erzeugen. Der Aufruf von `factory()` gibt uns die Fabrik zurück, und dann können wir eine von zwei Methoden darauf anwenden: `make()` oder `create()`.

Beide Methoden erzeugen eine Instanz des angegebenen Modells, unter Verwendung der Definition in der Factory-Datei. Der Unterschied besteht darin, dass `make()` die Instanz erstellt, sie aber (noch) nicht in der Datenbank speichert, während `create()` die Instanz auch sofort in die Datenbank schreibt. In Beispiel 5-10 wurden im zweiten Beispiel beide Methoden verwendet.

Dieses zweite Beispiel – die »Profi«-Fabrik – wird klarer werden, sobald wir im weiteren Verlauf dieses Kapitels die verschiedenen Beziehungen zwischen Eloquent-Modellen behandeln.

Eigenschaften überschreiben beim Aufruf einer Modellfabrik. Wenn man an `make()` oder `create()` ein Array übergibt, kann man bestimmte Eigenschaften der Fabrik überschreiben, wie wir es beispielsweise in Beispiel 5-10 getan haben, um einem Kommentar die user_id des Autors zuzuweisen oder den Titel unseres Beitrags manuell festzulegen.

Mit einer Modellfabrik mehr als eine Instanz erzeugen. Wenn Sie dem Helper `factory()` eine Zahl als zweiten Parameter übergeben, können Sie festlegen, dass Sie mehr als eine Instanz erstellen möchten. Anstatt eine einzelne Instanz zurückzugeben, wird nun eine Collection von Instanzen zurückgegeben. Das bedeutet, dass Sie das Ergebnis wie ein Array behandeln, jede seiner Instanzen mit einer anderen Entität verknüpfen oder auf jede Instanz andere Entitätsmethoden anwenden können, wie wir es mit `each()` in Beispiel 5-10 gemacht haben, um für jeden neu erstellten Benutzer auch gleich einen ersten Kommentar zu erzeugen und hinzuzufügen.

»Profi«-Modellfabriken

Nachdem wir uns nun die häufigsten Verwendungsmöglichkeiten von Modellfabriken angeschaut haben, wenden wir uns einigen komplizierteren Einsatzmöglichkeiten zu.

Anhängen von Beziehungen bei der Definition von Modellfabriken. Manchmal muss man zusammen mit einem Hauptelement auch gleich weitere verknüpfte Elemente erstellen. Man kann eine Closure verwenden, um ein solches verknüpftes Element zu erstellen und sofort dessen ID zu erhalten, wie in Beispiel 5-11 gezeigt.

Beispiel 5-11: Erstellen eines verknüpften Elements

```
$factory->define(Contact::class, function (Faker\Generator $faker) {
    return [
        'name' => 'Lupita Smith',
        'email' => 'lupita@gmail.com',
        'company_id' => function () {
            return factory(App\Company::class)->create()->id;
        },
    ];
});
```

Die Closure gibt als Wert die Array-Form des erzeugten Elements zurück, so wie sie zu diesem Zeitpunkt vorliegt. Dabei kann man auch auf Werte zurückgreifen, die gerade erst für eine andere Eigenschaft erzeugt wurden, wie Beispiel 5-12 zeigt.

Beispiel 5-12: In einem Seeder Werte aus anderen Eigenschaften verwenden

```
$factory->define(Contact::class, function (Faker\Generator $faker) {
    return [
        'name' => 'Lupita Smith',
        'email' => 'lupita@gmail.com',
        'company_id' => function () {
            return factory(App\Company::class)->create()->id;
        },
        'company_size' => function ($contact) {
            // Nutzt die Eigenschaft "company_id", deren Wert zuvor erzeugt wurde
            return App\Company::find($contact['company_id'])->size;
        },
    ];
});
```

Definition und Zugriff auf mehrere Modellfabrik-Zustände. Gehen wir für eine Sekunde zurück zu *ContactFactory.php* (aus Beispiel 5-8 und Beispiel 5-9). Wir hatten eine einfache Fabrik für Kontakte definiert:

```
$factory->define(Contact::class, function (Faker\Generator $faker) {
    return [
        'name' => $faker->name,
        'email' => $faker->email,
    ];
});
```

Aber manchmal braucht man mehr als eine einzige Fabrik für eine Klasse von Objekten. Vielleicht möchten wir Kontakte hinzufügen, die als VIPs markiert sein sollen? In diesem Fall kann mit der state()-Methode ein weiterer Fabrik-Zustand (engl. *factory state*) definiert werden, wie Beispiel 5-13 zeigt. Der erste Parameter von state() ist dabei wiederum der Klassenname, der zweite der Name des neuen Zustands und der dritte ein Array aller Attribute, die Sie speziell für diesen Zustand festlegen möchten.

Beispiel 5-13: Definition mehrerer Fabrik-Zustände für das gleiche Modell

```
$factory->define(Contact::class, function (Faker\Generator $faker) {
    return [
        'name' => $faker->name,
        'email' => $faker->email,
    ];
});

$factory->state(Contact::class, 'vip', [
    'vip' => true,
]);
```

Falls die geänderten Attribute mehr als einen einfachen statischen Wert erfordern, können Sie als dritten Parameter eine Closure übergeben, die ein Array der gewünschten Attribute zurückliefert, wie in Beispiel 5-14 zu sehen.

Beispiel 5-14: Definition eines Fabrik-Zustands mit einer Closure

```
$factory->state(Contact::class, 'vip', function (Faker\Generator $faker) {
    return [
        'vip' => true,
        'company' => $faker->company,
    ];
});
```

Lassen Sie uns nun eine Instanz eines bestimmten Zustands erstellen:

```
$vip = factory(Contact::class)->state('vip')->create();

$vips = factory(Contact::class, 3)->state('vip')->create();
```

Fabrik-Zustände vor Laravel 5.3

In Laravel-Versionen vor 5.3 wurden Fabrik-Zustände als Fabrik-Typen (engl. *factory type*) bezeichnet und mit $factory->defineAs() anstelle von $factory->state() verwendet. Mehr dazu erfahren Sie in der Dokumentation zu Version 5.2 (*https://bit.ly/2Fmnaew*).

Wow. Das war jetzt ganz schön viel Stoff, und machen Sie sich keine Sorgen, falls es etwas anstrengend war, all dem zu folgen, denn der letzte Teil war wirklich ausgesprochen anspruchsvoll. Kommen wir zurück zu den Grundlagen und wenden wir uns dem Kern von Laravels Datenbank-Werkzeugen zu: dem Query Builder bzw. Abfrage-Generator.

Der Query Builder

Jetzt, da Ihre Anwendung mit der Datenbank verbunden ist und Ihre Tabellen migriert und mit Testdaten gefüllt sind, können wir mit der Verwendung der Datenbanktools beginnen. Das Herzstück der Datenbank-Funktionalität von Laravel ist der Query Builder, ein Fluent Interface, mit dem man über eine einzige, konsistente API mit verschiedenen Arten von Datenbanken interagieren kann.

> ### Was ist ein Fluent Interface?
>
> Eine »fließende« oder besser »sprechende« Schnittstelle verwendet in erster Linie die Verkettung von Methoden, um dem Benutzer eine einfachere, besser lesbare API bereitzustellen. Anstatt alle relevanten Daten auf einen Schlag an einen Konstruktor oder eine Methode zu übergeben, können fließende Aufrufketten schrittweise zusammengesetzt werden. Betrachten Sie den folgenden Vergleich:
>
> ```
> // Nicht fließend: Alles wird als ein langer Ausdruck innerhalb der Klammer
> // übergeben
> $users = DB::select(['table' => 'users', 'where' => ['type' => 'donor']]);
>
> // Fließend: Drei Methoden werden verkettet, also nacheinander aufgerufen
> $users = DB::table('users')->where('type', 'donor')->get();
> ```

Laravel kann über ein und dieselbe Schnittstelle Verbindungen mit MySQL-, Postgres-, SQLite- und SQL-Server-Datenbanken herstellen – dazu müssen nur einige wenige Konfigurationseinstellungen geändert werden.

Wenn Sie bereits mit anderen PHP-Frameworks gearbeitet haben, kennen Sie wahrscheinlich Werkzeuge, mit denen man Abfragen in »purem« SQL ausführen kann (aus Sicherheitsgründen mit grundlegendem Escaping). So ein Werkzeug ist auch der Query Builder, allerdings mit vielen zusätzlichen Komfortschichten und Helfern. Beginnen wir also mit ein paar einfachen Aufrufen.

Grundlegender Einsatz der DB-Fassade

Bevor wir uns mit der Erstellung komplexer Abfragen mit fließender Methodenverkettung befassen, lassen Sie uns einen Blick auf einige Beispiele für Query-Builder-Befehle werfen. Die DB-Fassade wird sowohl für die Verkettung mit dem Query Builder als auch für einfachere Abfragen verwendet, die direktes SQL benutzen, wie in Beispiel 5-15 dargestellt.

Beispiel 5-15: Verwendungsvergleich von direktem SQL und Query Builder

```
// Einfacher SQL-Befehl
DB::statement('drop table users');

// Einfaches SELECT mit Parameterbindung
DB::select('select * from contacts where validated = ?', [true]);

// Abfrage mit fließender Verkettung
$users = DB::table('users')->get();

// Joins und andere komplexe Abfragen
DB::table('users')
    ->join('contacts', function ($join) {
        $join->on('users.id', '=', 'contacts.user_id')
            ->where('contacts.type', 'donor');
```

```
    })
    ->get();
```

Direktes SQL

Wie Sie in Beispiel 5-15 gesehen haben, kann man direkte SQL-Abfragen der Datenbank mithilfe der DB-Fassade und der Methode statement() durchführen: DB::statement('SQL-Befehl hier').

Aber es gibt auch spezifische Methoden für verschiedene, häufig benötigte Aktionen: select(), insert(), update() und delete(). Das sind zwar ebenfalls direkte Aufrufe, aber mit ein paar kleinen Unterschieden. Erstens liefern update() und delete() die Anzahl der betroffenen Zeilen zurück, während statement() dies nicht tut; zudem ist es für zukünftige Entwickler klarer ersichtlich, welche Art von Befehl ausgeführt wird, wenn Sie diese spezifischen Methoden benutzen.

Direkte SELECTs

Die einfachste der spezifischen DB-Methoden ist select(). Sie können es ohne zusätzliche Parameter ausführen:

```
$users = DB::select('select * from users');
```

Wenn wie hier ein Aufruf direkt auf der DB-Fassade erfolgt (meistens mit select()), wird ein Array zurückgegeben; wenn es sich um eine Methodenkette handelt, die meistens mit get() endet, wird eine Collection zurückgegeben.

Illuminate-Collections

Vor Laravel 5.3 lieferte die DB-Fassade ein stdClass-Objekt für Methoden, die nur eine Zeile – wie first() – zurückgeben, und ein *Array* für alle Methoden, die mehrere Zeilen – wie all() – zurückgeben. Ab Laravel 5.3 geben sowohl die DB-Fassade wie auch Eloquent bei allen Methoden, deren Ergebnis mehrere Zeilen umfassen kann, eine *Collection* zurück. Genauer: Die DB-Fassade liefert dabei eine Instanz von Illuminate\Support\Collection, während es bei Eloquent eine Instanz von Illuminate\Database\Eloquent\Collection ist, die im Vergleich zu Illuminate\Support\Collection um einige Eloquent-spezifische Methoden erweitert wurde.

Eine *Collection* (dt. *Sammlung*) könnte man als ein PHP-Array mit Superkräften bezeichnen, auf der Methoden wie map(), filter(), reduce(), each() und viele mehr ausgeführt werden können. Mehr über Collections erfahren Sie in Kapitel 17.

Parameterbindungen und benannte Bindungen

Die Datenbankarchitektur von Laravel ermöglicht die Verwendung von PDO-Parameterbindungen, um Ihre Anfragen vor möglichen SQL-Angriffen zu schützen.

Man bindet einen Parameter an eine Anweisung ganz einfach, indem man den Wert durch ein ? ersetzt und separat als zweiten Parameter hinzufügt:

```
$usersOfType = DB::select(
    'select * from users where type = ?',
    [$type]
);
```

Sie können diese Parameter aus Gründen der Übersichtlichkeit auch benennen:

```
$usersOfType = DB::select(
    'select * from users where type = :type',
    ['type' => $userType]
);
```

Direkte INSERTs

Ab hier ähneln sich die direkten Befehle alle. Direkte INSERTs sehen so aus:

```
DB::insert(
    'insert into contacts (name, email) values (?, ?)',
    ['sally', 'sally@me.com']
);
```

Direkte UPDATEs

UPDATEs schreibt man in dieser Form:

```
$countUpdated = DB::update(
    'update contacts set status = ? where id = ?',
    ['donor', $id]
);
```

Direkte DELETEs

Und DELETEs formuliert man so:

```
$countDeleted = DB::delete(
    'delete from contacts where archived = ?',
    [true]
);
```

Verkettung mit dem Query Builder

Bisher haben wir den Query Builder an sich noch gar nicht verwendet. Wir haben bloß einfache Methodenaufrufe der DB-Fassade benutzt. Lassen Sie uns jetzt tatsächlich einige Abfragen erstellen.

Der Query Builder ermöglicht es, Methoden miteinander zu verketten, um – es ist offensichtlich – eine Abfrage aus mehreren Elementen zusammenzusetzen. Am Ende einer Kette verwendet man meistens die get()-Methode, um die erstellte Abfrage dann abschließend auch tatsächlich auszuführen.

Werfen wir einen Blick auf ein kurzes Beispiel:

```
$usersOfType = DB::table('users')
    ->where('type', $type)
    ->get();
```

Hier schränken wir eine Abfrage der Tabelle users auf Zeilen ein, die als Eigenschaft type den Wert haben, der in der Variablen $type steht. Dann wird die Abfrage mit get() ausgeführt, und wir weisen unser Ergebnis der Variablen $usersOfType zu.

Lassen Sie uns einen Blick darauf werfen, welche Methoden man im Query Builder verketten kann. Es gibt einschränkende, modifizierende und bedingte sowie Beendigungs- und Rückgabemethoden.

Einschränkende Methoden

Diese Methoden schränken die Abfrage ein, um eine kleinere Teilmenge an Daten zu erhalten:

select() *und* addSelect()
Mit select() kann man festlegen, welche Spalten zurückgegeben werden sollen; mit addSelect() kann man einer vorhandenen Query-Builder-Instanz weitere Spalten hinzufügen:

```
$emails = DB::table('contacts')
    ->select('email', 'email2 as second_email')
    ->get();
// oder
$emails = DB::table('contacts')
    ->select('email')
    ->addSelect('email2 as second_email')
    ->get();
```

Beide Methoden erlauben seit Version 6 bei Bedarf auch Subqueries. Mehr dazu finden Sie in der Dokumentation (*https://bit.ly/2RBgkcP*) und in einem Beitrag (*https://laravel-news.com/eloquent-subquery-enhancements*), den der Autor dieses Features verfasst hat.

where()
Legt eine WHERE-Bedingung fest, die erfüllt werden muss: Standardmäßig erwartet die where()-Methode drei Parameter – den Spaltennamen, einen Vergleichsoperator und einen Vergleichswert:

```
$newContacts = DB::table('contact')
    ->where('created_at', '>', now()->subDay())
    ->get();
```

Wenn Sie mit = auf Gleichheit prüfen wollen, was am häufigsten vorkommt, können Sie den zweiten Operator auch weglassen:

```
$vipContacts = DB::table('contacts')->where('vip', true)->get();
```

Wenn Sie where()-Anweisungen kombinieren möchten, können Sie sie entweder verketten oder ein Array von Arrays übergeben:

```
$newVips = DB::table('contacts')
    ->where('vip', true)
    ->where('created_at', '>', now()->subDay());
// oder
$newVips = DB::table('contacts')->where([
    ['vip', true],
    ['created_at', '>', now()->subDay()],
]);
```

orWhere()

Verknüpft eine zusätzliche WHERE-Bedingung per OR mit einer bereits vorliegenden WHERE-Bedingung:

```
$priorityContacts = DB::table('contacts')
    ->where('vip', true)
    ->orWhere('created_at', '>', now()->subDay())
    ->get();
```

Um komplexere, mit OR verknüpfte WHERE-Anweisungen mit mehreren Bedingungen zu erstellen, können Sie eine Closure benutzen:

```
$contacts = DB::table('contacts')
    ->where('vip', true)
    ->orWhere(function ($query) {
        $query->where('created_at', '>', now()->subDay())
            ->where('trial', false);
    })
    ->get();
```

Potenzielle Fehlerquellen bei der Verwendung mehrerer where()- und orWhere()-Aufrufe

Wenn Sie orWhere()-Aufrufe mit mehreren where()-Aufrufen kombinieren, sollten Sie sicherstellen, dass die Abfrage auch wirklich das gewünschte Ergebnis liefert. Das liegt nicht an irgendeinem Fehler in Laravel, sondern einfach daran, wie in einer Abfrage die Reihenfolge der Bedingungen ausgewertet wird – zum besseren Verständnis zeige ich Ihnen auch den SQL-Befehl, zu dem Laravel die Abfrage umformuliert:

```
$canEdit = DB::table('users')
    ->where('admin', true)
    ->orWhere('plan', 'premium')
    ->where('is_plan_owner', true)
    ->get();

SELECT * FROM users
    WHERE admin = 1
    OR plan = 'premium'
    AND is_plan_owner = 1;
```

Wenn Sie einen SQL-Befehl schreiben möchten, der als Bedingung so etwas wie »WENN a ODER (b UND c)« – was im vorherigen Beispiel eindeutig die Absicht war – enthalten soll, müssen Sie an orWhere() eine Closure übergeben, um die erforderliche Klammerung nachzubilden:

```
$canEdit = DB::table('users')
    ->where('admin', true)
```

```
                    ->orWhere(function ($query) {
                        $query->where('plan', 'premium')
                            ->where('is_plan_owner', true);
                    })
                    ->get();
                SELECT * FROM users
                    WHERE admin = 1
                    OR (plan = 'premium' AND is_plan_owner = 1);
```

whereBetween(*colName*, [*low, high*])
: Mit dieser Methode lässt sich eine Bedingung so beschränken, dass nur Zeilen zurückgegeben werden, bei denen der Wert einer Spalte zwischen zwei vorgegebenen Randwerten liegt (einschließlich der Randwerte):

```
$mediumDrinks = DB::table('drinks')
    ->whereBetween('size', [6, 12])
    ->get();
```

Das funktioniert auch mit whereNotBetween(), nur dass hier auf Werte *außerhalb* der Randwerte eingeschränkt wird.

whereIn(*colName*, [*1, 2, 3*])
: Damit lässt sich eine Bedingung so formulieren, dass nur Zeilen zurückgegeben werden, bei denen ein Spaltenwert mit einem der Werte in einer vorgegebenen Liste übereinstimmt:

```
$closeBy = DB::table('contacts')
    ->whereIn('state', ['FL', 'GA', 'AL'])
    ->get();
```

Das funktioniert auch mit whereNotIn(), nur dass hier auf Werte eingeschränkt wird, die sich *nicht* in der Liste befinden.

whereNull(*colName*) *und* whereNotNull(*colName*)
: Damit kann man Zeilen auswählen, in denen eine bestimmte Spalte NULL oder NOT NULL ist.

whereRaw()
: Ermöglicht die Übergabe einer »rohen«, nicht maskierten Zeichenkette, die als Bedingung einer WHERE-Anweisung benutzt wird:

```
$goofs = DB::table('contacts')->whereRaw('id = 12345')->get()
```

Vorsicht vor SQL Injections!

SQL-Abfragen, die an whereRaw() übergeben werden, werden nicht maskiert. Verwenden Sie diese Methode mit Bedacht – dies eröffnet unter Umständen eine hervorragende Gelegenheit für SQL-Injection-Angriffe auf Ihre Anwendung.

whereExists()
: Damit kann man eine Abfrage formulieren, die nur Zeilen zurückgibt, die die in whereExists() übergebene Subquery erfüllen. Stellen Sie sich beispielsweise

vor, Sie wollen nur diejenigen Benutzer selektieren, die mindestens einen Kommentar hinterlassen haben:

```
$commenters = DB::table('users')
    ->whereExists(function ($query) {
        $query->select('id')
            ->from('comments')
            ->whereRaw('comments.user_id = users.id');
    })
    ->get();
```

distinct()
: Beschränkt das Ergebnis auf eindeutig voneinander unterscheidbare Datensätze. Normalerweise wird diese Methode mit select() kombiniert – Duplikate im Abfrageergebnis werden dann durch distinct() eliminiert:

```
$cities = DB::table('contacts')->select('city')->distinct()->get();
```

Modifizierende Methoden

Diese Methoden ändern die Art und Weise, wie die Ergebnisse der Query *ausgegeben* werden:

orderBy(*colName, direction*)
: Sortiert die Ergebnisse. Der zweite Parameter kann entweder asc (die Standardeinstellung, aufsteigende Reihenfolge, für »ascending«) oder desc (absteigende Reihenfolge, für »descending«) lauten:

```
$contacts = DB::table('contacts')
    ->orderBy('last_name', 'asc')
    ->get();
```

Diese Methode erlaubt seit Version 6 auch die Verwendung von Subqueries. Weiter oben im Absatz zu select() und addSelect() finden Sie dazu zwei weiterführende Links.

groupBy() *und* having() *oder* havingRaw()
: Gruppiert Ergebnisse anhand einer Spalte. Optional können Sie mit having() und havingRaw() Ihre Ergebnisse auch nach bestimmten Eigenschaften der Gruppen filtern. Sie könnten beispielsweise nur nach Orten mit mindestens 30 Einwohnern suchen:

```
$populousCities = DB::table('contacts')
    ->groupBy('city')
    ->havingRaw('count(contact_id) > 30')
    ->get();
```

skip() *und* take()
: Diese Methoden werden meist für die Paginierung von Listenausgaben verwendet, indem man festlegt, wie viele Zeilen zurückgegeben werden sollen und ab welcher Zeile damit begonnen werden soll – damit bestimmt man in

der Praxis den Umfang einzelner Listen und die Verteilung der Ergebnisse auf einzelne Seiten:

```
// Gibt die Zeilen 31-40 zurück
$page4 = DB::table('contacts')->skip(30)->take(10)->get();
```

latest(*colName*) *und* oldest(*colName*)

Sortiert Ergebnisse nach der genannten Spalte (oder nach created_at, wenn kein Spaltenname übergeben wird) in absteigender Reihenfolge bei latest() oder aufsteigender bei oldest().

inRandomOrder()

Sortiert das Ergebnis in zufälliger Reihenfolge.

Bedingte Methoden

Es gibt zwei Methoden, die ab Laravel 5.2 verfügbar sind und deren »Inhalt« (eine Closure) abhängig vom booleschen Zustand eines festgelegten Werts nur bedingt angewendet wird:

when()

Wenn der erste Parameter den Wahrheitswert true aufweist, wird die in der Closure definierte Abfragemodifikation angewendet, bei false nicht. Bitte beachten Sie, dass der erste Parameter ein Boolean (im folgenden Beispiel $ignoreDrafts, eine Variable mit dem Wert true oder false), ein optionaler Wert (im Beispiel $status als Benutzereingabe, mit einem Defaultwert von null) oder eine Closure sein kann – wichtig ist, dass der Parameter letztlich zu wahr oder falsch ausgewertet werden kann. Zum Beispiel:

```
$status = request('status'); // Mit einem Defaultwert von null, falls nicht
                             // gesetzt

$posts = DB::table('posts')
    ->when($status, function ($query) use ($status) {
        return $query->where('status', $status);
    })
    ->get();

// oder
$posts = DB::table('posts')
    ->when($ignoreDrafts, function ($query) {
        return $query->where('draft', false);
    })
    ->get();
```

Sie können auch einen dritten Parameter übergeben, und zwar eine weitere Closure, die nur ausgeführt wird, wenn der erste Parameter false ergibt.

unless()

Das genaue Gegenteil von when(). Wenn der erste Parameter false ergibt, wird die Closure ausgeführt.

Ende-/Rückgabemethoden

Diese Methoden beenden die Methodenverkettung und führen die SQL-Abfrage aus. Fehlt am Ende der Abfragekette eine solche Methode, bekommen Sie nur eine Instanz des Query Builders zurückgeliefert; erst mit einer dieser Methoden erhalten Sie tatsächlich auch ein Abfrageergebnis:

get()
> Ruft alle Ergebnisse der erstellten Abfrage ab:
> ```
> $contacts = DB::table('contacts')->get();
> $vipContacts = DB::table('contacts')->where('vip', true)->get();
> ```

first() *und* firstOrFail()
> Damit erhält man die erste Zeile des Ergebnisses – quasi ein get(), dem ein LIMIT 1 hinzugefügt wurde:
> ```
> $newestContact = DB::table('contacts')
>     ->orderBy('created_at', 'desc')
>     ->first();
> ```
> first() schlägt stillschweigend fehl, wenn es kein Ergebnis gibt, während firstOrFail() in diesem Fall eine Exception auslöst.
>
> Wenn Sie diesen beiden Methoden ein Array mit Spaltennamen übergeben, liefern sie Daten nur für diese Spalten zurück.

find(*id*) *und* findOrFail(*id*)
> Wie first(), aber Sie können einen ID-*Wert* übergeben (keinen Spaltennamen!), der dem zu suchenden Primärschlüssel entspricht. find() schlägt stillschweigend fehl, wenn keine Zeile mit dieser ID existiert, während findOrFail() eine Exception auslöst:
> ```
> $contactFive = DB::table('contacts')->find(5);
> ```

value()
> Pickt sich nur den Wert eines einzelnen Felds aus der ersten Zeile des Ergebnisses heraus. Wie first(), aber bezogen auf eine einzige Spalte:
> ```
> $newestContactEmail = DB::table('contacts')
>     ->orderBy('created_at', 'desc')
>     ->value('email');
> ```

count()
> Gibt an, wie viele Zeilen ein Ergebnis enthält:
> ```
> $countVips = DB::table('contacts')
>     ->where('vip', true)
>     ->count();
> ```

min() *und* max()
> Liefert den minimalen oder maximalen Wert einer bestimmten Spalte:
> ```
> $highestCost = DB::table('orders')->max('amount');
> ```

sum() *und* avg()
: Liefert die Summe oder den Durchschnitt aller Werte einer bestimmten Spalte:

```
$averageCost = DB::table('orders')
    ->where('status', 'completed')
    ->avg('amount');
```

Mit DB::raw direkte SQL-Abfragen innerhalb von Query-Builder-Methoden formulieren

Sie haben bereits einige benutzerdefinierte Methoden für direkte SQL-Abfragen kennengelernt – beispielsweise gibt es zu select() ein selectRaw()-Gegenstück, mit dem eine Zeichenkette an den Query Builder übergeben werden kann, die hinter der WHERE-Anweisung platziert wird.

Sie können tatsächlich an fast jede Methode im Query Builder das Ergebnis eines DB::raw()-Aufrufs übergeben, um das gleiche Resultat zu erzielen:

```
$contacts = DB::table('contacts')
    ->select(DB::raw('*, (score * 100) AS integer_score'))
    ->get();
```

Joins

Joins sind naturgemäß nicht ganz einfach zu definieren, aber der Query Builder hilft dabei, diesen Prozess zu vereinfachen. Betrachten wir ein Beispiel:

```
$users = DB::table('users')
    ->join('contacts', 'users.id', '=', 'contacts.user_id')
    ->select('users.*', 'contacts.name', 'contacts.status')
    ->get();
```

Die Methode join() erzeugt einen inneren Join. Sie können auch mehrere Joins verketten oder leftJoin() verwenden, um einen äußeren Join zu erhalten.

Komplexere Joins können Sie erstellen, indem Sie der join()-Methode eine Closure übergeben:

```
DB::table('users')
    ->join('contacts', function ($join) {
        $join
            ->on('users.id', '=', 'contacts.user_id')
            ->orOn('users.id', '=', 'contacts.proxy_user_id');
    })
    ->get();
```

Unions

Mit union() oder unionAll() können Sie die Ergebnisse zweier Abfragen zu einer gemeinsamen Ergebnismenge zusammenfügen:

```
$first = DB::table('contacts')
    ->whereNull('first_name');
```

```
$contacts = DB::table('contacts')
    ->whereNull('last_name')
    ->union($first)
    ->get();
```

Inserts

Die insert()-Methode ist simpel: Übergeben Sie ein Array, um eine einzelne Zeile, oder ein Array von Arrays, um mehrere Zeilen einzufügen; und verwenden Sie insertGetId() anstelle von insert(), wenn Sie die automatisch erhöhte Primärschlüssel-ID zurückerhalten möchten:

```
$id = DB::table('contacts')->insertGetId([
    'name' => 'Abe Thomas',
    'email' => 'athomas1987@gmail.com',
]);

DB::table('contacts')->insert([
    ['name' => 'Tamika Johnson', 'email' => 'tamikaj@gmail.com'],
    ['name' => 'Jim Patterson', 'email' => 'james.patterson@hotmail.com'],
]);
```

Updates

Updates sind genauso einfach. Erstellen Sie Ihre Abfrage, verwenden Sie abschließend anstelle von get() oder first() einfach update() und übergeben Sie dabei ein Array von Parametern:

```
DB::table('contacts')
    ->where('points', '>', 100)
    ->update(['status' => 'vip']);
```

Sie können Spaltenwerte auch mit den Methoden increment() und decrement() schnell erhöhen (inkrementieren) und verringern (dekrementieren). Der erste Parameter ist der Spaltenname und der zweite (optionale) der Wert, um den erhöht bzw. verringert werden soll:

```
DB::table('contacts')->increment('tokens', 5);
DB::table('contacts')->decrement('tokens');
```

Deletes

Deletes sind noch einfacher. Erstellen Sie Ihre Abfrage und beenden Sie sie mit delete():

```
DB::table('users')
    ->where('last_login', '<', now()->subYear())
    ->delete();
```

Sie können die Tabelle mit truncate() auch leeren, also alle Zeilen löschen. Dabei wird auch der aktuelle Wert der autoinkrementellen ID zurückgesetzt:

```
DB::table('contacts')->truncate();
```

JSON-Operationen

Wenn Sie JSON-Spalten einsetzen, können Sie Zeilen aktualisieren oder auswählen, indem Sie die Pfeil-Syntax verwenden, um Hierarchie-Ebenen zu durchlaufen:

```
// Alle Datensätze auswählen, bei denen die Eigenschaft "isAdmin"
// der JSON-Spalte "options" auf TRUE gesetzt ist
DB::table('users')->where('options->isAdmin', true)->get();

// Alle Datensätze aktualisieren und die Eigenschaft "verified"
// der JSON-Spalte "options" auf TRUE setzen
DB::table('users')->update(['options->isVerified', true]);
```

Hierbei handelt es sich um ein Feature, das in Version 5.3 eingeführt wurde.

Transaktionen

Falls Sie mit Datenbanktransaktionen nicht vertraut sind: Mit ihnen fasst man eine Reihe von Datenbankbefehlen zusammen, die gemeinsam ausgeführt und ggf. auch gemeinsam rückgängig gemacht werden sollen. Transaktionen werden häufig verwendet, um sicherzustellen, dass entweder *alle* oder *keine*, aber nicht nur *einige* einer Reihe von zusammenhängenden Befehlen bzw. Abfragen ausgeführt werden. Schlägt eine fehl, wird die gesamte Reihe von Abfragen rückabgewickelt.

Dementsprechend werden auch bei der Transaktionsfunktion des Query Builders alle Abfragen einer Transaktion zurückgesetzt, wenn zu irgendeinem Zeitpunkt während der Ausführung Exceptions ausgelöst werden. Nur wenn die in der Closure angegebenen Aufgaben erfolgreich abgeschlossen werden können, wird der gesamte Anweisungsblock abschließend committet und nicht rückabgewickelt.

Werfen wir einen Blick auf die Beispieltransaktion in Beispiel 5-16.

Beispiel 5-16: Eine einfache Datenbanktransaktion

```
DB::transaction(function () use ($userId, $numVotes) {
    // Möglicherweise fehlschlagende Datenbankabfrage
    DB::table('users')
        ->where('id', $userId)
        ->update(['votes' => $numVotes]);

    // Weitere Abfrage, die nicht ausgeführt werden soll, falls die vorherige Abfrage
    // fehlschlägt
    DB::table('votes')
        ->where('user_id', $userId)
        ->delete();
});
```

In diesem Beispiel gehen wir davon aus, dass wir in einem früheren Prozess die Anzahl der Stimmen aus einer Tabelle votes für einen bestimmten Benutzer bereits zusammengefasst haben. Diese Zahl wollen wir in der Tabelle users zwischenspeichern und die Stimmen dann aus der Tabelle votes löschen. Andererseits wollen wir die Stimmen auf keinen Fall löschen, bevor das Update in der Tabelle users erfolgreich war. Und schließlich darf die aktualisierte Stimmanzahl nicht in der Tabelle users stehen bleiben, falls die Löschung der Tabelle votes fehlschlägt.

Geht mit einer der beiden Abfragen etwas schief, wird die andere ebenfalls nicht durchgeführt: Das macht den »Zauber« von Datenbanktransaktionen aus.

Bitte beachten Sie, dass Sie Transaktionen auch manuell beginnen und beenden können – das gilt sowohl für Abfragen mit dem Query Builder wie für Eloquent-Abfragen. Sie beginnen eine Transaktion mit DB::beginTransaction(), beenden sie mit DB::commit() und brechen sie mit DB::rollBack() ab:

```
DB::beginTransaction();

// Hier gewünschte Datenbankaktionen durchführen

if ($badThingsHappened) {
    DB::rollBack();
}

// Hier weitere Datenbankaktionen durchführen

DB::commit();
```

Einführung in Eloquent

Nachdem wir nun den Query Builder kennengelernt haben, möchte ich Ihnen Eloquent vorstellen, Laravels Vorzeige-Datenbankwerkzeug, das auf dem Query Builder basiert.

Eloquent ist ein ActiveRecord-ORM – eine Abstraktionsschicht, die als Schnittstelle zu den unterschiedlichsten Datenbanktypen fungiert. Als objektrelationaler Mapper ist Eloquent dafür zuständig, zwischen den Datenobjekten innerhalb der Anwendung und den Datensätzen in Datenbanken zu vermitteln bzw. diese gegenseitig aufeinander »abzubilden«. »ActiveRecord« bedeutet, dass eine einzelne Eloquent-Klasse nicht nur dafür verantwortlich ist, mit der Tabelle als Ganzes zu interagieren (mit der Anweisung User::all() erhält man beispielsweise alle Benutzer), sondern auch dafür, einzelne Tabellenzeilen darzustellen (indem ein Objekt der Klasse erzeugt wird: z. B. mit $sharon = new User). Zusätzlich ist jede Instanz in der Lage, ihre eigene Persistenz zu verwalten: Sie versteht z. B. Anweisungen wie $sharon->save() oder $sharon->delete().

Eloquent legt den Schwerpunkt auf Einfachheit, und wie der Rest des Frameworks stützt es sich auf die Leitregel »Konvention vor Konfiguration«, damit Sie leistungsstarke Modelle mit minimalem Code erstellen können.

Beispielsweise können Sie alle Operationen aus Beispiel 5-18 mit dem in Beispiel 5-17 definierten Modell durchführen.

Beispiel 5-17: Das denkbar einfachste Eloquent-Modell

```php
<?php

use Illuminate\Database\Eloquent\Model;

class Contact extends Model {}
```

Beispiel 5-18: Operationen, die mit dem Modell aus Beispiel 5-17 ausgeführt werden können

```
// Methoden, die in einem Controller stehen würden:
public function save(Request $request)
{
    // Anhand von Benutzereingaben einen neuen Kontakt erzeugen und speichern
    $contact = new Contact();
    $contact->first_name = $request->input('first_name');
    $contact->last_name = $request->input('last_name');
    $contact->email = $request->input('email');
    $contact->save();

    return redirect('contacts');
}

public function show($contactId)
{
    // Rückgabe einer JSON-Repräsentation eines Kontakts, basierend auf einem
    // URL-Segment
    // Wenn der Kontakt nicht existiert, wird eine Ausnahme geworfen
    return Contact::findOrFail($contactId);
}

public function vips()
{
    // Ein unnötig komplexes Beispiel, aber trotzdem umsetzbar mit einer grundlegenden
    // Eloquent-Klasse; fügt einem VIP-Eintrag die Eigenschaft "formalName" hinzu
    return Contact::where('vip', true)->get()->map(function ($contact) {
        $contact->formalName = "Der erhabene {$contact->first_name} des Geschlechts der
          {$contact->last_name}s";

        return $contact;
    });
}
```

Wie funktioniert es? Durch Konvention. Eloquent nimmt den Klassennamen des Modells (Contact) und erzeugt daraus – indem der englische Plural gebildet wird – den Tabellenamen (contacts), der natürlich in der Datenbank vorhanden sein muss, und schon haben Sie ein voll funktionsfähiges Eloquent-Modell.

Schauen wir uns jetzt an, wie man mit Eloquent-Modellen arbeitet.

Erstellen und Definieren von Eloquent-Modellen

Lassen Sie uns zuerst ein Modell erstellen. Dafür existiert ein Artisan-Befehl:

```
php artisan make:model Contact
```

Damit erzeugen wir eine Datei *app/Contact.php*, die die Modell-Klasse enthält:

```php
<?php

namespace App;

use Illuminate\Database\Eloquent\Model;

class Contact extends Model
{
    //
}
```

Eine Migration zusammen mit dem Modell anlegen
Wenn Sie beim Erstellen Ihres Modells auch automatisch eine Migration anlegen möchten, übergeben Sie das Flag -m oder --migration:

```
php artisan make:model Contact --migration
```

Tabellenname

Den Tabellennamen legt Laravel fest, indem es den Klassennamen (üblicherweise in »PascalCase« notiert) in »snake_case« umwandelt und ihn pluralisiert, sodass beispielsweise eine Migration zu einem Modell SecondaryContact eine Tabelle namens secondary_contacts erstellen würde. Wenn Sie den Tabellennamen anpassen möchten, können Sie im Modell explizit die Eigenschaft $table setzen:

```
protected $table = 'contacts_secondary';
```

Primärschlüssel

Laravel geht standardmäßig davon aus, dass jede Tabelle einen ganzzahligen Primärschlüssel besitzt, der automatisch inkrementiert und id benannt wird.

Wenn Sie den Namen des Primärschlüssels ändern möchten, ändern Sie die Modell-Eigenschaft $primaryKey:

```
protected $primaryKey = 'contact_id';
```

Falls der Primärschlüssel nicht inkrementell sein soll:

```
public $incrementing = false;
```

In Version 6 ist die Performance für Integer-Indizes verbessert worden. Falls der Primärschlüssel eines Modells vom Zeichenketten-Typ sein sollte, deklarieren Sie deshalb bitte im entsprechenden Modell den $keyType:

```
protected $keyType = 'string';
```

Zeitstempel

Eloquent erwartet, dass jede Tabelle die Zeitstempelspalten created_at und updated_at enthält. Wenn es diese Spalten in Ihrer Tabelle nicht gibt, ändern Sie bitte die Eigenschaft $timestamps:

```
public $timestamps = false;
```

Sie können das Format der Zeitstempel anpassen, indem Sie die Klasseneigenschaft `$dateFormat` auf eine benutzerdefinierte Zeichenkette setzen. Diese Zeichenkette wird mit der bekannten Syntax der PHP-Funktion `date()` analysiert, sodass das folgende Beispiel das Datum in Sekunden seit Beginn der Unix-Epoche speichern würde:

```
protected $dateFormat = 'U';
```

Abrufen von Daten mit Eloquent

Um mit Eloquent Einträge aus einer Datenbank zu holen, verwendet man in der Regel statische Methoden des Modells.

Beginnen wir damit, eine ganze Tabelle einzulesen:

```
$allContacts = Contact::all();
```

Das war einfach. Lassen Sie uns das Ergebnis ein wenig filtern:

```
$vipContacts = Contact::where('vip', true)->get();
```

Eloquent erlaubt es, Einschränkungen zu verketten, und diese Einschränkungen kommen sehr vertraut daher:

```
$newestContacts = Contact::orderBy('created_at', 'desc')
    ->take(10)
    ->get();
```

Sobald man sich über den ursprünglichen Klassennamen hinausbewegt, arbeitet man mit Laravels Query Builder. Sie können noch viel mehr machen (wir kommen gleich dazu), aber zuerst einmal ist wichtig zu wissen, dass all das, was mit dem Query Builder auf der DB-Fassade möglich ist, auch mit Eloquent-Modellen funktioniert.

Eine Zeile erhalten

Wie wir bereits zuvor gesehen haben, können Sie `first()` verwenden, um nur den ersten Datensatz einer Abfrage, oder `find()`, um nur den Datensatz mit der angegebenen ID zu erhalten. Benutzt man stattdessen die »OrFail«-Varianten dieser Methoden, wird eine Ausnahme ausgelöst, wenn es keine übereinstimmenden Ergebnisse gibt. `findOrFail()` wird häufig genutzt, um eine Entität anhand eines übergebenen URL-Segments zu suchen oder eine Exception auszulösen, wenn kein passender Datenbankeintrag existiert, wie Sie in Beispiel 5-19 sehen können.

Beispiel 5-19: Verwendung einer OrFail()-Methode

```
// ContactController
public function show($contactId)
{
```

```
    return view('contacts.show')
        ->with('contact', Contact::findOrFail($contactId));
}
```

Methoden wie `first()`, `firstOrFail()`, `find()` oder `findOrFail()`, die (maximal) einen einzelnen Datensatz zurückgeben, liefern eine Instanz der entsprechenden Klasse. `Contact::first()` gibt also eine Instanz der Klasse `Contact` mit den Daten aus der ersten Zeile der Tabelle zurück.

> **Exceptions**
>
> Wie Sie in Beispiel 5-19 sehen können, müssen wir uns in den Controllern nicht selbst um die Behandlung von Ausnahmen kümmern, die ein Eloquent-Modell auslöst, falls kein Ergebnis gefunden wird (`Illuminate\Database\Eloquent\ModelNotFoundException`). Laravels Routing-System fängt die geworfene Exception und wird automatisch eine 404-Meldung (»Not found«) im Browser anzeigen.
>
> Sie können diese Ausnahme bei Bedarf natürlich auch selbst abfangen und behandeln.

Mehrere Zeilen erhalten

`get()` arbeitet bei Eloquent genauso wie bei normalen Aufrufen des Query Builders – Sie erstellen eine Abfrage und rufen zum Schluss `get()` auf, um die Ergebnisse zu erhalten:

```
$vipContacts = Contact::where('vip', true)->get();
```

Es gibt allerdings eine reine Eloquent-Methode, `all()`, die Ihnen begegnen kann, falls jemand eine ungefilterte Liste aller Daten in einer Tabelle erhalten möchte:

```
$contacts = Contact::all();
```

> **get() anstelle von all() nutzen**
>
> Überall dort, wo man `all()` verwenden kann, lässt sich auch `get()` einsetzen. `Contact::get()` liefert die gleiche Antwort wie `Contact::all()`. Sobald Sie eine Abfrage aber weiter verändern wollen, indem Sie z. B. einen `where()`-Filter hinzufügen, wird das bei `all()` nicht funktionieren, bei `get()` dagegen schon.
>
> So verbreitet `all()` auch eingesetzt wird, ich würde empfehlen, grundsätzlich `get()` zu verwenden und die Existenz von `all()` ganz aus dem Gedächtnis zu streichen.

Ein weiterer Unterschied zwischen diesen beiden Methoden bestand bis zu Version 5.3 darin, dass `get()` ein Array von Modellen zurückgab. Seitdem sind es allerdings auch bei `get()` Collections.

Ergebnisse mit chunk() unterteilen

Wenn man große Mengen von Datensätzen (Tausende oder mehr) gleichzeitig verarbeiten muss, tauchen möglicherweise Speicherprobleme oder Blockaden auf. Mit

Laravel kann man Abfrageergebnisse in kleinere Segmente (Chunks) aufteilen und in Chargen verarbeiten, sodass die Speicherauslastung relativ moderat bleibt. Beispiel 5-20 veranschaulicht die Verwendung von chunk(), um ein Abfrageergebnis in Abschnitte von jeweils 100 Datensätzen aufzuteilen.

Beispiel 5-20: Chunking einer Eloquent-Abfrage, um den Speicherbedarf zu begrenzen

```
Contact::chunk(100, function ($contacts) {
    foreach ($contacts as $contact) {
        // Hier wird mit $contact weitergearbeitet
    }
});
```

Aggregate

Die Aggregatfunktionen, die im Query Builder verfügbar sind, lassen sich auch bei Eloquent-Abfragen verwenden. Zum Beispiel:

```
$countVips = Contact::where('vip', true)->count();
$sumVotes = Contact::sum('votes');
$averageSkill = User::avg('skill_level');
```

Inserts und Updates mit Eloquent

Beim Einfügen und Aktualisieren von Werten weicht Eloquent allerdings von der normalen Syntax des Query Builders ab.

Inserts

Es gibt zwei grundlegende Möglichkeiten, einen neuen Datensatz mit Eloquent-Modellen hinzufügen.

Erstens können Sie eine neue Instanz der Eloquent-Klasse erstellen, deren Eigenschaften manuell festlegen und diese Instanz mit save() speichern wie in Beispiel 5-21.

Beispiel 5-21: Einfügen eines Datensatzes durch Erstellen einer neuen Instanz

```
$contact = new Contact;
$contact->name = 'Ken Hirata';
$contact->email = 'ken@hirata.com';
$contact->save();

// oder

$contact = new Contact([
    'name' => 'Ken Hirata',
    'email' => 'ken@hirata.com',
]);
$contact->save();

// oder
```

```
$contact = Contact::make([
    'name' => 'Ken Hirata',
    'email' => 'ken@hirata.com',
]);
$contact->save();
```

Bis Sie `save()` tatsächlich aufrufen, repräsentiert diese Instanz von `Contact` zwar vollständig den neuen Kontakt – aber er ist bis dahin noch nicht in der Datenbank gespeichert worden. Das bedeutet, die Instanz hat noch keine `id`, bleibt nicht erhalten, wenn die Anwendung beendet wird, und die Zeitstempel `created_at` und `updated_at` sind natürlich auch noch nicht gesetzt.

Sie können alternativ auch ein Array an `Model::create()` übergeben, wie in Beispiel 5-22 gezeigt. Im Gegensatz zu `make()` speichert `create()` die Instanz sofort in der Datenbank, es ist kein separater Aufruf von `save()` nötig.

Beispiel 5-22: Einfügen eines Datensatzes durch Übergabe eines Arrays an create()

```
$contact = Contact::create([
    'name' => 'Keahi Hale',
    'email' => 'halek481@yahoo.com',
]);
```

Bitte beachten Sie auch, dass immer dann, wenn Sie ein Array an eine Methode übergeben, die eine Instanz des Modells erzeugt und/oder den Datensatz speichert oder ändert (also `new Model()`, `Model::make()`, `Model::create()` oder `Model::update()`), alle betroffenen Eigenschaften für die »Massenzuweisung« (»mass assignment«) freigegeben sein müssen. Das ist bei der ersten Variante in Beispiel 5-21 nicht nötig, da dort die Eigenschaften einzeln zugewiesen werden und nicht innerhalb eines Arrays.

Updates

Die Aktualisierung von Datensätzen ähnelt dem Einfügen. Sie können eine bestimmte Instanz abrufen, deren Eigenschaften ändern und die Instanz dann erneut speichern, oder Sie erledigen alles in einem einzelnen Aufruf und übergeben ein Array mit aktualisierten Eigenschaften. Beispiel 5-23 veranschaulicht den ersten Ansatz.

Beispiel 5-23: Instanz aktualisieren und Datensatz speichern

```
$contact = Contact::find(1);
$contact->email = 'natalie@parkfamily.com';
$contact->save();
```

Da dieser Datensatz bereits existiert, besitzt er bereits einen `created_at`-Zeitstempel und eine `id`, die natürlich beide nicht verändert werden, während das Feld `updated_at` auf das aktuelle Datum und die aktuelle Uhrzeit gesetzt wird. Beispiel 5-24 veranschaulicht den zweiten Ansatz.

Beispiel 5-24: Aktualisieren von Datensätze durch Übergabe eines Arrays an die update()-Methode

```
Contact::where('created_at', '<', now()->subYear())
    ->update(['longevity' => 'ancient']);

// oder

$contact = Contact::find(1);
$contact->update(['longevity' => 'ancient']);
```

Die update()-Methode erwartet ein Array, in dem die Schlüssel die Spaltennamen enthalten und die Werte die neuen Eigenschaften.

Massenzuweisung

Wir haben uns bereits einige Beispiele angesehen, in denen Arrays mit Werten vorkommen, die an die Modell-Methoden übergeben werden. Solange Sie nicht definiert haben, welche Felder eines Modells durch sogenannte Massenzuweisungen füllbar bzw. *fillable* sind, wird das allerdings noch nicht funktionieren.

Das dient als Schutz vor (möglicherweise bösartigen) Benutzereingaben, durch die neue Werte für Felder gesetzt werden könnten, die gar nicht geändert werden sollen. Betrachten Sie das häufig vorkommende Szenario in Beispiel 5-25.

Beispiel 5-25: Aktualisieren eines Eloquent-Modells anhand der gesamten übergebenen Benutzereingabe

```
// ContactController
public function update(Contact $contact, Request $request)
{
    $contact->update($request->all());
}
```

Falls Sie mit dem Request-Objekt noch nicht vertraut sind: In Beispiel 5-25 wird die gesamte in diesem Objekt transportierte Benutzereingabe genommen und an die update()-Methode übergeben. Das Ergebnis der all()-Methode beinhaltet auch Dinge wie URL-Parameter und Formulareingaben, sodass ein bösartiger Benutzer manipulative Angaben hinzufügen könnte, z. B. Daten wie id und owner_id, die höchstwahrscheinlich nicht verändert werden sollen.

Glücklicherweise wird das verhindert, solange die zu aktualisierenden Eigenschaften des Modells nicht als massenzuweisungstauglich gekennzeichnet wurden. Dazu kann man entweder die erlaubten Felder in einer Whitelist-Variablen $fillable aufführen oder die verbotenen und damit geschützten Felder einer Blacklist-Variablen $guarded hinzufügen, um festzulegen, welche Felder per Massenzuweisung (*mass assignment*) bearbeitet werden können und welche nicht. Eine Massenzuweisung liegt immer dann vor, wenn Sie ein Array von Werten an create() oder update() übergeben. Bitte beachten Sie, dass Eigenschaften, die nicht als *fillable* gekennzeichnet sind, dennoch weiterhin durch direkte Zuweisungen geändert werden können (z.B. mit Anweisungen wie $contact->password='*abc*'). Beispiel 5-26 zeigt beide Ansätze.

Beispiel 5-26: Massenzuweisungen von Eigenschaften erlauben bzw. verbieten

```
class Contact
{
    protected $fillable = ['name', 'email'];

    // oder

    protected $guarded = ['id', 'created_at', 'updated_at', 'owner_id'];
}
```

Massenzuweisung mit Request::only()

In Beispiel 5-25 wäre der Massenzuweisungsschutz von Eloquent wichtig gewesen, weil wir darin die all()-Methode auf das Request-Objekt anwenden, um die *Gesamtheit* aller Benutzereingaben zu speichern.

Der Massenzuordnungsschutz von Eloquent ist hier eine hervorragende Hilfe, aber es gibt daneben einen hilfreichen Trick, um die Eingaben eines Benutzers zu filtern.

Die Klasse Request besitzt eine Methode namens only(), mit der man die Schlüssel beschränken kann, die aus der Benutzereingabe übernommen werden sollen. Damit könnten Sie z.B. formulieren:

```
Contact::create($request->only('name', 'email'));
```

firstOrCreate() und firstOrNew()

Manchmal möchte man seiner Anwendung den Befehl erteilen: »Gib mir eine Instanz mit genau diesen Eigenschaften oder erstelle sie, wenn sie noch nicht existiert.« Hier kommen die firstOr*()-Methoden ins Spiel.

Die beiden Methoden firstOrCreate() und firstOrNew() erwarten ein Array von Schlüssel/Wert-Paaren als ersten Parameter:

```
$contact = Contact::firstOrCreate(['email' => 'luis.ramos@myacme.com']);
```

Beide Methoden suchen nach dem ersten Datensatz, der den Vorgaben entspricht, und erzeugen eine neue Instanz mit den gewünschten Eigenschaften, falls es keine übereinstimmenden Datensätze gibt; firstOrCreate() wird diese Instanz in der Datenbank speichern und dann zurückgeben, während firstOrNew() sie zwar erzeugt, aber nicht speichert.

Wenn Sie ein weiteres Array von Werten als zweiten Parameter übergeben, werden diese Werte einem neu erstellten Eintrag hinzugefügt, aber *nicht* verwendet, um den Eintrag zu suchen.

Löschen mit Eloquent

Das Löschen mit Eloquent ähnelt stark dem Aktualisieren. Mit der Option, Datensätze per Soft Delete nur »weich« zu löschen, können die Daten sogar für eine spätere Überprüfung oder Wiederherstellung archiviert werden.

Normales Löschen

Der einfachste Weg, einen Datensatz zu löschen, ist der Aufruf der Methode delete() auf der Instanz selbst:

```
$contact = Contact::find(5);
$contact->delete();
```

Wenn Sie die ID bereits kennen, gibt es allerdings keinen Grund, eine Instanz erst nachzuschlagen; Sie können direkt eine ID oder ein Array von IDs an die destroy()-Methode des Modells übergeben:

```
Contact::destroy(1);
// oder
Contact::destroy([1, 5, 7]);
```

Sie können auch alle Ergebnisse einer Abfrage löschen:

```
Contact::where('updated_at', '<', now()->subYear())->delete();
```

Soft Deletes oder »weiches« Löschen

Das »weiche« Löschen markiert Einträge in der Datenbank zwar als gelöscht, entfernt sie aber nicht endgültig aus der Datenbank. Das eröffnet die Möglichkeit, die Daten nachträglich zu kontrollieren, sie bei der Anzeige historischer Informationen mit zu berücksichtigen oder Benutzern (oder Administratoren) die Gelegenheit zu geben, einige oder alle gelöschten Daten wiederherzustellen.

Würde man eine Anwendung mit Soft Deletes manuell programmieren, läge die Herausforderung darin, die nur scheinbar gelöschten Daten bei jeder einzelnen Abfrage auszuschließen. Glücklicherweise wird in Laravel jede Abfrage »unter der Haube« automatisch so angepasst, dass weich gelöschte Daten ignoriert werden – es sei denn, die Abfrage wird bewusst so formuliert, dass sie doch berücksichtigt werden sollen. Soft Deletes funktionieren nur, wenn die zu einem Modell gehörige Tabelle eine Spalte deleted_at besitzt.

> ### Wann sollte man Soft Deletes verwenden?
>
> Nur weil ein Feature existiert, bedeutet das nicht, dass Sie es auch verwenden sollten. Viele Laravel-Programmierer setzen Soft Deletes standardmäßig in jedem Projekt ein, bloß weil die Funktion vorhanden ist. Der Einsatz von Soft Deletes hat

jedoch auch Nachteile. Es ist ziemlich wahrscheinlich, dass Sie gelegentlich vergessen, an die Spalte deleted_at zu denken, wenn Sie mit Tools wie Sequel Pro oder phpMyAdmin Ihre Datenbank direkt bearbeiten oder abfragen. Und solange Sie »weich« gelöschte Datensätze nicht endgültig entfernen, werden Ihre Datenbanken schneller wachsen als beim echten Löschen alter Datensätze.

Deshalb meine Empfehlung: Benutzen Sie Soft Deletes nicht standardmäßig. Verwenden Sie sie stattdessen nur, wenn Sie sie wirklich brauchen. Und wenn Sie es tun, entfernen Sie alte, weich gelöschte Datensätze so offensiv wie möglich mit einem Tool wie Quicksand (*https://github.com/tightenco/quicksand*). Soft Deletes sind ein leistungsstarkes Feature, aber der Einsatz ist nicht immer und von vornherein sinnvoll.

Soft Deletes aktivieren. Um Soft Deletes für ein Modell/eine Tabelle zu aktivieren, müssen Sie drei Dinge erledigen: die Spalte deleted_at der Migration der Eigenschaft $dates hinzufügen sowie den Trait SoftDeletes ins Modell importieren. In der Schema-Fassade gibt es eine Methode, mit der man die Spalte deleted_at einer Tabelle hinzufügen kann, wie Sie in Beispiel 5-27 sehen können. Und Beispiel 5-28 zeigt ein Eloquent-Modell mit aktivierten Soft Deletes.

Beispiel 5-27: Eine Migration, die einer Tabelle Soft Deletes hinzufügt

```
Schema::table('contacts', function (Blueprint $table) {
    $table->softDeletes();
});
```

Beispiel 5-28: Ein Eloquent-Modell mit aktivierten Soft Deletes

```
<?php

use Illuminate\Database\Eloquent\Model;
use Illuminate\Database\Eloquent\SoftDeletes;

class Contact extends Model
{
    use SoftDeletes; // den Trait einbinden

    protected $dates = ['deleted_at']; // die Spalte als Datum registrieren
}
```

Sobald Sie diese Änderungen vorgenommen haben, setzt jeder Aufruf von delete() und destroy() die Spalte deleted_at der betroffenen Zeilen auf das aktuelle Datum und die aktuelle Uhrzeit, anstatt diese Zeile tatsächlich zu löschen. Sobald deleted_at einen Wert enthält, gilt eine Zeile als (weich) gelöscht. Und alle zukünftigen Abfragen werden diese Zeilen standardmäßig vom Ergebnis ausschließen.

Weich gelöschte Datensätze abfragen. Aber wie kommen wir jetzt bei Bedarf noch an die per Soft Delete gelöschten Datensätze?

Erstens können Sie eine Abfrage so erweitern, dass auch weich gelöschte Elemente berücksichtigt werden:

```
$allHistoricContacts = Contact::withTrashed()->get();
```

Zweitens können Sie die Methode trashed() verwenden, um zu prüfen, ob eine bestimmte Instanz weich gelöscht wurde:

```
if ($contact->trashed()) {
    // Hier Anweisungen ...
}
```

Schließlich können Sie auch *nur* die weich gelöschten Einträge abfragen:

```
$deletedContacts = Contact::onlyTrashed()->get();
```

Wiederherstellen weich gelöschter Elemente. Wenn Sie ein weich gelöschtes Element wiederherstellen möchten, können Sie restore() auf einer Instanz oder einer Abfrage ausführen:

```
$contact->restore();
```

// oder

```
Contact::onlyTrashed()->where('vip', true)->restore();
```

Weich gelöschte Elemente endgültig entfernen. Sie können weich gelöschte Datensätze endgültig aus der Datenbank entfernen, indem Sie forceDelete() auf einer Instanz oder Abfrage ausführen:

```
$contact->forceDelete();
```

// oder

```
Contact::onlyTrashed()->forceDelete();
```

Geltungsbereiche

Wir haben jetzt bereits viele »gefilterte« Querys benutzt, bei denen wir nur einen Teil des Tabelleninhalts abgefragt haben. Allerdings haben wir die Filterung bisher jedes Mal als manuellen Prozess mithilfe des Query Builders durchgeführt.

Stattdessen kann man auch lokale oder globale Geltungsbereiche definieren. Damit setzt man vordefinierte »Scopes« (bzw. Filter) ein, die – global – bei allen Abfragen eines Modell berücksichtigt werden oder aber – lokal – bei bestimmten Methodenketten.

Lokale Geltungsbereiche

Lokale Geltungsbereiche sind am einfachsten zu verstehen. Nehmen wir dieses Beispiel:

```
$activeVips = Contact::where('vip', true)->where('trial', false)->get();
```

Wenn wir solch eine Kette von Abfragemethoden immer wieder benutzen müssen, wird es irgendwann mühsam. Zudem würde eine derartige Definition eines »aktiven VIPs« an vielen unterschiedlichen Stellen im Code vorkommen, was bei anstehenden Änderungen eindeutig nachteilig wäre. Lässt sich diese Definition irgendwie zentralisieren? Was wäre, wenn wir es einfach so schreiben könnten:

```
$activeVips = Contact::activeVips()->get();
```

Können wir! Mithilfe eines lokalen Geltungsbereichs. Der sich einfach in der Klasse Contact definieren lässt, wie Sie in Beispiel 5-29 sehen können.

Beispiel 5-29: Definition eines lokalen Geltungsbereichs für ein Modell

```
class Contact
{
    public function scopeActiveVips($query)
    {
        return $query->where('vip', true)->where('trial', false);
    }
}
```

Um einen lokalen Geltungsbereich (bzw. *Scope*) zu definieren, fügen wir der Eloquent-Klasse eine Methode hinzu, die mit »scope« beginnt und dann den gewünschten Namen des Geltungsbereichs enthält. Diese Methode erwartet ein Query-Builder-Objekt und gibt auch eines zurück, aber innerhalb der Methode können Sie die Query natürlich verändern – das ist der springende Punkt.

Sie können auch Scopes definieren, die Parameter akzeptieren, wie Beispiel 5-30 zeigt.

Beispiel 5-30: Parameterübergabe an Scopes

```
class Contact
{
    public function scopeStatus($query, $status)
    {
        return $query->where('status', $status);
    }
}
```

Beim Aufruf muss dann einfach der Parameter an den Geltungsbereich übergeben werden:

```
$friends = Contact::status('friend')->get();
```

Globale Geltungsbereiche

Bei den Soft Deletes haben wir ja festgestellt, dass sie nur funktionieren, weil bei *jeder Abfrage* eines Modells, bei dem Soft Deletes aktiviert sind, diese weich gelöschten Elemente automatisch ignoriert werden. Da ist eindeutig ein globaler Geltungsbereich am Werk. Und genauso können wir eigene globale Geltungsbereiche definieren, die bei allen Abfragen angewendet werden, die ein bestimmtes Modell betreffen.

Es gibt zwei Möglichkeiten, solch einen globalen Scope zu definieren: mit einer Closure oder einer eigenen Klasse. In beiden Fällen registrieren Sie den definierten Scope in der boot()-Methode des Modells. Beginnen wir in Beispiel 5-31 mit der Closure-Variante:

Beispiel 5-31: Hinzufügen eines globalen Scopes per Closure

```
...
class Contact extends Model
{
    protected static function boot()
    {
        parent::boot();

        static::addGlobalScope('active', function (Builder $builder) {
            $builder->where('active', true);
        });
    }
```

So einfach ist das! Wir haben gerade einen globalen Geltungsbereich namens active hinzugefügt: Dadurch wird ab sofort jede Abfrage auf diesem Modell auf Zeilen beschränkt, bei denen active den Wahrheitswert true hat.

Als Nächstes benutzen wir die alternative Variante, wie in Beispiel 5-32 gezeigt. Dazu erstellen wir eine Klasse, die das Interface Illuminate\Database\Eloquent\Scope implementiert. Wir müssen dementsprechend eine Methode apply() definieren, die Instanzen eines Query Builders und des Modells verwendet und in der wir der Query eine zusätzliche WHERE-Bedingung hinzufügen.

Beispiel 5-32: Erstellen einer globalen Scope-Klasse

```
<?php

namespace App\Scopes;

use Illuminate\Database\Eloquent\Scope;
use Illuminate\Database\Eloquent\Model;
use Illuminate\Database\Eloquent\Builder;

class ActiveScope implements Scope
{
    public function apply(Builder $builder, Model $model)
    {
```

```
        return $builder->where('active', true);
    }
}
```

Um diesen Bereich auf ein Modell anzuwenden, erweitern wir wieder die boot()-Methode der Elternklasse Model und rufen auf der Klasse statisch addGlobalScope() auf, wie in Beispiel 5-33 gezeigt.

Beispiel 5-33: Anwenden eines klassenbasierten globalen Scopes

```
<?php

use App\Scopes\ActiveScope;
use Illuminate\Database\Eloquent\Model;

class Contact extends Model
{
    protected static function boot()
    {
        parent::boot();

        static::addGlobalScope(new ActiveScope);
    }
}
```

Fehlender Namensraum!
Sie haben vielleicht bemerkt, dass in einigen Beispielen die Klasse Contact vorkommt, aber ohne Nennung eines Namensraums. Das ist regelwidrig, und ich habe es nur aus Platzgründen gemacht. Normalerweise müssen auch die Modelle aus dem App-Namespace explizit mit ihrem Namensraum, beispielsweise App\Contact, angesprochen bzw. eingebunden werden.

Globale Geltungsbereiche ignorieren. Es gibt drei Möglichkeiten, bei einer Abfrage einen globalen Geltungsbereich zu ignorieren, und bei allen werden die Methoden withoutGlobalScope() bzw. withoutGlobalScopes() verwendet. Wenn Sie einen Closure-basierten Bereich ignorieren wollen, benutzen Sie einfach dessen Namen:

```
$allContacts = Contact::withoutGlobalScope('active')->get();
```

Mit withoutGlobalScope() oder withoutGlobalScopes() können Sie einen einzelnen klassenbasierten globalen Bereich ignorieren:

```
Contact::withoutGlobalScope(ActiveScope::class)->get();

Contact::withoutGlobalScopes([ActiveScope::class, VipScope::class])->get();
```

Und schließlich können Sie in einer Abfrage auch einfach alle globalen Bereiche ignorieren, indem Sie den Parameter weglassen:

```
Contact::withoutGlobalScopes()->get();
```

Anpassen von Feldinteraktionen durch Akzessoren, Mutatoren und Attribut-Casting

Nachdem wir nun besprochen haben, wie Sie mit Eloquent Datensätze in die Datenbank schreiben und sie auslesen können, widmen wir uns jetzt der Dekoration und Manipulation einzelner Modell-Attribute.

Akzessoren, Mutatoren und Attribut-Casting ermöglichen es Ihnen, die Art und Weise anzupassen, wie einzelne Attribute von Eloquent-Instanzen ein- oder ausgegeben werden. Ansonsten wird jedes Attribut einfach als Zeichenkette behandelt. Und Sie können Attribute nur exakt so verwenden, wie sie in der Datenbank vorhanden sind. Aber das können wir ändern.

Akzessoren

Akzessoren ermöglichen es Ihnen gewissermaßen, benutzerdefinierte Attribute für Ihre Modelle anzulegen, wenn Sie Daten aus der Modellinstanz *lesen*. Vielleicht wollen Sie die Darstellung einer bestimmten Spalte ändern oder ein Attribut erstellen, das in der Datenbanktabelle überhaupt nicht vorhanden ist.

Sie definieren einen Akzessor, indem Sie einem Modell eine Methode mit der folgenden Struktur hinzufügen: get*{PascalCasedPropertyName}*Attribute. Wenn Ihr Eigenschaftsname also first_name hieße, bekäme die Zugriffsmethode – eine andere Bezeichnung für einen Akzessor – den Namen getFirstNameAttribute.

Probieren wir es aus. Zuerst werden wir in Beispiel 5-34 eine bereits existierende Spalte so dekorieren, dass ein Defaulttext ausgegeben wird, falls sie keinen Wert enthält.

Beispiel 5-34: Dekorieren einer bereits vorhandenen Spalte durch eine Zugriffsmethode

```
// Modelldefinition:
class Contact extends Model
{
    public function getNameAttribute($value)
    {
        return $value ?: '(No name provided)';
    }
}

// Verwendung des Akzessors:
$name = $contact->name;
```

Aber wir können Akzessoren auch verwenden, um Attribute zu definieren, die in der Datenbank in dieser Form überhaupt nicht existieren, wie in Beispiel 5-35.

Beispiel 5-35: Definition eines neuen Attributs per Zugriffsmethode

```
// Modelldefinition:
class Contact extends Model
{
    public function getFullNameAttribute()
```

```
    {
        return $this->first_name . ' ' . $this->last_name;
    }
}

// Verwendung des Akzessors:
$fullName = $contact->full_name;
```

Mutatoren

Mutatoren funktionieren genauso wie Akzessoren, nur dass man mit ihnen festlegt, wie die Daten vor dem *Schreiben*, nicht wie sie nach dem *Lesen* verändert werden sollen. Man bezeichnet Akzessoren im Programmierer-Jargon häufig auch als Getter und Mutatoren als Setter, basierend auf den entsprechenden englischen Verben für diese Vorgänge. Genau wie bei den Akzessoren können Sie sie verwenden, um Daten verändert in bestehende Spalten zu schreiben oder um mit Attributen arbeiten zu können, denen keine Spalten in der Datenbank entsprechen.

Sie definieren einen Mutator, indem Sie einem Modell eine Methode mit der folgenden Struktur hinzufügen: set{*PascalCasedPropertyName*}Attribute. Wenn die Eigenschaft also first_name hieße, bekäme der Mutator den Namen setFirstName Attribute.

Probieren wir es wieder aus. Zuerst werden wir in Beispiel 5-36 den Update-Wert für eine bereits bestehende Spalte auf 0 setzen, falls er negativ sein sollte.

Beispiel 5-36: Dekorieren eines Attributwerts per Mutator

```
// Definition des Mutators
class Order extends Model
{
    public function setAmountAttribute($value)
    {
        $this->attributes['amount'] = $value > 0 ? $value : 0;
    }
}

// Verwendung des Mutators
$order->amount = '15';
```

Mutatoren legen fest, wie Daten aussehen bzw. was sie enthalten sollen, indem auf die Attribute mit $this->attributes und der Angabe des Eigenschaftsnamens zugegriffen wird.

Definieren wir nun einen Mutator, der nach einer nicht vorhandenen Spalte work group_name benannt ist, aber intern eine andere Eigenschaft verändert, wie in Beispiel 5-37 gezeigt.

Beispiel 5-37: Ein Mutator, der ein »fremdes« Attribut verändert

```
// Definition des Mutators
class Order extends Model
{
```

```
    public function setWorkgroupNameAttribute($workgroupName)
    {
        $this->attributes['email'] = "{$workgroupName}@ourcompany.com";
    }
}

// Verwendung des Mutators
$order->workgroup_name = 'jstott';
```

Es ist relativ ungewöhnlich und potenziell verwirrend, einen Mutator für eine in der Datenbank nicht existierende Spalte zu erstellen (`workgroup_name`), die letztlich eine andere (`email`) verändert – aber es ist möglich ...

Attribut-Casting

Vielleicht denken Sie jetzt daran, Zugriffsmethoden zu schreiben, um bestimmte Felder als Zahlen statt als Zeichenkette auszugeben, oder Inhalte als JSON zu codieren und decodieren, um sie in einer `TEXT`-Spalte zu speichern, oder `TINYINT`-Werte von 0 und 1 zu und aus booleschen Werten zu konvertieren?

Glücklicherweise gibt es dafür in Eloquent bereits ein Feature. Mit dem sogenannten *Attribut-Casting* (bzw. Attributumwandlung, analog zur Typumwandlung von z. B. Variablen) kann man festlegen, dass Spalten immer als bestimmter Datentyp behandelt werden sollen, sowohl beim Lesen als auch beim Schreiben. Die dabei möglichen Angaben zum Datentyp sehen Sie in Tabelle 5-1.

Tabelle 5-1: Mögliche Datentypen beim Attribut-Casting

Datentyp	Beschreibung
`int|integer`	Wird als PHP (`int`) ausgegeben
`real|float|double`	Wird als PHP (`float`) ausgegeben
`string`	Wird als PHP (`string`) ausgegeben
`bool|boolean`	Wird als PHP (`bool`) ausgegeben
`object`	Wird zu/aus JSON geparst, als `stdClass`-Objekt
`array`	Wird zu/aus JSON geparst, als Array
`collection`	Wird zu/aus JSON geparst, als Collection
`date|datetime`	Wird aus einer `DATETIME`-Spalte zu Carbon und zurück geparst
`timestamp`	Wird aus einer `TIMESTAMP`-Spalte zu Carbon und zurück geparst

Beispiel 5-38 zeigt, wie Sie Attribut-Casting in einem Modell definieren.

Beispiel 5-38: Festlegen von Attribut-Casting für ein Modell

```
class Contact
{
    protected $casts = [
        'vip' => 'boolean',
        'children_names' => 'array',
```

```
        'birthday' => 'date',
    ];
}
```

Datumsmutatoren

Sie können bestimmte Spalten als `timestamp`-Spalten definieren, indem Sie sie zum `$dates`-Array hinzufügen wie in Beispiel 5-39.

Beispiel 5-39: Definieren von Spalten, die als Zeitstempel behandelt werden sollen

```
class Contact
{
    protected $dates = [
        'met_at',
    ];
}
```

Standardmäßig werden die Spalten `created_at` und `updated_at` zu Carbon-Instanzen mutiert. Gleiches gilt für alle Spalten, die im Array `$dates` stehen.

Das ist etwas einfacher und übersichtlicher, also Zeitstempel- oder andere Datumsspalten explizit in `$casts` aufzuführen. Aber letztlich ist das Geschmackssache.

Eloquent-Collections

Wenn Sie eine Eloquent-Abfrage durchführen, bei der potenziell mehrere Zeilen zurückzugeben werden können, wird das Ergebnis nicht als Array übergeben, sondern »verpackt« in einer Eloquent-Collection, einer spezielleren Variante einer Collection. Werfen wir einen Blick auf Collections und Eloquent-Collections und was sie gegenüber einfachen Arrays auszeichnet.

Eine kurze Einführung in Collections

Laravels Collection-Objekte (`Illuminate\Support\Collection`) könnte man als Arrays auf Steroiden bezeichnen. Die Methoden, die sie mitbringen, sind so hilfreich, dass Sie sie nach einer Weile wahrscheinlich auch in Nicht-Laravel-Projekten vermissen werden – Abhilfe schafft dann das Paket Tightenco/Collect (*https://github.com/tightenco/collect*).

Am einfachsten erstellt man eine Collection mit dem `collect()`-Helfer. Übergeben Sie entweder ein Array oder verwenden Sie `collect()` ohne Argumente, damit eine leere Sammlung erstellt wird, deren Elemente Sie erst später festlegen. Probieren wir es einmal aus:

```
$collection = collect([1, 2, 3]);
```

Nehmen wir an, wir wollen keine geraden Zahlen in unserer Collection haben:

```
$odds = $collection->reject(function ($item) {
    return $item % 2 === 0;
});
```

Vielleicht brauchen wir eine Version der Collection, bei der jeder Artikel mit 10 multipliziert wird? Das können wir wie folgt erreichen:

```
$multiplied = $collection->map(function ($item) {
    return $item * 10;
});
```

Wir könnten die Collection auch auf gerade Zahlen beschränken, diese mit 10 multiplizieren und mit sum() auf eine einzige Zahl reduzieren:

```
$sum = $collection
    ->filter(function ($item) {
        return $item % 2 == 0;
    })->map(function ($item) {
        return $item * 10;
    })->sum();
```

Wie Sie sehen, stellen Collections eine Reihe von Methoden zur Verfügung, die optional verkettet werden können, um funktionale Operationen auf den enthaltenen Werten durchzuführen. Sie bieten die gleiche Funktionalität von nativen PHP-Methoden wie array_map() und array_reduce(), aber Sie müssen sich nicht die bei den PHP-Varianten unvorhersehbare Reihenfolge der Parameter merken. Zudem ist die Syntax mit Methodenverkettung erheblich besser lesbar.

Es gibt mehr als 60 Methoden in der Klasse Collection, darunter solche wie max(), whereIn(), flatten() und flip(), aber leider würde es den Rahmen dieses Buchs sprengen, sie alle vorzustellen. Auf einige dieser Methoden werden wir in Kapitel 17 eingehen. Alle Methoden sind im Abschnitt Collections (*https://laravel.com/docs/master/collections*) der Laravel-Dokumentation beschrieben.

Collection statt Arrays

Collections können auch in jedem anderen Kontext anstelle von Arrays verwendet werden (außer beim Typehinting); sie erlauben Iterationen mit foreach und, sofern sie Schlüssel besitzen, den bekannten Array-Zugriff, also beispielsweise Zuweisungen wie $a = $collection['a'].

Der Zusatznutzen von Eloquent-Collections

Eine Eloquent-Collection erweitert eine normale Collection um zusätzliche Möglichkeiten zum einfacheren Umgang mit Abfrageergebnissen.

Leider reicht der Platz nicht, um all diese Ergänzungen im Einzelnen zu beschreiben, aber für alle gilt, dass sie sich auf die Interaktion mit Collections konzentrieren, die eine ganz spezielle Form von Objekten enthalten, nämlich die Repräsentationen von Datenbankzeilen.

Eloquent-Collection besitzen beispielsweise eine Methode namens modelKeys(), die ein Array mit den Primärschlüsseln der in der Collection enthaltenen Instanzen zurückgibt. find($id) wiederum sucht nach der Instanz, die einen Primärschlüssel $id besitzt.

Zudem gibt es die Möglichkeit, für ein bestimmtes Modell festzulegen, dass es seine Ergebnisse in einer benutzerdefinierten Collection-Klasse zurückgeben soll. Wenn Sie beispielsweise bei einem Order-Modell zusätzliche, spezifische Methoden hinzufügen möchten, etwa um die finanziellen Details der Bestellungen zusammenzufassen, könnten Sie eine Klasse OrderCollection erstellen, die Illuminate\Database\Eloquent\Collection erweitert, und diese in Ihrem Modell registrieren, wie Beispiel 5-40 zeigt.

Beispiel 5-40: Benutzerdefinierte Collection-Klassen für Eloquent-Modelle

```
...
class OrderCollection extends Collection
{
    public function sumBillableAmount()
    {
        return $this->reduce(function ($carry, $order) {
            return $carry + ($order->billable ? $order->amount : 0);
        }, 0);
    }
}

...
class Order extends Model
{
    public function newCollection(array $models = [])
    {
        return new OrderCollection($models);
    }
}
```

Jedes Mal, wenn Sie eine Collection von Orders – z.B. von Order::all() – zurückgeliefert bekommen, wird das Ergebnis nun eine Instanz der Klasse OrderCollection sein:

```
$orders = Order::all();
$billableAmount = $orders->sumBillableAmount();
```

Serialisierung mit Eloquent

Als Serialisierung bezeichnet man es, wenn man eine komplexere Struktur nimmt – ein Array oder ein Objekt – und es in eine Zeichenkette umwandelt. In einem webbasierten Kontext wird diese Zeichenkette meist im JSON-Format benutzt, aber sie könnte prinzipiell auch andere Formen aufweisen.

Die Serialisierung komplexer Datenbankeinträge kann, naja, eben kompliziert sein, und bei dieser Aufgabe tun sich viele ORMs schwer. Glücklicherweise gibt es bei Eloquent zwei leistungsstarke Methoden: toArray() und toJson(). Auf Collections kann man toArray() und toJson() natürlich genauso wie auf einzelne Instanzen anwenden, also wären alle folgenden Zuweisungen möglich:

```
$contactArray = Contact::first()->toArray();
$contactJson = Contact::first()->toJson();
```

```
$contactsArray = Contact::all()->toArray();
$contactsJson = Contact::all()->toJson();
```

Sie können eine Eloquent-Instanz oder -Collection zwar auch explizit z. B. mit `$string = (string) $contact;` in eine Zeichenkette umwandeln, aber sowohl Modelle als auch Collections werden dabei im Hintergrund einfach `toJson()` ausführen und das Ergebnis liefern.

Modelle direkt mit Routenmethoden zurückgeben

Laravels Router konvertiert alles, was Routen zurückgeben, in eine Zeichenkette, sodass man einen cleveren Trick anwenden kann, indem man das Ergebnis eines Eloquent-Aufrufs an einen Controller zurückgibt: Es wird automatisch in eine Zeichenkette und damit in JSON umgewandelt. Eine Route, die JSON zurückgeben soll, lässt sich also so einfach definieren wie in Beispiel 5-41.

Beispiel 5-41: JSON aus einer Route zurückgeben
```
// routes/web.php
Route::get('api/contacts', function () {
    return Contact::all();
});

Route::get('api/contacts/{id}', function ($id) {
    return Contact::findOrFail($id);
});
```

Attribute aus JSON ausblenden

Rückgaben im JSON-Format werden sehr häufig im Zusammenspiel mit APIs verwendet, und oft will man in diesem Kontext bestimmte Attribute ausblenden. Mit Eloquent lässt sich das einfach bewerkstelligen.

Sie können Attribute entweder auf eine schwarze Liste namens `$hidden` setzen und dadurch ausblenden …

```
class Contact extends Model
{
    public $hidden = ['password', 'remember_token'];
```

… oder Attribute einer Whitelist namens `$visible` hinzufügen, um nur die darin enthaltenen Attribute anzuzeigen:

```
class Contact extends Model
{
    public $visible = ['name', 'email', 'status'];
```

Das funktioniert auch für Beziehungen zwischen Relationen, beispielsweise für alle Kontakte eines Benutzers:

```
class User extends Model
{
    public $hidden = ['contacts'];
```

```
public function contacts()
{
    return $this->hasMany(Contact::class);
}
```

Daten einer Beziehung erhalten

Wenn eine Datenbankzeile eingelesen wird, gilt das standardmäßig natürlich nicht für die über eine Beziehung verknüpften Daten, sodass es erst einmal egal ist, ob Sie diese Beziehung verstecken oder nicht. Wie Sie gleich sehen werden, ist es aber auch möglich, einen Datensatz *mit* all seinen verknüpften Elementen abzufragen. Falls Sie eine Beziehung als »verborgen« kennzeichnen, werden die verknüpften Elemente auch in diesem Kontext nicht in der serialisierten Version dieses Datensatzes enthalten sein.

Mit dem folgenden Aufruf – ein weiterer kleiner Vorgriff – können Sie einen User mit allen Kontakten abfragen – vorausgesetzt, Sie haben die Beziehung korrekt eingerichtet:

```
$user = User::with('contacts')->first();
```

Es kann vorkommen, dass Sie ein Attribut nur für einen einzigen Aufruf sichtbar machen möchten. Dafür gibt es die Eloquent-Methode makeVisible():

```
$array = $user->makeVisible('remember_token')->toArray();
```

Hinzufügen einer generierten Spalte zu Array- und JSON-Ausgaben

Falls Sie einen Akzessor für eine Spalte erstellt haben, die nicht existiert – zum Beispiel unsere Spalte full_name aus Beispiel 5-35 –, können Sie sie mit $appends den Array- und JSON-Ausgaben des Modells hinzufügen:

```
class Contact extends Model
{
    protected $appends = ['full_name'];

    public function getFullNameAttribute()
    {
        return "{$this->first_name} {$this->last_name}";
    }
}
```

Beziehungen mit Eloquent

In einem relationalen Datenbankmodell arbeitet man mit Tabellen, die untereinander *verwandt* sind bzw. *in Beziehung* miteinander stehen, weil sie anhand bestimmter Eigenschaften miteinander verknüpft sind. In diesem Zusammenhang werden Tabellen auch als *Relationen* bezeichnet – daher der Name des Datenbankmodells: *relational*. Eloquent bietet einfache und leistungsstarke Werkzeuge, um diese Beziehungen zwischen Tabellen festzulegen.

In vielen bisherigen Beispielen in diesem Kapitel ging es um Benutzer, die viele Kontakte haben können – eine ziemlich häufig vorkommende Situation.

In relationalen Datenbanken und einem ORM wie Eloquent bezeichnet man das als *1:n-*, *Eins-zu-viele-* oder *One-to-many*-Beziehung: Ein Benutzer *hat viele* Kontakte (*has many* Contacts).

In einem CRM könnte es auch vorkommen, dass ein einzelner Kontakt vielen Benutzern zugeordnet wird. Dann hätte man eine *Viele-zu-viele-* bzw. *Many-to-many*-Beziehung: Viele Benutzer können einem Kontakt zugeordnet und gleichzeitig kann jeder Benutzer mit vielen Kontakten verbunden werden. Ein Benutzer *hat viele* (*has many*) und *gehört zu* (*belongs to*) vielen Kontakten.

Besäße jeder Kontakt mehrere Telefonnummern, könnte man zudem sagen, dass ein Benutzer viele Telefonnummern *über* bzw. *durch* seine Kontakte hat. In diesem Fall wäre der Kontakt eine Art »Vermittler« zwischen dem Benutzer und den Telefonnummern.

Nun hat sicherlich auch jeder Kontakt eine Adresse. Obwohl man die benötigten Adressfelder auch alle direkt beim Kontakt speichern könnte, ließe sich aber alternativ auch ein eigenes Modell Adresse einrichten – dann könnte man sagen, der Kontakt *hat eine* Adresse (*has one*).

Als letztes Gedankenexperiment stellen wir uns noch vor, wir wollten in unserer Anwendung den Benutzern erlauben, bestimmte Einträge als Favoriten zu kennzeichnen, beispielsweise deren wichtigste Kontakte, aber zusätzlich auch noch eine ganz andere Kategorie, zum Beispiel Events. Das wäre dann eine *polymorphe* Beziehung, in der ein Benutzer viele Favoriten haben könnte, von denen aber einige Kontakt- und andere Ereignis-Favoriten wären.

Jetzt wollen wir uns anschauen, wie man all diese unterschiedlichen Beziehungen definiert und nutzt.

1:1-Beziehungen

Beginnen wir einfach: Ein Kontakt hat eine Telefonnummer. Diese Beziehung ist definiert in Beispiel 5-42.

Beispiel 5-42: Definition einer 1:1-Beziehung

```
class Contact extends Model
{
    public function phoneNumber()
    {
        return $this->hasOne(PhoneNumber::class);
    }
}
```

Die Methoden, mit denen Beziehungen definiert werden, stehen im Modell selbst ($this->hasOne()) und erwarten den voll qualifizierten Namen der Klasse, die Ziel der Beziehung sein soll (hier PhoneNumber).

Wie sollte diese Beziehung in der Datenbank definiert sein? Da wir festgelegt haben, dass ein Kontakt eine Telefonnummer hat, erwartet Eloquent, dass die Tabelle, die zur Klasse PhoneNumber gehört (vermutlich phone_numbers), eine Spalte contact_id enthält. Wenn Sie einen anderen Namen verwenden (z.B. owner_id), müssen Sie die Definition entsprechend ändern:

```
return $this->hasOne(PhoneNumber::class, 'owner_id');
```

Und so greifen wir auf die Telefonnummer eines Kontakts zu:

```
$contact = Contact::first();
$contactPhone = $contact->phoneNumber;
```

Beachten Sie bitte, dass wir die Methode in Beispiel 5-42 mit phoneNumber() definieren, aber sie mit ->phoneNumber aufrufen. Magisch! Sie könnten auch mit ->phone_number darauf zugreifen. Beides gibt eine vollständige Instanz des zugehörigen Telefonnummer-Eintrags zurück.

Wie können wir über die Telefonnummer an den Kontakt kommen? Auch dafür gibt es eine Methode (siehe Beispiel 5-43).

Beispiel 5-43: Umkehrung einer 1:1-Beziehung definieren

```
class PhoneNumber extends Model
{
    public function contact()
    {
        return $this->belongsTo(Contact::class);
    }
}
```

Dann greifen wir auf analoge Weise darauf zu:

```
$contact = $phoneNumber->contact;
```

Verknüpfte Daten speichern

Jeder Beziehungstyp hat seine Eigenarten, was die Verknüpfung von Modellen betrifft, aber im Wesentlichen funktioniert es so: Man übergibt eine einzelne Instanz an save() oder ein Array von Instanzen an saveMany(). Oder man übergibt Eigenschaften an create() oder createMany(), sodass direkt entsprechende neue Instanzen erstellt und gespeichert werden:

```
$contact = Contact::first();

$phoneNumber = new PhoneNumber;
$phoneNumber->number = 8008675309;
$contact->phoneNumbers()->save($phoneNumber);

// oder

$contact->phoneNumbers()->saveMany([
    PhoneNumber::find(1),
    PhoneNumber::find(2),
]);

// oder

$contact->phoneNumbers()->create([
    'number' => '+13138675309',
```

```
    ]);

    // oder

    $contact->phoneNumbers()->createMany([
        ['number' => '+13138675309'],
        ['number' => '+15556060842'],
    ]);
```

Die Methode createMany() ist erst ab Laravel 5.4 verfügbar.

1:n-Beziehung

Die 1:n-Beziehung kommt am häufigsten vor. Schauen wir uns an, wie man definiert, dass ein Benutzer viele Kontakte haben kann (Beispiel 5-44).

Beispiel 5-44: Definition einer 1:n-Beziehung
```
class User extends Model
{
    public function contacts()
    {
        return $this->hasMany(Contact::class);
    }
}
```

Wieder wird erwartet, dass die zugrunde liegenden Tabelle des Contact-Modells (vermutlich contacts) eine Spalte user_id enthält. Falls nicht, übergeben Sie den korrekten Spaltennamen als zweiten Parameter von hasMany().

Die Kontakte eines Benutzers erhalten wir so:

```
$user = User::first();
$usersContacts = $user->contacts;
```

Genau wie bei 1:1-Beziehungen verwenden wir den Namen der Beziehungsmethode und benutzen sie, als wäre sie eine Eigenschaft und nicht eine Methode. hasMany() gibt jedoch anstelle einer einzelnen Modellinstanz eine Collection zurück. Und zwar eine Eloquent-Collection, sodass man damit viele schöne Dinge anstellen kann, z.B. Kontakte herausfiltern, die als Spender (*donor*) gekennzeichnet sind, oder die Gesamtsumme aller Bestellungen eines Kontakts berechnen:

```
$donors = $user->contacts->filter(function ($contact) {
    return $contact->status == 'donor';
});

$lifetimeValue = $contact->orders->reduce(function ($carry, $order) {
    return $carry + $order->amount;
}, 0);
```

Genau wie 1:1-Beziehungen können wir auch die Umkehrung der Beziehung definieren (Beispiel 5-45).

Beispiel 5-45: Umkehrung einer 1:n-Beziehung definieren
```
class Contact extends Model
{
    public function user()
    {
        return $this->belongsTo(User::class);
    }
```

Und genau wie bei 1:1-Beziehungen können wir über den Kontakt auf den Benutzer zugreifen:

```
$userName = $contact->user->name;
```

Assoziieren und Deassoziieren verknüpfter Elemente

Meistens fügen wir einem Datenbankeintrag ein neues verknüpftes Element hinzu, indem wir save() auf dem Elternteil ausführen und der Methode gleichzeitig das dazugehörige Element übergeben wie in $user->contacts()->save($contact). Wenn Sie direkt auf dem verknüpften (»untergeordneten«) Eintrag arbeiten möchten, können Sie associate() bzw. dissociate() an die Methode anhängen, die die belongsTo-Beziehung zurückgibt:

```
$contact = Contact::first();

$contact->user()->associate(User::first());
$contact->save();

// und später

$contact->user()->dissociate();
$contact->save();
```

Beziehungen als Query Builder verwenden. Bisher haben wir den Methodennamen – z.B. contacts() – genommen und ihn wie eine Eigenschaft – z.B. $user->contacts – aufgerufen. Was passiert, wenn wir tatsächlich die Methode aufrufen? Anstatt direkt auf der Beziehung zu arbeiten, wird dann ein Query-Builder-Objekt mit voreingestelltem Geltungsbereich zurückgegeben.

Wäre also $user die Instanz eines bestimmten Benutzer, etwa mit der ID 1, und würden Sie darauf die Methode contacts() anwenden, erhielten Sie einen Query Builder, der bereits auf »alle Kontakte, die ein Feld user_id mit dem Wert 1 enthalten« eingeschränkt wäre. Darauf aufbauend ließe sich dann eine funktionale Abfrage konstruieren:

```
$donors = $user->contacts()->where('status', 'donor')->get();
```

Nur Datensätze auswählen, die ein Bezugselement enthalten. Sie können die Abfrage mit has() auf Datensätze beschränken, die bestimmte Kriterien in Bezug auf ihre zugehörigen Elemente erfüllen:

```
$postsWithComments = Post::has('comments')->get();
```

Sie können die Kriterien auch enger formulieren:

```
$postsWithManyComments = Post::has('comments', '>=', 5)->get();
```

Oder per Punktnotation verschachteln:

```
$usersWithPhoneBooks = User::has('contacts.phoneNumbers')->get();
```

Und schließlich können Sie benutzerdefinierte Abfragen für die zugehörigen Elemente schreiben:

```
// Ruft alle Kontakte mit einer Telefonnummer ab, die die Zeichenkette "867-5309"
// enthalten
$jennyIGotYourNumber = Contact::whereHas('phoneNumbers', function ($query) {
    $query->where('number', 'like', '%867-5309%');
});
```

Vermittelte 1:n-Beziehung

hasManyThrough() ist wirklich eine praktische Methode, um Beziehungen einer Beziehung einzubinden. Denken Sie an das frühere Beispiel, in dem ein Benutzer viele Kontakte hat und jeder Kontakt viele Telefonnummern. Wie kommen Sie an eine Liste aller Telefonnummern eines Benutzers? Dazu bedarf es einer vermittelten 1:n-Beziehung oder anders ausgedrückt: einer Eins-zu-viele-durch- oder Has-Many-Through-Beziehung.

Diese Struktur geht davon aus, dass Ihre Tabelle contacts eine user_id besitzt, um die Kontakte mit den Benutzern zu verknüpfen, und die Tabelle phone_numbers eine contact_id, um sie den Kontakten zuzuordnen. Dann definieren wir die Beziehung im User-Modell wie in Beispiel 5-46.

Beispiel 5-46: Definition einer Has-Many-Through-Beziehung
```
class User extends Model
{
    public function phoneNumbers()
    {
        return $this->hasManyThrough(PhoneNumber::class, Contact::class);
    }
}
```

Sie würden auf diese Beziehung mit $user->phone_numbers zugreifen, und wie immer können Sie den Beziehungsschlüssel des vermittelnden bzw. zwischengeschalteten Modells (mit dem dritten Parameter von hasManyThrough()) und den Beziehungsschlüssel des entfernten Ziel-Modells (mit dem vierten Parameter) anpassen.

Vermitttelte 1:1-Beziehung

hasOneThrough() ähnelt hasManyThrough(), aber anstatt über einen »Vermittler« auf *viele* verwandte Elemente zuzugreifen, geht es hier um ein *einzelnes* verwandtes Element, das über ein *einzelnes* Zwischenelement erreicht wird.

Stellen Sie sich Folgendes vor: Jeder Benutzer arbeitet in einer bestimmten Firma; diese Firma besitzt eine einzige Telefonnummer; und Sie möchten über den Benutzer an die Telefonnummer der Firma kommen. Dann braucht man eine vermittelte 1:1-Beziehung oder mit anderen Worten: eine Eins-zu-eins-durch- bzw. Has-One-Through-Beziehung.

Beispiel 5-47: Definition einer Has-One-Through-Beziehung
```
class User extends Model
{
    public function phoneNumber()
    {
        return $this->hasOneThrough(PhoneNumber::class, Company::class);
    }
}
```

m:n-Beziehung

Jetzt fängt es an, komplizierter zu werden. Bleiben wir bei unserem Beispiel eines CRM, das es einem Benutzer ermöglicht, viele Kontakte zu haben, und bei dem jeder Kontakt mit mehreren Benutzern verknüpft ist.

Zuerst definieren wir dazu die Beziehung im User-Modell, siehe Beispiel 5-48.

Beispiel 5-48: Definition einer m:n-Beziehung
```
class User extends Model
{
    public function contacts()
    {
        return $this->belongsToMany(Contact::class);
    }
}
```

Da dies eine Viele-zu-viele-Beziehung ist, sieht die Umkehrung genauso aus (Beispiel 5-49).

Beispiel 5-49: Umkehrung einer m:n-Beziehung definieren
```
class Contact extends Model
{
    public function users()
    {
        return $this->belongsToMany(User::class);
    }
}
```

Bei einer m:n-Beziehung kann ein Contact keine einzelne user_id-Spalte mehr haben, da er ja mehreren Benutzern zugeordnet werden kann, und dasselbe gilt umgekehrt für einen einzelnen User und eine jetzt dysfunktional gewordene einzelne contact_id-Spalte. Deshalb wird bei Viele-zu-viele-Beziehungen eine Verbindungstabelle zur Kopplung der Datensätze verwendet. Die gebräuchliche Konvention zur Benennung dieser Tabelle lautet, dass die beiden einzelnen Tabellennamen singularisiert, alphabetisch geordnet und durch einen Unterstrich zusammengefügt werden.

Da wir users und contacts verknüpfen, sollte unsere Verbindungstabelle also den Namen contact_user erhalten (wenn Sie den Tabellennamen anpassen möchten, übergeben Sie ihn als zweiten Parameter an die Methode belongsToMany()). Sie muss zwei Spalten enthalten: contact_id und user_id.

Genau wie bei hasMany() erhalten wir nach der Definition entsprechender Methoden im Modell Zugriff auf Collections der zugehörigen Elemente, und zwar von beiden Seiten (Beispiel 5-50).

Beispiel 5-50: Zugriff auf die verknüpften Elemente von beiden Seiten einer m:n-Beziehung
```
$user = User::first();

$user->contacts->each(function ($contact) {
    // Hier Anweisungen ...
});

$contact = Contact::first();

$contact->users->each(function ($user) {
    // Hier Anweisungen ...
});

$donors = $user->contacts()->where('status', 'donor')->get();
```

Daten aus der Verbindungstabelle abrufen. Das Spezielle an einer m:n-Beziehung ist die Tatsache, dass eine Verbindungstabelle benötigt wird. Je weniger Spalten die Verbindungstabelle hat, desto besser, aber es gibt einige Fälle, in denen es dennoch sinnvoll sein kann, über die beiden Fremdschlüssel-Spalten hinaus darin weitere Informationen zu speichern – zum Beispiel, wenn Sie ein Feld created_at benutzen möchten, um festzuhalten, wann eine Verknüpfung zwischen zwei Zeilen erstellt wurde.

Um zusätzliche Felder zu speichern, müssen Sie sie, wie in Beispiel 5-51 gezeigt, in die Beziehungsdefinition aufnehmen. Sie können zusätzliche Spalten mit withPivot() definieren oder die beiden Zeitstempel created_at und updated_at mit withTimestamps() hinzufügen.

Beispiel 5-51: Hinzufügen von Spalten zu einer Verbindungstabelle
```
public function contacts()
{
    return $this->belongsToMany(Contact::class)
        ->withTimestamps()
        ->withPivot('status', 'preferred_greeting');
}
```

Wenn Sie jetzt über eine Beziehungsmethode Modellinstanzen abfragen, besitzen diese eine Eigenschaft namens pivot, die ihren jeweiligen Platz in der Verbindungstabelle darstellt. (Die Verbindungstabelle wird bei Laravel im Original als Pivot-Tabelle bezeichnet. Da damit aber in der Regel spezielle Tabellen zur Aggregierung von Daten bezeichnet werden, verwenden wir in der deutschen Übersetzung den neutralen Begriff der Verbindungstabelle.) Sie können also so etwas wie Beispiel 5-52 machen.

Beispiel 5-52: Weitere Daten aus einem Eintrag in der Verbindungstabelle abrufen
```
$user = User::first();

$user->contacts->each(function ($contact) {
    echo sprintf(
        'Contact associated with this user at: %s',
        $contact->pivot->created_at
    );
});
```

Die Eigenschaft pivot können Sie nach Belieben umbenennen, indem Sie die Methode as() verwenden, wie Beispiel 5-53 zeigt.

Beispiel 5-53: Umbenennen der Eigenschaft pivot
```
// User-Modell
public function groups()
{
    return $this->belongsToMany(Group::class)
        ->withTimestamps()
        ->as('membership');
}

// Verwendung dieser Beziehung:
User::first()->groups->each(function ($group) {
    echo sprintf(
        'User joined this group at: %s',
        $group->membership->created_at
    );
});
```

> ## Besondere Aspekte beim Verbinden und Lösen verknüpfter Elemente bei m:n-Beziehungen
>
> Da eine Verbindungstabelle eigene, zusätzliche Eigenschaften neben den beiden Fremdschlüsseln aufweisen kann, muss man diese Eigenschaften auch festlegen können, wenn eine Kopplung hergestellt wird (also eine neue Zeile in die Verbindungstabelle eingetragen bzw. eine vorhandene aktualisiert wird). Sie können das erreichen, indem Sie ein Array als zweiten Parameter an save() übergeben:
> ```
> $user = User::first();
> $contact = Contact::first();
> $user->contacts()->save($contact, ['status' => 'donor']);
> ```

Außerdem können Sie die Methoden attach() und detach() verwenden, wobei nicht eine ganze Instanz eines verwandten Elements übergeben wird, sondern nur eine ID. Die beiden Methoden funktionieren prinzipiell genauso wie save(), akzeptieren aber auch ein Array mit mehreren IDs:

```
$user = User::first();
$user->contacts()->attach(1);
$user->contacts()->attach(2, ['status' => 'donor']);
$user->contacts()->attach([1, 2, 3]);
$user->contacts()->attach([
    1 => ['status' => 'donor'],
    2,
    3,
]);

$user->contacts()->detach(1);
$user->contacts()->detach([1, 2]);
$user->contacts()->detach(); // Alle assoziierten Kontakte "lösen"
```

Anstatt die Verbindungen zwischen Datensätzen mit attach() und detach() zu steuern, können Sie mit der Methode toggle() auch einfach zwischen den beiden möglichen Zuständen umschalten: Mit toggle() wird für jede angegebene ID geprüft, ob sie gerade verknüpft ist oder nicht – ist die ID verknüpft, wird die Verbindung gelöst; ist sie nicht verknüpft, wird die Verbindung hergestellt:

```
$user->contacts()->toggle([1, 2, 3]);
```

Sie können auch updateExistingPivot() verwenden, um Änderungen nur an Eigenschaften in der Verbindungstabelle vorzunehmen, übergeben wieder in einem Array:

```
$user->contacts()->updateExistingPivot($contactId, [
    'status' => 'inactive',
]);
```

Und falls Sie *alle* aktuellen Verbindungen durch neue ersetzen möchten – also alle vorhandenen löschen und neue definieren –, können Sie ein Array an sync() übergeben:

```
$user->contacts()->sync([1, 2, 3]);
$user->contacts()->sync([
    1 => ['status' => 'donor'],
    2,
    3,
]);
```

Polymorphe Beziehungen

In einer polymorphen Beziehung gibt es mehrere Modelle, die den gleichen Beziehungstyp aufweisen. Wir werden für ein System zur Markierung von Favoriten ein Modell namens Stars verwenden, um mit diesen »Sternen« die Favoriten zu kennzeichnen. Dabei soll ein Benutzer sowohl Kontakte als auch Events mit einem Stern versehen können, und damit klärt sich auch die Bezeichnung *polymorph*, also *viel-*

gestaltig: Es gibt eine gemeinsame Schnittstelle für Objekte unterschiedlicher Gestalt.

Wir brauchen dazu insgesamt drei Tabellen und Modelle: Star, Contact und Event (eigentlich vier, technisch gesprochen, weil wir auch die Tabelle user und das Modell User benötigen, aber dazu kommen wir noch). Die Tabellen contacts und events sind normale Tabellen ohne große Besonderheiten, die entscheidende Tabelle stars wird die Spalten id, starrable_id und starrable_type enthalten. Für jeden Star legen wir fest, welche Objektkategorie bzw. welchen »Typ« (Contact oder Event) er auszeichnet und welche ID das mit einem Stern ausgezeichnete Objekt in seiner »Heimattabelle« hat.

Lassen Sie uns die Modelle erstellen so wie in Beispiel 5-54.

Beispiel 5-54: Modelle für ein polymorphes Favoritensystem erstellen
```
class Star extends Model
{
    public function starrable()
    {
        return $this->morphTo();
    }
}

class Contact extends Model
{
    public function stars()
    {
        return $this->morphMany(Star::class, 'starrable');
    }
}

class Event extends Model
{
    public function stars()
    {
        return $this->morphMany(Star::class, 'starrable');
    }
}
```

Aber wie erzeugen wir jetzt einen Stern als Markierung eines Favoriten?

```
$contact = Contact::first();
$contact->stars()->create();
```

So einfach geht das: Der Kontakt ist nun – zumindest datenbanktechnisch – mit einem Sternchen versehen.

Um alle Stars zu finden, die einen bestimmten Contact markieren, rufen wir die Methode stars() auf wie in Beispiel 5-55.

Beispiel 5-55: Instanzen einer polymorphen Beziehung abrufen
```
$contact = Contact::first();
```

```
$contact->stars->each(function ($star) {
    // Anweisungen hier ...
});
```

Wenn wir eine Instanz von Star haben, können wir ihr »Ziel« abfragen (also die Instanz, die als Favorit markiert wurde), indem wir die Methode aufrufen, mit der wir ihre morphTo-Beziehung definiert haben, in diesem Fall starrable(). Werfen Sie dazu einen Blick auf Beispiel 5-56.

Beispiel 5-56: Das Ziel einer polymorphen Instanz abrufen

```
$stars = Star::all();

$stars->each(function ($star) {
    var_dump($star->starrable); // Eine Instanz von Contact oder Event
});
```

Vielleicht fragen Sie sich: »Wie kann ich herausfinden, wer einen Favoriten-Stern gesetzt hat?« Eine gute Frage! Aber die Lösung ist zum Glück einfach: Die Tabelle stars muss um eine Spalte user_id erweitert werden; und es muss festgelegt werden, dass a) ein User *viele* Stars setzen kann und b) ein Star zu *genau einem* User gehört – eine 1:n-Beziehung (Beispiel 5-57). Die Tabelle stars wird damit quasi zu einer Verbindungstabelle zwischen Benutzern und Kontakten bzw. Events.

Beispiel 5-57: Erweiterung eines polymorphen Systems zur Differenzierung nach Benutzern

```
class Star extends Model
{
    public function starrable()
    {
        return $this->morphsTo;
    }

    public function user()
    {
        return $this->belongsTo(User::class);
    }
}

class User extends Model
{
    public function stars()
    {
        return $this->hasMany(Star::class);
    }
}
```

Das war's! Sie können nun $star->user oder $user->stars ausführen, um anhand eines Sterns den Benutzer zu finden, der diesen vergeben, oder um eine Liste der Favoritensterne zu bekommen, die ein Benutzer insgesamt verteilt hat. Jetzt müssen Sie allerdings auch den User festlegen, wenn ein neuer Stern vergeben wird:

```
$user = User::first();
$event = Event::first();
$event->stars()->create(['user_id' => $user->id]);
```

Polymorphe m:n-Beziehung

Die komplexeste und am wenigsten gebräuchliche Variante von Beziehungen ist die polymorphe Viele-zu-viele-Beziehung.

Das häufigste Beispiel für diesen Beziehungstyp wäre die Verwendung von Schlagwörtern (*tags*). Und um auf der sicheren Seite zu sein, werde ich dieses Beispiel auch hier benutzen. Stellen Sie sich also vor, Sie würden gerne sowohl Kontakte wie Events verschlagworten. Das Besondere bei einem m:n-Polymorphismus besteht einerseits darin, dass es eine Viele-zu-viele-Beziehung ist: Jedes Schlagwort bzw. jeder Tag kann auf mehrere Elemente angewendet werden, und jedes Element kann mehrere Schlagwörter haben. Aber daneben ist diese Beziehung eben auch noch polymorph: Tags können mit Elementen verschiedenen Typs verknüpft werden, so ähnlich wie im letzten Beispiel, bei dem wir Favoriten benutzt haben. Was die Datenbank betrifft, bauen wir wieder die Struktur einer polymorphen Beziehung auf (wie bei den Favoriten), fügen aber noch eine Verbindungstabelle hinzu.

Das bedeutet, dass wir drei Standardtabellen, contacts, events und tags brauchen, die alle jeweils eine ID und die gewünschten Eigenschaften enthalten, *und* eine zusätzliche Tabelle taggables, mit den Spalten tag_id, taggable_id und taggable_type. Jeder Eintrag in der Tabelle taggables verknüpft ein Tag mit einem Typus von Taggable-Inhalten.

Lassen Sie uns jetzt die Modelle für diese Beziehung definieren so wie in Beispiel 5-58.

Beispiel 5-58: Definition einer polymorphen m:n-Beziehung

```
class Contact extends Model
{
    public function tags()
    {
        return $this->morphToMany(Tag::class, 'taggable');
    }
}

class Event extends Model
{
    public function tags()
    {
        return $this->morphToMany(Tag::class, 'taggable');
    }
}

class Tag extends Model
{
    public function contacts()
    {
```

```
        return $this->morphedByMany(Contact::class, 'taggable');
    }

    public function events()
    {
        return $this->morphedByMany(Event::class, 'taggable');
    }
}
```

Und so erstellen Sie Ihr erstes Tag:

```
$tag = Tag::firstOrCreate(['name' => 'likes-cheese']);
$contact = Contact::first();
$contact->tags()->attach($tag->id);
```

Ergebnisse für diese Beziehung bekommen wir wie gewohnt, siehe Beispiel 5-59.

Beispiel 5-59: Zugriff auf die verknüpften Elemente von beiden Seiten einer polymorphen m:n-Beziehung

```
$contact = Contact::first();

$contact->tags->each(function ($tag) {
    // Anweisungen hier ...
});

$tag = Tag::first();
$tag->contacts->each(function ($contact) {
    // Anweisungen hier ...
});
```

Aktualisierung von Zeitstempeln durch verknüpfte Datensätze

Wie Sie wissen, haben alle Modelle standardmäßig die Zeitstempel-Spalten created_at und updated_at. Eloquent aktualisiert den Zeitstempel updated_at automatisch, wenn Sie Änderungen an einem Datensatz vornehmen.

Wenn ein verknüpftes Element eine belongsTo- oder belongsToMany-Beziehung zu einem »entfernten« Element hat, kann es durchaus sinnvoll sein, das (logisch meist übergeordnete) entfernte Element auch bei jeder Veränderung des verknüpften Elements als aktualisiert zu markieren. Wenn beispielsweise eine Telefonnummer aktualisiert wird, sollte vielleicht auch der Kontakt, zu dem sie gehört, als aktualisiert gekennzeichnet werden.

Erreichen können wir das, indem wir der Definition des verknüpften Modells eine als Array notierte Eigenschaft $touches hinzufügen wie in Beispiel 5-60.

Beispiel 5-60: Aktualisieren eines übergeordneten Datensatzes, wenn der untergeordnete Datensatz aktualisiert wird

```
class PhoneNumber extends Model
{
    protected $touches = ['contact'];
```

```
    public function contact()
    {
        return $this->belongsTo(Contact::class);
    }
}
```

Eager Loading

Standardmäßig lädt Eloquent die Daten aus Beziehungen mit einem Verfahren namens *Lazy Loading*. Das bedeutet, dass beim Laden einer Modellinstanz die abhängigen Modelle nicht direkt mitgeladen werden. Vielmehr werden sie erst dann nachgeladen, wenn auf sie auch tatsächlich zugegriffen wird; Laravel verhält sich beim Ladevorgang quasi »faul« (»lazy«) und spart sich die Arbeit, bis es absolut nötig ist.

Das kann zu einem Performance-Problem werden, wenn Sie über eine große Menge von Datensätzen iterieren und für jeden dieser Datensätze verknüpfte Elemente existieren. Die Krux beim »faulen« Laden: Es kann die Zahl der Datenbankabfragen signifikant erhöhen (oft als *N+1-Problem* bezeichnet). Laravel führt beispielsweise jedes Mal, wenn die Schleife in Beispiel 5-61 durchlaufen wird, eine neue Datenbankabfrage aus, um die Telefonnummern für den aktuellen Kontakt zu suchen.

Beispiel 5-61: Abrufen eines verknüpften Elements für jedes Element einer Liste

```
$contacts = Contact::all();

foreach ($contacts as $contact) {
    foreach ($contact->phone_numbers as $phone_number) {
        echo $phone_number->number;
    }
}
```

Um dieses Problem zu umgehen, können Sie bei Bedarf schon beim Laden von Modellinstanzen angeben, dass zugehörige Elemente direkt mit geladen werden sollen – dieses Vorgehen nennt sich *Eager Loading*, »eifriges« Laden:

```
$contacts = Contact::with('phoneNumbers')->get();
```

Es reicht dazu, bei einer Abfrage die with()-Methode zu ergänzen; wie Sie in diesem Beispiel sehen können, übergibt man dabei einfach den Namen der Methode, durch die die Beziehung definiert ist.

Damit werden die vielen einzelnen Abfragen, die beim Lazy Loading entstehen (z.B. wenn die Telefonnummer eines Kontakts immer erst dann abgefragt wird, wenn sie in einer foreach-Schleife gebraucht wird), Laravel-intern auf nur noch zwei Abfragen reduziert: eine Abfrage, die die übergeordneten Elemente (hier die gewünschten Kontakte) liefert, und eine zweite, um alle verknüpften Elemente zu erhalten (alle Telefonnummern, die zu den gelieferten Kontakten gehören).

Sie können mehrere Beziehungen gleichzeitig »eifrig laden«, indem Sie mehrere Parameter an den Aufruf with() übergeben:

```
$contacts = Contact::with('phoneNumbers', 'addresses')->get();
```

Und Sie können Eager Loading auch verschachtelt anwenden, um Beziehungen von Beziehungen zu laden:

```
$authors = Author::with('posts.comments')->get();
```

Eager Loading einschränken. Wenn Sie zwar für eine Beziehung Eager Loading einsetzen, dabei aber nur ausgewählte Elemente berücksichtigen wollen, können Sie dies mit einer Closure erreichen, in der Sie eine entsprechende Bedingung festlegen:

```
$contacts = Contact::with(['addresses' => function ($query) {
    $query->where('mailable', true);
}])->get();
```

»Lazy« Eager Loading. Ich weiß, dass es ein bisschen verrückt klingt, weil wir Eager Loading gerade als eine Art Gegenteil von Lazy Loading definiert haben, aber manchmal kann es vorkommen, dass man nicht von vornherein weiß, ob man eine Abfrage mit Eager Loading durchführen will oder nicht. Indem man den Aufruf zum Laden der abhängigen Elemente vom Hauptaufruf trennt und erst später durchführt, kann man alle zugehörigen Elemente bei Bedarf nachladen und vermeidet dennoch die Nachteile des N+1-Problems. Das ist quasi »faules« Eager Loading:

```
$contacts = Contact::all();

if ($showPhoneNumbers) {
    $contacts->load('phoneNumbers');
}
```

Um Daten einer Beziehung nur dann zu laden, wenn dies nicht bereits geschehen ist, können Sie (seit Laravel 5.5) die Methode loadMissing() verwenden:

```
$contacts = Contact::all();

if ($showPhoneNumbers) {
    $contacts->loadMissing('phoneNumbers');
}
```

Eager Loading nur der Zeilenzahl

Wenn Sie nur die Gesamtzahl der abhängigen Elemente brauchen, können Sie dazu withCount() benutzen:

```
$authors = Author::withCount('posts')->get();

// Fügt jedem Autor einen Ganzzahl "posts_count" hinzu, in der die Anzahl
// der von diesem Autor geschriebenen Postings steht
```

Ereignisse in Eloquent

Eloquent-Modelle lösen jedes Mal, wenn bestimmte Aktionen stattfinden, sogenannte *Ereignisse* bzw. *Events* aus und senden eine entsprechende Nachricht in die Tiefen Ihrer Anwendung, unabhängig davon, ob die Anwendung gerade »zuhört« oder nicht. Falls Sie mit dem Pub-Sub-Muster vertraut sind: Es ist das gleiche Vorgehen (mehr über Laravels Event-System in Kapitel 16).

Wir geben einen kurzen Überblick, wie Sie einen Event Listener binden können, der immer dann reagieren soll, wenn ein neuer Kontakt erstellt wird. Wir werden den Listener in der boot()-Methode von AppServiceProvider verankern und nehmen im Beispiel an, dass wir jedes Mal einen Drittanbieterdienst benachrichtigen wollen, wenn ein neuer Kontakt erstellt wird.

Beispiel 5-62: Einen Listener an ein Eloquent-Ereignis binden
```
class AppServiceProvider extends ServiceProvider
{
    public function boot()
    {
        $thirdPartyService = new SomeThirdPartyService;

        Contact::creating(function ($contact) use ($thirdPartyService) {
            try {
                $thirdPartyService->addContact($contact);
            } catch (Exception $e) {
                Log::error('Failed adding contact to ThirdPartyService; canceled.');

                return false; // Bricht die create()-Methode ab
            }
        });
    }
}
```

Was genau passiert in Beispiel 5-62? Zuerst verwenden wir `Modelname::eventName()` als Methode und übergeben ihr eine Closure. Diese Closure erhält Zugriff auf die Modellinstanz, auf der gearbeitet wird. Danach müssen wir diesen Listener in irgendeinem Service Provider definieren. Und drittens: Wenn wir false zurückgeben, müssen die Operation und der save()- bzw. update()-Vorgang abgebrochen werden.

Es folgen die Bezeichnungen der Ereignisse, über deren Eintritt ein Eloquent-Modell benachrichtigt:

- creating
- created
- updating
- updated
- saving
- saved
- deleting

- deleted
- restoring
- restored
- retrieved

Die meisten davon sollten relativ klar sein, bis vielleicht auf restoring und restored: Diese beiden Signale werden ausgelöst, wenn Sie eine Zeile wiederherstellen, die per Soft Delete gelöscht wurde. Außerdem wird saving sowohl bei creating als auch bei updating sowie saved bei created und updated ausgelöst.

retrieved (verfügbar ab Laravel 5.5) wird ausgelöst, wenn ein vorhandener Datensatz aus der Datenbank abgefragt wurde.

Testen

Laravel erleichtert durch sein Applikationstest-Framework das Testen Ihrer Datenbank – dazu müssen keine Unit-Tests für Eloquent geschrieben, sondern es kann direkt die gesamte Anwendung getestet werden.

Nehmen Sie folgendes Szenario: Sie möchten sicherstellen, dass eine bestimmte Seite ausschließlich einen ganz bestimmten Kontakt anzeigt. Die einem solchen Vorgang zugrunde liegende Logik hat mit dem Zusammenspiel zwischen der URL, dem Controller und der Datenbank zu tun, sodass ein Anwendungstest hier die beste Lösung ist. Vielleicht kommen Sie auch auf die Idee, Eloquent-Aufrufe zu mocken und zu vermeiden, dabei wirklich die Datenbank abzufragen. *Machen Sie das nicht.* Versuchen Sie es stattdessen mit Beispiel 5-63.

Beispiel 5-63: Testen von Datenbankinteraktionen mit einfachen Anwendungstests

```
public function test_active_page_shows_active_and_not_inactive_contacts()
{
    $activeContact = factory(Contact::class)->create();
    $inactiveContact = factory(Contact::class)->states('inactive')->create();

    $this->get('active-contacts')
        ->assertSee($activeContact->name)
        ->assertDontSee($inactiveContact->name);
}
```

Wie Sie sehen, eignen sich Modellfabriken und Laravels Anwendungstestfunktionen hervorragend zum Testen von Datenbankaufrufen.

Alternativ können Sie einen Datensatz auch direkt in der Datenbank suchen wie in Beispiel 5-64.

Beispiel 5-64: Mit assertDatabaseHas() nach bestimmten Datensätzen suchen

```
public function test_contact_creation_works()
{
    $this->post('contacts', [
```

```
        'email' => 'jim@bo.com'
    ]);

    $this->assertDatabaseHas('contacts', [
        'email' => 'jim@bo.com'
    ]);
}
```

Eloquent und Laravels Datenbank-Framework sind ausgiebig getestet worden. Sie müssen nicht von *Ihnen* getestet werden. Sie müssen sie nicht mocken. Wenn Sie wirklich vermeiden wollen, die Datenbank abzufragen, können Sie ein Repository-Entwurfsmuster verwenden und ungespeicherte Instanzen Ihrer Eloquent-Modelle zurückgeben. Entscheidend ist letztlich, dass Sie die Datenbanklogik Ihrer Anwendung testen.

Wenn Sie benutzerdefinierte Akzessoren, Mutatoren, Geltungsbereiche usw. einsetzen, können Sie auch diese ohne Umwege testen, wie Beispiel 5-65 zeigt.

Beispiel 5-65: Testen von Akzessoren, Mutatoren und Scopes
```
public function test_full_name_accessor_works()
{
    $contact = factory(Contact::class)->make([
        'first_name' => 'Alphonse',
        'last_name' => 'Cumberbund'
    ]);

    $this->assertEquals('Alphonse Cumberbund', $contact->fullName);
}

public function test_vip_scope_filters_out_non_vips()
{
    $vip = factory(Contact::class)->states('vip')->create();
    $nonVip = factory(Contact::class)->create();

    $vips = Contact::vips()->get();

    $this->assertTrue($vips->contains('id', $vip->id));
    $this->assertFalse($vips->contains('id', $nonVip->id));
}
```

Vermeiden Sie es einfach, Tests zu schreiben, bei denen Sie komplexe Methodenketten erstellen müssen, um zu behaupten, dass ein bestimmter Stapel auf einem Datenbank-Mock aufgerufen wurde. Wenn Ihre Tests des Datenbank-Layers zu erdrückend und komplex werden, liegt das möglicherweise daran, dass Sie sich von vorgefassten Vorstellungen in unnötig komplexe Strukturen zwingen lassen. Halten Sie den Ball einfach flach.

Unterschiedliche Bezeichnungen für Testmethoden vor Laravel 5.4
In Projekten mit Laravel-Versionen vor 5.4 sollte assertDatabaseHas() durch seeInDatabase(), get() durch visit(), assertSee() durch see() und assertDontSee() durch dontSee() ersetzt werden.

TL;DR

Laravel wird mit einer Reihe leistungsstarker Datenbank-Tools ausgeliefert, darunter Migrationen, Seeding, ein eleganter Query Builder und Eloquent, ein leistungsfähiges ActiveRecord-ORM. Auch ohne Eloquent kann man – mithilfe einer dünnen Komfortschicht – auf die Datenbank zugreifen und sie manipulieren, ohne selbst SQL-Statements schreiben zu müssen. Aber ein objektrelationaler Mapper wie Eloquent (oder Doctrine oder eine andere Alternative) lässt sich einfach hinzufügen und funktioniert problemlos mit den Datenbank-Tools, die Laravel von Haus aus mitbringt.

Eloquent folgt dem Active-Record-Muster, sodass es einfach ist, Klassen von datenbankgestützten Objekten zu definieren, einschließlich der Angabe der Tabellen, in denen sie gespeichert werden, und dem Aufbau der Spalten, Akzessoren und Mutatoren. Eloquent kann jede normale SQL-Anweisung durchführen und bewältigt auch komplexe Beziehungsmuster zwischen Modellen bzw. Tabellen bis hin zu polymorphen m:n-Beziehungen.

Laravel verfügt zudem über ein robustes System zum Testen von Datenbanken inklusive Modellfabriken.

KAPITEL 6
Frontend-Komponenten

Laravel ist zwar in erster Linie ein PHP-Framework, verfügt aber auch über eine Reihe von Komponenten, die sich auf die Generierung von Frontend-Code konzentrieren. Einige davon, wie die Features für Paginierung (Seitenumbruch) und Message Bags, sind PHP-Helfer, die auf das Frontend abzielen, aber Laravel enthält auch ein Webpack-basiertes Build-System namens Mix und offeriert einige Konventionen für andere Ressourcen als PHP-Dateien.

Laravels Build-Werkzeuge vor und nach Laravel 5.4
Vor Laravel 5.4 hieß das Frontend-Build-Tool Elixir und basierte auf Gulp. Seit Version 5.4 gibt es ein neues Build-Werkzeug namens Mix, das auf Webpack basiert.

Beginnen wir mit Mix, das das Herzstück der (Nicht-PHP-)Frontend-Komponenten darstellt.

Laravel Mix

Mix ist ein Build-Tool mit einer unkomplizierten Benutzerschnittstelle und einer Reihe von Konventionen, das auf Webpack (*https://webpack.js.org/*) basiert. Der besondere Mehrwert von Mix liegt darin, dass es die gängigsten Build- und Kompilierungsaufgaben von Webpack durch eine sauberere API und eine Reihe von Konventionen für die Namensgebung und Anwendungsstruktur deutlich vereinfacht.

> **Eine kurze Einführung in Webpack**
>
> Webpack ist ein JavaScript-Tool, um statische Ressourcen zu kompilieren; das Webpack-Team nennt als seinen Zweck, »Module mit Abhängigkeiten« zu bündeln und »statische Assets« zu erzeugen.
>
> Webpack ähnelt Werkzeugen wie Gulp oder Grunt, mit denen ebenfalls Abhängigkeiten für Websites verarbeitet und gebündelt werden können. Dazu gehört nor-

> malerweise, dass Dateien kopiert werden, ein CSS-Präprozessor wie Sass oder Less oder PostCSS eingesetzt und JavaScript verkettet und minifiziert wird.
>
> Im Gegensatz zu den anderen Tools konzentriert sich Webpack *insbesondere* darauf, Module mit Abhängigkeiten zu bündeln und daraus statische Assets zu erzeugen. Gulp und Grunt sind – wie Make und Rake vor ihnen – gut darin, Aktivitäten zu automatisieren, die programmierbar und wiederholbar sind. Sie alle *können* zwar auch verwendet werden, um Assets zu bündeln, aber das ist nicht ihr Hauptfokus, und deshalb sind sie für einige komplexere Anforderungen nur eingeschränkt geeignet – zum Beispiel wenn es darum geht, herauszufinden, welche der generierten Assets gar nicht verwendet und aus dem endgültigen Output entfernt werden sollen.

Letztlich ist Mix nur eines der Tools im gesamten Webpack-Werkzeugkasten. Die »Mix-Datei« namens *webpack.mix.js*, mit der Sie Ihre Konfigurationen festlegen, ist eine Webpack-Konfigurationsdatei, die Sie im Wurzelverzeichnis Ihres Projekts finden. Allerdings sind die Konfigurationseinstellungen, die Sie dort vornehmen müssen, viel einfacher als bei üblichen Webpack-Konfigurationen out of the box, und man kann damit die meisten gängigen Aufgaben bei der Asset-Kompilierung beschleunigen.

Lassen Sie uns ein typisches Beispiel betrachten: den Einsatz von Sass, um CSS-Dateien vorzuverarbeiten. In einer normalen Webpack-Umgebung würde das ungefähr so wie in Beispiel 6-1 aussehen.

Beispiel 6-1: Kompilieren einer Sass-Datei in Webpack ohne Mix

```
var path = require('path');
var MiniCssExtractPlugin = require("mini-css-extract-plugin");

module.exports = {
    entry: './src/sass/app.scss',
    module: {
        rules: [
            {
                test: /\.s[ac]ss$/,
                use: [
                    MiniCssExtractPlugin.loader,
                    "css-loader",
                    "sass-loader"
                ]
            }
        ]
    },
    plugins: [
        new MiniCssExtractPlugin({
            path: path.resolve(__dirname, './dist'),
            filename: 'app.css'
        })
    ]
}
```

Und ich habe schon Schlimmeres gesehen. Die Anzahl an möglichen Konfigurationseigenschaften ist überschaubar, und es ist relativ klar, was hier vor sich geht. Es handelt sich hierbei um die Art von Code, die man immer wieder von Projekt zu Projekt kopiert, es ist aber kein Code, den man gerne selbst schreiben oder gar in größerem Umfang ändern möchte. So zu arbeiten, kann einerseits monoton, andererseits aber auch etwas unübersichtlich werden.

Gehen wir in Beispiel 6-2 dieselbe Aufgabe mit Mix an.

Beispiel 6-2: Kompilieren einer Sass-Datei in Mix
```
let mix = require('laravel-mix');

mix.sass('resources/sass/app.scss', 'public/css');
```

Das war's schon. Das ist nicht nur deutlich einfacher, sondern deckt auch gleich Aufgabenfelder wie Dateiüberwachung, Browser-Synchronisation, Benachrichtigungen, vorgeschriebene Ordnerstrukturen, Autopräfixing, URL-Verarbeitung und vieles mehr ab.

Verzeichnisstruktur von Mix

Dass Mix so einfach zu bedienen ist, liegt im Wesentlichen daran, dass eine ganz bestimmte Verzeichnisstruktur benutzt wird. Warum sollte man sich bei jeder Anwendung neu entscheiden, wo die Quell- und kompilierten Ressourcen gespeichert werden? Wenn Sie sich schlicht an die Konventionen von Mix halten, werden Sie nie wieder darüber nachdenken müssen.

In jeder »frischen« Laravel-Anwendung gibt es einen Ordner *resources*, und Mix geht davon aus, dort alle Frontend-Assets zu finden. Sass-Dateien gehören in *resources/sass*, Less-Dateien in *resources/less*, Quell-CSS-Dateien in *resources/css* und JavaScript in *resources/js*. Verzeichnisse, die nach der Installation noch nicht existieren, können Sie anlegen, sobald sie benötigt werden. Exportiert wird von dort nach *public/css* und *public/js*.

Das Assets-Unterverzeichnis vor Laravel 5.7
In Versionen vor 5.7 befanden sich die Unterverzeichnisse *sass*, *less* und *js* in *resources/assets* anstatt direkt im Verzeichnis *resources*.

Mix ausführen

Da Mix auf Webpack basiert, müssen Sie vor der Verwendung einige Tools einrichten:

1. Zuerst müssen Sie Node.js installieren. Auf der Node-Website (*https:// nodejs.org/*) erfahren Sie Näheres zur Erstinstallation.

Sobald Node (und damit NPM, der *Node Package Manager*) installiert ist, müssen Sie das nicht mehr für jedes Projekt wiederholen. Jetzt sind Sie bereit, die Abhängigkeiten Ihres Projekts zu installieren.

2. Öffnen Sie dazu das Projekt-Wurzelverzeichnis in Ihrem Terminal und führen Sie `npm install` aus, um die benötigten Pakete zu installieren (Laravel wird mit einer für Mix vorbereiteten Datei *package.json* ausgeliefert, damit NPM weiß, was es zu tun hat).

Jetzt sind Sie bereit! Sie können `npm run dev` ausführen, um Webpack/Mix jeweils einmal auszuführen, oder `npm run watch`, damit NPM auf relevante Dateiänderungen achtet und als Reaktion darauf neu kompiliert, oder `npm run prod`, um Mix mit den Einstellungen für die Produktionsumgebung auszuführen (und dabei z.B. die Größe der auszugebenden Dateien zu minimieren). Falls `npm run watch` in Ihrer Umgebung nicht funktioniert, können Sie alternativ auch `npm run watch-poll` ausführen; daneben gibt es den Befehl `npm run hot` für Hot Module Replacement (HMR; siehe nächsten Abschnitt).

Was bietet Mix?

Ich habe bereits erwähnt, dass Mix CSS mit Sass, Less und/oder PostCSS vorverarbeiten kann. Es kann auch alle Arten von Dateien verketten, verkleinern, umbenennen und ganze Verzeichnisse oder einzelne Dateien kopieren.

Darüber hinaus kann Mix alle Varianten modernen JavaScripts verarbeiten und bietet Autopräfixing, Verkettung und Verkleinerung speziell als Teil des JavaScript-Build-Prozesses. Es vereinfacht die Einrichtung von Browsersync, HMR und Versionierung, und es gibt Plug-ins für viele andere gängige Build-Szenarien.

Die Mix-Dokumentation (*https://bit.ly/2OqiyIL*) behandelt all diese Optionen und vieles mehr – auf einige konkrete Anwendungsfälle werden wir aber in den folgenden Abschnitten eingehen.

Source-Maps

Falls Ihnen der Begriff noch nicht vertraut ist: Source-Maps funktionieren mit allen Präprozessoren und informieren den Webinspektor eines Browsers, aus welchen Quelldateien die kompilierten Dateien erzeugt wurden.

Standardmäßig erzeugt Mix keine Source-Maps Ihrer Dateien. Sie können sie jedoch erstellen, indem Sie die Methode `sourceMaps()` an Ihre Mix-Aufrufe anhängen, wie in Beispiel 6-3 zu sehen.

Beispiel 6-3: Source-Maps aktivieren in Mix

```
let mix = require('laravel-mix');

mix.js('resources/js/app.js', 'public/js')
   .sourceMaps();
```

Sobald Sie Mix auf diese Weise konfiguriert haben, finden Sie die Source-Maps als *.{filename}.map*-Datei neben den generierten Dateien.

Wenn Sie die Entwicklungswerkzeuge Ihres Browsers ohne vorliegende Source-Maps verwenden, um eine bestimmte CSS-Regel oder JavaScript-Aktion zu überprüfen, sehen Sie nur ein großes Durcheinander an kompiliertem Code. Mit Source-Maps dagegen kann Ihr Browser die genaue Zeile der Quelldatei lokalisieren, sei es Sass oder JavaScript oder was auch immer, aus der die Regel stammt, die Sie gerade überprüfen wollen.

Pre- und Post-Prozessoren

Sass und Less haben wir bereits besprochen, Mix kann aber auch Stylus verarbeiten (Beispiel 6-4), zudem können Sie PostCSS hinter andere Stylesheet-Aufrufe hängen (Beispiel 6-5).

Beispiel 6-4: Vorverarbeitung von CSS mit Stylus

```
mix.stylus('resources/stylus/app.styl', 'public/css');
```

Beispiel 6-5: Postprocessing von CSS mit PostCSS

```
mix.sass('resources/sass/app.scss', 'public/css')
    .options({
        postCss: [
            require('postcss-css-variables')()
        ]
    });
```

CSS ohne Präprozessor

Wenn Sie keinen Präprozessor einsetzen wollen, können Sie einen Befehl benutzen, der all Ihre CSS-Dateien erfasst, verkettet und in das Verzeichnis *public/css* ausgibt, genauso wie es auch ein Präprozessor machen würde. Es gibt dazu ein paar Optionen, die Sie in Beispiel 6-6 finden.

Beispiel 6-6: Stylesheets kombinieren mit Mix

```
// Kombiniert alle Dateien aus resources/css
mix.styles('resources/css', 'public/css/all.css');

// Kombiniert Dateien aus resources/css
mix.styles([
    'resources/css/normalize.css',
    'resources/css/app.css'
], 'public/css/all.css');
```

Verkettung von JavaScript

Die Optionen, die für die Arbeit mit normalen JavaScript-Dateien existieren, ähneln denen für normale CSS-Dateien. Schauen wir uns Beispiel 6-7 an.

Beispiel 6-7: Kombinieren von JavaScript-Dateien mit Mix

```
let mix = require('laravel-mix');

// Kombiniert alle Dateien aus resources/js
mix.scripts('resources/js', 'public/js/all.js');

// Kombiniert Dateien aus resources/js
mix.scripts([
    'resources/js/normalize.js',
    'resources/js/app.js'
], 'public/js/all.js');
```

Verarbeitung von JavaScript

Wenn Sie JavaScript verarbeiten möchten – z.B. um ES6-Code in einfaches JavaScript zu übersetzen –, kann man Mix einsetzen, um die Übersetzung mit Webpack durchzuführen (siehe Beispiel 6-8).

Beispiel 6-8: Verarbeitung von JavaScript-Dateien mit Mix

```
let mix = require('laravel-mix');

mix.js('resources/js/app.js', 'public/js');
```

Dieses Beispielskript sucht nach dem angegebenen Dateinamen in *resources/js* und gibt die Datei in *public/js/app.js* aus.

Komplexere Funktionen von Webpack können Sie verwenden, indem Sie eine *webpack.config.js*-Datei im Wurzelverzeichnis Ihres Projekts erstellen.

Kopieren von Dateien oder Verzeichnissen

Um einzelne Dateien oder ein ganzes Verzeichnis zu verschieben, verwenden Sie die Methoden `copy()` oder `copyDirectory()`:

```
mix.copy('node_modules/pkgname/dist/style.css', 'public/css/pkgname.css');
mix.copyDirectory('source/images', 'public/images');
```

Versionierung

Die meisten Tipps aus Steve Souders *Even Faster Web Sites* (O'Reilly) haben ihren Weg in die tägliche Entwicklungspraxis gefunden. Wir verschieben Skripte in den Fußbereich einer Webseite, reduzieren die Anzahl der HTTP-Requests und machen vieles andere, oft ohne zu wissen, woher diese Ideen eigentlich stammen.

Einer von Steves Tipps, in dem er vorschlägt, die Lebensdauer des Caches für Assets (Skripte, Stilvorlagen und Bilddateien) sehr hoch anzusetzen, wird jedoch immer noch sehr selten umgesetzt. Befolgt man diesen Vorschlag aber, verringert das die Requests an den Server, in denen nach den neuesten Versionen der Assets gefragt wird. Der Nachteil liegt darin, dass Benutzer oft nur über zwischengespeicherte Versionen Ihrer Assets verfügen, die dann schnell veraltet sein und die Funktionalität der Anwendung beeinträchtigen können, weil im Code vorgenommene Änderungen nicht zügig genug beim Benutzer landen.

Die Lösung dafür ist *Versionierung*. Sie lässt sich einrichten, indem man dem Dateinamen jedes Assets bei jedem neuen Build einen eindeutigen Hash-Wert hinzufügt, sodass diese jetzt eindeutig benannte Datei auf unbestimmte Zeit zwischengespeichert wird – oder zumindest bis zum nächsten Build.

Dennoch tauchen zwei Probleme auf. Zuerst einmal müssen diese eindeutigen Hashes generiert und an die Dateinamen angehängt werden. Zusätzlich müssen aber bei jedem Build auch alle Views aktualisiert werden, um auf die neuen Dateinamen zu verweisen.

Wie Sie sich wahrscheinlich schon gedacht haben, übernimmt das glücklicherweise Mix für Sie – und es ist unglaublich einfach. Zwei Komponenten helfen dabei: Eine führt die Versionierung in Mix durch, die andere ist eine PHP-Hilfsfunktion namens mix(). Ihre Assets können Sie mit mix.version() versionieren, wie in Beispiel 6-9 gezeigt.

Beispiel 6-9: mix.version

```
let mix = require('laravel-mix');

mix.sass('resources/sass/app.scss', 'public/css')
    .version();
```

Die versionierte Version, die diese Anweisung erzeugt, heißt *app.css* und befindet sich in *public/css*.

> **Versionierung von Assets mit Abfrage-Parametern**
>
> Die Versionierung in Laravel unterscheidet sich etwas von traditioneller Versionierung, da die Versionsangaben per Abfrage-Parameter angehängt und keine Dateinamen geändert werden. Der Effekt ist derselbe, denn Browser betrachten die neue Version als »neue« Datei, aber es umgeht einige Probleme mit Caches und Load Balancern.

Daneben können Sie den PHP-mix()-Helfer in Ihren Ansichten verwenden, um auf diese Datei zu verweisen wie in Beispiel 6-10.

Beispiel 6-10: mix()-Helfer in Views verwenden

```
<link rel="stylesheet" href="{{ mix("css/app.css") }}">

// Wird so etwas ausgeben wie:

<link rel="stylesheet" href="/css/app.css?id=5ee7141a759a5fb7377a">
```

> ## Wie funktioniert die Mix-Versionierung hinter den Kulissen?
>
> Mix erzeugt eine Datei namens *public/mix-manifest.json*. Darin werden die Informationen gespeichert, die der mix()-Helfer benötigt, um die erzeugte Datei zu finden. So sieht eine beispielhafte *mix-manifest.json* aus:
>
> ```
> {
>     "/css/app.css": "/css/app.css?id=4151cf6261b95f07227e"
> }
> ```

Vue und React

Mix kann beim Build sowohl Vue-Komponenten (mit Single-File-Komponenten) als auch React-Komponenten verarbeiten. Dabei ist die Mix-Standardmethode js() für Vue zuständig – bei Bedarf können Sie sie durch einen react()-Aufruf ersetzen, falls Sie React-Komponenten erstellen möchten:

```
mix.react('resources/js/app.js', 'public/js');
```

Wenn Sie sich in Laravel die vorkonfigurierte Datei *app.js* im Verzeichnis *resources* ansehen (Beispiel 6-11), werden Sie feststellen, dass dort nach einer frischen Installation ausschließlich die Datei *bootstrap.js* geladen wird.

Beispiel 6-11: app.js direkt nach der Installation
```
require('./bootstrap');
```

In *bootstrap.js* wiederum werden Axios und Lodash für den Einsatz vorbereitet (Beispiel 6-12). Von Vue oder React ist aber in beiden Dateien noch nichts zu sehen: Deren Einbindung schauen wir uns etwas weiter unten in »Frontend-Frameworks und Auth-Scaffolding« auf Seite 167 an.

Beispiel 6-12: bootstrap.js direkt nach der Installation
```
window._ = require('lodash');

window.axios = require('axios');

window.axios.defaults.headers.common['X-Requested-With'] = 'XMLHttpRequest';
```

Hot Module Replacement

Wenn Sie einzelne Komponenten mit Vue oder React schreiben, werden Sie wahrscheinlich entweder jedes Mal die Seite aktualisieren, wenn Ihr Build-Tool die Komponenten neu kompiliert, oder sich auf die Browsersynchronisation von Mix verlassen, damit die Seite neu geladen wird.

Das ist im Prinzip großartig, aber wenn Sie mit Single-Page-Applikationen (SPAs) arbeiten, bedeutet das andererseits, dass die App in den Anfangszustand zurückversetzt wird; das Refresh löscht damit gleichzeitig den aktuellen Anwendungszustand, den Sie beim Navigieren durch die Applikation erreicht haben.

Hot Module Replacement (HMR, manchmal auch *hot reloading* genannt) löst dieses Problem. Es ist nicht immer einfach einzurichten, aber bei Mix ist es bereits out of the box aktiviert. HMR funktioniert im Wesentlichen so, als hätten Sie Browsersync beigebracht, nicht erneut die gesamte, rekompilierte Datei zu laden, sondern nur die von Ihnen geänderten Codebereiche. Das bedeutet vor allem, dass Sie trotz der Codeaktualisierung im Browser den aktuellen Zustand der Anwendung beibehalten können.

Um HMR zu verwenden, müssen Sie `npm run hot` anstelle von `npm run watch` verwenden. Damit es richtig funktioniert, müssen alle `<script>`-Referenzen auf die korrekten Versionen Ihrer JavaScript-Dateien verweisen. Da Mix einen kleinen Node-Server unter `localhost:8080` startet, wird HMR nicht funktionieren, falls ein `<script>`-Tag auf eine andere Version des Skripts zeigt.

Am besten verwenden Sie einfach den `mix()`-Helfer, um auf Skripte zu verweisen. Dieser Helfer kümmert sich darum, dass entweder im HMR-Modus `localhost:8080` vorangestellt wird oder aber Ihre Domain, falls Sie sich in einem normalen Entwicklungsmodus befinden. Das sähe dann so aus:

```
<body>
    <div id="app"></div>

    <script src="{{ mix('js/app.js') }}"></script>
</body>
```

Wenn Sie Ihre Anwendungen über eine HTTPS-Verbindung entwickeln – zum Beispiel, wenn Sie `valet secure` ausführen –, müssen auch Ihre Assets über eine HTTPS-Verbindung bereitgestellt werden. Das ist etwas komplizierter, daher ist es am besten, die HMR-Dokumentation (*https://bit.ly/2U2xvGb*) zu konsultieren.

Vendor-Extraktion

Das gängigste Muster für das Bündeln von Frontend-Dateien, das natürlich auch von Mix unterstützt wird, erzeugt jeweils eine einzige CSS- und JavaScript-Datei, die sowohl den anwendungsspezifischen Code eines Projekts als auch den Code aller Abhängigkeiten umfasst.

Das bedeutet jedoch auch, dass bei Aktualisierungen von Vendor-Dateien, also eingebundenen Abhängigkeiten, die gesamte Datei neu erstellt und gecachet werden muss, was zu unerwünschten Verlängerungen der Ladezeit führen kann.

Mit Mix kann man aber einfach das gesamte JavaScript aus allen Abhängigkeiten einer Anwendung in eine separate *vendor.js*-Datei extrahieren und damit von anwendungsspezifischem JavaScript trennen. Dafür übergeben Sie lediglich eine Liste der Hersteller-Bibliotheksnamen an die Methode `extract()`, die mit dem Aufruf von `js()` verkettet werden kann. Beispiel 6-13 zeigt, wie das aussehen könnte.

Beispiel 6-13: Extrahieren einer Hersteller-Bibliothek in eine separate Datei

```
mix.js('resources/js/app.js', 'public/js')
    .extract(['vue'])
```

Dadurch werden Ihre vorhandene *app.js* und zwei neue Dateien ausgegeben: *manifest.js*, mit der der Browser Anweisungen zum Laden der Abhängigkeiten und des Anwendungscodes erhält, und *vendor.js*, die den herstellerspezifischen Code enthält. Es ist wichtig, diese Dateien in Ihrem Frontend-Code in der richtigen Reihenfolge zu laden – zuerst *manifest.js*, dann *vendor.js* und schließlich *app.js*:

> **Extrahieren aller Abhängigkeiten mit extract() in Mix 4.0+**
>
> Wenn Ihr Projekt Laravel Mix 4.0 oder höher verwendet, was bei einer frisch eingerichteten aktuellen Laravel-Installation in der Regel der Fall ist, können Sie die Methode extract() ohne Argumente aufrufen. Dadurch wird die gesamte Abhängigkeitsliste für Ihre Anwendung extrahiert.

```
<script src="{{ mix('js/manifest.js') }}"></script>
<script src="{{ mix('js/vendor.js') }}"></script>
<script src="{{ mix('js/app.js') }}"></script>
```

Umgebungsvariablen in Mix

Wenn Sie in der *.env*-Datei eine Umgebungsvariable mit Präfix MIX_ anlegen, können Sie auf diese in Ihren mit Mix kompilierten Dateien durch process.env.ENV_VAR_NAME zugreifen, wie Beispiel 6-14 zeigt.

Beispiel 6-14: Einsatz von .env-Variablen in mit Mix kompiliertem JavaScript

```
# In Ihrer .env-Datei
MIX_BUGSNAG_KEY=lj12389g08bq1234
MIX_APP_NAME="Your Best App Now"

// In mit Mix kompilierten Dateien
process.env.MIX_BUGSNAG_KEY

// Zum Beispiel wird dieser Code ...
console.log("Welcome to " + process.env.MIX_APP_NAME);

// ... zu Folgendem kompiliert:
console.log("Welcome to " + "Your Best App Now");
```

Sie können in Ihren Webpack-Konfigurationsdateien auf diese Variablen auch mit dem *dotenv*-Paket von Node zugreifen, wie in Beispiel 6-15 gezeigt.

Beispiel 6-15: Verwendung von .env-Variablen in Webpack-Konfigurationsdateien

```
// webpack.mix.js
let mix = require('laravel-mix');
require('dotenv').config();

let isProduction = process.env.MIX_ENV === "production";
```

Frontend-Frameworks und Auth-Scaffolding

Als Full-Stack-Framework bietet Laravel out of the box mehr an als ein reines Backend-Framework. Neben dem kompletten Build-System, das wir gerade behandelt haben, erlaubt es auch die einfache Einbindung von Bootstrap als CSS-Framework und JavaScript-Frameworks wie Vue oder React.

laravel/ui

Dazu muss ab Version 6.0 zuerst das separate First-Party-Paket laravel/ui eingebunden werden:

```
composer require laravel/ui
```

Danach sind neue Artisan-Befehle registriert, mit denen je nach Wunsch Vue (das vor Version 6 standardmäßig benutzt wurde), React oder Bootstrap integriert werden kann:

```
php artisan ui vue
php artisan ui react
php artisan ui bootstrap
```

Danach müssen Ihre Frontend-Dateien noch kompiliert werden:

```
npm install && npm run dev
```

Schauen wir uns noch beispielhaft an, welche Änderungen bei der Einbindung von Vue vorgenommen werden. Zuerst wird *app.js* um eine Beispiel-Komponente und eine Applikations-Instanz erweitert.

Beispiel 6-16: app.js nach Einbindung von Vue

```
window.Vue = require('vue');

/**
 * The following block of code may be used to automatically register your
 * Vue components. It will recursively scan this directory for the Vue
 * components and automatically register them with their "basename".
 *
 * Eg. ./components/ExampleComponent.vue -> <example-component></example-component>
 */

// const files = require.context('./', true, /\.vue$/i)
// files.keys().map(key => Vue.component(key.split('/').pop().split('.')[0],
files(key).default))

Vue.component('example-component', require('./components/
ExampleComponent.vue').default);

/**
 * Next, we will create a fresh Vue application instance and attach it to
 * the page. Then, you may begin adding components to this application
 * or customize the JavaScript scaffolding to fit your unique needs.
 */
```

```
const app = new Vue({
el: '#app',
});
```

Außerdem werden in *bootstrap.js* jetzt zusätzlich popper.js, jQuery und JS-basierte Bootstrap-Features geladen.

Beispiel 6-17: bootstrap.js nach Einbindung von popper.js, jQuery und Bootstrap

```
/**
 * We'll load jQuery and the Bootstrap jQuery plugin which provides support
 * for JavaScript based Bootstrap features such as modals and tabs. This
 * code may be modified to fit the specific needs of your application.
 */

try {
window.Popper = require('popper.js').default;
window.$ = window.jQuery = require('jquery');

    require('bootstrap');
} catch (e) {}
```

Sie können sich einen genaueren Eindruck von den Frontend-Tools verschaffen, indem Sie nach der Einbindung einen Blick auf die Dateien *package.json* und *web pack.mix.js* und die Ansichten, JavaScript-und CSS-Dateien im Verzeichnis *resources* werfen.

Frontend-Presets

Ab Laravel-Version 5.5 gab es bereits die integrierten *Frontend-Presets*: Das sind vorgefertigte Skripte, die ebenfalls einen Teil oder alle der von Vue und Bootstrap geladenen Standardvoreinstellungen ändern oder entfernen. Sie können – auch weiter mit Laravel 6 – die mitgelieferten Presets oder solche von Drittanbietern auf GitHub verwenden.

Mit php artisan preset *preset_name* können Sie ein integriertes Preset ausführen:

```
php artisan preset react
php artisan preset bootstrap
php artisan preset none
```

Frontend-Presets von Drittanbietern

Das System der Laravel'schen Frontend-Presets erlaubt es, auch eigene Presets zu erstellen oder Voreinstellungen anderer Community-Mitglieder zu verwenden. Es gibt eine eigene GitHub-Übersicht (*https://bit.ly/2OraXt6*), die dabei hilft, hervorragende Frontend-Presets von Drittanbietern zu finden, die sich zudem einfach installieren lassen. Normalerweise sind folgende Schritte nötig:

1. Installieren Sie das Paket (z.B. composer require laravel-frontend-presets/tailwindcss).
2. Installieren Sie das Preset (z.B. php artisan preset tailwindcss).

3. Genau wie bei den eingebauten Presets führen Sie danach `npm install` und `npm run dev` aus.

Falls Sie ein eigenes Preset erstellen möchten, finden Sie auf GitHub ein vorbereitetes Preset-Gerüst (*https://bit.ly/2U4ZLrH*), das Sie forken können.

Auth-Scaffolding

Obwohl sie technisch gesehen kein Teil der Frontend-Voreinstellungen sind, gibt es in Laravel einen Satz von Routen und Views, die als *Auth-Scaffolding* (Erstellen eines Gerüsts für die Authentifizierung) bezeichnet werden und im Grunde genommen ebenfalls Frontend-Voreinstellungen sind. Wenn Sie `php artisan ui:auth` ausführen, wird Ihre Anwendung um eine Log-in-Seite, eine Registrierungsseite, eine neue Master-Vorlage für die »app«-Ansicht Ihrer Anwendung, Routen zu diesen Seiten und einiges mehr ergänzt. Mehr dazu finden Sie in Kapitel 9.

Paginierung

Obwohl man in Webanwendungen sehr häufig Daten umbrechen muss, kann die Paginierung immer noch ziemlich kompliziert sein. Glücklicherweise sind Seitenumbrüche bei Laravel von vornherein konzeptionell mit berücksichtigt worden, sodass sowohl Ergebnissätze von Eloquent-Abfragen als auch der Router standardmäßig dafür vorbereitet sind.

Paginieren von Datenbank-Ergebnissen

Seitenumbrüche sind am häufigsten dann nötig, wenn das Ergebnis einer Datenbankabfrage zu viele Daten enthält, um sie alle auf einer einzigen Seite anzuzeigen. Eloquent und der Query Builder lesen beide den Abfrageparameter page aus der aktuellen Seitenanfrage und verwenden ihn, um für das Abfrageergebnis eine `paginate()`-Methode bereitzustellen; der einzige Parameter, den Sie an `paginate()` übergeben müssen, ist die Anzahl der Datenzeilen pro Seite. Beispiel 6-18 zeigt, wie das aussehen kann.

Beispiel 6-18: Das Ergebnis einer Query-Builder-Abfrage paginieren

```
// PostsController
public function index()
{
    return view('posts.index', ['posts' => DB::table('posts')->paginate(20)]);
}
```

In Beispiel 6-18 wird spezifiziert, dass diese Route 20 Beiträge pro Seite zurückgeben soll. Basierend auf dem optionalen Abfrageparameter page der URL wird festgestellt, auf der wievielten »Seite« der Ergebnisse sich der aktuelle Benutzer befindet und welche Datenzeilen auf dieser Seite dargestellt werden müssen. Diese `paginate()`-Methode funktioniert für alle Eloquent-Modelle gleich.

Wenn Sie nun die Ergebnisse in Ihrer Ansicht anzeigen, besitzt die Collection, die die Abfrageergebnisse enthält, eine `links()`-Methode (bzw. `render()` in Laravel 5.1), mit der Steuerelemente mit Links zu den weiteren paginierten Seiten angezeigt werden können – inklusive der standardmäßigen CSS-Klassennamen von Bootstrap (siehe Beispiel 6-19).

Beispiel 6-19: Rendern von Paginierungslinks in einer Vorlage

```
// posts/index.blade.php
<table>
@foreach ($posts as $post)
    <tr><td>{{ $post->title }}</td></tr>
@endforeach
</table>

{{ $posts->links() }}

// Standardmäßig gibt $posts->links() in etwa Folgendes aus:
<ul class="pagination">
    <li class="page-item disabled"><span>&laquo;</span></li>
    <li class="page-item active"><span>1</span></li>
    <li class="page-item">
        <a class="page-link" href="http://myapp.com/posts?page=2">2</a>
    </li>
    <li class="page-item">
        <a class="page-link" href="http://myapp.com/posts?page=3">3</a>
    </li>
    <li class="page-item">
        <a class="page-link" href="http://myapp.com/posts?page=2" rel="next">
            &raquo;
        </a>
    </li>
</ul>
```

Anpassung der Anzahl der Paginierungslinks in Laravel 5.7 und höher

Wenn Sie steuern möchten, wie viele Links auf beiden Seiten des Steuerelements für die aktuelle Seite angezeigt werden sollen, können Sie dies in Projekten ab Laravel 5.7 mit der Methode `onEachSide()` leicht anpassen:

```
DB::table('posts')->paginate(10)->onEachSide(3);

// Ausgabe:
// 5 6 7 [8] 9 10 11
```

Paginatoren manuell erstellen

Falls Sie nicht mit Eloquent oder dem Query Builder arbeiten oder Sie eine komplexe Abfrage einsetzen (z. B. eine mit `groupBy`), müssen Sie einen Paginator möglicherweise manuell erstellen. Glücklicherweise können Sie das mit den Klassen `Illuminate\Pagination\Paginator` bzw. `Illuminate\Pagination\LengthAwarePaginator` erreichen.

Der Unterschied zwischen den beiden Klassen besteht darin, dass `Paginator` nur Schaltflächen mit Links auf die vorhergehende und die nächste Seite bereitstellt, aber nicht zu jeder Seite; `LengthAwarePaginator` muss das vollständige Ergebnis kennen, damit es Links für jede einzelne Seite generieren kann. Bei großen Ergebnismengen kann es deshalb sinnvoll sein, `Paginator` zu verwenden, um negative Auswirkungen auf die Performance wegen der nötigen Übertragung größerer Datenmengen zu vermeiden.

Sowohl mit `Paginator` als auch mit `LengthAwarePaginator` müssen Sie die Teilmenge des Inhalts, die Sie an die View übergeben möchten, manuell extrahieren. Sehen wir uns dazu Beispiel 6-20 an.

Beispiel 6-20: Manuelles Erstellen eines Paginators

```
use Illuminate\Http\Request;
use Illuminate\Pagination\Paginator;

Route::get('people', function (Request $request) {
    $people = [...]; // große Liste mit Personen

    $perPage = 15;
    $offsetPages = $request->input('page', 1) - 1;

    // Der Paginator teilt das Array nicht selbst auf
    $people = array_slice(
        $people,
        $offsetPages * $perPage,
        $perPage
    );

    return new Paginator(
        $people,
        $perPage
    );
});
```

Die `Paginator`-Syntax hat sich in den letzten Versionen von Laravel geändert, falls Ihr Legacy-Projekt noch mit Version 5.1 arbeiten sollte, schauen Sie sich bitte die Dokumentation (*https://bit.ly/2U6M37I*) an, um die korrekte Syntax nachzusehen.

Message Bags

Eine weitere häufige, aber mühselige Aufgabe in Webanwendungen besteht im Weiterleiten von Nachrichten zwischen verschiedenen Komponenten der App, wenn das Endziel darin besteht, sie dem Benutzer zu übermitteln – beispielsweise wenn ein Controller eine Validierungsnachricht der folgenden Art senden soll: »Die E-Mail muss eine gültige E-Mail-Adresse sein.« Eine solche Nachricht muss nicht nur zur View gelangen, sondern auch Umleitungen »überleben«. Wie strukturiert man solch eine Messaging-Logik?

Illuminate\Support\MessageBag ist eine Klasse, mit der man Nachrichten, die für den Endbenutzer bestimmt sind, speichern, kategorisieren und zurückgeben kann. Mit ihr lassen sich Nachrichten nach Schlüsseln sortieren, wobei häufig Kategorien wie errors und messages verwendet werden, und sie bietet praktische Methoden, um auf alle gespeicherten Nachrichten oder nur die mit einem bestimmten Schlüsselwort zuzugreifen und sie in verschiedenen Formaten auszugeben.

Prinzipiell können Sie eine neue Instanz von MessageBag wie in Beispiel 6-21 manuell erzeugen. In der Praxis wird das wahrscheinlich nie nötig sein – es ist nur eine Denkübung, um zu zeigen, wie es funktioniert.

Beispiel 6-21: Eine Message Bag manuell erzeugen
```
$messages = [
    'errors' => [
        'Something went wrong with edit 1!',
    ],
    'messages' => [
        'Edit 2 was successful.',
    ],
];
$messagebag = new \Illuminate\Support\MessageBag($messages);

// Auf Fehler überprüfen; falls vorhanden, formatieren und anzeigen
if ($messagebag->has('errors')) {
    echo '<ul id="errors">';
    foreach ($messagebag->get('errors', '<li><b>:message</b></li>') as $error) {
        echo $error;
    }
    echo '</ul>';
}
```

Message Bags sind auch eng mit Laravels Validatoren verbunden (mehr dazu in »Validierung« auf Seite 189): Wenn Validatoren Fehler zurückgeben, sind diese tatsächlich eine Instanz von MessageBag, die dann an eine Ansicht oder mit redirect('route')->withErrors($messagebag) an eine Umleitung übergeben werden kann.

Laravel übergibt an jede View eine leere Instanz von MessageBag, die der Variablen $errors zugewiesen ist; wenn Sie eine Message Bag mit withErrors() an eine Umleitung weitergeben, wird sie dieser $errors-Variablen zugewiesen. Das bedeutet, dass man in einer View *immer* davon ausgehen kann, dass es eine $errors-Message Bag gibt, die man überprüfen kann – Beispiel 6-22 zeigt exemplarisch einen typischen Codeabschnitt, den Entwickler gerne zur Fehleranzeige benutzen.

Beispiel 6-22: Codeschnipsel zur Anzeige von Fehlern
```
// partials/errors.blade.php
@if ($errors->any())
    <div class="alert alert-danger">
        <ul>
```

```
@foreach ($errors as $error)
    <li>{{ $error }}</li>
@endforeach
    </ul>
</div>
@endif
```

Fehlende $errors-Variable

Wenn Sie mit Routen arbeiten, die nicht zur Middleware-Gruppe `web` gehören, dann wird für diese Routen die Session-Middleware nicht ausgeführt, was wiederum bedeutet, dass es keine $errors-Variable gibt.

Benannte Error Bags

Manchmal müssen Sie Message Bags nicht nur nach Schlüsseln (notices versus errors), sondern auch nach Herkunft bzw. auslösender Komponente unterscheiden. Vielleicht haben Sie ein Log-in- und ein Registrierungsformular auf der gleichen Seite; wie unterscheidet man da, aus welchem Formular eine Fehlermeldung stammt?

Wenn Sie Fehler mit `withErrors()` einer Umleitung mitgeben, ist der zweite Parameter der Name der Bag: `redirect('dashboard')->withErrors($validator, 'login')`. Dann können Sie – beispielsweise im Dashboard – mit $errors->login die bekannten Methoden aufrufen: `any()`, `count()` usw.

Hilfsfunktionen für Strings, Pluralisierung und Lokalisierung

Als Entwickler neigen wir dazu, Textblöcke nur als große, als Platzhalter dienende <div>-Tags zu betrachten, die darauf warten, dass auf der Client-Seite echte Inhalte eingebracht werden. Selten sind wir an irgendeiner Logik innerhalb dieser Blöcke beteiligt.

Aber es gibt einige Situationen, in denen Sie dankbar sein werden für die Werkzeuge, die Laravel für die Seitenmanipulation zur Verfügung stellt.

Zeichenketten-Helfer und Pluralisierung

Laravel bietet eine Reihe von Helfern zur Manipuliation von Zeichenketten. Sie sind als Methoden der Klasse `Str` verfügbar, z.B. `Str::plural()`.

In Version 6 wurden – neben den *array_*-Funktionen – die *str_*-Helfer in das neue Composer-Paket `laravel/helpers` verschoben und aus dem Framework entfernt. Diese Hilfsfunktionen können jetzt nur noch als Methoden der Klasse `Illuminate\Support\Str` aufgerufen werden.

Damit der in diesem Buch gezeigte Beispielcode auch mit früheren Versionen funktioniert, verwende ich bis auf Weiteres die bisherigen Varianten. Installieren Sie deshalb bitte das separate Helfer-Paket, falls noch nicht geschehen:

```
composer require laravel/helpers
```

Im Folgenden gebe ich jeweils beide Bezeichnungen an, also z.B. Str::contains *und* str_contains.

Die Laravel-Dokumentation (*https://bit.ly/2HQKaFC*) behandelt sie alle im Detail, hier folgen aber einige der am häufigsten verwendeten String-Helfer:

e()
: Eine Abkürzung für htmlentities(); wandelt alle Zeichen, für die es spezielle HTML-Codes gibt, aus Sicherheitsgründen in diese um.

Str::startsWith / starts_with(), Str::endsWith / ends_with(), Str::contains / str_contains()
: Überprüfen eine Zeichenkette (erster Parameter), um festzustellen, ob diese mit einer anderen Zeichenkette beginnt, mit ihr endet oder sie enthält (zweiter Parameter).

Str::is / str_is()
: Überprüft, ob eine Zeichenkette (zweiter Parameter) mit einem bestimmten Muster (erster Parameter) übereinstimmt – z.B. würden foobar und foobaz als dem Muster foo* entsprechend erkannt.

Str::slug / str_slug()
: Konvertiert eine Zeichenkette in eine gut lesbare Kleinbuchstaben-Form mit Bindestrichen, um sie als sogenannten »Slug« in URLs zu verwenden – ein Begriff, der aus der Zeitungsbranche stammt und dort als interner Kurzbegriff für Artikel dient, die sich in Produktion befinden, und deren wesentlichen Inhalt bezeichnet.

Str::plural / str_plural(*word, count*), Str::singular / str_singular()
: Pluralisiert ein Wort oder singularisiert es; funktioniert nur mit Englisch: Beispielsweise gibt str_plural('dog') die Mehrzahl dogs zurück, str_plural('dogs', 1') die Einzahl dog.

Str::camel / camel_case(), Str::kebab / kebab_case(), Str::snake / snake_case(), Str::studly / studly_case(), Str::title / title_case()
: Konvertieren eine Zeichenkette in eine andere spezialisierte Form der Groß-/Kleinschreibung.

Str::after / str_after(), Str::before / str_before(), Str::limit / str_limit()
: Kürzen eine Zeichenkette und geben einen Teil der Zeichenkette zurück. str_after() gibt alles nach einer gegebenen Zeichenkette zurück und str_before() alles davor. Beide akzeptieren die gesamte Zeichenkette als ersten Parameter und die Zeichenkette, nach der gesucht werden soll, als zweiten. str_limit() kürzt eine Zeichenkette (erster Parameter) auf eine bestimmte Anzahl von Zeichen (zweiter Parameter).

Lokalisierung

Lokalisierung ermöglicht es Ihnen, mit mehreren Sprachen zu arbeiten und beliebige Zeichenketten als Übersetzungsziele zu markieren. Sie können eine Fallback-Sprache festlegen und sogar mit Pluralisierungsvarianten arbeiten.

In Laravel müssen Sie während des Ladevorgangs von Seiten eine »application locale« festlegen. Als »Locale« (oder »Gebietsschema«) wird ein Identifikator bezeichnet, mit dem man die zu verwendende Sprache, Kultur oder ein regionalspezifisches Verhalten festlegt. Dadurch erfahren die Hilfsfunktionen zur Lokalisierung beispielsweise, in welche Sprache übersetzt werden soll. Oft werden Locales mit zwei Buchstaben codiert: »en« für Englisch oder »de« für Deutsch. Die Standardsprache für Ihre Anwendung wird in der Konfigurationsdatei config/app.php festgelegt, ebenso ein Identifikator für ein Ersatzschema. Das Gebietsschema können Sie in Ihrer Anwendung mit App::setLocale($localeName) auch dynamisch verändern, am besten in einem Service Provider. Wenn Sie die Locale nicht direkt in der Konfigurationsdatei ändern möchten, können Sie dies global am einfachsten in der boot()-Methode des AppServiceProvider tun; falls Sie mehr als nur diese eine lokale Bindung einsetzen wollen, würde sich ein selbst erstellter LocaleServiceProvider anbieten.

> ### Das Gebietsschema für jeden Request einzeln festlegen
>
> Es kann zunächst etwas verwirrend sein, wenn man verstehen will, wie Laravel das Gebietsschema des Benutzers erkennt oder Übersetzungen vornimmt. Die meiste Arbeit liegt auf jeden Fall bei Ihnen als Entwickler. Schauen wir uns ein typisches Szenario an.
>
> Ihre Anwendung wird möglicherweise über einige Funktionen verfügen, mit denen ein Benutzer ein Gebietsschema bzw. eine Sprache auswählen kann, oder Sie versuchen, diese automatisch zu erkennen. Auf jeden Fall legt Ihre Anwendung letztlich ein bestimmtes Gebietsschema fest und benennt es in einem URL-Parameter oder speichert es in einem Session-Cookie. Dann wird ein Service Provider – möglicherweise ein LocaleServiceProvider – diesen Schlüssel auslesen und ihn während des Bootstraps festlegen.
>
> Vielleicht befindet sich ein Benutzer gerade auf *https://myapp.com/es/contacts*. Der LocaleServiceProvider erkennt die Zeichenkette es für Spanisch und führt entsprechend App::setLocale('es') aus. Von diesem Moment an wird Laravel jedes Mal, wenn im Programmcode die Übersetzung einer Zeichenkette angefordert wird, nach der spanischen Version dieser Zeichenkette suchen, die natürlich in den Ressourcen definiert sein muss.

In der Konfigurationsdatei *config/app.php* können Sie eine Fallback-Locale definieren, und zwar mit der Anweisung fallback_locale. Auf diese Weise können Sie eine Ersatzsprache für Ihre Anwendung definieren, die Laravel immer dann verwendet, wenn es keine Übersetzung für das gewünschte Gebietsschema finden kann.

Grundlegende Lokalisierung

Aber wie ruft man nun die Übersetzung einer Zeichenkette ab? Es gibt eine Hilfsfunktion, __($key), die anhand des angegebenen Schlüssels die passende Zeichenkette für das aktuell gültige Gebietsschema einsetzt oder sie aus dem Standard-Gebietsschema übernimmt, falls es für diesen Schlüssel keine vorbereitete Übersetzung gibt. In Blade können Sie auch die Direktive @lang() verwenden. Beispiel 6-23 zeigt, wie eine einfache Übersetzung funktioniert. Wir verwenden das Beispiel eines Links »zurück zum Dashboard«, der oben auf einer Detailseite platziert ist.

Beispiel 6-23: Grundlegende Verwendung von __()

```
// Normales PHP
<?php echo __('navigation.back'); ?>

// Blade
{{ __('navigation.back') }}

// Blade-Direktive
@lang('navigation.back')
```

Nehmen wir an, wir verwenden gerade das Gebietsschema es. Laravel sucht dann nach einer Datei *resources/lang/es/navigation.php*, die ein Array mit allen Übersetzungen zurückgibt. Dann wird in diesem Array nach dem Schlüsselwort back gesucht und bei Erfolg der entsprechende Wert zurückgegeben. Sehen wir uns dazu Beispiel 6-24 an.

Beispiel 6-24: Eine Übersetzung abrufen

```
// resources/lang/es/navigation.php
return [
    'back' => 'Volver al panel',
];

// routes/web.php
Route::get('/es/contacts/show/{id}', function () {
    // In diesem Beispiel setzen wir die Locale manuell, nicht in einem Service
    // Provider
    App::setLocale('es');
    return view('contacts.show');
});

// resources/views/contacts/show.blade.php
<a href="/contacts">{{ __('navigation.back') }}</a>
```

Der Übersetzungshelfer vor Laravel 5.4

In Projekten mit Versionen vor 5.4 ist der __() Helfer nicht verfügbar. Sie müssen stattdessen die Hilfsfunktion trans() verwenden, die auf ein älteres Übersetzungssystem zugreift, das ähnlich wie das hier beschriebene funktioniert, aber nicht auf das JSON-Übersetzungssystem zugreifen kann, das wir gleich noch kurz behandeln werden.

Parameter in der Lokalisierung

Das vorhergehende Beispiel war relativ einfach. Lassen Sie uns in komplexere Bereiche vordringen. Was passiert, wenn wir definieren wollen, zu *welchem* Dashboard wir zurückkehren wollen? Schauen wir uns Beispiel 6-25 an.

Beispiel 6-25: Parameter in Übersetzungen
```
// resources/lang/en/navigation.php
return [
    'back' => 'Back to :section dashboard',
];

// resources/views/contacts/show.blade.php
{{ __('navigation.back', ['section' => 'contacts']) }}
```

Wie Sie sehen können, markiert das Voranstellen eines Doppelpunkts ein Wort als Platzhalter (:section), der ersetzt werden kann. Der zweite, optionale Parameter von __() ist ein Array von Werten, mit denen die Platzhalter ersetzt werden sollen.

Pluralisierung in der Lokalisierung

Wir haben über Pluralisierung bereits kurz gesprochen, also möglicherweise möchten Sie eigene Pluralisierungsregeln festlegen. Es gibt zwei Möglichkeiten, das zu tun; wir beginnen mit der einfachsten, wie in Beispiel 6-26 gezeigt.

Beispiel 6-26: Definition einer einfachen Übersetzung mit Pluralisierungsmöglichkeit
```
// resources/lang/en/messages.php
return [
    'task-deletion' => 'You have deleted a task|You have successfully deleted tasks',
];

// resources/views/dashboard.blade.php
@if ($numTasksDeleted > 0)
    {{ trans_choice('messages.task-deletion', $numTasksDeleted) }}
@endif
```

Wie Sie sehen können, verwenden wir eine Methode trans_choice(), die die Anzahl der betroffenen Elemente als zweiten Parameter erwartet und daraus ableitet, welche der beiden Zeichenketten verwendet werden soll.

Sie können auch alle Übersetzungsdefinitionen verwenden, die mit der komplexeren Translation-Komponente von Symfony kompatibel sind; siehe Beispiel 6-27.

Beispiel 6-27: Verwendung der Translation-Komponente von Symfony
```
// resources/lang/es/messages.php
return [
    'task-deletion' => "{0} You didn't manage to delete any tasks.|" .
        "[1,4] You deleted a few tasks.|" .
        "[5,Inf] You deleted a whole ton of tasks.",
];
```

Speichern der Standard-Zeichenkette als Schlüssel mit JSON

Oft ist es nicht so einfach, bei der Lokalisierung ein gutes System zur Definition von Schlüssel-Namensräumen zu finden – z. B., weil man sich an einen Schlüssel erinnern muss, der drei oder vier Ebenen tief verschachtelt ist, oder man nicht mehr genau weiß, welchen Schlüssel eine bestimmte Phrase hat, die auf der Website mehrmals verwendet wird.

Eine Alternative zur Vergabe von Schlüsselwörtern für einzelne Phrasen besteht darin, für alle Übersetzungen einfach grundsätzlich den originalen Text der Primärsprache als Schlüssel zu benutzen. Wenn Sie Ihre Übersetzungsdateien als JSON-Datei im Verzeichnis *resources/lang* so benennen, dass der Dateiname das Gebietsschema widerspiegelt (Beispiel 6-28), erkennt Laravel automatisch, dass Sie auf diese Weise arbeiten wollen.

Beispiel 6-28: Übersetzungen im JSON-Format anlegen
```
// In Blade
{{ __('View friends list') }}

// resources/lang/es.json
{
  'View friends list': 'Ver lista de amigos'
}
```

Bei diesem Vorgehen wird ausgenutzt, dass der Übersetzungshelfer __() einfach nur den Schlüssel anzeigt, wenn er zu diesem Schlüssel keine passende Übersetzung für die gewünschte Sprache findet. Wenn Sie als Schlüssel Zeichenketten in der Standardsprache der Anwendung benutzen, ist das ein viel sinnvollerer Fallback-Wert als z. B. widgets.friends.title.

JSON-Übersetzungen sind erst seit Laravel 5.4 verfügbar

Die Übersetzung mithilfe einer Datei mit JSON-Daten ist erst ab Laravel 5.4 verfügbar.

Testen

In diesem Kapitel haben wir uns hauptsächlich auf die Frontend-Komponenten von Laravel konzentriert. Diese werden wahrscheinlich eher nicht in Komponententests, aber möglicherweise in Integrationstests einbezogen.

Message und Error Bags testen

Es gibt zwei grundsätzliche Möglichkeiten, Nachrichten zu testen, die in Message oder Error Bags weitergegeben werden. Erstens können Sie in Ihren Anwendungstests vorsehen, dass eine Nachricht erzeugt wird, und dann auf diese Seite weiterleiten und überprüfen, dass die entsprechende Nachricht dort auch tatsächlich angezeigt wird. Zweitens können Sie mit $this->assertSessionHasErrors($bindings = []) behaupten, dass die Session Fehler enthält – das ist der häufigste Anwendungsfall. Wie das aussehen könnte, zeigt Beispiel 6-29.

Beispiel 6-29: Behaupten, dass die Session Fehler enthält
```
public function test_missing_email_field_errors()
{
    $this->post('person/create', ['name' => 'Japheth']);
    $this->assertSessionHasErrors(['email']);
}
```

Damit der Test in Beispiel 6-29 erfolgreich absolviert werden kann, müssen Sie dieser Route eine Validierung der Benutzereingaben hinzufügen. Das werden wir in Kapitel 7 behandeln.

Übersetzung und Lokalisierung

Am einfachsten testet man die Lokalisierung mit Anwendungstests. Stellen Sie den entsprechenden Kontext her (per URL oder Session), »besuchen« Sie eine Seite mit get() und behaupten Sie, dass der entsprechende Inhalt angezeigt wird.

TL;DR

Als Full-Stack-Framework stellt Laravel Werkzeuge und Komponenten sowohl für das Frontend als auch für das Backend zur Verfügung.

Mix ist ein Layer, der den Einsatz von Webpack und damit die Kompilierung und Verwaltung von Frontent-Assets wesentlich vereinfacht. Mit Mix kann man gängige CSS-Prä- und Postprozessoren verwenden, häufig auszuführende Verarbeitungsschritte für JavaScript automatisieren und vieles mehr.

Laravel bietet zudem weitere interne Tools für Frontend-Aufgaben, beispielsweise für die einfache Paginierung, die Arbeit mit Message und Error Bags und die Lokalisierung.

KAPITEL 7
Benutzereingaben erfassen und verarbeiten

Websites, die auf einem Framework wie Laravel beruhen, liefern meistens mehr als nur statische Inhalte. Viele arbeiten mit unterschiedlichsten Datenquellen, und die häufigste – und komplexeste – Quelle sind Benutzereingaben in einer ihrer vielen Formen: Parameter, die im URL-Pfad enthalten oder an die Abfrage angehängt wurden, POST-Daten oder Datei-Uploads.

Glücklicherweise bietet Laravel eine große Bandbreite von Tools zum Sammeln, Validieren, Normalisieren und Filtern von Benutzereingaben. Und genau damit werden wir uns jetzt befassen.

Injizieren eines Anforderungsobjekts

Typischerweise greift man in Laravel auf Benutzerdaten zu, indem man eine Instanz des Objekts Illuminate\Http\Request injiziert. Es bietet einfachen Zugriff auf alle Formen, in denen Benutzereingaben eine Website erreichen können: als gePOSTete Formular- oder JSON-Daten, als GET-Anfragen mit Query-Parametern oder in URL-Segmenten.

> **Weitere Optionen für den Zugriff auf Anforderungsdaten**
> Es gibt einen globalen request()-Helfer und eine Request-Fassade, die beide die gleichen Methoden wie die Request-Klasse verwenden und auf das vollständige Illuminate-Request-Objekt zugreifen können. Vorerst werden wir aber nur die Methoden behandeln, die sich speziell auf Benutzereingaben beziehen.

Schauen wir uns zuerst an, wie wir überhaupt an das Request-Objekt kommen, auf dem diese Methoden aufgerufen werden:

```
Route::post('form', function (Illuminate\Http\Request $request) {
    // $request->etc()
});
```

$request->all()

Genau wie der Name schon andeutet, gibt Ihnen $request->all() ein Array mit *allen* Eingaben aus, die der Benutzer gemacht hat, egal aus welcher Quelle sie stammen. Nehmen wir an, Sie würden ein Formular per POST an eine URL senden und dabei gleich noch einen Abfrageparameter anhängen – und Ziel wäre eine URL namens *http://myapp.com/signup?utm=12345*. Wie die Antwort von $request->all() aussehen könnte, zeigt Beispiel 7-1. (Beachten Sie bitte, dass $request->all() auch Informationen über alle Dateien enthält, falls welche hochgeladen wurden, aber dazu kommen wir später in diesem Kapitel.)

Beispiel 7-1: $request->all()

```
<!-- Formular, das von der GET-Route unter /get-route angezeigt wird -->
<form method="post" action="/signup?utm=12345">
    @csrf
    <input type="text" name="first_name">
    <input type="submit">
</form>

// routes/web.php
Route::post('signup', function (Request $request) {
    var_dump($request->all());
});

// Ausgabe:
/**
 * [
 *     '_token' => 'CSRF token here',
 *     'first_name' => 'value',
 *     'utm' => 12345,
 * ]
 */
```

$request->except() und $request->only()

$request->except() funktioniert analog zu $request->all(), allerdings können Sie hier ein Feld oder mehrere Felder auswählen, die ausgeschlossen werden sollen, z. B. _token. Dazu übergeben Sie die einzelnen Felder als kommaseparierte oder als Array von Zeichenketten.

Beispiel 7-2 zeigt das Ergebnis von $request->except() für das Formular und die Formulardaten aus Beispiel 7-1.

Beispiel 7-2: $request->except()

```
Route::post('post-route', function (Request $request) {
    var_dump($request->except('_token'));
});

// Ausgabe:
/**
```

```
 * [
 *     'firstName' => 'value',
 *     'utm' => 12345
 * ]
 */
```

$request->only() ist das Gegenteil von $request->except(), wie Sie in Beispiel 7-3 sehen können.

Beispiel 7-3: $request->only()

```
Route::post('post-route', function (Request $request) {
    var_dump($request->only(['firstName', 'utm']));
});

// Ausgabe:
/**
 * [
 *     'firstName' => 'value',
 *     'utm' => 12345
 * ]
 */
```

$request->has()

Mit $request->has() können Sie erkennen, ob eine bestimmte Benutzereingabe im Anforderungsobjekt enthalten ist. Beispiel 7-4 zeigt ein Beispiel für eine entsprechende Auswertung bezüglich des utm-Parameters aus den vorherigen Beispielen.

Beispiel 7-4: $request->has()

```
// Innerhalb der POST-Route unter /post-route:
if ($request->has('utm')) {
    // Hier kann auf den übergebenen Parameter reagiert werden
}
```

$request->input()

$request->input() können Sie einerseits analog zu $request->all() verwenden, wenn Sie keinen Parameter angeben, aber diese Methode ist dann besonders nützlich, wenn Sie den Wert eines einzelnen Felds erfragen möchten. Beispiel 7-5 zeigt das exemplarisch. Beachten Sie bitte, dass der zweite Parameter hier ein Defaultwert ist und kein zweiter Feldname. Wenn der Benutzer also keinen Wert übergeben hat, können Sie dies durch einen sinnvollen Standardwert auffangen.

Beispiel 7-5: $request->input()

```
Route::post('post-route', function (Request $request) {
    $userName = $request->input('name', 'Matt');
});
```

$request->method() und ->isMethod()

$request->method() gibt das HTTP-Verb der Anfrage zurück, und $request->isMethod() prüft auf Übereinstimmung mit dem angegebenen Verb. Beispiel 7-6 veranschaulicht ihre Verwendung.

Beispiel 7-6: $request->method() und $request->isMethod()

```
$method = $request->method();

if ($request->isMethod('patch')) {
    // Hier Anweisungen, wenn die Anfragemethode PATCH lautet
}
```

Benutzereingaben in Array-Form

Laravel bietet auch Hilfsfunktionen für den Zugriff auf Daten, die in Array-Form vorliegen. Verwenden Sie einfach die »Punkt«-Notation, um auf die entsprechenden hierarchischen Ebenen eines Arrays zuzugreifen, siehe Beispiel 7-7, in dem die Namen zweier Personen abgefragt werden.

Beispiel 7-7: Punktnotation für den Zugriff auf Benutzerdaten in Array-Form

```
<!-- Formular, das von der GET-Route unter /employees/create angezeigt wird -->
<form method="post" action="/employees/">
    @csrf
    <input type="text" name="employees[0][firstName]">
    <input type="text" name="employees[0][lastName]">
    <input type="text" name="employees[1][firstName]">
    <input type="text" name="employees[1][lastName]">
    <input type="submit">
</form>

// POST-Route unter /employees
Route::post('employees', function (Request $request) {
    $employeeZeroFirstName = $request->input('employees.0.firstName');
    $allLastNames = $request->input('employees.*.lastName');
    $employeeOne = $request->input('employees.1');
    var_dump($employeeZeroFirstname, $allLastNames, $employeeOne);
});

// Wenn die Formularfelder die Angaben "Jim", "Smith", "Bob" und "Jones" enthalten:
// $employeeZeroFirstName = 'Jim';
// $allLastNames = ['Smith', 'Jones'];
// $employeeOne = ['firstName' => 'Bob', 'lastName' => 'Jones'];
```

JSON-Input (und $request->json())

Bisher haben wir uns Query-Strings (GET) und Formulareingaben (POST) angeschaut. Aber es gibt noch eine andere Form der Benutzereingabe, die vor allem seit dem Aufkommen von JavaScript-Single-Page-Applications (SPAs) immer häufiger vorkommt: JSON-Requests. Im Prinzip ist das nichts anderes als eine herkömmliche POST-Anfrage, bei der die Daten in JSON-Form statt in traditioneller Form übergeben werden.

Lassen Sie uns also einen Blick darauf werfen, wie man JSON-Daten an eine Laravel-Route sendet und wie man $request->input() verwendet, um die Daten zu extrahieren (Beispiel 7-8).

Beispiel 7-8: JSON-Daten mit $request->input() extrahieren

```
POST /post-route HTTP/1.1
Content-Type: application/json

{
    "firstName": "Joe",
    "lastName": "Schmoe",
    "spouse": {
        "firstName": "Jill",
        "lastName":"Schmoe"
    }
}

    // POST-Route
    Route::post('post-route', function (Request $request) {
        $firstName = $request->input('firstName');
        $spouseFirstname = $request->input('spouse.firstName');
    });
```

Da $request->input() »intelligent« genug ist, Benutzerdaten aus GET-, POST- oder JSON-Anfragen zu extrahieren, werden Sie sich vielleicht fragen, warum Laravel dann überhaupt eine gesonderte Methode $request->json() anbietet. Es gibt zwei Gründe, warum man besser $request->json() verwendet. Einerseits gibt man damit anderen Programmierern, die am selben Projekt arbeiten oder arbeiten werden, einen expliziten Hinweis, in welchem Format die Daten ankommen. Zum anderen kann $request->json() die POST-Daten auch dann als JSON behandeln, wenn der korrekte Header application/json fehlt – $request->input() dagegen würde daran scheitern.

> ## Fassaden-Namensräume, der globale request()-Helfer und die Injektion von $request
>
> Jedes Mal, wenn Sie Fassaden innerhalb von Klassen mit Namensräumen verwenden (z.B. in Controllern), müssen Sie den vollständigen Pfad zu diesen Fassaden dem Importblock im Kopf Ihrer Datei hinzufügen (z.B. use Illuminate\Support\Facades\Request).
>
> Deshalb gibt es für einige Fassaden begleitende globale Helferfunktionen. Wenn diese Hilfsfunktionen ohne Parameter ausgeführt werden, gehorchen sie der gleichen Syntax wie die Fassade (z.B. ist request()->has() funktional identisch mit

> Request::has()). Auch bei der Übergabe eines Parameters gibt es ein Standardverhalten: Beispielsweise ist request('firstName') eine Abkürzung für request()->input('firstName').
>
> Bis jetzt haben wir immer eine Instanz des Objekts Request injiziert, aber Sie können alternativ auch die Request-Fassade oder den globalen Helfer request() verwenden. Schauen Sie sich Kapitel 10 an, um mehr darüber zu erfahren.

Routendaten

Es ist vielleicht nicht das Erste, was Ihnen einfällt, wenn Sie »Benutzerdaten« hören, aber die URL gehört genauso dazu wie die anderen in diesem Kapitel vorgestellten Varianten.

Es gibt zwei Wege, auf denen Sie Daten aus der URL extrahieren können: über Request-Objekte und über Routenparameter.

Daten aus dem Request-Objekt extrahieren

Injizierte Request-Objekte – und die Request-Fassade sowie der request()-Helfer – verfügen über mehrere Methoden, um den Zustand der URL der aktuellen Seite darzustellen. Uns geht es jetzt aber in erster Linie darum, Informationen über die einzelnen URL-Segmente zu erhalten.

Falls Sie bisher noch nicht damit vertraut sind: Jede Gruppe von Zeichen nach der Domainangabe einer URL wird als *Segment* bezeichnet. Eine URL *http://www.myapp.com/users/15/* besitzt also zwei Segmente: *users* und *15*.

Vielleicht haben Sie es schon vermutet – es gibt zwei Methoden, die mit Segmenten arbeiten: $request->segments() gibt ein Array *aller* Segmente zurück, $request->segment($segmentId) dagegen den Wert eines einzelnen Segments. Beachten Sie bitte, dass der Zugriff auf Segmente mit einem Index erfolgt, der bei 1 beginnt, nicht bei 0. Bei der eben als Beispiel benutzten URL würde $request->segment(1) also *user* zurückgeben.

Wie oben bereits erwähnt, bieten Request-Objekte, die Request-Fassade und der globale Helfer request() eine ganze Reihe weiterer Methoden, um Daten aus der URL zu extrahieren. Um mehr zu erfahren, lesen Sie bitte Kapitel 10.

Daten aus Routenparametern

Wenn man nicht mit den oben beschriebenen Methoden auf URL-Segmente zugreift, erhält man Daten aus URLs in der Regel aus Routenparametern, die in die Controller-Methode oder Closure injiziert werden, wie Beispiel 7-9 zeigt.

Beispiel 7-9: URL-Details aus Routenparametern extrahieren
```
// routes/web.php
Route::get('users/{id}', function ($id) {
    // Wenn der Benutzer myapp.com/users/15/ besucht, ist $id gleich 15
});
```

Mehr zu Routen und Routenbindungen finden Sie in Kapitel 3.

Hochgeladene Dateien

Wir haben uns jetzt verschiedene Möglichkeiten angeschaut, auf Texteingaben der Benutzer zuzugreifen, aber auch Datei-Uploads sind eine Form von Benutzereingabe. Mit der Methode $request->file() kann man auf alle hochgeladenen Dateien innerhalb eines Request-Objekts zugreifen, wobei der Name der Datei als Parameter verwendet und eine Instanz von Symfony\Component\HttpFoundation\File\UploadedFile zurückgegeben wird. Lassen Sie uns ein Beispiel durchgehen. Zuerst brauchen wir ein Formular wie in Beispiel 7-10.

Beispiel 7-10: Formular, um Dateien hochladen
```
<form method="post" enctype="multipart/form-data">
    @csrf
    <input type="text" name="name">
    <input type="file" name="profile_picture">
    <input type="submit">
</form>
```

Schauen wir uns an, was uns $request->all() in diesem Fall zeigen würde: Beispiel 7-11. Beachten Sie bitte, dass $request->input('profile_picture') den Wert null zurückgeben würde; wir müssen stattdessen $request->file('profile_picture') verwenden.

Beispiel 7-11: Ausgabe des Formulars aus Beispiel 7-10
```
Route::post('form', function (Request $request) {
    var_dump($request->all());
});

// Ausgabe:
// [
//     "_token" => "token here",
//     "name" => "asdf",
//     "profile_picture" => UploadedFile {},
// ]

Route::post('form', function (Request $request) {
    if ($request->hasFile('profile_picture')) {
        var_dump($request->file('profile_picture'));
    }
});

// Ausgabe:
// Hochgeladene Datei (Details)
```

> **Validieren eines Datei-Uploads**
>
> Wie Sie in Beispiel 7-11 gesehen haben, können wir mit `$request->hasFile()` überprüfen, ob ein Benutzer eine Datei hochgeladen hat. Wir können aber auch herausfinden, ob der Datei-Upload erfolgreich war, indem wir `isValid()` auf die Datei selbst anwenden:
>
> ```
> if ($request->file('profile_picture')->isValid()) {
>     //
> }
> ```
>
> Da `isValid()` auf der Datei selbst aufgerufen wird, kommt es zu einem Fehler, wenn keine Datei hochgeladen wurde. Um also beides zu prüfen, müssen Sie zuerst sicherstellen, dass überhaupt eine Datei existiert:
>
> ```
> if ($request->hasFile('profile_picture') &&
>     $request->file('profile_picture')->isValid()) {
>     //
> }
> ```

Symfonys Klasse `UploadedFile` erweitert PHPs native Klasse `SplFileInfo` um Methoden, mit denen man Dateien einfach untersuchen und manipulieren kann. Die folgende Liste ist nicht vollständig, aber gibt einen Vorgeschmack darauf, was alles möglich ist:

- `guessExtension()`
- `getMimeType()`
- `store($path, $storageDisk = default disk)`
- `storeAs($path, $newName, $storageDisk = default disk)`
- `storePublicly($path, $storageDisk = default disk)`
- `storePubliclyAs($path, $newName, $storageDisk = default disk)`
- `move($directory, $newName = null)`
- `getClientOriginalName()`
- `getClientOriginalExtension()`
- `getClientMimeType()`
- `guessClientExtension()`
- `getClientSize()`
- `getError()`
- `isValid()`

Wie Sie sehen, liefern die meisten Methoden Informationen über die hochgeladene Datei. Eine davon werden Sie wahrscheinlich häufiger als alle anderen verwenden: und zwar die Methode `store()`, die mit Laravel 5.3 eingeführt wurde und mit der die hochgeladene Datei in einem bestimmten Verzeichnis auf dem Server gespeichert wird. Der erste Parameter ist das Zielverzeichnis und der optionale zweite Parameter die Speicher-»Platte« (s3, local usw.), die zum Speichern der Datei verwendet werden soll. In Beispiel 7-12 finden Sie einen entsprechenden Workflow.

Beispiel 7-12: Allgemeiner Workflow beim Datei-Upload

```
if ($request->hasFile('profile_picture')) {
    $path = $request->profile_picture->store('profiles', 's3');
    auth()->user()->profile_picture = $path;
    auth()->user()->save();
}
```

Wenn Sie selbst den Dateinamen festlegen wollen, der beim Speichern verwendet werden soll, können Sie storeAs() anstelle von store() benutzen. Der erste Parameter ist wieder der Zielpfad, der zweite der gewünschte Dateiname und der optionale dritte Parameter das zu verwendende Speichermedium.

Korrekte Formular-Codierung für Datei-Uploads

Falls Sie vergessen, den Codierungstyp in Ihrem Formular anzugeben, erhalten Sie den Rückgabewert null, wenn Sie versuchen, den Inhalt einer Datei aus dem Anforderungsobjekt zu extrahieren. Achten Sie deshalb darauf, in Ihrem Formular das Attribut enctype="multipart/form-data" hinzuzufügen:

```
<form method="post" enctype="multipart/form-data">
```

Validierung

Laravel bietet verschiedene Möglichkeiten, eingehende Daten zu validieren. Wir werden die sogenannten Form Requests, eine besondere Klassen-Variante zum Handling von Requests, die von Formularseiten stammen, im nächsten Abschnitt behandeln. Schauen wir uns zuerst zwei einfachere Optionen an: die manuelle Validierung und die Methode validate(). Beginnen wir mit dem einfacheren und häufigeren validate().

validate() auf das Anforderungsobjekt anwenden

Das Request-Objekt verfügt über eine validate()-Methode, die eine komfortable Abkürzung für den typischen Worklfow bei der Validierung bietet. Schauen wir uns Beispiel 7-13 an.

Beispiel 7-13: Grundlegende Verwendung der Request-Validierung

```
// routes/web.php
Route::get('recipes/create', 'RecipesController@create');
Route::post('recipes', 'RecipesController@store');

// app/Http/Controllers/RecipesController.php
```

```
class RecipesController extends Controller
{
    public function create()
    {
        return view('recipes.create');
    }

    public function store(Request $request)
    {
        $request->validate([
            'title' => 'required|unique:recipes|max:125',
            'body' => 'required'
        ]);

        // Rezept ist gültig; fahren Sie fort, um es zu speichern
    }
}
```

Zwar umfasst die ganze Validierung nur vier Codezeilen, darin passiert aber eine ganze Menge.

Zuerst definieren wir im Kern der Anweisungen explizit die von uns erwarteten Felder und wenden auf jedes einzelne Feld individuelle Regeln an, bei mehreren Regeln getrennt durch Pipes: |.

Anschließend überprüft die Methode validate() die eingehenden Daten in $request anhand dieser Regeln und wertet aus, ob sie gültig sind oder nicht.

Wenn die Daten gültig sind, wird die Methode validate() beendet, und wir können mit der Controller-Methode fortfahren und darin die Daten speichern oder wie auch immer gewünscht weiterverarbeiten.

Sind die Daten dagegen ungültig, weil eine der Regeln verletzt wurde, wird eine ValidationException ausgelöst. Diese enthält Anweisungen an den Router, wie die Ausnahme behandelt werden soll. Wenn die Anforderung von JavaScript stammt (oder JSON als Antwort angefordert wurde), wird durch die Ausnahmebehandlung eine JSON-Antwort vorbereitet, die die Validierungsfehler enthält. Andernfalls wird ein Redirect zur vorherigen Seite vorgenommen, wobei alle vorliegenden Benutzereingaben und die Validierungsfehler mit übergeben werden – die perfekte Lösung, um ein fehlerhaft ausgefülltes Formular erneut mit den bereits vorhandenen Benutzereingaben zu füllen und außerdem die aufgetretenen Fehler anzuzeigen.

Aufruf der validate()-Methode auf dem Controller vor Laravel-Version 5.5

In Projekten mit Laravel-Versionen vor 5.5 wird die validate()-Methode auf dem Controller aufgerufen – mit $this->validate() – und nicht auf dem Request-Objekt.

> **Mehr zu den Validierungsregeln von Laravel**
>
> In unseren Beispielen verwenden wir die »Pipe«-Syntax `'fieldname'`: `'rule'`|`'otherRule'`|`'anotherRule'`. Sie können aber auch die Array-Syntax verwenden: `'fieldname'`: [`'rule'`, `'otherRule'`, `'anotherRule'`].
>
> Auch verschachtelte Eigenschaften können validiert werden. Dies ist wichtig, wenn Sie die Array-Syntax von HTML verwenden, die es erlaubt, z.B. mehrere »Benutzer« in einem HTML-Formular mit ihren jeweils eigenen zugehörigen Namen zu haben. Das ließe sich in dieser Form validieren:
>
> ```
> $request->validate([
>     'user.name' => 'required',
>     'user.email' => 'required|email',
> ]);
> ```
>
> Leider haben wir nicht genug Platz, um hier alle möglichen Validierungsregeln zu behandeln, aber nachfolgend finden Sie einige der häufigsten Regeln und ihre Aufgaben:
>
> *Das Feld muss ausgefüllt werden*
>   `required`; `required_if:`*anotherField*`,`*equalToThisValue*;
>   `required_unless:`*anotherField*`,`*equalToThisValue*
>
> *Das Feld muss bestimmte Arten von Zeichen enthalten*
>   `alpha`; `alpha_dash`; `alpha_num`; `numeric`; `integer`
>
> *Das Feld muss bestimmten Muster entsprechen*
>   `email`; `active_url`; `ip`
>
> *Datumswerte*
>   `after:`*date*; `before:`*date* (*date* darf jede gültige Zeichenkette sein, die `strtotime()` verarbeiten kann)
>
> *Zahlen*
>   `between:`*min*`,`*max*; `min:`*num*; `max:`*num*; `size:`*num* (size testet die Länge bei Zeichenketten, den Wert bei ganzen Zahlen, count bei Arrays und Größe in KB bei Dateien)
>
> *Bildgrößen*
>   `dimensions:min_width=`*XXX*; kann auch mit `max_width`, `min_height`, `max_height`, `width`, `height` und `ratio` sowie Kombinationen davon verwendet werden
>
> *Datenbanken*
>   `exists:`*tableName*; `unique:`*tableName* (dabei sollten Tabellenspalte und Feldname gleich lauten; siehe Dokumentation *https://laravel.com/docs/6.x/validation#rule-unique* für Anpassungsmöglichkeiten)

Manuelle Validierung

Falls Sie nicht in einem Controller validieren oder der zuvor beschriebene Ablauf aus einem anderen Grund nicht passt, können Sie mit der `Validator`-Fassade eine Validator-Instanz auch manuell erstellen und wie in Beispiel 7-14 einsetzen.

Beispiel 7-14: Manuelle Validierung
```
Route::get('recipes/create', function () {
    return view('recipes.create');
});

Route::post('recipes', function (Illuminate\Http\Request $request) {
    $validator = Validator::make($request->all(), [
        'title' => 'required|unique:recipes|max:125',
        'body' => 'required'
    ]);

    if ($validator->fails()) {
        return redirect('recipes/create')
            ->withErrors($validator)
            ->withInput();
    }

    // Rezept ist gültig; fahren Sie fort, um es zu speichern
});
```

Wir erzeugen hier eine Instanz eines Validators, indem wir unsere Eingabe als ersten Parameter und die Validierungsregeln als zweiten Parameter übergeben. Der Validator stellt eine fails()-Methode zur Verfügung, mit deren Hilfe wir Erfolg oder Misserfolg feststellen können. Und in der Methode withErrors() kann die Validator-Instanz der Umleitung übergeben werden, sodass die Ergebnisse der Validierung an anderer Stelle weiter ausgewertet und angezeigt werden können.

Benutzerdefinierte Regeln

Wenn die von Ihnen benötigte Validierungsregel in Laravel noch nicht existiert, können Sie Ihre eigenen erstellen. Um eine solche benutzerdefinierte Regel anzulegen, führen Sie auf der Kommandozeile den Befehl php artisan make:rule *RuleName* aus und bearbeiten dann die vorbereitete Datei namens *app/Rules/{RuleName}.php*.

Diese Datei wird direkt mit zwei Methoden ausgestattet: passes() und message(). passes() sollte einen Attributnamen als ersten Parameter und den vom Benutzer angegebenen Wert als zweiten Parameter akzeptieren und einen booleschen Wert zurückgeben, abhängig davon, ob die Eingabe erfolgreich validiert werden konnte oder nicht. message() sollte die Fehlermeldung zurückgeben, die beim Fehlschlagen der Validierung angezeigt werden soll; Sie können in der Fehlermeldung :attribute als Platzhalter für den Attributnamen verwenden.

Werfen Sie dazu einen Blick auf Beispiel 7-15.

Beispiel 7-15: Eine benutzerdefinierte Regel
```
class WhitelistedEmailDomain implements Rule
{
```

```
    public function passes($attribute, $value)
    {
        return in_array(str_after($value, '@'), ['tighten.co']);
    }

    public function message()
    {
        return 'The :attribute field is not from a whitelisted email provider.';
    }
}
```

Um die Regel zu verwenden, übergeben Sie einfach eine Instanz der Regel-Klasse an den Validator:

```
$request->validate([
    'email' => new WhitelistedEmailDomain,
]);
```

In Projekten mit Laravel-Versionen vor 5.5 müssen benutzerdefinierte Validierungsregeln mit Validator::extend() formuliert werden. Mehr dazu finden Sie in der Dokumentation (*https://bit.ly/2Wl87J1*).

Fehlermeldungen der Validierung anzeigen

Wir haben bereits viel davon in Kapitel 6 behandelt, aber hier folt ein kurzer Refresher, wie man Validierungsfehler anzeigt.

Die auf Request-Objekten ausgeführte validate()-Methode schreibt (»flasht«) alle Fehler in die Sessiondaten, genauso wie die Methode withErrors() bei Umleitungen, auf der sie letztlich auch beruht. Diese Fehlerinformationen werden in der Variablen $errors der Ansicht übergeben, zu der umgeleitet wird. Als Teil von Laravels »magischer« Unterstützung ist diese $errors-Variable immer verfügbar, wenn eine View geladen wird, auch wenn die Variable leer ist, sodass Sie nicht mit isset() überprüfen müssen, ob die Fehlervariable tatsächlich existiert.

Damit könnten Sie z.B. auf jeder Seite die Fehler anzeigen, wie in Beispiel 7-16 gezeigt.

Beispiel 7-16: Validierungsfehler anzeigen

```
@if ($errors->any())
    <ul id="errors">
        @foreach ($errors->all() as $error)
            <li>{{ $error }}</li>
        @endforeach
    </ul>
@endif
```

Form Requests

Beim Ausbau Ihrer Anwendungen werden Sie vermutlich irgendwann bestimmte Muster in Ihren Controller-Methoden bemerken, die sich wiederholen – z. B. die Validierung von Eingaben, die Benutzerauthentifizierung und -autorisierung sowie mögliche Umleitungen. Wenn Sie diese sich wiederholenden Verhaltensweisen aus Ihren Controller-Methoden extrahieren und normalisieren wollen, könnten Laravels sogenannte *Form Requests* interessant werden.

Ein Form Request ist eine benutzerdefinierte Request-Klasse, die meist einem bestimmten Formular zugeordnet wird und nach dem Absenden dieses Formulars für die Validierung der Anforderung, die Autorisierung des Benutzers und die optionale Umleitung des Benutzers bei einer fehlgeschlagenen Validierung verantwortlich ist. Jeder Form Request wird in der Regel – aber nicht immer – explizit einer einzelnen HTTP-Anfrage zugeordnet, z. B. einer Formularseite »Kommentar erstellen«.

Erstellen eines Form Requests

Sie können einen neuen Form Request über die Befehlszeile erstellen:

```
php artisan make:request CreateCommentRequest
```

Diesen Form Request finden Sie dann unter *app/Http/Requests/CreateComment Request.php*.

Jede Form-Request-Klasse stellt entweder eine oder zwei öffentliche Methoden zur Verfügung. Die erste ist `rules()`, die ein Array mit Validierungsregeln für diese Anforderung zurückgeben muss. Die zweite (optionale) Methode ist `authorize()`; wenn diese `true` ergibt, ist der Benutzer berechtigt, diesen Request auszuführen, ergibt sie dagegen `false`, wird der Benutzer abgelehnt. In Beispiel 7-17 finden Sie einen solchen benutzerdefinierten Form Request.

Beispiel 7-17: Form Request

```php
<?php

namespace App\Http\Requests;

use App\BlogPost;
use Illuminate\Foundation\Http\FormRequest;

class CreateCommentRequest extends FormRequest
{
    public function authorize()
    {
        $blogPostId = $this->route('blogPost');

        return auth()->check() && BlogPost::where('id', $blogPostId)
```

```
            ->where('user_id', auth()->id())->exists();
    }

    public function rules()
    {
        return [
            'body' => 'required|max:1000',
        ];
    }
}
```

Der Abschnitt rules() aus Beispiel 7-17 dürfte ziemlich selbsterklärend sein, aber lassen Sie uns einen kurzen Blick auf authorize() werfen.

Wir holen uns das Segment mit der ID aus der Route blogPost. Das deutet an, dass die Routendefinition wahrscheinlich ungefähr so aussieht: Route::post('blog Posts/*blogPost*', function () // *Anweisungen*). Den Routenparameter haben wir blogPost benannt, wodurch wir ihn hier mit $this->route('blogPost') abfragen können.

Danach prüfen wir, ob der Benutzer angemeldet ist und ob es bei positivem Ergebnis einen Blog-Eintrag mit der in der URL übergebenen ID gibt, der dem aktuell angemeldeten Benutzer gehört. In Kapitel 5 haben Sie bereits einfachere Möglichkeiten kennengelernt, um die Eignerschaft eines Eintrags zu überprüfen, aber wir bleiben hier der Verständlichkeit wegen möglichst explizit. Wir werden in Kürze darüber sprechen, welche Auswirkungen das hat, aber entscheidend ist hier, dass die Rückgabe von true bedeutet, dass der Benutzer berechtigt ist, die angegebene Aktion auszuführen (in diesem Fall: einen Kommentar zu erstellen), und false, dass der Benutzer nicht dazu berechtigt ist.

Form Requests vor Laravel 5.3
In Projekten mit Laravel-Versionen vor 5.3 erweitern Form Requests die Klasse App\Http\Requests\Request anstelle von Illuminate\Foundation\Http\FormRequest.

Verwendung eines Form Requests

Nachdem wir nun einen Form Request erstellt haben, stellt sich die Frage, wie wir diese Klasse verwenden. Da kommt wieder ein wenig Laravel-Magie ins Spiel. Jede Route (mit Closure oder Controller-Methode), die als Typehint eines Parameters einen Form Request angibt, profitiert von dieser Klasse.

Probieren wir es aus wie in Beispiel 7-18.

Beispiel 7-18: Verwendung eines Form Requests

```
Route::post('comments', function (App\Http\Requests\CreateCommentRequest $request) {
    // Kommentar speichern
});
```

Sie fragen sich vielleicht, wie wir den Form Request aufrufen, aber tatsächlich erledigt Laravel das im Hintergrund für uns: Es validiert die Benutzereingaben und autorisiert ggf. die Anfrage. Falls die Eingabe ungültig ist, passiert das Gleiche wie bei der validate()-Methode des Request-Objekts, und der Benutzer wird zur vorherigen Seite umgeleitet, wobei die Eingabe erhalten bleibt und die entsprechenden Fehlermeldungen weitergegeben werden. Falls der Benutzer nicht autorisiert ist, gibt Laravel einen 403-Fehler zurück (»Forbidden«) und führt den Routencode nicht weiter aus.

Eloquent-Modelle und Massenzuweisung

Bisher haben wir uns mit der Validierung auf Controller-Ebene beschäftigt, die absolut der beste Ausgangspunkt ist. Sie können eingehende Daten aber auch auf Modellebene filtern.

Es ist ein gängiges (allerdings nicht empfohlenes) Muster, um die Gesamtheit der Eingaben eines Formulars direkt an eine Datenbank zu übergeben. In Laravel könnte das wie in Beispiel 7-19 aussehen.

Beispiel 7-19: Alle Benutzereingaben eines Formulars übergeben

```
Route::post('posts', function (Request $request) {
    $newPost = Post::create($request->all());
});
```

In diesem Beispiel gehen wir implizit davon aus, dass der Endbenutzer freundlich zu uns ist und keine bösartigen Absichten verfolgt und nur Daten für Felder übergeben hat, die wir ungeprüft übernehmen können – beispielsweise Kommentar-Eigenschaften wie title oder body.

Aber was passiert, wenn unser Besucher erraten oder erkennen kann, dass es in der posts-Tabelle ein Feld author_id gibt, und seine Browser-Tools verwendet, um ein author_id-Feld hinzuzufügen und dabei die ID einer anderen Person benutzt, um auf diese Weise gefälschte Blog-Posts zu erstellen?

In Eloquent wird die Übergabe von Eigenschaftswerten in einem Array als »Massenzuweisung« (*mass assignment*) bezeichnet. Solch eine Massenzuweisung lässt sich glücklicherweise regulieren, indem man im Modell als Array definierte Eigenschaften festlegt, die als Whitelist $fillable oder Blacklist $guarded darüber entscheiden, welche Felder bei der Übergabe an create() oder update() erlaubt bzw. massenzuweisungstauglich sind. Weitere Informationen finden Sie unter »Massenzuweisung« auf Seite 122.

Deshalb solten wir unser Modell besser wie in Beispiel 7-20 ergänzen, um unsere Anwendung sicherer zu gestalten.

Beispiel 7-20: Schutz eines Modells vor bösartiger Massenzuweisung

```php
<?php

namespace App;

use Illuminate\Database\Eloquent\Model;

class Post extends Model
{
    // Massenzuweisung für das Feld author_id deaktivieren
    protected $guarded = ['author_id'];
}
```

Wenn Sie author_id auf guarded setzen, stellen Sie sicher, dass potenzielle Angreifer den Wert dieses Felds nicht mehr überschreiben können, indem sie es manuell den Benutzereingaben eines Formulars hinzufügen und an Ihre Anwendung senden.

Doppelter Schutz durch $request->only()

Obwohl es vor allem wichtig ist, Modelle vor dem Missbrauch von Massenzuweisungen zu schützen, ist es auch sinnvoll, bei dem tatsächlichen Schreiben in die Datenbank vorsichtig zu sein. Anstatt $request->all() zu verwenden, sollten Sie eher $request->only() in Betracht ziehen, damit Sie selbst explizit angeben können, welche Feldwerte Sie übernehmen möchten:

```php
Route::post('posts', function (Request $request) {
    $newPost = Post::create($request->only([
        'title',
        'body',
    ]));
});
```

{{ und {!!

Immer wenn Sie Inhalte auf einer Webseite anzeigen, die von einem Benutzer stammen, müssen Sie sich vor böswilligen Eingaben wie z. B. der Injektion von Skripten schützen.

Nehmen wir einmal an, die Nutzer Ihrer Website dürfen Blog-Einträge schreiben. Sie möchten wahrscheinlich nicht, dass die Nutzer dabei bösartiges JavaScript einspeisen können, das letztendlich beim Betrachten dieser Blog-Beiträge in den Browsern Ihrer anderen, ahnungslosen Besucher ausgeführt wird? Deshalb muss jede Benutzereingabe maskiert bzw. »escapet« werden, bevor Sie angezeigt wird, um durch vorgeschaltetete Escape-Zeichen möglicherweise schädlichen Programmcode zu entschärfen.

Glücklicherweise wird das nahezu vollständig automatisch erledigt. Wenn Sie Laravels Templating-Engine Blade verwenden, maskiert die standardmäßige »echo«-Syntax ({{ *$stuffToEcho* }}) die Ausgabe automatisch, indem intern zuvor die PHP-Funktion htmlentities() angewandt wird – die beste Möglichkeit, Benutzerinhalte mit PHP sicher auszugeben. Nur falls Sie die Syntax-Variante {!! $stuffToEcho !!} verwenden, müssen Sie tatsächlich selbst tätig werden, um die Ausgabe zu maskieren. Deshalb sollten Sie bei der Ausgabe von Benutzereingaben, wie in diesem Kapitel beschrieben, möglichst immer die maskierte Variante mit den doppelten geschweiften Klammern verwenden.

Testen

Wenn Sie Ihre Behandlung von Benutzereingaben testen wollen, dann wird es wahrscheinlich darum gehen, gültige und ungültige Benutzereingaben zu simulieren und sicherzustellen, dass Benutzer bei ungültigen Eingaben umgeleitet werden und bei gültigen die Daten an der richtigen Stelle landen (z. B. in der Datenbank).

Mit den umfangreichen Anwendungstests in Laravel lässt sich das einfach umsetzen.

BrowserKit einsetzen ab Laravel 5.4

Wenn Sie mit testspezifischen Benutzerinteraktionen und Ihren Formularen arbeiten wollen und Laravel 5.4 oder höher einsetzen, sollten Sie Laravels BrowserKit-Testpaket als Abhängigkeit für Ihre Testumgebung einbinden. Führen Sie dazu den folgenden Befehl auf der Kommndozeile aus …

```
composer require laravel/browser-kit-testing --dev
```

… und ändern Sie die TestCase-Klasse Ihrer Anwendung dahingehend ab, dass Laravel\BrowserKitTesting\TestCase anstelle von Illuminate\Foundation\Testing\TestCase mit extend erweitert wird.

Beginnen wir mit einer ungültigen Route, von der wir erwarten, dass sie abgelehnt wird wie in Beispiel 7-21.

Beispiel 7-21: Testen, ob eine ungültige Eingabe abgelehnt wird

```
public function test_input_missing_a_title_is_rejected()
{
    $response = $this->post('posts', ['body' => 'This is the body of my post']]);
    $response->assertRedirect();
    $response->assertSessionHasErrors();
}
```

In dieser Testfunktion behaupten wir, dass der Benutzer nach einer ungültigen Eingabe umgeleitet wird, mit angehängten Fehlern. Sie können sehen, dass wir hier einige Laravel-eigene PHPUnit-Assertionen verwenden.

Unterschiedliche Bezeichnungen für Testmethoden vor Laravel 5.4

Vor Laravel 5.4 wurde die assertRedirect()-Assertion assertRedirectedTo() genannt.

Und wie testen wir die *erfolgreiche* Verarbeitung der Benutzereingaben? Schauen Sie sich dazu Beispiel 7-22 an.

Beispiel 7-22: Testen, ob eine gültige Eingabe erfolgreich verarbeitet wird
```
public function test_valid_input_should_create_a_post_in_the_database()
{
    $this->post('posts', ['title' => 'Post Title', 'body' => 'This is the body']);
    $this->assertDatabaseHas('posts', ['title' => 'Post Title']);
}
```

Wenn Sie Interaktionen mit Datenbanken testen wollen, sollten Sie sich – falls noch nicht geschehen – auch mit Datenbank-Migrationen und -Transaktionen beschäftigen. Mehr dazu unter Kapitel 12.

Unterschiedliche Bezeichnungen für Testmethoden vor Laravel 5.4
In Projekten mit Laravel-Versionen vor 5.4 sollte `assertDatabaseHas()` durch `seeInDatabase()` ersetzt werden.

TL;DR

Es gibt viele Möglichkeiten, auf die vom Benutzer gesendeten Daten zuzugreifen: mit der Request-Fassade, dem globalen Helfer `request()` oder durch die Injektion einer Instanz von `Illuminate\Http\Request`. Alle Varianten erlauben es, mit der Gesamtheit aller Eingaben oder nur einigen ausgewählten Daten zu arbeiten; bei Dateien und JSON-Daten muss man einige Besonderheiten beachten.

URL-Segmente sind eine weitere mögliche Quelle von Benutzereingaben, auf die mit den Methoden und Features von Laravel zugegriffen werden kann.

Die Validierung von Benutzereingaben kann man manuell mit `Validator::make()`, automatisch mit der `validate()`-Methode oder mithilfe von Form Requests durchführen. Alle automatischen Tools leiten den Benutzer bei fehlgeschlagener Validierung auf die vorherige Seite zurück, wobei alle alten Eingaben wiederhergestellt und Fehlermeldungen weitergegeben werden.

Views und Eloquent-Modelle müssen dabei vor schädlichen Benutzereingaben geschützt werden. Blade-Views können mit der doppelten geschweiften Klammer-Syntax (`{{ }}`) zur Maskierung von Zeichenketten geschützt werden, Modelle dadurch, dass nur ausgesuchte Felder mit `$request->only()` an Methoden wie `create()` oder `update()` übergeben und die Massenzuweisungsregeln im Modell selbst definiert werden.

KAPITEL 8
Artisan und Tinker

Moderne PHP-Frameworks erwarten, dass viele Interaktionen auf der Kommandozeile stattfinden, bei der Installation angefangen. Laravel bietet drei primäre Werkzeuge für Interaktionen auf der Befehlszeile: Artisan (dt. *Kunsthandwerker*), eine Sammlung integrierter Befehle mit der Möglichkeit, weitere hinzuzufügen; Tinker (dt. *Bastler*), ein REPL (Read-Eval-Print-Loop) als interaktive Shell, und das Installationsprogramm, das wir bereits in Kapitel 2 behandelt haben.

Eine Einführung in Artisan

Wenn Sie dieses Buch Kapitel für Kapitel gelesen haben, wissen Sie bereits, wie man Artisan-Befehle verwendet. Sie sehen etwa wie folgt aus:

```
php artisan make:controller PostsController
```

Wenn Sie sich den Stammordner Ihrer Anwendung anschauen, werden Sie feststellen, dass *artisan* eigentlich nur eine einzelne PHP-Datei ist. Deshalb beginnen die Befehlsaufrufe mit php artisan; Sie übergeben diese Datei an PHP, damit sie geparst und ausgeführt wird. Alle weiteren Angaben werden einfach als Argumente an Artisan weitergegeben.

> **Symfonys Konsolen-Syntax**
>
> Artisan ist eigentlich ein Layer, der der Konsolen-Komponente von Symfony (*https://bit.ly/2fVqOT8*) hinzugefügt wurde; wenn Sie also mit dem Schreiben von Befehlen für die Symfony-Konsole vertraut sind, sollten Sie sich wie zu Hause fühlen.

Da die verfügbaren Artisan-Befehle durch ein Paket oder den spezifischen Code der Anwendung erweitert und geändert werden können, lohnt es sich, nach der Installation neuer Packages zu überprüfen, ob neue Befehle hinzugekommen sind oder bestehende ergänzt wurden.

Um eine Liste aller verfügbaren Artisan-Befehle zu erhalten, geben Sie einfach php artisan list im Wurzelverzeichnis Ihres Projekts ein – php artisan ohne Parameter führt zum gleichen Ergebnis.

Grundlegende Artisan-Befehle

Aus Platzgründen können wir in diesem Buch nicht alle Artisan-Befehle behandeln, aber die wichtigsten werden wir kurz charakterisieren. Beginnen wir mit einigen elementaren Befehlen:

clear-compiled
: Entfernt Laravels kompilierte Klassendatei, die wie ein interner Laravel-Cache funktioniert; benutzen Sie diesen Befehl als ersten Ausweg, wenn irgendetwas schiefläuft und Sie nicht wissen, warum …

down, up
: Versetzt Ihre Anwendung in den Wartungsmodus (down), damit Sie Fehler beheben oder Migrationen oder andere Aktionen durchführen können, bzw. beendet den Wartungsmodus (up).

env
: Zeigt an, in welcher Umgebung Laravel gerade läuft; es ist das Äquivalent zur Ausgabe von app()->environment() innerhalb einer Anwendung.

help
: Stellt Hilfe für einen Befehl bereit, z.B. php artisan help commandName.

migrate
: Führt alle Datenbankmigrationen aus.

optimize
: Löscht und aktualisiert die Konfigurations- und Routingdateien.

serve
: Startet einen PHP-Server unter localhost:8000 (Sie können den Host und/oder Port mit --host und --port anpassen).

tinker
: Startet das Tinker-REPL, das wir später in diesem Kapitel behandeln werden.

> **Änderungen an Artisan-Befehlen im Laufe der Zeit**
>
> Die verfügbaren Artisan-Befehle und ihre Bezeichnungen haben sich im Laufe der Zeit geringfügig geändert. Ich werde versuchen, auf solche Änderungen hinzuweisen, aber die Angaben in diesem Buch beziehen sich auf Laravel 6.6. Falls Sie nicht mit Version 6.6 arbeiten, ist es am besten, sich mit php artisan die aktuell verfügbaren Befehle anzuschauen.

Optionen

Bevor wir die weiteren Befehle behandeln, möchte ich Ihnen die Optionen vorstellen, die Sie bei allen Artisan-Befehlen benutzen können:

-q
: Unterdrückt alle Ausgaben.

-v, -vv *und* -vvv
: Gibt den Grad der Detailgenauigkeit der Ausgaben an: normal, ausführlicher (verbose) und mit zusätzlichen Debugging-Informationen.

--no-interaction
: Unterdrückt interaktive Fragen, sodass der Befehl automatisierte Prozesse, aus denen er aufgerufen wurde, nicht unterbricht.

--env
: Hier können Sie definieren, in welcher Umgebung der Artisan-Befehl arbeiten soll (local, production usw.).

--version
: Zeigt Ihnen, welche Laravel-Version ausgeführt wird.

Sie haben wahrscheinlich bei der Betrachtung dieser Optionen bereits erraten, dass Artisan-Befehle wie einfache Shell-Befehle funktionieren: Sie können manuell, aber auch als Teil eines automatisierten Prozesses ausgeführt werden.

Im Software-Deployment gibt es beispielsweise viele automatisierte Bereitstellungsprozesse, die von bestimmten Artisan-Befehlen profitieren könnten. Sie könnten etwa php artisan config:cache jedes Mal ausführen, wenn Sie eine Anwendung bereitstellen. Flags wie -q und --no-interaction sorgen dafür, dass automatisierte Bereitstellungsskripte weiterhin reibungslos laufen können.

Befehle nach Gruppen

Die weiteren Artisan-Befehle, die Laravel von Haus aus mitbringt, sind nach Kontext gruppiert. Wir werden zwar nicht alle Befehle behandeln, uns aber jeden Kontext genau anschauen:

app
: Diese Gruppe enthält nur den Befehl app:name, mit dem Sie jede Instanz des standardmäßigen Top-Level-Namensraums App\ durch einen Namespace Ihrer Wahl ersetzen können, z.B. durch php artisan app:name MyApplication. Ich empfehle Ihnen, dieses Feature *nicht* einzusetzen und den Root-Namensraum Ihrer Anwendung als App beizubehalten.

auth
: In dieser Gruppe gibt es nur den Befehl auth:clear-resets, mit dem alle abgelaufenen Password-Reset-Tokens aus der Datenbank gelöscht werden.

cache
: cache:clear löscht den Cache, cache:forget entfernt ein einzelnes Element aus dem Cache, und cache:table erstellt eine Datenbankmigration, falls Sie den database-Cache-Treiber verwenden wollen.

config
: config:cache legt einen Cache der Konfigurationseinstellungen an, um Suchen darin zu beschleunigen; um den Cache zu löschen, verwenden Sie config:clear.

db
: db:seed führt das Seeding der Datenbank aus, sofern Datenbank-Seeder konfiguriert wurden. Mit db:wipe können u. a. Tabellen und Views gelöscht werden.

event
: event:generate erstellt fehlende Event- und Event-Listener-Dateien basierend auf den Definitionen in EventServiceProvider. Mehr über Events erfahren Sie in Kapitel 16.

key
: key:generate erzeugt einen zufälligen Verschlüsselungscode in Ihrer *.env*-Datei.

Erneutes Ausführen von key:generate führt zum Verlust verschlüsselter Daten
Wenn Sie php artisan key:generate mehr als einmal in Ihrer Anwendung ausführen, wird jeder aktuell angemeldete Benutzer abgemeldet. Darüber hinaus sind alle Daten, die Sie manuell verschlüsselt haben, dann nicht mehr entschlüsselbar. Um mehr über dieses Problem zu erfahren, lesen Sie bitte den Artikel »APP_KEY and You« (*https://bit.ly/2U972qd*) von meinem Tighten-Kollegen Jake Bathman.

make
: Die make-Befehle erstellen jeweils einzelne Elemente und besitzen unterschiedliche Parameter. Verwenden Sie help, um die jeweilige Dokumentation des Befehls mit Angaben zu den verfügbaren Parametern aufzurufen. Zum Beispiel könnten Sie php artisan help make:migration ausführen und in der Hilfe erfahren, dass Sie mit dem Parameter --create=*tableNameHere* eine vorgefertigte Migration erstellen können, die bereits ein Gerüst enthält, um die angegebene Tabelle zu erzeugen: php artisan make:migration create_posts_table --create=posts.

migrate
: Der Befehl migrate zur Ausführung *aller* Migrationen wurde bereits erwähnt, aber es gibt noch einige andere migrationsbezogene Befehle. Sie können die Tabelle migrations, in der der Ausführungsstatus aller Migrationen verwaltet wird, mit migrate:install erstellen, alle bisher ausgeführten Migrationen mit migrate:reset zurücksetzen, mit migrate:refresh alle Migrationen zurücksetzen und danach erneut ausführen, mit migrate:rollback nur die zuletzt ausgeführte Migration zurücksetzen, mit migrate:fresh alle Tabellen löschen und alle Migrationen erneut ausführen oder mit migrate:status den Status Ihrer Migrationen überprüfen.

notifications
: notifications:table erzeugt eine Migration, die die Tabelle für Datenbank-Benachrichtigungen erstellt.

package
: In Laravel-Versionen vor 5.5 mussten neue Laravel-spezifische Pakete in Ihrer Anwendung manuell in *config/app.php* registriert werden. Seit Version 5.5 kann Laravel diese Pakete automatisch entdecken, sodass die manuelle Registrierung entfällt. package:discover baut das Manifest der Service Provider aus den entdeckten externen Paketen neu auf.

queue
: Wir werden Laravels Warteschlangen in Kapitel 16 behandeln. Die Grundidee besteht darin, dass man Jobs in entfernte Warteschlangen verschieben kann, die dann nacheinander von einem »Worker« ausgeführt werden. Diese Befehlsgruppe bietet alle Werkzeuge, die man braucht, um mit Warteschlangen zu interagieren, wie queue:listen, um auf Signale einer Warteschlange zu horchen, queue:table, um eine Migration für datenbankgestützte Warteschlangen zu erstellen, und queue:flush, um alle fehlgeschlagenen Aufträge der Warteschlange zu löschen. Es gibt noch einige weitere Befehle, die Sie in Kapitel 16 kennenlernen werden.

route
: Wenn Sie route:list ausführen, sehen Sie die Definitionen aller vorhandenen Routen, einschließlich der Verben (GET, POST usw.), des Pfads, der Namen, der Controller- bzw. Closure-Aktionen und der Middleware. Sie können die Routendefinitionen für schnellere Suchen mit route:cache zwischenspeichern und Ihren Cache mit route:clear löschen.

schedule
: Wir werden Laravels Cron-ähnlichen Scheduler in Kapitel 16 behandeln. Damit das funktioniert, müssen Sie auf dem ausführenden System Cron so einstellen, dass schedule:run einmal pro Minute ausgeführt wird:

```
* * * * * php /home/myapp.com/artisan schedule:run >> /dev/null 2>&1
```

Wie Sie sehen, ist dieser Artisan-Befehl dazu gedacht, regelmäßig ausgeführt zu werden, um einen Laravel-Kerndienst zu betreiben.

session
: session:table erstellt eine Migration für Anwendungen, die ein datenbankgestütztes Session-Management betreiben.

storage
: storage:link erzeugt einen symbolischen Link von *public/storage* zu *storage/app/public*. Das ist eine gängige Konvention in Laravel-Apps, um Benutzer-Uploads (oder andere Dateien, die gewöhnlich in *storage/app* landen) leichter unter einer öffentlichen URL zugänglich zu machen.

vendor
: Einige Laravel-spezifische Pakete müssen eigene Assets »veröffentlichen«, entweder damit sie aus dem *public*-Verzeichnis bedient oder sie von Ihnen geändert werden können. Deshalb registrieren diese Pakete ihre publizierbaren Assets in Laravel, und wenn Sie vendor:publish ausführen, werden diese registrierten Assets an den angegebenen Speicherorten veröffentlicht.

view
: Die Rendering Engine von Laravel cacht Ihre Ansichten automatisch. Normalerweise funktioniert deren Cache-Invalidierung gut, aber falls Sie einmal Probleme bei der Darstellung von Ansichten bemerken, können Sie diesen Cache mit view:clear löschen.

Benutzerdefinierte Artisan-Befehle

Nachdem wir nun die Artisan-Befehle behandelt haben, die Laravel bereits mitbringt, sollten wir uns jetzt anschauen, wie man eigene anlegen kann.

Zuerst solltest Sie wissen: Dafür gibt es wiederum einen Artisan-Befehl! Mit php artisan make:command *YourCommandName* wird ein neuer Artisan-Befehl in *app/Console/Commands/{YourCommandName}.php* generiert.

php artisan make:command
Die Befehlssignatur für make:command hat sich mehrmals geändert. Ursprünglich hieß es command:make, für eine Weile console:make und danach make:console.

Schließlich wurde in Version 5.3 festgelegt, dass sich alle Generatoren im Namensraum make: bewegen, sodass der Befehl zum Erzeugen neuer Artisan-Befehle nunmehr make:command lautet.

Das erste Argument sollte der Klassenname des zu definierenden Befehls sein, und optional können Sie einen Parameter namens --command übergeben, um festzulegen, wie der Terminalbefehl lauten soll (z. B. appname:action). Probieren wir es aus:

```
php artisan make:command WelcomeNewUsers --command=email:newusers
```

Werfen Sie einen Blick auf Beispiel 8-1, um zu sehen, was durch diesen make-Befehl erzeugt wird.

Beispiel 8-1: Das Standardskelett eines Artisan-Befehls

```php
<?php

namespace App\Console\Commands;

use Illuminate\Console\Command;

class WelcomeNewUsers extends Command
{
    /**
     * The name and signature of the console command.
     *
     * @var string
     */
    protected $signature = 'email:newusers';

    /**
     * The console command description.
     *
```

```
     * @var string
     */
    protected $description = 'Command description';

    /**
     * Create a new command instance.
     *
     * @return void
     */
    public function __construct()
    {
        parent::__construct();
    }

    /**
     * Execute the console command.
     *
     * @return mixed
     */
    public function handle()
    {
        //
    }
}
```

Wie Sie sehen, ist es sehr einfach, die Befehlssignatur, den Beschreibungstext, der in Befehlsübersichten angezeigt wird, und das Verhalten des Befehls bei der Instanziierung (__construct()) und Ausführung (handle()) zu definieren.

Manuelle Bindung von Befehlen vor Version 5.5

In Projekten mit Laravel-Versionen vor 5.5 mussten Befehle manuell in *app\Console\Kernel.php* eingebunden werden. Wenn Ihre Anwendung eine ältere Version von Laravel verwendet, fügen Sie einfach den voll qualifizierten Klassennamen für Ihren Befehl zum $commands-Array in dieser Datei hinzu, damit er registriert wird:

```
protected $commands = [
    \App\Console\Commands\WelcomeNewUsers::class,
];
```

Ein Beispielbefehl

Auch wenn wir in diesem Kapitel weder E-Mail noch Eloquent behandeln (siehe Kapitel 15 für E-Mail und Kapitel 5 zu Eloquent), sollte die handle()-Methode in Beispiel 8-2 relativ gut verständlich sein.

Beispiel 8-2: handle()-Methode eines Beispielbefehls

```
...
class WelcomeNewUsers extends Command
{
    public function handle()
    {
        User::signedUpThisWeek()->each(function ($user) {
```

```
        Mail::to($user)->send(new WelcomeEmail);
    });
}
```

Jedes Mal, wenn Sie `php artisan email:newusers` ausführen, wird allen Benutzern, die sich diese Woche angemeldet haben, eine Willkommens-E-Mail geschickt. (Dabei nutzen wir einen imaginären lokalen Scope namens `signedUpThisWeek()`).

Wenn Sie lieber Ihre Mail- und Benutzerabhängigkeiten einbinden möchten anstatt Fassaden zu nutzen, können Sie sie im Befehlskonstruktor typehinten, sodass Laravels Container sie einfügt, wenn der Befehl instanziiert wird.

In Beispiel 8-3 sehen Sie, wie Beispiel 8-2 aussähe, wenn Sie die Abhängigkeiten injizieren und deren Verhalten in eine Dienstklasse extrahieren würden.

Beispiel 8-3: Der gleiche Befehl, refaktorisiert

```
...
class WelcomeNewUsers extends Command
{
    public function __construct(UserMailer $userMailer)
    {
        parent::__construct();

        $this->userMailer = $userMailer
    }

    public function handle()
    {
        $this->userMailer->welcomeNewUsers();
    }
```

> **Halten Sie es einfach**
>
> Es ist möglich, Artisan-Befehle aus Ihrem Anwendungscode aufzurufen, sodass Sie sie verwenden könnten, um Teile der Anwendungslogik zu kapseln.
>
> Die Laravel-Dokumentation empfiehlt jedoch, die Anwendungslogik stattdessen in eine Dienstklasse zu packen und diesen Dienst in Ihren Befehl einzufügen. Konsolenbefehle werden ähnlich wie Controller betrachtet: Sie sind keine Domänenklassen; sie sind eher Verkehrspolizisten, die eingehende Anfragen an die verantwortliche Stelle weiterleiten.

Argumente und Optionen

Die Eigenschaft `$signature` des neuen Befehls sieht so aus, als ob sie nur den Befehlsnamen enthalten könnte. Aber in dieser Eigenschaft werden auch alle Argumente und Optionen für den Befehl definiert. Es gibt eine spezielle, einfache Syntax, mit der Sie Ihren Artisan-Befehlen Argumente und Optionen hinzufügen können.

Bevor wir uns diese Syntax anschauen, werfen Sie bitte einen Blick auf ein Beispiel:

```
protected $signature = 'password:reset {userId} {--sendEmail}';
```

Argumente – erforderlich, optional und/oder mit Standardwerten

Um ein erforderliches Argument zu definieren, schließen Sie es in Klammern ein:

```
password:reset {userId}
```

Um das Argument als optional zu definieren, fügen Sie ein Fragezeichen hinzu:

```
password:reset {userId?}
```

Um es optional zu machen und gleichzeitig einen Standardwert festzulegen, verwenden Sie:

```
password:reset {userId=1}
```

Optionen – erforderliche und Standardwerte

Optionen ähneln den Argumenten, aber sie haben ein vorangestelltes -- und können ohne Wert verwendet werden. Um eine grundlegende Option hinzuzufügen, schließen Sie sie in Klammern ein:

```
password:reset {userId} {--sendEmail}
```

Wenn Ihre Option einen Wert erfordert, fügen Sie der Signatur ein = hinzu:

```
password:reset {userId} {--password=}
```

Und wenn Sie einen Standardwert festlegen möchten, fügen Sie ihn nach dem = hinzu:

```
password:reset {userId} {--queue=default}
```

Array-Argumente und Array-Optionen

Wenn Sie ein Array als Eingabe akzeptieren möchten, und das gilt sowohl für Argumente als auch für Optionen, verwenden Sie das Zeichen *:

```
password:reset {userIds*}
```

```
password:reset {--ids=*}
```

Die Verwendung von Array-Argumenten und -Parametern sieht dann in etwa so aus wie in Beispiel 8-4.

Beispiel 8-4: Array-Syntax in Artisan-Befehlen verwenden

```
// Argument
php artisan password:resel 1 2 3

// Option
php artisan password:reset --ids=1 --ids=2 --ids=3
```

Array-Argumente müssen das letzte Argument sein
Da ein Array-Argument jeden weiteren Parameter mit erfasst und als Array-Element hinzufügt, muss ein Array-Argument immer das letzte Argument innerhalb der Signatur eines Artisan-Befehls sein.

Hilfstexte

Erinnern Sie sich, dass die eingebauten Artisan-Befehle uns mehr Informationen über ihre Parameter geben, wenn wir `artisan help` benutzen? Solche Informationen können wir auch unseren benutzerdefinierten Befehlen mitgeben. Fügen Sie in der Befehlssignatur einfach innerhalb der geschweiften Klammern einen Doppelpunkt und den Beschreibungstext hinzu, siehe Beispiel 8-5.

Beispiel 8-5: Definieren von Hilfstexten für Artisan-Befehle
```
protected $signature = 'password:reset
                {userId : The ID of the user}
                {--sendEmail : Whether to send user an email}';
```

Benutzereingaben verwenden

Nachdem wir nun Benutzereingaben angefordert haben, stellt sich die Frage, wie wir sie in der `handle()`-Methode unseres Befehls verwenden können? Es gibt zwei Methoden-Sets, um die Werte von Argumenten und Optionen abzurufen.

argument() und arguments()

`$this->arguments()` gibt ein Array aller Argumente zurück (wobei das erste Array-Element der Befehlsname sein wird). `$this->argument()`, ohne Parameter aufgerufen, gibt die gleiche Antwort zurück; die Plural-Methode, die ich bevorzuge, gibt es seit Laravel 5.3, und sie dient allein der besseren Lesbarkeit.

Um nur den Wert eines einzelnen Arguments zu erhalten, übergeben Sie den Argumentnamen als Parameter an `$this->argument()` wie in Beispiel 8-6.

Beispiel 8-6: $this->arguments() in einem Artisan-Befehl verwenden
```
// Mit Definition "password:reset {userId}"
php artisan password:reset 5

// $this->arguments() gibt dieses Array zurück
[
    "command": "password:reset",
    "userId": "5",
]

// $this->argument('userId') gibt diese Zeichenkette zurück
"5"
```

option() und options()

$this->options() gibt ein Array aller Optionen zurück, einschließlich einiger, die standardmäßig die Werte false oder null haben. $this->option(), ohne Parameter aufgerufen, gibt die gleiche Antwort zurück; die Plural-Methode, die ich auch hier bevorzuge, gibt es seit Laravel 5.3, und sie dient allein der besseren Lesbarkeit.

Um nur den Wert einer einzelnen Option zu erhalten, übergeben Sie den Namen der Option als Parameter an $this->option(), siehe Beispiel 8-7.

Beispiel 8-7: $this->options() in einem Artisan-Befehl verwenden

```
// Mit Definition "password:reset {--userId=}"
php artisan password:reset --userId=5

// $this->options() gibt dieses Array zurück
[
    "userId" => "5",
    "help" => false,
    "quiet" => false,
    "verbose" => false,
    "version" => false,
    "ansi" => false,
    "no-ansi" => false,
    "no-interaction" => false,
    "env" => null,
]

// $this->option('userId') gibt diese Zeichenkette zurück
"5"
```

Beispiel 8-8 zeigt einen Artisan-Befehl mit argument() und option() in seiner handle()-Methode.

Beispiel 8-8: Eingaben von einem Artisan-Befehl erhalten

```
public function handle()
{
    // Alle Argumente, einschließlich des Befehlsnamens
    $arguments = $this->arguments();

    // Nur das Argument 'userId'
    $userid = $this->argument('userId');

    // Alle Optionen, einschließlich einiger Standardeinstellungen wie
    // 'no-interaction' und 'env'
    $options = $this->options();

    // Nur die Option 'sendEmail'
    $sendEmail = $this->option('sendEmail');
}
```

Eingabeaufforderungen

Es gibt noch ein paar weitere Möglichkeiten, aus dem `handle()`-Code heraus Benutzereingaben abzufragen, und bei allen wird der Benutzer während der Ausführung des Befehls aufgefordert, Informationen einzugeben:

ask()
    Fordert den Benutzer auf, freien Text einzugeben:

```
$email = $this->ask('What is your email address?');
```

secret()
    Fordert den Benutzer auf, Freitext einzugeben, verbirgt die Eingabe aber mit Sternchen:

```
$password = $this->secret('What is the DB password?');
```

confirm()
    Stellt dem Benutzer eine Ja/Nein-Frage und gibt ein Boolean zurück:

```
if ($this->confirm('Do you want to truncate the tables?')) {
    //
}
```

    Alle Antworten außer y und Y werden als »nein« behandelt.

anticipate()
    Fordert den Benutzer auf, Freitext einzugeben, und bietet dabei Vorschläge zur automatischen Vervollständigung an. Erlaubt es dem Benutzer aber dennoch, zu tippen, was er will:

```
$album = $this->anticipate('What is the best album ever?', [
    "The Joshua Tree", "Pet Sounds", "What's Going On"
]);
```

choice()
    Fordert den Benutzer auf, eine der angegebenen Optionen auszuwählen. Der letzte Parameter ist der Standardwert, wenn der Benutzer nichts auswählt:

```
$winner = $this->choice(
    'Who is the best football team?',
    ['Gators', 'Wolverines'],
    0
);
```

    Bitte beachten Sie, dass der letzte Parameter der Arrayschlüssel des Standardwerts sein sollte. Da wir ein nicht-assoziatives Array übergeben haben, wird mit dem Index 0 also der Wert Gators als Default festgelegt. Sie können Ihr Array auch mit einem assoziativen Schlüssel versehen, wenn Sie möchten:

```
$winner = $this->choice(
    'Who is the best football team?',
    ['gators' => 'Gators', 'wolverines' => 'Wolverines'],
    'gators'
);
```

Ausgaben

Möglicherweise möchten Sie während der Ausführung eines Befehls dem Benutzer Nachrichten zukommen lassen. Am einfachsten geht das mit $this->info(), dabei wird einfacher grüner Text ausgegeben:

```
$this->info('Your command has run successfully.');
```

Sie können Text auf der Kommandozeile auch mit den Methoden comment() (oranger Text), question() (hervorgehobener Text in cyan), error() (hervorgehobener Text in rot) und line() (nicht gefärbt) ausgeben.

Bitte beachten Sie, dass die genauen Farben von System zu System variieren können, wobei versucht wird, sich an die gebräuchlichen Systemstandards für die Kommunikation mit dem Benutzer zu halten.

Tabellenausgabe

Mit der Methode table() kann man recht einfach ASCII-Tabellen mit Daten erstellen. Schauen wir uns Beispiel 8-9 an.

Beispiel 8-9: Ausgabe von Tabellen mit Artisan-Befehlen

```
$headers = ['Name', 'Email'];

$data = [
    ['Dhriti', 'dhriti@amrit.com'],
    ['Moses', 'moses@gutierez.com'],
];

// Oder Sie fragen ähnliche Daten aus der Datenbank ab:
$data = App\User::all(['name', 'email'])->toArray();

$this->table($headers, $data);
```

Beachten Sie bitte, dass in Beispiel 8-9 zuerst die Kopfzeilen und dann die Daten selbst definiert werden. Die Daten enthalten jeweils zwei »Zellen« pro »Zeile«, die erste Zelle den Namen und die zweite die E-Mail-Adresse. Auch die Variante mit dem Eloquent-Aufruf von App\User passt zu den Spaltenbeschriftungen, da nur Name und E-Mail abgerufen werden.

Wie das aussehen könnte, zeigt Beispiel 8-10.

Beispiel 8-10: Ausgabe einer Artisan-Tabelle

```
+---------+--------------------+
| Name    | Email              |
+---------+--------------------+
| Dhriti  | dhriti@amrit.com   |
| Moses   | moses@gutierez.com |
+---------+--------------------+
```

Fortschrittsbalken

Wenn Sie bereits `npm install` ausgeführt haben, kennen Sie einen Befehlszeilen-Fortschrittsbalken schon. In Beispiel 8-11 bauen wir uns einen eigenen.

Beispiel 8-11: Fortschrittsanzeige für Artisan-Befehle

```
$totalUnits = 350;
$this->output->progressStart($totalUnits);

for ($i = 0; $i < $totalUnits; $i++) {
    sleep(1);

    $this->output->progressAdvance();
}

$this->output->progressFinish();
```

Was genau haben wir hier gemacht? Zuerst haben wir das System informiert, wie viele »Einheiten« wir durchlaufen mussten. Eine »Einheit« könnte einer von beispielsweise 350 Benutzern sein. Dann wird die gesamte Breite, die auf dem Bildschirm zur Verfügung steht, durch 350 geteilt und die Länge des Balkens bei jedem Durchlauf bzw. jedem Aufruf von `progressAdvance()` um 1/350-stel erhöht. Wenn die Aufgabe erledigt ist, führen Sie `progressFinish()` aus, damit die Anzeige des Fortschrittsbalkens beendet wird.

Schreiben von Closure-basierten Befehlen

Sie können Befehle auch einfacher anlegen, indem Sie anstelle von Klassen in *routes/console.php* Closures definieren. Alles, was wir hier besprochen haben, funktioniert auch mit Closures, aber der Vorteil liegt darin, dass die Befehle in dieser Datei in einem einzigen Schritt definiert und registriert werden, wie Beispiel 8-12 zeigt.

Beispiel 8-12: Definieren eines Artisan-Befehls per Closure

```
// routes/console.php
Artisan::command(
    'password:reset {userId} {--sendEmail}',
    function ($userId, $sendEmail) {
        $userId = $this->argument('userId');
        // Anweisungen hier
    }
);
```

Aufruf von Artisan-Befehlen in normalem Anwendungscode

Obwohl Artisan-Befehle prinzipiell so konzipiert sind, dass sie von der Befehlszeile aus ausgeführt werden, können sie auch aus anderem Programmcode aufgerufen werden.

Am einfachsten geschieht das mit der Artisan-Fassade. Sie können entweder einen Befehl mit `Artisan::call()` aufrufen (was den Exit-Code des Befehls zurückgibt) oder einen Befehl mit `Artisan::queue()` in die Warteschlange stellen.

Beide Aufrufe erwarten zwei Parameter: erstens den Terminal-Befehl (z. B. `password:reset`) und zweitens eine Reihe von Parametern für diesen Befehl. Werfen Sie einen Blick auf Beispiel 8-13, um zu sehen, wie mit Argumenten und Optionen gearbeitet wird.

Beispiel 8-13: Aufruf von Artisan-Befehlen aus anderem Programmcode

```
Route::get('test-artisan', function () {
    $exitCode = Artisan::call('password:reset', [
        'userId' => 15,
        '--sendEmail' => true,
    ]);
});
```

Argumente werden übergeben, indem man Argumentnamen und -wert angibt. Als Optionen können die booleschen Werte `true` oder `false` übergeben werden.

Seit Laravel 5.8 können Artisan-Befehle noch einfacher aus Anwendungscode aufgerufen werden. Dafür übergeben Sie lediglich die gleiche Zeichenkette an `Artisan::call()`, die Sie auch von der Befehlszeile aus aufrufen würden:

```
Artisan::call('password:reset 15 --sendEmail')
```

Sie können Artisan-Befehle auch von anderen Befehlen aus aufrufen, indem Sie `$this->call()` – was dasselbe ist wie `Artisan::call()` – oder `$this->callSilent()` verwenden, das dabei alle Ausgaben unterdrückt. Siehe dazu Beispiel 8-14.

Beispiel 8-14: Aufruf von Artisan-Befehlen aus anderen Artisan-Befehlen heraus

```
public function handle()
{
    $this->callSilent('password:reset', [
        'userId' => 15,
    ]);
}
```

Außerdem können Sie eine Instanz des Contracts `Illuminate\Contracts\Console\Kernel` injizieren und dessen Methode `call()` verwenden.

Tinker

Tinker ist ein REPL: ein sogenannter *Read-Value-Print-Loop*. Falls Sie in Ruby schon einmal IRB benutzt haben, wissen Sie bereits, wie ein REPL funktioniert.

REPLs stellen einen Eingabeprompt bereit, ähnlich der Befehlszeile, die einen »wartenden« Zustand Ihrer Anwendung nachahmt. Sie geben Ihre Befehle in das REPL ein, woraufhin die Eingabe ausgewertet und die Antwort angezeigt wird.

Beispiel 8-15 zeigt ein kurzes Beispiel, um Ihnen einen Eindruck davon zu vermitteln, wie das funktioniert und wozu man es einsetzen kann. Wir starten das REPL mit php artisan tinker und erhalten dann einen leeren Prompt (>>>); jede Antwort auf unsere Befehle wird in einer Zeile gedruckt, die mit => eingeleitet wird.

Beispiel 8-15: Tinker benutzen

```
$ php artisan tinker

>>> $user = new App\User;
=> App\User: {}
>>> $user->email = 'matt@mattstauffer.com';
=> "matt@mattstauffer.com"
>>> $user->password = bcrypt('superSecret');
=> "$2y$10$TWPGBC7e8d1bvJ1q5kv.VDUGfYDnE9gANl4mleuB3htIY2dxcQfQ5"
>>> $user->save();
=> true
```

Wie Sie sehen, haben wir einen neuen Benutzer erstellt, einige Daten festgelegt – dabei das Passwort mit bcrypt() zur Sicherheit gehasht – und in der Datenbank gespeichert. Und das »in echt«! Wäre dies eine Anwendung in einer Produktionsumgebung, hätten wir gerade tatsächlich einen neuen Benutzer angelegt.

Das macht Tinker zu einem großartigen Werkzeug für einfache Datenbankinteraktionen, um neue Ideen auszuprobieren oder kleinere Codeschnipsel auszuführen, vor allem, wenn es schwierig wäre, sie in den Quelldateien der Anwendung an einem passenden Platz einzufügen.

Tinker wird von Psy Shell (*https://psysh.org/*) angetrieben, vielleicht möchten Sie sich anschauen, was man mit Tinker sonst noch alles machen kann.

Laravels Dump-Server

Um den Zustand von Daten während der Entwicklung zu debuggen, wird häufig Laravels dump()-Helfer verwendet, ein aufgehübschtes var_dump(). Das ist so weit ganz okay, führt aber in Views öfters zu Problemen.

Es gibt aber ein separates Paket namens Dump-Server, das Sie mit folgendem Befehl installieren können (ab Laravel 5.6):

```
composer require --dev beyondcode/laravel-dump-server
```

Sie können den Dump-Server nutzen, um solche dump()-Anweisungen abzufangen und in der Konsole anzuzeigen, anstatt sie direkt im Browser wiederzugeben.

Um den Dump-Server in Ihrer lokalen Konsole auszuführen, navigieren Sie zum Stammverzeichnis Ihres Projekts und führen dort php artisan dump-server aus – ein Befehl der erst nach der Installation dieses Pakets zur Verfügung steht:

```
$ php artisan dump-server
```

```
Laravel Var Dump Server
=======================

  [OK] Server listening on tcp://127.0.0.1:9912

  // Quit the server with CONTROL-C.
```

Versuchen Sie nun, irgendwo in Ihrem Code die Hilfsfunktion dump() zu verwenden. Um es auszuprobieren, könnten Sie beispielsweise diesen Code in *routes/web.php* benutzen:

```
Route::get('/', function () {
    dump('Dumped Value');

    return 'Hello World';
});
```

Ohne den Dump-Server sehen Sie sowohl den Dump selbst als auch die Ausgabe »Hello World«. Wenn er nicht läuft, sehen Sie im Browser nur »Hello World«. Der Dump-Server hat das dump() abgefangen, und Sie können das Ergebnis in der Konsole einsehen:

```
GET http://myapp.test/
--------------------

  ------------   ---------------------------------
    date         Wed, 18 Sep 2019 22:43:10 +0000
    controller   "Closure"
    source       web.php on line 20
    file         routes/web.php
  ------------   ---------------------------------

"Dumped Value"
```

Testen

Da Sie jetzt wissen, wie man Artisan-Befehle aus Programmcode aufruft, können Sie das nun auch in einem Test tun, um sicherzustellen, dass ein von Ihnen erwartetes Verhalten korrekt ausgeführt wurde, siehe Beispiel 8-16. In unseren Tests verwenden wir $this->artisan() anstelle von Artisan::call(), weil es die gleiche Syntax hat, aber die Möglichkeit bietet, einige testbezogene Aussagen hinzuzufügen.

Beispiel 8-16: Aufruf von Artisan-Befehlen aus einem Test heraus

```
public function test_empty_log_command_empties_logs_table()
{
    DB::table('logs')->insert(['message' => 'Did something']);
    $this->assertCount(1, DB::table('logs')->get());

    $this->artisan('logs:empty'); // Same as Artisan::call('logs:empty');
    $this->assertCount(0, DB::table('logs')->get());
}
```

In Projekten ab Laravel 5.7 können Sie in $this->artisan()-Aufrufen einige neue Assertions verwenden, mit denen sich Artisan-Befehle noch einfacher testen lassen – nicht nur die Auswirkungen, die sie auf den Rest der Anwendung haben, sondern auch, wie sie tatsächlich funktionieren. Beispiel 8-17 veranschaulicht diese Syntax.

Beispiel 8-17: Assertions bezüglich der Eingabe und Ausgabe von Artisan-Befehlen festlegen

```
public function testItCreatesANewUser()
{
    $this->artisan('myapp:create-user')
        ->expectsQuestion("What's the name of the new user?", "Wilbur Powery")
        ->expectsQuestion("What's the email of the new user?", "wilbur@thisbook.co")
        ->expectsQuestion("What's the password of the new user?", "secret")
        ->expectsOutput("User Wilbur Powery created!");

    $this->assertDatabaseHas('users', [
        'email' => 'wilbur@thisbook.co'
    ]);
}
```

TL;DR

Artisan-Befehle sind Laravels Werkzeuge für die Befehlszeile. Laravel bringt von Haus aus eine ganze Reihe solcher Befehle mit, aber man kann auch recht einfach eigene Artisan-Befehle erstellen und sie von der Kommandozeile aus oder aus Programmcode aufrufen.

Tinker ist ein REPL, mit dem man Zugriff auf die Anwendungsumgebung hat und echten Code und echte Daten eingeben kann, um mit der Anwendung zu interagieren. Und mit dem Dump-Server kann man Code debuggen, ohne die Ausgabe von Views im Browser zu stören.

KAPITEL 9
Authentifizierung und Autorisierung

Eine der zeitaufwendigeren Aufgaben, wenn man die Fundamente einer neuen Anwendung legt, ist meist die Einrichtung eines grundlegendes Authentifizierungssystem für Benutzer – einschließlich Registrierung, Anmeldung, Session-Verwaltung, Passwort-Rücksetzungen und Zugriffsberechtigungen. Damit ist diese Aufgabe auch ein hervorragender Kandidat dafür, die benötigten Funktionen in eine externe Bibliothek auszulagern – und es gibt auch eine ganze Reihe solcher Bibliotheken.

Aber da die Anforderungen an die Authentifizierung je nach Projekt ganz unterschiedlich sein können, werden die meisten Authentifizierungssysteme schnell sperrig und damit zunehmend unbrauchbar. Glücklicherweise wurde bei Laravel ein Weg gefunden, ein Authentifizierungssystem zu entwickeln, das einerseits einfach zu bedienen und zu verstehen, andererseits aber auch flexibel genug ist, um es an eine Vielzahl von Situationen anzupassen.

In jeder neuen Installation von Laravel gibt es von Haus aus eine `create_users_table`-Migration und ein `User`-Modell, die beide sofort einsatzbereit sind. Laravel bietet zudem ein separates Paket `laravel/ui`, das u.a. einen Artisan-Befehl `ui:auth` registriert, mit dem eine ganze Reihe von authentifizierungsbezogenen Views und Routen erstellt werden kann. Und jede Installation ist ausgestattet mit verschiedenen Auth-Controllern, u.a. `RegisterController`, `LoginController`, `ForgotPasswordController` und `ResetPasswordController`. Die APIs sind sauber und klar konzeptioniert, und die Konventionen greifen allesamt ineinander, um ein einfaches – und nahtloses – Authentifizierungs- und Autorisierungssystem bereitzustellen.

> **Unterschiede in der Auth-Struktur in Laravel-Versionen vor 5.3**
>
> Beachten Sie bitte, dass sich in Laravel 5.1 und 5.2 die meisten dieser Funktionen im `AuthController` befanden; ab Version 5.3 wurde diese Funktionalität auf mehrere Controller aufgeteilt. Viele der Details zur Anpassung von Umleitungsrouten, Berechtigungsschutz und dergleichen unterscheiden sich in 5.1 und 5.2, obwohl die Kernfunktionalität identisch ist. Wenn Sie also mit Version 5.1 oder 5.2 arbeiten und das standardmäßig eingerichtete Authentifizierungsverhalten ändern möchten, werden Sie wahrscheinlich ein wenig im `AuthController` »wühlen« müssen, um herauszufinden, wo und wie genau diese Anpassungen vorgenommen werden.

User-Modell und -Migration

Wenn Sie eine neue Laravel-Anwendung erstellen, treffen Sie zuerst auf die create_users_table-Migration und das App\User-Modell. Beispiel 9-1 zeigt, direkt dieser Migration entnommen, die Felder, die in der users-Tabelle eingerichtet werden.

Beispiel 9-1: Laravels standardmäßige User-Migration
```
Schema::create('users', function (Blueprint $table) {
    $table->bigIncrements('id');
    $table->string('name');
    $table->string('email')->unique();
    $table->timestamp('email_verified_at')->nullable();
    $table->string('password');
    $table->rememberToken();
    $table->timestamps();
});
```

Es gibt darin eine autoinkrementelle Primärschlüssel-ID, einen Namen, eine eindeutige E-Mail-Adresse, einen Zeitstempel für den Zeitpunkt der Verifizierung der E-Mail-Adresse, ein Passwort, ein »Remember me«-Token sowie weitere Zeitstempel für den Zeitpunkt der Erstellung und der letzten Änderung eines Datensatzes. Das deckt alles ab, was Sie für die grundlegende Benutzerauthentifizierung in den meisten Anwendungen benötigen.

> **Der Unterschied zwischen Authentifizierung und Autorisierung**
>
> *Authentifizierung* heißt, dass überprüft wird, wer jemand ist, und ihm erlaubt wird, als die identifizierte Person in einer Anwendung zu agieren. Dazu gehören die An- und Abmeldeprozesse (= Log-in und Log-out) sowie alle Hilfsmittel, die es Benutzern ermöglichen, sich während der Nutzung einer Anwendung zu identifizieren.
>
> *Autorisierung* bedeutet, dass festgestellt wird, ob der authentifizierte Benutzer *berechtigt* ist, bestimmte Funktionen aufzurufen bzw. auszuführen. Ein Berechtigungssystem ermöglicht es Ihnen beispielsweise, Benutzern ohne Administrator-Rechte zu verbieten, die Umsätze oder Besucherzahlen einer Website oder andere Interna zu sehen.

Das User-Modell ist etwas komplexer, wie Sie in Beispiel 9-2 sehen können. Die Klasse App\User selbst ist zwar relativ simpel, aber sie erweitert die Klasse Illuminate\Foundation\Auth\User, die mehrere Traits einbringt und nutzt.

Beispiel 9-2: Laravels standardmäßiges User-Modell und dessen Eltern-Klasse
```
<?php
// App\User

namespace App;

use Illuminate\Contracts\Auth\MustVerifyEmail;
use Illuminate\Foundation\Auth\User as Authenticatable;
```

```php
use Illuminate\Notifications\Notifiable;

class User extends Authenticatable
{
    use Notifiable;

    /**
     * The attributes that are mass assignable.
     *
     * @var array
     */
    protected $fillable = [
        'name', 'email', 'password',
    ];

    /**
     * The attributes that should be hidden for arrays.
     *
     * @var array
     */
    protected $hidden = [
        'password', 'remember_token',
    ];

    /**
     * The attributes that should be cast to native types.
     *
     * @var array
     */
    protected $casts = [
        'email_verified_at' => 'datetime',
    ];
}
```

```php
<?php
// Illuminate\Foundation\Auth\User

namespace Illuminate\Foundation\Auth;

use Illuminate\Auth\Authenticatable;
use Illuminate\Auth\MustVerifyEmail;
use Illuminate\Auth\Passwords\CanResetPassword;
use Illuminate\Contracts\Auth\Access\Authorizable as AuthorizableContract;
use Illuminate\Contracts\Auth\Authenticatable as AuthenticatableContract;
use Illuminate\Contracts\Auth\CanResetPassword as CanResetPasswordContract;
use Illuminate\Database\Eloquent\Model;
use Illuminate\Foundation\Auth\Access\Authorizable;

class User extends Model implements
    AuthenticatableContract,
    AuthorizableContract,
    CanResetPasswordContract
{
    use Authenticatable, Authorizable, CanResetPassword, MustVerifyEmail;
}
```

Ein kleiner Auffrischer zu Eloquent-Modellen
Falls Sie sich noch nicht mit Eloquent-Modellen beschäftigt haben, möchte ich Ihnen ans Herz legen, zuerst Kapitel 5 zu lesen, bevor Sie fortfahren.

Nun, was können wir aus dem gezeigten User-Modell lernen? Zuerst einmal, dass die Benutzerdaten in der Tabelle users gespeichert werden; Laravel leitet das aus dem Klassennamen ab. Wir können die Eigenschaften name, email und password beim Anlegen eines neuen Benutzers ausfüllen (da sie in der Variablen $fillable dafür freigegeben werden), und die Eigenschaften password und remember_token werden bei der Repräsentation einer Benutzerinstanz als Array oder JSON ausgeschlossen und damit verborgen (gemäß den Vorgaben der Variablen $hidden). Das sieht doch schon mal ganz gut aus.

Anhand der Contracts und Traits in der Illuminate\Foundation\Auth-Version von User können wir auch sehen, dass es einige Funktionen im Framework gibt, die theoretisch auch auf andere Modelle, nicht nur auf das User-Modell, und zudem sowohl individuell wie gemeinsam angewendet werden können, beispielsweise die Fähigkeit, Passwörter zu authentifizieren, zu autorisieren und zurückzusetzen.

Contracts und Interfaces

Sie haben vielleicht bemerkt, dass ich mal den Begriff *Contract* (*Vertrag*) und manchmal *Interface* (*Schnittstelle*) benutze und dass sich fast alle Interfaces in Laravel im Namensraum Contracts befinden.

Ein PHP-Interface ist im Wesentlichen eine Vereinbarung zwischen zwei Klassen, die besagt, dass sich eine der Klassen auf eine ganz bestimmte Weise »verhält«. Es ist in gewisser Weise eine Art Vertrag zwischen den beiden Klassen, und es wird etwas greifbarer, wenn man diesen Begriff benutzt, als es nur abstrakt als Schnittstelle zu bezeichnen.

Aber alles bezeichnet das Gleiche: eine Vereinbarung, dass eine Klasse bestimmte Methoden mit einer bestimmten Signatur bereitstellen wird.

In diesem Zusammenhang möchte ich darauf hinweisen, dass der Namensraum Illuminate\Contracts eine Gruppe von Interfaces enthält, die von Laravel-Komponenten implementiert und als Typehints genutzt werden. Das erleichtert die Entwicklung ähnlicher Komponenten, die die gleichen Schnittstellen implementieren, und diese anstelle der Standard-Illuminate-Komponenten in eine eigene Anwendung einzubinden. Wenn Laravel-Kernel und -Komponenten z.B. einen Mailer typehinten, geben sie dazu nicht die Klasse Mailer an. Stattdessen typehinten sie den Mailer-Contract (das Interface), sodass man leicht einen eigenen Mailer bereitstellen kann. Mehr darüber erfahren Sie in Kapitel 11.

Der `Authenticatable`-Vertrag verlangt Methoden (z.B. `getAuthIdentifier()`), die es dem Authentifizierungssystem des Frameworks ermöglichen, Instanzen dieses Modells zu authentifizieren; der `Authenticatable`-Trait beinhaltet die Methoden, die notwendig sind, um diesen Vertrag mit einem normalen Eloquent-Modell zu erfüllen.

Der `Authorizable`-Vertrag erfordert eine Methode (`can()`), die es dem Framework erlaubt, Instanzen dieses Modells hinsichtlich ihrer Zugriffsrechte in verschiedenen Kontexten zu autorisieren. Logischerweise stellt also der `Authorizable`-Trait Methoden bereit, die den `Authorizable`-Vertrag für ein typisches Eloquent-Modell erfüllen.

Schließlich erfordert der Vertrag `CanResetPassword` Methoden (`getEmailForPasswordReset()`, `sendPasswordResetNotification()`), die es dem Framework erlauben – Sie haben es sicher erraten –, das Passwort einer Entität zurückzusetzen, die diesen Vertrag erfüllt. Der `CanResetPassword`-Trait bietet Methoden, die diesen Vertrag für ein typisches Eloquent-Modell erfüllen.

Zum jetzigen Zeitpunkt haben wir also die Möglichkeit, einen einzelnen Benutzer in der Datenbank darzustellen (durch die in der Migration definierte Tabelle) und ihn in eine Modellinstanz auszulesen, die authentifiziert (an- und abgemeldet) und autorisiert (auf Zugriffsberechtigungen für eine bestimmte Ressource überprüft) werden kann, und ihm eine E-Mail mit einem Passwort-Reset zu senden.

Verwendung des globalen auth()-Helfers und der Auth-Fassade

Mit dem globalen Helfer `auth()` lässt es sich am einfachsten mit dem Authentifizierungsstatus eines Benutzers arbeiten. Sie können aber auch eine Instanz von `Illuminate\Auth\AuthManager` injizieren oder die `Auth`-Fassade verwenden und erhalten die gleiche Funktionalität.

Am häufigsten muss man überprüfen, ob ein Benutzer angemeldet ist: `auth()->check()` gibt true zurück, wenn der aktuelle Benutzer angemeldet ist; `auth()->guest()` gibt true zurück, wenn der Benutzer nicht angemeldet ist. Oder man will den aktuell angemeldeten Benutzer erhalten: Verwenden Sie `auth()->user()` oder, wenn Sie nur die ID brauchen, `auth()->id()`; beide liefern `null` zurück, wenn kein Benutzer angemeldet ist.

Werfen Sie einen Blick auf Beispiel 9-3, darin wird der globale Helfer exemplarisch in einem Controller verwendet.

Beispiel 9-3: Beispielhafte Verwendung des globalen Helfers auth() in einem Controller

```
public function dashboard()
{
    if (auth()->guest()) {
        return redirect('sign-up');
```

```
    }

    return view('dashboard')
        ->with('user', auth()->user());
}
```

Im nächsten Abschnitt wird untersucht, wie das Authentifikationssystem hinter den Kulissen arbeitet. Das sind zwar nützliche Informationen, aber keine *vitalen* – falls Sie diese jetzt überspringen wollen, können Sie auch im Abschnitt »Das Auth-Gerüst« auf Seite 230 weiterlesen.

Die Auth-Controller

Also, wie melden wir uns als Benutzer jetzt tatsächlich an? Und wie lösen wir Passwort-Rücksetzungen aus?

Alles das passiert in den Controllern des Auth-Namensraums: `RegisterController`, `LoginController`, `ResetPasswordController`, `ForgotPasswordController`, `VerificationController` und `ConfirmPasswordController`.

RegisterController

Der `RegisterController`, in Kombination mit dem `RegistersUsers`-Trait, enthält sinnvolle Standardabläufe, um neuen Benutzern ein Registrierungsformular anzuzeigen, deren Eingaben zu validieren, im Erfolgsfall neue Benutzer zu erstellen und sie danach innerhalb der Anwendung weiterzuleiten.

Der Controller selbst enthält nur einige Hooks, die die Traits an bestimmten Stellen aufrufen. Das erleichtert die Anpassung einiger typischer Verhaltensweisen, ohne tief in den Code eindringen zu müssen, der diese Funktionen letztlich steuert.

Die Eigenschaft `$redirectTo` definiert, wohin Benutzer nach der Registrierung weitergeleitet werden. Die Methode `validator()` gibt vor, wie Registrierungen zu validieren sind. Und die Methode `create()` legt fest, wie man einen neuen Benutzer anhand einer eingehenden Registrierung anlegt. In Beispiel 9-4 sehen Sie den Standard-`RegisterController`.

Beispiel 9-4: Laravels standardmäßiger RegisterController

```
...
class RegisterController extends Controller
{
    use RegistersUsers;

    protected $redirectTo = '/home';

    ...

    protected function validator(array $data)
    {
```

```
        return Validator::make($data, [
            'name' => ['required', 'string', 'max:255'],
            'email' => ['required', 'string', 'email', 'max:255', 'unique:users'],
            'password' => ['required', 'string', 'min:8', 'confirmed'],
        ]);
    }

    protected function create(array $data)
    {
        return User::create([
            'name' => $data['name'],
            'email' => $data['email'],
            'password' => Hash::make($data['password']),
        ]);
    }
}
```

RegistersUsers-Trait

Der RegistersUsers-Trait, den der RegisterController importiert, ist für einige Primärfunktionen des Registrierungsprozesses verantwortlich. Zuerst zeigt er mit der Methode showRegistrationForm() den Benutzern die View mit dem Registrierungsformular an. Wenn Sie möchten, dass sich neue Benutzer mit einer anderen Ansicht als auth.register registrieren, können Sie die Methode showRegistrationForm() in Ihrem RegisterController überschreiben.

Als Nächstes werden mit der Methode register() die vom Registrierungsformular gesendeten POST-Daten ausgewertet. Diese Methode übergibt die Eingaben des Benutzers an den Validator der validator()-Methode des RegisterControllers und dann weiter an die Methode create().

Und schließlich definiert die Methode redirectPath(), die über den RedirectsUsers-Trait eingebunden wird, wohin Benutzer nach einer erfolgreichen Registrierung umgeleitet werden sollen. Sie können diese URL im Controller über die Eigenschaft $redirectTo festlegen, Sie können aber alternativ auch die redirectPath()-Methode überschreiben und mit return zurückgeben.

Wenn dieser Trait einen anderen Auth Guard als den Standard-Wächter verwenden soll (mehr dazu im Abschnitt »Guards« auf Seite 236), können Sie die guard-Methode überschreiben und einen beliebigen anderen Wächter zurückgeben.

LoginController

Der LoginController ermöglicht es dem Benutzer, sich einzuloggen. Er bindet den AuthenticatesUsers-Trait ein, der wiederum die Traits RedirectsUsers und ThrottlesLogins einbezieht.

Wie der RegistrationController besitzt auch der LoginController eine $redirectTo-Eigenschaft, mit der Sie den Pfad anpassen können, zu dem der Benutzer nach einer erfolgreichen Anmeldung weitergeleitet wird. Alles Weitere verbirgt sich im AuthenticatesUsers-Trait.

AuthenticatesUsers-Trait

Der Trait `AuthenticatesUsers` ist dafür verantwortlich, den Benutzern das Anmeldeformular anzuzeigen, Anmeldungen zu validieren, die Anzahl fehlgeschlagener Anmeldungen zu limitieren, Abmeldungen durchzuführen und Benutzer nach einer erfolgreichen Anmeldung umzuleiten.

Die Methode `showLoginForm()` zeigt dem Benutzer standardmäßig die View `auth.login` an, aber Sie können sie bei Bedarf überschreiben.

Die Methode `login()` empfängt die POST-Daten aus dem Anmeldeformular. Sie validiert die Anmeldung in der Methode `validateLogin()`, die Sie natürlich ebenfalls überschreiben können, wenn Sie die Validierung anpassen möchten. Sie greift dann auf die Funktionalität des `ThrottlesLogins`-Traits zurück, den wir in Kürze behandeln werden, um Benutzer mit zu vielen fehlgeschlagenen Anmeldungen abzulehnen. Und schließlich leitet es den Benutzer entweder zu der ursprünglich gewünschten Seite weiter, falls der Benutzer beim Versuch, eine Seite innerhalb der Anwendung zu besuchen, auf die Anmeldeseite umgeleitet wurde, oder zu dem Pfad, den die Methode `redirectPath()` in der Eigenschaft `$redirectTo` zurückgibt.

Der Trait ruft des Weiteren nach einer erfolgreichen Anmeldung die leere Methode `authenticated()` auf, sodass Sie diese Methode einfach in Ihrem `LoginController` überschreiben können, wenn Sie irgendein Verhalten als Reaktion auf eine erfolgreiche Anmeldung ausführen möchten.

Es gibt eine `username()`-Methode, die definiert, welche der Spalten in der Tabelle `users` als Benutzername verwendet werden soll. Standardmäßig ist das `email`, aber Sie können einfach die `username()`-Methode in Ihrem Controller überschreiben, um den Namen der Spalte zurückzugeben, deren Werte als Benutzernamen dienen sollen.

Und wie im `RegistersUsers`-Trait können Sie die Methode `guard()` überschreiben, um festzulegen, welchen Auth Guard dieser Controller verwenden soll.

ThrottlesLogins-Trait

Der `ThrottlesLogins`-Trait ist eine Schnittstelle zu Laravels `Illuminate\Cache\Rate Limiter`-Klasse, mit der man die Häufigkeit von Zugriffen auf den Cache begrenzen kann. Dieser Trait wendet das Rate-Limiting auf Benutzeranmeldungen an und beschränkt die Verwendung des Anmeldeformulars, wenn innerhalb einer bestimmten Zeitspanne zu viele fehlgeschlagene Anmeldungen vorkommen.

Wenn Sie den Trait `ThrottlesLogins` importieren, sind alle seine Methoden geschützt, d. h., sie können nicht als Routen aufgerufen werden. Stattdessen stellt der `AuthenticatesUsers`-Trait fest, ob Sie den `ThrottlesLogins`-Trait importiert haben, und falls ja, wird dessen Funktionalität auf den Anmeldeprozess angewendet, ohne dass Sie selbst etwas dafür tun müssen. Da der Standard-`LoginController` beide Traits importiert, erhalten Sie diese Funktionalität frei Haus, sofern Sie das Auth-Gerüst verwenden (siehe »Das Auth-Gerüst« auf Seite 230).

ThrottlesLogins begrenzt die Eingabe einer Kombination von Benutzername und IP-Adresse standardmäßig auf fünf Versuche innerhalb von 60 Sekunden. Wenn ein Benutzer innerhalb von 60 Sekunden fünf fehlgeschlagene Anmeldeversuche erreicht, leitet er diesen Benutzer mit einer entsprechenden Fehlermeldung so lange jeweils auf die Anmeldeseite zurück, bis die festgelegte Zeitspanne abgelaufen ist.

ResetPasswordController

Der ResetPasswordController importiert den ResetsPasswords-Trait. Dieser Trait bietet Validierung und Zugriff auf Views zum Zurücksetzen von Passwörtern und verwendet dann eine Instanz der Klasse PasswordBroker (oder einer beliebigen anderen Klasse, die das PasswordBroker-Interface implementiert, falls Sie eine eigene verwenden wollen), um E-Mails zum Zurücksetzen von Passwörtern zu senden und das tatsächliche Zurücksetzen der Passwörter durchzuführen.

Genau wie die anderen Traits, die wir behandelt haben, zeigt er die Ansicht zum Zurücksetzen des Passworts (showResetForm() zeigt die View auth.passwords.reset) und bearbeitet dann die POST-Daten, die von dieser Ansicht gesendet werden (reset() validiert und sendet die entsprechende Antwort). Die Methode resetPassword() setzt das Passwort dann tatsächlich zurück, und mit broker() können Sie den Broker und mit guard() den Auth Guard anpassen.

Wenn Sie eine dieser Verhaltensweisen abändern möchten, überschreiben Sie einfach in Ihrem Controller die entsprechende Methode.

ForgotPasswordController

Der ForgotPasswordController importiert den SendsPasswordResetEmails-Trait. Seine Methode showLinkRequestForm() zeigt das Formular auth.passwords.email an und verarbeitet die POST-Daten dieses Formulars in der Methode sendResetLinkEmail(). Mit der Methode broker() können Sie den Broker anpassen.

VerificationController

Der VerificationController importiert den VerifiesEmails-Trait, der die Überprüfung der E-Mail-Adressen neu angemeldeter Benutzer übernimmt. Sie können den Pfad anpassen, zu dem die Benutzer nach der Überprüfung weitergeleitet werden sollen.

ConfirmPasswordController

Seit Version 6.2 kann man bereits eingeloggte Benutzer dazu auffordern, auf bestimmten Routen ihr Passwort ein weiteres Mal einzugeben. Damit lassen sich besonders sensitive Bereiche einer Anwendung zusätzlich schützen, beispielsweise der Zugriff auf wichtige Konteneinstellungen wie Kreditkarten-Informationen oder API-Credentials.

Der `ConfirmPasswordController` importiert den `ConfirmsPasswords`-Trait, der das Eingabeformular für das Passwort anzeigt, dieses überprüft, bei Erfolg den Zeitstempel in die aktuelle Session schreibt und den Benutzer auf die ursprünglich gewünschte Seite weiterleitet.

Standardmäßig bleibt dieses erneut eingegebene Passwort drei Stunden gültig. Das heißt praktisch, dass beim Zugriff auf andere Routen, bei denen die erneute Eingabe verlangt wird, innerhalb dieser drei Stunden keine zusätzliche Abfrage mehr erfolgt. Die Zeitspanne für die Gültigkeit kann im Wert `password_timeout` in `config/auth.php` geändert werden. Beim Log-out wird die Session natürlich gelöscht, und ggf. muss nach erneutem Log-in eines Benutzers auch auf den entsprechend geschützten Routen wieder die zusätzliche Kennworteingabe erfolgen.

Auth::routes()

Die Auth-Controller stellen verschiedene Methoden für eine Reihe von vordefinierten Routen bereit, aber jetzt sollten wir uns darum kümmern, dass unsere Benutzer diese Routen auch tatsächlich erreichen können. Wir könnten alle Routen manuell zu *routes/web.php* hinzufügen, aber es gibt bereits ein Komfort-Tool dafür, und zwar `Auth::routes()`:

```
// routes/web.php
Auth::routes();
```

Wie Sie wahrscheinlich schon ahnen, steht `Auth::routes()` in Ihrer Routendatei für ein ganzes Bündel vordefinierter Routen. In Beispiel 9-5 finden Sie die Routen, die damit im Hintergrund festgelegt werden. Sie finden die eigentliche Definition in `Illuminate/Routing/Router.php`.

Beispiel 9-5: Die von Auth::routes() bereitgestellten Routen

```
// Routen für die Authentifizierung
$this->get('login', 'Auth\LoginController@showLoginForm')->name('login');
$this->post('login', 'Auth\LoginController@login');
$this->post('logout', 'Auth\LoginController@logout')->name('logout');

// Routen für die Registrierung
$this->get('register', 'Auth\RegisterController@showRegistrationForm')
    ->name('register');
$this->post('register', 'Auth\RegisterController@register');

// Routen zur Zurücksetzung von Passworten
$this->get('password/reset', 'Auth\ForgotPasswordController@showLinkRequestForm')
    ->name('password.request');
$this->post('password/email', 'Auth\ForgotPasswordController@sendResetLinkEmail')
    ->name('password.email');
$this->get('password/reset/{token}', 'Auth\ResetPasswordController@showResetForm')
    ->name('password.reset');
```

```
$this->post('password/reset', 'Auth\ResetPasswordController@reset')
    ->name('password.update');

// Routen zur erneuten Eingabe von Passwörtern
$this->get('password/confirm', 'Auth\ConfirmPasswordController@showConfirmForm')
    ->name('password.confirm');
$this->post('password/confirm', 'Auth\ConfirmPasswordController@confirm');

// Routen zur E-Mail-Verifizierung, falls aktiviert
$this->get('email/verify', 'Auth\VerificationController@show')
    ->name('verification.notice');
$this->get('email/verify/{id}/{hash}', 'Auth\VerificationController@verify')
    ->name('verification.verify');
$this->post('email/resend', 'Auth\VerificationController@resend')
    ->name('verification.resend');
```

Grundsätzlich beinhaltet Auth::routes() die Routen für die Authentifizierung, Registrierung, Passwort-Rücksetzung, Passwort-Neueingabe für bereits eingeloggte Benutzer und E-Mail-Verifizierung.

Um Laravels E-Mail-Verifizierungsdienst zu aktivieren, der neue Benutzer dazu auffordert, nachzuweisen, dass sie tatsächlich Zugriff auf eine angegebene E-Mail-Adresse haben, müssen Sie den Auth::routes()-Aufruf wie folgt anpassen:

```
Auth::routes(['verify' => true]);
```

Die Route zur Verifikaton von E-Mail-Adressen hat sich in Version 6 geändert auf email/verify/{id}/{hash}. In Version 5.8 lautete der Routenpfad noch email/verify/{id}.

Daneben ist die Route email/resend erst seit Version 6 als POST-Route angelegt, um den Schutz vor CSRF-Attacken zu verbessern. Zuvor war es eine GET-Route:

```
$this->get('email/resend', 'Auth\VerificationController@resend')
    ->name('verification.resend');
```

Wir kommen auf das Thema Verifikation noch einmal im Abschnitt »E-Mail-Verifizierung« auf Seite 235 zurück.

In Anwendungen, die mit Laravel 5.7+ laufen, können Sie Auth::routes() verwenden, aber die Registrierungs- und/oder Passwort-Reset-Links deaktivieren, indem Sie dem Array, das Sie an Auth::routes() übergeben, »register«- und »reset«-Schlüssel hinzufügen. Ab 6.2 gilt dies auch für die Neueingabe von Passwörtern durch eingeloggte Benutzer mit »confirm«:

```
Auth::routes(['register' => false, 'reset' => false]);

Auth::routes([
    'register' => false,
    'reset' => false,
    'confirm' => false
]);
```

Das Auth-Gerüst

Jetzt haben wir uns die Migration, das Modell, die Controller und die Routen des Authentifizierungssystems angesehen. Aber was ist mit den Views?

Seit Version 5.2 gibt es in Laravel eine Funktion, die in eine »frische« Anwendung ein ganzes *Auth-Gerüst* »einzieht« und Ihnen damit noch mehr vorgefertigten Code zur Verfügung stellt, damit Ihr Authentifizierungssystem möglichst schnell steht.

Das Auth-Gerüst fügt der Routendatei den Eintrag `Auth::routes()` hinzu, stellt für jede Route eine Ansicht zur Verfügung, erstellt einen `HomeController`, der als Landingpage für angemeldete Benutzer dient, und leitet unter der Route `/home` zur `index()`-Methode des `HomeControllers` weiter.

Wenn Sie einer Anwendung die Auth-Funktionalität hinzufügen möchten (und das wird bei den meisten Anwendungen der Fall sein), muss ab Version 6.0 zuerst das separate First-Party-Paket `laravel/ui` eingebunden werden:

```
composer require laravel/ui
```

Durch diese Trennung der User-Interface-Komponenten vom Framework kann die Weiterentwicklung beider Bereiche besser entkoppelt werden. Sobald das Paket installiert ist, gibt es einen neuen Artisan-Befehl `ui`, um UI-Code zu generieren bzw. das Frontend-Gerüst oder -*Scaffolding* auszutauschen.

Die Optionen des Befehls können Sie sich anschauen mit:

```
php artisan help ui
```

Laravel bietet Ihnen als JavaScript-Frontend-Varianten Vue (das vor Version 6 standardmäßig benutzt wurde) und React sowie Bootstrap als CSS-Framework an.

So können Sie es integrieren:

```
php artisan ui vue
php artisan ui react
php artisan ui bootstrap
```

Danach können Sie das Auth-Gerüst einrichten, also die Routen, einen HomeController, Views und eine Layout-Datei app.blade.php:

```
php artisan ui:auth
```

Oder Sie aktivieren das Auth-Gerüst gleich zusammen mit dem Frontend:

```
php artisan ui vue --auth
php artisan ui react --auth
php artisan ui bootstrap --auth
```

Danach sollten Sie die folgenden Dateien vorfinden:

```
app/Http/Controllers/HomeController.php
resources/views/auth/login.blade.php
resources/views/auth/register.blade.php
```

```
resources/views/auth/verify.blade.php
resources/views/auth/passwords/confirm.blade.php
resources/views/auth/passwords/email.blade.php
resources/views/auth/passwords/reset.blade.php
resources/views/layouts/app.blade.php
resources/views/home.blade.php
```

Abschließend müssen Sie Ihre Frontend-Dateien noch kompilieren:

```
npm install && npm run dev
```

Vor der Abtrennung der UI-Funktionalität vom Framework musste kein separates Paket installiert werden, da Laravel standardmäßig Vue als Frontend genutzt hat, und das Auth-Gerüst ließ sich mit dem folgenden Befehl einrichten:

```
php artisan make:auth
```

Jetzt sind wir so weit, dass die Route / die Ansicht welcome zurückgibt, /home die Ansicht home, und es des Weiteren eine Reihe von Routen für Log-in, Log-out, Registrierung, Passwort-Reset usw. gibt, die auf die Auth-Controller verweisen. Alle Views arbeiten mit Bootstrap-basierten Layouts und Formularfeldern für die notwendigen Aufgaben wie Log-in, Registrierung und Passwort-Reset, und alle zeigen auf die korrekten Routen.

Damit sind nun alle Puzzleteile für die Benutzerregistrierung und die Authentifizierung vorhanden. Wenn Sie möchten, können Sie die Abläufe für Ihre Zwecke optimieren, aber es ist jetzt bereits alles betriebsbereit, was Sie brauchen, um Benutzer zu registrieren und zu authentifizieren.

Lassen Sie uns noch einmal die Schritte zusammenfassen, die von der Einrichtung einer neuen Anwendung bis zum vollständigen Authentifizierungssystem (unter Verwendung von Vue als Frontend) führen:

```
laravel new MyApp
cd MyApp

# Bearbeiten Sie Ihre .env-Datei, um die Datenbankverbindung einzurichten

php artisan ui vue --auth
npm install && npm run dev
php artisan migrate
```

Das war's schon. Wenn Sie diese Befehle ausführen, erhalten Sie eine Landingpage und ein Bootstrap-basiertes System zum Registrieren, An- und Abmelden von Benutzern inklusive einer Möglichkeit, Passworter zurücksetzen zu lassen, plus eine einfache Zielseite für authentifizierte Benutzer.

»Remember Me«: Die Erinnerungsfunktion

Das Auth-Gerüst implementiert die Erinnerungsfunktion bereits standardmäßig, aber dennoch lohnt es sich, zu verstehen, wie sie funktioniert und wie man sie selbst verwendet. Wenn Sie ein »Remember me«-ähnliches langlebiges Zugriffs-Token implementieren möchten, stellen Sie bitte sicher, dass es in Ihrer Tabelle users eine Spalte `remember_token` gibt (was der Fall ist, wenn Sie die Standardmigration verwendet haben).

Wenn Sie den normalen Anmeldeprozess für einen Benutzer durchführen (über den `LoginController`, der dazu den `AuthenticatesUsers`-Trait verwendet), wird »versucht«, den Benutzer mit den von ihm bereitgestellten Informationen zu authentifizieren, siehe Beispiel 9-6.

Beispiel 9-6: Versuch einer Benutzerauthentifizierung

```
if (auth()->attempt([
    'email' => request()->input('email'),
    'password' => request()->input('password'),
])) {
    // Handhabung der erfolgreichen Anmeldung
}
```

Dadurch erfolgt eine Benutzeranmeldung, die so lange gültig bleibt wie die Session des Benutzers. Wenn Sie möchten, dass Laravel die Anmeldung mithilfe von Cookies auf unbestimmte Zeit verlängert (solange der Benutzer vom selben Computer aus zugreift und sich nicht selbst ausloggt), können Sie als zweiten Parameter der Methode auth()->attempt() ein Boolean true übergeben. Wie das aussehen könnte, zeigt Beispiel 9-7.

Beispiel 9-7: Versuch einer Benutzerauthentifizierung mit aktivierter Checkbox »Remember me«

```
if (auth()->attempt([
    'email' => request()->input('email'),
    'password' => request()->input('password'),
], request()->filled('remember'))) {
    // Handhabung der erfolgreichen Anmeldung
}
```

Es wird überprüft, ob die Eingabe eine nicht-leere (»filled«) remember-Eigenschaft aufweist. Auf diese Weise können Benutzer entscheiden, ob sie durch das Ankreuzen einer Checkbox im Anmeldeformular die Erinnerungsfunktion aktivieren möchten.

Und falls Sie später manuell überprüfen müssen, ob der aktuelle Benutzer durch ein Erinnerungs-Token authentifiziert wurde, gibt es eine Methode dafür: auth()->viaRemember() gibt ein Boolean zurück, das angibt, ob der aktuelle Benutzer über ein Erinnerungs-Token authentifiziert wurde oder nicht. Auf diese Weise können Sie verhindern, dass bestimmte besonders sensitive Funktionen allein über ein Erinnerungs-Token zugänglich sind; stattdessen können Sie von Benutzern verlangen, dass sie erneut das Passwort eingeben.

Manuelle Authentifizierung von Benutzern

Normalerweise erlaubt man also einem Benutzer, seine Anmeldeinformationen anzugeben, und überprüft dann mit auth()->attempt(), ob die angegebenen Informationen mit den vorhandenen Daten eines echten Benutzers übereinstimmen. Wenn ja, wird die Anmeldung durchgeführt.

Aber manchmal mag es Kontexte geben, in denen es hilfreich wäre, einen Benutzer unabhängig von dessen eigenen Bemühungen einzuloggen. So könnten Sie beispielsweise Admins erlauben, den Benutzer zu wechseln.

Es gibt vier Methoden, die dies ermöglichen. Erstens können Sie einfach eine Benutzer-ID übergeben:

```
auth()->loginUsingId(5);
```

Zweitens können Sie ein User-Objekt übergeben (oder jedes andere Objekt, das den Illuminate\Contracts\Auth\Authenticatable-Contract implementiert):

```
auth()->login($user);
```

Und – als dritte und vierte Möglichkeit – können Sie wählen, ob Sie den angegebenen Benutzer nur für den aktuellen Request authentifizieren möchten, unabhängig von Session und Cookies, indem Sie once() oder onceUsingId() verwenden.

```
auth()->once(['username' => 'mattstauffer']);
// oder
auth()->onceUsingId(5);
```

Beachten Sie bitte, dass das Array, das Sie an die Methode once() übergeben, beliebige Schlüssel/Wert-Paare enthalten kann, um den Benutzer, den Sie authentifizieren möchten, eindeutig zu identifizieren. Sie können bei Bedarf auch mehrere Schlüssel und Werte übergeben, falls das für Ihr Projekt nötig ist. Zum Beispiel:

```
auth()->once([
    'last_name' => 'Stauffer',
    'zip_code' => 90210,
])
```

Manuelles Abmelden eines Benutzers

Wenn Sie einen Benutzer manuell abmelden müssen, rufen Sie einfach logout() auf.

```
auth()->logout();
```

Invalidierung von Sitzungen auf anderen Geräten

Wenn Sie nicht nur die aktuelle Sitzung eines Benutzers, sondern auch diejenigen auf anderen Geräten abmelden möchten, müssen Sie den Benutzer nach seinem Passwort fragen und es an die logoutOtherDevices()-Methode übergeben (verfügbar ab Laravel 5.6). Damit das möglich ist, müssen Sie die (standardmäßig auskommentierte) `AuthenticateSession`-Middleware zur web-Gruppe in *app\Http\Kernel.php* hinzufügen:

```
'web' => [
    // ...
    \Illuminate\Session\Middleware\AuthenticateSession::class,
],
```

Dann können Sie es inline überall dort einsetzen, wo Sie es benötigen:

```
auth()->logoutOtherDevices($password);
```

Auth-Middleware

In Beispiel 9-3 haben Sie gesehen, wie Sie überprüfen können, ob Besucher angemeldet sind, und sie umleiten, falls nicht. Sie könnten diese Art von Prüfung für jede Route Ihrer Anwendung durchführen, aber das würde sehr schnell mühselig werden. Routen-Middleware (in Kapitel 10 können Sie mehr darüber erfahren, wie es funktioniert) ist perfekt dafür geeignet, bestimmte Routen auf Gäste oder authentifizierte Benutzer zu beschränken.

Und wieder einmal gilt: Laravel besitzt eine solche Middleware von Haus aus. Welche Routen-Middleware aktuell definiert ist, sehen Sie in `App\Http\Kernel`:

```
protected $routeMiddleware = [
    'auth' => \App\Http\Middleware\Authenticate::class,
    'auth.basic' => \Illuminate\Auth\Middleware\AuthenticateWithBasicAuth::class,
    'bindings' => \Illuminate\Routing\Middleware\SubstituteBindings::class,
    'cache.headers' => \Illuminate\Http\Middleware\SetCacheHeaders::class,
    'can' => \Illuminate\Auth\Middleware\Authorize::class,
    'guest' => \App\Http\Middleware\RedirectIfAuthenticated::class,
    'password.confirm' => \Illuminate\Auth\Middleware\RequirePassword::class,
    'signed' => \Illuminate\Routing\Middleware\ValidateSignature::class,
    'throttle' => \Illuminate\Routing\Middleware\ThrottleRequests::class,
    'verified' => \Illuminate\Auth\Middleware\EnsureEmailIsVerified::class,
];
```

Vier der Standard-Routen-Middlewares sind authentifizierungsbezogen:

auth
: Schränkt den Routenzugriff auf authentifizierte Benutzer ein.

auth.basic
: Beschränkt den Zugriff auf authentifizierte Benutzer mittels einer HTTP-Basis-Authentifizierung.

guest
: Beschränkt den Zugriff auf nicht authentifizierte Benutzer.

can
: Wird verwendet, um den Benutzerzugriff auf bestimmte Routen zu erlauben.

Es ist üblich, auth für die Bereiche zu nutzen, die allein für authentifizierte Benutzer gedacht sind, und guest für alle Routen, die authentifizierte Benutzer *nicht* sehen sollen (wie z. B. das Anmeldeformular). auth.basic ist eine seltener genutzte Middleware zur Authentifizierung über Request-Header.

Beispiel 9-8 zeigt ein Beispiel mit Routen, die durch die auth-Middleware geschützt sind.

Beispiel 9-8: Beispielrouten, die durch die auth-Middleware geschützt sind

```
Route::middleware('auth')->group(function () {
    Route::get('account', 'AccountController@dashboard');
});

Route::get('login', 'Auth\LoginController@getLogin')->middleware('guest');
```

E-Mail-Verifizierung

Mit Laravel 5.7 wurde eine neue Funktion eingeführt, mit der man von Benutzern, die sich neu registrieren, verlangen kann, nachzuweisen, dass sie tatsächlich Zugang zu der bei der Registrierung genannten E-Mail-Adresse haben.

Um die E-Mail-Verifizierung zu aktivieren, müssen Sie die Klasse App\User aktualisieren und dort den Contract Illuminate\Contracts\Auth\MustVerifyEmail implementieren, wie in Beispiel 9-9 gezeigt wird.

Beispiel 9-9: Hinzufügen des MustVerifyEmail-Contracts zu einem Modell, das auf Authenticable beruht

```
class User extends Authenticatable implements MustVerifyEmail
{
    use Notifiable;

    // ...
}
```

Die Tabelle users muss dazu eine Zeitstempelspalte mit dem Namen email_veri fied_at enthalten, die nullable ist – eine Spalte, die von der create_users_table-Migration ab Version 5.7 bereits automatisch eingerichtet wird.

Abschließend müssen Sie noch die Routen zur E-Mail-Verifizierung in Ihrem Controller aktivieren. Am einfachsten geht das, indem Sie in Ihrer Routendatei Auth::routes() verwenden, wobei der Parameter verify auf true gesetzt wird:

```
Auth::routes(['verify' => true]);
```

Jetzt können Sie alle gewünschten Routen vor dem Zugriff durch Benutzer schützen, die ihre E-Mail-Adresse nicht überprüft haben:

```
Route::get('posts/create', function () {
    // Nur verifizierte Benutzer dürfen "eintreten" ...
})->middleware('verified');
```

Sie können die Route anpassen, auf die Benutzer umgeleitet werden, nachdem sie im VerificationController überprüft wurden:

```
protected $redirectTo = '/profile';
```

Blade-Direktiven zur Authentifizierung

Wenn Sie nicht auf Routenebene, sondern in Ihren Ansichten überprüfen wollen, ob ein Benutzer authentifiziert ist, können Sie dazu @auth und @guest benutzen (siehe Beispiel 9-10).

Beispiel 9-10: Überprüfen des Authentifizierungsstatus eines Benutzers in Views

```
@auth
    // Benutzer ist authentifiziert
@endauth

@guest
    // Der Benutzer ist nicht authentifiziert
@endguest
```

Sie können auch angeben, welchen Guard Sie mit beiden Methoden verwenden möchten, indem Sie den Namen des Guards als Parameter übergeben, wie in Beispiel 9-11 gezeigt.

Beispiel 9-11: Überprüfen der Authentifizierung mithilfe eines bestimmten Guards

```
@auth('trainees')
    // Benutzer ist authentifiziert
@endauth

@guest('trainees')
    // Der Benutzer ist nicht authentifiziert
@endguest
```

Guards

Jeder Aspekt von Laravels Authentifizierungssystem wird durch einen sogenannten *Guard* bzw. *Wächter* überwacht. Jeder Wächter besteht aus zwei Komponenten: einem *Treiber*, der festlegt, wie der Authentifizierungsstatus abgerufen und persistiert wird (z. B. session), und einem *Provider*, mit dem man einen Benutzer anhand bestimmter Kriterien ermitteln kann (z. B. users).

Laravel bringt zwei Guards mit: web und api. web ist der traditionellere Authentifizierungsstil, der den session-Treiber und den Provider users verwendet. api verwendet den gleichen Provider, aber anstelle von session den token-Treiber, um Anfragen zu authentifizieren.

Wenn Sie die Identifizierung und Persistenz der Identität eines Benutzers unterschiedlich handhaben wollen (z. B. wenn Sie von einer lang laufenden Session auf ein Token wechseln möchten, das bei jedem Seitenaufruf benötigt wird), würden Sie den Treiber wechseln; den Provider würden Sie wechseln, wenn Sie die Art der Speicherung oder die Abrufmethoden für Benutzerdaten ändern wollen (z.B. wenn Sie Benutzerdaten in Mongo anstelle von MySQL speichern möchten).

Ändern des Standard-Wächters

In *config/auth.php* können Sie Wächter ändern, neue Guards hinzufügen und auch festlegen, welcher Guard als Standard dienen soll. Die meisten Laravel-Anwendungen verwenden nur einen Wächter, aber es ist gut, zu wissen, wie man auch eher ungewöhnliche Konfigurationen einsetzen kann.

Der »Standard«-Guard ist derjenige, der immer dann verwendet wird, wenn Sie Autorisierungsfunktionen verwenden, ohne explizit einen Guard anzugeben. Zum Beispiel gibt auth()->user() den aktuell authentifizierten Benutzer zurück und benutzt dabei den Standardwächter. Sie können diesen Guard ändern, indem Sie die Einstellung auth.defaults.guard in *config/auth.php* anpassen:

```
'defaults' => [
    'guard' => 'web', // Ändern Sie den Standard-Guard hier
    'passwords' => 'users',
],
```

Wenn Sie Laravel 5.1 verwenden, werden Sie feststellen, dass sich die Struktur der Authentifizierungsinformationen etwas von den hier gezeigten unterscheiden. Keine Sorge – die Funktionen arbeiten identisch, sie sind nur unterschiedlich strukturiert.

Konfigurationskonventionen

Sie haben vielleicht bemerkt, dass ich mich auf Konfigurationsabschnitte mit Referenzen wie auth.defaults.guard beziehe. Das bedeutet, dass es in *config/auth.php* im Array defaults eine Eigenschaft guard gibt.

Verwendung anderer Guards ohne Änderung des Standards

Wenn Sie einen anderen Wächter verwenden möchten, *ohne* gleich den Standard zu ändern, können Sie Ihre auth()-Aufrufe mit guard() beginnen:

```
$apiUser = auth()->guard('api')->user();
```

Dann wird für diesen speziellen Aufruf der aktuelle Benutzer mit dem api-Guard ermittelt.

Hinzufügen eines neuen Guards

Sie können jederzeit in *config/auth.php* in der Einstellung auth.guards einen neuen Wächter hinzufügen:

```
'guards' => [
    'trainees' => [
        'driver' => 'session',
        'provider' => 'trainees',
    ],
],
```

Hier haben wir einen neuen Wächter (zusätzlich zu web und api) namens trainees erstellt. Stellen wir uns für den Rest dieses Abschnitts vor, dass wir eine Anwendung programmieren, bei der unsere Benutzer Ausbilder sind und jeder Ausbilder eigene Benutzer – und zwar seine Auszubildenden – hat, die sich in die Subdomains der Ausbilder einloggen können. Also brauchen wir für diese Auszubildenden, die ein eigenes Subset von Benutzern bilden, einen separaten Wächter.

Die einzigen beiden Optionen für driver sind token und session. Die einzige Option für provider ist users, mit der die Authentifizierung anhand der Standard-Tabelle users durchgeführt wird. Sie können aber auf recht einfache Weise auch einen eigenen Provider anlegen.

Closure Request Guards

Wenn Sie einen benutzerdefinierten Guard definieren möchten und die von Ihnen gewünschten Schutzbedingungen als Antwort auf eine eintreffende HTTP-Anfrage formuliert werden können, gibt es auch die Option, den Code zur Bestimmung des Benutzers in eine Closure zu packen, anstatt gleich eine eigene Guard-Klasse einzurichten.

Mit der viaRequest()-Methode kann man einen Guard (der im ersten Parameter benannt wird) allein durch eine Closure (im zweiten Parameter) definieren, die den HTTP-Request entgegennimmt und den entsprechenden Benutzer zurückgibt. Um einen solchen »Closure Request Guard« zu registrieren, rufen Sie viaRequest() in der boot()-Methode Ihres AuthServiceProviders auf, wie in Beispiel 9-12 gezeigt.

Beispiel 9-12: Definieren eines Closure Request Guards
```
public function boot()
{
    $this->registerPolicies();

    Auth::viaRequest('token-hash', function ($request) {
        return User::where('token-hash', $request->token)->first();
    });
}
```

Erstellen eines benutzerdefinierter Providers

Gleich unterhalb des Abschnitts in *config/auth.php*, in dem die Guards definiert sind, gibt es einen Abschnitt auth.providers, in dem die verfügbaren Provider festgelegt sind. Lassen Sie uns einen neuen Provider namens trainees erstellen:

```
'providers' => [
    'users' => [
        'driver' => 'eloquent',
        'model' => App\User::class,
    ],

    'trainees' => [
        'driver' => 'eloquent',
        'model' => App\Trainee::class,
    ],
],
```

Die beiden Optionen für driver sind eloquent und database. Wenn Sie eloquent verwenden, müssen Sie eine Eigenschaft model angeben, die einen Eloquent-Klassennamen enthält (und zwar das Modell, das für Ihre User-Klasse verwendet werden soll); wenn Sie database verwenden, müssen Sie in einer Eigenschaft table festlegen, gegen welche Tabelle authentifiziert werden soll.

In unserem Beispiel sehen Sie, dass es in der Anwendung sowohl User wie Trainees gibt und diese separat authentifiziert werden müssen. Auf diese Weise kann im Code zwischen auth()->guard('users') und auth()->guard('trainees') unterschieden werden.

Eine letzte Anmerkung: Der Routen-Middleware auth kann ein Parameter übergeben werden, der den Namen des Guards enthält. So kann man bestimmte Routen mit einem bestimmten Wächter schützen:

```
Route::middleware('auth:trainees')->group(function () {
    // Hier Routen, die nur für Trainees (Auszubildende) gedacht sind
});
```

Benutzerdefinierte Provider für nicht-relationale Datenbanken

Der gerade beschriebene Ablauf zur Erstellung von eigenen Providern basiert immer noch auf der Klasse UserProvider – das bedeutet, dass die identifizierenden Informationen aus einer relationalen Datenbank ausgelesen werden. Falls Sie Mongo oder Riak oder etwas Ähnliches verwenden, müssen Sie eine eigene Klasse erstellen.

Dazu definieren Sie eine Klasse, die das Interface Illuminate\Contracts\Auth\UserProvider implementiert, und binden diese dann in AuthServiceProvider@boot:

```
auth()->provider('riak', function ($app, array $config) {
    // Liefert eine Instanz von Illuminate\Contracts\Auth\UserProvider ...
    return new RiakUserProvider($app['riak.connection']);
});
```

Authentifizierungs-Ereignisse

Um Ereignisse bzw. *Events* wird es in Kapitel 16 noch genauer gehen, aber so viel vorab: Laravels Event-System ist ein einfaches Pub/Sub-Framework. Es gibt systemseitige und benutzergenerierte Ereignisse, über die per Broadcast informiert wird, und man kann sogenannte Event Listener (Ereignisbehandlungsroutinen) erstellen, die als Reaktion auf bestimmte Ereignisse bestimmte Aufgaben ausführen.

Möglicherweise möchten Sie einen Ping an einen bestimmten Sicherheitsdienst senden, wenn ein Benutzer nach zu vielen fehlgeschlagenen Anmeldeversuchen ausgeloggt bzw. ausgesperrt wurde? Vielleicht reagiert dieser Dienst auf eine bestimmte Anzahl von fehlgeschlagenen Anmeldungen aus bestimmten geografischen Regionen oder andere Indikatoren. Sie könnten natürlich einen entsprechenden Aufruf in einen passenden Controller einfügen. Sie können aber auch einfach das Event-System nutzen und einen Event Listener erstellen und registrieren, der auf das »Benutzer ausgesperrt«-Ereignis reagiert.

Werfen Sie einen Blick auf Beispiel 9-13 – dort sind alle Ereignisse aufgelistet, die das Authentifizierungssystem aussendet.

Beispiel 9-13: Authentifizierungsereignisse, die durch das Framework erzeugt werden

```
protected $listen = [
    'Illuminate\Auth\Events\Attempting' => [],
    'Illuminate\Auth\Events\Authenticated' => [],
    'Illuminate\Auth\Events\CurrentDeviceLogout' => [],
    'Illuminate\Auth\Events\Failed' => [],
    'Illuminate\Auth\Events\Lockout' => [],
    'Illuminate\Auth\Events\Login' => [],
    'Illuminate\Auth\Events\Logout' => [],
    'Illuminate\Auth\Events\OtherDeviceLogout' => [],
    'Illuminate\Auth\Events\PasswordReset' => [],
    'Illuminate\Auth\Events\Registered' => [],
    'Illuminate\Auth\Events\Verified' => [],
];
```

Wie Sie sehen können, gibt es u.a. die Ereignisse »Benutzer hat versucht, sich anzumelden« (Attempting), »Benutzer wurde authentifiziert« (Authenticated), »erfolgreiche Anmeldung« (Login), »fehlgeschlagene Anmeldung« (Failed), »Abmeldung« (Logout), »Sperre« (Lockout), »Passwort-Rücksetzung« (PassowrdReset) und natürlich »Benutzer wurde registriert« (Registered). Mehr dazu, wie man Event Listener für diese Ereignisse erstellt, finden Sie in Kapitel 16.

Autorisierung (ACL) und Rollen

Abschließend wollen wir uns das Autorisierungssystem von Laravel anschauen. Mit dessen Hilfe können Sie feststellen, ob ein Benutzer *berechtigt* ist, etwas Bestimmtes zu tun, indem Sie die Berechtigung mit einigen englischen Primärverben überprüfen: can, cannot, allows und denies. Das ACL-System (Access Control List) wurde in Laravel 5.2 eingeführt.

Der größte Teil dieser Berechtigungssteuerung erfolgt über die Gate-Fassade, aber es gibt auch einige Hilfen, die man in Controllern, im User-Modell, als Middleware oder Blade-Direktiven einsetzen kann. In Beispiel 9-14 bekommen Sie einen kleinen Vorgeschmack auf das, was mit dem Berechtigungssystem möglich ist.

Beispiel 9-14: Grundlegende Nutzung der Gate-Fassade
```
if (Gate::denies('edit-contact', $contact)) {
    abort(403);
}

if (! Gate::allows('create-contact', Contact::class)) {
    abort(403);
}
```

Berechtigungsregeln definieren

Standardmäßig werden Autorisierungsregeln in der boot()-Methode des AuthServiceProviders definiert, in der Methoden der Auth-Fassade aufgerufen werden.

Eine Berechtigungsregel wird als *Ability* bzw. *Fähigkeit* bezeichnet und besteht aus zwei Komponenten: einem Zeichenkettenschlüssel (z. B. update-contact) und einer Closure, die ein Boolean zurückgibt. Beispiel 9-15 zeigt eine Ability, die es erlaubt, einen Kontakt zu aktualisieren.

Beispiel 9-15: Ability zur Aktualisierung eines Kontakts
```
class AuthServiceProvider extends ServiceProvider
{
    public function boot()
    {
        $this->registerPolicies();

        Gate::define('update-contact', function ($user, $contact) {
            return $user->id == $contact->user_id;
        });
    }
}
```

Schauen wir uns die einzelnen Schritte an, mit denen man eine Ability definiert.

Zuerst legen Sie einen Schlüssel (eine Bezeichnung) fest. Bei der Namenswahl sollten Sie überlegen, welche Bezeichnung im Programmcode besonders sinnvoll ist, um sich auf die zu definierende Fähigkeit zu beziehen. Im Codebeispiel folgen wir der Konvention {verb}-{modelName}, also update-contact oder create-contact usw.

Zweitens definieren Sie die Closure. Der erste Parameter ist der aktuell authentifizierte Benutzer, und alle weiteren Parameter sind Objekte, für die geprüft werden soll, ob der Zugriff darauf erlaubt ist – in unserem Fall ein Kontakt.

Anhand dieser beiden Parameter können wir nun überprüfen, ob der Benutzer berechtigt ist, den Kontakt zu aktualisieren. Sie können diese Logik formulieren, wie Sie wollen, aber in unserem Beispiel hängt die Autorisierung davon ab, ob der Benutzer auch der Ersteller des Kontakts ist. Die Closure gibt true (= autorisiert) zurück, wenn der aktuelle Benutzer den Kontakt erstellt hat, und false (= nicht autorisiert), falls nicht.

Wie bei Routendefinitionen können Sie auch hier anstelle einer Closure eine Klasse und Methode verwenden:

```
$gate->define('update-contact', 'ContactACLChecker@updateContact');
```

Die Gate-Fassade (und wie man Gate injiziert)

Jetzt, da wir eine Fähigkeit definiert haben, ist es an der Zeit, gegen sie zu testen. Am einfachsten geht das, indem man die Gate-Fassade verwendet wie in Beispiel 9-16 – alternativ können Sie eine Instanz von Illuminate\Contracts\Auth\Access\Gate injizieren.

Beispiel 9-16: Grundlegende Nutzung der Gate-Fassade
```
if (Gate::allows('update-contact', $contact)) {
    // Kontakt aktualisieren
}

// oder
if (Gate::denies('update-contact', $contact)) {
    abort(403);
}
```

Sie können auch eine Fähigkeit mit mehreren Parametern definieren – beispielsweise könnten Kontakte zu Gruppen gehören, und Sie möchten herausfinden, ob ein Benutzer autorisiert ist, einen Kontakt zu einer Gruppe hinzuzufügen. Beispiel 9-17 zeigt, wie das funktioniert.

Beispiel 9-17: Abilities mit mehreren Parametern
```
// Definition
Gate::define('add-contact-to-group', function ($user, $contact, $group) {
    return $user->id == $contact->user_id && $user->id == $group->user_id;
});

// Verwendung
if (Gate::denies('add-contact-to-group', [$contact, $group])) {
    abort(403);
}
```

Wenn Sie die Berechtigung eines anderen Benutzers als dem aktuell authentifizierten Benutzer überprüfen müssen, können Sie die Methode forUser() einsetzen wie in Beispiel 9-18.

Beispiel 9-18: Autorisierung eines bestimmten Benutzers prüfen

```
if (Gate::forUser($user)->denies('create-contact')) {
    abort(403);
}
```

Gate für Ressourcen

Am häufigsten werden ACLs eingesetzt, um den Zugriff auf einzelne »Ressourcen« zu regeln – beispielsweise auf ein Eloquent-Modell oder bestimmte Funktionen, die Benutzer über ihr Admin-Panel verwalten können.

Die Methode resource() ermöglicht es, die vier häufigsten Gates, view, create, update und delete, auf eine einzelne Ressource gleichzeitig anzuwenden:

```
Gate::resource('photos', 'App\Policies\PhotoPolicy');
```

Das entspricht den Einzeldefinitionen der folgenden Punkte:

```
Gate::define('photos.view', 'App\Policies\PhotoPolicy@view');
Gate::define('photos.create', 'App\Policies\PhotoPolicy@create');
Gate::define('photos.update', 'App\Policies\PhotoPolicy@update');
Gate::define('photos.delete', 'App\Policies\PhotoPolicy@delete');
```

Die Authorize-Middleware

Wenn Sie ganze Routen autorisieren möchten, können Sie die Authorize-Middleware verwenden, die man auch mit der Abkürzung can aufrufen kann wie in Beispiel 9-19.

Beispiel 9-19: Authorize-Middleware verwenden

```
Route::get('people/create', function () {
    // Eine Person erstellen
})->middleware('can:create-person');

Route::get('people/{person}/edit', function () {
    // Eine Person bearbeiten
})->middleware('can:edit,person');
```

Hier wird der Parameter {person} (egal ob als Zeichenkette oder als gebundenes Routenmodell definiert) als zusätzlicher Parameter übergeben.

Der erste Check in Beispiel 9-19 ist eine normale Fähigkeit; der zweite ist eine Richtlinie. Beides wird weiter unten näher erläutert.

Wenn Sie eine Aktion autorisieren wollen, die keine Modellinstanz benötigt, z.B. create (hier ist anders als bei edit keine an das Routenmodell gebundene Instanz erforderlich), können Sie einfach den Klassennamen übergeben:

```
Route::post('people', function () {
    // Eine Person erstellen
})->middleware('can:create,App\Person');
```

Autorisierung per Controller

Die Laravel-Basis-Klasse `App\Http\Controllers\Controller` importiert den `AuthorizesRequests`-Trait, der drei Methoden für die Autorisierung bereitstellt: `authorize()`, `authorizeForUser()` und `authorizeResource()`.

`authorize()` erwartet als Parameter die Bezeichnung einer Ability und ein Objekt (oder ein Array von Objekten), und falls die Autorisierung fehlschlägt, wird die Anwendung mit einem Statuscode 403 (Unauthorized) beendet. Damit kann dieses Feature drei Zeilen Autorisierungscode auf eine einzige reduzieren, wie Beispiel 9-20 zeigt.

Beispiel 9-20: Vereinfachung der Autorisierung in Controllern mit authorize()

```
// Hieraus:
public function edit(Contact $contact)
{
    if (Gate::cannot('update-contact', $contact)) {
        abort(403);
    }

    return view('contacts.edit', ['contact' => $contact]);
}

// Wird das:
public function edit(Contact $contact)
{
    $this->authorize('update-contact', $contact);

    return view('contacts.edit', ['contact' => $contact]);
}
```

`authorizeForUser()` funktioniert analog, hier kann aber ein `User`-Objekt übergeben werden, das anstelle des aktuell authentifizierten Benutzers autorisiert werden soll:

```
$this->authorizeForUser($user, 'update-contact', $contact);
```

`authorizeResource()`, einmal im Konstruktor des Controllers aufgerufen, bildet einen vordefinierten Satz von Autorisierungsregeln auf die RESTful-Controller-Methoden in diesem Controller ab – wie in Beispiel 9-21 dargestellt.

Beispiel 9-21: Berechtigungs-Methoden-Mappings mit authorizeResource()

```
...
class ContactsController extends Controller
{
    public function __construct()
    {
        // Dieser Aufruf erledigt alles, was Sie in den folgenden Methoden sehen.
        // Damit können alle Aufrufe von authorize()
        // in den einzelnen Ressourcenmethoden entfernt werden.
        $this->authorizeResource(Contact::class);
    }
```

```
    public function index()
    {
        $this->authorize('view', Contact::class);
    }

    public function create()
    {
        $this->authorize('create', Contact::class);
    }

    public function store(Request $request)
    {
        $this->authorize('create', Contact::class);
    }

    public function show(Contact $contact)
    {
        $this->authorize('view', $contact);
    }

    public function edit(Contact $contact)
    {
        $this->authorize('update', $contact);
    }

    public function update(Request $request, Contact $contact)
    {
        $this->authorize('update', $contact);
    }

    public function destroy(Contact $contact)
    {
        $this->authorize('delete', $contact);
    }
}
```

Überprüfen einer Instanz des User-Modells

Außerhalb eines Controllers kann es eher vorkommen, dass Sie die Fähigkeiten eines gegebenen anstatt des aktuell authentifizierten Benutzers überprüfen müssen. Das ist, wie bereits vorgestellt, mit der Gate-Fassade und deren Methode for User() möglich, aber manchmal kann sich deren Syntax etwas seltsam anfühlen.

Glücklicherweise bietet der Trait Authorizable auf der Klasse User drei Methoden, die die Berechtigungsprüfung lesbarer machen: $user->can(), $user->cant() und $user->cannot(). cant() und cannot() sind natürlich Synonyme und können wahlweise verwendet werden. Sie können also so prüfen wie in Beispiel 9-22.

Beispiel 9-22: Berechtigungsprüfung für eine Instanz des User-Modells

```
$user = User::find(1);

if ($user->can('create-contact')) {
    // Hier steht der Programmcode
}
```

Hinter den Kulissen übergeben diese Methoden die Parameter einfach an Gate; im vorherigen Beispiel an Gate::forUser($user)->check('create-contact').

Überprüfungen mit Blade

Blade bietet auch einen kleinen Komforthelfer: die Direktive @can. Beispiel 9-23 veranschaulicht seine Verwendung.

Beispiel 9-23: Die @can-Direktive von Blade

```
<nav>
    <a href="/">Home</a>
    @can('edit-contact', $contact)
        <a href="{{ route('contacts.edit', [$contact->id]) }}">Edit This Contact</a>
    @endcan
</nav>
```

Sie könnten zwischen @can und @endcan (wie in Beispiel 9-23) auch @else verwenden, und zudem gibt es @cannot und @endcannot, siehe Beispiel 9-24.

Beispiel 9-24: Die @cannot-Direktive von Blade

```
<h1>{{ $contact->name }}</h1>
@cannot('edit-contact', $contact)
    LOCKED
@endcannot
```

Abfangen von Prüfungen

Wenn Sie jemals eine Anwendung mit einer Admin-Benutzerklasse erstellt haben, haben Sie sich wahrscheinlich alle einfachen Autorisierungs-Closures in diesem Kapitel angesehen und darüber nachgedacht, wie Sie eine Superuser-Klasse hinzufügen könnten, die diese Checks in allen Fällen überschreibt. Glücklicherweise gibt es dafür bereits ein Werkzeug.

In AuthServiceProvider – dem Service Provider, in dem die Abilities definiert werden – können Sie einen before()-Check hinzufügen, der vor allen anderen ausgeführt wird und diese optional überschreiben kann, wie in Beispiel 9-25 zu sehen.

Beispiel 9-25: Überprüfungen mit before() überschreiben

```
Gate::before(function ($user, $ability) {
    if ($user->isOwner()) {
        return true;
    }
});
```

Bitte beachten Sie, dass auch die Bezeichnung der Ability übergeben wird, sodass Sie before()-Hooks anhand des Fähigkeitsnamens unterscheiden können.

Richtlinien

Bis jetzt mussten Sie für alle Zugriffsüberprüfungen manuell die Eloquent-Modelle mit den Bezeichnungen der Fähigkeiten verknüpfen. Sie hätten eine Fähigkeit namens visit-dashboard erstellen können, die nicht mit einem bestimmten Eloquent-Modell verknüpft ist, aber Sie werden wahrscheinlich bemerkt haben, dass in den meisten Beispielen *etwas mit etwas getan* wurde – und in den meisten Fällen ist dieses *Etwas*, mit dem eine Aktion ausgeführt wird, ein Eloquent-Modell.

Mit Autorisierungsrichtlinien kann man die Autorisierungslogik anhand der Ressourcen organisieren, auf die zugegriffen werden soll. Mit solchen Richtlinien kann man die Berechtigungsregeln und das Verhalten gegenüber bestimmten Modellen (oder anderen PHP-Klassen) zusammen an einem einzigen Ort verwalten.

Generierung von Richtlinien

Richtlinien bzw. *Policies* sind PHP-Klassen, die mithilfe eines Artisan-Befehls erzeugt werden können:

```
php artisan make:policy ContactPolicy
```

Sobald die Richtlinien generiert sind, müssen sie noch registriert werden. Der Auth ServiceProvider besitzt eine Array-Eigenschaft namens $policies. Der Schlüssel eines Elements ist der Klassenname der geschützten Ressource (die fast immer ein Eloquent-Modell ist), und der jeweilige Wert ist der Name der Policy-Klasse. Beispiel 9-26 zeigt, wie das aussieht.

Beispiel 9-26: Registrierung von Richtlinien in AuthServiceProvider

```
class AuthServiceProvider extends ServiceProvider
{
    protected $policies = [
        Contact::class => ContactPolicy::class,
    ];
```

Eine von Artisan generierte Richtlinienklasse hat keine besonderen Eigenschaften und enthält nur die automatisch (leer) generierten Methoden. Jede weitere Methode, die Sie hinzufügen, würde auch als Bezeichnung einer neuen Ability für dieses Objekt dienen.

Automatische Richtlinienerkennung

In Anwendungen ab Version 5.8 versucht Laravel, die Beziehungen zwischen Ihren Richtlinien und den entsprechenden Modellen zu »erraten«. So wird beispielsweise eine PostPolicy benannte Richtlinie automatisch auf Ihr Post-Modell angewendet.

Wenn Sie die Logik anpassen möchten, die Laravel dabei verwendet, lesen Sie bitte die Dokumentation zu Richtlinien (*https://bit.ly/2OZlCxn*).

Lassen Sie uns nun eine update()-Methode definieren, um zu sehen, wie das funktioniert (Beispiel 9-27).

Beispiel 9-27: Eine exemplarische update()-Richtlinien-Methode

```php
<?php

namespace App\Policies;

class ContactPolicy
{
    public function update($user, $contact)
    {
        return $user->id == $contact->user_id;
    }
}
```

Beachten Sie bitte, dass der Inhalt dieser Methode genau so aussieht wie in einer Gate-Definition.

Instanzlose Richtlinien-Methoden

Wie sieht es aus, wenn Sie eine Richtlinien-Methode definieren wollen, die sich zwar auf die Klasse bezieht, aber nicht auf eine bestimmte Instanz – z. B., wenn es um die Frage geht, ob ein Benutzer überhaupt Kontakte anlegen darf, und nicht nur darum, ob ein Benutzer berechtigt ist, einen spezifischen Kontakt zu sehen? Ab Laravel 5.3 können Sie dazu wie bei normalen Methoden vorgehen. In Laravel 5.2 müssten Sie dagegen dem Methodennamen am Ende ein »Any« hinzufügen:

```
...
class ContactPolicy
{
    public function createAny($user)
    {
        return $user->canCreateContacts();
    }
}
```

Überprüfen von Richtlinien

Wenn eine Richtlinie für einen Ressourcentyp definiert wurde, verwendet die Gate-Fassade den ersten Parameter, um herauszufinden, welche Methode überprüft werden soll. Wenn Sie `Gate::allows('update', $contact)` ausführen, wird die Methode `ContactPolicy@update` auf eine vorliegende Autorisierung überprüft.

Das gilt auch für die Middleware `Authorize`, für die Überpüfung einer User-Instanz und in Blade, wie Sie in Beispiel 9-28 sehen können.

Beispiel 9-28: Berechtigungsprüfung gegen eine Richtlinie

```
// Gate
if (Gate::denies('update', $contact)) {
    abort(403);
}

// Gate, wenn es keine explizite Instanz gibt
if (! Gate::check('create', Contact::class)) {
    abort(403);
```

```
}

// User-Instanz
if ($user->can('update', $contact)) {
    // Anweisungen hier ...
}

// Blade
@can('update', $contact)
    // Etwas anzeigen ...
@endcan
```

Zusätzlich gibt es einen policy()-Helfer, mit dem Sie eine Richtlinien-Klasse abrufen und deren Methoden ausführen können:

```
if (policy($contact)->update($user, $contact)) {
    // Anweisungen hier ...
}
```

Richtlinien überschreiben

Genau wie bei normalen Fähigkeitsdefinitionen können Richtlinien eine before()-Methode enthalten, die jeden Aufruf überschreibt, bevor er überhaupt verarbeitet wird (siehe Beispiel 9-29).

Beispiel 9-29: Überschreiben von Richtlinien mit der Methode before()
```
public function before($user, $ability)
{
    if ($user->isAdmin()) {
        return true;
    }
}
```

Testen

In Anwendungstests muss oft ein bestimmtes Verhalten im Namen eines bestimmten Benutzers ausgeführt werden. Daher müssen wir in der Lage sein, uns in Anwendungstests als bestimmter Benutzer zu authentifizieren, und wir müssen Autorisierungsregeln und Authentifizierungsrouten testen.

Natürlich ist es möglich, einen Anwendungstest zu schreiben, der manuell die Login-Seite besucht und dann das Formular ausfüllt und abschickt – aber das ist gar nicht nötig. Stattdessen kann man einfach die Methode be() verwenden, um das Einloggen eines bestimmten Benutzers zu simulieren. Schauen wir uns Beispiel 9-30 an.

Beispiel 9-30: Authentifizierung als bestimmter Benutzer in Anwendungstests
```
public function test_it_creates_a_new_contact()
{
    $user = factory(User::class)->create();
```

```
    $this->be($user);

    $this->post('contacts', [
        'email' => 'my@email.com',
    ]);

    $this->assertDatabaseHas('contacts', [
        'email' => 'my@email.com',
        'user_id' => $user->id,
    ]);
}
```

Sie können auch die Methode actingAs() anstelle von be() verwenden und verketten, wenn Ihnen diese Variante lesbarer vorkommt:

```
public function test_it_creates_a_new_contact()
{
    $user = factory(User::class)->create();

    $this->actingAs($user)->post('contacts', [
        'email' => 'my@email.com',
    ]);

    $this->assertDatabaseHas('contacts', [
        'email' => 'my@email.com',
        'user_id' => $user->id,
    ]);
}
```

Wir können die Berechtigung auch wie in Beispiel 9-31 testen.

Beispiel 9-31: Berechtigungsregeln testen

```
public function test_non_admins_cant_create_users()
{
    $user = factory(User::class)->create([
        'admin' => false,
    ]);
    $this->be($user);

    $this->post('users', ['email' => 'my@email.com']);

    $this->assertDatabaseMissing('users', [
        'email' => 'my@email.com',
    ]);
}
```

Oder wir können auf eine 403-Antwort wie in Beispiel 9-32 testen.

Beispiel 9-32: Prüfung von Berechtigungsregeln anhand des Statuscodes

```
public function test_non_admins_cant_create_users()
{
    $user = factory(User::class)->create([
        'admin' => false,
    ]);
```

```
    $this->be($user);

    $response = $this->post('users', ['email' => 'my@email.com']);

    $response->assertStatus(403);
}
```

Wir müssen auch testen, ob unsere Authentifizierungsrouten (Registrierung und Anmeldung) funktionieren, siehe Beispiel 9-33.

Beispiel 9-33: Testen von Authentifizierungsrouten
```
public function test_users_can_register()
{
    $this->post('register', [
        'name' => 'Sal Leibowitz',
        'email' => 'sal@leibs.net',
        'password' => 'abcdefg123',
        'password_confirmation' => 'abcdefg123',
    ]);

    $this->assertDatabaseHas('users', [
        'name' => 'Sal Leibowitz',
        'email' => 'sal@leibs.net',
    ]);
}

public function test_users_can_log_in()
{
    $user = factory(User::class)->create([
        'password' => Hash::make('abcdefg123')
    ]);

    $this->post('login', [
        'email' => $user->email,
        'password' => 'abcdefg123',
    ]);

    $this->assertTrue(auth()->check());
    $this->assertTrue($user->is(auth()->user()));
}
```

Wir können Integrationstests auch so einsetzen, dass die Authentifizierungsfelder »geklickt« und die Eingaben »gesendet« werden, um den gesamten Ablauf zu testen. Mehr dazu in Kapitel 12.

Unterschiedliche Bezeichnungen für Testmethoden vor Laravel 5.4
In Projekten mit Versionen vor 5.4 sollte assertDatabaseHas() durch seeInDatabase() und assertDatabaseMissing() durch dontSeeInDatabase() ersetzt werden; daneben sollte assertStatus() auf $this anstelle von $response aufgerufen werden.

TL;DR

Im Zusammenspiel von standardmäßigem User-Modell, der create_users_table-Migration, den Auth-Controllern und dem Auth-Gerüst bietet Laravel ein vollständiges Systen zur Benutzerauthentifizierung. Der RegisterController kümmert sich um die Registrierung neuer Benutzer, der LoginController um deren Authentifizierung, und ResetPasswordController und ForgotPasswordController behandeln Passwort-Rücksetzungen. Diese (und weitere spezialisiertere) Controller besitzen bestimmte Eigenschaften und Methoden, mit denen Aspekte des Standardverhaltens überschrieben werden können.

Die Auth-Fassade und der globale Helfer auth() bieten Zugriff auf den aktuellen Benutzer (auth()->user()) und erleichtern die Überprüfung, ob ein Benutzer angemeldet ist (auth()->check() und auth()->guest()).

Laravel verfügt auch über ein eingebautes Berechtigungssystem, mit dem Sie spezifische Fähigkeiten (create-contact, visit-secret-page) oder Richtlinien für die Interaktion von Benutzern mit einzelnen Modellen definieren können.

Berechtigungen können Sie mit der Gate-Fassade, den Methoden can() und cannot() der User-Klasse, den Blade-Direktiven @can und @cannot, den authorize()-Methoden von Controllern oder der can-Middleware überprüfen.

KAPITEL 10
Request, Response und Middleware

Wir haben bereits einige Male über das Request- bzw. Anfrage- oder Anforderungsobjekt gesprochen. In Kapitel 3 konnten Sie beispielsweise sehen, wie man Typehints nutzt, um in Konstruktoren Instanzen des Objekts zu erzeugen, oder wie man den request()-Helfer verwendet, um es auszuwerten. Und in Kapitel 7 haben wir untersucht, wie man Benutzereingaben aus dem Request-Objekt extrahiert.

In diesem Kapitel erfahren Sie jetzt mehr darüber, was das Request-Objekt eigentlich ist, wie es generiert wird und welche Rolle es im Zentrum Ihrer Anwendung spielt. Wir werden uns daneben auch dem Response- bzw. Antwort-Objekt und Laravels Implementierung des Middleware-Musters widmen.

Der Lebenszyklus des Request-Objekts

Jede Anforderung oder Anfrage, die in einer Laravel-Anwendung eintrifft, unabhängig davon, ob sie von einer HTTP-Anfrage oder einer Befehlszeileninteraktion stammt, wird sofort in ein Illuminate-Request-Objekt umgewandelt, das dann viele Schichten passiert und schließlich von der eigentlichen Anwendung analysiert wird. Die Anwendung erzeugt dann als Antwort ein Illuminate-Response-Objekt, das all diese Ebenen in umgekehrter Richtung durchläuft und schließlich an den Endbenutzer zurückgegeben wird.

Dieser Request-/Response- bzw. Anfrage-/Antwort-Zyklus ist in Abbildung 10-1 dargestellt. Wir wollen uns nun anschauen, was nötig ist, damit all diese Schritte stattfinden können, von der ersten bis zur letzten Zeile des Codes.

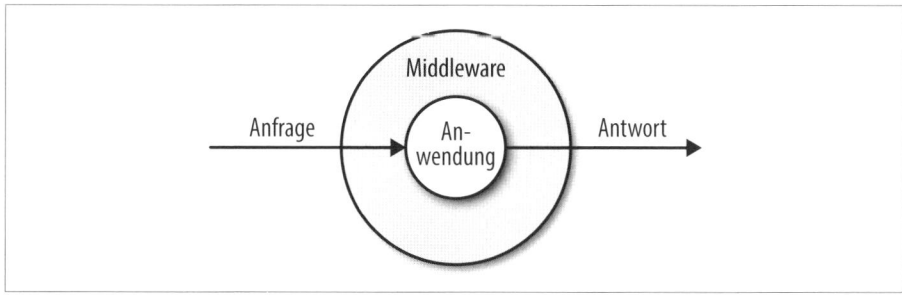

Abbildung 10-1: Anfrage-/Antwort-Zyklus

Bootstrapping der Anwendung

Die Konfiguration auf der Ebene des Webservers, also beispielsweise in einer *.htaccess*-Datei bei einem Apache-Server oder in einer Nginx-Konfigurationseinstellung, sorgt dafür, dass jede für eine Domain gedachte Webanfrage unabhängig von der URL erfasst und an *public/index.php* im Laravel-Anwendungsverzeichnis *app* weitergeleitet wird.

In dieser Datei *index.php* steht nicht besonders viel Code. Sie hat drei Funktionen:

Zuerst wird die Autoload-Datei des Composers geladen, in der alle vom Composer verwalteten Abhängigkeiten registriert sind.

> ### Composer und Laravel
> Laravels Kernfunktionalität ist in eine Reihe von Komponenten unterteilt, die sich alle im Illuminate-Namensraum befinden und per Composer in jeder Laravel-Anwendung eingebunden sind. Laravel verwendet auch einige Pakete aus Symfony und einige andere Pakete, die aus der Laravel-/PHP-Community stammen. So betrachtet ist Laravel genauso sehr eine meinungsstarke Sammlung von Komponenten wie ein Framework.

Als Nächstes startet es den Bootstrapping-Prozess von Laravel, erstellt den Anwendungscontainer (mehr dazu in Kapitel 11) und registriert ein paar Kerndienste – einschließlich des Kernels, über den wir gleich sprechen werden.

Schließlich erstellt es eine Instanz des Kernels, erstellt einen Request, der die Anfrage des aktuellen Benutzers darstellt, und übergibt den Request an den Kernel zur Bearbeitung. Der Kernel antwortet mit einem Illuminate-Response-Objekt, das *index.php* an den Endbenutzer zurückgibt. Dann beendet der Kernel die Anfrage.

Der Laravel-Kernel

Der Kernel ist der zentrale Bestandteil jeder Laravel-Anwendung, verantwortlich für die Annahme einer Benutzeranfrage, die weitere Verarbeitung in der Middleware, die Behandlung von Ausnahmen, die Übergabe an den Page-Router und schließlich die Rückgabe der Antwort. Eigentlich gibt es zwei Kernel, aber um die einzelnen Seitenaufrufe kümmert sich immer nur einer von beiden, da deren Aufgaben verteilt sind: Der HTTP-Kernel verarbeitet Webanfragen und der Konsolen-Kernel Konsolen-, Cron- und Artisan-Anfragen. Jeder der beiden Kernels besitzt eine `handle()`-Methode, die `Request`-Objekte entgegennimmt und `Response`-Objekte zurückgibt.

Der Kernel führt alle Bootstraps aus, die der Verarbeitung von Requests vorausgehen, und stellt auch fest, in welcher Umgebung die aktuelle Anfrage ausgeführt wird (Staging, lokal, Produktion usw.), ebenso kümmert er sich darum, dass die

Service Provider ausgeführt werden. Der HTTP-Kernel definiert zudem die Liste an Middleware, die jede Anfrage »umhüllt«, einschließlich der Kern-Middleware, die für Sessions und den CSRF-Schutz verantwortlich ist.

Service Provider

Während in diesen Bootstraps ein wenig prozeduraler Code ausgeführt wird, verteilt sich der überwiegende Teil des Bootstrap-Codes von Laravel auf sogenannte *Service Provider* (*Dienstanbieter*). Ein Service Provider ist eine Klasse, in der die Logik gekapselt ist, um die Kernfunktionalitäten der verschiedenen Teile einer Anwendung zu booten.

Es gibt beispielsweise einen `AuthServiceProvider`, der alle Registrierungen durchführt, die für Laravels Authentifizierungssystem notwendig sind, und einen `Route ServiceProvider`, der für das Routingsystem verantwortlich ist.

Das Konzept der Service Provider ist anfangs manchmal etwas schwer zu verstehen, aber man kann es sich so vorstellen: Viele Komponenten Ihrer Anwendung haben eigenen Bootstrap-Code, der bei der Initialisierung der Anwendung ausgeführt werden muss. Die Aufgabe von Service Providern ist es, diesen Bootstrap-Code in verwandten Klassen zu gruppieren. Wenn Sie sicherstellen möchten, dass ein bestimmter Code vor der eigentlichen Anwendung ausgeführt werden soll, dann wäre das ein starker Kandidat für einen neuen Service Provider.

Wenn Sie zum Beispiel feststellen, dass für ein Feature, an dem Sie gerade arbeiten, im Container einige Klassen registriert werden müssen (mehr dazu in Kapitel 11), würden Sie einen Service Provider nur für diesen Teil der Funktionalität einrichten. Das könnte – je nachdem, welche Features Sie programmieren – ein `GitHubService Provider` oder `MailerServiceProvider` sein.

boot(), register() und verzögerte Registrierung von Service Providern

Service Provider besitzen zwei wichtige Methoden: `boot()` und `register()`. Es gibt auch ein `DeferrableProvider`-Interface (5.8+) bzw. eine `$defer`-Eigenschaft (5.7 und früher), die Sie verwenden können. Schauen wir uns an, wie das funktioniert.

Zunächst werden die `register()`-Methoden aller Dienstanbieter aufgerufen. An dieser Stelle können Sie Klassen und Aliase an den Container binden. Hier kann nichts erledigt werden, was eine vollständig gebootete Anwendung erfordern würde.

Danach werden die `boot()`-Methoden aller Service Provider ausgeführt. In `boot()` können alle weiteren Bootstrapping-Aufgaben durchgeführt werden, z.B. lassen sich Event-Listener binden oder Routendefinitionen setzen – hier kann all das erledigt werden, was eine vollständig gebootete Laravel-Anwendung benötigt.

Falls Sie in einem Service Provider nur Bindings im Container registrieren, also dem Container »beibringen«, wie man eine bestimmte Klasse oder ein bestimmtes Interface auflöst, aber kein weiteres Bootstrapping durchführen, können Sie dessen Registrierungen verzögern: Dadurch werden sie nur ausgeführt, wenn eine der Bindungen ausdrücklich vom Container angefordert wird. Damit können Sie die Bootstrap-Zeit Ihrer Anwendung verkürzen.

Wenn Sie die Registrierungen Ihres Dienstanbieters zurückstellen möchten, implementieren Sie in Versionen ab 5.8 als Erstes das Interface Illuminate\Contracts\Support\DeferrableProvider. In Version 5.7 und früher fügen Sie zunächst eine Eigenschaft protected $defer hinzu und setzen diese auf true. Danach ergänzen Sie in allen Versionen eine provides()-Methode, die eine Liste der vom Service Provider bereitgestellten Bindungen zurückgibt, wie in Beispiel 10-1 gezeigt.

Beispiel 10-1: Verzögerung der Registrierungen eines Service Providers

```
...
use Illuminate\Contracts\Support\DeferrableProvider;

class GitHubServiceProvider extends ServiceProvider implements DeferrableProvider
{
    public function provides()
    {
        return [
            GitHubClient::class,
        ];
    }
}
```

Weitere Verwendungen für Service Provider

Service Provider verfügen auch über eine Reihe von Methoden und Konfigurationsoptionen, die dem Endbenutzer erweiterte Funktionen bieten, wenn ein Service Provider als Teil eines Composer-Pakets veröffentlicht wird. Mehr dazu finden Sie in der Quelldatei (*https://bit.ly/2Pq3SKC*) der Service Provider-Klasse.

Nachdem wir nun den Anwendungs-Bootstrap behandelt haben, wollen wir uns genauer dem Request-Objekt widmen, dem wichtigsten Output des Bootstraps.

Das Request-Objekt

Die Illuminate\Http\Request-Klasse ist eine Laravel-spezifische Erweiterung von Symfonys HttpFoundation\Request-Klasse.

Aufgabe des Request-Objekts ist es, alle relevanten Informationen der HTTP-Anfrage eines Benutzers darzustellen.

In nativem PHP-Code würden Sie mit $_SERVER, $_GET, $_POST und weiteren globalen Variablen plus entsprechender Verarbeitungslogik arbeiten, um Informationen über die Anfrage des aktuellen Benutzers zu erhalten. Welche Dateien hat ein Benutzer hochgeladen? Wie lautet seine IP-Adresse? Welche Felder sind mit welchen Daten gesendet worden? All diese Funktionen sind in PHP – und damit zwangsweise auch in Ihrem Code – auf eine schwer verständliche und auch schwer zu testende Weise verstreut.

> ### Die HttpFoundation von Symfony
>
> Die HttpFoundation von Symfony treibt heutzutage fast jedes moderne PHP-Framework an. Es ist ein sehr beliebter und leistungsfähiger objektorientierter Abstraktionslayer, der die PHP-eigenen globalen Variablen und Funktionen ersetzt, mit denen HTTP-Anfragen, -Antworten, Header, Cookies usw. dargestellt und verarbeitet werden.

Das Request-Objekt von Symfony sammelt stattdessen alle nötigen Informationen, um eine einzelne HTTP-Anfrage in einem einzigen Objekt darzustellen, und ergänzt es um nützliche Methoden, um Informationen auch auf einfache Weise wieder auslesen zu können. Die Illuminate-Implementation des Request-Objekts fügt darüber hinaus noch weitere Komfortmethoden hinzu.

Das Request-Objekt »einfangen«

Auch wenn es normalerweise keinen Grund dazu gibt, können Sie bei Bedarf Ihr eigenes Illuminate-Request-Objekt direkt aus den globalen Variablen von PHP erfassen, indem Sie die Methode capture() verwenden:

```
$request = Illuminate\Http\Request::capture();
```

Zugriff auf das Request-Objekt in Laravel

Laravel erzeugt für jede Anfrage ein internes Request-Objekt, und es gibt verschiedene Möglichkeiten, wie Sie darauf zugreifen können.

Zuerst einmal – und wir werden das in Kapitel 11 vertiefen – können Sie die Klasse in jedem Konstruktor und jeder Methode typehinten, der bzw. die durch den Container aufgelöst wird. Das bedeutet, dass Sie entsprechende Typhints in einer Controller-Methode oder einem Service Provider verwenden können wie in Beispiel 10-2.

Beispiel 10-2: Typehint auf ein Request-Objekt in einer Methode, die der Container auflöst

```
...
use Illuminate\Http\Request;

class PeopleController extends Controller
{
    public function index(Request $request)
    {
        $allInput = $request->all();
    }
```

Alternativ können Sie den globalen Helfer request() verwenden, auf dem Sie einerseits Methoden (z. B. request()->input()), den Sie aber auch selbst aufrufen können, um eine Instanz von $request zu erhalten:

```
$request = request();
$allInput = $request->all();
// oder
$allInput = request()->all();
```

Und schließlich können Sie die globale Methode app() benutzen, um das Request-Objekt zu instanziieren. Dabei können Sie entweder den voll qualifizierten Klassennamen oder die Abkürzung request übergeben:

```
$request = app(Illuminate\Http\Request::class);
$request = app('request');
```

Informationen aus einem Request erhalten

Jetzt wissen Sie, wie man eine Instanz von Request bekommt, aber was genau kann man damit anfangen? Der Hauptzweck des Request-Objekts ist es, die aktuelle HTTP-Anfrage darzustellen, und dazu passend bietet die Klasse entsprechende Methoden an, um sich nützliche Informationen über die aktuelle Anfrage aus dem Request zu holen.

Ich habe die folgend beschriebenen Methoden kategorisiert, aber bitte beachten Sie, dass es Überschneidungen zwischen den Kategorien gibt und die Kategorien selbst auch ein wenig willkürlich sind – zum Beispiel könnten Abfrageparameter genauso unter »Benutzer- und Anfragestatus« wie unter »Grundlegende Benutzereingaben« stehen. Diese Kategorien sollen Ihnen dabei helfen, einen ersten Überblick zu bekommen. Später können Sie die Kategorien einfach wieder vergessen.

Bitte beachten Sie auch, dass es noch viele weitere Methoden der Request-Klasse gibt. Ich führe hier nur die am häufigsten verwendeten Methoden auf.

Grundlegende Benutzereingaben

Die grundlegenden Benutzereingabe-Methoden beziehen sich auf Informationen, die Benutzer selbst explizit bereitstellen – z. B. durch das Senden eines Formulars oder einer Ajax-Komponente. Wenn ich hier auf »vom Benutzer bereitgestellte Eingaben« verweise, spreche ich von Eingaben, die aus Query-Strings (GET), Formularvorlagen (POST) oder JSON stammen. Zu den grundlegenden Methoden zu direkten Benutzereingaben gehören u. a. die folgenden:

all()
    Liefert ein Array aller vom Benutzer bereitgestellten Eingaben.

input(fieldName)
    Liefert den Wert eines einzelnen vom Benutzer bereitgestellten Eingabefelds.

only(*fieldName*|[*array,of,field,names*])
: Liefert ein Array aller vom Benutzer bereitgestellten Eingaben für die angegebenen Feldnamen.

except(*fieldName*|[*array,of,field,names*])
: Liefert ein Array aller vom Benutzer bereitgestellten Eingaben mit Ausnahme der angegebenen Feldnamen.

exists(*fieldName*)
: Liefert einen booleschen Wert, der angibt, ob das Feld im Request existiert. has() ist ein Alias für exists().

filled(*fieldName*)
: Liefert einen booleschen Wert, der angibt, ob das Feld im Request existiert und nicht leer ist (d.h. einen Wert enthält).

json()
: Liefert ein ParameterBag, falls JSON gesendet wurde.

json(*keyName*)
: Liefert den Wert des angegebenen JSON-Schlüssels, falls JSON gesendet wurde.

ParameterBag

Manchmal wird man in Laravel auf ein ParameterBag-Objekt stoßen. Objekte dieser Klasse sind so etwas wie ein assoziatives Array. Sie bekommen den Wert eines bestimmten Schlüssels mit get():

```
echo $bag->get('name');
```

Sie können auch has() verwenden, um die Existenz eines Schlüssels zu überprüfen; all(), um ein Array aller Schlüssel und Werte zu erhalten; count(), um die Anzahl der Elemente zu zählen; und keys(), um ein Array nur der Schlüssel zu erhalten.

Beispiel 10-3 zeigt kurz, wie man diese Methoden, die vom Benutzer bereitgestellte Informationen extrahieren, auf eine Anfrage anwendet.

Beispiel 10-3: Benutzereingaben aus der Anfrage extrahieren

```
// Formular
<form method="POST" action="/form">
    @csrf
    <input name="name"> Name<br>
    <input type="submit">
</form>

// Route, die das Formular empfängt
Route::post('form', function (Request $request) {
    echo 'name is ' . $request->input('name') . '<br>';
```

```
    echo 'all input is ' . print_r($request->all(), true) . '<br>';
    echo 'user provided email address: ' . $request->has('email') ? 'true' : 'false';
});
```

Benutzer- und Anfragestatus

Die Benutzer- und Anfragestatus-Methoden betreffen Eingaben, die nicht explizit vom User über ein Formular bereitgestellt wurden:

method()
: Liefert die Methode (GET, POST, PATCH, PATCH usw.), mit der auf diese Route zugegriffen wurde.

path()
: Liefert den Pfad (ohne die Domain), über den auf eine Seite zugegriffen wurde; z.B. würde bei *http://www.myapp.com/abc/def* das Ergebnis abc/def lauten.

url()
: Liefert die URL (mit der Domain), die für den Zugriff auf eine Seite verwendet wurde; z.B. würde bei *http://www.myapp.com/abc* das Ergebnis *http://www.myapp.com/abc* lauten.

is()
: Gibt einen booleschen Wert zurück, der angibt, ob die aktuelle Seitenanfrage mit einer vorgegebenen Zeichenkette übereinstimmt (z.B. würde $request->is('*b*') bei /a/b/c zum Ergebnis true führen), wobei * für beliebige Zeichen steht); verwendet einen benutzerdefinierten RegEx-Parser von Str::is().

ip()
: Liefert die IP-Adresse des Benutzers.

header()
: Liefert ein Array von Headern (z.B. ['accept-language' => ['en-US,en;q=0.8']]) bzw. gibt einen einzelnen Header zurück, wenn eine Headerbezeichnung als Parameter übergeben wird.

server()
: Liefert ein Array der Variablen, die traditionell in $_SERVER gespeichert sind (z.B. REMOTE_ADDR), oder gibt einen einzelnen Wert zurück, wenn ein $_SERVER-Variablenname übergeben wird.

secure()
: Liefert einen booleschen Wert, der angibt, ob per HTTPS zugegriffen wurde.

pjax()
: Liefert einen booleschen Wert, der angibt, ob per Pjax zugegriffen wurde.

wantsJson()
: Liefert einen booleschen Wert, der angibt, ob der Request einen Inhaltstyp json in seinen Accept-Headern enthält.

`isJson()`
: Liefert einen booleschen Wert, der angibt, ob eine Anfrage einen Inhaltstyp `json` in ihrem `Content-Type`-Header enthält.

`accepts()`
: Liefert einen booleschen Wert, der angibt, ob eine Anfrage einen bestimmten Inhaltstyp akzeptiert.

Dateien

Die bisher behandelten Inputs wurden entweder explizit vom Benutzer eingegeben und durch Methoden wie `all()`, `input()` usw. abgefragt oder durch den Browser oder die verweisende Seite definiert und durch Methoden wie `pjax()` abgefragt. Datei-Inputs ähneln den expliziten Benutzereingaben, werden aber anders behandelt:

`file()`
: Liefert ein Array aller hochgeladenen Dateien bzw. gibt nur eine Datei zurück, wenn ein Schlüssel übergeben wird (der Name des Datei-Upload-Feldes).

`allFiles()`
: Liefert ein Array aller hochgeladenen Dateien; von Vorteil im Vergleich zu `file()` wegen der klareren Namensgebung, wenn man alle Dateien braucht.

`hasFile()`
: Liefert einen booleschen Wert, der angibt, ob unter dem angegebenen Schlüssel eine Datei hochgeladen wurde.

Jede hochgeladene Datei wird zu einer Instanz der Klasse `Symfony\Component\Http Foundation\File\UploadedFile`, die eine Reihe von Tools zum Validieren, Verarbeiten und Speichern von Dateien bietet.

Werfen Sie einen Blick in Kapitel 14 für weitere Beispiele, wie man mit hochgeladenen Dateien umgeht.

Persistenz

Die `Request`-Klasse stellt auch Funktionen für die Interaktion mit Sessiondaten bereit. Es gibt noch viele andere Sessionfunktionen, aber einige Methoden sind für die Arbeit mit der aktuellen Anfrage besonders wichtig:

`flash()`
: Speichert (flasht) die Benutzereingaben der aktuellen Anforderung zum späteren Abruf in die Session, d.h., sie werden nur kurzfristig in der Session gespeichert und bei der nächsten Anforderung gelöscht.

`flashOnly()`
: Flasht die Benutzereingabe der aktuellen Anforderung nur für die Schlüssel im angegebenen Array.

`flashExcept()`
  Flasht die Benutzereingabe der aktuellen Anforderung, mit Ausnahme von Schlüsseln im angegebenen Array.

`old()`
  Liefert ein Array aller zuvor geflashten Benutzereingaben oder – falls ein Schlüssel übergeben wird – den Wert für diesen Schlüssel, sofern er zuvor geflasht wurde.

`flush()`
  Löscht alle zuvor geflashten Benutzereingaben.

`cookie()`
  Ruft alle Cookies der Anfrage oder – falls ein Schlüssel angegeben wird – genau einen Cookie ab.

`hasCookie()`
  Liefert einen booleschen Wert, der angibt, ob die Anforderung einen Cookie für den angegebenen Schlüssel enthält.

Die `flash*()`- und `old()`-Methoden werden verwendet, um Benutzereingaben zwischenzuspeichern und später abzurufen, oft nachdem die Eingaben validiert und abgelehnt wurden.

Das Response-Objekt

Als Antwort auf den Request gibt es ein Illuminate-Response-Objekt, das an den Endbenutzer gesendet wird, komplett mit Headern, Cookies, Inhalten und allem anderen, was im Browser des Endbenutzers zum korrekten Rendern einer Seite benötigt wird.

Genau wie Request erweitert die Klasse `Illuminate\Http\Response` eine Symfony-Klasse: `Symfony\Component\HttpFoundation\Response`. Das ist eine Basisklasse mit einer Reihe von Eigenschaften und Methoden, um eine Antwort zu repräsentieren und zu rendern; die Response-Klasse von Illuminate ergänzt sie durch ein paar hilfreiche Shortcuts.

Response-Objekte in Controllern erzeugen und verwenden

Bevor wir Response-Objekte individuell anpassen, sollten wir uns zuerst anschauen, wie man üblicherweise mit Response-Objekten umgeht.

Bevor es die Anwendung »verlässt«, wird jedes Response-Objekt, das von einer Routendefinition zurückgegeben wird, in einen HTTP-Response umgewandelt. Das Response-Objekt kann bestimmte Header und Inhalte definieren, Cookies setzen oder andere Vorgaben enthalten, aber schließlich wird es in eine Antwort umgewandelt, die die Browser Ihrer Benutzer analysieren, verstehen und anzeigen können.

Werfen wir in Beispiel 10-4 einen Blick auf den denkbar einfachsten Response-Fall.

Beispiel 10-4: Einfachste HTTP-Antwort

```
Route::get('route', function () {
    return new Illuminate\Http\Response('Hello!');
});

// Das Gleiche, aber unter Verwendung der globalen Funktion:
Route::get('route', function () {
    return response('Hello!');
});
```

Wir erstellen eine Antwort, versehen sie mit einigen Kerndaten und senden sie dann zurück. Wir können auch den HTTP-Status, Header, Cookies und vieles mehr anpassen wie in Beispiel 10-5.

Beispiel 10-5: Einfache HTTP-Antwort mit angepasstem Status und Headern

```
Route::get('route', function () {
    return response('Error!', 400)
        ->header('X-Header-Name', 'header-value')
        ->cookie('cookie-name', 'cookie-value');
});
```

Header festlegen

Wir versehen eine Antwort mit einem Header, indem wir die verkettbare Methode header() verwenden wie in Beispiel 10-5. Der erste Parameter ist der Name des Headers, der zweite der enthaltene Wert.

Cookies hinzufügen

Wir können dem Response-Objekt auch Cookies mitgeben, wenn wir möchten. Das Cookie-Handling in Laravel werden wir in Kapitel 14 noch etwas genauer unter die Lupe nehmen, aber in Beispiel 10-6 finden Sie einen einfachen Anwendungsfall, in dem ein Cookie hinzugefügt wird.

Beispiel 10-6: Einem Response-Objekt einen Cookie hinzufügen

```
    return response($content)
        ->cookie('signup_dismissed', true);
```

Spezialisierte Antworttypen

Es gibt auch einige spezielle Antworttypen für Views, Downloads, Dateien und JSON. Jeder ist ein vordefiniertes Makro, mit dem man bestimmte Vorlagen für Header oder Inhaltsstrukturen leicht wiederverwenden kann.

Antworttyp View

In Kapitel 4 haben wir den globalen view()-Helfer verwendet, um zu zeigen, wie man eine Vorlage zurückgibt – zum Beispiel mit view('*view.name.here*'). Wenn Sie bei der Rückgabe einer Ansicht die Header, den HTTP-Status oder etwas anderes anpassen müssen, können Sie den Antworttyp view() verwenden, wie Beispiel 10-7 zeigt.

Beispiel 10-7: Verwendung des Antworttyps view()
```
Route::get('/', function (XmlGetterService $xml) {
    $data = $xml->get();
    return response()
        ->view('xml-structure', $data)
        ->header('Content-Type', 'text/xml');
});
```

Antworttyp Download

Manchmal möchte man den Browser des Benutzers dazu veranlassen, eine Datei herunterzuladen, unabhängig davon, ob diese Datei in der Anwendung selbst erstellt wurde oder aus einer Datenbank oder von einem anderen Ort stammt. Dazu ist der Antworttyp download() gedacht.

Der erste Parameter ist der Pfad der Datei, die der Browser herunterladen soll. Wenn es sich um eine durch die Anwendung generierte Datei handelt, müssen Sie sie vorher zwischenspeichern.

Der optionale zweite Parameter ist der Dateiname, den die heruntergeladene Datei am Zielort erhalten soll (z. B. *export.csv*). Wenn Sie hier keine Zeichenkette übergeben, wird diese automatisch erzeugt. Der optionale dritte Parameter erlaubt es Ihnen, ein Array von Headern zu übergeben. Beispiel 10-8 veranschaulicht diese Verwendung des Antworttyps download().

Beispiel 10-8: Verwendung des Antworttyps download()
```
public function export()
{
    return response()
        ->download('file.csv', 'export.csv', ['header' => 'value']);
}

public function otherExport()
{
    return response()->download('file.pdf');
}
```

Wenn Sie die Originaldatei nach dem Versand einer Download-Antwort von der eigenen Festplatte löschen möchten, können Sie die Methode deleteFileAfterSend() mit download() verketten:

```
    public function export()
    {
```

```
        return response()
            ->download('file.csv', 'export.csv')
            ->deleteFileAfterSend();
    }
```

Antworttyp Datei

Die Datei-Antwort ähnelt der Download-Variante, allerdings erlaubt sie dem Browser, die Datei anzuzeigen, anstatt einen Download zu erzwingen. Das ist beispielsweise oft bei Bildern und PDFs der Fall.

Der erforderliche erste Parameter ist der Dateiname, während der optionale zweite ein Array von Headern sein kann (siehe Beispiel 10-9).

Beispiel 10-9: Verwendung des Antworttyps file()
```
public function invoice($id)
{
    return response()->file("./invoices/{$id}.pdf", ['header' => 'value']);
}
```

Antworttyp JSON

Es ist nicht besonders schwierig, JSON-Antworten zu programmieren, aber weil sie so verbreitet sind, gibt es auch dafür eine eigene Methode.

JSON-Antworten konvertieren die übergebenen Daten mit json_encode() in JSON und setzen den Content-Type auf application/json. Optional können Sie auch die Methode setCallback() verwenden, um eine JSONP-Antwort anstelle von JSON zu erzeugen wie in Beispiel 10-10.

Beispiel 10-10: Verwendung des Antworttyps json()
```
public function contacts()
{
    return response()->json(Contact::all());
}

public function jsonpContacts(Request $request)
{
    return response()
        ->json(Contact::all())
        ->setCallback($request->input('callback'));
}

public function nonEloquentContacts()
{
    return response()->json(['Tom', 'Jerry']);
}
```

Antworten umleiten

Umleitungen werden eher selten mit dem response()-Helfer kombiniert und unterscheiden sich ein wenig von den anderen Antworttypen, die wir bereits besprochen haben. Man kann sie dennoch als weiteren Antworttyp betrachten. Redirects, die von einer Laravel-Route zurückgegeben werden, leiten den Benutzer (oft mit einem HTTP-Status 301) zu einer anderen Seite weiter oder zurück zur vorherigen Seite.

Rein technisch gesehen lässt sich eine Umleitung mit response() verketten wie in return response()->redirectTo('/'). Üblicherweise verwendet man aber speziell dafür gedachte globale Helfer.

Es gibt eine globale redirect()-Funktion, mit der man Umleitungsantworten erstellen kann, und eine globale back()-Funktion, die als Shortcut für redirect()->back() dient.

Wie bei den meisten globalen Helfern kann man der globalen Funktion redirect() entweder Parameter übergeben oder sie dazu verwenden, eine Instanz ihrer Klasse zu erhalten, auf der dann weitere Methoden aufgerufen werden können. Wenn Sie nicht verketten, sondern nur Parameter übergeben, funktioniert redirect() genauso wie redirect()->to(); es erwartet eine URL als Zeichenkette und leitet dorthin um. Beispiel 10-11 zeigt einige mögliche Verwendungen.

Beispiel 10-11: Beispiele für die Verwendung des redirect()-Helfers

```
return redirect('account/payment');
return redirect()->to('account/payment');
return redirect()->route('account.payment');
return redirect()->action('AccountController@showPayment');

// Wenn Sie auf eine externe Domain umleiten möchten
return redirect()->away('https://tighten.co');

// Wenn eine benannte Route oder ein Controller Parameter benötigt
return redirect()->route('contacts.edit', ['id' => 15]);
return redirect()->action('ContactsController@edit', ['id' => 15]);
```

Sie können auch »zurück« zur vorherigen Seite umleiten, was besonders nützlich ist, wenn Sie Benutzereingaben verarbeiten und validieren möchten. Beispiel 10-12 zeigt eine gebräuchliche Verwendung bei Validierungen.

Beispiel 10-12: Umleitung »zurück« mit vorhandenen Benutzereingaben

```
public function store()
{
    // Falls die Validierung fehlschlägt
    return back()->withInput();
}
```

Schließlich können Sie Daten auch gleichzeitig an die Sitzung weiterleiten und flashen. Das ist bei Fehler- und Erfolgsmeldungen üblich, siehe Beispiel 10-13.

Beispiel 10-13: Umleitung mit geflashten Daten

```
Route::post('contacts', function () {
    // Speichern des Kontakts
```

```
    return redirect('dashboard')->with('message', 'Contact created!');
});

Route::get('dashboard', function () {
    // Geflashte Daten aus der Session holen - findet normalerweise in der Blade-View
    // statt
    echo session('message');
});
```

Benutzerdefinierte Response-Makros

Sie können auch Ihre eigenen benutzerdefinierten Antworttypen mit *Makros* erstellen. Auf diese Weise können Sie in einem Rutsch eine Reihe von Änderungen an der Antwort vornehmen.

Wir bauen dazu den Antworttyp json() nach, nur um zu sehen, wie es funktioniert. Besser wäre es, für diese Art von Bindungen einen benutzerdefinierten Dienstanbieter zu erstellen, aber im Moment werden wir ihn einfach in AppService Provider eingeben wie in Beispiel 10-14.

Beispiel 10-14: Erstellen eines benutzerdefinierten Response-Makros

```
...
class AppServiceProvider
{
    public function boot()
    {
        Response::macro('myJson', function ($content) {
            return response(json_encode($content))
                ->withHeaders(['Content-Type' => 'application/json']);
        });
    }
```

Dann können wir das neue Makro genauso verwenden wie die json()-Methode:

```
return response()->myJson(['name' => 'Sangeetha']);
```

Dies gibt eine Antwort mit einem JSON-codierten Arrays zurück, inklusive korrekt angepasstem Content-Type-Header.

Das Responsable-Interface

Wenn Ihnen ein Makro nicht genügend Möglichkeiten bietet oder Sie gerne Ihre Response-Objekte mit einer eigenen Logik für die Anzeige zurückgeben möchten, dann bietet sich das Responsable-Interface an, das mit Laravel 5.5 eingeführt wurde.

Das Responsable-Interface, das Sie in Illuminate\Contracts\Support\Responsable.php finden, legt fest, dass seine Implementationen eine toResponse()-Methode besitzen müssen, die ein Illuminate-Response-Objekt zurückgibt. Beispiel 10-15 veranschaulicht, wie man ein Responsable-Objekt erstellt.

Beispiel 10-15: Erstellen eines einfachen Responsable-Objekts

```
...
use Illuminate\Contracts\Support\Responsable;

class MyJson implements Responsable
{
    public function __construct($content)
    {
        $this->content = $content;
    }

    public function toResponse()
    {
        return response(json_encode($this->content))
            ->withHeaders(['Content-Type' => 'application/json']);
    }
}
```

Dann können wir die Klasse `MyJson` genauso verwenden wie zuvor unser Makro:

```
return new MyJson(['name' => 'Sangeetha']);
```

Das sieht im Vergleich zu den Response-Makros wahrscheinlich erst einmal nach mehr Arbeit aus. Seine Vorzüge offenbart das Responsable-Interface aber dann, wenn Sie mit komplizierteren Controller-Manipulationen arbeiten. Ein typisches Beispiel wäre die Erstellung von View-Modellen (oder View-Objekten) wie in Beispiel 10-16.

Beispiel 10-16: Mit Responsable ein View-Objekt erstellen

```
...
use Illuminate\Contracts\Support\Responsable;

class GroupDonationDashboard implements Responsable
{
    public function __construct($group)
    {
        $this->group = $group;
    }

    public function budgetThisYear()
    {
        // ...
    }

    public function giftsThisYear()
    {
        // ...
    }

    public function toResponse()
    {
        return view('groups.dashboard')
            ->with('annual_budget', $this->budgetThisYear())
            ->with('annual_gifts_received', $this->giftsThisYear());
    }
```

In diesem Zusammenhang ergibt es etwas mehr Sinn – Sie können Ihre komplexe View-Vorbereitung jetzt in ein eigenständiges, *testbares* Objekt verschieben und halten Ihren Controller »clean«. Hier folgt ein Controller, der das Responsable-Objekt aus dem obigen Beispiel verwendet:

```
...
class GroupController
{
    public function index(Group $group)
    {
        return new GroupDonationsDashboard($group);
    }
```

Laravel und Middleware

Zu Beginn dieses Kapitels habe ich Ihnen Abbildung 10-1 gezeigt.

Von den dort vorgestellten Begriffen haben wir Request und Response bereits behandelt, offen ist noch die sogenannte »Middleware«. Vielleicht kennen Sie den Begriff bereits; Middleware gibt es nicht nur in Laravel, sondern sie ist ein durchaus weit verbreitetes Architekturmuster.

Eine Einführung in Middleware

Middleware kann man sich als eine Reihe von Ebenen vorstellen, die eine Anwendung umschließen, ein bisschen wie bei einem Schichtkuchen oder einer Zwiebel.[1] Wie in Abbildung 10-1 dargestellt, durchläuft jeder Request auf seinem Weg in die Anwendung alle Middleware-Schichten – und die resultierende Antwort auf ihrem Weg zurück zum Endbenutzer passiert erneut alle Middleware-Schichten in umgekehrter Richtung.

Middleware wird meist als von der spezielleren Anwendungslogik getrennt betrachtet und ist in der Regel so aufgebaut, dass sie theoretisch auf jede Anwendung anwendbar ist, nicht nur auf eine bestimmte, an der Sie vielleicht gerade arbeiten.

Eine Middleware kann einen Request analysieren und verändern oder aufwerten, aber auch zurückweisen, je nachdem, was sie in der Anfrage vorfindet. Middleware ist beispielsweise hervorragend für so etwas wie Rate Limiting geeignet: Sie kann die IP-Adresse checken und überprüfen, wie oft von dort in einem bestimmten Zeitraum auf eine Ressource zugegriffen wurde – und ggf. den HTTP Status 429 (»Too Many Requests«) zurücksenden, wenn ein vorgegebener Schwellenwert überschritten wurde.

Da Middleware auch auf dem Weg des Response-Objekts aus der Anwendung heraus darauf Zugriff hat, ist sie ideal für die Veränderung und Aufwertung von Antworten. Beispielsweise verwendet Laravel eine Middleware, um alle in der Warte-

---

[1] Oder ein Oger (*https://en.wikipedia.org/wiki/Shrek*).

schlange befindlichen Cookies des aktuellen Request-/Response-Zyklus der Antwort hinzuzufügen, kurz bevor sie an den Endbenutzer gesendet wird.

Middleware kann vor allem deshalb so mächtige Aufgaben erfüllen, weil sie so ziemlich das *Erste* und *Letzte* ist, das mit den Request- und Response-Objekten interagiert. Dadurch eignet sich Middleware zum Beispiel auch perfekt für das Session-Management – in PHP müssen Sessions sehr früh geöffnet und sehr spät geschlossen werden.

Benutzerdefinierte Middleware erstellen

Stellen wir uns vor, wir wollen eine Middleware anlegen, die jede Anfrage ablehnt, die die DELETE-Methode von HTTP verwendet und auf jede Anfrage mit einem Cookie antwortet.

Um benutzerdefinierte Middleware zu erstellen, gibt es einen eigenen Artisan-Befehl. Probieren wir ihn aus:

```
php artisan make:middleware BanDeleteMethod
```

Sie können die Datei jetzt unter *app/Http/Middleware/BanDeleteMethod.php* öffnen. Der vorausgefüllte Standardinhalt wird in Beispiel 10-17 gezeigt.

Beispiel 10-17: Eine Middleware-»Vorlage«

```
...
class BanDeleteMethod
{
    public function handle($request, Closure $next)
    {
        return $next($request);
    }
}
```

Wie genau die eben verwendete handle()-Methode die Verarbeitung *sowohl* der eingehenden Anfrage *als auch* der ausgehenden Antwort repräsentiert, ist mit das Schwierigste, was es bei Middleware zu verstehen gibt. Schauen wir uns das also genauer an.

Die handle()-Methode von Middleware verstehen

Ich hatte ja schon erklärt, dass die verschiedenen Middlewares übereinandergeschichtet bzw. hintereinandergestaffelt sind, während die Anwendung selbst quasi im Zentrum sitzt. Die erste registrierte Middleware erhält *zuerst* Zugriff auf einen eintreffenden Request, danach wird diese Anfrage nach und nach an alle weiteren Middlewares weitergegeben, bis sie schließlich die Anwendung selbst erreicht; genauso wird die resultierende Antwort durch die einzelnen Middlewares nach außen weitergeleitet, bis schließlich wiederum die erste Middleware den *letzten* Zugriff auf das Response-Objekt erhält, bevor die Antwort zurückgeschickt wird.

Nehmen wir nun an, wir hätten `BanDeleteMethod` als erste Middleware registriert. Das bedeutet, dass die $request-Variable, die eintrifft, noch eine »ursprüngliche« Anfrage ist, unverfälscht von jeder anderen Middleware. Und dann?

Mit der Übergabe von $request an $next() wird sie an den Rest der Middleware weitergeleitet. Die $next()-Closure nimmt einfach diesen $request und übergibt ihn an die `handle()`-Methode der nächsten Middleware im Stapel. Die Anfrage wird dann Schritt für Schritt durchgereicht, bis es keine weiteren Middlewares mehr gibt, an die sie weitergegeben werden kann, und landet schließlich in der eigentlichen Anwendung.

Aber wie kommt jetzt die Antwort zustande? Hier kann es wirklich kompliziert werden. Die Anwendung gibt eine Antwort zurück, die durch die ganze Kette der Middlewares zurückgeschickt wird – denn jede Middleware gibt jeweils ihre Antwort zurück. Innerhalb *derselben* `handle()`-Methode kann die Middleware also einerseits einen $request bearbeiten und verändern und an die $next()-Closure übergeben, kann aber andererseits auch entscheiden, ob sie etwas mit einer empfangenen *Antwort* machen möchte, bevor sie diese schließlich an die nächste Middleware (und die letzte Middleware an den Endbenutzer) zurückgibt. Betrachten wir etwas Pseudocode, damit das klarer wird (Beispiel 10-18).

Beispiel 10-18: Pseudocode, der den Middleware-Aufrufprozess erklärt

```
...
class BanDeleteMethod
{
    public function handle($request, Closure $next)
    {
        // An dieser Stelle ist $request die Rohanforderung des Benutzers.
        // Jetzt wollen wir damit etwas machen.
        if ($request->ip() === '192.168.1.1') {
            return response('BANNED IP ADDRESS!', 403);
        }

        // Jetzt haben wir uns entschieden, den $request zu akzeptieren.
        // und geben ihn an die nächste Middleware im Stapel weiter.
        // Wir übergeben ihn an $next() - und dann kommt die Antwort zurück,
        // nachdem der $request durch den gesamten Stapel der Middleware
        // bis hinunter zur Anwendung weitergegeben und die Antwort der
        // Anwendung durch den gesamten Stapel zurückgeschickt wurde.
        $response = $next($request);

        // An dieser Stelle können wir wieder mit der Antwort interagieren,
        // kurz bevor sie an den Benutzer zurückgegeben wird
        $response->cookie('visited-our-site', true);

        // Schließlich können wir die Antwort für den Endbenutzer freigeben
        return $response;
    }
}
```

Abschließend lassen wir die Middleware tun, was wir tatsächlich versprochen haben (Beispiel 10-19).

Beispiel 10-19: Beispiel-Middleware, die die DELETE-Methode verbietet

```
...
class BanDeleteMethod
{
    public function handle($request, Closure $next)
    {
        // Test auf die DELETE-Methode
        if ($request->method() === 'DELETE') {
            return response(
                "Get out of here with that delete method",
                405
            );
        }

        $response = $next($request);

        // Cookie zuweisen
        $response->cookie('visited-our-site', true);

        // Antwort zurückgeben
        return $response;
    }
}
```

Middleware binden

Wir sind noch nicht ganz fertig. Wir müssen diese Middleware auf eine von zwei Arten registrieren: global oder für bestimmte Routen.

Globale Middleware wird auf jede Route, Routen-Middleware nur auf einer Fall-zu-Fall-Basis angewendet.

Globale Middleware binden

Beide Bindungen finden in *app/Http/Kernel.php* statt. Um eine Middleware global zu registrieren, müssen Sie ihren Klassennamen der Eigenschaft $middleware hinzufügen wie in Beispiel 10-20.

Beispiel 10-20: Bindung globaler Middleware

```
// app/Http/Kernel.php
protected $middleware = [
    ...
    \App\Http\Middleware\BanDeleteMethod::class,
];
```

Routen-bezogene Middleware binden

Middleware, die für bestimmte Routen vorgesehen ist, kann als Routen-Middleware oder als Teil einer Middleware-Gruppe hinzugefügt werden. Fangen wir mit Ersterem an.

Routen-Middleware wird dem Array $routeMiddleware in *app/Http/Kernel.php* hinzugefügt. Das ähnelt dem Hinzufügen zu $middleware, aber wir müssen einen Schlüssel festlegen, um diese Middleware auf eine bestimmte Route anzuwenden, siehe Beispiel 10-21.

Beispiel 10-21: Routen-bezogene Middleware binden
```
// app/Http/Kernel.php
protected $routeMiddleware = [
    'auth' => \App\Http\Middleware\Authenticate::class,
    ...
    'ban.delete' => \App\Http\Middleware\BanDeleteMethod::class,
];
```

Wir können diese Middleware jetzt in unseren Routendefinitionen verwenden, siehe Beispiel 10-22.

Beispiel 10-22: Anwendung von Routen-Middleware in Routendefinitionen
```
// Das ergibt für unser aktuelles Beispiel nicht so viel Sinn:
Route::get('contacts', 'ContactsController@index')->middleware('ban.delete');

// Das ist für unser aktuelles Beispiel sinnvoller:
Route::prefix('api')->middleware('ban.delete')->group(function () {
    // Hier alle Routen, die sich auf eine API beziehen
});
```

Verwendung von Middleware-Gruppen

Das Konzept der Middleware-Gruppen wurde in Laravel 5.2 eingeführt. Es handelt sich im Wesentlichen um vorkonfigurierte Bündel von Middleware, bei denen es sinnvoll ist, wenn sie in bestimmten Kontexten zusammenarbeiten.

> **Middleware-Gruppen in 5.2 und 5.3**
>
> In frühen Releases von Version 5.2 gab es in der Standard-Routendatei *routes.php* drei verschiedene Abschnitte: Die Root-Route (/) stand für sich alleine, daneben gab es eine Gruppe für web-Middleware und eine für api-Middleware. Das war für neue Nutzer ein wenig verwirrend, und vor allem bedeutete es, dass die Root-Route keinen Zugriff auf die Session oder andere Dinge hatte, die in der Middleware stattfanden oder gestartet wurden.
>
> In späteren Releases von Version 5.2 wurde das vereinfacht: Jetzt befanden sich alle Routen in *routes.php* in der Middleware-Gruppe web. Ab 5.3 wurden daraus zwei getrennte Dateien: *routes/web.php* für Webrouten und *routes/api.php* für API-Routen. Sie können Routen auch in anderen Gruppen zusammenfassen und hinzufügen – dazu kommen wir jetzt.

Vorkonfiguriert sind zwei Gruppen: web und api. web enthält die Middleware, die bei fast allen Seitenanfragen gebraucht bzw. nützlich sein wird, einschließlich Middleware für Cookies, Session-Management und CSRF-Schutz. api enthält all das nicht, sondern die throttle-Middleware für das Rate Limiting und eine Middleware für Routen-Modell-Bindung – und das war's auch schon. Diese Gruppen werden in *app/Http/Kernel.php* definiert.

Sie können Middleware-Gruppen auf Routen genauso anwenden wie Routen-Middleware, und zwar mit der Methode middleware():

```
Route::get('/', 'HomeController@index')->middleware('web');
```

Sie können auch Ihre eigenen Middleware-Gruppen erstellen und Route-Middleware zu und von bereits bestehenden Middleware-Gruppen hinzufügen und entfernen. Das funktioniert genauso wie beim normalen Hinzufügen von Routen-Middleware, allerdings werden dazu benannte Gruppen im Array $middleware Groups benutzt.

Sie fragen sich vielleicht, inwieweit diese Middleware-Gruppen mit den beiden Standard-Routendateien zusammenhängen. Es überrascht nicht, dass die Datei *routes/web.php* mit der Middleware-Gruppe web und *routes/api.php* mit der Gruppe api korrespondiert.

Die *routes/**-Dateien werden in den RouteServiceProvider geladen. Werfen Sie einen Blick auf die dortige map()-Methode (Beispiel 10-23): Es werden die beiden Methoden mapWebRoutes() und mapApiRoutes() aufgerufen, in denen wiederum jeweils alle Routen aus der jeweiligen Routendatei geladen und dabei in die passende Middleware-Gruppe »verpackt« werden.

Beispiel 10-23: Der standardmäßige RouteServiceProvider ab Laravel 5.3

```
// App\Providers\RouteServiceProvider
public function map()
{
    $this->mapApiRoutes();
    $this->mapWebRoutes();
}

protected function mapApiRoutes()
{
    Route::prefix('api')
        ->middleware('api')
        ->namespace($this->namespace)
        ->group(base_path('routes/api.php'));
}

protected function mapWebRoutes()
{
    Route::middleware('web')
        ->namespace($this->namespace)
        ->group(base_path('routes/web.php'));
}
```

Wie Sie in Beispiel 10-23 sehen, laden wir mit dem Router im Standardnamensraum App\Http\Controllers eine Routengruppe mit der Middleware-Gruppe web und eine weitere mit der Middleware-Gruppe api.

Parameter an die Middleware übergeben

Es wird nicht besonders häufig eingesetzt, aber es gibt Situationen, in denen man an eine Route-Middleware Parameter übergeben muss. Es könnte beispielsweise eine Authentifizierungs-Middleware geben, die sich unterschiedlich verhalten soll, je nachdem, ob ein Benutzer vom Typ member oder vom Typ owner ist:

```
Route::get('company', function () {
    return view('company.admin');
})->middleware('auth:owner');
```

Damit das funktioniert, müssen Sie einen oder mehrere Parameter zur handle()-Methode der Middleware hinzufügen und die Logik dieser Methode entsprechend anpassen, wie in Beispiel 10-24 gezeigt.

Beispiel 10-24: Definition einer Route-Middleware, die Parameter akzeptiert

```
public function handle($request, $next, $role)
{
    if (auth()->check() && auth()->user()->hasRole($role)) {
        return $next($request);
    }

    return redirect('login');
}
```

Beachten Sie bitte, dass Sie auch mehrere Parameter zur Methode handle() hinzufügen und mehrere Parameter an die Routendefinition übergeben können, indem Sie sie durch Kommas trennen (oder alternativ in Array-Schreibweise angeben):

```
Route::get('company', function () {
    return view('company.admin');
})->middleware('auth:owner,view');
```

Form-Request-Objekte

In diesem Kapitel haben wir gesehen, wie man ein Illuminate-Request-Objekt injiziert, die üblicherweise verwendete Basisform des Anfrageobjekts.

Aber auch das Request-Objekt lässt sich erweitern und anstelle der Basisform verwenden und injizieren. Mehr darüber, wie man benutzerdefinierte Klassen bindet und injiziert, werden Sie in Kapitel 11 erfahren, aber es gibt einen speziellen Typ, den Form Request, der ein eigenes, spezielles Verhalten hat.

Wie man diesen Typ erstellt und verwendet, behandeln wir in »Form Requests« auf Seite 194.

Vertrauenswürdige Proxys

Wenn Sie innerhalb einer Anwendung mit den Bordmitteln von Laravel URLs generieren, werden Sie feststellen, dass Laravel erkennt, ob die aktuelle Anfrage über HTTP oder HTTPS erfolgt ist, und alle Links mit dem entsprechenden Protokoll-Präfix versieht.

Dies funktioniert jedoch manchmal nicht, wenn Sie einen vorgeschalteten Proxy verwenden, z.B. einen Load Balancer oder einen anderen webbasierten Proxy. Viele Proxys senden nicht standardmäßige Header wie X_FORWARDED_PORT und X_FORWARDED_PROTO an eine Anwendung und erwarten, dass die Anwendung diesen Headern »vertraut«, sie korrekt interpretiert und bei der Interpretation der HTTP-Anfrage verwendet. Damit Laravel HTTPS-Anfragen, die durch Proxys erfolgen, korrekt als sichere Anfragen behandeln und Proxy-spezifische Header verarbeiten kann, müssen Sie festlegen, wie genau das geschehen soll.

Sie möchten wahrscheinlich nicht *jedem* beliebigen Proxy erlauben, Traffic an Ihre Anwendung zu senden; vielmehr möchten Sie vermutlich nur bestimmten Proxys und selbst von diesen nur bestimmten weitergeleiteten Headern vertrauen.

Seit Laravel 5.6 ist das Paket TrustedProxy (*https://bit.ly/2HEi3tR*) standardmäßig in jeder Installation von Laravel enthalten – aber auch wenn Sie eine ältere Version verwenden, können Sie es Ihrer Anwendung hinzufügen. Mit TrustedProxy kann man nicht nur bestimmte Traffic-Quellen auf eine Whitelist setzen und sie als »vertrauenswürdig« kennzeichnen, sondern auch die weitergeleiteten Header festlegen, denen man vertrauen möchte, und sie auf normale Header abbilden.

Diese Festlegungen können Sie in der Middleware `App\Http\Middleware\TrustProxies` vornehmen, indem Sie die IP-Adresse für Ihren Load Balancer oder anderen Proxy dem $proxies-Array hinzufügen, wie in Beispiel 10-25 gezeigt.

Beispiel 10-25: Konfiguration der TrustProxies-Middleware

```
    /**
     * Die vertrauenswürdigen Proxys für diese Anwendung
     *
     * @var array
     */
    protected $proxies = [
        '192.168.1.1',
        '192.168.1.2',
    ];

    /**
     * Die Header, die verwendet werden sollten, um Proxys zu erkennen
     *
     * @var string
     */
    protected $headers = Request::HEADER_X_FORWARDED_ALL;
```

Wie Sie sehen können, ist das $headers-Array standardmäßig so eingestellt, dass es automatisch *allen* weitergeleiteten Headern von vertrauenswürdigen Proxys vertraut. Wenn Sie diese Liste anpassen möchten, schauen Sie sich bitte die Symfony-Dokumentation zu vertrauenswürdigen Proxys (*https://bit.ly/2UY7Pri*) an.

Testen

Auch außerhalb des üblichen Kontexts, in dem Sie als Entwickler Anfragen, Antworten und Middleware in Ihren Tests einsetzen, verwendet Laravel diese Elemente ziemlich oft.

Wenn Sie Anwendungstests mit Aufrufen wie $this->get('/') durchführen, weisen Sie Laravels Anwendungstest-Framework an, Request-Objekte zu generieren, die die entsprechenden Interaktionen repräsentieren. Dann werden diese Anforderungsobjekte an Ihre Anwendung übergeben, als stammten sie von echten Besuchen. Deshalb sind Anwendungstests so akkurat: weil Ihre Anwendung nicht wirklich »weiß«, dass es gerade gar kein echter Benutzer ist, der mit ihr interagiert.

In diesem Zusammenhang sind viele der Behauptungen, die Sie aufstellen – beispielsweise assertResponseOk() –, Behauptungen, die das Antwortobjekt betreffen, das vom Anwendungstest-Framework erzeugt wird. Die Methode assertResponseOk() betrachtet nur das Antwortobjekt und behauptet, dass ihre Methode isOk() true zurückgibt – was nur prüft, ob der Statuscode 200 lautet. Schlussendlich verhält sich *alles* in Anwendungstests so, als handele es sich um eine echte Seitenanfrage.

Und wenn Sie für Ihre Tests gerade eine Anfrage brauchen? Sie können jederzeit mit $request = request() eine Anfrage aus dem Container beziehen. Oder Sie erzeugen Ihren eigenen Request – die Konstruktor-Parameter für die Klasse Request, die alle optional sind, lauten:

```
$request = new Illuminate\Http\Request(
    $query,      // GET-Array
    $request,    // POST-Array
    $attributes, // "attributes"-Array; darf leer sein
    $cookies,    // Cookie-Array
    $files,      // Datei-Array
    $server,     // Server-Array
    $content     // Inhalt
);
```

Wenn Sie an einem realen Beispiel interessiert sind, schauen Sie sich die Methode an, mit der Symfony einen neuen Request aus den Globals erstellt, die PHP bereitstellt: Symfony\Component\HttpFoundation\Request@createFromGlobals().

Response-Objekte lassen sich bei Bedarf noch einfacher manuell erstellen. Hier die (optionalen) Parameter:

```
$response = new Illuminate\Http\Response(
    $content, // Inhalt der Antwort
```

```
    $status,   // HTTP-Status, Default: 200
    $headers   // Header-Array
);
```

Noch ein Letztes zum Testen: Falls Sie Ihre Middleware während eines Anwendungstests deaktivieren möchten, importieren Sie einfach die Eigenschaft Without Middleware in diesen Test. Sie können auch $this->withoutMiddleware() verwenden, um Middleware nur für eine einzelne Testmethode zu deaktivieren.

TL;DR

Jede Anfrage, die eine Laravel-Anwendung erreicht, wird in ein Illuminate-Request-Objekt umgewandelt, das dann die gesamte Middleware durchläuft und von der Anwendung verarbeitet wird. Die Anwendung wiederum erzeugt ein Response-Objekt, das dann in umgekehrter Reihenfolge durch die gesamte Middleware zurückgegeben und schließlich an den Endbenutzer gesendet wird.

Request- und Response-Objekte dienen dazu, alle relevanten Informationen über die eingehende Benutzeranforderung und die ausgehende Serverantwort zu kapseln und darzustellen.

Service Provider bündeln funktional zusammenhängendes Verhalten für die Bindung und Registrierung von Klassen, die in der Anwendung verwendet werden sollen.

Middleware »umschließt« die Anwendung und kann Anfragen ablehnen und Antworten verändern (»dekorieren«).

KAPITEL 11
Der Container

Der Service-Container von Laravel – auch *Dependency Injection Container* genannt – bildet den Kern fast aller anderen Features. Der Container ist ein Werkzeug, mit dem Sie konkrete Instanzen von Klassen und Interfaces binden und auflösen können, und gleichzeitig ein leistungsstarker und nuancenreicher Manager vernetzter Abhängigkeiten. In diesem Kapitel erfahren Sie mehr darüber, was genau dieser Container ist, wie er funktioniert und wie Sie ihn verwenden können.

Die vielen Namen des Containers

Sie werden in diesem Buch, in der Dokumentation und in anderen Quellen feststellen, dass eine ganze Reihe unterschiedlicher Bezeichnungen für den Container verwendet werden. Diese Bezeichnungen sind allesamt nützlich und berechtigt, benennen aber letztlich alle das Gleiche. Dazu gehören:

- Anwendungscontainer
- IoC-Container: IoC für *Inversion of Control* bzw. *Umkehrung der Kontrolle*
- Service-Container
- DI-Container: DI für *Dependency Injection* bzw. *Injektion von Abhängigkeiten*

Eine kurze Einführung in die Injektion von Abhängigkeiten

Injektion von Abhängigkeiten bzw. Dependency Injection bedeutet, dass die Abhängigkeiten einer Klasse nicht innerhalb der Klasse instanziiert werden, sondern von außen eingebracht bzw. *injiziert* werden. Dies geschieht am häufigsten durch eine *Konstruktor-Injektion*, was bedeutet, dass die Abhängigkeiten eines Objekts bei dessen Erzeugung injiziert werden. Aber es gibt auch eine *Setter-Injektion*, bei der die Klasse eine Methode anbietet, die speziell zur Injektion von Abhängigkeiten dient, und die *Methoden-Injektion*, bei der Abhängigkeiten beim Aufruf von Methoden eingebracht werden.

In Beispiel 11-1 finden Sie ein kurzes Beispiel für die Konstruktor-Injektion, der häufigsten Art der Abhängigkeitsinjektion.

Beispiel 11-1: Einfache Abhängigkeitsinjektion

```
<?php

class UserMailer
{
    protected $mailer;

    public function __construct(Mailer $mailer)
    {
        $this->mailer = $mailer;
    }

    public function welcome($user)
    {
        return $this->mailer->mail($user->email, 'Welcome!');
    }
}
```

Die im Beispiel gezeigte Klasse `UserMailer` erwartet, dass beim Instanziieren ein Objekt vom Typ `Mailer` eingebracht wird – und die weiteren Methoden der Klasse beziehen sich dann auf diese Instanz.

Der Hauptvorteil der Abhängigkeitsinjektion besteht darin, dass wir später noch ändern können, was genau wir injizieren wollen, dass wir für Tests Abhängigkeiten simulieren können und dass Abhängigkeiten, die gemeinsam genutzt werden, nur einmal instanziiert werden müssen.

> ### Inversion der Kontrolle
>
> Möglicherweise ist Ihnen im Zusammenhang mit *Abhängigkeitsinjektion* (*Dependency Injection*) schon einmal der Ausdruck *Inversion der Kontrolle* (*Inversion of Control*) begegnet. Laravels Container wird manchmal auch als IoC-Container bezeichnet.
>
> Die beiden Konzepte ähneln einander. Der Begriff *Inversion der Kontrolle* verweist darauf, dass in der traditionellen Programmierung die niedrigste Codeebene – spezifische Klassen, Instanzen und prozedurale Codes – steuert, welche Instanz eines bestimmten Musters oder einer bestimmten Schnittstelle verwendet werden soll. Wenn Sie beispielsweise in einer Klasse einen Mailer instanziieren, kann für diese Klasse auch jeweils entschieden werden, ob z. B. Mailgun oder Sendgrid als Mailer verwendet werden soll.
>
> Bei der Kontrollinversion wird diese »Kontrolle« dem anderen Ende einer Anwendung übertragen. Dabei wird dann auf der höchsten, abstraktesten Ebene der

> Anwendung, oft in der Konfiguration, festgelegt, welcher Mailer verwendet werden soll. Jede Instanz, jeder untergeordnete Codeabschnitt orientiert sich dann an der übergeordneten Konfiguration, um dort quasi »nachzufragen«: »Kannst du mir einen Mailer geben?« Die unteren Ebenen »wissen« nicht, *welchen* Mailer sie bekommen, nur *dass* sie einen bekommen.
>
> Die Abhängigkeitsinjektion und insbesondere der DI-Container erleichtern die Kontrollumkehr, da nur an einer einzigen Stelle zentral festgelegt wird, welche konkrete Ausformung z. B. eines `Mailer`-Interfaces beim Injizieren von Mailern in eine Klasse benutzt werden soll.

Abhängigkeitsinjektion und Laravel

Wie Sie in Beispiel 11-1 gesehen haben, geschieht die Injektion von Abhängigkeiten eines Objekts am häufigsten als Konstruktor-Injektion, also durch das Einbringen in dem Moment, in dem etwas instanziiert (»konstruiert«) wird.

Nehmen wir nun unsere Klasse `UserMailer` aus Beispiel 11-1, um in Beispiel 11-2 eine Instanz dieser Klasse zu erstellen und zu verwenden.

Beispiel 11-2: Einfache manuelle Injektion von Abhängigkeiten

```
$mailer = new MailgunMailer($mailgunKey, $mailgunSecret, $mailgunOptions);
$userMailer = new UserMailer($mailer);

$userMailer->welcome($user);
```

Stellen wir uns nun vor, dass die Klasse `UserMailer` in der Lage sein soll, Nachrichten zu protokollieren und jedes Mal, wenn sie eine Nachricht sendet, eine Benachrichtigung an einen Slack-Kanal zu senden. Beispiel 11-3 zeigt, wie das aussehen könnte. Es würde ziemlich schnell recht umständlich werden, wenn wir dieselbe Arbeit jedes Mal machen müssten, wenn wir eine neue Instanz erstellen – besonders wenn man bedenkt, dass wir all diese Parameter auch irgendwo besorgen müssen.

Beispiel 11-3: Komplexere manuelle Injektion von Abhängigkeiten

```
$mailer = new MailgunMailer($mailgunKey, $mailgunSecret, $mailgunOptions);
$logger = new Logger($logPath, $minimumLogLevel);
$slack = new Slack($slackKey, $slackSecret, $channelName, $channelIcon);
$userMailer = new UserMailer($mailer, $logger, $slack);

$userMailer->welcome($user);
```

Möchten Sie diesen Code jedes Mal schreiben, wenn Sie einen `UserMailer` brauchen? Die Abhängigkeitsinjektion als solche ist großartig, aber in dieser Form ist das ein ziemliches Kuddelmuddel.

Der globale Helfer app()

Bevor wir uns im Detail darum kümmern, wie der Container tatsächlich funktioniert, wollen wir uns anschauen, wie man am einfachsten ein Objekt aus dem Container erhält: mit dem app()-Helfer.

Um eine Instanz dieser Klasse zu erhalten, können Sie eine beliebige Zeichenkette an diesen Helfer übergeben, z.B. einen voll qualifizierten Klassennamen (wie App\ThingDoer) oder eine Kurzbezeichnung (dazu kommen wir gleich):

```
$logger = app(Logger::class);
```

Das ist die absolut einfachste Art, mit dem Container zu interagieren. Der Helfer erzeugt eine Instanz der gewünschten Klasse und gibt sie zurück, ganz bequem. Das ähnelt der Anweisung new Logger, ist aber – wie wir gleich sehen werden – die bessere Variante.

> **Unterschiedliche Syntaxvarianten, um konkrete Instanzen zu erzeugen**
>
> Der einfachste Weg, eine konkrete Instanz einer Klasse oder eines Interfaces zu erzeugen, besteht darin, den globalen Helfer zu verwenden und den Namen der Klasse oder des Interfaces mit app('FullyQualifiedClassName') direkt an den Helfer zu übergeben.
>
> Wenn Sie jedoch eine Instanz des *Containers* haben, gibt es verschiedene Möglichkeiten, eine Klasseninstanz zu erzeugen – egal, ob die Container-Instanz selbst irgendwo injiziert wurde oder ob Sie sich in einem Service Provider befinden und $this->app verwenden oder die Container-Instanz einfach mit $app = app() erzeugt haben.
>
> Üblicherweise benutzt man die Methode make(): $app->make('FullyQualifiedClassName') funktioniert hervorragend. Manchmal benutzen Entwickler auch die folgende Variante, die teilweise auch in der Dokumentation zu finden ist: $app['FullyQualifiedClassName']. Keine Sorge. Das ist das Gleiche, nur etwas anders geschrieben.

Das Erstellen der Logger-Instanz, wie oben gezeigt, erscheint einfach, aber Sie haben vielleicht bemerkt, dass unsere $logger-Klasse in Beispiel 11-3 zwei Parameter besitzt: $logPath und $minimumLogLevel. Woher weiß der Container, was hier übergeben werden soll?

Kurze Antwort: Er weiß es nicht. Sie können den globalen Helfer app() verwenden, um eine Instanz einer Klasse zu erstellen, die keine Parameter in ihrem Konstruktor verwendet, aber an diesem Punkt hätten Sie auch einfach selbst new Logger ausführen können. Der Container glänzt, wenn der Konstruktor eine gewisse Komplexität aufweist. Und deswegen müssen wir uns genau ansehen, wie der Container herausfindet, wie Klassen mit Konstruktor-Parametern erzeugt werden.

Wie ist der Container verdrahtet?

Bevor wir uns weiter mit der Klasse Logger beschäftigen, schauen wir uns Beispiel 11-4 an.

Beispiel 11-4: Laravels Autowiring
```
class Bar
{
    public function __construct() {}
}

class Baz
{
    public function __construct() {}
}

class Foo
{
    public function __construct(Bar $bar, Baz $baz) {}
}

$foo = app(Foo::class);
```

Das sieht so ähnlich aus wie unser Mailer-Beispiel 11-3. Der Unterschied besteht darin, dass die Abhängigkeiten Bar und Baz beide so einfach sind, dass der Container sie ohne weitere Informationen auflösen kann. Der Container liest die Typehints im Foo-Konstruktor, erzeugt Instanzen von Bar und Baz und injiziert sie dann in die erzeugte neue Foo-Instanz. Das nennt man *Autowiring*: Die Auflösung von Instanzen basierend auf Typehints, ohne dass der Entwickler diese Klassen explizit im Container binden muss.

Autowiring bedeutet also, dass der Container eine Klasse auch dann auflösen kann, wenn sie – wie Foo, Bar und Baz in unserem Beispiel – nicht explizit an den Container gebunden wurde, der Container aber dennoch »selbst« herausfinden kann, wie man sie auflöst. Das wiederum heißt, dass sowohl alle Klassen *ohne* Abhängigkeiten im Konstruktor (wie hier Bar und Baz) als auch alle Klassen *mit* solchen Abhängigkeiten im Konstruktor (wie hier Foo) aus dem Container heraus aufgelöst werden können.

Es müssen also nur noch solche Klassen explizit gebunden werden, die unauflösbare Parameter im Konstruktor mitbringen – zum Beispiel unsere $logger-Klasse in Beispiel 11-3, die Parameter aufweist, die sich auf den Pfad und das Log-Level beziehen.

Deshalb müssen wir uns noch anschauen, wie man solche Klassen explizit an den Container bindet.

Klassen an den Container binden

Das Binden einer Klasse an Laravels Container bedeutet im Prinzip, dass man dem Container etwa Folgendes mitteilt: »Wenn ein Entwickler nach einer Instanz von Logger fragt, ist hier der auszuführende Code, um eine Instanz mit den richtigen Parametern und Abhängigkeiten zu erzeugen und diese korrekt zurückzugeben.«

Wir bringen dem Container bei, wie er auflösen muss, wenn jemand nach einer bestimmten Zeichenkette fragt (normalerweise der voll qualifizierte Name einer Klasse).

Bindung mittels Closure

Schauen wir uns jetzt an, wie man diese Bindung praktisch vornimmt. Bitte beachten Sie, dass die geeignete Stelle, um an den Container zu binden, die register()-Methode eines Service Providers ist (siehe Beispiel 11-5).

Beispiel 11-5: Grundlegende Bindung an den Container

```
// In einem Service Provider (z.B. LoggerServiceProvider)
public function register()
{
    $this->app->bind(Logger::class, function ($app) {
        return new Logger('\log\path\here', 'error');
    });
}
```

Bei diesem Beispiel gibt es ein paar wichtige Dinge zu beachten. Zuerst führen wir $this->app->bind() aus. $this->app ist eine Instanz des Containers, die jederzeit und in jedem Service Provider verfügbar ist. Die bind()-Methode des Containers ist diejenige, mit der etwas an den Container gebunden wird.

Der erste Parameter von bind() ist der »Schlüssel«, an den wir binden. Hier haben wir den voll qualifizierten Klassennamen verwendet. Im zweiten Parameter teilen wir dem Container mit, was genau getan werden muss, um eine Instanz des gebundenen Schlüssels aufzulösen.

In diesem Beispiel übergeben wir eine Closure. Damit erhält man, wenn ab jetzt irgendwo app(Logger::class) ausgeführt wird, das Ergebnis dieser Closure. Der Closure selbst wiederum wird eine Instanz des Containers übergeben ($app), damit diese benutzt werden kann, wenn die Klasse, die man auflösen will, selbst eine Abhängigkeit hat, die aus dem Container heraus aufgelöst werden soll – siehe Beispiel 11-6.

Beispiel 11-6: Verwendung der übergebenen $app-Instanz in einer Container-Bindung

```
// Die folgende Bindung ist eigentlich überflüssig und dient nur als Beispiel,
// da all dies bereits durch das Autowiring des Containers erledigt werden würde.
$this->app->bind(UserMailer::class, function ($app) {
    return new UserMailer(
```

```
        $app->make(Mailer::class),
        $app->make(Logger::class),
        $app->make(Slack::class)
    );
});
```

Beachten Sie bitte, dass jedes Mal, wenn Sie nach einer neuen Instanz der Klasse fragen, die Closure erneut ausgeführt und das Ergebnis zurückgegeben wird.

Bindung von Singletons, Aliasen und Instanzen

Wenn Sie stattdessen möchten, dass das Ergebnis der Closure zwischengespeichert wird, sodass sie *nicht* jedes Mal erneut ausgeführt wird, wenn Sie nach einer neuen Instanz fragen, dann können Sie das sogenannte Entwurfsmuster *Singleton* (wörtlich: *Einling*) benutzen: $this->app->singleton(). Beispiel 11-7 zeigt, wie das aussieht.

Beispiel 11-7: Binden eines Singletons an den Container

```
public function register()
{
    $this->app->singleton(Logger::class, function () {
        return new Logger('\log\path\here', 'error');
    });
}
```

Sie können ein ähnliches Verhalten bewirken, wenn Sie bereits eine Instanz des Objekts haben, das zurückgegeben werden soll wie in Beispiel 11-8.

Beispiel 11-8: Binden einer vorhandenen Klasseninstanz an den Container

```
public function register()
{
    $logger = new Logger('\log\path\here', 'error');
    $this->app->instance(Logger::class, $logger);
}
```

Beispiel 11-9 zeigt schließlich verschiedene Wege, auf denen Sie Aliase für Klassen benutzen können, um z. B. eine Klasse an eine Kurzbezeichnung oder eine Kurzbezeichnung an eine Klasse zu binden.

Beispiel 11-9: Aliase für Klassen festlegen

```
// Benutze FirstLogger, wenn nach Logger gefragt wird
$this->app->bind(Logger::class, FirstLogger::class);

// Benutze FirstLogger, wenn nach 'log' gefragt wird - mit bind()
$this->app->bind('log', FirstLogger::class);

// Benutze FirstLogger, wenn nach 'log' gefragt wird - mit alias()
$this->app->alias(FirstLogger::class, 'log');
```

Beachten Sie bitte, dass solche Shortcuts in Laravel sehr häufig benutzt werden: Das Framework bietet ein ganzes System von leicht zu merkenden Kurzbezeichnungen (wie hier log) für Klassen, die Kernfunktionen bereitstellen.

Binden einer konkreten Instanz an ein Interface

Genauso wie wir eine Klasse an eine andere Klasse oder eine Klasse an eine Kurzbezeichnung binden können, können wir sie auch an ein Interface binden. Das ist eine sehr mächtige Möglichkeit, da wir nun anstelle von Klassennamen auch Interfaces typehinten können, siehe Beispiel 11-10.

Beispiel 11-10: Typehinten und Binden eines Interfaces

```
...
use Interfaces\Mailer as MailerInterface;

class UserMailer
{
    protected $mailer;

    public function __construct(MailerInterface $mailer)
    {
        $this->mailer = $mailer;
    }
}

// Service Provider
public function register()
{
    $this->app->bind(\Interfaces\Mailer::class, function () {
        return new MailgunMailer(...);
    });
}
```

Sie können nun die Interfaces Mailer oder Logger überall im Code typehinten, müssen aber nur einmal in einem beliebigen Service Provider festlegen, welchen bestimmten Mailer oder Logger Sie verwenden möchten. Das ist die Umkehrung der Kontrolle: Die Entscheidung über die einzubindenden Abhängigkeiten wird nicht mehr Ebene für Ebene und Klasse für Klasse »nach unten« weitergegeben, sondern sie verbleibt ganz oben beim ersten aufrufenden Element (durch die Festlegung per Konfiguration).

Einer der Hauptvorteile dieses Musters liegt darin, dass es später ausreicht, einfach die Mailer-Klasse im Service Provider zu ändern, wenn Sie sich für einen anderen Mailanbieter als Mailgun entscheiden – vorausgesetzt, für den neuen Anbieter gibt es eine Klasse, die die Mailer-Schnittstelle implementiert. Im Rest Ihres Codes muss dann absolut nichts mehr geändert werden.

Kontextuelle Bindung

Manchmal müssen Sie anhand des Kontexts entscheiden, wie ein Interface aufgelöst werden soll. Möglicherweise sollen bestimmte Events in einem lokalen Syslog aufgezeichnet werden, andere dagegen durch einen externen Dienst. Teilen wir dem Container also mit, wie er beides unterscheiden kann – siehe Beispiel 11-11.

Beispiel 11-11: Kontextuelle Bindung

```
// In einem Service Provider
public function register()
{
    $this->app->when(FileWrangler::class)
        ->needs(Interfaces\Logger::class)
        ->give(Loggers\Syslog::class);

    $this->app->when(Jobs\SendWelcomeEmail::class)
        ->needs(Interfaces\Logger::class)
        ->give(Loggers\PaperTrail::class);
}
```

Konstruktor-Injektion in Laravel-Framework-Dateien

Wir haben das Konzept der Konstruktor-Injektion behandelt und untersucht, wie man mithilfe des Containers Instanzen einer Klasse oder eines Interfaces auflöst. Sie haben gesehen, wie einfach man mit dem app()-Helfer Instanzen erstellen kann und wie der Container bei der Erzeugung einer Instanz die Konstruktorabhängigkeiten einer Klasse auflöst.

Der Container ist aber auch für die Auflösung von vielen operativen Kernklassen Ihrer Anwendung verantwortlich. Auch Controller werden beispielsweise durch den Container instanziiert. Das bedeutet, dass Sie einfach die Logger-Klasse im Konstruktor eines Controllers angeben können, wenn Sie dort eine Instanz eines Loggers benötigen, weil Laravel bei der Instanziierung des Controllers auch diese Abhängigkeit mithilfe des Containers auflöst. Schauen wir uns dazu Beispiel 11-12 an.

Beispiel 11-12: Abhängigkeiten in einen Controller injizieren

```
...
class MyController extends Controller
{
    protected $logger;

    public function __construct(Logger $logger)
    {
        $this->logger = $logger;
    }

    public function index()
    {
```

```
    // Hier Programmcode
    $this->logger->error('Something happened');
    }
}
```

Der Container ist verantwortlich für die Auflösung von Controllern, Middleware, Warteschlange-Aufträgen, Event-Listenern und allen anderen Klassen, die von Laravel während des Lebenszyklus Ihrer Anwendung automatisch generiert werden – in all diesen Klassen kann man in den Konstruktoren Abhängigkeiten typehinten und darauf vertrauen, dass diese automatisch injiziert werden.

Methoden-Injektion

Es gibt einige Stellen in einer Anwendung, an denen Laravel nicht nur die Signatur des Konstruktors liest, sondern auch die Signaturen von *Methoden* und damit auch dort Abhängigkeiten auflösen kann.

Die Methoden-Injektion wird insbesondere in Controllern angewendet. Wenn es eine Abhängigkeit gibt, die Sie nur in einer einzelnen Controller-Methode verwenden möchten, können Sie sie in genau diese Methode einbringen, wie Beispiel 11-13 zeigt.

Beispiel 11-13: Abhängigkeiten in eine Controller-Methode injizieren

```
...
class MyController extends Controller
{
    // Abhängigkeiten in Methoden können nach oder vor Routenparametern stehen
    public function show(Logger $logger, $id)
    {
        // Hier Programmcode
        $logger->error('Something happened');
    }
}
```

Übergabe unauflösbarer Konstruktor-Parameter mit makeWith()

Alle primären Werkzeuge zum Auflösen einer konkreten Instanz einer Klasse – app(), $container->make() usw. – gehen davon aus, dass das ohne weitere Angaben geschieht. Aber was passiert, wenn eine Klasse in ihrem Konstruktor anstelle einer Abhängigkeit, die der Container auflösen kann, einen Wert erwartet? Dann können Sie die Methode makeWith() verwenden:

```
class Foo
{
    public function __construct($bar)
    {
        // ...
    }
}
```

```
$foo = $this->app->makeWith(
    Foo::class,
    ['bar' => 'value']
);
```

Dies ist allerdings eine Art Grenzfall. Bei Klassen, die Sie mittels Container auflösen wollen, sollten in der Regel in den Konstruktoren *nur* Abhängigkeiten stehen.

Sie können das Gleiche in der boot()-Methode von Service Providern machen. Außerdem können Sie beliebige Methoden einer Klasse mittels Container aufrufen, was auch dort Methoden-Injektion ermöglicht (siehe Beispiel 11-14).

Beispiel 11-14: Manueller Aufruf einer Klassenmethode mit der call()-Methode des Containers

```
class Foo
{
    public function bar($parameter1) {}
}

// Ruft die Methode 'bar' auf 'Foo' mit einem ersten Parameter 'value' auf
app()->call('Foo@bar', ['parameter1' => 'value']);
```

Fassaden und Container

Fassaden sind uns in diesem Buch schon mehrmals begegnet, aber wir haben uns noch nicht wirklich angesehen, wie sie eigentlich funktionieren.

Fassaden sind Klassen, die einen vereinfachten Zugriff auf Kernfunktionalitäten von Laravel ermöglichen. Sie besitzen zwei charakteristische Merkmale: Erstens sind sie alle im globalen Namensraum verfügbar (\Log ist also ein Alias für \Illuminate\Support\Facades\Log); und zweitens verwenden sie statische Methoden, um auf nicht-statische Ressourcen zuzugreifen.

Schauen wir uns die Log-Fassade an, da wir uns in diesem Kapitel bereits mit Protokollierung beschäftigt haben. In Controllern oder Views können Sie z. B. diesen Aufruf verwenden:

```
Log::alert('Something has gone wrong!');
```

Und so würde es aussehen, wenn man den gleichen Aufruf ohne Fassade durchführt:

```
$logger = app('log');
$logger->alert('Something has gone wrong!');
```

Fassaden übersetzen also statische Aufrufe – das sind Methodenaufrufe, die mit :: auf einer Klasse selbst ausgeführt werden – in normale Aufrufe auf Instanzen.

Importieren von Fassaden-Namensräumen
Wenn Sie in einer Klasse mit Namensraum arbeiten, sollten Sie die eingesetzten Fassaden ganz oben importieren:

```
...
use Illuminate\Support\Facades\Log;

class Controller extends Controller
{
    public function index()
    {
        // ...
        Log::error('Something went wrong!');
    }
```

Wie Fassaden funktionieren

Werfen wir einen Blick auf die Cache-Fassade, um uns anzusehen, wie sie funktioniert.

Öffnen Sie dazu die Klasse Illuminate\Support\Facades\Cache. Das sollte aussehen wie in Beispiel 11-15.

Beispiel 11-15: Die Cache-Fassade

```
<?php

namespace Illuminate\Support\Facades;

class Cache extends Facade
{
    protected static function getFacadeAccessor()
    {
        return 'cache';
    }
}
```

Jede Fassade besteht aus einer einzigen Methode: getFacadeAccessor(). Damit wird die Kurzbezeichnung definiert, unter der Laravel die Unterstützungsklasse dieser Fassade im Container lokalisiert.

In vorliegenden Fall wird jeder Aufruf der Cache-Fassade durch den Aufruf einer Instanz der Kurzbezeichnung cache ersetzt. Natürlich ist das nicht der Name einer echter Klasse oder Schnittstelle, sondern einer dieser Shortcuts, die ich weiter oben bereits erwähnt habe.

Es findet also diese Ersetzung statt:

```
Cache::get('key');

// wird zu:

app('cache')->get('key');
```

Es gibt verschiedene Möglichkeiten, wie man herausfindet, auf welche Klasse eine Fassade zeigt, aber am einfachsten schaut man direkt in der Dokumentation nach. In der Dokumentation zu Fassaden (*https://bit.ly/2WpJdIu*) gibt es eine Tabelle, die für jede Fassade angibt, mit welcher Kurzbezeichnung sie im Container gebunden ist und welche Klasse ihr zugrunde liegt. Diese Tabelle sieht ungefähr so aus:

Facade	Class	Service container binding
App	Illuminate\Foundation\Application	app
...	...	...
Cache	Illuminate\Cache\CacheManager	cache
...	...	...

Mit dieser Referenz können Sie drei Dinge tun:

Erstens können Sie herausfinden, welche Methoden eine Fassade bereitstellt. Schauen Sie einfach im Quellcode der zugrunde liegenden Klasse nach: Alle öffentlichen Methoden der Klasse können mithilfe der Fassade aufgerufen werden.

Zweitens können Sie herausfinden, wie Sie die Klasse, die einer Fassade zugrunde liegt, mittels Dependency Injection einbringen können. Typehinten Sie dazu einfach die Backing-Klasse der Fassade oder holen Sie sich mit app() eine Instanz derselben. Sie können dann die gleichen Methoden aufrufen wie auf der Fassade.

Drittens können Sie sehen, wie Sie eigene Fassaden erstellen können. Sie brauchen dazu eine Klasse, die Illuminate\Support\Facades\Facade erweitert, und definieren darin eine Methode getFacadeAccessor(), die eine Zeichenkette zurückgibt. Nehmen Sie als Zeichenkette eine treffende Bezeichnung, um die Backing-Klasse der Fassade aus dem Container aufzulösen – am besten den voll qualifizierten Klassennamen. Abschließend müssen Sie die Fassade im Array aliases in *config/app.php* registrieren. Und fertig!

Echtzeit-Fassaden

Mit Laravel 5.4 wurden als neues Feature sogenannte *Echtzeit-Fassaden* eingeführt. Anstatt gleich eine neue Klasse anzulegen, um die Methoden als statische Methoden verfügbar zu machen, können Sie dem voll qualifizierten Namen einer Klasse einfach Facades\ voranstellen und sie dann *wie* eine Fassade verwenden. Beispiel 11-16 veranschaulicht, wie das funktioniert.

Beispiel 11-16: Echtzeit-Fassaden benutzen

```
namespace App;

class Charts
{
    public function burndown()
    {
```

```
        // ...
    }
}

<h2>Burndown Chart</h2>
{{ Facades\App\Charts::burndown() }}
```

Allein durch die Erweiterung des Klassennamens um `Facades\` wird die nicht-statische Methode `burndown()` als statische Methode der Echtzeit-Fassade zugänglich.

Service Provider

Wir haben im vorhergehenden Kapitel die Service Provider behandelt (siehe »Service Provider« auf Seite 255). Was den Container betrifft, ist wichtig, dass Sie daran denken, Ihre Bindungen in der `register()`-Methode eines Service Providers vorzunehmen.

Sie können die Bindungen natürlich alle in `App\Providers\AppServiceProvider` registrieren, aber normalerweise ist es besser, für eine Gruppe neuer Funktionen auch einen dedizierten Service Provider einzurichten und die Klassen in *dessen* `register()`-Methode zu binden.

Testen

Dass man Kontrollumkehrung und Dependecy Injection nutzen kann, macht das Testen in Laravel äußerst vielseitig. Sie können z.B. unterschiedliche Logger binden, je nachdem, ob die Anwendung live geschaltet ist oder gerade getestet wird. Oder Sie stellen den E-Mail-Service z.B. von Mailgun auf einen lokalen E-Mail-Logger um, damit sich die Mails leichter inspizieren lassen. Diese beiden Austauschaktionen sind bei Tests so verbreitet, dass man dazu am besten die *.env*-Konfigurationsdateien benutzt. Ähnliche Ersetzungen sind für beliebige Interfaces oder Klassen möglich.

Am einfachsten ist es, diese Klassen und Interfaces genau dann direkt im Test explizit neu zu binden, wenn man sie braucht. Beispiel 11-17 zeigt wie.

Beispiel 11-17: Überschreiben von Bindungen in Tests
```
public function test_it_does_something()
{
    app()->bind(Interfaces\Logger, function () {
        return new DevNullLogger;
    });

    // Anweisungen hier ...
}
```

Wenn Sie bestimmte Klassen oder Interfaces in Ihren Tests global neu binden müssen (was allerdings nicht besonders häufig vorkommt), können Sie dies entweder in der setUp()-Methode der Testklasse oder in der gleichnamigen Methode der grundlegenden TestCase-Klasse von Laravel durchführen, wie in Beispiel 11-18 gezeigt.

Beispiel 11-18: Überschreiben einer Bindung für alle Tests
```
class TestCase extends \Illuminate\Foundation\Testing\TestCase
{
    public function setUp()
    {
        parent::setUp();

        app()->bind('whatever', 'whatever else');
    }
}
```

Falls Sie Mockery oder etwas Vergleichbares verwenden, ist es üblich, ein Mock oder Spy oder Stub einer Klasse zu erstellen und diesen im Container zu binden.

TL;DR

Der Service-Container von Laravel hat viele Namen, aber alle Bezeichnungen versuchen nur, seine wesentliche Aufgabe auf den Punkt zu bringen: es zu vereinfachen, dass bestimmte Zeichenketten bzw. Bezeichnungen zu konkreten Instanzen aufgelöst werden. Diese Zeichenketten können voll qualifizierte Namen von Klassen oder Interfaces oder Kurzbezeichnungen wie log sein.

Jede Bindung informiert die Anwendung, wie zu einem gegebenen Schlüssel (z. B. app('log')) eine konkrete Instanz gebildet werden soll. Es gibt verschiedene Möglichkeiten, diese Bindungen durchzuführen, u. a. per Closure oder Alias.

Der Container ist smart genug, Abhängigkeiten auch rekursiv aufzulösen. Wenn Sie also die Instanz von etwas auflösen wollen, das selbst Abhängigkeiten im Konstruktor aufweist, wird der Container versuchen, diese Abhängigkeiten anhand der Typehints zu erkennen und an die Klasse weiterzuleiten, um schließlich die gewünschte Instanz zurückzugeben.

Fassaden sind Abkürzungen, mit denen man statische Aufrufe verwenden kann, um nicht-statische Methoden von Klassen aufzurufen, die mittels Container aufgelöst wurden. Echtzeit-Fassaden ermöglichen es, jede beliebige Klasse wie eine Fassade zu behandeln, indem man dem voll qualifizierten Klassennamen Facades\ voranstellt.

KAPITEL 12
Testen

Die meisten Entwickler wissen, dass es *eine wirklich gute Sache* ist, den eigenen Code auch zu testen. Wir sollten es wirklich tun. Wir wissen mehr oder weniger, warum Testen gut ist, und vielleicht haben wir auch ein paar Tutorials darüber gelesen, wie es funktioniert.

Aber es ist ein großer Unterschied, ob man bloß weiß, *warum* man testen sollte, oder ob man auch weiß, *wie* man testet! Glücklicherweise bieten Tools wie PHPUnit, Mockery und PHPSpec eine riesige Anzahl von Testmöglichkeiten für PHP – aber dennoch kann es ziemlich anspruchsvoll sein, eine Testumgebung einzurichten.

Von Haus aus bringt Laravel Integrationen bzw. Anbindungen zu PHPUnit (Modultests), Mockery (Mocking) und Faker (Erstellung von gefakten Daten für Seeding und Tests) mit. Es bietet auch eine eigene einfache und leistungsstarke Suite von Werkzeugen für Anwendungstests, mit der Sie die URIs Ihrer Website »durchsuchen«, Formulare senden, HTTP-Statuscodes überprüfen und JSON validieren sowie Behauptungen hinsichtlich JSON erstellen können. Es gibt zudem ein robustes Frontend-Test-Framework namens Dusk, das sogar mit JavaScript-Anwendungen interagieren und diese testen kann. Damit wird schon deutlich, dass wir in diesem Kapitel eine Menge Stoff vor uns haben.

Der Einstieg fällt aber dadurch etwas leichter, dass das Test-Setup von Laravel einen exemplarischen Anwendungstest enthält, der bereits direkt beim Erstellen einer neuen App erfolgreich ausgeführt werden kann. Sie müssen also keine Zeit für die Konfiguration Ihrer Testumgebung opfern – und damit gibt es ein Hindernis weniger beim Schreiben Ihrer Tests.

Grundlagen des Testens

Begrifflichkeiten beim Testen

Programmierer können sich oft nur schwer auf gemeinsame Begriffe einigen, um verschiedene Arten von Tests zu definieren.

In diesem Buch werde ich vier Grundbegriffe verwenden:

Unit-Tests
  Unit-Tests bzw. Modul- oder Komponententest zielen auf kleine, relativ isolierte Einheiten ab – in der Regel eine Klasse oder Methode.

Feature-Tests
  Mit Feature-Tests prüft man, wie einzelne Komponenten zusammenarbeiten und Nachrichten austauschen.

Anwendungstests
  Oft auch als Akzeptanz- oder Funktionstests bezeichnet, prüfen Anwendungstests das gesamte Verhalten einer Anwendung, meist an einer äußeren Grenze wie HTTP-Aufrufen.

Regressionstests
  Ähnlich wie bei Anwendungstests konzentrieren sich Regressionstests etwas mehr darauf, genau zu beschreiben, was ein Benutzer tun können sollte, und sicherzustellen, dass dieses Verhalten auch dauerhaft gewährleistet ist. Der Grat zwischen Anwendungs- und Regressionstests ist schmal, der Unterschied zwischen beiden liegt in erster Linie in der Detailliertheit der Tests. Ein Anwendungstest könnte beispielsweise behaupten: »Ein Browser kann ein POST an den Endpunkt people senden, und daraufhin sollte es einen neuen Eintrag in der Tabelle users geben« (relativ geringe Genauigkeit, weil Sie nachahmen, was der Browser tut), aber ein Regressionstest würde eher lauten: »Nach dem Anklicken dieser bestimmten Schaltfläche mit diesen eingegebenen Formulardaten sollte der Benutzer dieses Ergebnis auf dieser Seite sehen« (höhere Genauigkeit, weil Sie das tatsächliche Verhalten Ihrer Benutzer beschreiben).

In Laravel befinden sich Tests im Verzeichnis *tests*. Im dortigen Hauptverzeichnis liegen zwei Dateien: *TestCase.php* ist die grundlegende Testklasse, auf der Ihre eigenen Tests aufbauen werden, und *CreatesApplication.php* ist ein Trait, der in *TestCase.php* importiert wird und es jeder Klasse erlaubt, eine Beispiel-Laravel-Anwendung zu booten und zu testen.

Daneben gibt es zwei Unterordner: *Feature* für Tests, bei denen es um die Interaktion zwischen mehreren Einheiten geht, und *Unit* für Tests, die nur eine einzelne Einheit Ihres Codes abdecken (Klasse, Modul, Funktion usw.). Jeder dieser Ordner enthält eine Datei namens *ExampleTest.php* mit jeweils einem einzelnen Beispieltest, der sofort ausgeführt werden kann.

Unterschiede beim Testen vor Laravel 5.4

In Projekten mit Versionen vor 5.4 gibt es nur zwei Dateien im Verzeichnis *tests*: *ExampleTest.php* als Beispieltest und *TestCase.php* als Basistest.

Außerdem gab es vor Version 5.4 eine leicht andere Syntax als die, die wir in den Beispielen in diesem Kapitel benutzen. Die zugrunde liegenden Ideen sind die gleichen, aber die Syntax ist durchgängig etwas unterschiedlich. Mehr dazu erfahren Sie in der Laravel-5.3-Dokumentation zum Thema Testen (*https://bit.ly/2YnwDev*). Hier die vier größten Abweichungen:

1. In Version 5.3 und früher erstellen Sie keine Antwortobjekte, sondern rufen nur Methoden auf $this auf, und die Testklasse speichert die Antworten. $response = $this->get('people') lautete bis inklusive Version 5.3 stattdessen: $this->get('people').

2. Viele der Assertionen wurden in Version 5.4 geringfügig umbenannt, damit sie mehr wie die normalen Assertionen von PHPUnit klingen: zum Beispiel assertSee() statt zuvor see().

3. Einige der »Crawling«-Methoden, die ab Version 5.4 in das Modul browser-kit-testing extrahiert wurden, waren in früheren Versionen in den Kern integriert.

4. Dusk gibt es erst seit Version 5.4.

Da das Testen vor Version 5.4 damit deutlich unterschiedlich ablief, habe ich eine frühere Version dieses Kapitels aus der ersten Ausgabe dieses Buchs in englischer Sprache als kostenlose PDF-Datei zur Verfügung gestellt. Wenn Sie noch mit Version 5.3 oder früher arbeiten, möchte ich Ihnen empfehlen, ggf. dieses Kapitel hier im Buch auszulassen und stattdessen das PDF des Kapitels »Testen« aus der ersten Ausgabe dieses Buchs (*https://bit.ly/2CNFCN1*) zu lesen.

Der ExampleTest im Verzeichnis *Unit* enthält eine einfache Behauptung: $this->assertTrue(true). Ihre Komponententests werden wahrscheinlich überwiegend aus relativ einfacher PHPUnit-Syntax bestehen: z.B. aus Behauptungen, dass bestimmte Werte gleich oder unterschiedlich sind, der Suche nach Einträgen in Arrays, der Überprüfung von Booleans usw. – hier gibt es also nicht viel Neues.

Die Grundlagen von PHPUnit-Behauptungen

Die meisten Assertionen werden mit der folgenden Syntax auf dem $this-Objekt ausgeführt:

```
$this->assertWHATEVER($expected, $real);
```

Wenn wir also zum Beispiel behaupten wollen, dass zwei Variablen gleich sein sollen, übergeben wir zuerst das erwartete Ergebnis und dann das tatsächliche Ergebnis des Objekts oder Systems, das wir gerade testen:

```
$multiplicationResult = $myCalculator->multiply(5, 3);
$this->assertEqual(15, $multiplicationResult);
```

Wie Sie in Beispiel 12-1 sehen können, sendet der `ExampleTest` im Verzeichnis *Feature* einen simulierten HTTP-Request an das Wurzelverzeichnis Ihrer Anwendung und überprüft, ob dabei der HTTP-Status 200 (= erfolgreich) zurückgegeben wird. Falls ja, wird der Test bestanden; falls nicht, scheitert er. Im Gegensatz zu einem typischen PHPUnit-Test führen wir diese Behauptungen auf dem Objekt TestResponse aus, das zurückgegeben wird, wenn wir Test-HTTP-Aufrufe ausführen.

Beispiel 12-1: tests/Feature/ExampleTest.php

```
<?php

namespace Tests\Feature;

use Illuminate\Foundation\Testing\RefreshDatabase;
use Tests\TestCase;

class ExampleTest extends TestCase
{
    /**
     * Ein einfaches Testbeispiel
     *
     * @return void
     */
    public function testBasicTest()
    {
        $response = $this->get('/');

        $response->assertStatus(200);
    }
}
```

Um die Tests zu starten, führen Sie bitte im Stammverzeichnis Ihrer Anwendung den Befehl `./vendor/bin/phpunit` auf der Befehlszeile aus. Sie sollten dann in etwa ein Ergebnis wie in Beispiel 12-2 erhalten.

Beispiel 12-2: Exemplarischer Output von ExampleTest

```
PHPUnit 8.5.0 by Sebastian Bergmann and contributors.

..                                                                  2 / 2 (100%)

Time: 139 ms, Memory: 12.00MB

OK (2 test, 2 assertions)
```

Sie haben gerade Ihren ersten Laravel-Anwendungstest durchgeführt! Die beiden Punkte im Test-Output zeigen an, dass zwei Tests bestanden wurden. Laravel ist also von Beginn an nicht nur mit einer funktionierenden PHPUnit-Umgebung ausgestattet, sondern auch mit einer vollwertigen Anwendungstest-Suite, die HTTP-Aufrufe simulieren und die Antworten Ihrer Anwendung testen kann. Außerdem haben Sie einfachen Zugriff auf einen voll ausgestatteten DOM-Crawler (»Eine kurze Einführung in das BrowserKit-Testen« auf Seite 324) und ein Regressionstest-Tool mit voller JavaScript-Unterstützung (»Testen mit Dusk« auf Seite 324).

Für den Fall, dass Sie mit PHPUnit noch nicht vertraut sind, wollen wir einen Blick darauf werfen, wie sich ein Testfehler darstellt. Anstatt den vorherigen Test zu modifizieren, erstellen wir einen eigenen. Führen Sie dazu bitte auf der Kommandozeile php artisan make:test FailingTest aus. Dadurch wird die Datei *tests/Feature/FailingTest.php* erstellt; ändern Sie dann die darin enthaltene Methode testExample() so ab, dass sie wie in Beispiel 12-3 aussieht.

Beispiel 12-3: tests/Feature/FailingTest.php – so abgeändert, dass der Test fehlschlägt
```
public function testExample()
{
    $response = $this->get('/');

    $response->assertStatus(301);
}
```

Das ist praktisch der gleiche Test wie zuvor, allerdings testen wir jetzt gegen einen falschen Status. Führen Sie PHPUnit nun erneut aus.

Unit-Tests generieren

Wenn Ihr Test im Verzeichnis Unit statt im Verzeichnis Feature generiert werden soll, übergeben Sie einfach das Flag --unit:

```
php artisan make:test SubscriptionTest --unit
```

Hoppla! Diesmal sollte die Ausgabe etwa so wie in Beispiel 12-4 aussehen.

Beispiel 12-4: Ausgabe bei einem fehlgeschlagenen Test
```
PHPUnit 8.5.0 by Sebastian Bergmann and contributors.

.F.                                                                 3 / 3 (100%)

Time: 237 ms, Memory: 12.00MB

There was 1 failure:

1) Tests\Feature\FailingTest::testExample
Expected status code 301 but received 200.
Failed asserting that false is true.

/path-to-your-app/vendor/.../Foundation/Testing/TestResponse.php:124
/path-to-your-app/tests/Feature/FailingTest.php:20

FAILURES!
Tests: 3, Assertions: 3, Failures: 1.
```

Sehen wir uns das einmal im Detail an! Beim letzten Mal standen da im Wesentlichen nur zwei Punkte, die die beiden bestandenen Tests repräsentierten, aber diesmal steht zwischen den Punkten noch ein F, das anzeigt, dass einer der drei durchgeführten Tests fehlgeschlagen ist.

Des Weiteren wird für jeden Fehler der Testname (hier FailingTest::testExample), die Fehlermeldung (Expected status code ...) *und* eine vollständige Stapelverfolgung angegeben, damit wir sehen können, was aufgerufen wurde. Da es sich um einen Anwendungstest handelt, zeigt uns die Stapelverfolgung nur, dass er über die Klasse TestResponse aufgerufen wurde. Wenn es sich um einen Unit- oder Funktionstest handeln würde, sähen wir dagegen den gesamten Aufrufstapel des Tests.

Nachdem wir nun sowohl einen bestandenen als auch einen fehlgeschlagenen Test durchgeführt haben, ist es an der Zeit, dass Sie mehr über Laravels Testumgebung erfahren.

Tests benennen

Standardmäßig führt Laravels Testsystem alle Dateien im Verzeichnis *tests* aus, deren Namen mit dem Wort *Test* enden. Deshalb wurde *tests/ExampleTest.php* automatisch gestartet.

Falls Sie mit PHPUnit noch nicht vertraut sind, ist es wichtig, zu wissen, dass nur diejenigen Methoden in Ihren Tests ausgeführt werden, deren Bezeichnungen mit dem Wort test beginnen, sowie Methoden mit einem @test-Dokumentationsblock. Beispiel 12-5 zeigt, welche Methoden ausgeführt werden und welche nicht.

Beispiel 12-5: Benennen von PHPUnit-Methoden

```
class NamingTest
{
    public function test_it_names_things_well()
    {
        // Wird als "It names things well" ausgeführt
    }

    public function testItNamesThingsWell()
    {
        // Wird als "It names things well" ausgeführt
    }

    /** @test */
    public function it_names_things_well()
    {
        // Wird als "It names things well" ausgeführt
    }

    public function it_names_things_well()
    {
        // Wird nicht ausgeführt, da weder ein "test" im Namen noch ein @test-DocBlock
        // vorhanden ist
    }
}
```

Die Testumgebung

Eine Laravel-Anwendung wird immer in einer bestimmten benannten »Umgebung« ausgeführt, deren Name oder Bezeichnung in der Variablen »environment« steht. Diese Bezeichnung kann auf local, staging, production oder irgendeine beliebige Bezeichnung gesetzt werden. Sie können diesen Wert abrufen, indem Sie app()->environment() ausführen, und zum Beispiel mit if (app()->environment ('local')) oder einer ähnlichen Anweisung testen, ob die aktuelle Umgebung mit dem übergebenen Namen übereinstimmt.

Wenn Sie Tests durchführen, setzt Laravel die Umgebung automatisch auf testing. Das bedeutet, dass Sie if (app()->environment('testing')) benutzen können, um bestimmte Verhaltensweisen in der Testumgebung zu aktivieren bzw. zu deaktivieren.

Laravel lädt beim Testen die normalen Umgebungsvariablen aus der Datei *.env*, überschreibt bzw. ergänzt diese aber mit abweichenden bzw. zusätzlichen Umgebungsvariablen in *phpunit.xml*. Wenn Sie Umgebungsvariablen für Ihre Tests setzen möchten, bearbeiten Sie *phpunit.xml* und fügen im Abschnitt <php> ein neues <env> für jede Umgebungsvariable hinzu, die Sie übergeben möchten – zum Beispiel <env name="DB_CONNECTION" value="sqlite">.

> ### Mit .env.testing Umgebungsvariablen aus Tests von der Versionskontrolle ausschließen
>
> Wenn Sie Umgebungsvariablen für Ihre Tests setzen möchten, können Sie dies zwar wie gerade beschrieben in *phpunit.xml* tun. Aber was machen Sie, wenn Sie für unterschiedliche Testumgebungen auch unterschiedliche Umgebungsvariablen brauchen? Oder wenn die Variablen von der Versionskontrolle ausgeschlossen werden sollen?
>
> Glücklicherweise lässt sich das auf einfache Weise einrichten. Erstellen Sie zunächst eine Datei *.env.testing.example*, analog zu Laravels *.env.example*-Datei. Als Nächstes fügen Sie in *.env.testing.example* die Variablen hinzu, die umgebungsspezifisch sein sollen, und zwar genau so, wie sie in *.env.example* gesetzt sind. Erstellen Sie dann eine Kopie von *.env.testing.example* und benennen Sie sie um in *.env.testing*. Fügen Sie abschließend *.env.testing* in Ihrer *.gitignore*-Datei direkt unter *.env* hinzu und legen Sie die gewünschten Werte in *.env.testing* fest.
>
> In den meisten Laravel-Versionen ab 5.2 wird das Framework diese Datei automatisch für Sie laden. In Versionen vor 5.2 und in einigen der früheren Minor-Versionen vor 5.5 geschieht dies möglicherweise nicht automatisch. Ich habe dazu einen (englischsprachigen) Blog-Post (*https://bit.ly/2YwnyQG*) geschrieben, der erklärt, wie Sie diese Funktionalität ggf. hinzufügen können.

Vier spezielle Traits beim Testen

Bevor wir uns mit den Methoden befassen, die Sie zum Testen verwenden können, möchte ich noch die vier speziellen Traits vorstellen, die Sie in jede beliebige Testklasse importieren können.

RefreshDatabase

`Illuminate\Foundation\Testing\RefreshDatabase` wird am Anfang jeder neu erzeugten Testdatei importiert und ist der am häufigsten verwendete Trait bei Datenbankmigrationen. Dieser Trait ist ab Laravel 5.5 verfügbar.

Mit diesem und den anderen Datenbank-Traits soll sichergestellt werden, dass Ihre Datenbanktabellen zu Beginn eines jeden Tests korrekt migriert werden.

`RefreshDatabase` führt dazu zwei Schritte durch. Erstens werden zu Beginn jedes Testlaufs – also jedes Mal, wenn Sie phpunit ausführen; nicht etwa für jede einzelne Testmethode – auf Ihrer Testdatenbank alle Migrationen *einmal* ausgeführt. Und zweitens schließt es jede einzelne Testmethode in eine Datenbanktransaktion ein und rückabwickelt die Transaktion am Ende des Tests.

Das bedeutet, dass die Datenbank für die Tests migriert und nach jedem Testlauf automatisch auf den Anfangszustand zurückgesetzt wird, sodass Sie die Migrationen nicht vor jedem Test erneut ausführen müssen. Damit ist diese Option auch die schnellste. Wenn Sie sich nicht sicher sind, welchen Trait sie nutzen sollen, nehmen Sie `RefreshDatabase`.

WithoutMiddleware

Wenn Sie `Illuminate\Foundation\Testing\WithoutMiddleware` in Ihre Testklasse importieren, wird die gesamte Middleware für jeden Test dieser Klasse deaktiviert. Das bedeutet, dass Sie sich keine Sorgen um die Authentifizierungs-Middleware, den CSRF-Schutz oder etwas anderes machen müssen, das zwar in der realen Anwendung nützlich ist, in einem Test aber ablenkt.

Wenn Sie die Middleware nur für eine einzelne Methode und nicht für die gesamte Testklasse deaktivieren möchten, rufen Sie `$this->withoutMiddleware()` direkt zu Beginn der Methode auf.

DatabaseMigrations

Wenn Sie den Trait `Illuminate\Foundation\Testing\DatabaseMigrations` anstelle von `RefreshDatabase` importieren, werden alle Datenbankmigrationen vor jedem Test vollständig neu ausgeführt. Dazu führt Laravel in der Methode setUp() vor jedem Testlauf den Befehl `php artisan migrate:fresh` aus.

DatabaseTransactions

`Illuminate\Foundation\Testing\DatabaseTransactions` dagegen geht davon aus, dass Ihre Datenbank vor Beginn Ihrer Tests ordnungsgemäß migriert wurde. Es verpackt jeden Test in eine Datenbanktransaktion, die am Ende des Tests rückabgewickelt wird. Das bedeutet, dass Ihre Datenbank am Ende eines Tests in genau den gleichen Zustand zurückversetzt wird, in dem sie sich vor dem Test befand.

Einfache Unit-Tests

Bei einfachen Unit-Tests benötigen Sie allerdings fast keinen dieser Traits. Sie *können* Datenbankzugriffe ausführen oder etwas aus dem Container injizieren, aber es ist sehr wahrscheinlich, dass Komponententests nicht besonders auf das Framework angewiesen sind. Ein einfacher Test könnte etwa so wie in Beispiel 12-6 aussehen.

Beispiel 12-6: Ein recht einfacher Komponententest
```
class GeometryTest extends TestCase
{
    public function test_it_calculates_area()
    {
        $square = new Square;
        $square->sideLength = 4;

        $calculator = new GeometryCalculator;

        $this->assertEquals(16, $calculator->area($square));
    }
}
```

Das ist offensichtlich ein arg konstruiertes Beispiel. Aber Sie können hier sehen, dass wir eine einzelne Klasse (`GeometryCalculator`) und deren einzige Methode (`area()`) testen und uns dabei nicht um den Rest der Anwendung kümmern.

Zwar lassen sich mit Komponententests auch solche Dinge testen, die technisch mit dem Framework verbunden sind, z.B. Eloquent-Modelle, aber auch dabei muss man sich keine großen Gedanken über das Framework machen. In Beispiel 12-7 werden wir `Package::make()` anstelle von `Package::create()` verwenden, sodass das Objekt im Arbeitsspeicher erstellt und ausgewertet wird, ohne dass es überhaupt in die Datenbank geschrieben wird.

Beispiel 12-7: Ein etwas komplizierterer Komponententest
```
class PopularityTest extends TestCase
{
    use RefreshDatabase;

    public function test_votes_matter_more_than_views()
    {
        $package1 = Package::make(['votes' => 1, 'views' => 0]);
```

```
        $package2 = Package::make(['votes' => 0, 'views' => 1]);

        $this->assertTrue($package1->popularity > $package2->popularity);
    }
```

Mancher würde diesen Test vielleicht als Integrations- oder Funktionstest bezeichnen, da die getestete »Einheit« im echten Einsatz die Datenbank verwendet und mit der gesamten Eloquent-Codebasis verbunden ist. Entscheidend ist aber, dass Sie einfache Tests einzelner Klassen oder Methoden durchführen können, auch wenn die zu testenden Objekte mit dem Framework zu tun haben.

So weit, so gut: Am wahrscheinlichsten werden Ihre Tests – besonders wenn Sie gerade mit dem Testen beginnen – breiter angelegt und eher auf der Ebene der »Anwendung« stattfinden. Dementsprechend werden wir im Rest des Kapitels tiefer in das Testen von Anwendungen einsteigen.

Anwendungstests: So funktionieren sie

In »Grundlagen des Testens« auf Seite 296 haben wir gesehen, dass wir mit wenigen Codezeilen URIs unserer Anwendung »anfordern« und den Antwortstatus überprüfen können. Aber wie kann PHPUnit Seiten so anfordern, als ob es ein Browser wäre?

Die TestCase-Klasse

Alle Anwendungstests sollten die Klasse `TestCase` (*tests/TestCase.php*) erweitern, die standardmäßig in Laravel enthalten ist. Diese `TestCase`-Klasse Ihrer Anwendung wiederum erweitert die abstrakte Klasse `Illuminate\Foundation\Testing\TestCase`, die einige Goodies mitbringt.

Zuerst booten die beiden `TestCase`-Klassen (die der Anwendung und die abstrakte Elternklasse) die Illuminate-Anwendungsinstanz für Sie, sodass Sie eine vollständig gebootete Anwendung zur Verfügung haben. Außerdem »aktualisieren« sie die Anwendung zwischen den einzelnen Tests, wobei sie zwar die Anwendung zwischen den Tests nicht *vollständig* neu erstellen, aber dennoch sicherstellen, dass keine Daten aus dem vorherigen Test mehr vorhanden sind.

Die übergeordnete `TestCase`-Klasse richtet auch ein System von Hooks ein, mit denen man Callbacks vor und nach der Erstellung der Anwendung ausführen kann, und importiert eine Reihe von Traits mit Methoden zur Interaktion mit allen Aspekten Ihrer Anwendung. Zu diesen Traits gehören `InteractsWithContainer`, `MakesHttpRequests` und `InteractsWithConsole`, die eine Vielzahl benutzerdefinierter Assertionen und Testmethoden mitbringt.

Infolgedessen können Sie in Anwendungstests auf eine vollständig bootfähige Anwendungsinstanz und Anwendungstest-orientierte, benutzerdefinierte Behauptungen zurückgreifen, mit einer Reihe von einfachen und leistungsstarken Wrappern, die die Bedienung erleichtern.

Dadurch können Sie beispielsweise `$this->get('/')->assertStatus(200)` schreiben und sich darauf verlassen, dass sich die Anwendung tatsächlich so verhält, als würde sie auf eine normale HTTP-Anfrage reagieren, und dass die Antwort vollständig generiert und dann so überprüft wird, wie es auch ein Browser tun würde. Das sind ziemlich mächtige Möglichkeiten, wenn man bedenkt, wie wenig man dafür tun bzw. einrichten muss.

HTTP-Tests

Schauen wir uns jetzt einmal an, welche Möglichkeiten es beim Schreiben von HTTP-basierten Tests gibt. `$this->get('/')` kennen Sie bereits, aber wir wollen jetzt etwas genauer untersuchen, wie man diesen Aufruf verwenden, Behauptungen hinsichtlich der Ergebnisse aufstellen und andere HTTP-Aufrufe machen kann.

Testen von Standardseiten mit $this->get() und anderen HTTP-Aufrufen

Auf einer sehr grundlegenden Ebene lassen sich einfache HTTP-Anfragen (GET, POST usw.) formulieren und einfache Behauptungen über ihre Auswirkung oder Antwort aufstellen.

Es gibt weitere Tools, die wir später in »Eine kurze Einführung in das BrowserKit-Testen« auf Seite 324 und »Testen mit Dusk« auf Seite 324 behandeln werden, mit denen auch komplexere Seiteninteraktionen und Behauptungen möglich sind, aber wir wollen bei den Grundlagen beginnen. Dies sind die Aufrufe, die Sie machen können:

- `$this->get($uri, $headers = [])`
- `$this->post($uri, $data = [], $headers = [])`
- `$this->put($uri, $data = [], $headers = [])`
- `$this->patch($uri, $data = [], $headers = [])`
- `$this->delete($uri, $data = [], $headers = [])`

Diese Methoden bilden die Grundlage des HTTP-Testens. Jede erwartet als Parameter mindestens eine URI (normalerweise in relativer Form) sowie Header; und bis auf `get()` erlauben alle auch die Übergabe von Daten.

Und, besonders wichtig, jede gibt ein `$response`-Objekt zurück, das die HTTP-Antwort repräsentiert. Dieses Antwort-Objekt ist fast identisch mit einem Illuminate-Response-Objekt, wie wir es auch aus Controllern zurückgeben. Tatsächlich handelt es sich jedoch um eine Instanz von `Illuminate\Foundation\Testing\TestResponse`, die ein normales Response-Objekt um einige Assertionen für Testzwecke bereichert.

In Beispiel 12-8 finden Sie eine typische Verwendung von post() und eine ebenso typische Behauptung hinsichtlich der Antwort.

Beispiel 12-8: Einfache Verwendung von post()
```
public function test_it_stores_new_packages()
{
    $response = $this->post(route('packages.store'), [
        'name' => 'The greatest package',
    ]);

    $response->assertOk();
}
```

In den meisten Beispielen dieser Art werden Sie auch testen wollen, ob der Datensatz in der Datenbank existiert und auf der Indexseite erscheint, und vielleicht überprüfen, dass der Test fehlschlägt, solange Sie den Paketautor nicht angeben und nicht angemeldet sind. Aber keine Sorge, wir kommen auf all das noch zurück. Beim aktuellen Stand können Sie Ihre Anwendungsrouten mit verschiedenen Verben aufrufen und Aussagen sowohl über die erwartete Antwort als auch über den Zustand Ihrer Anwendung machen. Prima!

Testen von JSON-APIs mit $this->getJson() und anderen JSON-HTTP-Aufrufen

Sie können analoge Tests mit JSON-APIs durchführen. Auch dafür gibt es praktische Methoden:

- $this->getJson($uri, $headers = [])
- $this->postJson($uri, $data = [], $headers = [])
- $this->putJson($uri, $data = [], $headers = [])
- $this->patchJson($uri, $data = [], $headers = [])
- $this->deleteJson($uri, $data = [], $headers = [])

Diese Methoden funktionieren genauso wie die normalen HTTP-Aufruf-Methoden, fügen aber noch JSON-spezifische Header wie Accept, CONTENT_LENGTH und CONTENT_TYPE hinzu. Sehen wir uns dazu Beispiel 12-9 an.

Beispiel 12-9: Einfache Verwendung von postJson()
```
public function test_the_api_route_stores_new_packages()
{
    $response = $this->postJSON(route('api.packages.store'), [
        'name' => 'The greatest package',
    ], ['X-API-Version' => '17']);

    $response->assertOk();
}
```

Behauptungen bezüglich $response

Es gibt über 40 verschiedene Behauptungen, die bezüglich des $response-Objekts in Laravel 6.x verfügbar sind, deshalb möchte ich Sie auf die Dokumentation zum Testen (*https://bit.ly/2HUQJqz*) verweisen, in der Sie alle Details finden. Hier möchte ich nur einige der wichtigsten und häufigsten vorstellen:

$response->assertOk()
: Behauptet, dass der Statuscode der Antwort 200 lautet:

    ```
    $response = $this->get('terms');
    $response->assertOk();
    ```

$response->assertStatus(*$status*)
: Behauptet, dass der Statuscode der Antwort gleich dem angegebenen *$status* ist:

    ```
    $response = $this->get('admin');
    $response->assertStatus(401); // Nicht autorisiert
    ```

$response->assertSee(*$text*) *und* $response->assertDontSee(*$text*)
: Behauptet, dass die Antwort den angegebenen *$text* enthält bzw. nicht enthält:

    ```
    $package = factory(Package::class)->create();
    $response = $this->get(route('packages.index'));
    $response->assertSee($package->name);
    ```

$response->assertJson(*array $json*)
: Behauptet, dass das übergebene Array im zurückgegebenen JSON dargestellt wird:

    ```
    $this->postJson(route('packages.store'), ['name' => 'GreatPackage2000']);
    $response = $this->getJson(route('packages.index'));
    $response->assertJson(['name' => 'GreatPackage2000']);
    ```

$response->assertViewHas(*$key, $value = null*)
: Behauptet, dass die View auf der besuchten Seite ein Datenelement mit Namen *$key* enthält, und prüft optional, ob der Wert dieser Variablen *$value* beträgt:

    ```
    $package = factory(Package::class)->create();
    $response = $this->get(route('packages.show'));
    $response->assertViewHas('name', $package->name);
    ```

$response->assertSessionHas(*$key, $value = null*)
: Behauptet, dass die Sitzung ein Datenelement mit Namen *$key* enthält, und prüft optional, ob der Wert dieser Daten *$value* beträgt:

    ```
    $response = $this->get('beta/enable');
    $response->assertSessionHas('beta-enabled', true);
    ```

`$response->assertSessionHasErrors()`

Behauptet beim Aufruf ohne Parameter, dass mindestens ein Fehler in der errors-Session-Variablen von Laravel gesetzt ist. Als erster optionaler Parameter kann ein Array von Schlüssel/Wert-Paaren übergeben werden, in der die Fehler aufgeführt werden, die vorhanden sein sollen, und der zweite Parameter kann ein Zeichenkettenformat sein, mit dem die überprüften Fehler formatiert worden sein sollen wie in den folgenden Beispielzeilen:

```
// Geht davon aus, dass die "/form"-Route ein E-Mail-Feld erfordert,
// und wir übergeben dieses leer, um einen Fehler auszulösen
$response = $this->post('form', []);

$response->assertSessionHasErrors();
$response->assertSessionHasErrors([
    'email' => 'The email field is required.',
 ]);
$response->assertSessionHasErrors(
    ['email' => '<p>The email field is required.</p>'],
    '<p>:message</p>'
);
```

Wenn Sie mit benannten Error-Bags arbeiten, können Sie den Namen der Error-Bag als dritten Parameter übergeben.

`$response->assertCookie($name, $value = null)`

Behauptet, dass die Antwort ein Cookie mit Namen *$name* enthält, und prüft optional, ob dessen Wert *$value* lautet:

```
$response = $this->post('settings', ['dismiss-warning']);
$response->assertCookie('warning-dismiss', true);
```

`$response->assertCookieExpired($name)`

Behauptet, dass die Antwort ein Cookie mit Namen *$name* enthält und dass es abgelaufen ist:

```
$response->assertCookieExpired('warning-dismiss');
```

`$response->assertCookieNotExpired($name)`

Behauptet, dass die Antwort ein Cookie mit Namen *$name* enthält und dass es nicht abgelaufen ist:

```
$response->assertCookieNotExpired('warning-dismiss');
```

`$response->assertRedirect($uri)`

Behauptet, dass die angeforderte Route einen Redirect zu der angegebenen URI zurückgibt:

```
$response = $this->post(route('packages.store'), [
    'email' => 'invalid'
]);

$response->assertRedirect(route('packages.create'));
```

Zu jeder der vorgestellten Behauptungen gibt es viele verwandte Varianten, die ich hier nicht separat aufgeführt habe. So gibt es beispielsweise neben assert SessionHasErrors() auch die Behauptungen assertSessionHasNoErrors() und assertSessionHasErrorsIn(); neben assertJson() existieren auch assertJson Count(), assertJsonFragment(), assertJsonMissing(), assertJsonMissingExact(), assertJsonStructure() und assertJsonValidationErrors(). Schauen Sie sich bitte die Dokumentation an und machen Sie sich mit der gesamten Palette an Assertionen vertraut.

Authentifizierung von Antworten

Zwei Bereiche einer Applikation, die häufig Anwendungstests unterzogen werden, sind die Authentifizierung und Autorisierung. Meistens wird Ihnen dazu die verkettbare Methode actingAs() ausreichen, mit der ein bestimmter Benutzer vorgespiegelt werden kann (oder ein anderes Authenticatable-Objekt, je nachdem, wie Ihr System eingerichtet ist) so wie in Beispiel 12-10.

Beispiel 12-10: Authentifizierung testen

```
public function test_guests_cant_view_dashboard()
{
    $user = factory(User::class)->states('guest')->create();
    $response = $this->actingAs($user)->get('dashboard');
    $response->assertStatus(401); // Nicht autorisiert
}

public function test_members_can_view_dashboard()
{
    $user = factory(User::class)->states('member')->create();
    $response = $this->actingAs($user)->get('dashboard');
    $response->assertOk();
}

public function test_members_and_guests_cant_view_statistics()
{
    $guest = factory(User::class)->states('guest')->create();
    $response = $this->actingAs($guest)->get('statistics');
    $response->assertStatus(401); // Nicht autorisiert

    $member = factory(User::class)->states('member')->create();
    $response = $this->actingAs($member)->get('statistics');
    $response->assertStatus(401); // Nicht autorisiert
}

public function test_admins_can_view_statistics()
{
    $user = factory(User::class)->states('admin')->create();
    $response = $this->actingAs($user)->get('statistics');
    $response->assertOk();
}
```

Factory States zur Autorisierung verwenden
Man verwendet in Tests häufig Modellfabriken (siehe »Modellfabriken« auf Seite 98), und Factory States (wörtlich »Fabrik-Zustände«) erleichtern Aufgaben wie das Erstellen von Benutzern mit unterschiedlichen Zugriffsrechten.

Weitere Anpassungen für HTTP-Tests

Wenn Sie für einzelne Requests Session-Variablen setzen möchten, können Sie auch withSession() verketten:

```
$response = $this->withSession([
    'alert-dismissed' => true,
])->get('dashboard');
```

Auf ähnliche Weise können Sie für Request-Header withHeaders() zur Verkettung benutzen:

```
$response = $this->withHeaders([
    'X-THE-ANSWER' => '42',
])->get('the-restaurant-at-the-end-of-the-universe');
```

Behandlung von Ausnahmen in Anwendungstests

Normalerweise werden Ausnahmen, die von HTTP-Aufrufen während eines Anwendungstests geworfen werden, von Laravels Exception-Handler erfasst und wie auch sonst im Echtbetrieb der Applikation verarbeitet. Deshalb würden Test und Route in Beispiel 12-11 funktionieren, da die Ausnahme gar nicht bis zu unserem Test vordringen würde.

Beispiel 12-11: Eine Ausnahme, die von Laravels Exception-Hanlder erfasst wird, sodass der Test bestanden wird

```
// routes/web.php
Route::get('has-exceptions', function () {
    throw new Exception('Stop!');
});

// tests/Feature/ExceptionsTest.php
public function test_exception_in_route()
{
    $this->get('/has-exceptions');

    $this->assertTrue(true);
}
```

In vielen Fällen kann das sinnvoll sein; möglicherweise erwarten Sie eine Ausnahme, die während einer Validierung entsteht, und möchten, dass diese ganz normal vom Framework abgefangen wird.

Sie können die Ausnahmebehandlung aber auch vorübergehend deaktivieren: Führen Sie dazu einfach $this->withoutExceptionHandling() aus, siehe Beispiel 12-12.

Beispiel 12-12: Temporäres Deaktivieren der Ausnahmebehandlung in einem Test
```
// tests/Feature/ExceptionsTest.php
public function test_exception_in_route()
{
    // Wirft jetzt einen Fehler
    $this->withoutExceptionHandling();

    $this->get('/has-exceptions');

    $this->assertTrue(true);
}
```

Und falls Sie den Handler aus irgendeinem Grund wieder einschalten müssen, weil er z. B. in setUp() ausgeschaltet wurde, jetzt aber für einen bestimmten Test wieder aktiv sein soll, dann können Sie $this->withExceptionHandling() benutzen.

Datenbank-Tests

Häufig möchte man in Tests überprüfen, ob ein bestimmter Effekt in einer Datenbank erzeugt wurde. Stellen Sie sich vor, Sie möchten testen, ob eine Seite »create package« (»Paket erzeugen«) korrekt funktioniert. Wie würde man das am besten machen? Indem Sie einen HTTP-Aufruf des Endpunkts »store package« (»Paket speichern«) durchführen und dann überprüfen, dass das erzeugte Paket auch tatsächlich in der Datenbank existiert. Das ist einfacher und sicherer, als die resultierende Seite »list packages« (»Pakete auflisten«) zu durchsuchen.

Es gibt zwei grundlegende Behauptungen hinsichtlich der Datenbank: this->assertDatabaseHas() und $this->assertDatabaseMissing(). Bei beiden werden der Tabellenname als erster Parameter übergeben, die gesuchten Daten als zweiter und optional die spezifische Datenbankverbindung, die Sie testen möchten, als dritter Parameter.

Beispiel 12-13 zeigt die Verwendung.

Beispiel 12-13: Datenbank-Tests
```
public function test_create_package_page_stores_package()
{
    $this->post(route('packages.store'), [
        'name' => 'Package-a-tron',
    ]);

    $this->assertDatabaseHas('packages', ['name' => 'Package-a-tron']);
}
```

Wie Sie sehen, ist der zweite (Daten-)Parameter von assertDatabaseHas() wie eine SQL-WHERE-Anweisung aufgebaut – Sie übergeben einen Schlüssel und einen Wert (oder mehrere Schlüssel und Werte), und Laravel sucht dann in der angegebenen Tabelle nach Datensätzen, die diesen Schlüsseln und Werten entsprechen.

assertDatabaseMissing() ist die Umkehrung und stellt sicher, dass sich etwas *nicht* in der Datenbank befindet.

Verwendung von Modellfabriken

Mit Modellfabriken kann man sehr leicht randomisierte, gut strukturierte Datenbankdaten für Tests (oder andere Zwecke) erzeugen. Sie haben sie bereits in mehreren Beispielen in diesem Kapitel im Einsatz gesehen.

Und in »Modellfabriken« auf Seite 98 haben wir sie auch schon ausführlich vorgestellt.

Seeding in Tests

Wenn Sie in Ihrer Anwendung Seeds verwenden, können Sie in Tests mit $this->seed() das Äquivalent von php artisan db:seed ausführen.

Sie können auch den Namen einer Seeder-Klasse übergeben, damit allein diese ausgeführt wird:

```
$this->seed(); // Führt ein vollständiges Seeding durch
$this->seed(UserSeeder::class); // Führt nur ein Seeding für User durch
```

Testen anderer Laravel-Features

Wenn Sie Laravel-Features testen, werden Sie oft deren eigentliche Funktion für die Dauer des Tests unterbrechen und stattdessen testen wollen, was in diesen Subsystemen passiert ist. Sie können das tun, indem Sie verschiedene Fassaden wie Event, Mail und Notification faken. In »Mocking« auf Seite 317 besprechen wir genauer, was Fakes sind, aber zuerst schauen wir uns einige Beispiele an. Für die folgenden Laravel-Features gibt es jeweils eigene Sets von Behauptungen, die Sie nach dem Faken aufstellen können, aber genauso gut kann man die Features auch einfach deshalb faken, weil man deren Auswirkungen einschränken will.

Ereignisse faken

Ereignis-Fakes sind ein erstes Beispiel dafür, wie man in Laravel interne Systeme faken bzw. nachahmen kann. Manchmal werden Sie Ereignisse vermutlich nur deshalb faken wollen, um die damit verbundenen Aktionen zu unterdrücken. Nehmen wir einmal an, Ihre Anwendung sendet Benachrichtigungen an Slack, sobald sich ein neuer Benutzer anmeldet. Dazu wird ein »user signed up«-Ereignis ausgelöst, und es gibt einen Listener, der daraufhin eine Nachricht an einen Slack-Kanal schickt, dass sich ein Benutzer angemeldet hat. Normalerweise möchte man nicht, dass diese Benachrichtigungen bei jedem Test an Slack gesendet werden, aber Sie wollen vielleicht sicherstellen, dass das Ereignis gesendet oder vom Listener empfangen wurde – oder etwas anderes geschehen ist. Dies ist ein Grund, warum wir in unseren Tests bestimmte Aspekte von Laravel faken: um das Standardverhalten zu unterdrücken und stattdessen Aussagen über das System zu machen, das wir testen.

Schauen wir uns jetzt an, wie man Ereignisse unterdrückt, indem man die Methode fake() auf Illuminate\Support\Facades\Event aufruft, siehe Beispiel 12-14.

Beispiel 12-14: Unterdrückung von Ereignissen ohne Hinzufügen von Assertionen

```
public function test_controller_does_some_thing()
{
    Event::fake();

    // Rufen Sie den Controller auf und behaupten Sie, dass er alles tut, was Sie
    // erwarten, ohne sich darum zu kümmern, ob er Slack pingt
}
```

Nachdem wir die fake()-Methode ausgeführt haben, können wir auch spezielle Assertionen auf der Event-Fassade aufrufen: und zwar assertDispatched() und assertNotDispatched(). Beispiel 12-15 zeigt sie im Einsatz.

Beispiel 12-15: Behauptungen in Bezug auf Ereignisse aufstellen

```
public function test_signing_up_users_notifies_slack()
{
    Event::fake();

    // Benutzer anmelden

    Event::assertDispatched(UserJoined::class, function ($event) use ($user) {
        return $event->user->id === $user->id;
    });

    // Oder melden Sie mehrere Benutzer an und behaupten Sie,
    // dass das Ereignis zweimal dispatcht wurde

    Event::assertDispatched(UserJoined::class, 2);

    // Oder melden Sie sich mit Validierungsfehlern an und behaupten Sie,
    // dass das Ereignis nicht dispatcht wurde

    Event::assertNotDispatched(UserJoined::class);
}
```

Beachten Sie bitte, dass wir mit der (optionalen) Closure, die wir an assertDispatched() übergeben, nicht nur behaupten, dass das Ereignis dispatcht wurde, sondern auch, dass es bestimmte Daten enthält.

Event::fake() deaktiviert auch Ereignisse von Eloquent-Modellen

Event::fake() deaktiviert auch Ereignisse von Eloquent-Modellen. Wenn Sie also z.B. wichtigen Code im Ereignis creating eines Modells stehen haben, stellen Sie bitte sicher, dass Sie Ihre Modelle *vor* dem Aufruf von Event::fake() erstellen (bspw. per Factory).

Bus- und Warteschlangen-Fakes

Die Bus-Fassade, über die das Dispatching von Aufträgen gesteuert werden kann, funktioniert genauso wie Event. Sie können auf der Fassade fake() ausführen, um die Auswirkungen der Aufträge zu unterdrücken, und nach dem Faken können Sie assertDispatched() oder assertNotDispatched() aufrufen.

Mit der Queue-Fassade organisiert man Laravels Warteschlange. Die verfügbaren Methoden sind assertPushed(), assertPushedOn() und assertNotPushed().

Beispiel 12-16 zeigt, wie man die beiden Fassaden verwenden kann.

Beispiel 12-16: Aufträge und Aufträge in der Warteschlange faken

```
public function test_popularity_is_calculated()
{
    Bus::fake();

    // Paketdaten synchronisieren ...

    // Behaupten, dass ein Auftrag geplant wurde
    Bus::assertDispatched(
        CalculatePopularity::class,
        function ($job) use ($package) {
            return $job->package->id === $package->id;
        }
    );

    // Behaupten, dass ein Auftrag nicht geplant wurde
    Bus::assertNotDispatched(DestroyPopularityMaybe::class);
}

public function test_popularity_calculation_is_queued()
{
    Queue::fake();

    // Paketdaten synchronisieren ...

    // Behaupten, dass ein Auftrag in eine beliebige Warteschlange verschoben wurde
    Queue::assertPushed(CalculatePopularity::class, function ($job) use ($package) {
        return $job->package->id === $package->id;
    });

    // Behaupten, dass ein Auftrag in eine Warteschlange namens "popularity"
    // verschoben wurde
    Queue::assertPushedOn('popularity', CalculatePopularity::class);
```

```
    // Behaupten, dass ein Auftrag zweimal in eine Warteschlange gestellt wurde
    Queue::assertPushed(CalculatePopularity::class, 2);

    // Behaupten, dass ein Auftrag nicht in eine Warteschlange gestellt wurde
    Queue::assertNotPushed(DestroyPopularityMaybe::class);
}
```

Mails faken

Die Mail-Fassade bietet, wenn sie gefakt wird, vier Methoden: assertSent(), assertNotSent(), assertQueued() und assertNotQueued(). Verwenden Sie die Queued-Methoden, wenn Ihre E-Mail in der Warteschlange steht, und die Sent-Methoden, falls nicht.

Genauso wie bei assertDispatched() ist der erste Parameter der Name des Mailable-Objekts, während der zweite Parameter leer sein oder die Anzahl der Sendevorgänge des Mailable-Objekts oder eine Closure enthalten kann, die überprüft, ob das Mailable die richtigen Daten enthält. In Beispiel 12-17 sehen Sie einige dieser Methoden in Aktion.

Beispiel 12-17: Behauptungen in Bezug auf Mail aufstellen
```
public function test_package_authors_receive_launch_emails()
{
    Mail::fake();

    // Ein Paket zum ersten Mal veröffentlichen ...

    // Behaupten, dass eine Nachricht gesendet wurde
    Mail::assertSent(PackageLaunched::class, function ($mail) use ($package) {
        return $mail->package->id === $package->id;
    });

    // Behaupten, dass eine Nachricht an bestimmte E-Mail-Adressen gesendet wurde
    Mail::assertSent(PackageLaunched::class, function ($mail) use ($package) {
        return $mail->hasTo($package->author->email) &&
            $mail->hasCc($package->collaborators) &&
            $mail->hasBcc('admin@novapackages.com');
    });

    // Oder launchen Sie zwei Pakete ...

    // Behaupten, dass eine Nachricht zweimal gesendet wurde
    Mail::assertSent(PackageLaunched::class, 2);

    // Behaupten, dass eine Nachricht nicht gesendet wurde
    Mail::assertNotSent(PackageLaunchFailed::class);
}
```

Alle Methoden, die nach Empfängern suchen (hasTo(), hasCc() und hasBcc()), können als Parameter entweder eine einzelne E-Mail-Adresse oder ein Array oder eine Collection von Adressen annehmen.

Benachrichtigungen faken

Die Notification-Fassade bietet, wenn sie gefakt wird, zwei Methoden an: assertSentTo() und assertNothingSent().

Im Gegensatz zur Mail-Fassade testet man hier nicht manuell in einer Closure, an wen die Benachrichtigung gesendet wurde. Stattdessen muss der erste Parameter der Behauptung entweder ein einzelnes Notifiable-Objekt oder ein Array oder eine Collection dieser Objekte sein. Erst nachdem Sie das gewünschte Benachrichtigungsziel übergeben haben, können Sie die Benachrichtigung selbst testen.

Der zweite Parameter ist der Klassenname der Benachrichtigung, und der (optionale) dritte Parameter kann eine Closure sein, in der weitere Erwartungen hinsichtlich der Benachrichtigung festgelegt werden. Schauen Sie sich dazu bitte Beispiel 12-18 an.

Beispiel 12-18: Notification-Fakes

```
public function test_users_are_notified_of_new_package_ratings()
{
    Notification::fake();

    // Paketbewertung durchführen ...

    // Behaupten, dass der Autor benachrichtigt wurde
    Notification::assertSentTo(
        $package->author,
        PackageRatingReceived::class,
        function ($notification, $channels) use ($package) {
            return $notification->package->id === $package->id;
        }
    );

    // Behaupten, dass eine Benachrichtigung an die angegebenen Benutzer
    // gesendet wurde
    Notification::assertSentTo(
        [$package->collaborators], PackageRatingReceived::class
    );

    // Oder führen Sie eine doppelte Paketbewertung durch ...

    // Behaupten, dass eine Benachrichtigung nicht gesendet wurde
    Notification::assertNotSentTo(
        [$package->author], PackageRatingReceived::class
    );
}
```

Möglicherweise möchten Sie auch behaupten, dass Ihre Kanalauswahl funktioniert: dass Benachrichtigungen also über die richtigen Kanäle gesendet werden. Auch das können Sie testen: Beispiel 12-19.

Beispiel 12-19: Testen von Benachrichtigungskanälen

```
public function test_users_are_notified_by_their_preferred_channel()
{
```

```
Notification::fake();

$user = factory(User::class)->create(['slack_preferred' => true]);

// Paketbewertung durchführen ...

// Behaupten, dass der Autor über Slack benachrichtigt wurde
Notification::assertSentTo(
    $user,
    PackageRatingReceived::class,
    function ($notification, $channels) use ($package) {
        return $notification->package->id === $package->id
            && in_array('slack', $channels);
    }
);
```

Dateioperationen faken

Es kann außerordentlich komplex sein, Dateioperationen zu testen. Viele traditionelle Methoden erfordern, dass Sie Dateien in Ihren Testverzeichnissen tatsächlich verschieben, und die Formatierung der Ein- und Ausgabe von Formularen kann ebenfalls ziemlich kompliziert sein.

Glücklicherweise erleichtert Laravels Storage-Fassade das Testen von Datei-Uploads und anderen speicherbezogenen Elementen deutlich. Beispiel 12-20 veranschaulicht das.

Beispiel 12-20: Testen von Speicheroperationen und Datei-Uploads mit Fakes auf der Storage-Fassade

```
public function test_package_screenshot_upload()
{
    Storage::fake('screenshots');

    // Hochladen eines gefakten Bilds
    $response = $this->postJson('screenshots', [
        'screenshot' => UploadedFile::fake()->image('screenshot.jpg'),
    ]);

    // Behaupten, dass die Datei gespeichert wurde
    Storage::disk('screenshots')->assertExists('screenshot.jpg');

    // Behaupten, dass eine Datei nicht existiert
    Storage::disk('screenshots')->assertMissing('missing.jpg');
}
```

Mocking

Mocks – und ihre Verwandten wie Spys, Stubs, Dummies, Fakes und eine Reihe weiterer Werkzeuge – werden beim Testen häufig eingesetzt. Wir haben im vorherigen Abschnitt einige Beispiele für Fakes gesehen. Ich werde hier nicht allzu sehr ins Detail gehen, aber es ist unwahrscheinlich, dass man eine Anwendung beliebiger Größe gründlich testen kann, ohne die eine oder andere Sache zu mocken.

Werfen wir also einen kurzen Blick auf das Mocken in Laravel und wie man Mockery, die Mocking-Bibliothek, benutzt.

Eine kurze Einführung ins Mocken

Im Wesentlichen erzeugt man mit Mocks und ähnlichen Werkzeugen zu Testzwecken Objekte, die zwar in einigen Aspekten eine echte Klasse nachahmen, aber nicht die echte Klasse sind. Manchmal deshalb, weil es einfach zu aufwendig ist, die reale Klasse nur zur Verwendung in einem Test zu instanziieren, manchmal aber auch, weil die reale Klasse mit einem externen Dienst kommuniziert.

Wie Sie wahrscheinlich an den folgenden Beispielen erkennen werden, ermutigt Laravel uns, so weit wie möglich mit der realen Anwendung zu arbeiten – und damit eine zu große Abhängigkeit von Mocks zu vermeiden. Dennoch haben Mocks ihre Berechtigung, weshalb Laravel die Bibliothek Mockery beinhaltet und viele Kerndienste das Faking ermöglichen.

Eine kurze Einführung in Mockery

Mit Mockery kann man aus jeder PHP-Klasse einer Anwendung schnell und einfach Mocks erstellen. Nehmen wir an, Sie haben eine Klasse, die von einem Slack-Client abhängt, möchten aber nicht, dass tatsächlich Aufrufe an Slack erfolgen. Mit Mockery kann man einfach einen gefälschten Slack-Client erzeugen, um ihn in Tests zu verwenden, siehe Beispiel 12-21.

Beispiel 12-21: Die Mockery-Bibliothek verwenden

```
// app/SlackClient.php
class SlackClient
{
    // ...

    public function send($message, $channel)
    {
        // Sendet eine Nachricht an Slack
    }
}

// app/Notifier.php
class Notifier
{
    private $slack;

    public function __construct(SlackClient $slack)
    {
        $this->slack = $slack;
    }
```

```
    public function notifyAdmins($message)
    {
        $this->slack->send($message, 'admins');
    }
}

// tests/Unit/NotifierTest.php
public function test_notifier_notifies_admins()
{
    $slackMock = Mockery::mock(SlackClient::class)->shouldIgnoreMissing();

    $notifier = new Notifier($slackMock);
    $notifier->notifyAdmins('Test message');
}
```

Hier ist zwar eine ganze Reihe von Elementen am Werk, aber wenn man sie einzeln betrachtet, ergeben sie Sinn. Die Klasse, die wir testen, heißt Notifier. Sie hat eine Abhängigkeit namens SlackClient, die etwas macht, was wir während unserer Tests unterdrücken möchten: Sie sendet Slack-Benachrichtigungen. Deshalb werden wir mocken.

Wir verwenden Mockery, um ein Mock unserer SlackClient-Klasse zu erzeugen. Wenn uns egal ist, was mit dieser Klasse passiert, wenn sie also nur dazu da ist, unsere Tests vor Fehlern zu bewahren, dann können wir einfach shouldIgnoreMissing() verwenden:

```
    $slackMock = Mockery::mock(SlackClient::class)->shouldIgnoreMissing();
```

Egal was Notifier auf $slackMock aufruft, es wird den Aufruf einfach akzeptieren und null zurückgeben.

Aber schauen Sie sich test_notifier_notifies_admins() an. An diesem Punkt testet es eigentlich nichts mehr.

Wir könnten einfach shouldIgnoreMissing() beibehalten und dann einige Behauptungen darunter hinzufügen. Das ist auch das, was wir normalerweise mit shouldIgnoreMissing() machen und wodurch dieses Objekt zu einem »Fake« oder einem »Stub« wird.

Aber was ist, wenn wir tatsächlich behaupten wollen, dass ein Aufruf der Methode send() von SlackClient erfolgt ist? Dann lassen wir shouldIgnoreMissing() weg und setzen eine andere should*-Methode ein (Beispiel 12-22).

Beispiel 12-22: Die shouldReceive()-Methode auf einem Mockery-Mock einsetzen

```
public function test_notifier_notifies_admins()
{
    $slackMock = Mockery::mock(SlackClient::class);
    $slackMock->shouldReceive('send')->once();

    $notifier = new Notifier($slackMock);
    $notifier->notifyAdmins('Test message');
}
```

Der Ausdruck shouldReceive('send')->once() bedeutet »übersetzt« ungefähr: »Wir behaupten, dass die send()-Methode von $slackMock genau einmal aufgerufen wurde«. Oder anders ausgedrückt: Wir behaupten, dass Notifier einen einzigen Aufruf der Methode send() auf SlackClient macht, wenn wir notifyAdmins() aufrufen.

Wir könnten auch so etwas wie shouldReceive('send')->times(3) oder should Receive('send')->never() verwenden. Wir können mit with() auch definieren, welcher Parameter mit diesem send()-Aufruf übergeben werden soll, und mit andReturn() festlegen, was zurückgegeben werden soll:

```
$slackMock->shouldReceive('send')->with('Hello, world!')->andReturn(true);
```

Können wir auch den IoC-Container verwenden, um unsere Instanz von Notifier aufzulösen? Das könnte nützlich sein, wenn Notifier weitere Abhängigkeiten hätte, die wir nicht mocken müssen.

Und die Antwort lautet: Ja, das können wir. Wir verwenden einfach die instance()-Methode auf dem Container wie in Beispiel 12-23, um Laravel mitzuteilen, dass es eine Instanz unseres Mocks an alle Klassen weitergeben soll, die eine Instanz anfordern – in diesem Beispiel Notifier.

Beispiel 12-23: Binden einer Mockery-Instanz an den Container
```
public function test_notifier_notifies_admins()
{
    $slackMock = Mockery::mock(SlackClient::class);
    $slackMock->shouldReceive('send')->once();

    app()->instance(SlackClient::class, $slackMock);

    $notifier = app(Notifier::class);
    $notifier->notifyAdmins('Test message');
}
```

Seit Version 5.8 gibt es auch eine praktische Verknüpfung zum Erstellen und Binden einer Mockery-Instanz an den Container:

Beispiel 12-24: Bindung von Mockery-Instanzen an den Container (ab Version 5.8)
```
$this->mock(SlackClient::class, function ($mock) {
    $mock->shouldReceive('send')->once();
});
```

Mockery bietet noch einige weitere Möglichkeiten: Sie können beispielsweise Spys (Spione) und Partial Spys (Teilspione) einsetzen. Es würde das Thema dieses Buchs sprengen, wollten wir tiefer in die Verwendung von Mockery eintauchen, aber ich möchte Sie ermutigen, sich mithilfe der Mockery-Dokumentation (*https://bit.ly/ 2Op4yyN*) intensiver mit dieser Bibliothek und ihrer Funktionsweise zu beschäftigen.

Andere Fassaden faken

Es gibt noch eine weitere ziemlich clevere Sache, die Sie mit Mockery machen können: Sie können die Methoden der Bibliothek (z.B. shouldReceive()) auf jeder Fassade Ihrer Applikation verwenden.

Nehmen wir an, in einer Controller-Methode würde eine Fassade verwendet, die nicht zu den fakebaren Features gehört, die wir bereits behandelt haben, und dass wir diese Controller-Methode testen und behaupten wollen, dass ein bestimmter Fassadenaufruf durchgeführt wurde.

Glücklicherweise ist das einfach: Wir können unsere Mockery-ähnlichen Methoden auf der Fassade ausführen, wie Sie in Beispiel 12-25 sehen können.

Beispiel 12-25: Eine Fassade mocken
```
// PeopleController
public function index()
{
    return Cache::remember('people', function () {
        return Person::all();
    });
}

// PeopleTest
public function test_all_people_route_should_be_cached()
{
    $person = factory(Person::class)->create();

    Cache::shouldReceive('remember')
        ->once()
        ->andReturn(collect([$person]));

    $this->get('people')->assertJsonFragment(['name' => $person->name]);
}
```

Wie Sie sehen, können Sie Methoden wie shouldReceive() auf den Fassaden genauso wie bei einem Mockery-Objekt verwenden.

Sie können Ihre Fassaden auch als Spys verwenden, also Ihre Behauptungen ans Ende setzen und shouldHaveReceived() anstelle von shouldReceive() verwenden. Beispiel 12-26 veranschaulicht das.

Beispiel 12-26: Fassaden-Spys
```
public function test_package_should_be_cached_after_visit()
{
    Cache::spy();

    $package = factory(Package::class)->create();

    $this->get(route('packages.show', [$package->id]));

    Cache::shouldHaveReceived('put')
```

```
        ->once()
        ->with('packages.' . $package->id, $package->toArray());
}
```

Artisan-Befehle testen

Wir haben in diesem Kapitel schon einiges an Stoff behandelt, aber wir kommen auch bald zu seinem Ende! Vorher aber müssen wir uns noch um zwei weitere Aspekte des Laravel'schen Testsenals kümmern: um Artisan und den Browser.

Wenn Sie mit einer Version vor 5.7 arbeiten, testen Sie Artisan-Befehle am besten, indem Sie sie mit $this->artisan($*commandName*, $*parameters*) aufrufen und dann die Wirkung überprüfen, siehe Beispiel 12-27.

Beispiel 12-27: Einfacher Artisan-Test
```
public function test_promote_console_command_promotes_user()
{
    $user = factory(User::class)->create();

    $this->artisan('user:promote', ['userId' => $user->id]);

    $this->assertTrue($user->isPromoted());
}
```

Sie können auch Behauptungen hinsichtlich des Antwortcodes aufstellen, den Sie von Artisan erhalten, siehe Beispiel 12-28.

Beispiel 12-28: Manuell Behauptungen über Artisan-Exitcodes aufstellen
```
$code = $this->artisan('do:thing', ['--flagOfSomeSort' => true]);
$this->assertEquals(0, $code); // 0 bedeutet "keine Fehler zurückgegeben"
```

Behauptungen bezüglich der Artisan-Befehlssyntax

Wenn Sie mit Version 5.7 und höher arbeiten, können Sie auch die folgenden drei Methoden mit $this->artisan() verketten: expectsQuestion(), expectsOutput() und assertExitCode(). Die expects*-Methoden funktionieren bei allen interaktiven Eingabeaufforderungen, einschließlich confirm() und anticipate(), und die Methode assertExitCode() ist ein Shortcut für die StatusCode-Prüfung aus Beispiel 12-28.

Beispiel 12-29 zeigt, wie das funktioniert.

Beispiel 12-29: Grundlegender Artisan-Test mit »expects«
```
// routes/console.php
Artisan::command('make:post {--expanded}', function () {
    $title = $this->ask('What is the post title?');
    $this->comment('Creating at ' . str_slug($title) . '.md');
```

```
    $category = $this->choice('What category?', ['technology', 'construction'], 0);

    // Hier Posting erzeugen

    $this->comment('Post created');
});

    // Testdatei
    public function test_make_post_console_commands_performs_as_expected()
    {
        $this->artisan('make:post', ['--expanded' => true])
            ->expectsQuestion('What is the post title?', 'My Best Post Now')
            ->expectsOutput('Creating at my-best-post-now.md')
            ->expectsQuestion('What category?', 'construction')
            ->expectsOutput('Post created')
            ->assertExitCode(0);
    }
```

Wie Sie sehen, ist der erste Parameter von expectsQuestion() der Text, den die interaktive Frage haben muss, und der zweite Parameter der Text, mit dem wir antworten. expectsOutput() überprüft nur, ob der übergebene String zurückgegeben wird.

Browser-Tests

Jetzt haben wir es endlich zu den Browser-Tests geschafft! Dabei können Sie direkt mit dem DOM Ihrer Seiten interagieren: In Browser-Tests kann man Schaltflächen anklicken, Formulare ausfüllen und absenden und in Dusk sogar mit JavaScript interagieren.

Laravel verfügt derzeit über zwei separate Browser-Testwerkzeuge: BrowserKit-Testing und Dusk. Nur Dusk wird aktiv gepflegt; BrowserKit-Testing wir praktisch nicht mehr erwähnt, ist aber dennoch weiterhin auf GitHub verfügbar und funktioniert zum Zeitpunkt der Veröffentlichung dieses Buchs auch noch.

Auswahl des Werkzeugs

Ich empfehle Ihnen, für das Testen des Browsers wann immer möglich die Anwendungstests zu verwenden, die wir zuvor behandelt haben. Wenn Ihre Anwendung nicht JavaScript-basiert ist und Sie DOM-Manipulationen oder Formularelemente testen müssen, verwenden Sie am besten BrowserKit. Wenn Sie eine JavaScript-lastige Anwendung entwickeln, sollten Sie vorzugsweise Dusk einsetzen, das wir gleich vorstellen werden.

Es wird aber auch viele Fälle geben, in denen Sie besser eine JavaScript-basierte Testumgebung verwenden sollten, die auf Jest und vue-test-utils basiert – allerdings würde das den Rahmen dieses Buchs sprengen. Diese Kombination hilft beim Testen von Vue-Komponenten, und die Snapshot-Funktionalität von Jest erleichtert die Synchronisierung von API- und Frontend-Testdaten. Weitere Informationen zu diesem Thema finden Sie in Caleb Porzios Blogbeitrag »Getting Started« (*https://bit.ly/2OucHSI*) und einem Vortrag von Samantha Geitz (*https://bit.ly/2UY8nNS*).

Für andere JavaScript-Frameworks als Vue gibt es in der Laravel-Welt derzeit keine bevorzugten Frontend-Testlösungen. Allerdings scheint sich die React-Community auf Jest und Enzyme zu konzentrieren.

> ### Eine kurze Einführung in das BrowserKit-Testen
>
> Das BrowserKit-Testing-Package ist der Code für Applikationstests aus Laravel 5.3, der in ein separates Paket ausgelagert wurde. BrowserKit ist eine Komponente, die das DOM analysiert und es Ihnen ermöglicht, DOM-Elemente »auszuwählen« und mit ihnen zu interagieren. Dies ist ideal für einfache Vorgänge wie das Anklicken von Links und das Ausfüllen von Formularen, funktioniert aber nicht mit JavaScript.
>
> Das BrowserKit-Testing wurde zwar nicht vollständig ausgemustert, es wird aber nicht mehr in der Dokumentation erwähnt und wirkt definitiv wie veralteter Legacy-Code. Aus diesem Grund und wegen der Robustheit der integrierten Anwendungstestsuite werde ich es hier nicht weiter behandeln. In der ersten Ausgabe dieses Buchs habe ich mich jedoch ausführlich damit beschäftigt. Wenn Sie gerne mit dem BrowserKit-Testing arbeiten möchten, hilft Ihnen vielleicht die (allerdings englischsprachige) kostenlose PDF-Datei des aktuellen Kapitels der ersten Ausgabe (*https://bit.ly/2CNFCN1*) weiter.

Testen mit Dusk

Dusk ist ein Laravel-Tool (installierbar als Composer-Paket), um Selenium-ähnliche Anweisungen für einen ChromeDriver-basierten Browser zu schreiben, der mit einer Anwendung interagieren soll. Im Gegensatz zu den meisten anderen Selenium-basierten Tools ist die API von Dusk unkompliziert, und es ist einfach, Code zur Interaktion mit Dusk zu schreiben. Sehen Sie selbst:

```
$this->browse(function ($browser) {
    $browser->visit('/register')
        ->type('email', 'test@example.com')
        ->type('password', 'secret')
        ->press('Sign Up')
        ->assertPathIs('/dashboard');
});
```

Bei Dusk arbeitet ein echter Browser, der Ihre gesamte Anwendung hochfährt und mit ihr kommuniziert. Sie können beispielsweise komplexe Interaktionen mit JavaScript abwickeln oder Screenshots von Fehlerzuständen erhalten – allerdings ist alles auch etwas langsamer und fehleranfälliger als in den Laravel'schen Anwendungstests.

Ich finde, dass Dusk besonders gut für Regressionstests geeignet ist und besser funktioniert als beispielsweise Selenium. Anstatt es in der reinen testgetriebenen Entwicklung einzusetzen, benutze ich Dusk, um sicherzustellen, dass bei der Weiterentwicklung einer Anwendung die schon vorhandenen Funktionen weiterhin funktionieren und keine neuen Fehler bzw. *Regressionen* eingeführt werden. Sie können sich das so vorstellen, als schreibe man Tests hinsichtlich der Benutzeroberfläche, nachdem die Schnittstelle bereits funktional erstellt wurde.

Die Dusk-Dokumentation (*https://bit.ly/2JF0POY*) ist sehr solide, sodass ich hier nicht in die Tiefe gehen, sondern Ihnen in erster Linie die Grundlagen der Arbeit mit Dusk zeigen möchte.

Dusk installieren

Um Dusk zu installieren, führen Sie die beiden folgenden Befehle aus:

```
composer require --dev laravel/dusk
php artisan dusk:install
```

Bearbeiten Sie danach Ihre Datei *.env*, indem Sie die Variable `APP_URL` auf die gleiche URL setzen, die Sie auch verwenden, um Ihre Website in Ihrem lokalen Browser anzuzeigen; vermutlich so etwas wie *http://mysite.test*.

Um Tests mit Dusk vorzunehmen, führen Sie einfach `php artisan dusk` aus. Sie können alle Parameter übergeben, die Sie von PHPUnit gewohnt sind (z. B. `php artisan dusk --filter=my_best_test`).

Dusk-Tests schreiben

Um einen neuen Dusk-Test zu erstellen, verwenden Sie einen Befehl wie den folgenden:

```
php artisan dusk:make RatingTest
```

Dieser Test wird in *tests/Browser/RatingTest.php* erstellt.

> **Anpassung der Dusk-Umgebungsvariablen**
>
> Sie können die Umgebungsvariablen für Dusk anpassen, indem Sie eine neue Datei namens *.env.dusk.local* erstellen (dabei sollten Sie *.local* ersetzen, falls Sie in einer anderen Umgebung arbeiten, z. B. durch *.staging*).

Wenn Sie Dusk-Tests schreiben, können Sie sich vorstellen, dass Sie dabei einen oder mehrere Webbrowser anweisen, Ihre Anwendung zu besuchen und bestimmte Aktionen durchzuführen. So wird auch die Syntax aussehen, wie Beispiel 12-30 zeigt.

Beispiel 12-30: Ein einfacher Dusk-Test

```
public function testBasicExample()
{
```

```
    $user = factory(User::class)->create();

    $this->browse(function ($browser) use ($user) {
        $browser->visit('login')
            ->type('email', $user->email)
            ->type('password', 'secret')
            ->press('Login')
            ->assertPathIs('/home');
    });
}
```

`$this->browse()` erzeugt einen Browser, den Sie einer Closure übergeben. Innerhalb der Closure weisen Sie den Browser an, welche Aktionen durchzuführen sind.

Es ist wichtig, zu beachten, dass – im Gegensatz zu Laravels anderen Anwendungstest-Werkzeugen, die das Verhalten von Formularen nur nachahmen – Dusk tatsächlich einen Browser hochfährt und die einzugebenden Wörter sendet und dafür sorgt, dass die passende Schaltfläche gedrückt wird. Wir haben hier einen echten Browser, und Dusk bedient ihn vollständig.

Sie können auch mehr als einen Browser starten, indem Sie der Closure entsprechende Parameter hinzufügen. So können Sie beispielsweise testen, wie gleichzeitig mehrere Benutzer mit der Website interagieren (z.B. in einem Chat-System). Schauen wir uns Beispiel 12-31 an, das aus der Dokumentation stammt.

Beispiel 12-31: Mehrere Dusk-Browser

```
$this->browse(function ($first, $second) {
    $first->loginAs(User::find(1))
        ->visit('/home')
        ->waitForText('Message');

    $second->loginAs(User::find(2))
        ->visit('/home')
        ->waitForText('Message')
        ->type('message', 'Hey Taylor')
        ->press('Send');

    $first->waitForText('Hey Taylor')
        ->assertSee('Jeffrey Way');
});
```

Es gibt eine große Menge an Aktionen und Behauptungen, die wir hier nicht behandeln werden (die aber natürlich in der Dokumentation zu finden sind), aber wir wollen uns ein paar der anderen Tools anschauen, die Dusk bietet.

Authentifizierung und Datenbanken

Wie Sie in Beispiel 12-31 sehen können, unterscheidet sich die Syntax für die Authentifizierung etwas von der bei den Anwendungstests: `$browser->loginAs($user)`.

Vermeiden Sie bei Dusk den Trait RefreshDatabase
Verwenden Sie den Trait RefreshDatabase nicht mit Dusk! Benutzen Sie stattdessen den Trait DatabaseMigrations: RefreshDatabase verwendet Transaktionen, was aber nicht Anfragen-übergreifend funktioniert.

Interaktionen mit Webseiten

Wenn Sie schon mit jQuery gearbeitet haben, wird Ihnen die Interaktion mit Webseiten per Dusk wahrscheinlich vertraut vorkommen. In Beispiel 12-32 finden Sie einige gebräuchliche Muster für die Auswahl von Elementen mit Dusk.

Beispiel 12-32: Auswahl von Elementen mit Dusk

```
<-- Template -->
<div class="search"><input><button id="search-button"></button></div>
<button dusk="expand-nav"></button>

// Dusk-Tests
// Option 1: Syntax im jQuery-Stil
$browser->click('.search button');
$browser->click('#search-button');

// Option 2: dusk="selector-here"-Syntax; empfohlen!
$browser->click('@expand-nav');
```

Sie können Ihren Seitenelementen ein Attribut dusk hinzufügen, um sie unabhängig von späteren Darstellungs- oder Layout-Aktualisierungen referenzieren zu können. Wenn Sie einer Methode einen Selektor übergeben müssen, verwenden Sie die Bezeichnung des Attributs mit einem vorangestellten Zeichen @.

Schauen wir uns nun einige der Methoden an, die Sie mit $browser aufrufen können. Um mit Text- und Attributwerten zu arbeiten, verwenden Sie diese Methoden:

value($selector, $value = null)
: Liefert den Wert einer Texteingabe, wenn nur ein Parameter übergeben wird; setzt den Wert einer Eingabe, wenn ein zweiter Parameter übergeben wird.

text($selector)
: Ruft den Textinhalt eines nicht ausfüllbaren Elements wie <div> oder <span> ab.

attribute($selector, $attributeName)
: Liefert den Wert eines bestimmten Attributs des Elements, das mit $selector übereinstimmt.

Zu den Methoden für die Arbeit mit Formularen und Dateien gehören die folgenden:

type($selector, $valueToType)
: Ähnlich wie value(), tippt aber tatsächlich die Zeichen, anstatt den Wert direkt zu setzen.

Wie Dusk Selektoren auswählt

Bei Methoden wie type(), die sich auf Eingabefelder beziehen, versucht Dusk, das richtige Input-Feld zu bestimmen, indem es zuerst nach einem passenden Dusk- oder CSS-Selektor, dann nach einem Eingabefeld mit dem angegebenen Namen und schließlich nach einem <textarea>-Element mit dem angegebenen Namen sucht.

select($selector, $optionValue)
: Wählt die Option mit dem Wert $optionValue in einem Drop-down-Menü namens $selector.

check($selector) *and* uncheck($selector)
: Aktiviert oder deaktiviert eine Checkbox namens $selector.

radio($selector, $optionValue)
: Wählt die Option mit dem Wert $optionValue in einer $selector benannten Gruppe von Radio-Buttons.

attach($selector, $filePath)
: Fügt dem durch $selector benannten Datei-Eingabefeld eine Datei $filePath hinzu.

Die Methoden für die Tastatur- und Mauseingabe sind:

clickLink($selector)
: Folgt einem Textlink zu seinem Ziel.

click($selector) *und* mouseover($selector)
: Löst einen Mausklick oder ein Mouseover-Ereignis auf $selector aus.

drag($selectorToDrag, $selectorToDragTo)
: Zieht ein Element auf ein anderes Element.

dragLeft(), dragRight(), dragUp(), dragDown()
: Zieht das als erster Parameter angegebene Element um die als zweiter Parameter angegebene Anzahl von Pixeln in die durch den Methodennamen angegebene Richtung.

keys($selector, $instructions)
: Sendet Tastendruck-Ereignisse im Kontext von $selector gemäß den Anweisungen in $instructions. Sie können die Eingaben auch mit Umschalttasten kombinieren:

    ```
    $browser->keys('selector', 'this is ', ['{shift}', 'great']);
    ```

    Dies würde zum Ergbenis »this is GREAT« führen. Sie können also durch Hinzufügen eines Arrays zur Liste der zu tippenden Elemente Modifikatoren (eingeschlossen durch {}) mit der Eingabe kombinieren. Eine vollständige Liste der möglichen Modifikatoren finden Sie unter WebDriverKeys.php (*https://bit.ly/2uB5APj*).

    Wenn Sie einfach eine Tastenfolge an die Seite senden möchten (z.B. um ein Tastaturkürzel zu senden), können Sie die oberste Ebene Ihrer Anwendung oder Seite als Selektor auswählen. Wenn es sich beispielsweise um eine Vue-App handeln würde und die oberste Ebene ein <div> mit einer ID app wäre:

```
$browser->keys('#app', ['{command}', '/']);
```

Pausen und Wartezeiten

Da Dusk mit JavaScript interagiert und einen echten Browser steuert, müssen wir uns auch mit den Themen Zeit, Timeouts und »Warten« beschäftigen. Dusk bietet einige Methoden, mit denen Sie sicherstellen können, dass Ihre Tests richtig mit Timing-Problemen umgehen. Einige dieser Methoden helfen bei der Interaktion mit absichtlich langsamen oder verzögerten Elementen der Seite, andere dabei, Initialisierungszeiten von Komponenten zu kompensieren. Zu den verfügbaren Methoden gehören die folgenden:

pause($milliseconds)

Pausiert die Ausführung von Dusk-Tests für die angegebene Anzahl von Millisekunden. Dies ist die einfachste »Warte«-Option, damit der nächste Befehl erst verzögert ausgeführt wird.

Diese und die anderen Wartemethoden können Sie innerhalb einer Methodenkette verwenden:

```
$browser->click('chat')
    ->pause(500)
    ->assertSee('How can we help?');
```

waitFor($selector, $maxSeconds = null) und waitForMissing($selector, $maxSeconds = null)

Wartet entweder so lange, bis das angegebene Element auf der Seite existiert (waitFor()) oder von der Seite verschwunden ist (waitForMissing()), oder wartet – bei Nutzung des optionalen zweiten Parameters – maximal die angegebene Zeitspanne in Sekunden (bzw. ohne zweiten Parameter maximal fünf Sekunden) ab, bevor eine Ausnahme ausgelöst wird:

```
$browser->waitFor('@chat', 5);
$browser->waitUntilMissing('@loading', 5);
```

whenAvailable($selector, $callback)

Ähnlich wie waitFor(), akzeptiert aber als zweiten Parameter eine Closure, in der definiert wird, welche Aktion erfolgen soll, sobald das angegebene Element verfügbar wird:

```
$browser->whenAvailable('@chat', function ($chat) {
    $chat->assertSee('How can we help you?');
});
```

waitForText($text, $maxSeconds = null)

Wartet darauf, dass Text auf der Seite erscheint bzw. maximal so lange, wie im optionalen zweiten Parameter angegeben (ansonsten maximal fünf Sekunden):

```
$browser->waitForText('Your purchase has been completed.', 5);
```

waitForLink(*$linkText, $maxSeconds = null*)

Wartet darauf, dass ein bestimmter Linktext auf der Seite erscheint bzw. maximal so lange, wie im optionalen zweiten Parameter angegeben (ansonsten maximal fünf Sekunden):

```
$browser->waitForLink('Clear these results', 2);
```

waitForLocation(*$path*)

Wartet, bis die Seiten-URL mit dem angegebenen Pfad übereinstimmt:

```
$browser->waitForLocation('auth/login');
```

waitForRoute(*$routeName*)

Wartet, bis die Seiten-URL mit der URL für die angegebene Route übereinstimmt:

```
$browser->waitForRoute('packages.show', [$package->id]);
```

waitForReload()

Wartet, bis die Seite neu geladen wird.

waitUntil(*$expression*)

Wartet, bis der angegebene JavaScript-Ausdruck den Wahrheitswert true annimmt:

```
$browser->waitUntil('App.packages.length > 0', 7);
```

Weitere Assertionen

Wie ich bereits erwähnt habe, gibt es eine sehr umfangreiche Liste von Behauptungen, die Sie mit Dusk bezüglich Ihrer Anwendung aufstellen können. Hier sind einige, die ich persönlich am häufigsten verwende – die vollständige Liste aller Assertionen finden Sie in der Dusk-Dokumentation (*https://laravel.com/docs/dusk*):

- assertTitleContains(*$text*)
- assertQueryStringHas(*$keyName*)
- assertHasCookie(*$cookieName*)
- assertSourceHas(*$htmlSourceCode*)
- assertChecked(*$selector*)
- assertSelectHasOption(*$selectorForSelect, $optionValue*)
- assertVisible(*$selector*)
- assertFocused()
- assertVue(*$dataLocation, $dataValue, $selector*)

Weitere Organisationsstrukturen

Bisher haben wir mit Dusk einzelne Elemente auf unseren Seiten getestet. Dusk wird aber auch oft verwendet, um komplexere Anwendungen oder Single Page

Applications zu testen – dazu braucht es aber zusätzliche Hilfen, um unsere Behauptungen besser strukturieren zu können.

Erste Organisationsstrukturen, auf die wir schon gestoßen sind, waren das Attribut dusk (z.B. <div dusk="abc">, mit dem wir einen Selektor mit dem Namen @abc erstellen können, um diesen später zu referenzieren) und die Closures, um bestimmte Codeabschnitte einzufassen (z.B. mit whenAvailable()).

Dusk bietet zwei weitere Organisationswerkzeuge: Seiten und Komponenten. Beginnen wir mit den Seiten.

Seiten. Eine Seite ist eine Klasse, die Sie aus einer Basisklasse Page erzeugen und die zwei Abschnitte enthält: erstens eine URL und Behauptungen, um zu definieren, welche Seite Ihrer Anwendung dieser Dusk-Page zugeordnet werden soll; und zweitens eine Kurzbezeichnung – dem @abc-Selektor vergleichbar, der durch das dusk="abc"-Attribut in einem HTML-Element generiert wird – nur für diese Seite, die wir benutzen können, ohne den HTML-Quellcode bearbeiten zu müssen.

Stellen wir uns vor, in unserer Anwendung gäbe es eine Seite »create package« zum Erstellen eines Pakets. Wir können dafür eine Dusk-Seite generieren:

```
php artisan dusk:page CreatePackage
```

Wie die generierte Klasse aussieht, zeigt Beispiel 12-33.

Beispiel 12-33: Die generierte Dusk-Seite

```php
<?php

namespace Tests\Browser\Pages;

use Laravel\Dusk\Browser;

class CreatePackage extends Page
{
    /**
     * Get the URL for the page
     *
     * @return string
     */
    public function url()
    {
        return '/';
    }

    /**
     * Assert that the browser is on the page
     *
     * @param Browser $browser
     * @return void
     */
    public function assert(Browser $browser)
    {
        $browser->assertPathIs($this->url());
```

```
    }

    /**
     * Get the element shortcuts for the page
     *
     * @return array
     */
    public function elements()
    {
        return [
            '@element' => '#selector',
        ];
    }
}
```

Die Methode url() legt den Ort fest, an dem Dusk diese Seite erwartet; assert() lässt Sie zusätzliche Assertionen ausführen, um zu überprüfen, ob Sie sich auf der richtigen Seite befinden; und elements() bietet Shortcuts für @dusk-Style-Selektoren.

Lassen Sie uns ein paar kleine Änderungen an unserer Seite »create package« vornehmen, damit sie wie Beispiel 12-34 aussieht.

Beispiel 12-34: Eine einfache »create package«-Dusk-Seite
```
class CreatePackage extends Page
{
    public function url()
    {
        return '/packages/create';
    }

    public function assert(Browser $browser)
    {
        $browser->assertTitleContains('Create Package');
        $browser->assertPathIs($this->url());
    }

    public function elements()
    {
        return [
            '@title' => 'input[name=title]',
            '@instructions' => 'textarea[name=instructions]',
        ];
    }
}
```

Jetzt haben wir eine funktionale Seite, können zu ihr navigieren und auf ihre definierten Elemente zugreifen:

```
// In einem Test
$browser->visit(new Tests\Browser\Pages\CreatePackage)
    ->type('@title', 'My package title');
```

Pages werden häufig eingesetzt, um in Tests öfters benötigte Aktionen zu definieren – quasi als Makros für Dusk. Sie können in einer Page-Klasse eine Methode definieren und diese dann im Code aufrufen, wie Beispiel 12-35 zeigt.

Beispiel 12-35: Definition und Verwendung einer benutzerdefinierten Methode in einer Page-Klasse

```
class CreatePackage extends Page
{
    // ... url(), assert(), elements()

    public function fillBasicFields(Browser $browser, $packageTitle = 'Best package')
    {
        $browser->type('@title', $packageTitle)
            ->type('@instructions', 'Do this stuff and then that stuff');
    }
}

$browser->visit(new CreatePackage)
    ->fillBasicFields('Greatest Package Ever')
    ->press('Create Package')
    ->assertSee('Greatest Package Ever');
```

Komponenten. Komponenten bieten die gleiche Funktionalität wie Dusk-Seiten, aber ohne Beschränkung auf eine bestimmte URL. Diese Klassen ähnln den Page-Klassen, sind aber nicht an eine URL gebunden, sondern an einen Selektor.

Auf der Seite NovaPackages.com gibt es eine kleine Vue-Komponente, um Pakete zu bewerten und Bewertungen anzuzeigen. Legen wir dafür eine Dusk-Komponente an:

```
php artisan dusk:component RatingWidget
```

Das Ergebnis dieses Befehls finden Sie in Beispiel 12-36.

Beispiel 12-36: Der Standard-Quellcode einer generierten Dusk-Komponente

```
<?php

namespace Tests\Browser\Components;

use Laravel\Dusk\Browser;
use Laravel\Dusk\Component as BaseComponent;

class RatingWidget extends BaseComponent
{
    /**
     * Get the root selector for the component
     *
     * @return string
     */
    public function selector()
    {
        return '#selector';
    }
```

```
    /**
     * Assert that the browser page contains the component
     *
     * @param  Browser  $browser
     * @return void
     */
    public function assert(Browser $browser)
    {
        $browser->assertVisible($this->selector());
    }

    /**
     * Get the element shortcuts for the component
     *
     * @return array
     */
    public function elements()
    {
        return [
            '@element' => '#selector',
        ];
    }
}
```

Im Grunde genommen ist die generierte Dusk-Komponente dasselbe wie eine Dusk-Seite, allerdings kapseln wir unsere Arbeit in einem HTML-Element anstelle einer URL. Alles andere bleibt praktisch gleich. In Beispiel 12-37 finden Sie das Bewertungs-Widget in Form einer Dusk-Komponente.

Beispiel 12-37: Eine Dusk-Komponente für das Bewertungs-Widget

```
class RatingWidget extends BaseComponent
{
    public function selector()
    {
        return '.rating-widget';
    }

    public function assert(Browser $browser)
    {
        $browser->assertVisible($this->selector());
    }

    public function elements()
    {
        return [
            '@5-star' => '.five-star-rating',
            '@4-star' => '.four-star-rating',
            '@3-star' => '.three-star-rating',
            '@2-star' => '.two-star-rating',
            '@1-star' => '.one-star-rating',
            '@average' => '.average-rating',
            '@mine' => '.current-user-rating',
        ];
    }
```

```
    public function ratePackage(Browser $browser, $rating)
    {
        $browser->click("@{$rating}-star")
            ->assertSeeIn('@mine', $rating);
    }
}
```

Die Verwendung von Komponenten funktioniert genau wie die Verwendung von Seiten, wie Beispiel 12-38 verdeutlicht.

Beispiel 12-38: Dusk-Komponenten verwenden
```
$browser->visit('/packages/tightenco/nova-stock-picker')
    ->within(new RatingWidget, function ($browser) {
        $browser->ratePackage(2);
        $browser->assertSeeIn('@average', 2);
    });
```

Das war ein knapper Überblick zu den Möglichkeiten von Dusk. Es gibt noch viel mehr – mehr Assertionen, mehr Grenzfälle, mehr Tipps zu Fallstricken, mehr Beispiele – in der Dusk-Dokumentation (*https://bit.ly/2JF0POY*). Das ist also eine zusätzliche empfehlenswerte Lektüre, falls Sie mit Dusk arbeiten möchten.

TL;DR

Laravel arbeitet mit jedem modernen PHP-Test-Framework, ist aber für PHPUnit optimiert, insbesondere dann, wenn Ihre Tests die Laravel-Basisklasse `TestCase` erweitern. Mit den in Laravel enthaltenen Funktionen für Anwendungstests lassen sich gefakte HTTP- und Konsolenanfragen durchführen und deren Ergebnisse überprüfen.

Tests in Laravel können einfach und leistungsstark mit der Datenbank, dem Cache, der Session, dem Dateisystem, der Mail-Funktionalität und vielen anderen Subsystemen interagieren und diesbezügliche Behauptungen aufstellen. Eine ganze Reihe dieser Subsysteme haben eingebaute Fake-Möglichkeiten, um das Testen noch einfacher zu gestalten. Sie können das DOM und browserähnliche Interaktionen testen, indem Sie BrowserKit-Testing oder Dusk einsetzen.

Laravel bietet zudem die Mockery-Bibliothek, falls Sie Mocks, Stubs, Spys oder Dummys brauchen, auch wenn die Testphilosophie von Laravel den Einsatz realer Funktionalität bevorzugt. Faken Sie nichts, es sei denn, es ist unumgänglich.

KAPITEL 13
APIs schreiben

Eine der häufigsten Aufgaben, mit denen es Laravel-Entwickler zu tun haben, ist die Erstellung einer API, meist als JSON-, REST- oder REST-ähnliche API, die es Dritten ermöglicht, mit der Laravel-Anwendung zu interagieren.

Laravel erleichtert die Arbeit mit JSON außerordentlich, und Laravels Ressourcen-Controller sind bereits um REST-Verben und -Muster herum strukturiert. In diesem Kapitel erfahren Sie mehr über einige grundlegende Konzepte beim Schreiben von APIs, über die Tools, die Laravel dazu anbietet, sowie über einige externe Werkzeuge und Organisationsstrukturen, die Ihnen beim Schreiben Ihrer ersten Laravel-API helfen können.

Die Grundlagen REST-ähnlicher JSON-APIs

Der sogenannte Representational State Transfer (REST) ist ein Architekturmuster zur Erstellung von APIs. Technisch gesehen ist REST entweder eine weit gefasste Definition, die sich auf annähernd die Gesamtheit des Internets beziehen könnte, oder etwas, das so spezifisch ist, dass *keiner* es tatsächlich in Reinform verwendet, also lassen Sie sich nicht von der Definition verunsichern oder in einen Streit mit irgendwelchen Pedanten hineinziehen. Wenn wir in der Laravel-Welt von RESTful oder REST-ähnlichen APIs sprechen, meinen wir normalerweise APIs mit einigen gemeinsamen Merkmalen:

- Sie sind um »Ressourcen« herum strukturiert, die durch URIs eindeutig repräsentiert werden können, wobei z.B. /cats für alle Katzen steht, /cats/15 für eine einzelne Katze mit der ID 15 usw.
- Interaktionen mit Ressourcen erfolgen in erster Linie über HTTP-Verben (GET /cats/15 oder DELETE /cats/15).
- Sie sind zustandslos, was bedeutet, dass es keine persistente Sitzungsauthentifizierung zwischen den einzelnen Anforderungen gibt; jeder Request muss sich eindeutig authentifizieren.

- Sie können zwischengespeichert werden und sind konsistent, d. h., jede Anforderung (mit Ausnahme einiger authentifizierter benutzerspezifischer Anforderungen) sollte das gleiche Ergebnis liefern, unabhängig davon, von wem die Anfrage stammt.
- Sie geben JSON zurück.

Beim gebräuchlichsten API-Muster gibt es eine eindeutige URL-Struktur für jedes Eloquent-Modell, das als API-Ressource verfügbar sein soll, um Benutzern zu ermöglichen, mit dieser Ressource anhand bestimmter Verben zu interagieren und Antworten im JSON-Format zurückzubekommen. Beispiel 13-1 zeigt einige Möglichkeiten.

Beispiel 13-1: Typische REST-API-Endpunkte

```
GET /api/cats
[
    {
        id: 1,
        name: 'Fluffy'
    },
    {
        id: 2,
        name: 'Killer'
    }
]

GET /api/cats/2
{
    id: 2,
    name: 'Killer'
}

DELETE /api/cats/2
(löscht den Katzen-Datensatz mit der angegebenen ID)

POST /api/cats mit Body:
{
    name: 'Mr Bigglesworth'
}
(erzeugt einen neuen Katzen-Datensatz)

PATCH /api/cats/3 mit Body:
{
    name: 'Mr. Bigglesworth'
}
(aktualisiert einen Katzen-Datensatz)
```

Dies gibt Ihnen einen Überblick über die grundlegenden Interaktionen, die normalerweise per APIs stattfinden. Schauen wir uns nun an, wie man das mit Laravel umsetzt.

Controller-Organisation und JSON-Antworten

Laravels API-Ressourcen-Controller ähneln stark den normalen Ressourcen-Controllern (siehe »Ressourcen-Controller« auf Seite 47), sind aber leicht modifiziert, um mit den RESTful-API-Routen übereinzustimmen. Beispielsweise schließen sie die Methoden create() und edit() aus, die beide in einer API irrelevant sind. Legen wir also los. Zuerst erstellen wir einen neuen Controller für unsere Ressource, der unter der Route /api/dogs erreicht werden kann:

```
php artisan make:controller Api/DogsController --api
```

> **Backslash maskieren in Artisan-Befehl vor Version 5.3**
>
> In Versionen vor 5.3 musste der Backslash \ in Namespace-Separatoren in Artisan-Befehlen mit einem Slash maskiert werden:
>
> ```
> php artisan make:controller Api/\DogsController --api
> ```

Bitte beachten Sie, dass es API-Ressourcen-Controller und API-Ressourcen-Routen erst seit Version 5.5 gibt. In früheren Versionen können Sie stattdessen einfach reguläre Ressourcen-Controller und -Routen verwenden; sie sind nahezu identisch, enthalten aber ein paar View-bezogene Routen, die in APIs nicht verwendet werden. Beispiel 13-2 zeigt, wie unser API-Ressourcen-Controller aussehen wird.

Beispiel 13-2: Ein generierter API-Ressourcen-Controller

```php
<?php

namespace App\Http\Controllers\Api;

use App\Http\Controllers\Controller;
use Illuminate\Http\Request;

class DogsController extends Controller
{
    /**
     * Display a listing of the resource
     *
     * @return \Illuminate\Http\Response
     */
    public function index()
    {
        //
    }

    /**
     * Store a newly created resource in storage
     *
     * @param  \Illuminate\Http\Request  $request
     * @return \Illuminate\Http\Response
     */
    public function store(Request $request)
    {
```

```
        //
    }

    /**
     * Display the specified resource
     *
     * @param  int  $id
     * @return \Illuminate\Http\Response
     */
    public function show($id)
    {
        //
    }

    /**
     * Update the specified resource in storage
     *
     * @param  \Illuminate\Http\Request  $request
     * @param  int  $id
     * @return \Illuminate\Http\Response
     */
    public function update(Request $request, $id)
    {
        //
    }

    /**
     * Remove the specified resource from storage
     *
     * @param  int  $id
     * @return \Illuminate\Http\Response
     */
    public function destroy($id)
    {
        //
    }
}
```

Die Dokumentationsabschnitte sind weitgehend selbsterklärend. index() listet alle Hunde auf, show() zeigt einen einzelnen Hund, store() speichert einen neuen Hund, update() aktualisiert einen Hund und destroy() entfernt einen Hund.

Lassen Sie uns schnell ein Modell und eine Migration erstellen, damit wir damit arbeiten können:

```
php artisan make:model Dog --migration
php artisan migrate
```

Prima! Jetzt können wir unsere Controller-Methoden mit Inhalt füllen.

Datenbankanforderungen für die Codebeispiele
Wenn Sie möchten, dass unser Beispielcode tatsächlich funktioniert, müssen Sie der soeben generierten Migration zwei string()-Spalten, name und breed, hinzufügen und diese beiden Spalten dann der fillable-Eigenschaft des Modells hinzufügen oder die guarded-Eigenschaft des Modells auf ein leeres Array ([]) setzen.

Wir können hier eine großartige Funktion von Eloquent nutzen: Wenn Sie eine Collection von Eloquent-Ergebnissen ausgeben, wird diese automatisch in JSON konvertiert (und zwar mit der magischen Methode __toString()). Wenn Sie auf einer Route eine Collection von Ergebnissen zurückgeben, geben Sie also in Wirklichkeit JSON zurück. Wie Beispiel 13-3 zeigt, wird das wahrscheinlich mit der einfachste Code sein, den Sie jemals schreiben werden.

Beispiel 13-3: Ein API-Ressourcen-Controller für das Modell »Dog«

```
...
class DogsController extends Controller
{
    public function index()
    {
        return Dog::all();
    }

    public function store(Request $request)
    {
        return Dog::create($request->only(['name', 'breed']));
    }

    public function show($id)
    {
        return Dog::findOrFail($id);
    }

    public function update(Request $request, $id)
    {
        $dog = Dog::findOrFail($id);
        $dog->update($request->only(['name', 'breed']));
        return $dog;
    }

    public function destroy($id)
    {
        Dog::findOrFail($id)->delete();
    }
}
```

Beispiel 13-4 zeigt, wie wir dies in unserer routes-Datei verknüpfen können. Wir verwenden `Route::apiResource()`, um alle Standardmethoden automatisch ihren entsprechenden Routen und HTTP-Verben zuzuordnen.

Beispiel 13-4: Bindung der Routen für einen Ressourcen-Controller

```
// routes/api.php
Route::namespace('Api')->group(function () {
    Route::apiResource('dogs', 'DogsController');
});
```

Und schon sind wir fertig. Das ist Ihre erste RESTful-API in Laravel. Natürlich fehlen noch viele Nuancen: Paginierung, Sortierung, Authentifizierung, genauer definierte Header. Aber die Grundlage für alles Weitere steht jetzt.

Header lesen und senden

REST-APIs lesen und senden oft zusätzliche Informationen, die über den eigentlichen Dateninhalt hinausgehen, per Header. Beispielsweise werden bei jeder Anfrage an die GitHub-API Header zurückgegeben, in denen der Rate-Limiting-Status des aktuellen Benutzers mitgeteilt wird:

```
X-RateLimit-Limit: 5000
X-RateLimit-Remaining: 4987
X-RateLimit-Reset: 1350085394
```

> ### »X-*« in Headern
>
> Sie fragen sich vielleicht, warum den GitHub-Headern ein X- vorangestellt ist, was insbesondere im Vergleich mit anderen Headern auffällt, die mit der gleichen Anfrage zurückgegeben werden:
>
> ```
> HTTP/1.1 200 OK
> Server: nginx
> Date: Fri, 12 Oct 2012 23:33:14 GMT
> Content-Type: application/json; charset=utf-8
> Connection: keep-alive
> Status: 200 OK
> ETag: "a00049ba79152d03380c34652f2cb612"
> X-GitHub-Media-Type: github.v3
> X-RateLimit-Limit: 5000
> X-RateLimit-Remaining: 4987
> X-RateLimit-Reset: 1350085394
> Content-Length: 5
> Cache-Control: max-age=0, private, must-revalidate
> X-Content-Type-Options: nosniff
> ```
>
> Jeder Header, dessen Name mit X- beginnt, ist ein Header, der nicht zur HTTP-Spezifikation gehört. Er kann vollständig erfunden sein (z.B. X-How-Much-Matt-Loves-This-Page) oder einer gebräuchlichen Konvention entsprechen, die es noch nicht in die Spezifikation geschafft hat (z.B. X-Requested-With).

Viele APIs erlauben es Entwicklern auch, die gesendeten Anfragen durch Header anzupassen. Bei der GitHub-API kann man beispielsweise mit dem Header Accept festlegen, welche Version der API man verwenden möchte:

```
Accept: application/vnd.github.v3+json
```

Wenn Sie v3 auf v2 ändern würden, gäbe GitHub Ihre Anfrage an Version 2 der API weiter statt an Version 3.

Schauen wir uns an, wie man das in Laravel macht.

Response-Header senden

Wir haben dieses Thema bereits ausführlich in Kapitel 10 behandelt, deshalb hier nur eine kurze Auffrischung. Sobald Sie ein Antwortobjekt haben, können Sie mit header($headerName, $headerValue) einen Header hinzufügen, wie in Beispiel 13-5 zu sehen.

Beispiel 13-5: Hinzufügen eines Response-Headers

```
Route::get('dogs', function () {
    return response(Dog::all())
        ->header('X-Greatness-Index', 12);
});
```

Ziemlich einfach.

Request-Header lesen

Es ist auch einfach, Header eingehender Anfragen auszulesen, siehe Beispiel 13-6.

Beispiel 13-6: Lesen eines Request-Headers

```
Route::get('dogs', function (Request $request) {
    var_dump($request->header('Accept'));
});
```

Nachdem Sie nun eingehende Anfrage-Header lesen und Ihre API-Antworten um eigene Header ergänzen können, wollen wir uns anschauen, wie Sie Ihre API weiter anpassen können.

Paginierung

Bei der Paginierung wird es bei den meisten APIs erstmals etwas anspruchsvoller, weil spezielle Anweisungen berücksichtigt werden müssen. Eloquent bringt aber schon von Haus aus ein Paginierungssystem mit, das sich direkt in die Abfrageparameter von Seitenanfragen einfügt. Wir haben die Paginator-Komponente bereits kurz in Kapitel 6 behandelt, aber hier noch einmal eine knappe Zusammenfassung.

In jedem Eloquent-Aufruf können Sie eine Methode paginate() benutzen, mit der Sie die Anzahl der Elemente festlegen, die pro Seite zurückgegeben werden sollen. Eloquent überprüft dann die URL daraufhin, ob sie einen Seitenabfrage-Parameter enthält. Ist er gesetzt, ergibt sich durch die Seitenangabe, welcher Ergebnisbereich auf der angeforderten Seite dargestellt werden soll.

Um eine API-Route für die automatisierte Laravel-Paginierung vorzubereiten, verwenden Sie paginate() anstelle von all() oder get(), um in einer Route Eloquent-Abfragen durchzuführen, ungefähr so wie in Beispiel 13-7.

Beispiel 13-7: Eine paginierte API-Route
```
Route::get('dogs', function () {
    return Dog::paginate(20);
});
```

Wir haben festgelegt, dass Eloquent 20 Datensätze aus der Datenbank abrufen soll. Anhand der Angabe im Abfrageparameter page weiß Laravel genau, *welche* 20 Datensätze benötigt werden:

```
GET /dogs - Hole Datensätze 1-20
GET /dogs?page=1 - Hole Datensätze 1-20
GET /dogs?page=2 - Hole Datensätze 21-40
```

Beachten Sie bitte, dass die Methode paginate() auch bei Query-Builder-Aufrufen verfügbar ist, wie Beispiel 13-8 zeigt.

Beispiel 13-8: Verwendung der Methode paginate() bei einem Query-Builder-Aufruf
```
Route::get('dogs', function () {
    return DB::table('dogs')->paginate(20);
});
```

Hier geschieht jedoch etwas Interessantes: Diese Anweisung wird nicht allein die gewünschten 20 Ergebnisse liefern, wenn Sie es in JSON konvertieren, sondern es wird ein Response-Objekt erstellt, das automatisch auch weitere nützliche Details bezüglich der Paginierung an den Endbenutzer übergibt, *zusammen* mit den paginierten Daten. Beispiel 13-9 zeigt eine mögliche Antwort unseres Aufrufs, hier allerdings gekürzt auf nur drei Datensätze, um Platz zu sparen.

Beispiel 13-9: Beispielausgabe einer paginierten Datenbankabfrage
```
{
    "current_page": 1,
    "data": [
        {
            'name': 'Fido'
        },
        {
            'name': 'Pickles'
        },
        {
            'name': 'Spot'
        }
    ]
    "first_page_url": "http://myapp.com/api/dogs?page=1",
    "from": 1,
    "last_page": 2,
    "last_page_url": "http://myapp.com/api/dogs?page=2",
    "next_page_url": "http://myapp.com/api/dogs?page=2",
    "path": "http://myapp.com/api/dogs",
    "per_page": 2,
    "prev_page_url": null,
    "to": 2,
    "total": 4
}
```

Sortieren und Filtern

Zwar gibt es in Laravel die eben beschriebene Konvention und die eingebauten Werkzeuge für die Seitennavigation, für das Sortieren gibt es so etwas aber leider nicht, sodass Sie sich selbst darum kümmern müssen. Ich gebe Ihnen hier ein kurzes Codebeispiel, in dem die Abfrageparameter analog zur JSON-API-Spezifikation gestaltet sind, die im folgenden Kasten beschrieben wird.

> ### Die JSON-API-Spezifikation
>
> Die JSON-API (*https://jsonapi.org/*) beschreibt einen Standard für viele typische Aufgaben, die beim Schreiben von JSON-basierten APIs zu erledigen sind: Filtern, Sortieren, Paginieren, Authentifizieren, Einbetten, Links, Metadaten und vieles mehr.
>
> Laravels standardmäßige Paginierung funktioniert nicht *exakt* gemäß der JSON-API-Spezifikation, aber weist schon in die richtige Richtung. Wie viele der Vorgaben der JSON-API-Spezifikation Sie manuell einbauen möchten (oder auch nicht), bleibt Ihnen überlassen.
>
> Hier als Beispiel ein Teil der JSON-API-Spezifikation, in dem beschrieben wird, wie man am besten Rückgaben von Daten und Fehlern strukturiert:
>
> > Ein Dokument MUSS mindestens eines der folgenden Top-Level-Elemente enthalten:
> > - data: die »Primärdaten« des Dokuments
> > - errors: ein Array von Fehlerobjekten
> > - meta: ein Meta-Objekt, das nicht-standardisierte Meta-Informationen enthält.
> >
> > Die Elemente data und errors dürfen NICHT im selben Dokument koexistieren.
>
> Seien Sie jedoch gewarnt: Es ist wunderbar, dass es die JSON-API-Spezifikation gibt, aber es braucht auch einiges an Vorbereitung, um mit ihr zu arbeiten. Wir werden sie in unseren Beispielen nicht vollständig umsetzen, ich habe mich aber von den allgemeinen Ideen der Spezifikation inspirieren lassen.

Sortieren der API-Ergebnisse

Schaffen wir zuerst eine Möglichkeit, unsere Ergebnisse zu sortieren. Wir beginnen in Beispiel 13-10 ganz einfach, indem wir nur eine Sortierung nach einer einzigen Spalte und in einer Richtung einführen.

Beispiel 13-10: Sortierung nach einer Spalte und in einer Richtung

```
// Handhabt /dogs?sort=name
Route::get('dogs', function (Request $request) {
    // Liefert den Sortier-Parameter (oder greift auf die Standardsortierung
    // "name" zurück)
```

```
    $sortColumn = $request->input('sort', 'name');
    return Dog::orderBy($sortColumn)->paginate(20);
});
```

Als nächsten Schritt fügen wir in Beispiel 13-11 die Möglichkeit hinzu, die Sortierreihenfolge umzukehren (z. B. ?sort=-weight).

Beispiel 13-11: Sortierung nach einer Spalte, mit Auswahl der Richtung

```
// Handhabt /dogs?sort=name und /dogs?sort=-name
Route::get('dogs', function (Request $request) {
    // Liefert den Sortier-Parameter (oder greift auf die Standardsortierung
    // "name" zurück)
    $sortColumn = $request->input('sort', 'name');

    // Legt die Sortierrichtung fest, je nachdem, ob der Parameter mit "-" beginnt,
    // was durch Laravels starts_with()-Helferfunktion erkannt wird
    $sortDirection = starts_with($sortColumn, '-') ? 'desc' : 'asc';
    $sortColumn = ltrim($sortColumn, '-');

    return Dog::orderBy($sortColumn, $sortDirection)
        ->paginate(20);
});
```

Und schließlich wollen wir nach mehreren Spalten sortieren (z. B. mit ?sort=name, -weight), siehe Beispiel 13-12.

Beispiel 13-12: JSON-API-ähnliche Sortierung

```
// Handhabt ?sort=name,-weight
Route::get('dogs', function (Request $request) {
    // Liest den Abfrageparameter und verwandeln ihn in ein Array, mit "," als
    // Trennzeichen
    $sorts = explode(',', $request->input('sort', ''));

    // Erzeugt eine Abfrage
    $query = Dog::query();

    // Fügt die Sortierungen nacheinander hinzu
    foreach ($sorts as $sortColumn) {
        $sortDirection = starts_with($sortColumn, '-') ? 'desc' : 'asc';
        $sortColumn = ltrim($sortColumn, '-');

        $query->orderBy($sortColumn, $sortDirection);
    }

    // Rückgabe
    return $query->paginate(20);
});
```

Der Vorgang ist schon ein wenig komplizierter, und Sie werden wahrscheinlich einige Hilfswerkzeuge für die sich wiederholenden Prozesse entwickeln wollen, aber wir bauen hier die Fähigkeiten unserer API Stück für Stück mit logischen und einfachen Funktionen auf.

Filtern der API-Ergebnisse

Eine weitere häufig vorkommende Aufgabe beim Schreiben von APIs ist das Herausfiltern bestimmter Teilmengen von Daten. Zum Beispiel könnte ein Benutzer nach einer Liste derjenigen Hunde fragen, die Chihuahuas sind.

Die JSON-API-Spezifikation macht uns hier keine besonderen Vorgaben für die Syntax, außer dass wir den Query-Parameter filter verwenden sollten. Halten wir uns einfach wieder an die Sortier-Syntax, bei der wir alles in einen einzigen Parameter stecken – vielleicht sollten wir ?filter=breed:chihuahua nehmen. Wie das geht, sehen Sie in Beispiel 13-13.

Beispiel 13-13: Einzelner Filter für API-Ergebnisse
```
Route::get('dogs', function () {
    $query = Dog::query();

    $query->when(request()->filled('filter'), function ($query) {
        [$criteria, $value] = explode(':', request('filter'));
        return $query->where($criteria, $value);
    });

    return $query->paginate(20);
});
```

Beachten Sie bitte, dass wir in Beispiel 13-13 den request()-Helfer verwenden, anstatt eine Instanz von $request zu injizieren. Beide Varianten funktionieren im Prinzip gleich, aber innerhalb von Closures bietet der request()-Helfer manchmal den Vorteil, dass Sie Variablen nicht manuell übergeben müssen.

> **Bedingte Abfrageänderungen vor Version 5.2**
> In Projekten mit Versionen vor 5.2 müssen Sie $query->when() durch eine reguläre PHP-if-Anweisung ersetzen.

Und weil es so viel Spaß macht, erlauben wir in Beispiel 13-14 mehrere Filter wie z. B. ?filter=breed:chihuahua,color:brown.

Beispiel 13-14: Mehrere Filter für API-Ergebnisse
```
Route::get('dogs', function (Request $request) {
    $query = Dog::query();

    $query->when(request()->filled('filter'), function ($query) {
        $filters = explode(',', request('filter'));

        foreach ($filters as $filter) {
            [$criteria, $value] = explode(':', $filter);
            $query->where($criteria, $value);
        }

        return $query;
```

```
    });
    return $query->paginate(20);
});
```

Ergebnisse transformieren

Wir wissen jetzt, wie wir unsere Ergebnisse sortieren und filtern können. Aber im Moment verlassen wir uns dabei auf die JSON-Serialisierung von Eloquent, was bedeutet, dass wir alle Felder aller Modelle bzw. Datensätze zurückgeben.

Eloquent bietet einige praktische Werkzeuge, mit denen man festlegen kann, welche Felder benutzt werden sollen, wenn ein Array serialisiert wird. Wenn Sie einer Eloquent-Klasse eine Array-Eigenschaft namens $hidden hinzufügen, werden alle dort aufgeführten Felder von der Ausgabe eines Modells ausgeschlossen – mehr zu diesem Thema finden Sie in Kapitel 5. Alternativ können Sie ein Array $visible definieren, das explizit alle Felder definiert, die angezeigt (bei APIs: serialisiert) werden dürfen. Sie können auch die Funktion toArray() Ihres Modells überschreiben oder nachbauen und ein benutzerdefiniertes Ausgabeformat erstellen.

Ein weiteres gängiges Muster ist die Erstellung eines Transformators für jeden Datentyp. Transformatoren (engl. *transformers*) sind hilfreich, weil man damit API-spezifische Logik vom Modell isolieren und eine konsistentere API bereitstellen kann, die unabhängiger von späteren Änderungen an Modellen und ihren Beziehungen ist. Es gibt ein fantastisches, aber kompliziertes Paket namens Fractal (*https://bit.ly/2fEt8Nr*), das eine Reihe von Komfortstrukturen und Klassen für die Transformation von Daten bietet.

In Laravel 5.5 wurde ein Konzept namens API-Ressourcen eingeführt, das für die meisten APIs das Transformieren und Sammeln von Ergebnissen abdeckt. Wenn Sie also mit Version 5.5 oder höher arbeiten, überspringen Sie am besten den nächsten Abschnitt und machen mit »API-Ressourcen« auf Seite 351 weiter. Falls Sie noch mit Version 5.4 oder früher arbeiten, lesen Sie bitte weiter.

Schreiben eines eigenen Transformators

Die Grundidee bei Transformatoren ist, dass wir jede Instanz unseres Modells durch eine zusätzliche Klasse bearbeiten lassen, die deren Daten in einen anderen Zustand überführt. Diese Klasse kann Felder hinzufügen, umbenennen, löschen, bearbeiten, Verschachtelungen hinzufügen oder die Daten in beliebiger anderer Weise verändern. Beginnen wir mit einem einfachen Beispiel (Beispiel 13-15).

Beispiel 13-15: Ein einfacher Transformator

```
Route::get('users/{id}', function ($userId) {
    return (new UserTransformer(User::findOrFail($userId)));
});
```

```
class UserTransformer
{
    protected $user;

    public function __construct($user)
    {
        $this->user = $user;
    }

    public function toArray()
    {
        return [
            'id' => $this->user->id,
            'name' => sprintf(
                "%s %s",
                $this->user->first_name,
                $this->user->last_name
            ),
            'friendsCount' => $this->user->friends->count(),
        ];
    }

    public function toJson()
    {
        return json_encode($this->toArray());
    }

    public function __toString()
    {
        return $this->toJson();
    }
}
```

> **Klassische Transformatoren**
> Ein klassischerer Transformator böte wahrscheinlich eine trans form()-Methode, die einen $user-Parameter erwarten würde. Das Ergebnis wäre wahrscheinlich eine direkte Ausgabe als Array oder JSON.
>
> Allerdings benutze ich das obige Muster, das ich manchmal »API-Objekte« nenne, seit einigen Jahren und habe es wirklich schätzen gelernt, weil es viel mehr Leistung und Flexibilität bietet.

Wie Sie in Beispiel 13-15 sehen können, akzeptieren Transformatoren das Modell, das sie transformieren sollen, als Parameter und manipulieren dann dieses Modell (und seine Beziehungen), um die endgültige Ausgabe zu erstellen.

Verschachtelung und Beziehungen mit benutzerdefinierten Transformatoren

Ob und wie man Beziehungen in APIs verschachteln sollte, ist Gegenstand vieler Diskussionen. Glücklicherweise haben sich Entwickler, die zu diesem speziellen

Thema mehr Erfahrung haben als ich, ausführlich dazu geäußert; ich würde empfehlen, Phil Sturgeons *Build APIs You Won't Hate* (*https://apisyouwonthate.com/*) zu lesen, um mehr darüber und über REST-APIs im Allgemeinen zu erfahren.

Es gibt ein paar grundsätzliche Ansätze, wie man verschachtelte Beziehungen angehen kann. In den Beispielen wird davon ausgegangen, dass die Primärressource ein user und die verknüpfte Ressource ein friend ist:

- Fügen Sie verknüpfte Ressourcen direkt der Primärressource hinzu (die Ressource users/5 enthielte dann auch die Freunde).
- Fügen Sie nur die Fremdschlüssel der Primärressource hinzu (die Ressource users/5 enthielte ein Array mit den IDs der Freunde).
- Erlauben Sie dem Benutzer, die zugehörige Ressource anhand der Primärressource abzufragen (/friends?user=5 würde bedeuten: »Gib mir alle Freunde, die mit Benutzer #5 verknüpft sind«).
- Erstellen Sie eine Subressource (z.B. /users/5/friends).
- Erlauben Sie optional die zusätzliche Inklusion verknüpfter Ressourcen (/users/5 enthielte nichts, aber /users/5?include=friends, ebenso /users/5?include=friends,dogs).

Nehmen wir einmal an, wir möchten verknüpfte Elemente (optional) einschließen. Wie könnten wir das machen? Nehmen wir als Grundlage Beispiel 13-15. Dieses Grundgerüst passen wir in Beispiel 13-16 an, um die optionale Inklusion verknüpfter Ressourcen zu ermöglichen.

Beispiel 13-16: Optionale Einbindung verknüpfter Ressource in einem Transformator erlauben

```
// z.B. myapp.com/api/users/15?include=friends,bookmarks
Route::get('users/{id}', function ($userId, Request $request) {
    // Trennt den Abfrageparameter anhand der Kommas
    $includes = explode(',', $request->input('include', ''));
    // Übergibt sowohl Benutzer als auch die einzubeziehenden Ressourcen-Bezeichnungen
    // an den User-Transformator
    return (new UserTransformer(User::findOrFail($userId), $includes));
});

class UserTransformer
{
    protected $user;
    protected $includes;

    public function __construct($user, $includes = [])
    {
        $this->user = $user;
        $this->includes = $includes;
    }

    public function toArray()
    {
        $append = [];
```

```
            if (in_array('friends', $this->includes)) {
                // Wenn Sie mehr als eine verknüpfte Ressource haben,
                // sollten Sie hier verallgemeinern
                $append['friends'] = $this->user->friends->map(function ($friend) {
                    return (new FriendTransformer($friend))->toArray();
                });
            }

            return array_merge([
                'id' => $this->user->id,
                'name' => sprintf(
                    "%s %s",
                    $this->user->first_name,
                    $this->user->last_name
                )
            ], $append);
    }
...
```

Mehr über die Funktionalität von map() erfahren Sie, wenn wir uns mit Kapitel 17 beschäftigen, aber alles Weitere dürfte Ihnen recht vertraut sein.

In der Routen-Closure trennen wir die Elemente des Abfrageparameters include anhand der Kommas auf und übergeben das erzeugte Array an den Transformator. Derzeit kann dieser Transformator nur friends mit einschließen, aber er ließe sich natürlich so abstrahieren, dass auch andere verknüpfte Ressourcen inkludiert werden könnten. Wenn der Benutzer die Einbeziehung von friends angefordert hat, iteriert der Transformator mit map() über die friends (unter Verwendung der entsprechenden hasMany-Beziehung im Modell user), gibt jeden friend an den FriendTransformer() weiter und fügt schließlich das Array mit allen transformierten friends der Benutzerantwort hinzu.

API-Ressourcen

Wenn Sie mit einer Laravel-Version vor 5.5 arbeiten, können Sie diesen Abschnitt überspringen und mit »API-Authentifizierung mit Laravel Passport« auf Seite 357 fortfahren.

In der Vergangenheit bestand eine der ersten Herausforderungen, denen wir bei der Entwicklung von APIs in Laravel begegnet sind, in der Transformation unserer Daten. Die einfachsten APIs können gerade einmal Eloquent-Objekte als JSON zurückgeben, aber für die wachsenden Anforderungen der meisten APIs reicht das bald nicht mehr aus. Wie sollen wir Eloquent-Ergebnisse in das richtige Format konvertieren? Wie sieht es aus, wenn wir andere Ressourcen (grundsätzlich oder optional) einbetten oder ein berechnetes Feld hinzufügen oder einige Felder vor APIs, aber nicht vor anderen JSON-Ausgabeformen verstecken wollen? Dann ist ein API-spezifischer Transformator die Lösung.

Seit Laravel 5.5 gibt es ein Feature namens API-Ressourcen – das sind Strukturen, mit denen man festlegen kann, wie ein Eloquent-Objekt bzw. eine Collection von

Eloquent-Objekten einer bestimmten Klasse in API-Ergebnisse umgewandelt werden kann. Dann gäbe es z. B. für Ihr Dog-Modell eine Ressource Dog, deren Aufgabe es wäre, jede Instanz von Dog in das entsprechende Dog-Antwortobjekt der API zu übersetzen.

Erstellen einer Ressourcen-Klasse

Lassen Sie uns das Dog-Beispiel durchgehen, um besser zu verstehen, wie man die Umformung zur API-Ausgabe vornimmt. Zuerst verwenden Sie den Artisan-Befehl make:resource, um eine erste Ressource zu erstellen:

```
php artisan make:resource Dog
```

Damit wird eine neue Klasse *app/Http/Resources/Dog.php* erzeugt, die genau eine Methode enthält: toArray(). Wie diese Datei aussieht, zeigt Beispiel 13-17.

Beispiel 13-17: Generierte API-Ressource

```
<?php

namespace App\Http\Resources;

use Illuminate\Http\Resources\Json\JsonResource;

class Dog extends JsonResource
{
    /**
     * Transform the resource into an array
     *
     * @param  \Illuminate\Http\Request  $request
     * @return array
     */
    public function toArray($request)
    {
        return parent::toArray($request);
    }
}
```

Die Methode toArray(), mit der wir hier arbeiten, hat Zugriff auf zwei wichtige Daten. Erstens auf das Illuminate-Request-Objekt, sodass wir unsere Antwort basierend auf Abfrageparametern, Headern und anderen wichtigen Angaben anpassen können. Und zweitens auf das gesamte Eloquent-Objekt, das transformiert werden soll, indem dessen Eigenschaften und Methoden auf $this aufgerufen werden, wie Beispiel 13-18 zeigt.

Beispiel 13-18: Einfache API-Ressource für das Dog-Modell

```
class Dog extends JsonResource
{
    public function toArray($request)
    {
        return [
            'id' => $this->id,
```

```
            'name' => $this->name,
            'breed' => $this->breed,
        ];
    }
}
```

Um diese neue Ressource zu verwenden, müssen Sie jeden API-Endpunkt, der eine einzelne Dog-Instanz zurückgibt, aktualisieren, um die Antwort in Ihre neue Ressource zu »verpacken« wie in Beispiel 13-19.

Beispiel 13-19: Die Ressource »Dog« benutzen
```
use App\Dog;
use App\Http\Resources\Dog as DogResource;

Route::get('dogs/{dogId}', function ($dogId) {
    return new DogResource(Dog::find($dogId));
});
```

Ressourcen-Collections

Schauen wir uns jetzt an, wie man mehr als eine einzelne Entität von einem bestimmten API-Endpunkt zurückgeben kann. Das geht mithilfe der collection()-Methode einer API-Ressource, wie Sie in Beispiel 13-20 sehen können.

Beispiel 13-20: Verwenden der standardmäßigen collection()-Methode einer API-Ressource
```
use App\Dog;
use App\Http\Resources\Dog as DogResource;

Route::get('dogs', function () {
    return DogResource::collection(Dog::all());
});
```

Diese Methode iteriert über jeden Eintrag, der ihr übergeben wird, transformiert ihn anhand der API-Ressource DogResource und gibt abschließend die gesamte Collection zurück.

Für viele APIs reicht das wahrscheinlich schon, aber wenn Sie eine der Strukturen anpassen oder den Collections Metadaten hinzufügen müssen, sollten Sie stattdessen eine benutzerdefinierte API-Ressourcen-Collection erstellen.

Um das zu tun, setzen wir wieder den Artisan-Befehl make:resource ein. Diesmal werden wir die Ressource DogCollection nennen, womit Laravel automatisch signalisiert wird, dass es sich um eine API-Ressourcen-Collection handelt, nicht nur um eine einfache API-Ressource:

```
php artisan make:resource DogCollection
```

Dieser Befehl erzeugt eine neue Datei, die der API-Ressourcen-Datei ähnelt und unter *app/Http/Resources/DogCollection.php* abgelegt wird. Wiederum ist nur eine Methode vorhanden: toArray(). Wie diese Datei aussieht, zeigt Beispiel 13-21.

Beispiel 13-21: Generierte API-Ressourcen-Collection

```
<?php

namespace App\Http\Resources;

use Illuminate\Http\Resources\Json\ResourceCollection;

class DogCollection extends ResourceCollection
{
    /**
     * Transform the resource collection into an array
     *
     * @param  \Illuminate\Http\Request  $request
     * @return array
     */
    public function toArray($request)
    {
        return parent::toArray($request);
    }
}
```

Genau wie bei der API-Ressource haben wir Zugriff auf die Anfrage und die zugrunde liegenden Daten. Andererseits haben wir es jetzt mit einer Collection von Elementen zu tun und nicht nur mit einem einzelnen Element, sodass wir auf diese (bereits transformierte) Collection mit $this->collection zugreifen. Sehen wir uns dazu Beispiel 13-22 an.

Beispiel 13-22: Einfache API-Ressourcen-Collection für das Dog-Modell

```
class DogCollection extends ResourceCollection
{
    public function toArray($request)
    {
        return [
            'data' => $this->collection,
            'links' => [
                'self' => route('dogs.index'),
            ],
        ];
    }
}
```

Verschachtelte Beziehungen

Einer der komplexeren Aspekte einer API ist die Verschachtelung von Beziehungen. Der einfachste Weg besteht darin, dem zurückgegebenen Array ein Element hinzuzufügen, das eine API-Ressourcen-Collection enthält wie in Beispiel 13-23.

Beispiel 13-23: Eine einfache, integrierte Beziehung

```
public function toArray()
{
    return [
```

```
        'name' => $this->name,
        'breed' => $this->breed,
        'friends' => DogResource::collection($this->friends),
    ];
}
```

Vielleicht möchten Sie auch festlegen, dass dies eine bedingte Eigenschaft sein soll; Sie können auch vorgeben, dass nur verschachtelt wird, wenn dies in der Anfrage explizit gefordert wird, oder nur dann, wenn die abhängigen Elemente des übergebenen Objekts bereits per Eager Loading bereitgestellt wurden. Eine solche Umsetzung finden Sie in Beispiel 13-24.

Beispiel 13-24: Bedingtes Laden einer API-Beziehung
```
public function toArray()
{
    return [
        'name' => $this->name,
        'breed' => $this->breed,
        // Die Beziehung wird nur geladen, falls schon per Eager Loading
        // bereitgestellt
        'bones' => BoneResource::collection($this->whenLoaded('bones')),
        // Oder die Beziehung wird nur geladen, wenn in der URL danach gefragt wird
        'bones' => $this->when(
            $request->get('include') == 'bones',
            BoneResource::collection($this->bones)
        ),
    ];
}
```

Paginierung in API-Ressourcen verwenden

Genauso wie Sie eine Collection von Eloquent-Modellen an eine Ressource übergeben können, lässt sich auch eine Paginator-Instanz übergeben. Schauen wir uns dazu Beispiel 13-25 an.

Beispiel 13-25: Übergabe einer Paginator-Instanz an eine API-Ressourcen-Collection
```
Route::get('dogs', function () {
    return new DogCollection(Dog::paginate(20));
});
```

Wenn Sie eine Paginator-Instanz übergeben, enthält das transformierte Ergebnis zusätzliche Links mit Paginierungsinformationen – first für die erste, last für die letzte, prev für die vorhergehende und next für die nachfolgende Seite – sowie Metainformationen zur gesamten Collection.

Wie das aussehen könnte, zeigt Beispiel 13-26. Für dieses Beispiel habe ich die Anzahl der Elemente pro Seite auf 2 gesetzt, indem ich Dog::paginate(2) aufrufe, damit Sie besser erkennen können, wie die Links funktionieren.

Beispiel 13-26: Eine Ressourcen-Antwort mit Paginierungslinks
```
{
    "data": [
        {
            "name": "Pickles",
            "breed": "Chorkie",
        },
        {
            "name": "Gandalf",
            "breed": "Golden Retriever Mix",
        }
    ],
    "links": {
        "first": "http://gooddogbrant.com/api/dogs?page=1",
        "last": "http://gooddogbrant.com/api/dogs?page=3",
        "prev": null,
        "next": "http://gooddogbrant.com/api/dogs?page=2"
    },
    "meta": {
        "current_page": 1,
        "from": 1,
        "last_page": 3,
        "path": "http://gooddogbrant.com/api/dogs",
        "per_page": 2,
        "to": 2,
        "total": 5
    }
}
```

Bedingtes Anwenden von Attributen

Sie können auch festlegen, dass bestimmte Attribute in Ihrer Antwort nur angewendet werden sollen, wenn eine bestimmte Bedingung erfüllt wird, wie Beispiel 13-27 veranschaulicht.

Beispiel 13-27: Bedingtes Anwenden von Attributen
```
public function toArray($request)
{
    return [
        'name' => $this->name,
        'breed' => $this->breed,
        'rating' => $this->when(Auth::user()->canSeeRatings(), 12),
    ];
}
```

Weitere Anpassungen für API-Ressourcen

Möglicherweise passt Ihnen die Art und Weise nicht, in der die data-Eigenschaft dargestellt wird, oder Sie möchten den Antworten Metadaten hinzufügen oder diese anpassen. In der Dokumentation (*https://bit.ly/2HP8xTU*) wird ausführlich beschrieben, wie Sie weitere Aspekte der API-Antworten anpassen können.

API-Authentifizierung mit Laravel Passport

Die meisten APIs erfordern eine Form der Authentifizierung, bevor auf bestimmte oder alle Daten zugegriffen werden darf. In Laravel 5.2 wurde ein einfaches »Token«-Authentifizierungsschema eingeführt, das wir gleich behandeln werden, aber schon in der nächsten Version 5.3 kam ein neues Tool namens Passport als separates Paket hinzu, das über Composer eingebracht wird: Damit lässt sich in einer Anwendung relativ einfach ein vollwertiger OAuth-2.0-Server einrichten, komplett mit API- und UI-Komponenten zur Verwaltung von Clients und Tokens.

Eine kurze Einführung in OAuth 2.0

OAuth ist das in RESTful-APIs bei Weitem gebräuchlichste Authentifizierungssystem. Leider ist es ein zu komplexes Thema, als dass wir es hier wirklich ausführlich behandeln könnten. Ich möchte Ihnen aber gerne Matthew Frosts großartiges Buch über OAuth und PHP mit dem Titel *Integrating Web Services with OAuth and PHP* empfehlen, das allerdings nur in englischer Sprache vorliegt.

Hier eine einfache Beschreibung des Konzepts hinter OAuth: Da APIs zustandslos sind, können wir uns nicht auf die Session-basierte Authentifizierung verlassen wie in normalen Browser-Sitzungen, bei denen sich der Benutzer anmeldet und ein authentifizierter Zustand für nachfolgende Ansichten in der Sitzung gespeichert werden kann. Stattdessen sendet ein API-Client einen einzelnen Aufruf an einen Authentifizierungs-Endpunkt und muss dabei eine Art Handshake durchführen, um sich auszuweisen. Der Client erhält dann ein Token zurück, das er bei zukünftigen Anfragen (in der Regel in einem Header namens Authorization) mitschicken muss, um seine Identität nachzuweisen.

Es gibt unterschiedliche Typen von OAuth-Grants (bzw. Autorisierungsgenehmigungen), also verschiedene Szenarien und Arten von Interaktionen, um den Authentifizierungs-Handshake durchzuführen. Unterschiedliche Projekte und Arten von Endbenutzern erfordern unterschiedliche Grant-Typen.

Wenn Sie mit Laravel 5.1 oder 5.2 arbeiten, können Sie ein Paket namens OAuth 2.0 Server for Laravel (*https://bit.ly/2e2lFYi*) benutzen, mit dem Sie Ihrer Laravel-Anwendung relativ leicht einen einfachen OAuth-2.0- Authentifizierungsserver hinzufügen können. Es bietet speziell für diese Laravel-Versionen eine Brücke zu einem PHP-Paket namens PHP OAuth 2.0 Server (*https://bit.ly/2f1dUyP*).

Ab Laravel 5.3 bietet Ihnen Passport alles, was dieses Paket enthält, und darüber hinaus u. a. auch eine einfachere und leistungsfähigere API und Schnittstelle.

Passport installieren

Passport ist ein separates Paket, muss also in einem ersten Schritt installiert werden. Ich werde das Vorgehen hier zusammenfassen, eine ausführlichere Installationsanleitung finden Sie in der Dokumentation (*https://bit.ly/2fEBjtk*).

Zuerst binden Sie es per Composer ein:

```
composer require laravel/passport
```

Wenn Sie mit einer Version von Laravel vor 5.5 arbeiten, fügen Sie bitte `Laravel\Passport\PassportServiceProvider::class` zum provider-Array in der Datei *config/app.php* hinzu.

Da Passport eine Reihe von Migrationen importiert, führen Sie diese mit `php artisan migrate` aus, um die für OAuth-Clients, -Scopes und -Tokens erforderlichen Tabellen zu erstellen.

Als Nächstes führen Sie das Passport-Installationsprogramm mit `php artisan passport:install` aus. Dadurch werden die Verschlüsselungsschlüssel für den OAuth-Server (*storage/oauth-private.key* und *storage/oauth-public.key*) erzeugt und OAuth-Clients in der Datenbank angelegt, die die Tokens für unsere persönlichen und passwortgeschützten Grants enthalten (die wir noch behandeln werden).

Sie müssen den Trait `Laravel\Passport\HasApiTokens` in Ihr User-Modell importieren; damit werden OAuth-Client- und -Token-bezogene Beziehungen sowie ein paar Token-bezogene Hilfsmethoden hinzugefügt. Als Nächstes fügen Sie in der Methode `boot()` des `AuthServiceProviders` einen Aufruf zu `Laravel\Passport\Passport::routes()` hinzu. Dadurch werden die folgenden Routen ergänzt:

- oauth/authorize
- oauth/clients
- oauth/clients/client_id
- oauth/personal-access-tokens
- oauth/personal-access-tokens/token_id
- oauth/scopes
- oauth/token
- oauth/token/refresh
- oauth/tokens
- oauth/tokens/token_id

Abschließend ändern Sie noch den api-Guard in *config/auth.php*. Standardmäßig verwendet dieser Guard den Treiber token (den wir in Kürze behandeln werden); bitte ändern Sie ihn auf den Treiber passport.

Sie haben jetzt einen voll funktionsfähigen OAuth-2.0-Server! Sie können neue Clients mit `php artisan passport:client` anlegen und haben eine API zur Verwaltung Ihrer Clients und Tokens, die unter dem Routenpräfix /oauth verfügbar ist.

Um eine Route durch das neue Passport-Authentifizierungssystem zu schützen, fügen Sie einfach die Middleware `auth:api` zu einer Route oder Routengruppe hinzu, wie in Beispiel 13-28 gezeigt.

Beispiel 13-28: Schutz einer API-Route mit der Passport-auth-Middleware
```
// routes/api.php
Route::get('/user', function (Request $request) {
    return $request->user();
})->middleware('auth:api');
```

Um sich beim Zugriff auf diese geschützten Routen zu authentifizieren, müssen Ihre Client-Anwendungen ein Token (wir werden uns gleich damit befassen, wie man eines erhält) als Bearer-Token im Header Authorization übergeben. Beispiel 13-29 zeigt, wie es aussähe, wenn Sie eine Anfrage über die Guzzle-HTTP-Bibliothek stellen würden.

Beispiel 13-29: Eine Beispiel-API-Anfrage mit einem Bearer-Token
```
$http = new GuzzleHttp\Client;
$response = $http->request('GET', 'http://tweeter.test/api/user', [
    'headers' => [
        'Accept' => 'application/json',
        'Authorization' => 'Bearer ' . $accessToken,
    ],
]);
```

Schauen wir uns jetzt einmal genauer an, wie das alles funktioniert.

Die Passport-API

Passport stellt Ihrer Anwendung eine API unter dem Routenpräfix /oauth zur Verfügung. Diese API bietet zwei Hauptfunktionen: Einerseits können Benutzer sich durch OAuth-2.0-Genehmigungsprozesse autorisieren (/oauth/authorize und /oauth/token), und andererseits können sie die eigenen Clients und Tokens (restliche Routen) verwalten.

Das ist eine wichtige Unterscheidung, besonders wenn Sie mit OAuth noch nicht vertraut sind. Jeder OAuth-Server muss Benutzern natürlich die Möglichkeit bieten, sich zu authentifizieren; das ist der eigentliche Sinn des Diensts. Passport enthält aber *zusätzlich* auch eine API zur Verwaltung des Zustands der Clients und Tokens Ihres OAuth-Servers. Das bedeutet, dass Sie ganz einfach ein Frontend erstellen können, mit dem Ihre Benutzer die eigenen Informationen innerhalb Ihrer OAuth-Anwendung verwalten können. Passport enthält dazu Vue-basierte Verwaltungskomponenten, die Sie entweder direkt oder als Inspiration verwenden können.

Wir werden sowohl die API-Routen behandeln, mit denen Sie Clients und Token verwalten können, als auch die Vue-Komponenten, die Passport zur Vereinfachung der Aufgabe bereits mitbringt, aber schauen wir uns zunächst an, wie sich Benutzer per Passport-API authentifizieren können.

Passports Grant-Typen

Mit Passport können sich Ihre Benutzer auf vier verschiedene Arten authentifizieren. Zwei davon sind traditionelle OAuth-2.0-Genehmigungsprozesse (Passwort-Grant und Autorisierungscode-Grant), und zwei sind spezielle Komfortmethoden, die Passport zusätzlich bereitstellt (Personal Token und Synchronizer Token).

Genehmigung per Passwort-Grant

Der Passwort-Grant ist zwar weniger verbreitet als die Variante per Autorisierungscode, aber viel einfacher. Wenn Sie möchten, dass sich Benutzer bei Ihrer API direkt mit Benutzernamen und Passwort authentifizieren, können Sie den Passwort-Grant verwenden – z. B. für eine mobile App, die auf Ihre eigene API zugreift.

Erstellen eines Passwort-Grant-Clients

Um den Genehmigungsprozess per Password-Grant nutzen zu können, benötigen Sie einen Passwort-Grant-Client in Ihrer Datenbank, denn jede Anfrage an einen OAuth-Server muss von einem Client gestellt werden. Normalerweise wird anhand des Clients erkannt, für welche App oder Website sich der Benutzer authentifiziert – wenn Sie beispielsweise Facebook verwendet haben, um sich bei einer Website eines Drittanbieters anzumelden, wäre diese Website der Client.

Beim Passwort-Grant-Prozess gibt es jedoch keinen Client, der die Anfrage stellt, also müssen Sie selbst einen bereitstellen – und das ist der Passwort-Grant-Client. Ein solcher Client wurde bereits automatisch hinzugefügt, als Sie `php artisan passport:install` ausgeführt haben. Falls Sie irgendwann einen neuen Passwort-Grant-Client generieren müssen, können Sie das wie folgt tun:

```
$php artisan passport:client --password

What should we name the password grant client?
  [My Application Password Grant Client]:
> Client_name

Password grant client created successfully.
Client ID: 3
Client Secret: Pg1EEzt18JAnFoUIM9n38Nqewg1aekB4rvFk2Pma
```

Beim Passwort-Grant-Prozess müssen nur die Anmeldeinformationen des Benutzers an die Route /oauth/token gesendet werden, um ein Token zu erhalten – siehe Beispiel 13-30.

Beispiel 13-30: Eine Anfrage per Passwort-Grant

```
// Routes/web.php in der *konsumierenden Anwendung*
Route::get('tweeter/password-grant-auth', function () {
    $http = new GuzzleHttp\Client;

    // Aufruf von "Tweeter", unserem Passport-basierten OAuth-Server
```

```
    $response = $http->post('http://tweeter.test/oauth/token', [
        'form_params' => [
            'grant_type' => 'password',
            'client_id' => config('tweeter.id'),
            'client_secret' => config('tweeter.secret'),
            'username' => 'matt@mattstauffer.co',
            'password' => 'my-tweeter-password',
            'scope' => '',
        ],
    ]);

    $thisUsersTokens = json_decode((string) $response->getBody(), true);
    // Hier kann mit dem Token weitergearbeitet werden
});
```

Diese Route gibt ein access_token und ein refresh_token zurück. Sie können nun diese Tokens speichern, die zur Authentifizierung bei der API (Access Token) und zur späteren Anforderung weiterer Tokens (Refresh Token) verwendet werden können.

Beachten Sie bitte, dass die ID und der geheime Schlüssel, die wir für den Passwort-Grant-Typ verwenden würden, diejenigen sind, die in der oauth_clients-Datenbanktabelle der Passport-App in derjenigen Zeile stehen, die den Namen unseres Passport-Grant-Clients enthält. Sie werden in dieser Tabelle auch Einträge für die beiden Clients finden, die standardmäßig generiert werden, wenn Sie passport:install ausführen: »Laravel Personal Access Client« und »Laravel Password Grant Client«.

Genehmigung per Autorisierungscode

Der gebräuchlichste OAuth-2.0-Authentifizierungs-Workflow ist zugleich auch der komplexeste, den Passport unterstützt. Stellen wir uns vor, wir entwickeln eine Anwendung, die ungefähr wie Twitter funktioniert, aber für Sound-Clips gedacht ist; wir nennen sie Tweeter. Und wir stellen uns eine weitere Website vor, ein soziales Netzwerk für Science-Fiction-Fans, das wir SpaceBook nennen. Der Entwickler von SpaceBook möchte es Nutzern ermöglichen, dass sie ihre Tweeter-Daten in ihre SpaceBook-Newsfeeds einbetten. Wir werden deshalb Passport in unserer Tweeter-App installieren, damit andere Apps – z. B. SpaceBook – es ihren Benutzern ermöglichen können, sich mit ihren Tweeter-Credentials zu authentifizieren.

Im Genehmigungsprozess mit Berechtigungscode muss jede konsumierende Website – in diesem Beispiel SpaceBook – in unserer Passport-fähigen App einen Client anlegen. Normalerweise würden Administratoren anderer Websites Benutzerkonten bei Tweeter besitzen, und wir würden Tools entwickeln und anbieten, damit sie Clients anlegen können. Aber für den Anfang können wir einfach manuell einen Client für die SpaceBook-Administratoren erstellen:

```
$php artisan passport:client
Which user ID should the client be assigned to?:
 > 1 ❶
```

```
What should we name the client?:
 > SpaceBook
Where should we redirect the request after authorization?
   [http://tweeter.test/auth/callback]:
 > http://spacebook.test/tweeter/callback

New client created successfully.
Client ID: 4
Client secret: 5rzqKpeCjIgz3MXpi3tjQ37HBnLLykrgWgmc18uH
```

❶ Jeder Client muss einem Benutzer Ihrer Anwendung zugeordnet sein. Nehmen wir einfach an, Benutzer #1 wäre der Entwickler von SpaceBook; er soll »Besitzer« des Clients sein, den wir gerade erstellen.

Jetzt haben wir die ID und den geheimen Schlüssel für den SpaceBook-Client. Ab jetzt kann SpaceBook diese ID und den dazugehörigen Schlüssel verwenden, um Werkzeuge einzurichten, mit denen ein einzelner SpaceBook-Nutzer (der zugleich auch Tweeter-Nutzer ist) ein Token von Tweeter erhält, das SpaceBook im Namen dieses Benutzers bei API-Aufrufen zu Tweeter einsetzen kann. Beispiel 13-31 veranschaulicht das. (In den folgenden Beispielen gehe ich davon aus, dass auch SpaceBook eine Laravel-Anwendung ist und dass der Entwickler von SpaceBook eine Datei *config/tweeter.php* erstellt hat, die die ID und den geheimen Schlüssel zurückgibt, die wir gerade erzeugt haben.)

Beispiel 13-31: Eine konsumierende Anwendung, die einen Benutzer zu unserem OAuth-Server umleitet

```
// In SpaceBooks routes/web.php:
Route::get('tweeter/redirect', function () {
    $query = http_build_query([
        'client_id' => config('tweeter.id'),
        'redirect_uri' => url('tweeter/callback'),
        'response_type' => 'code',
        'scope' => '',
    ]);

    // Erstellt eine Zeichenkette wie:
    // client_id={$client_id}&redirect_uri={$redirect_uri}&response_type=code

    return redirect('http://tweeter.test/oauth/authorize?' . $query);
});
```

Wenn Benutzer auf diese Route in SpaceBook zugreifen, werden sie nun zur /oauth/authorize-Passport-Route in der Tweeter-App umgeleitet. Dort wird ihnen eine Bestätigungsseite angezeigt – dazu können Sie die standardmäßige Bestätigungsseite von Passport verwenden, indem Sie diesen Befehl ausführen:

```
php artisan vendor:publish --tag=passport-views
```

Dadurch wird diese Standard-View in *resources/views/vendor/passport/authorize.blade.php* veröffentlicht, und Ihre Benutzer sehen die in Abbildung 13-1 gezeigte Seite.

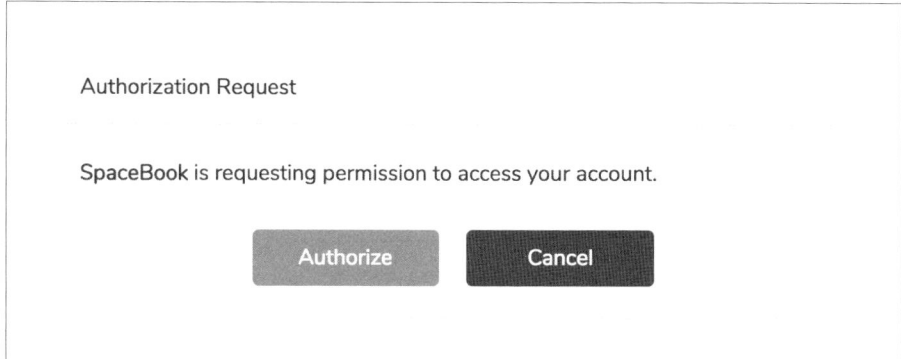

Abbildung 13-1: OAuth-Genehmigungsseite im Autorisierungscode-Workflow

Sobald ein Benutzer sich dafür entscheidet, die Autorisierung zu erlauben oder abzulehnen, leitet Passport diesen Benutzer zurück zu der angegebenen Seite redirect_uri. In Beispiel 13-31 setzen wir mit der Anweisung url('tweeter/callback') ein Weiterleitungsziel, sodass der Benutzer zurück zu *http://spacebook.test/tweeter/callback* geführt wird.

Wird genehmigt, enthält die Anfrage einen Code, den die Callback-Route der konsumierenden Anwendung nun verwenden kann, um ein Token von unserer Passport-fähigen App Tweeter zu erhalten. Wird abgelehnt, enthält der Request einen Fehler. Die Callback-Route von SpaceBook könnte etwa so aussehen wie Beispiel 13-32.

Beispiel 13-32: Die Autorisierungs-Callback-Route in der konsumierenden App

```
// In SpaceBooks routes/web.php:
Route::get('tweeter/callback', function (Request $request) {
    if ($request->has('error')) {
        // Fehlerzustand behandeln
    }

    $http = new GuzzleHttp\Client;

    $response = $http->post('http://tweeter.test/oauth/token', [
        'form_params' => [
            'grant_type' => 'authorization_code',
            'client_id' => config('tweeter.id'),
            'client_secret' => config('tweeter.secret'),
            'redirect_uri' => url('tweeter/callback'),
            'code' => $request->code,
        ],
    ]);

    $thisUsersTokens = json_decode((string) $response->getBody(), true);
    // Hier kann mit dem Token weitergearbeitet werden
});
```

Der SpaceBook-Entwickler hat hier eine Guzzle-HTTP-Anfrage an die Passport-Route /oauth/token auf Tweeter erstellt. Anschließend sendet er eine POST-Anfrage mit dem Autorisierungscode, den er erhalten hat, als der Nutzer den Zugriff erlaubt hat, und Tweeter gibt eine JSON-Antwort mit einigen Schlüsseln zurück:

access_token
: Das Token, das SpaceBook für diesen Benutzer speichert. Dieses Token wird bei zukünftigen Anfragen an Tweeter gesendet, um den Nutzer zu authentifizieren (im Header Authorization).

refresh_token
: Ein Token, das SpaceBook benötigt, *falls* Sie sich entscheiden, die Gültigkeit Ihrer Tokens zeitlich zu begrenzen. Standardmäßig gelten die Access-Tokens von Passport ein Jahr lang.

expires_in
: Die Anzahl der Sekunden, bis ein access_token abläuft und erneuert werden muss.

token_type
: Der Typus des Tokens, den Sie zurückbekommen: Bearer; das bedeutet, dass Sie bei allen zukünftigen Anfragen einen Header mit dem Namen Authorization und dem Wert Bearer YOURTOKENHERE übergeben.

> **Verwenden von Refresh-Tokens**
>
> Wenn Sie Benutzer zwingen möchten, sich häufiger neu zu authentifizieren, müssen Sie eine kürzere Aktualisierungszeit für die Tokens festlegen und können dann ein refresh_token verwenden, um bei Bedarf ein neues access_token anzufordern – höchstwahrscheinlich dann, wenn Sie bei einem API-Zugriff einen Statuscode 401 (Unauthorized) zurückerhalten.
>
> Beispiel 13-33 zeigt, wie man eine kürzere Aktualisierungszeit festlegt.
>
> *Beispiel 13-33: Aktualisierungszeiten für Tokens festlegen*
>
> ```
> // In der boot()-Methode von AuthServiceProvider
> public function boot()
> {
>     $this->registerPolicies();
>
>     Passport::routes();
>
>     // Wie lange soll ein Token gültig bleiben, bevor es aktualisiert
>     // werden muss?
>     Passport::tokensExpireIn(
>         now()->addDays(15)
>     );
>
>     // Wie lange soll ein Refresh-Token gültig bleiben, bevor erneut
>     // authentifiziert werden muss?
> ```

```
    Passport::refreshTokensExpireIn(
        now()->addDays(30)
    );
}
```

Um mit einem Refresh-Token ein neues Token anzufordern, muss die konsumierende Anwendung das refresh_token aus der ersten Antwort (in Beispiel 13-32) gespeichert haben. Sobald das eigentliche Token aktualisiert werden muss, findet ein Aufruf statt, der dem aus Beispiel 13-32 ähnelt, aber in Details geändert wurde, wie Beispiel 13-34 zeigt.

Beispiel 13-34: Anforderung eines neuen Tokens anhand eines Refresh-Tokens

```
// In SpaceBooks routes/web.php:
Route::get('tweeter/request-refresh', function (Request $request) {
    $http = new GuzzleHttp\Client;

    $params = [
        'grant_type' => 'refresh_token',
        'client_id' => config('tweeter.id'),
        'client_secret' => config('tweeter.secret'),
        'redirect_uri' => url('tweeter/callback'),
        'refresh_token' => $theTokenYouSavedEarlier,
        'scope' => '',
    ];

    $response = $http->post(
        'http://tweeter.test/oauth/token',
        ['form_params' => $params]
    );

    $thisUsersTokens = json_decode(
        (string) $response->getBody(),
        true
    );

    // Hier kann mit dem Token weitergearbeitet werden
});
```

In der Antwort erhält die konsumierende Anwendung einen neuen Token-Satz, den sie in den Daten des users speichern kann.

Sie kennen jetzt alle Werkzeuge, die man braucht, um grundlegende Genehmigungsprozesse per Berechtigungscode durchzuführen. Wir werden uns noch anschauen, wie Sie ein Admin-Panel für Ihre Clients und Token erstellen können, aber zuerst widmen wir uns kurz den anderen Grant-Typen.

Persönliche Access Tokens

Die Nutzung von Autorisierungscodes ist sinnvoll für Anwendungen Ihrer Benutzer, und der Einsatz von Passwörtern ist gut geeignet für Ihre eigenen Anwendungen, aber möglicherweise wollen Ihre Benutzer Tokens für sich selbst erstellen, um die API zu testen oder sie während der Entwicklung eigener Anwendungen zu verwenden? Dafür sind persönliche Tokens da.

Erstellen eines Personal Access Clients

Um persönliche Tokens zu erstellen, benötigen Sie in Ihrer Datenbank einen Personal Access Client. Als Sie php artisan passport:install ausgeführt haben, wurde bereits automatisch ein Personal Access Client hinzugefügt. Möchten Sie irgendwann einmal einen neuen persönlichen Zugangsclient generieren, können Sie dazu php artisan passport:client --personal benutzen:

```
$php artisan passport:client --personal

What should we name the personal access client?
 [My Application Personal Access Client]:
 > My Application Personal Access Client

Personal access client created successfully.
```

Persönliche Zugriffstokens sind genau genommen kein eigener »Grant«-Typus; es gibt dazu keinen von OAuth vorgeschriebenen Ablauf. Vielmehr handelt es sich um eine Komfortmethode von Passport, um einen einzelnen Client in Ihrem System zu registrieren, der nur existiert, um die Erstellung von Tokens für diejenigen Ihrer Benutzer zu erleichtern, die zugleich Entwickler sind.

Stellen Sie sich vor, Sie hätten einen Benutzer, der ein Konkurrenzprodukt zu SpaceBook namens RaceBook entwickelt (eine App für Marathonläufer) und gerne zu Testzwecken ein bisschen mit der Tweeter-API herumspielen möchte, *bevor* er beginnt, etwas zu programmieren. Hat dieser Entwickler die Möglichkeit, Tokens im Genehmigungsprozess mit Berechtigungscodes zu erzeugen? Nein, noch nicht: Er hat ja noch nicht einmal eine Zeile Code geschrieben! Dafür sind persönliche Zugriff-Tokens da.

Sie können persönliche Access Tokens über die JSON-API erstellen, die wir in Kürze behandeln werden, aber Sie können ein solches Token für Ihren Benutzer auch direkt im Code erstellen:

```
// Erstellen eines Tokens ohne Gültigkeitsbereich
$token = $user->createToken('Token Name')->accessToken;

// Erstellen eines Tokens mit Gültigkeitsbereich
$token = $user->createToken('My Token', ['place-orders'])->accessToken;
```

Ihre Benutzer können diese Tokens genauso verwenden wie solche, die mit dem Genehmigungsprozess per Berechtigungscode erzeugt wurden. Mehr über die Gültigkeitsbereiche erfahren Sie in »Passport-Scopes« auf Seite 370.

Tokens aus der Session-Authentifizierung (Synchronizer Tokens)

Es gibt noch eine vierte Möglichkeit für Ihre Benutzer, Tokens zum Zugriff auf Ihre API zu erhalten, und zwar eine weitere Komfortmethode von Passport, die es in normalen OAuth-Servern nicht gibt. Diese Methode ist für den Fall gedacht, dass Ihre Benutzer bereits authentifiziert sind, weil sie sich wie gewohnt in Ihrer Laravel-Anwendung angemeldet haben, und Sie erlauben möchten, dass JavaScript-Code Ihrer Anwendung auf die API zugreifen kann. Es wäre lästig, müsste man die Benutzer – ob mit Autorisierungscode oder Passwort – neu authentifizieren, deshalb stellt Laravel dafür einen Helfer zur Verfügung.

Wenn Sie in *app/Http/Kernel.php* die Middleware `Laravel\Passport\Http\Middleware\CreateFreshApiToken` zur Middleware-Gruppe `web` hinzufügen, wird jede Antwort, die Laravel an Ihre authentifizierten Benutzer sendet, mit einem Cookie namens `laravel_token` versehen. Dieses Cookie ist ein JSON Web Token (JWT), das codierte Informationen über das CSRF-Token enthält. Wenn Sie nun sowohl das normale CSRF-Token im `X-CSRF-TOKEN`-Header Ihrer JavaScript-Anfragen als auch den `X-Requested-With`-Header in Ihren API-Anfragen senden, vergleicht die API das CSRF-Token mit diesem Cookie und authentifiziert Ihre Benutzer auf diese Weise.

> ### JSON Web Tokens (JWT)
>
> JWT ist ein relativ neues Format zur »sicheren Vertretung von Ansprüchen zwischen zwei Parteien«, das in den letzten Jahren an Bedeutung gewonnen hat. Ein JSON Web Token ist ein JSON-Objekt, das alle Informationen über den Authentifizierungsstatus und die Zugriffsberechtigungen eines Benutzers enthält. Dieses JSON-Objekt wird digital signiert mit einem Keyed-Hash-Message-Authentifizierungscode (HMAC) oder RSA, wodurch es vertrauenswürdig ist.
>
> Das Token wird in der Regel codiert und dann über die URL oder eine `POST`-Anfrage oder in einem Header übertragen. Sobald sich ein Benutzer in irgendeiner Weise beim System authentifiziert, enthält jeder nachfolgende HTTP-Request das Token, das die Identität und Autorisierung des Benutzers beschreibt.
>
> JSON Web Tokens bestehen aus drei Base64-codierten Zeichenketten, die durch Punkte (`.`) getrennt sind; in der Form *xxx.yyy.zzz*. Der erste Abschnitt ist ein Base64-codiertes JSON-Objekt, das angibt, welcher Hash-Algorithmus verwendet wird; der zweite Abschnitt enthält eine Reihe von Aussagen über die Autorisierung und Identität des Benutzers; und der dritte enthält die Signatur oder den ersten und zweiten Abschnitt, die mit dem im ersten Abschnitt angegebenen Algorithmus verschlüsselt und signiert wurden.
>
> Wenn Sie mehr über JWT erfahren möchten, können Sie sich beispielsweise die Website JWT.IO (*https://jwt.io/*) oder das Laravel-Paket `jwt-auth` (*https://bit.ly/2U6Uxf4*) anschauen.

Das standardmäßige JavaScript-Bootstrap-Setup von Laravel richtet diesen Header für Sie ein, aber falls Sie ein anderes Framework verwenden, müssen Sie das manuell erledigen. Beispiel 13-35 zeigt, wie man es mit jQuery macht.

Beispiel 13-35: jQuery so einrichten, dass bei allen Ajax-Anfragen Laravels CSRF-Token und der X-Requested-With-Header übergeben werden

```
$.ajaxSetup({
    headers: {
        'X-CSRF-TOKEN': "{{ csrf_token() }}",
        'X-Requested-With': 'XMLHttpRequest'
    }
});
```

Wenn Sie Ihrer web-Middleware-Gruppe die Middleware `CreateFreshApiToken` hinzufügen und diese Header bei jeder JavaScript-Anfrage übergeben, können Sie per JavaScript auf Ihre Passport-geschützten API-Routen zugreifen, ohne sich weiter um Autorisierungscodes oder Passwort-Grants kümmern zu müssen.

Clients und Tokens mit der Passport-API und Vue-Komponenten verwalten

Nachdem wir jetzt wissen, wie man Clients und Token manuell erstellt und als Endanwender autorisiert, widmen wir uns jetzt den Aspekten der Passport-API, mit deren Hilfe man Elemente für Benutzeroberflächen erstellt, mit denen Nutzer ihre Clients und Tokens verwalten können.

Die Routen

Am einfachsten beginnt man bei den API-Routen damit, sich anzuschauen, wie die als Beispiel bereitgestellten Vue-Komponenten funktionieren und welche Routen sie benutzen – deshalb hier ein kurzer Überblick:

```
/oauth/clients (GET, POST)
/oauth/clients/{id} (DELETE, PUT)
/oauth/personal-access-tokens (GET, POST)
/oauth/personal-access-tokens/{id} (DELETE)
/oauth/scopes (GET)
/oauth/tokens (GET)
/oauth/tokens/{id} (DELETE)
```

Hier begegnen uns einige unterschiedliche Elemente: Clients, Tokens für den persönlichen Zugriff, Scopes (Gültigkeitsbereiche) und Tokens. Wir können alle Elemente auflisten; wir können einige von ihnen erstellen (allerdings keine Scopes, die im Code definiert werden, und keine Tokens, weil sie erst im Genehmigungsprozess erstellt werden); und wir können einige löschen und aktualisieren (PUT).

Die Vue-Komponenten

Passport wird mit einem Satz von Vue-Komponenten ausgeliefert, mit denen Benutzer ihre selbst erstellten Clients, ihre autorisierten Clients (solche, denen sie den Zugriff auf ihr Konto gestattet haben) und persönliche Zugriffstokens (erstellt für eigene Testzwecke) verwalten können. Voraussetzung für die Nutzung ist natürlich, dass Ihre Anwendung Vue als Frontend-Framework nutzt.

Um die Vue-Komponenten von Passport in Ihrer Anwendung zu veröffentlichen, führen Sie diesen Befehl aus:

```
php artisan vendor:publish --tag=passport-components
```

Sie finden nun drei neue Vue-Komponenten in *resources/js/components/passport*. Um sie in Ihren Vorlagen benutzen zu können, müssen die Komponenten Ihrem Vue-Bootstrap hinzugefügt werden, indem sie in der *resources/js/app.js* registriert werden, siehe Beispiel 13-36.

Beispiel 13-36: Import der Vue-Komponenten von Passport in app.js

```
require('./bootstrap');

Vue.component(
    'passport-clients',
    require('./components/passport/Clients.vue')
);

Vue.component(
    'passport-authorized-clients',
    require('./components/passport/AuthorizedClients.vue')
);

Vue.component(
    'passport-personal-access-tokens',
    require('./components/passport/PersonalAccessTokens.vue')
);

const app = new Vue({
    el: '#app'
});
```

Sie haben nun drei Komponenten, die Sie überall in Ihrer Anwendung verwenden können:

```
<passport-clients></passport-clients>
<passport-authorized-clients></passport-authorized-clients>
<passport-personal-access-tokens></passport-personal-access-tokens>
```

`<passport-clients>` zeigt Ihren Benutzern alle Clients, die sie erstellt haben. Das bedeutet, dass der Ersteller von SpaceBook hier den SpaceBook-Client aufgelistet sieht, wenn er sich bei Tweeter einloggt.

`<passport-authorized-clients>` zeigt Ihren Benutzern alle Clients an, denen sie den Zugriff auf ihre Konten erlaubt haben. Das bedeutet, dass alle Benutzer von Space-

Book und Tweeter, die SpaceBook den Zugang zu ihrem Tweeter-Konto erlaubt haben, hier SpaceBook aufgelistet sehen.

`<passport-personal-access-tokens>` zeigt Ihren Benutzern alle persönlichen Access Tokens an, die sie erstellt haben. So sieht beispielsweise der Ersteller von RaceBook, dem Konkurrenten von SpaceBook, das persönliche Zugriffs-Token, mit dem er die Tweeter-API getestet hat.

Wenn Sie Laravel gerade neu installiert haben und die Vue-Komponenten ausprobieren möchten, führen Sie bitte die folgenden Schritte aus:

1. Zuerst installieren Sie Passport anhand der Anweisungen weiter oben in diesem Kapitel.
2. Stellen Sie sicher, dass Vue als JavaScript-Framework eingerichtet wurde. Diesen Vorgang haben wir in Kapitel 6 im Abschnitt »Frontend-Frameworks und Auth-Scaffolding« auf Seite 167 beschrieben.
3. Führen Sie dann in Ihrem Terminal die folgenden Befehle aus:

    ```
    php artisan vendor:publish --tag=passport-components
    npm install
    npm run dev
    php artisan ui:auth
    ```

4. Öffnen Sie *resources/views/home.blade.php* und fügen Sie die Referenzen auf die Vue-Komponenten (also beispielsweise `<passport-clients></passport-clients>`) direkt unter `<div class="card-body">` hinzu.

Wenn Sie möchten, können Sie diese Komponenten unverändert verwenden. Sie können sie aber auch als Ausgangspunkte nehmen, um zu verstehen, wie man die API verwendet und eigene Frontend-Komponenten in jedem beliebigen Format erstellen kann.

Kompilieren der Frontend-Komponenten von Passport mit Laravel Elixir

Einige der obigen Befehle und Anweisungen weichen etwas ab, falls Sie Laravel Elixir verwenden. Schauen Sie in diesem Fall bitte in den Dokumentationen zu Passport (*https://bit.ly/2OSYGj4*) und Elixir (*https://bit.ly/2upTDf2*) nach, um mehr zu erfahren.

Passport-Scopes

Wenn Sie mit OAuth vertraut sind, haben Sie wahrscheinlich bemerkt, dass wir noch nicht viel über Gültigkeitsbereiche bzw. Scopes gesprochen haben. Alles, was wir bisher kennengelernt haben, kann auf Gültigkeitsbereiche eingeschränkt werden – aber lassen Sie uns zunächst kurz darauf eingehen, was Scopes hier eigentlich sind.

In OAuth sind Scopes definierte Gruppen von Berechtigungen, die von einem einfachen »alles ist erlaubt« abweichen. Wenn Sie z.B. schon einmal ein Token der GitHub-API erhalten haben, konnten Sie vielleicht bemerken, dass einige Anwendungen nur auf Ihren Namen und Ihre E-Mail-Adresse zugreifen wollen, andere auf alle Ihre Repos und wiederum andere auf Ihre Gists. Das sind verschiedene Scopes bzw. »Bereiche«, mit denen sowohl Benutzer als auch Anwendung festlegen können, welche Zugriffsberechtigungen eine Anwendung benötigt (oder bekommt), um ihre Arbeit ordentlich auszuführen.

Sie können die Scopes für Ihre Anwendung in der boot()-Methode Ihres AuthServiceProviders definieren wie in Beispiel 13-37.

Beispiel 13-37: Definition von Passport-Scopes
```
// AuthServiceProvider
use Laravel\Passport\Passport;
...
    public function boot()
    {
        ...

        Passport::tokensCan([
            'list-clips' => 'List sound clips',
            'add-delete-clips' => 'Add new and delete old sound clips',
            'admin-account' => 'Administer account details',
        ]);
    }
```

Sobald Sie Ihre Scopes definiert haben, kann die zugreifende Anwendung festlegen, welche Scopes sie nutzen möchte. Fügen Sie einfach im ersten Redirect im Feld scope eine durch Leerzeichen getrennte Liste von Tokens hinzu, siehe Beispiel 13-38.

Beispiel 13-38: Berechtigung zum Zugriff auf bestimmte Scopes anfordern
```
// In SpaceBooks routes/web.php:
Route::get('tweeter/redirect', function () {
    $query = http_build_query([
        'client_id' => config('tweeter.id'),
        'redirect_uri' => url('tweeter/callback'),
        'response_type' => 'code',
        'scope' => 'list-clips add-delete-clips',
    ]);

    return redirect('http://tweeter.test/oauth/authorize?' . $query);
});
```

Wenn der Benutzer versucht, sich mit dieser Anwendung zu autorisieren, wird ihm die Liste der angeforderten Scopes angezeigt. Auf diese Weise weiß der Benutzer, ob SpaceBook beispielsweise nur seine E-Mail-Adresse sehen oder aber die Berechtigung bekommen möchte, unter seinem Namen Beiträgen zu posten, zu löschen und Nachrichten an Freunde zu schicken.

Sie können den Scope mit Middleware oder auf der User-Instanz prüfen. Beispiel 13-39 zeigt die zweite Möglichkeit.

Beispiel 13-39: Überprüfen, ob das Token, mit dem sich ein Benutzer authentifiziert hat, eine bestimmte Aktion ausführen darf

```
Route::get('/events', function () {
    if (auth()->user()->tokenCan('add-delete-clips')) {
        //
    }
});
```

Es gibt auch zwei Middlewares, die man dazu verwenden kann: scope und scopes. Wenn Sie diese einsetzen wollen, fügen Sie sie in der Datei *app/Http/Kernel.php* zu $routeMiddleware hinzu:

```
'scopes' => \Laravel\Passport\Http\Middleware\CheckScopes::class,
'scope'  => \Laravel\Passport\Http\Middleware\CheckForAnyScope::class,
```

Danach können Sie die Middleware verwenden, wie in Beispiel 13-40 beschrieben. Damit ein Benutzer auf eine Route zugreifen darf, verlangt scopes, dass *alle* definierten Scopes durch das Token des Benutzers abgedeckt sind, während das bei scope nur für einen der angegebenen Scopes notwendig ist.

Beispiel 13-40: Middleware zur Zugriffsbeschränkung einsetzen, basierend auf Token-Scopes

```
// routes/api.php
Route::get('clips', function () {
    // Das Access Token muss für beide Scopes "list-clips" und "add-delete-clips"
    // gelten
})->middleware('scopes:list-clips,add-delete-clips');

// oder

Route::get('clips', function () {
    // Das Access Token muss für mindestens einen der aufgeführten Scopes gelten
})->middleware('scope:list-clips,add-delete-clips')
```

Wenn Sie keine Scopes definiert haben, funktioniert die App so, als ob die Scopes gar nicht existieren würden. Sobald Sie aber Scopes verwenden, müssen die zugreifenden Anwendungen explizit definieren, für welche Scopes sie Zugriff anfordern. Es gibt eine Ausnahme von dieser Regel: Wenn Sie den Passwort-Grant-Typ verwenden, kann die zugreifende App den Scope * anfordern, der dem Token Zugriff auf *alles* gibt.

Bereitstellen von Passport

Damit nach der ersten Bereitstellung Ihrer Passport-basierten Anwendung die Passport-API funktioniert, müssen Sie einmalig Schlüssel für die Anwendung generieren. Dazu führen Sie auf Ihrem Produktionsserver php artisan passport:keys aus, womit die Verschlüsselungscodes erzeugt werden, die Passport zur Generierung von Tokens verwendet.

API-Token-Authentifizierung

Laravel bietet einen einfachen Authentifizierungsmechanismus per API-Token. Es unterscheidet sich nicht wesentlich vom Ablauf mit Benutzernamen und Passwort: Jedem Nutzer ist ein einziges Token zugeordnet, das Clients mitschicken können, um eine Anforderung im Namen dieses Benutzers zu authentifizieren.

Dieser API-Token-Mechanismus ist nicht annähernd so sicher wie OAuth 2.0, deshalb sollten Sie keinen Zweifel haben, dass er für Ihre Anwendung wirklich geeignet ist, bevor Sie sich für den Einsatz entscheiden. Da es nur ein einziges Token gibt, ist es fast wie bei einem Passwort: Sobald jemand dieses Token kennt, hat er Zugang zu Ihrem gesamten System. In einer Hinsicht ist es allerdings sicherer als Passwörter, da Sie einerseits dafür sorgen können, dass die Tokens weniger leicht zu erraten sind, und zum anderen Tokens beim geringsten Hinweis auf einen Verletzung der Sicherheit löschen und zurücksetzen können, was mit Passwörtern nicht so einfach geht.

Die Authentifizierung per Token-API ist also möglicherweise nicht die beste Lösung für Ihre Anwendung. Falls es aber dennoch die aus Ihrer Sicht passende Variante ist, freuen Sie sich: Sie ist sehr einfach zu implementieren.

Fügen Sie zunächst eine 60-stellige eindeutige Spalte `api_token` zu Ihrer Tabelle `users` hinzu:

```
$table->string('api_token', 60)->unique();
```

Als Nächstes aktualisieren Sie die Methode, mit der neue Benutzer erstellt werden, sodass für jeden neuen Benutzer für dieses Feld ein Wert festlegt wird. In Laravel gibt es eine Hilfsfunktion, die zufällige Zeichenketten liefert, Sie können den Spaltenwert also für alle Benutzer mit `str_random(60)` erzeugen. Das ist auch für bereits bestehende Benutzer erforderlich, wenn Sie diese Funktionalität einer bestehenden Anwendung hinzufügen möchten.

Um alle Routen mit dieser Authentifizierungsmethode zu schützen, verwenden Sie die Routen-Middleware `auth:api`, siehe Beispiel 13-41.

Beispiel 13-41: API-Auth-Middleware auf eine Routengruppe anwenden

```
Route::prefix('api')->middleware('auth:api')->group(function () {
    //
});
```

Beachten Sie bitte, dass Sie, da Sie einen anderen Authentifizierungsschutz als den Standardwächter verwenden, diesen immer angeben müssen, wenn Sie eine `auth()`-Methode aufrufen:

```
$user = auth()->guard('api')->user();
```

Benutzerdefinierte 404-Antworten

Seit Laravel 5.5 kann man nicht nur die Fehlermeldungsseiten für normale HTML-Ansichten anpassen, Sie können auch die standardmäßige 404-Antwort für Anfragen mit einem JSON-Inhaltstyp abändern. Fügen Sie dazu Ihrer API einen Route::fallback()-Aufruf hinzu wie in Beispiel 13-42.

Beispiel 13-42: Eine Fallback-Route festlegen
```
// routes/api.php
Route::fallback(function () {
    return response()->json(['message' => 'Route Not Found'], 404);
})->name('api.fallback.404');
```

Triggern der Fallback-Route

Wenn Sie die Route festlegen möchten, die zurückgegeben wird, wenn Laravel »not found«-Ausnahmen abfängt, können Sie den Ausnahmehandler mit der Methode respondWithRoute() aktualisieren, wie in Beispiel 13-43 gezeigt.

Beispiel 13-43: Fallback-Route aufrufen, wenn »not found«-Ausnahmen abgefangen werden
```
// App\Exceptions\Handler
public function render($request, Exception $exception)
{
    if ($exception instanceof ModelNotFoundException && $request->isJson()) {
        return Route::respondWithRoute('api.fallback.404');
    }

    return parent::render($request, $exception);
}
```

Testen

Glücklicherweise ist das Testen von APIs einfacher als das Testen fast aller anderen Aspekte von Laravel.

Wir behandeln dies ausführlicher in Kapitel 12, aber es gibt eine Reihe von Methoden, um Behauptungen in Bezug auf JSON aufzustellen. Wenn Sie diese Möglichkeit mit der Einfachheit von Full-Stack-Anwendungstests kombinieren, können Sie Ihre API-Tests schnell und einfach zusammenstellen. Werfen Sie einen Blick auf das gebräuchliche API-Testmuster in Beispiel 13-44.

Beispiel 13-44: Ein gebräuchliches API-Testmuster
```
...
class DogsApiTest extends TestCase
{
    use WithoutMiddleware, RefreshDatabase;

    public function test_it_gets_all_dogs()
```

```
    {
        $dog1 = factory(Dog::class)->create();
        $dog2 = factory(Dog::class)->create();

        $response = $this->getJson('api/dogs');

        $response->assertJsonFragment(['name' => $dog1->name]);
        $response->assertJsonFragment(['name' => $dog2->name]);
    }
}
```

Beachten Sie bitte, dass wir `WithoutMiddleware` verwenden, damit wir uns nicht um die Authentifizierung kümmern müssen. Sie sollten die Authentifizierung separat testen, falls überhaupt (weitere Informationen zur Authentifizierung finden Sie in Kapitel 9).

In diesem Test fügen wir der Datenbank zwei `Dogs` hinzu, greifen dann auf die API-Route zu, um alle `Dogs` aufzulisten, und stellen sicher, dass in der Ausgabe beide vorhanden sind.

Auf diese Weise können Sie alle API-Routen einfach und unkompliziert abdecken, einschließlich solcher Änderungsaktionen wie `POST` und `PATCH`.

Passport testen

Sie können die Methode `actingAs()` auf der `Passport`-Fassade verwenden, um Ihre Scopes zu testen. Beispiel 13-45 zeigt ein häufig verwendetes Muster für die Prüfung von Scopes in Passport.

Beispiel 13-45: Scope-basierten Zugriff testen

```
public function test_it_lists_all_clips_for_those_with_list_clips_scope()
{
    Passport::actingAs(
        factory(User::class)->create(),
        ['list-clips']
    );

    $response = $this->getJson('api/clips');
    $response->assertStatus(200);
}
```

TL;DR

Laravel ist gut auf die Entwicklung von APIs vorbereitet und erleichtert die Arbeit mit JSON und RESTful-APIs. Es gibt einige hilfreiche Konventionen, z.B. für die Paginierung, aber wie Ihre API Ergebnisse sortiert, authentifiziert und andere Aufgaben erledigt, bleibt vollkommen Ihnen überlassen.

Laravel bietet Werkzeuge für die Authentifizierung und das Testen, die einfache Bearbeitung und das Lesen von Headern sowie die Arbeit mit JSON und codiert sogar automatisch alle Eloquent-Ergebnisse in JSON, wenn sie direkt von einer Route zurückgegeben werden.

Laravel Passport ist ein separates Paket, um in Laravel-Anwendungen einen OAuth-Server einzurichten und zu verwalten.

KAPITEL 14
Daten speichern und abrufen

Wir haben uns in Kapitel 5 mit der Frage beschäftigt, wie man Daten in relationalen Datenbanken speichert, aber es gibt noch viel mehr, das – lokal oder remote – in unterschiedlicher Weise gespeichert werden kann. In diesem Kapitel behandeln wir Themen wie Dateisystem- und In-Memory-Speicher, Datei-Uploads und -Bearbeitungen, nicht-relationale Datenspeicher, Sessions, den Cache, Protokollierung, Cookies und Volltextsuche.

Lokale und Cloud-basierte Datei-Manager

Laravel bietet mit der Storage-Fassade und einigen Hilfsfunktionen eine ganze Reihe von Werkzeugen zum Umgang mit Dateien.

Diese Tools können sich mit dem lokalen Dateisystem, mit einem Cloud-Speicher wie Amazon S3, aber natürlich auch mit FTP-Servern verbinden. Der S3-Treiber wird von Flysystem (*https://bit.ly/2upKDXr*) zur Verfügung gestellt, und es ist einfach, einer Anwendung zusätzliche Flysystem-Anbieter hinzuzufügen – z.B. Dropbox oder WebDAV.

Konfiguration des Dateizugriffs

Die Einstellungen zu Laravels Dateimanagern befinden sich in *config/filesystems.php*. Jede Verbindung wird als »Disk« bezeichnet, und Beispiel 14-1 listet die Disks auf, die von Haus aus verfügbar sind. Diese »Disks« bezeichnen in Laravel logische Einheiten, keine physischen.

Beispiel 14-1: Standardmäßig verfügbare Disks

```
...
'disks' => [
    'local' => [
        'driver' => 'local',
        'root' => storage_path('app'),
    ],

    'public' => [
        'driver' => 'local',
```

```
            'root' => storage_path('app/public'),
            'url' => env('APP_URL').'/storage',
            'visibility' => 'public',
        ],

        's3' => [
            'driver' => 's3',
            'key' => env('AWS_ACCESS_KEY_ID'),
            'secret' => env('AWS_SECRET_ACCESS_KEY'),
            'region' => env('AWS_DEFAULT_REGION'),
            'bucket' => env('AWS_BUCKET'),
            'url' => env('AWS_URL'),
        ],
    ],
```

Der storage_path()-Helfer

Der storage_path()-Helfer, der in Beispiel 14-1 verwendet wird, gibt den vollqualifizierten Pfad zu Laravels Speicherverzeichnis *storage/* zurück. Ein String, den Sie an die Hilfsfunktion übergeben, wird am Ende des Verzeichnisnamens hinzugefügt, sodass beispielsweise storage_path('public') die Zeichenkette storage/public zurückgeben würde.

Die `local`-Disk verbindet sich mit Ihrem lokalen Speichersystem und ist so konfiguriert, dass sie mit dem Verzeichnis *app* des Standard-Speicherpfads interagiert, also mit *storage/app*.

Die `public`-Disk zeigt ebenfalls auf einen lokalen Speicherort (obwohl Sie sie ändern können, wenn Sie möchten), der für solche Dateien vorgesehen ist, die von der Anwendung bereitgestellt werden sollen. Sie zeigt standardmäßig auf das Verzeichnis *storage/app/public*. Wenn Sie dieses Verzeichnis verwenden möchten, um Dateien öffentlich anzubieten, müssen Sie einen symbolischen Link (symlink) zu einem beliebigen Ort im Verzeichnis *public/* hinzufügen. Zum Glück gibt es einen Artisan-Befehl, der *public/storage* mit *storage/app/public* verknüpft:

```
php artisan storage:link
```

Die `s3`-Disk legt fest, wie sich Laravel ggf. mit dem Cloud-basierten Dateispeichersystem Amazon S3 verbinden soll. Wenn Sie schon einmal eine Verbindung mit S3 oder einem ähnlichen Anbieter von Cloud-Speichern hergestellt haben, kennen Sie das grundsätzliche Vorgehen: Bei S3 z. B. werden der öffentliche und geheime Schlüssel sowie die Region und der Bucket angegeben.

Verwendung der Storage-Fassade

In *config/filesystem.php* können Sie die Standard-Disk festlegen, die immer dann verwendet wird, wenn Sie die Storage-Fassade ohne Angabe einer bestimmten Disk aufrufen. Wenn Sie aber eine zu benutzende Disk festlegen möchten, rufen Sie disk('*diskname*') auf der Fassade auf:

```
Storage::disk('s3')->get('file.jpg');
```

Die Dateisysteme stellen jeweils die folgenden Methoden zur Verfügung:

get('`file.jpg`')
: Ruft die Datei namens *file.jpg* ab

put('`file.jpg`', `$contentsOrStream`)
: Speichert den angegebenen Dateiinhalt unter *file.jpg*.

putFile('`myDir`', `$file`)
: Speichert den Inhalt einer bereitgestellten Datei (in Form einer Instanz von entweder `Illuminate\Http\File` oder `Illuminate\Http\UploadedFile`) im Verzeichnis *myDir*, wobei Laravel den gesamten Streaming-Prozess verwaltet und die Datei benennt.

exists('`file.jpg`')
: Liefert ein Boolean, das angibt, ob *file.jpg* existiert.

getVisibility('`myPath`')
: Ruft die Sichtbarkeit des angegebenen Pfads ab (»public« oder »private«).

setVisibility('`myPath`')
: Setzt die Sichtbarkeit des angegebenen Pfads (»public« oder »private«).

copy('`file.jpg`', '`newfile.jpg`')
: Kopiert *file.jpg* nach *newfile.jpg*.

move('`file.jpg`', '`newfile.jpg`')
: Verschiebt *file.jpg* nach *newfile.jpg*.

prepend('`my.log`', '`log text`')
: Fügt Inhalte am Anfang von *my.log* hinzu.

append('`my.log`', '`log text`')
: Fügt Inhalte am Ende von *my.log* hinzu.

delete('`file.jpg`')
: Löscht *file.jpg*.

size('`file.jpg`')
: Gibt die Größe von *file.jpg* in Bytes zurück.

lastModified('`file.jpg`')
: Liefert den Unix-Zeitstempel der letzten Änderung von *file.jpg*.

files('`myDir`')
: Gibt ein Array von Dateinamen im Verzeichnis *myDir* zurück.

allFiles('`myDir`')
: Gibt ein Array von Dateinamen im Verzeichnis *myDir* und allen Unterverzeichnissen zurück

directories('`myDir`')
: Gibt ein Array von Verzeichnisnamen im Verzeichnis *myDir* zurück.

allDirectories('`myDir`')
: Liefert ein Array von Verzeichnisnamen im Verzeichnis *myDir* und allen Unterverzeichnissen.

makeDirectory('myDir')
: Erzeugt ein neues Verzeichnis.

deleteDirectory('myDir')
: Löscht das Verzeichnis *myDir*.

Zusätzliche Flysystem-Provider hinzufügen

Wenn Sie zusätzliche Flysystem-Anbieter hinzufügen möchten, müssen Sie das native Speichersystem von Laravel »erweitern«. Sie können die Storage-Fassade in einem beliebigen Service Provider – beispielsweise in der boot()-Methode von App ServiceProvider oder noch besser in einem neuen, dedizierten Service Provider – verwenden, um neue Speichersysteme hinzuzufügen, siehe Beispiel 14-2.

Beispiel 14-2: Hinzufügen weiterer Flysystem-Anbieter

```
// In einem beliebigen Service Provider
public function boot()
{
    Storage::extend('dropbox', function ($app, $config) {
        $client = new DropboxClient(
            $config['accessToken'], $config['clientIdentifier']
        );

        return new Filesystem(new DropboxAdapter($client));
    });
}
```

Grundlagen von Datei-Uploads und -Handhabung

Besonders oft wird die Storage-Fassade benutzt, damit Benutzer Ihrer Anwendung Dateien hochladen können. Betrachten wir dazu einen typischen Workflow wie in Beispiel 14-3.

Beispiel 14-3: Typischer Workflow beim Datei-Upload durch Benutzer

```
...
class DogsController
{
    public function updatePicture(Request $request, Dog $dog)
    {
        Storage::put(
            "dogs/{$dog->id}",
            file_get_contents($request->file('picture')->getRealPath())
        );
    }
}
```

Wir speichern mit put() in eine Datei namens *dogs/id* und holen uns dann den Inhalt der hochgeladenen Datei. Jede hochgeladene Datei ist ein Abkömmling der Klasse SplFileInfo, die eine getRealPath()-Methode bereitstellt, die den Pfad zum

Speicherort der Datei zurückgibt. So erhalten wir den temporären Upload-Pfad für die hochgeladene Datei, lesen sie mit file_get_contents() aus und übergeben sie an Storage::put().

Wir können mit dem Dateiinhalt machen, was wir wollen, bevor wir die Datei speichern – beispielsweise, falls es sich um ein Bild handelt, mit einem Paket zur Bildbearbeitung die Größe ändern oder die Datei in irgendeiner Form validieren und ablehnen, wenn sie nicht bestimmten Kriterien entspricht.

Wenn wir diese Datei zu S3 – vorausgesetzt, unsere Zugangsdaten sind in *config/filesystems.php* korrekt konfiguriert – hochladen wollten, könnten wir einfach Beispiel 14-3 entsprechend anpassen und Storage::disk('s3')->put() aufrufen. In Beispiel 14-4 finden Sie ein etwas komplexeres Upload-Beispiel.

Beispiel 14-4: Ein komplexeres Beispiel für Datei-Uploads mithilfe der Intervention-Library

```
...
class DogsController
{
    public function updatePicture(Request $request, Dog $dog)
    {
        $original = $request->file('picture');

        // Anpassen der Bildgröße auf maximale Breite 150
        $image = Image::make($original)->resize(150, null, function ($constraint) {
            $constraint->aspectRatio();
        })->encode('jpg', 75);

        Storage::put(
            "dogs/thumbs/{$dog->id}",
            $image->getEncoded()
        );
    }
}
```

Ich habe in diesem Beispiel eine Bildbearbeitungs-Library namens Intervention (*http://image.intervention.io*) verwendet; Sie können natürlich auch eine beliebige andere Bibliothek einsetzen. Entscheidend ist, dass Sie die Dateien nach Belieben bearbeiten können, bevor Sie sie speichern.

> **store() und storeAs() auf die hochgeladene Datei anwenden**
>
> Seit Laravel 5.3 kann man eine hochgeladene Datei speichern, indem man die Methoden store() oder storeAs() auf sie anwendet. Mehr dazu erfahren Sie in Beispiel 7-12.

Einfache Datei-Downloads

Storage erleichtert nicht nur die Handhabung von Benutzer-Uploads, sondern auch die Bereitstellung von Dateien *für* Benutzer. Sehen wir uns dazu die denkbar einfachste Variante in Beispiel 14-5 an.

Beispiel 14-5: Einfache Datei-Downloads
```
public function downloadMyFile()
{
    return Storage::download('my-file.pdf');
}
```

Sessions

Um den Zustand von Webanwendungen zwischen Seitenaufrufen festhalten zu können, speichert man sehr häufig Daten in der sogenannten Session bzw. Sitzung zwischen. Der Session-Manager von Laravel unterstützt dazu Session-Treiber, die Dateien, Cookies, Datenbanken, Memcached, Redis oder In-Memory-Arrays verwenden (wobei Letztere nach dem Seitenaufruf ablaufen und nur für Tests geeignet sind).

Sie können alle Session-Einstellungen und -Treiber in *config/session.php* konfigurieren. Sie können wählen, ob Ihre Sitzungsdaten verschlüsselt werden sollen oder nicht, den zu verwendenden Treiber festlegen (`file` ist der Standard) und weitere verbindungsspezifische Details wie die Länge der Sitzungsspeicherung und die zu verwendenden Dateien oder Datenbanktabellen angeben. In der Dokumentation zu Sessions (*https://bit.ly/2DOncvA*) erfahren Sie mehr über spezifische Abhängigkeiten und Einstellungen, die für den Einsatz bestimmter Treiber nötig sind.

Die Session-API ermöglicht es Ihnen, Daten basierend auf einzelnen Schlüsseln zu speichern und abzurufen: beispielsweise mit `session()->put('user_id')` und `session()->get('user_id')`. Achten Sie darauf, dass Sie keinen Schlüssel namens `flash` einsetzen, da Laravel diese Bezeichnung intern für die Flash-Speicherung in Sessions verwendet – also für solche Daten, die nur bis zum nächsten Seitenaufruf zwischengespeichert und dann wieder gelöscht werden.

Zugriff auf die Session

Meistens verwendet man den `session()`-Helper, um auf die Session zuzugreifen:

```
session()->get('user_id');
```

Sie können aber auch die Methode `session()` auf Illuminate-Request-Objekte anwenden, siehe Beispiel 14-6.

Beispiel 14-6: Verwendung der Methode session() auf einem Request-Objekt
```
Route::get('dashboard', function (Request $request) {
    $request->session()->get('user_id');
});
```

Oder Sie injizieren eine Instanz von `Illuminate\Session\Session\Store` wie in Beispiel 14-7.

Beispiel 14-7: Injizieren der Unterstützungsklasse für Sessions

```
Route::get('dashboard', function (Illuminate\Session\Store $session) {
    return $session->get('user_id');
});
```

Und schließlich können Sie auch den globalen session()-Helfer einsetzen. Verwenden Sie ihn ohne Parameter, um eine Sitzungsinstanz zu erhalten, mit einem einzelnen Zeichenkettenparameter, um etwas aus der Session auszulesen, oder mit einem Array, um etwas in die Sitzung zu schreiben, siehe Beispiel 14-8.

Beispiel 14-8: Verwendung des globalen session()-Helfers

```
// Get
$value = session()->get('key');
$value = session('key');
// Put
session()->put('key', 'value');
session(['key', 'value']);
```

Wenn Sie Laravel zum ersten Mal benutzen und sich nicht sicher sind, welche Variante Sie verwenden sollen, würde ich Ihnen empfehlen, den globalen Helfer zu benutzen.

Methoden, die für Session-Instanzen verfügbar sind

Die beiden gebräuchlichsten Methoden sind get() und put(), aber lassen Sie uns einen Blick auf die verfügbaren Methoden und ihre Parameter werfen:

session()->get($key, $fallbackValue)
: get() liest den Wert des angegebenen Schlüssels aus der Session. Wenn es für diesen Schlüssel keinen Wert gibt, wird stattdessen der Fallback-Wert zurückgegeben (und wenn kein Fallback-Wert angegeben wurde: null). Der Fallback-Wert kann ein String oder eine Closure sein:

```
$points = session()->get('points');

$points = session()->get('points', 0);

$points = session()->get('points', function () {
    return (new PointGetterService)->getPoints();
});
```

session()->put($key, $value)
: put() speichert den angegebenen Wert in der Session unter dem angegebenen Schlüssel:

```
session()->put('points', 45);

$points = session()->get('points');
```

session()->push($key, $value)
: Wenn einer der in der Session gespeicherten Werte ein Array ist, können Sie push() verwenden, um diesem Array einen Wert hinzuzufügen:

```
session()->put('friends', ['Saúl', 'Quang', 'Mechteld']);

session()->push('friends', 'Javier');
```

session()->has($key)
: has() prüft, ob für den angegebenen Schlüssel ein Wert gesetzt ist:

```
if (session()->has('points')) {
    // Hier Programmcode
}
```

Wenn Sie ein Array von Schlüsseln übergeben, wird nur dann true zurückgegeben, wenn alle Schlüssel Werte besitzen.

> **session()->has() und Null-Werte**
>
> Wenn ein Session-Wert gesetzt ist, aber der Wert null lautet, gibt session()->has() false zurück.

session()->exists($key)
: exists() prüft wie has(), ob es zu dem angegebenen Schlüssel einen Wert gibt, liefert aber auch dann true zurück, wenn der Wert null ist:

```
if (session()->exists('points')) {
    // gibt true zurück, auch wenn 'points' auf null gesetzt ist
}
```

session()->all()
: all() gibt ein Array mit allem zurück, was in der Session gespeichert ist, einschließlich der vom Framework gesetzten Werte. Sie werden also wahrscheinlich Werte unter Schlüsseln wie _token (CSRF-Token), _previous (vorherige Seite, für back()-Redirects) und flash (für Flash-Speicher) sehen.

session()->forget($key) *und* session()->flush()
: forget() entfernt einen zuvor gespeicherten Session-Wert. flush() entfernt alle Session-Werte, auch die, die vom Framework gesetzt wurden:

```
session()->put('a', 'awesome');
session()->put('b', 'bodacious');

session()->forget('a');
// a ist nicht mehr gesetzt; b ist noch gesetzt
session()->flush();
// Die Session ist jetzt leer
```

session()->pull($key, $fallbackValue)
: pull() funktioniert ähnlich wie get(), allerdings löscht es den Wert aus der Session, nachdem er ausgelesen wurde.

`session()->regenerate()`
: Diese Methode wird selten gebraucht, aber bei Bedarf kann man damit die Session-ID neu generieren.

Flash-Sitzungsspeicher

Es gibt drei weitere Methoden, die wir noch nicht behandelt haben, die alle etwas mit sogenanntem »Flash«-Sitzungsspeicher zu tun haben.

Die Speicherung von Daten in der Session wird sehr häufig eingesetzt, um dort Werte abzulegen, die nur beim Laden der nächsten Seite verfügbar sein sollen. Zum Beispiel könnte man eine Nachricht wie »Beitrag erfolgreich aktualisiert« speichern. Sie könnten diese Meldung auch manuell auslesen und nach dem Laden der nächsten Seite löschen, aber wenn man das häufig machen muss, wird es lästig. Deshalb gibt es den Flash-Speicher: Schlüssel/Wert-Paare, die nur für den nächstfolgenden Seitenaufruf gültig sind.

Laravel übernimmt dabei die Arbeit für Sie. Sie selbst müssen lediglich `flash()` anstelle von `put()` verwenden. Dazu können Sie diese Methoden benutzen:

`session()->flash($key, $value)`
: `flash()` speichert einen Sitzungsschlüssel mit dem angegebenen Wert für den nächsten Seitenaufruf.

`session()->reflash()` *und* `session()->keep($key)`
: Wenn die Flash-Daten der vorherigen Seite für einen weiteren Seitenaufruf verfügbar bleiben sollen, können Sie `reflash()` verwenden; soll nur ein einzelner Flash-Wert für die nächste Anforderung beibehalten werden, können Sie `keep($key)` benutzen. `keep()` akzeptiert auch ein Array von Schlüsseln, die dann erneut geflasht werden.

Cache

Caches sind ähnlich aufgebaut wie Sessions. Sie geben einen Schlüssel an, und Laravel speichert ihn. Der größte Unterschied besteht darin, dass die Daten in einem Cache pro *Anwendung* zwischengespeichert werden und die Daten in einer Sitzung pro *Benutzer*. Das bedeutet, dass Caches meist für die Speicherung von Ergebnissen von Datenbankabfragen, API-Aufrufen oder anderen langsamen Abfragen verwendet werden, bei denen es nicht so schlimm ist, wenn sie ein klein wenig »veraltet« sind.

Die Cache-Konfiguration findet in *config/cache.php* statt. Wie bei einer Sitzung können Sie die spezifischen Konfigurationsdetails für jeden Treiber festlegen und auch auswählen, wie die Standardeinstellungen lauten sollen. Laravel verwendet für den Cache standardmäßig den `file`-Treiber, aber Sie können auch Memcached oder Redis, APC oder eine Datenbank verwenden oder Ihren eigenen Cache-Treiber schreiben. Besuchen Sie die Dokumentation zum Cache (*https://bit.ly/2Rre5sQ*), um mehr über spezifische Abhängigkeiten und Einstellungen zu erfahren, die für den Einsatz bestimmter Treiber nötig sind.

In Versionen vor 5.8 wurden Angaben zur Lebensdauer im Cache, die man in manchen Methoden machen kann, als Minuten interpretiert. Ab Version 5.8 stellen diese Angaben dagegen Sekunden dar.

Zugriff auf den Cache

Wie bei Sessions gibt es verschiedene Möglichkeiten, auf einen Cache zuzugreifen. Sie können die Cache-Fassade benutzen:

```
$users = Cache::get('users');
```

Oder Sie können eine Instanz aus dem Container holen wie in Beispiel 14-9.

Beispiel 14-9: Injizieren einer Instanz des Caches
```
Route::get('users', function (Illuminate\Contracts\Cache\Repository $cache) {
    return $cache->get('users');
});
```

Sie können auch den globalen cache()-Helfer verwenden, der in Laravel 5.3 eingeführt wurde, siehe Beispiel 14-10.

Beispiel 14-10: Verwendung des globalen Cache()-Helfers
```
// Etwas aus dem Cache lesen
$users = cache('key', 'default value');
$users = cache()->get('key', 'default value');
// Etwas für eine Dauer von $seconds Sekunden zwischenspeichern
$users = cache(['key' => 'value'], $seconds);
$users = cache()->put('key', 'value', $seconds);
```

Wenn Sie Laravel zum ersten Mal benutzen und sich nicht sicher sind, welche Variante Sie verwenden sollen, würde ich Ihnen empfehlen, den globalen Helfer zu benutzen.

Methoden, die für Cache-Instanzen verfügbar sind

Lassen Sie uns einen Blick auf die Methoden werfen, die Sie auf einer Cache-Instanz aufrufen können:

cache()->get($key, $fallbackValue) *und*
cache()->pull($key, $fallbackValue)
> Mit get() kann man den Wert für einen bestimmten Schlüssel abrufen. pull() ist das Gleiche wie get(), außer dass es den gecachten Wert nach dem Abrufen entfernt.

cache()->put($key, $value, $secondsOrExpiration)
> put() speichert den Wert des angegebenen Schlüssels für eine bestimmte Anzahl von Sekunden. Wenn Sie lieber Ablaufdatum/-zeit anstelle einer Anzahl

von Sekunden festlegen möchten, können Sie als dritten Parameter ein Carbon-Objekt übergeben:

```
cache()->put('key', 'value', now()->addDay());
```

cache()->add($key, $value)

add() arbeitet ähnlich wie put(), allerdings wird kein Wert gesetzt, wenn der Schlüssel bereits existiert. Außerdem gibt die Methode einen booleschen Wert zurück, der angibt, ob der Wert tatsächlich hinzugefügt wurde oder nicht:

```
$someDate = now();
cache()->add('someDate', $someDate); // gibt true zurück
$someOtherDate = now()->addHour();
cache()->add('someDate', $someOtherDate); // gibt false zurück
```

cache()->forever($key, $value)

forever() speichert wie put() einen Wert für einen bestimmten Schlüssel im Cache, aber die Gültigkeit des Werts läuft nicht ab, solange er nicht mit forget() entfernt wird.

cache()->has($key)

has() gibt ein Boolean zurück, das angibt, ob für den angegebenen Schlüssel ein Wert vorhanden ist oder nicht.

cache()->remember($key, $seconds, $closure) und
cache()->rememberForever($key, $closure)

remember() bietet eine Methode, um einen sehr gebräuchlichen Workflow mit einem einzigen Aufruf durchzuführen: Es wird nachgeschaut, ob für einen bestimmten Schlüssel im Cache ein Wert existiert; falls nicht, wird dieser Wert irgendwie besorgt und im Cache gespeichert; und schließlich wird der Wert zurückgegeben.

Bei remember() können Sie den Schlüssel angeben, der nachgeschaut, und die Anzahl der Sekunden, für die er gespeichert werden soll, sowie eine Closure, in der festgelegt wird, wie der Schlüsselwert herausgefunden werden soll, falls im Cache kein Wert gesetzt ist. rememberForever() funktioniert genauso, allerdings ohne Angabe der Sekunden, da hier ein nicht ablaufender Schlüsselwert gesetzt wird. Schauen Sie sich das folgende Beispiel an, das ein typisches Szenario für remember() zeigt:

```
// Gibt entweder den Wert zurück, der unter "users" zwischengespeichert
// wurde, oder fragt "User::all()" ab, cacht das Ergebnis unter
// dem Schlüssel "users" und gibt diesen Wert zurück
$users = cache()->remember('users', 7200, function () {
    return User::all();
});
```

cache()->increment($key, $amount) und cache()->decrement($key, $amount)

increment() und decrement() ermöglichen es Ihnen, ganzzahlige Werte im Cache zu erhöhen und zu verringern. Wenn es keinen Wert für den angegebenen Schlüssel gibt, wird er so behandelt, als wäre er 0, und wenn Sie einen zweiten Parameter zum Erhöhen oder Verringern übergeben, wird um diesen Betrag statt um 1 erhöht oder verringert.

`cache()->forget($key)` *und* `cache()->flush()`
    `forget()` funktioniert genau wie die `forget()`-Methode von Sessions: Geben Sie einen Schlüssel an, damit der Wert dieses Schlüssels gelöscht wird. `flush()` löscht den gesamten Cache.

Cookies

Man könnte erwarten, dass Cookies genauso funktionieren wie Sessions oder der Cache. Tatsächlich gibt es auch für Cookies eine Fassade und einen globalen Helfer, und wir betrachten alle drei Elemente als ähnlich, weil man Werte speichern und abfragen kann.

Da Cookies jedoch von Natur aus an die Request- und Response-Objekte gebunden sind, muss man mit Cookies anders umgehen. Schauen wir uns kurz an, was Cookies »anders« macht.

Cookies in Laravel

Cookies können an drei Stellen in Laravel vorkommen. Sie können über die Anfrage eintreffen, was bedeutet, dass der Benutzer das Cookie schon »mitbringt«, wenn er die Seite besucht. In diesem Fall kann man es mit der Cookie-Fassade aus dem Anfrageobjekt auslesen.

Cookies können aber auch mit einer Antwort *versendet* werden, d.h., die Antwort weist den Browser des Benutzers an, das Cookie für zukünftige Besuche zu speichern. Dazu fügen Sie das Cookie Ihrem Response-Objekt hinzu, bevor Sie die Antwort zurücksenden.

Und schließlich kann ein Cookie in eine *Warteschlange* gestellt werden. Wenn Sie die Cookie-Fassade verwenden, um ein Cookie zu setzen, wird es in eine CookieJar-Warteschlange (»CookieJar« = »Plätzchendose«) gelegt, und die Middleware `AddQueuedCookiesToResponse` ist dafür verantwortlich, Cookies dem Response-Objekt hinzuzufügen oder sie daraus zu entfernen.

Auf Cookies zugreifen

Sie können Cookies auf drei Arten empfangen und setzen: mit der Cookie-Fassade, dem globalen `cookie()`-Helfer sowie in Anfrage- und Antwortobjekten.

Die Cookie-Fassade

Die Cookie-Fassade ist die umfangreichste Option, mit der Sie nicht nur Cookies lesen und erstellen, sondern auch in die Warteschlange stellen können, damit sie der Antwort hinzugefügt werden. Sie bietet folgende Methoden an:

`Cookie::get($key)`
> Um den Wert eines Cookies auszulesen, das mit einem Request hereinkam, können Sie einfach `Cookie::get('cookie-name')` verwenden. Das ist die einfachste Möglichkeit.

`Cookie::has($key)`
> Sie können überprüfen, ob ein Cookie mit der Anfrage hereinkam, indem Sie `Cookie::has('cookie-name')` verwenden. Die Methode liefert ein entsprechendes Boolean zurück.

`Cookie::make(...params)`
> Wenn Sie ein Cookie erstellen möchten, ohne es in die Warteschlange zu stellen, können Sie `Cookie::make()` verwenden. Das kann vorkommen, wenn man ein Cookie erstellen und es manuell an das Response-Objekt anhängen möchte – das schauen wir uns gleich noch an.
>
> Hier sind die Parameter für `make()` – in der korrekten Reihenfolge:
> - `$name` ist der Name des Cookies.
> - `$value` ist der Inhalt des Cookies.
> - `$minutes` gibt an, wie viele Minuten das Cookie »leben« soll.
> - `$path` ist der Pfad, für den Ihr Cookie gültig sein soll.
> - `$domain` listet die Domains auf, für die Ihr Cookie gelten soll.
> - `$secure` gibt an, ob das Cookie nur über eine sichere Verbindung (HTTPS) übertragen werden darf.
> - `$httpOnly` gibt an, ob das Cookie nur über das HTTP-Protokoll zugänglich gemacht werden soll.
> - `$raw` gibt an, ob das Cookie ohne URL-Codierung gesendet werden soll.
> - `$sameSite` gibt an, ob das Cookie für standortübergreifende Anfragen verfügbar sein soll; die Optionen lauten `lax`, `strict` oder `null`.

`Cookie::make()`
> Gibt eine Instanz von `Symfony\Component\HttpFoundation\Cookie` zurück.

> **Standardeinstellungen für Cookies**
>
> Das `CookieJar`, das die Instanz der Cookie-Fassade verwendet, liest seine Standardwerte aus der Session-Konfiguration. Wenn Sie also einen der Konfigurationswerte für das Session-Cookie in *config/session.php* ändern, werden diese Standardwerte auf alle Cookies angewendet, die Sie mit der Cookie-Fassade erstellen.

`Cookie::queue(Cookie || params)`
> Wenn Sie `Cookie::make()` verwenden, müssen Sie das Cookie manuell an das Request-Objekt hängen. `Cookie::queue()` hat die gleiche Syntax wie `Cookie::make()`, aber es stellt das erzeugte Cookie direkt in die Warteschlange ein, damit es von der Middleware automatisch an die Antwort gehängt wird.

Wenn Sie möchten, können Sie auch ein selbst erstelltes Cookie an Cookie
::queue() übergeben.

Hier ist die einfachste Möglichkeit, der Antwort ein Cookie hinzuzufügen:

```
Cookie::queue('dismissed-popup', true, 15);
```

Falls Cookies aus der Warteschlange nicht gesetzt werden

Cookies können nur innerhalb eines Antwortobjekts zurückgegeben werden. Wenn Sie zwar Cookies mit der Cookie-Fassade in die Warteschlange einreihen, aber Ihr Antwortobjekt nicht an den Benutzer geschickt wird – z.B., weil Sie die PHP-Funktion exit() verwenden oder etwas die Ausführung Ihres Skripts unterbricht –, werden auch Ihre Cookies nicht beim Benutzer ankommen.

Der globale cookie()-Helfer

Der globale cookie()-Helfer gibt eine CookieJar-Instanz zurück, wenn Sie ihn ohne Parameter aufrufen. Zwei der bequemsten Methoden der Cookie-Fassade – has() und get() – existieren *nur* in der Fassade und nicht in der Klasse CookieJar. Deshalb halte ich den globalen Helfer für weniger nützlich als die anderen Optionen.

Für eine Aufgabe ist der globale Helfer dennoch hilfreich, und zwar für das Erstellen eines Cookies. Wenn Sie Parameter an cookie() übergeben, werden sie direkt an das Äquivalent von Cookie::make() weitergeleitet. Der schnellste Weg, um ein Cookie zu erzeugen, ist also dieser:

```
$cookie = cookie('dismissed-popup', true, 15);
```

Injizieren einer Instanz

Sie können in einer Anwendung auch überall eine Instanz von Illuminate\Cookie\CookieJar injizieren, aber es gelten die gleichen Einschränkungen wie gerade beschrieben.

Cookies in Request- und Response-Objekten

Da Cookies als Teil der Anfrage eintreffen und als Teil der Antwort gesendet werden, sind diese Illuminate-Objekte die Orte, an denen sie tatsächlich »leben«. Die Methoden get(), has() und queue() der Cookie-Fassade sind nur Stellvertreter im Umgang mit Request- und Response-Objekten.

Am einfachsten interagiert man deshalb mit Cookies, indem man sie aus der Anfrage ausliest und in die Antwort schreibt.

Cookies aus Request-Objekten auslesen. Sobald Sie eine Kopie Ihres Request-Objekts haben (ggf. erzeugen Sie mit app('request') eines), können Sie dessen cookie()-Methode verwenden, um Cookies auszulesen wie in Beispiel 14-11.

Beispiel 14-11: Lesen eines Cookies aus einem Request-Objekt

```
Route::get('dashboard', function (Illuminate\Http\Request $request) {
    $userDismissedPopup = $request->cookie('dismissed-popup', false);
});
```

Wie Sie in diesem Beispiel sehen können, kennt die Methode cookie() zwei Parameter: den Namen des Cookies und einen optionalen Rückfallwert.

Cookies zu Response-Objekten hinzufügen. Wann immer Ihr Response-Objekt bereit ist, können Sie die cookie()-Methode (oder die withCookie()-Methode in Versionen vor 5.3) verwenden, um ein Cookie hinzuzufügen, siehe Beispiel 14-12.

Beispiel 14-12: Einem Response-Objekt ein Cookie hinzufügen

```
Route::get('dashboard', function () {
    $cookie = cookie('saw-dashboard', true);

    return Response::view('dashboard')
        ->cookie($cookie);
});
```

Falls Laravel noch relativ neu für Sie ist und Sie sich nicht sicher sind, welche Option Sie verwenden sollen, empfehle ich, die zuletzt beschriebene Variante und für das Cookie-Handling die Objekte Request und Response zu nutzen. Es ist etwas mehr Arbeit, wird aber auch zu weniger Überraschungen führen, falls zukünftige Entwickler die CookieJar-Warteschlange nicht verstehen.

Logging

Wir haben in diesem Buch gelegentlich einige wirklich kurze Beispiele für Logging gesehen, als wir uns mit anderen Konzepten wie dem Container und Fassaden beschäftigt haben. Jetzt wollen wir uns anschauen, welche Möglichkeiten Sie beim Logging über das einfache Log::info('Message') hinaus haben.

Logs bzw. Protokolle benutzt man meistens, um die »Auffindbarkeit« zu erhöhen und besser zu verstehen, was zu einem bestimmten Zeitpunkt in einer Anwendung vor sich geht.

Log-Nachrichten sind kurze Meldungen, manchmal mit einigen Daten angereichert, die in von Menschen lesbarer Form vom Anwendungscode generiert werden, mit Informationen, was zu einem bestimmten Zeitpunkt während der Ausführung einer Anwendung passiert ist. Jeder Protokolleintrag muss mit einem bestimmten *Level* versehen werden, das von emergency (»Notfall«: etwas sehr Unangenehmes ist passiert) bis debug reicht (etwas von sehr geringer Bedeutung ist passiert).

In der Standardeinstellung schreibt Ihre Anwendung alle Protokollanweisungen in eine Datei namens *storage/logs/laravel.log*, und eine Logging-Anweisung sieht etwa so aus:

```
[2019-12-22 21:34:38] local.ERROR: Etwas ist schief gelaufen.
```

Sie können sehen, dass Datum, Uhrzeit, Umgebung, Fehlerstufe und Nachricht in einer Zeile stehen. Laravel protokolliert jedoch auch (standardmäßig) alle nicht abgefangenen Ausnahmen, und in diesem Fall sehen Sie die gesamte Stapelverfolgung inline.

Im folgenden Abschnitt wird erläutert, wie man protokolliert, warum man protokolliert und wie man an anderer Stelle (z. B. in Slack) protokolliert.

Wann und warum man Logs verwenden sollte

In der Regel benutzt man Logs, um Ereignisse aufzuzeichnen, die später vielleicht einmal wichtig sein *könnten*, auf die man aber nicht unbedingt programmatischen Zugriff benötigt. Protokolle sind also eher dazu da, dass man – auch im Nachhinein – erfährt, was in der Anwendung vor sich geht oder ging, als dass strukturierte Daten erstellt werden, die man innerhalb der Anwendung einsetzen kann.

Wenn Sie beispielsweise Code schreiben möchten, der Aufzeichnungen aller Benutzeranmeldungen auswerten kann, wäre das eher ein Fall, in dem man alle Log-ins in einer dedizierten Datenbanktabelle speichern würde. Wenn Sie jedoch ein eher beiläufiges Interesse an diesen Anmeldungen haben und sich nicht ganz sicher sind, ob Sie sie als wirklich relevant einschätzen, können Sie einfach Log-Einträge mit Level `debug` oder `info` vornehmen.

Protokolle werden auch oft eingesetzt, wenn man später den Wert von etwas (z. B. einer Variablen) in einem bestimmten Moment sehen möchte, z. B. wenn ein Fehler auftritt oder zu einer ganz bestimmten Tageszeit. Fügen Sie dazu im Code einfach eine Log-Anweisung hinzu und besorgen Sie sich die benötigten Daten später aus dem Protokoll, das Sie für eine spätere Verwendung behalten, aber jederzeit auch wieder löschen können.

In Logs schreiben

Am einfachsten legen Sie in Laravel einen Log-Eintrag an, indem Sie die `Log`-Fassade mit derjenigen Methode verwenden, die den passenden Schweregrad für den gewünschten Eintrag bietet. Die Ebenen entsprechen den in RFC 5424 (*https://bit.ly/2YltbAS*) definierten:

```
Log::emergency($message);
Log::alert($message);
Log::critical($message);
Log::error($message);
Log::warning($message);
Log::notice($message);
```

```
Log::info($message);
Log::debug($message);
```

Sie können optional auch einen zweiten Parameter übergeben, der ein Array von dazugehörigen Daten enthält:

```
Log::error('Failed to upload user image.', ['user' => $user]);
```

Diese zusätzlichen Informationen können von verschiedenen Log-Kanälen unterschiedlich erfasst werden, aber in der standardmäßigen lokalen Protokoll-Datei sähe es so aus – allerdings dort in einer einzigen Zeile dargestellt:

```
[2019-12-22 20:53:31] local.ERROR: Failed to upload user image. {
    "user":"[object] (App\\User: {
        \"id\":1,
        \"name\":\"Matt\",
        \"email\":\"matt@tighten.co\",
        \"email_verified_at\":null,
        \"api_token\":\"long-token-here\",
        \"created_at\":\"2019-09-22 21:39:55\",
        \"updated_at\":\"2019-09-22 21:40:08\"
    })"
}
```

Log-Kanäle

In Laravel 5.6 wurde die Art und Weise, in der Logs konfiguriert und erfasst werden, deutlich geändert, damit man unterschiedliche *Kanäle* und *Treiber* einsetzen kann. Wenn Sie noch mit Version 5.5 oder früher arbeiten, können Sie die folgenden Ausführungen überspringen und in »Volltextsuche mit Laravel Scout« auf Seite 396 weiterlesen.

Wie für viele andere Aspekte von Laravel (Dateispeicher, Datenbank, E-Mail usw.) können Sie für Protokolle einen oder mehrere vordefinierte Log-Typen verwenden, die Sie in der Konfigurationsdatei definieren. Für jeden Typ werden verschiedene Konfigurationsdetails an einen bestimmten Protokolltreiber übergeben.

Die Protokoll-Typen werden als Kanäle bezeichnet, und Laravel bietet direkt ab der Installation die folgenden an: `stack`, `single`, `daily`, `slack`, `papertrail`, `stderr`, `syslog`, `errorlog` und `null`. Jeder Kanal ist mit genau einem Treiber verbunden. Die verfügbaren Treiber sind `single`, `daily`, `slack`, `syslog`, `errorlog`, `monolog`, `custom` und `stack`.

Wir werden hier nur die gängigsten Kanäle behandeln: `stack`, `single`, `daily`, und `slack`. Mehr zu den Treibern und die vollständige Liste der verfügbaren Kanäle finden Sie in der Logging-Dokumentation (*https://bit.ly/2TVgSwT*).

Der Kanal single

Der `single`-Kanal schreibt jeden Log-Eintrag in eine bestimmte Datei, die mit `path` definiert wird. Die Standardkonfiguration sehen Sie in Beispiel 14-13:

Beispiel 14-13: Standardkonfiguration für den Kanal single

```
'single' => [
    'driver' => 'single',
    'path' => storage_path('logs/laravel.log'),
    'level' => 'debug',
],
```

Diese Einstellung gibt vor, dass nur Ereignisse ab Level debug protokolliert werden und alle Einträge in eine einzige Datei geschrieben werden: *storage/logs/laravel.log*.

Der Kanal daily

Der daily-Kanal erstellt für jeden Tag eine neue Datei. Die Standardkonfiguration sehen Sie in Beispiel 14-14:

Beispiel 14-14: Standardkonfiguration für den Kanal daily

```
'daily' => [
    'driver' => 'daily',
    'path' => storage_path('logs/laravel.log'),
    'level' => 'debug',
    'days' => 14,
],
```

Dieser Kanal funktioniert ähnlich wie single, aber wir können jetzt einstellen, wie viele Tage Protokolldateien aufbewahrt werden sollen, bevor sie gelöscht werden. Außerdem wird das Datum an den von uns angegebenen Dateinamen angehängt. Die gezeigte Konfiguration erzeugt beispielsweise Dateinamen wie *storage/logs/laravel-{yyyy-mm-dd}.log*.

Der Kanal slack

Der slack-Kanal erleichtert den Versand von Log-Nachrichten (vermutlich nur besonders wichtigen) an Slack.

Dieser Kanal illustriert auch, dass man nicht auf die Handler beschränkt ist, die Laravel von sich aus bietet. Wir kommen gleich noch dazu, aber der slack-Kanal ist nicht etwa eine benutzerdefinierte Slack-Implementierung; Laravel benutzt bloß einen Log-Treiber, der sich mit dem Monolog-Slack-Handler verbindet – und dadurch, dass Sie beliebige Monolog-Handler verwenden können, stehen Ihnen eine Menge Optionen zur Verfügung.

Die Standardkonfiguration für diesen Kanal ist in Beispiel 14-15 dargestellt.

Beispiel 14-15: Standardkonfiguration für den Kanal slack

```
'slack' => [
    'driver' => 'slack',
    'url' => env('LOG_SLACK_WEBHOOK_URL'),
    'username' => 'Laravel Log',
    'emoji' => ':boom:',
    'level' => 'critical',
],
```

Der Kanal stack

Der stack-Kanal ist der standardmäßig aktivierte Kanal. Die Standardkonfiguration in Version 6.6 ist in Beispiel 14-16 dargestellt.

Beispiel 14-16: Standardkonfiguration für den Kanal stack
```
'stack' => [
    'driver' => 'stack',
    'channels' => ['single'],
    'ignore_exceptions' => false,
],
```

Mit dem stack-Kanal können Sie Log-Einträge an mehrere Kanäle gleichzeitig senden, die im Array channels aufgezählt werden. Obwohl dieser »Multi-Kanal« in Laravel-Anwendungen standardmäßig konfiguriert ist, verwendet er in Wirklichkeit nur den single-Kanal, weil das channels-Array in Version 6.6 standardmäßig nur diesen einen Eintrag enthält.

Aber wie könnten Sie nun dafür sorgen, dass beispielsweise alle Meldungen der Ebene info und darüber in die täglichen Dateien geschrieben, Log-Nachrichten ab Level critical aber an Slack gesendet werden? Mit dem stack-Treiber lässt sich das leicht realisieren, wie Beispiel 14-17 zeigt.

Beispiel 14-17: Anpassung des Treibers stack
```
'channels' => [
    'stack' => [
        'driver' => 'stack',
        'channels' => ['daily', 'slack'],
    ],

    'daily' => [
        'driver' => 'daily',
        'path' => storage_path('logs/laravel.log'),
        'level' => 'info',
        'days' => 14,
    ],

    'slack' => [
        'driver' => 'slack',
        'url' => env('LOG_SLACK_WEBHOOK_URL'),
        'username' => 'Laravel Log',
        'emoji' => ':boom:',
        'level' => 'critical',
    ],
```

In bestimmte Protokoll-Kanäle schreiben

Es kann auch vorkommen, dass Sie genau festlegen möchten, welche Protokoll-Meldungen an welchen Kanal gesendet werden sollen. Auch das ist möglich: Geben Sie den gewünschten Kanal einfach an, wenn Sie die Log-Fassade aufrufen:

```
Log::channel('slack')->info("This message will go to Slack.");
```

Erweiterte Log-Konfiguration

Wenn Sie anpassen möchten, wie Log-Nachrichten an die einzelnen Kanäle gesendet werden, oder benutzerdefinierte Monolog-Handler implementieren möchten, besuchen Sie bitte die Logging-Dokumentation (*https://bit.ly/2TVgSwT*) für detailliertere Informationen.

Volltextsuche mit Laravel Scout

Laravel Scout ist ein separates Paket, das Sie in Ihre Laravel-Anwendungen einbinden können, um Eloquent-Modellen eine Volltextsuche hinzuzufügen. Mit Scout ist es einfach, den Inhalt von Eloquent-Modellen zu indizieren und zu durchsuchen; es wird mit einem Algolia-Treiber geliefert, aber es gibt auch Community-Pakete für andere Anbieter. Ich gehe hier davon aus, dass Sie Algolia benutzen.

Scout installieren

Zuerst binden Sie das Paket in Ihre Anwendung (ab Laravel 5.3) ein:

```
composer require laravel/scout
```

Manuelle Registrierung von Service Providern vor Laravel 5.5

Wenn Sie eine Version vor 5.5 verwenden, müssen Sie den Service Provider manuell registrieren, indem Sie `Laravel\Scout\ScoutServiceProvider::class` zum Abschnitt providers in *config/app.php* hinzufügen.

Als Nächstes müssen Sie Scout konfigurieren. Führen Sie dazu diesen Befehl aus:

```
php artisan vendor:publish --provider="Laravel\Scout\ScoutServiceProvider"
```

Und fügen Sie Ihre Algolia-Anmeldeinformationen in *config/scout.php* ein.

Zuletzt installieren Sie das Algolia-SDK:

```
composer require algolia/algoliasearch-client-php
```

Ein Modell für die Indexierung kennzeichnen

Wenn Sie die Volltextsuche für ein Modell – wir verwenden in diesem Beispiel ein Modell `Review`, das eine Buchbesprechung darstellt – aktivieren wollen, importieren Sie bitte den Trait `Laravel\Scout\Searchable`.

Sie können definieren, welche Eigenschaften mit der Methode `toSearchableArray()` durchsuchbar sein sollen (standardmäßig spiegelt sie `toArray()`), und den Indexnamen mit der Methode `searchableAs()` festlegen (standardmäßig wird der Tabellenname benutzt).

Scout abonniert die Ereignisnachrichten für die Erstellung, Löschung und Aktualisierung der gekennzeichneten Modelle. Wenn Sie Zeilen erstellen, aktualisieren oder löschen, synchronisiert Scout diese Änderungen mit Algolia. Es wird diese

Änderungen entweder synchron mit Ihren Updates durchführen oder – wenn Sie Scout so konfigurieren, dass es eine Warteschlange verwendet – die Updates in die Warteschlange stellen.

Einen Index durchsuchen

Die Syntax von Scout ist simpel. Um beispielsweise eine beliebige Review mit dem darin enthaltenen Wort Llew zu finden, würde diese Anweisung ausreichen:

```
Review::search('Llew')->get();
```

Sie können Ihre Abfragen wie bei normalen Eloquent-Aufrufen modifizieren:

```
// Holen Sie sich alle Review-Datensätze, die den Begriff "Llew" enthalten,
// begrenzt auf 20 pro Seite, mit Auslesen des Seitenabfrageparameters,
// genau wie bei der Eloquent-Paginierung
Review::search('Llew')->paginate(20);

// Holen Sie sich alle Review-Datensätze, die den Begriff "Llew" enthalten
// und bei denen das Feld account_id = 2 ist
Review::search('Llew')->where('account_id', 2)->get();
```

Was bekommt man als Ergebnis dieser Suchen? Eine Sammlung von Eloquent-Modellen, direkt aus Ihrer Datenbank. Die IDs sind in Algolia gespeichert, das eine Liste der übereinstimmenden IDs zurückgibt; Scout liest dann die entsprechenden Datenbankeinträge aus und gibt sie als Eloquent-Objekte zurück.

Sie haben damit zwar keinen vollen Zugriff auf die Komplexität von SQL-WHERE-Abfragen, aber einen grundlegenden Rahmen für Vergleichsprüfungen, wie sie in den Codebeispielen hier gezeigt werden.

Warteschlangen und Scout

Beim jetzigen Stand wird Ihre Anwendung bei jeder Anfrage, mit der Datenbankeinträge geändert werden, HTTP-Anfragen an Algolia stellen. Weil das Ihre Anwendung deutlich verlangsamen kann, kann man mit Scout dessen Aktionen leicht in eine Warteschlange verschieben.

Setzen Sie in *config/scout.php* queue auf true, damit bei Änderungen asynchron indiziert wird. Ihr Volltextindex arbeitet nun mit sogenannter »eventual consistency« (»letztendlicher Übereinstimmung«): Die Datenbankeinträge selbst werden sofort aktualisiert, während die Aktualisierungen der Suchindizes erst einmal in die Warteschlange gestellt und nur so schnell aktualisiert werden, wie es die Abarbeitung der Warteschlange erlaubt.

Operationen ohne Indizierung durchführen

Wenn Sie eine Reihe von Operationen durchführen müssen und vermeiden wollen, dass dabei Indizierungen ausgelöst werden, können Sie die Anweisungen in die Methode withoutSyncingToSearch() einschließen:

```
Review::withoutSyncingToSearch(function () {
    // Erzeugen Sie eine Reihe von Bewertungen, z.B.
    factory(Review::class, 10)->create();
});
```

Bedingt ausgeführte Indizierung

Manchmal möchte man Datensätze nur indizieren, wenn sie eine bestimmte Bedingung erfüllen. Sie können die Methode shouldBeSearchable() auf der Modellklasse verwenden, um dies zu erreichen:

```
public function shouldBeSearchable()
{
    return $this->isApproved();
}
```

Manuelles Auslösen der Indizierung im Code

Wenn Sie die Indizierung eines Modells manuell starten möchten, können Sie dies im Anwendungscode oder über die Befehlszeile tun.

Um die Indizierung manuell im Code auszulösen, fügen Sie searchable() am Ende einer Eloquent-Abfrage hinzu, damit alle Datensätze indiziert werden, die durch diese Abfrage gefunden werden:

```
Review::all()->searchable();
```

Sie können die Abfrage natürlich auch auf genau die Datensätze einschränken, die Sie indizieren möchten. Scout ist jedoch intelligent genug, um neue Datensätze einzufügen und alte zu aktualisieren, sodass Sie auch einfach den gesamten Inhalt der Datenbanktabelle des Modells neu indizieren können.

Sie können searchable() auch auf vorhandenen Beziehungen ausführen:

```
$user->reviews()->searchable();
```

Wollen Sie Datensätze von der Indizierung ausschließen, verketten Sie stattdessen einfach unsearchable():

```
Review::where('sucky', true)->unsearchable();
```

Manuelles Auslösen der Indizierung über die Kommandozeile

Sie können die Indizierung auch mit einem Artisan-Befehl auslösen:

```
php artisan scout:import "App\Review"
```

Dadurch werden alle Review-Modelle indiziert.

Testen

Das Testen der meisten dieser Funktionen besteht einfach darin, sie in den Tests zu benutzen; es ist nicht notwendig, sie zu mocken oder zu stubben. Die Standardkonfiguration funktioniert bereits – in *phpunit.xml* können Sie feststellen, dass Session- und Cache-Treiber auf Werte gesetzt wurden, die für Tests geeignet sind.

Es gibt jedoch ein paar hilfreiche Methoden und ein paar Fallstricke, die Sie kennen sollten.

Dateien speichern

Datei-Uploads zu testen, kann ein wenig anstrengend sein, beachten Sie deshalb am besten die folgenden Schritte.

Fake-Dateien hochladen

Zunächst schauen wir uns an, wie man manuell ein `Illuminate\Http\UploadedFile`-Objekt für die Verwendung in unseren Anwendungstests erstellt (Beispiel 14-18).

Beispiel 14-18: Erstellen einer gefakten UploadedFile-Datei
```
public function test_file_should_be_stored()
{
    Storage::fake('public');

    $file = UploadedFile::fake()->image('avatar.jpg');

    $response = $this->postJson('/avatar', [
        'avatar' => $file,
    ]);

    // Behaupten, dass die Datei gespeichert wurde
    Storage::disk('public')->assertExists("avatars/{$file->hashName()}");

    // Behaupten, dass eine Datei nicht existiert
    Storage::disk('public')->assertMissing('missing.jpg');
}
```

Wir haben eine neue Instanz von `UploadedFile` erstellt, die sich auf unsere Testdatei bezieht, und können sie nun verwenden, um unsere Routen zu testen.

Fake-Dateien zurückgeben

Wenn Ihre Route erwartet, dass eine bestimmte Datei vorhanden ist, läuft das Testen besser, wenn man schlicht dafür sorgt, dass diese Datei auch tatsächlich existiert. Nehmen wir einmal an, dass jeder Benutzer ein Profilbild haben muss.

Zuerst richten wir nun eine Modellfabrik für den User ein, damit wir mit Faker eine Datei erstellen können wie in Beispiel 14-19.

Beispiel 14-19: Rückgabe von gefakten Dateien mit Faker
```
$factory->define(User::class, function (Faker\Generator $faker) {
    return [
```

```
        'picture' => $faker->file(
            storage_path('tests'), // Quellverzeichnis
            storage_path('app'), // Zielverzeichnis
            false // Liefert nur den Dateinamen, nicht den vollständigen Pfad
        ),
        'name' => $faker->name,
    ];
});
```

Die `file()`-Methode von Faker wählt eine zufällige Datei aus dem Quellverzeichnis aus, kopiert sie in das Zielverzeichnis und gibt dann den Dateinamen zurück. Wir haben also gerade eine zufällige Datei aus dem Verzeichnis *storage/tests* ausgewählt, sie in das Verzeichnis *storage/app* kopiert und ihren Dateinamen als `picture`-Eigenschaft von `User` festgelegt. Jetzt können wir diesen `User` in Tests von Routen verwenden, bei denen Benutzer ein Profilbild haben müssen, siehe Beispiel 14-20.

Beispiel 14-20: Behauptung, dass die URL einer Bilddatei zurückgegeben wird
```
public function test_user_profile_picture_echoes_correctly()
{
    $user = factory(User::class)->create();

    $response = $this->get(route('users.show', $user->id));

    $response->assertSee($user->picture);
}
```

Natürlich können Sie in vielen Kontexten auch darauf verzichten, eine echte Datei zu kopieren, und einfach eine zufällige Zeichenkette erzeugen. Aber wenn Ihre Routen die Existenz der Datei überprüfen oder irgendwelche Operationen auf der Datei ausführen, ist dies die beste Option.

Session

Wenn Sie testen möchten, dass etwas in der Session gespeichert wurde, können Sie einige komfortable Methoden verwenden. Die folgenden Methoden sind in Ihren Tests für das Objekt `Illuminate\Foundation\Testing\TestResponse` verfügbar:

assertSessionHas(*$key*, *$value = null*)
: Behauptet, dass es in der Session einen Wert für einen bestimmten Schlüssel gibt und – falls der zweite Parameter übergeben wird – dass dieser Schlüssel einen ganz bestimmten Wert hat:
```
    public function test_some_thing()
    {
        // Erledigen Sie hier das, was am Ende zu einem $response-Objekt führt
        $response->assertSessionHas('key', 'value');
    }
```

assertSessionHasAll(*array $bindings*)
: Es wird ein Array von Schlüssel/Wert-Paaren übergeben und für alle Paare behauptet, dass die Schlüssel die angegebenen Werte haben. Wenn ein Array-Eintrag lediglich aus der Angabe eines Schlüssels besteht, wird nur auf dessen Existenz geprüft, nicht auf einen bestimmten Wert:

```
$check = [
    'has',
    'hasWithThisValue' => 'thisValue',
];

$response->assertSessionHasAll($check);
```

assertSessionMissing(*$key*)
: Behauptet, dass es in der Session einen bestimmten Schlüssel *nicht* gibt.

assertSessionHasErrors(*$bindings = [], $format = null*)
: Behauptet, dass die Session einen errors-Wert enthält. errors ist der Schlüssel, unter dem Laravel Fehler aus Formular-Validierungen zwischenspeichert.

Wenn das Array nur Schlüssel enthält, wird überprüft, ob es Fehler mit genau diesen Schlüsseln gibt:

```
$response = $this->post('test-route', ['failing' => 'data']);
$response->assertSessionHasErrors(['name', 'email']);
```

Sie können auch Werte für diese Schlüssel und optional ein *$format* übergeben, um zu überprüfen, ob die Fehlermeldungen genau so zurückgekommen sind, wie Sie es erwartet haben:

```
$response = $this->post('test-route', ['failing' => 'data']);
$response->assertSessionHasErrors([
    'email' => '<strong>The email field is required.</strong>',
], '<strong>:message</strong>');
```

Cache

Beim Testen von Features, die den Cache verwenden, gibt es nichts groß zu beachten – Sie können also einfach »drauflos testen«:

```
Cache::put('key', 'value', 900);

$this->assertEquals('value', Cache::get('key'));
```

Laravel verwendet in einer Testumgebung standardmäßig den Cache-Treiber array, der Cache-Werte lediglich im Hauptspeicher ablegt.

Cookies

Was ist zu tun, wenn Sie ein Cookie setzen müssen, bevor Sie eine Route testen? Sie können Cookies manuell an einen der Parameter der Methode call() übergeben. Mehr über call() erfahren Sie in Kapitel 12.

Ein Cookie während des Tests von der Verschlüsselung ausschließen

Ihre Cookies werden in Ihren Tests nicht funktionieren, solange Sie sie nicht von Laravels Middleware zur Verschlüsselung von Cookies ausschließen. Dazu können Sie die Middleware EncryptCookies für diese Cookies vorübergehend deaktivieren:

```
use Illuminate\Cookie\Middleware\EncryptCookies;
...

$this->app->resolving(
    EncryptCookies::class,
    function ($object) {
        $object->disableFor('cookie-name');
    }
);

// Tests durchführen ...
```

Das bedeutet, dass Sie ein Cookie beispielswiese wie in Beispiel 14-21 setzen und prüfen können.

Beispiel 14-21: Unit-Tests gegen Cookies ausführen

```
public function test_cookie()
{
    $this->app->resolving(EncryptCookies::class, function ($object) {
        $object->disableFor('my-cookie');
    });

    $response = $this->call(
        'get',
        'route-echoing-my-cookie-value',
        [],
        ['my-cookie' => 'baz']
    );
    $response->assertSee('baz');
}
```

Wenn Sie testen möchten, dass ein Response-Objekt ein Cookie enthält, können Sie assertCookie() verwenden:

```
$response = $this->get('cookie-setting-route');
$response->assertCookie('cookie-name');
```

Oder Sie können assertPlainCookie() verwenden, um auf das Cookie zu testen, und dabei zudem behaupten, dass es nicht verschlüsselt ist.

Unterschiedliche Bezeichnungen für Testmethoden vor Laravel 5.4

In Projekten mit Versionen vor 5.4 sollte assertCookie() durch seeCookie() und assertPlainCookie() durch seePlainCookie() ersetzt werden.

Logging

Am einfachsten testet man, ob ein bestimmter Log-Eintrag geschrieben wurde, indem man Behauptungen bezüglich der Log-Fassade aufstellt (mehr dazu in »Andere Fassaden faken« auf Seite 321). Beispiel 14-22 veranschaulicht, wie das funktioniert.

Beispiel 14-22: Behauptungen bezüglich der Log-Fassade aufstellen

```
// Testdatei
public function test_new_accounts_generate_log_entries()
{
    Log::shouldReceive('info')
        ->once()
        ->with('New account created!');

    // Neues Konto erstellen
    $this->post(route('accounts.store'), ['email' => 'matt@mattstauffer.com']);
}

// AccountsController
public function store()
{
    // Konto erstellen

    Log::info('New account created!');
}
```

Es gibt auch ein Paket namens LogFake (*https://bit.ly/2JDI4vd*), das die hier gezeigten Fassadentests noch erweitert, sodass man zusätzliche benutzerdefinierte Behauptungen in Bezug auf Log-Einträge machen kann.

Scout

Wenn Sie Code testen müssen, der Scout-Daten verwendet, werden Sie wahrscheinlich nicht wollen, dass Ihre Tests Indexierungsaktionen oder Lesevorgänge auslösen. Fügen Sie dann einfach eine Umgebungsvariable zu Ihrer *phpunit.xml* hinzu, um die Verbindung von Scout mit Algolia zu deaktivieren:

```
<env name="SCOUT_DRIVER" value="null"/>
```

TL;DR

Laravel bietet einfache Schnittstellen zu vielen gängigen Speicheroperationen in Dateisystemen, Sessions, Cookies, Caches und bezüglich der Volltextsuche mit Laravel Scout. Da Laravel mehreren Treibern erlaubt, die gleiche öffentliche Schnittstelle zu bedienen, sind die APIs Provider-unabhängig. Dadurch lassen sich Anbieter je nach Umgebung oder Anforderungen der Anwendung einfach wechseln.

KAPITEL 15
E-Mail und Benachrichtigungen

Der Versand von Benachrichtigungen an die Benutzer einer Anwendung per E-Mail, Slack, SMS oder mit einem anderen Benachrichtigungssystem ist eine häufige vorkommende, aber dennoch überraschend komplexe Aufgabe. Die Mail- und Benachrichtigungsfunktionen von Laravel bieten konsistente APIs, und die damit eingeführte Abstraktion bietet den Vorteil, dass man den einzelnen Anbietern keine übermäßige Aufmerksamkeit mehr schenken muss. Genau wie in Kapitel 14 wird es hier darum gehen, den nötigen Code generisch zu halten und direkt auf der Konfigurationsebene auszuwählen, mit welchem Anbieter E-Mails oder Benachrichtigungen verschickt werden sollen.

E-Mail

Laravels E-Mail-Funktionalität ist eine Komfortschicht, die auf Swift Mailer (*https://swiftmailer.org/*) aufsetzt, und kommt standardmäßig mit Treibern für Mailgun, Amazon SES, SMTP, Postmark und Sendmail.

Für alle Cloud-Dienste können Sie Ihre Authentifizierungsangaben in *config/services.php* festlegen. In dieser Datei – und in *config/mail.php* – finden Sie bereits Schlüssel, mit denen Sie die Mail-Funktionalität Ihrer Anwendung in der Datei *.env* mit Variablen wie `MAIL_DRIVER` oder `MAILGUN_SECRET` anpassen können.

Abhängigkeiten von Cloud-basierten API-Treibern

Wenn Sie einen der Cloud-basierten API-Treiber verwenden, müssen Sie mit Composer noch Guzzle integrieren. Sie können dazu den folgenden Befehl benutzen:

```
composer require guzzlehttp/guzzle
```

Falls Sie den SES-Treiber verwenden, müssen Sie außerdem folgenden Befehl ausführen:

```
composer require aws/aws-sdk-php:~3.0
```

Und für den Einsatz des Postmark-Treibers ist folgender Befehl nötig:

```
composer require wildbit/swiftmailer-postmark
```

»Klassische« E-Mail

Es gibt in Laravel zwei unterschiedliche Syntax-Varianten für den Versand von E-Mails: klassisch und *Mailable* (*mailbar*). Die Mailable-Syntax ist seit Version 5.3 die bevorzugte Variante, daher werden wir uns in diesem Buch darauf konzentrieren. Aber für diejenigen, die in 5.2 oder früher arbeiten, hier ein kurzer Blick darauf, wie die klassische Variante funktioniert – siehe Beispiel 15-1.

Beispiel 15-1: Die »klassische« E-Mail-Syntax
```
Mail::send(
    'emails.assignment-created',
    ['trainer' => $trainer, 'trainee' => $trainee],
    function ($m) use ($trainer, $trainee) {
        $m->from($trainer->email, $trainer->name);
        $m->to($trainee->email, $trainee->name)->subject('A New Assignment!');
    }
);
```

Der erste Parameter von `Mail::send()` ist der Name der View. Beachten Sie bitte, dass `emails.assignment-created` für *resources/views/emails/assignment-created.blade.php* bzw. *resources/views/emails/assignment-created.php* steht.

Der zweite Parameter ist ein Array mit Daten, die Sie an die View übergeben möchten.

Der dritte Parameter ist eine Closure, in der Sie definieren, wie und an wen die E-Mail gesendet werden soll: Absender (»from«), Empfänger (»to«), CC, BCC, Betreff und alle anderen Metadaten. Stellen Sie sicher, dass Sie alle Variablen, auf die Sie innerhalb der Closure Zugriff haben möchten, mit use einbinden. Und beachten Sie bitte, dass der Closure ein Parameter übergeben wird, den wir $m genannt haben; das ist das Nachrichtenobjekt.

In der Dokumentation von Version 5.2 (*https://bit.ly/2utCAZA*) finden Sie weitere Details zur klassischen E-Mail-Syntax.

E-Mails als »Mailable«

Mit Laravel 5.3 wurde eine neue E-Mail-Syntax namens *Mailable* eingeführt. Sie funktioniert im Prinzip genauso wie die klassische Syntax, aber anstatt Ihre E-Mails per Closure zu definieren, wird für jede E-Mail-Variante eine eigene PHP-Klasse erstellt. Um ein Mailable zu erzeugen, verwenden Sie den Artisan-Befehl `make:mail`:

```
php artisan make:mail AssignmentCreated
```

Beispiel 15-2 zeigt, wie diese Klasse aussieht.

Beispiel 15-2: Eine automatisch generierte Mailable-Klasse
```
<?php

namespace App\Mail;
```

```php
use Illuminate\Bus\Queueable;
use Illuminate\Contracts\Queue\ShouldQueue;
use Illuminate\Mail\Mailable;
use Illuminate\Queue\SerializesModels;

class AssignmentCreated extends Mailable
{
    use Queueable, SerializesModels;

    /**
     * Create a new message instance
     *
     * @return void
     */
    public function __construct()
    {
        //
    }

    /**
     * Build the message
     *
     * @return $this
     */
    public function build()
    {
        return $this->view('view.name');
    }
}
```

Diese Klasse sieht wahrscheinlich vertraut aus – sie hat fast die gleiche Form wie ein Job. Importiert werden die Traits Queueable, um die E-Mail einer Warteschlange übergeben zu können, und SerializesModels, sodass alle Eloquent-Modelle, die Sie an den Konstruktor übergeben, korrekt serialisiert werden können.

Also wie funktioniert das Ganze nun? In der build()-Methode einer Mailable-Klasse wird definiert, welche Ansicht verwendet werden und wie der Betreff lauten soll sowie alles Weitere, was Sie für diese E-Mail-Variante vorab festlegen möchten, nur eines nicht: wer sie erhalten soll. Der Konstruktor ist die Stelle, an der Sie die benötigten Daten übergeben – und alle öffentlichen Eigenschaften der Mailable-Klasse stehen in der View zur Verfügung.

Beispiel 15-3 zeigt, wie wir die automatisch erzeugte Mailable-Klasse für unser Beispiel der Aufgabenplanung anpassen können.

Beispiel 15-3: Eine Beispiel-Mail

```php
<?php

namespace App\Mail;

use Illuminate\Bus\Queueable;
use Illuminate\Mail\Mailable;
use Illuminate\Queue\SerializesModels;
```

```
use Illuminate\Contracts\Queue\ShouldQueue;

class AssignmentCreated extends Mailable
{
    use Queueable, SerializesModels;

    public $trainer;
    public $trainee;

    public function __construct($trainer, $trainee)
    {
        $this->trainer = $trainer;
        $this->trainee = $trainee;
    }

    public function build()
    {
        return $this->subject('New assignment from ' . $this->trainer->name)
            ->view('emails.assignment-created');
    }
}
```

Beispiel 15-4 zeigt, wie man eine Mail versendet.

Beispiel 15-4: Verschiedene Möglichkeiten, E-Mails zu versenden

```
// Einfaches Senden
Mail::to($user)->send(new AssignmentCreated($trainer, $trainee));

// Mit Angaben CC und BCC
Mail::to($user1))
    ->cc($user2)
    ->bcc($user3)
    ->send(new AssignmentCreated($trainer, $trainee));

// Mit einer Collection in der BCC-Angabe
Mail::to('me@app.com')
    ->bcc(User::all())
    ->send(new AssignmentCreated($trainer, $trainee))
```

E-Mail-Vorlagen

E-Mail-Vorlagen funktionieren wie andere Vorlagen auch. Sie können andere Vorlagen erweitern, Abschnitte verwenden, Variablen analysieren, Bedingungen oder Schleifen und ansonsten alles enthalten, was auch in einer normalen Blade-Vorlage erlaubt ist.

Beispiel 15-5 zeigt eine mögliche `emails.assignment-created`-Vorlage für Beispiel 15-3.

Beispiel 15-5: E-Mail-Vorlage für »Assignment created«

```
<!-- resources/views/emails/assignment-created.blade.php -->
<p>Hey {{ $trainee->name }}!</p>
```

```
<p>You have received a new training assignment from <b>{{ $trainer->name }}</b>.
Check out your <a href="{{ route('training-dashboard') }}">training
dashboard</a> now!</p>
```

In Beispiel 15-3 sind sowohl $trainer als auch $trainee öffentliche Eigenschaften der Mailable-Klasse, sodass sie in der Vorlage zur Verfügung stehen.

Wenn Sie explizit definieren möchten, welche Variablen an die Vorlage übergeben werden, können Sie die Methode with() mit build() verketten wie in Beispiel 15-6.

Beispiel 15-6: Der Vorlage Variablen übergeben
```
public function build()
{
    return $this->subject('You have a new assignment!')
        ->view('emails.assignment')
        ->with(['assignment' => $this->event->name]);
}
```

> **HTML im Vergleich zu reinen Text-E-Mails**
> Bisher haben wir in unserer build()-Funktion die Methode view() verwendet. Das setzt voraus, dass die Vorlage, auf die wir uns beziehen, HTML zurückgibt. Wenn Sie (auch) eine reine Text-Version übergeben möchten, benutzen Sie bitte die Methode text():
> ```
> public function build()
> {
>     return $this->view('emails.reminder')
>         ->text('emails.reminder_plain');
> }
> ```

In build() verfügbare Methoden

Hier sind einige der Methoden, mit denen Sie E-Mails in der build()-Methode einer Mailable-Klasse anpassen können:

from($address, $name = null)
: Legt Namen und E-Mail-Adresse des Absenders (»from«) fest – und benennt damit den Autor.

subject($subject)
: Legt den Betreff der E-Mail fest.

attach($file, array $options = [])
: Hängt eine Datei an; gültige Optionen sind mime für den MIME-Typ und as für den anzuzeigenden Namen der Datei.

attachData($data, $name, array $options = [])
: Hängt eine Datei an, die direkt aus einer Byte-Zeichenkette erzeugt wird; besitzt die gleichen Optionen wie attach().

attachFromStorage($path, $name = null, array $options = [])
: Hängt eine Datei an, die auf der in *config\filesystems.php* festgelegten Standard-Disk gespeichert ist. Mit attachFromStorageDisk() können auch andere

dort eingerichtete Disks benutzt werden, indem deren Bezeichnung übergeben wird.

priority(*$level = n*)
Legt die Priorität der E-Mail fest, wobei 1 die höchste und 5 die niedrigste Stufe darstellt.

Zudem können Sie mit `withSwiftMessage()` manuelle Änderungen an der zugrunde liegenden Swift-Nachricht vornehmen, siehe Beispiel 15-7.

Beispiel 15-7: Modifizieren des zugrunde liegenden SwiftMessage-Objekts
```
public function build()
{
    return $this->subject('Howdy!')
        ->withSwiftMessage(function ($swift) {
            $swift->setReplyTo('noreply@email.com');
        })
        ->view('emails.howdy');
}
```

Anhänge und Inline-Bilder

Beispiel 15-8 zeigt drei Möglichkeiten, um Dateien oder Rohdaten an eine E-Mail anzuhängen.

Beispiel 15-8: Dateien oder Daten an E-Mails anhängen
```
// Anhängen einer Datei anhand des lokalen Dateinamens
public function build()
{
    return $this->subject('Your whitepaper download')
        ->attach(storage_path('pdfs/whitepaper.pdf'), [
            'mime' => 'application/pdf', // Optional
            'as' => 'whitepaper-barasa.pdf', // Optional
        ])
        ->view('emails.whitepaper');
}

// Anhängen einer Datei, indem man Rohdaten übergibt
public function build()
{
    return $this->subject('Your whitepaper download')
        ->attachData(
            file_get_contents(storage_path('pdfs/whitepaper.pdf')),
            'whitepaper-barasa.pdf',
            [
                'mime' => 'application/pdf', // Optional
            ]
        )
        ->view('emails.whitepaper');
}
```

```
// Anhängen einer Datei von der Standard-Disk
public function build()
{
    return $this->subject('Your whitepaper download')
        ->view('emails.whitepaper')
        ->attachFromStorage('/pdfs/whitepaper.pdf');
}
```

Wie man Bilder direkt in eine E-Mail einbindet, zeigt Beispiel 15-9.

Beispiel 15-9: Inline-Bilder einbinden

```
<!-- emails/image.blade.php -->
Hier ist ein Bild:

<img src="{{ $message->embed(storage_path('embed.jpg')) }}">

Hier das gleiche Bild, das als Daten eingebettet wurde:

<img src="{{ $message->embedData(
    file_get_contents(storage_path('embed.jpg')), 'embed.jpg'
) }}">
```

Markdown-Mailables

Mithilfe von Markdown-Mailables kann man E-Mail-Vorlagen in der Auszeichnungssprache Markdown schreiben, die von Laravel später in HTML- und reine Text-E-Mails umgewandelt werden. Sie können diese Vorlagen auch einsetzen, um damit benutzerdefinierte E-Mail-Vorlagen zu erstellen, für die Ihre Entwickler und Nicht-Entwickler leicht die entsprechenden Inhalte erzeugen können.

Führen Sie dazu zunächst den Artisan-Befehl make:mail mit dem Flag markdown aus:

```
php artisan make:mail AssignmentCreated --markdown=emails.assignment-created
```

Wie die von Artisan erzeugte Mail-Datei aussieht, zeigt Beispiel 15-10.

Beispiel 15-10: Per Artisan erzeugtes Markdown-Mailable

```
class AssignmentCreated extends Mailable
{
    // ...

    public function build()
    {
        return $this->markdown('emails.assignment-created');
    }
}
```

Das sieht fast genauso aus wie eine normale Mailable-Datei. Der Hauptunterschied besteht darin, dass hier die Methode markdown() anstelle von view() aufgerufen wird. Beachten Sie bitte auch, dass die referenzierte Vorlage eine Markdown- und keine normale Blade-Vorlage ist.

Während normale E-Mail-Vorlagen mit den bekannten Blade-Mitteln wie Includes und Vererbung vollständige HTML-E-Mails erzeugen, leiten Markdown-Vorlagen nur den Markdown-Content an bestimmte vordefinierte Komponenten weiter. In Laravel werden verschachtelte Ebenen von Komponenten auf Framework- und Paketebene oft gemäß einer Konvention *package::component* benannt, und der Body einer Markdown-E-Mail wird an eine dieser Konvention entsprechend benannte Komponente mail::message übergeben. In Beispiel 15-11 sehen Sie eine einfache Markdown-E-Mail-Vorlage.

Beispiel 15-11: Einfache Markdown-E-Mail
```
{{-- resources/views/emails/assignment-created.blade.php --}}
@component('mail::message')
# Hey {{ $trainee->name }}!

You have received a new training assignment from **{{ $trainer->name }}**

@component('mail::button', ['url' => route('training-dashboard')])
View Your Assigment
@endcomponent

Thanks,<br>
{{ config('app.name') }}
@endcomponent
```

Wie Sie in Beispiel 15-11 sehen, gibt es eine übergeordnete mail::message-Komponente, an die der Body der E-Mail übergeben wird, daneben gibt es aber noch weitere, kleinere Komponenten. Wir haben hier beispielsweise die Komponente mail::button verwendet, die einen Textabschnitt (»View Your Assignment«) entgegennimmt, aber auch Parameter erwartet, hier als Array an den zweiten Parameter der @component-Direktive übergeben.

Markdown-Komponenten

Es gibt drei Arten von Komponenten:

Button
> Erzeugt eine zentrierte Schaltfläche mit Link. Die Button-Komponente benötigt ein url-Attribut und erlaubt ein optionales color-Attribut, an das Sie die Werte primary, success oder error übergeben können.

Panel
> Stellt den angegebenen Text mit einem etwas helleren Hintergrund dar als den Rest der Nachricht.

Table
> Konvertiert den übergebenen Inhalt gemäß der Tabellen-Syntax von Markdown.

Anpassen der Komponenten

Diese Markdown-Komponenten sind im Framework integriert, aber Sie können die zugrunde liegenden Dateien veröffentlichen und bearbeiten, falls Sie die Funktionsweise anpassen möchten.

```
php artisan vendor:publish --tag=laravel-mail
```

In der Laravel-Dokumentation (*https://bit.ly/2UUBUrF*) können Sie mehr dazu erfahren, wie Sie diese Dateien anpassen können.

Darstellung von Mailables im Browser

Wenn Sie in Ihren Anwendungen E-Mails entwickeln, ist es hilfreich, sich diese in einer Vorschau ansehen zu können. Dabei können Sie natürlich ein Tool wie Mailtrap benutzen, es kann aber auch sehr hilfreich sein, die Mails direkt im Browser zu rendern, um Änderungen sofort überprüfen zu können.

In Beispiel 15-12 sehen Sie eine exemplarische Route, die Sie Ihrer Anwendung hinzufügen können, um eine gegebene E-Mail im Browser anzuzeigen.

Beispiel 15-12: Rendern von Mailables für eine Route

```
Route::get('preview-assignment-created-mailable', function () {
    $trainer = Trainer::first();
    $trainee = Trainee::first();

    return new \App\Mail\AssignmentCreated($trainer, $trainee);
});
```

Warteschlangen

E-Mails zu versenden, ist eine zeitaufwendige Aufgabe, die Anwendungen deutlich verlangsamen kann. Deshalb ist es üblich, sie in eine Hintergrund-Warteschlange zu verschieben. Lavarel verfügt über eine Reihe von integrierten Tools, um Nachrichten in eine Warteschlange zu stellen, ohne erst für jede E-Mail einen entsprechenden Auftrag schreiben zu müssen:

queue()

Um ein Mail-Objekt in die Warteschlange zu stellen, anstatt es sofort zu senden, übergeben Sie es einfach an `Mail::queue()` anstelle von `Mail::send()`:

```
Mail::queue(new AssignmentCreated($trainer, $trainee));
```

later()

`Mail::later()` funktioniert genauso wie `Mail::queue()`, aber man kann hier eine Verzögerung hinzufügen und damit festlegen, wann die E-Mail aus der Warteschlange geholt und gesendet werden soll. Dabei gibt man entweder eine Verzögerung in Minuten an oder einen festen Zeitpunkt als Instanz von `DateTime` oder `Carbon`.

```
$when = now()->addMinutes(30);
Mail::later($when, new AssignmentCreated($trainer, $trainee));
```

Konfigurieren von Warteschlangen

Ihre Warteschlangen müssen korrekt konfiguriert sein, damit diese Methoden funktionieren. In Kapitel 16 erfahren Sie mehr darüber, wie Queues funktionieren und wie Sie sie in Ihrer Anwendung einsetzen können.

Wenn Sie angeben möchten, zu welcher Warteschlange oder Warteschlangen-Verbindung eine Mail hinzugefügt werden soll, können Sie die Methoden onConnection() und onQueue() auf dem Mailable-Objekt ausführen – das gilt sowohl für queue() wie für later().

```
$message = (new AssignmentCreated($trainer, $trainee))
    ->onConnection('sqs')
    ->onQueue('emails');

Mail::to($user)->queue($message);
```

Wenn Sie festlegen möchten, dass Instanzen einer bestimmten Mailable-Klasse immer in eine Warteschlange gestellt werden sollen, sollte diese Klasse das Interface Illuminate\Contracts\Queue\ShouldQueue implementieren.

Lokale Entwicklung

Das ist alles hervorragend geeignet für den Versand von Mails in einer Produktionsumgebung. Aber wie testet man das Ganze? Es gibt drei primäre Werkzeuge, die Sie in Betracht ziehen sollten: Laravels log-Treiber, eine Software-as-a-Service-Anwendung namens Mailtrap und die sogenannte »universelle« to-Konfigurationsoption.

Der Log-Treiber

Laravel bietet einen log-Treiber, der jede E-Mail, die gesendet wird, in der lokalen Datei *laravel.log* protokolliert (die sich standardmäßig in *storage/logs* befindet).

Wenn Sie diese Option verwenden möchten, setzen Sie bitte in der Datei *.env* den MAIL_DRIVER auf log. Öffnen Sie dann die Log-Datei *storage/logs/laravel.log* und lassen Sie Ihre Anwendung eine E-Mail senden. Sie sollten dann in der Log-Datei etwa Folgendes sehen:

```
Message-ID: <04ee2e97289c68f0c9191f4b04fc0de1@localhost>
Date: Tue, 17 May 2016 02:52:46 +0000
Subject: Welcome to our app!
From: Matt Stauffer <matt@mattstauffer.com>
To: freja@jensen.no
MIME-Version: 1.0
Content-Type: text/html; charset=utf-8
Content-Transfer-Encoding: quoted-printable

Welcome to our app!
```

In Laravel ab Version 5.7 können Sie optional festlegen, dass protokollierte E-Mails an einen anderen Log-Kanal gesendet werden als der Rest Ihrer Log-Nachrichten. Ändern Sie entweder *config/mail.php* oder setzen Sie die Variable `MAIL_LOG_CHANNEL` in Ihrer *.env*-Datei auf den Namen eines vorhandenen Log-Kanals.

Mailtrap.io

Mailtrap (*https://mailtrap.io*) ist ein Dienst zum Erfassen und Inspizieren von E-Mails in Entwicklungsumgebungen. Dabei werden E-Mails ganz normal per SMTP an die Mailtrap-Server gesendet, aber anstatt diese E-Mails an die vorgesehenen Empfänger weiterzuleiten, »fängt« Mailtrap alle E-Mails »ein« und stellt einen webbasierten Client zur Verfügung, mit dem Sie die eingefangenen Mails überprüfen können.

Um Mailtrap zu nutzen, können Sie sich für einen kostenloses Account anmelden. Gehen Sie dann in die Kontoverwaltung. Dort finden Sie eine Option »Integration«. Wählen Sie dort »Laravel«. Kopieren Sie den oberen Abschnitt.

Bearbeiten Sie dann die *.env*-Datei Ihrer App und fügen Sie die kopierten Zeilen im Abschnitt `mail` hinzu:

```
MAIL_DRIVER=smtp
MAIL_HOST=mailtrap.io
MAIL_PORT=2525
MAIL_USERNAME=your_username_from_mailtrap_here
MAIL_PASSWORD=your_password_from_mailtrap_here
MAIL_ENCRYPTION=null
```

Nun wird jede E-Mail, die Sie aus Ihrer Anwendung versenden, in Ihrer Mailbox bei Mailtrap landen.

Universelles »to«

Wenn Sie die E-Mails in Ihrem bevorzugten E-Mail-Client überprüfen möchten, können Sie das Empfänger-Feld `to` jeder gesendeten E-Mail mithilfe der Konfigurationseinstellung `to` überschreiben. Um das einzurichten, fügen Sie Ihrer *config/mail.php*-Datei einen `to`-Schlüssel hinzu, der etwa so aussehen sollte:

```
'to' => [
    'address' => 'matt@mattstauffer.com',
    'name' => 'Matt Testing My Application'
],
```

Beachten Sie bitte, dass Sie einen echten E-Mail-Treiber mit Mailgun, Sendmail o. Ä. einrichten müssen, damit es funktioniert.

Benachrichtigungen

Die meisten E-Mails, die von Anwendungen versendet werden, sollen Benutzer informieren, dass eine bestimmte Aktion stattgefunden hat oder stattfinden muss.

Da die Kommunikationsvorlieben der Benutzer immer vielfältiger werden, kommen immer mehr – und immer unterschiedlichere – Möglichkeiten hinzu, um über Slack, SMS und andere Wege zu kommunizieren.

In Laravel 5.3 wurde ein neues Konzept eingeführt, das passenderweise *Notifications* genannt wurde, also: *Benachrichtigungen*. Genau wie ein Mailable ist eine Notification eine PHP-Klasse, die eine einzelne Benachrichtigung repräsentiert, die Sie an Ihre Benutzer senden möchten. Stellen wir uns einfach vor, dass wir die Benutzer unserer Fitness-Training-Anwendung darüber informieren wollen, dass es eine neue Übung gibt.

Eine Notifications-Klasse repräsentiert alle Informationen, die notwendig sind, damit Sie an Ihre Benutzer Benachrichtigungen über einen *oder mehrere* Benachrichtigungskanäle senden können. Eine einzelne Notification könnte eine E-Mail, eine SMS über Nexmo, einen WebSockets-Ping, eine Nachricht an einen Slack-Kanal, einen Datensatz an eine Datenbank senden usw.

Erstellen wir jetzt also die Benachrichtigung:

```
php artisan make:notification WorkoutAvailable
```

Beispiel 15-13 zeigt das Ergebnis des make-Befehls.

Beispiel 15-13: Eine automatisch generierte Notifications-Klasse

```php
<?php

namespace App\Notifications;

use Illuminate\Bus\Queueable;
use Illuminate\Contracts\Queue\ShouldQueue;
use Illuminate\Notifications\Messages\MailMessage;
use Illuminate\Notifications\Notification;

class WorkoutAvailable extends Notification
{
    use Queueable;

    /**
     * Create a new notification instance
     *
     * @return void
     */
    public function __construct()
    {
        //
    }

    /**
     * Get the notification's delivery channels
     *
     * @param  mixed  $notifiable
     * @return array
     */
    public function via($notifiable)
```

```
    {
        return ['mail'];
    }

    /**
     * Get the mail representation of the notification
     *
     * @param  mixed  $notifiable
     * @return \Illuminate\Notifications\Messages\MailMessage
     */
    public function toMail($notifiable)
    {
        return (new MailMessage)
                    ->line('The introduction to the notification.')
                    ->action('Notification Action', url('/'))
                    ->line('Thank you for using our application!');
    }

    /**
     * Get the array representation of the notification
     *
     * @param  mixed  $notifiable
     * @return array
     */
    public function toArray($notifiable)
    {
        return [
            //
        ];
    }
}
```

Hier gibt es einige Dinge zu entdecken. Zuerst einmal werden die relevanten Daten dem Konstruktor übergeben. Zweitens gibt es eine Methode via(), mit der für einen bestimmten Benutzer festgelegt werden kann, welche Benachrichtigungskanäle verwendet werden sollen. Dabei repräsentiert $notifiable (im Deutschen sinngemäß »benachrichtigbar«) die Entitäten, die benachrichtigt werden sollen: In den meisten Anwendungen ist das ein Benutzer, aber das muss nicht immer der Fall sein. Und drittens gibt es für jeden Benachrichtigungskanal individuelle Methoden, mit denen jeweils definiert wird, wie genau die Benachrichtigungen über diesen Kanal gesendet werden.

Wann wäre ein $notifiable kein Benutzer?

Auch wenn die Empfänger von Benachrichtigungen in der Regel Benutzer sind, könnte es sein, dass Sie andere »Ziele« benachrichtigen möchten. Das kann einfach daran liegen, dass es in einer Anwendung mehrere Benutzertypen gibt – dann möchten Sie vielleicht in der Lage sein, sowohl Trainer als auch Teilnehmer zu benachrichtigen. Aber Empfänger könnte auch eine Gruppe, eine Firma oder ein Server sein.

Wir wollen nun die erzeugte Klasse für unser Beispiel WorkoutAvailable ändern. Schauen Sie sich dazu bitte Beispiel 15-14 an.

Beispiel 15-14: Die WorkoutAvailable-Benachrichtigungsklasse

```
...
class WorkoutAvailable extends Notification
{
    use Queueable;

    public $workout;

    public function __construct($workout)
    {
        $this->workout = $workout;
    }

    public function via($notifiable)
    {
        // Diese Methode existiert nicht für User ... wir werden sie noch einrichten
        return $notifiable->preferredNotificationChannels();
    }

    public function toMail($notifiable)
    {
        return (new MailMessage)
            ->line('You have a new workout available!')
            ->action('Check it out now', route('workout.show', [$this->workout]))
            ->line('Thank you for training with us!');
    }

    public function toArray($notifiable)
    {
        return [];
    }
}
```

Definieren der via()-Methode für die zu benachrichtigenden Empfänger

Wie Sie in Beispiel 15-14 sehen können, müssen wir für jede Benachrichtigung und jeden zu benachrichtigenden Empfänger (im Code: $notifiable) entscheiden, welche Benachrichtigungskanäle verwendet werden sollen.

Sie können einfach alles als E-Mail oder einfach nur als SMS (hier über den Dienstleister nexmo) versenden (Beispiel 15-15).

Beispiel 15-15: Die einfachste via()-Variante
```
public function via($notifiable)
{
    return 'nexmo';
}
```

Sie können den Benutzern auch erlauben, ihre bevorzugten Methoden selbst zu wählen, und diese speichern (Beispiel 15-16).

Beispiel 15-16: Individualisierte via()-Methode pro Benutzer
```
public function via($notifiable)
{
    return $notifiable->preferred_notification_channel;
}
```

Sie könnten auch für jeden zu benachrichtigenden Empfänger eine Methode erstellen, die eine komplexere Benachrichtigungslogik ermöglicht, wie in Beispiel 15-14 gesehen. Beispielsweise können Sie den Benutzer während der Arbeitszeit über bestimmte Kanäle informieren, abends aber andere Kanäle nutzen. Entscheidend ist, dass via() eine normale PHP-Klassenmethode ist, sodass Sie dort beliebige komplexe Logik ausführen können.

Senden von Benachrichtigungen

Es gibt zwei Möglichkeiten, Benachrichtigungen zu senden: mit der Notification-Fassade oder indem man einer Eloquent-Klasse den Notifiable-Trait hinzufügt.

Senden von Benachrichtigungen mittels Notifiable-Trait

Jedes Modell, das den Trait Laravel\Notifications\Notifiable importiert (was bei der Klasse App\User bereits standardmäßig der Fall ist), besitzt eine notify()-Methode, der wie in Beispiel 15-17 eine Benachrichtigung übergeben werden kann.

Beispiel 15-17: Eine Benachrichtigung per Notifiable-Trait senden
```
use App\Notifications\WorkoutAvailable;
...
$user->notify(new WorkoutAvailable($workout));
```

Senden von Benachrichtigungen mittels Notification-Fassade

Die Fassade Notification ist die etwas schwerfälligere der beiden Varianten, da Sie sowohl den bzw. die zu benachrichtigenden Empfänger als auch die Nachricht übergeben müssen. Sie hat dafür aber den Vorteil, dass Sie mehr als eine zu benachrichtigende Person gleichzeitig angeben können, wie Beispiel 15-18 zeigt.

Beispiel 15-18: Benachrichtigungen per Notification-Fassade senden
```
use App\Notifications\WorkoutAvailable;
...
Notification::send($users, new WorkoutAvailable($workout));
```

Benachrichtigungen in Warteschlangen stellen

Die meisten Benachrichtigungstreiber benutzen HTTP, um Nachrichten zu versenden. Da das unter Umständen die Reaktionsfreudigkeit der Benutzeroberfläche im Browser beeinträchtigt, bietet es sich an, Benachrichtigungen in eine Warteschlange zu stellen. Da alle Notifications standardmäßig den Trait Queueable importieren, müssen Sie Ihrer Klasse lediglich `implements ShouldQueue` hinzufügen, damit Laravel sie in eine Warteschlange verschiebt.

Wie bei allen anderen Features, die Warteschlangen benutzen, müssen Sie sicherstellen, dass die Warteschlangen korrekt konfiguriert sind und ein Queue-Worker ausgeführt wird.

Mit der Methode `delay()` können Sie die Zustellung einer Benachrichtigung verzögern:

```
$delayUntil = now()->addMinutes(15);

$user->notify((new WorkoutAvailable($workout))->delay($delayUntil));
```

Laravels integrierte Benachrichtigungstypen

Laravel wird mit Benachrichtigungstreibern für E-Mail, Datenbanken, Broadcasts, Nexmo-SMS und Slack ausgeliefert. Ich werde hier jeden Treiber kurz behandeln, würde aber empfehlen, für weitergehende Details zusätzlich die Dokumentation (*https://bit.ly/2JC2TqQ*) zurate zu ziehen.

Es ist recht einfach, eigene Benachrichtigungstreiber zu erstellen, und viele Entwickler haben das auch schon getan: Sie finden diese Treiber auf einer speziellen Website namens Laravel Notification Channels (*https://bit.ly/2YmpHOF*).

E-Mail-Benachrichtigungen

Lassen Sie uns einen Blick darauf werfen, wie die E-Mail aus unserem früheren Beispiel 15-14 aufgebaut ist:

```
public function toMail($notifiable)
{
    return (new MailMessage)
        ->line('You have a new workout available!')
        ->action('Check it out now', route('workouts.show', [$this->workout]))
        ->line('Thank you for training with us!');
}
```

Das Ergebnis sehen Sie in der Vorlage, die Abbildung 15-1 zeigt. Das E-Mail-Benachrichtigungssystem fügt den Namen Ihrer Anwendung in den Kopf der E-Mail ein; diesen Anwendungsnamen können Sie im Schlüssel `name` in *config/app.php* anpassen.

Die E-Mail wird automatisch an die Adresse gesendet, die in der Eigenschaft `email` des zu benachrichtigenden Empfängers steht, aber Sie können dieses Verhalten anpassen. Fügen Sie dazu Ihrer Notifiable-Klasse eine Methode namens `routeNotificationForMail()` hinzu, die die E-Mail-Adresse zurückgibt, an die E-Mail-Benachrichtigungen gesendet werden sollen.

Der Betreff der E-Mail wird festgelegt, indem der Name der Benachrichtigungsklasse analysiert und in Wörter umgewandelt wird. Unsere Benachrichtigung `WorkoutAvailable` bekäme also standardmäßig den Betreff »Workout Available«.

Sie können den Betreff ändern, indem Sie in der Methode toMail() die Methode subject() auf MailMessage anwenden.

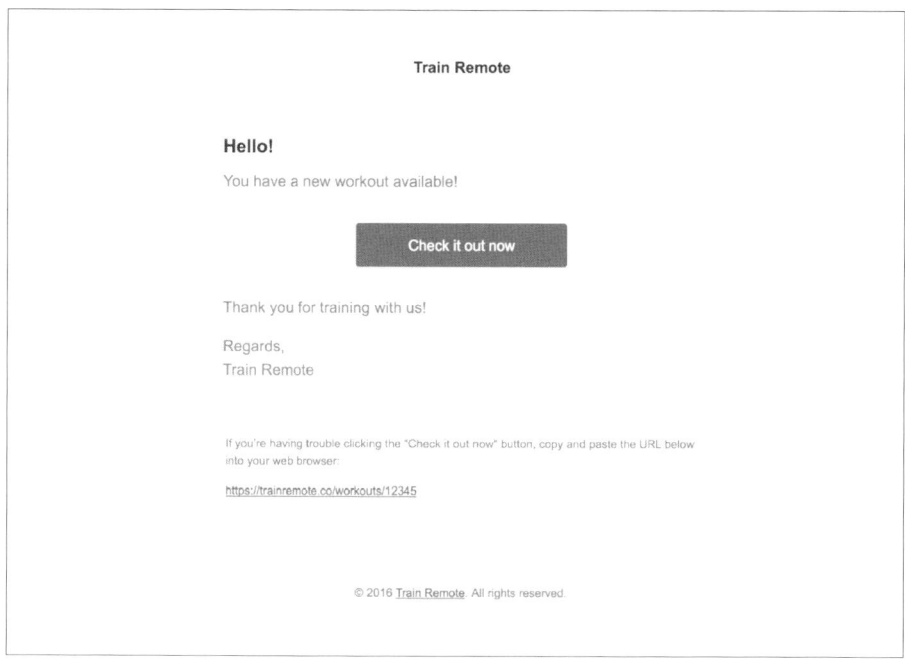

Abbildung 15-1: Eine E-Mail, die mit der Standard-Benachrichtigungsvorlage gesendet wird

Wenn Sie die Vorlagen ändern möchten, müssen sie zuvor veröffentlicht werden – danach können Sie sie nach Herzenslust bearbeiten:

```
php artisan vendor:publish --tag=laravel-notifications
```

Markdown-E-Mail-Benachrichtigungen. Wenn Sie gerne mit Markdown-E-Mails arbeiten (siehe »Markdown-Mailables« auf Seite 411), können Sie in Ihren Notifications die gleiche markdown()-Methode verwenden wie in Beispiel 15-19:

Beispiel 15-19: Verwendung der Methode markdown() in Benachrichtigungen
```
public function toMail($notifiable)
{
    return (new MailMessage)
        ->subject('Workout Available')
        ->markdown('emails.workout-available', ['workout' => $this->workout]);
}
```

Sie können auch den Stil der Standardvorlage auf »Fehlermeldung« ändern. Dann wird eine leicht angepasste Ausdrucksweise verwendet und die Farbe der Primärschaltfläche auf Rot geändert. Dazu fügen Sie einfach in der Methode toMail() den auf MailMessage aufgerufenen Methoden einen zusätzlichen Aufruf von error() hinzu.

Datenbank-Benachrichtigungen

Sie können Benachrichtigungen auch über den Kanal database an eine Datenbanktabelle senden. Zuerst erstellen Sie dazu eine Tabelle mit `php artisan notifications:table`. Als Nächstes legen Sie in Ihrer Benachrichtigungsklasse eine toDatabase()-Methode an und geben dort ein Array von Daten zurück. Diese Daten werden als JSON codiert und in der Spalte data der Datenbanktabelle gespeichert.

Der Notifiable-Trait fügt jedem Modell, in das er importiert wird, eine Beziehung namens notifications hinzu, sodass Sie leicht auf Datensätze in der Tabelle zugreifen können. Wenn Sie Datenbank-Benachrichtigungen verwenden, könnten Sie vorgehen wie in Beispiel 15-20:

Beispiel 15-20: Iteration über die Datenbank-Benachrichtigungen eines Benutzers
```
User::first()->notifications->each(function ($notification) {
    // Hier Programmcode
});
```

Der Benachrichtigungskanal database bietet auch die Möglichkeit zu unterscheiden, ob eine Benachrichtigung bereits »gelesen« wurde oder nicht. Beispiel 15-21 zeigt, wie man den Zugriff auf die »ungelesenen« Benachrichtigungen beschränkt:

Beispiel 15-21: Iteration über die ungelesenen Datenbank-Benachrichtigungen
```
User::first()->unreadNotifications->each(function ($notification) {
    // Hier Programmcode
});
```

Und Sie können eine oder alle Benachrichtigungen als gelesen markieren, wie Beispiel 15-22 zeigt:

Beispiel 15-22: Datenbank-Benachrichtigungen als gelesen markieren
```
// Individuell
User::first()->unreadNotifications->each(function ($notification) {
    if ($condition) {
        $notification->markAsRead();
    }
});

// Alle
User::first()->unreadNotifications->markAsRead();
```

Broadcast-Benachrichtigungen

Der broadcast-Kanal sendet Benachrichtigungen über Laravels Event-Broadcasting-Funktionen, die von WebSockets unterstützt werden (mehr darüber in »Broadcasting von Ereignissen über WebSockets und Laravel Echo« auf Seite 442).

Erstellen Sie dazu eine toBroadcast()-Methode in der Benachrichtigungsklasse und geben Sie ein Array von Daten zurück. Wenn Ihre Anwendung korrekt für das

Broadcasting von Ereignissen konfiguriert ist, werden diese Daten auf einem privaten Kanal namens `notifiable.id` gesendet. Die `id` ist dabei die ID der zu benachrichtigenden Person und `notifiable` der voll qualifizierte Klassenname des Modells der zu benachrichtigenden Person, wobei die Schrägstriche durch Punkte ersetzt werden – z. B. würde der private Kanal für den User mit der ID 1 lauten: `App.User.1`.

SMS-Benachrichtigungen

SMS-Benachrichtigungen werden über den Dienstleister Nexmo (*https://www.nexmo.com*) gesendet. Wenn Sie diese Möglichkeit nutzen möchten, melden Sie sich für ein Nexmo-Konto an und folgen den Anweisungen in der dortigen Dokumentation (*https://bit.ly/2JC2TqQ*). Wie bei den anderen Kanälen müssen Sie eine eigene Methode einrichten – `toNexmo()` – und die SMS-Nachricht dort anpassen.

SMS-Benachrichtigungen ab Laravel 5.8

Seit Laravel 5.8 ist der SMS-Benachrichtigungskanal ein First-Party-Paket. Wenn Sie Nexmo-SMS-Benachrichtigungen verwenden möchten, holen Sie sich dieses Paket einfach mit Composer:

```
composer require laravel/nexmo-notification-channel
```

Bitte schauen Sie sich außerdem für das Routen von Nexmo-Notifications ab Version 6 den entsprechenden Dokumentationsabschnitt Routing SMS Notifications (*https://bit.ly/368RgOo*) an, da aufgrund von Veränderungen im Framework-Kern jetzt eine Notifiable-Entität eine eigene `routeNotificationForNexmo()`-Methode benötigt.

Slack-Benachrichtigungen

Der `slack`-Benachrichtigungskanal ermöglicht es, das Aussehen von Benachrichtigungen anzupassen und sogar Dateien anzuhängen. Wie bei den anderen Kanälen müssen Sie eine eigene Methode einrichten – `toSlack()` – und die Nachricht dort anpassen.

Slack-Benachrichtigungspaket ab Laravel 5.8

Seit Laravel 5.8 ist der Slack-Benachrichtigungskanal ein First-Party-Paket. Wenn Sie Slack-Benachrichtigungen verwenden möchten, holen Sie sich dieses Paket einfach mit Composer:

```
composer require laravel/slack-notification-channel
```

Andere Benachrichtigungen

Möchten Sie Ihre Benachrichtigungen über andere Kanäle versenden als die, die Laravel von Haus aus mitbringt? In einem gemeinschaftlichen Ansatz der Laravel-Community wurde eine sehr große Vielfalt unterschiedlicher Benachrichtigungskanäle entwickelt und für alle Interessenten bereitgestellt; Sie finden dieses Angebot auf der Website Laravel Notifications Channels (*https://bit.ly/2YmpHOF*).

Testen

Schauen wir uns jetzt an, wie man E-Mails und Benachrichtigungen testet.

E-Mail

Wenn Sie Mailables verwenden, können Sie eine einfache Syntax benutzen, um Behauptungen bezüglich gesendeter E-Mail zu schreiben (Beispiel 15-23).

Beispiel 15-23: Behauptungen bezüglich Mailables

```
public function test_signup_triggers_welcome_email()
{
    Mail::fake();

    Mail::assertSent(WelcomeEmail::class, function ($mail) {
        return $mail->subject == 'Welcome!';
    });

    // Sie können auch assertSentTo() verwenden, um die Empfänger explizit zu testen,
    // und assertNotSent(), um zu behaupten, dass eine bestimmte E-Mail nicht gesendet wurde.
}
```

Benachrichtigungen

Laravel bietet einen integrierten Satz von Assertions zum Testen von Benachrichtigungen, wie Beispiel 15-24 zeigt.

Beispiel 15-24: Testen, ob Benachrichtigungen gesendet wurden

```
public function test_new_signups_triggers_admin_notification()
{
    Notification::fake();

    Notification::assertSentTo($user, NewUsersSignedup::class,
        function ($notification, $channels) {
            return $notification->user->email == 'user-who-signed-up@gmail.com'
                && $channels == ['mail'];
    });

    // Behaupten, dass die E-Mail an einen bestimmten Benutzer gesendet wurde
    Notification::assertSentTo(
        [$user],
        NewUsersSignedup::class
    );

    // Sie können auch assertNotSentTo() verwenden
    Notification::assertNotSentTo(
        [$userDidntSignUp], NewUsersSignedup::class
    );
}
```

TL;DR

Die Mail- und Benachrichtigungsfunktionen von Laravel bieten einfache, einheitliche Schnittstellen zu einer Vielzahl von Messaging-Systemen. Laravels Mailsystem verwendet sogenannte »Mailables«, also PHP-Klassen, die E-Mails repräsentieren, um verschiedene Mail-Treiber mit einer einheitlichen Syntax ansprechen zu können. Mit dem Benachrichtigungssystem kann man leicht eine einzelne Benachrichtigung erstellen, die über viele unterschiedliche Medien bzw. Kanäle zugestellt werden kann – von E-Mails über SMS-Nachrichten bis hin zu physischen Postkarten.

KAPITEL 16
Queues, Jobs, Events, Broadcasting und der Scheduler

Bisher haben wir einige der typischen Strukturen behandelt, von denen Webanwendungen angetrieben werden: Datenbanken, E-Mails, Dateisysteme und mehr. Diese Elemente kommen in den meisten Anwendungen und Frameworks vor.

Laravel enthält aber auch Features, mit denen sich einige weniger verbreitete Architekturmuster und Anwendungsstrukturen nutzen lassen. In diesem Kapitel werden wir die Tools von Laravel erkunden, die der Implementierung von Warteschlangen und den darin laufenden Jobs dienen sowie für Events und das Event-Publishing per WebSocket verantwortlich sind. Außerdem schauen wir uns den Scheduler von Laravel an, der manuell zu bearbeitende Cron-Zeitpläne überflüssig macht.

Warteschlangen

Um zu verstehen, was eine Warteschlange (bzw. *Queue*) ist, denken Sie einfach an das Schlangestehen z. B. in einer Bank. Selbst wenn es mehrere Reihen – Warteschlangen – gibt, wird jeweils nur eine Person aus jeder Warteschlange bedient. Früher oder später erreicht aber jeder schließlich die erste Position und ist an der Reihe. In manchen Banken gibt es die strenge Vorgabe, dass diejenigen, die zuerst kommen, auch zuerst bedient werden, aber in anderen Banken kann es auch passieren, dass sich doch mal jemand vordrängelt. Im Prinzip kann jemand also in die Warteschlange aufgenommen, vorzeitig aus der Warteschlange entfernt oder aber erfolgreich »verarbeitet« (im Beispiel: bedient) und dann »entfernt« werden. Es könnte auch vorkommen, dass jemand zwar endlich die erste Position erreicht, aber (noch) nicht korrekt bedient werden kann und deshalb für eine Weile in die Warteschlange zurückkehren muss, bevor er erneut »bearbeitet« wird.

In der Programmierung funktionieren Warteschlangen ganz ähnlich. Eine Anwendung stellt einen »Job« in eine Warteschlange, die letztlich ein Stück Code ist, der festlegt, wie ein bestimmtes Verhalten oder eine Aufgabe durchgeführt werden soll. Dann übernimmt eine separate Anwendungsstruktur, in der Regel ein *Queue-Worker (Warteschlangen-Arbeiter)*, die Verantwortung dafür, Aufträge einzeln aus der

Warteschlange zu ziehen und das entsprechende Verhalten auszuführen. Queue-Worker können Aufträge löschen, innerhalb der Warteschlange verzögern oder verschieben und als erfolgreich bearbeitet markieren.

Mit Laravel kann man Warteschlangen mit Redis, beanstalkd, Amazons Simple Queue Service (SQS) oder einer Datenbanktabelle betreiben. Sie können auch den sync-Treiber wählen, damit Aufträge in Ihrer Anwendung direkt ausgeführt werden, ohne erst in die Warteschlange gestellt zu werden, oder den null-Treiber, damit Aufträge gleich verworfen werden; diese beiden Varianten werden oft in lokalen Entwicklungs- oder Testumgebungen verwendet.

Warum Warteschlangen?

Warteschlangen dienen vor allem dazu, dass aufwendige, langsame Prozesse aus einem linearen, »synchronen« Verarbeitungsablauf herausgenommen werden. Das beste Beispiel ist das Versenden von E-Mails, das mitunter sehr langsam vonstattengeht – deshalb möchte man oft vermeiden, dass Benutzer darauf warten müssen, bis eine E-Mail als Reaktion auf irgendeine Benutzeraktion versendet wurde. Stattdessen könnte man einen Job »Sende E-Mail« in eine Warteschlange stellen, sodass ein Benutzer ohne Verzögerung in der Anwendung weiterarbeiten kann. In anderen Fällen mag es nicht darum gehen, Ihren Benutzern Wartezeit zu ersparen, sondern darum, dass ein umfangreicher oder ressourcenintensiver Prozess – vielleicht ein Cron-Job oder ein Webhook – nicht im Ganzen abgearbeitet werden soll und damit möglicherweise einen Timeout verursacht, sondern dass Teilaufgaben in eine Warteschlange gestellt und durch den Queue-Worker einzeln verarbeitet werden.

Ein weiterer Fall könnte eintreten, wenn Sie intensive Prozesse ausführen müssen, die Ihr Server nicht ohne Weiteres bewältigen kann. Dann könnten Sie zusätzliche Queue-Worker einsetzen, um die Warteschlange schneller abzuarbeiten, als es Ihr normaler Anwendungsserver allein könnte.

Grundlegende Warteschlangen-Konfiguration

Wie viele andere Laravel-Funktionen, bei denen anbieterunabhängig abstrahiert wird, gibt es für Warteschlangen eine eigene dedizierte Konfigurationsdatei (*config/queue.php*), in der Sie mehrere Treiber einrichten und festlegen können, welcher als Standard dienen soll. Dort werden auch alle Authentifizierungsinformationen für SQS, Redis oder beanstalkd gespeichert, falls diese Dienste eingesetzt werden.

Einfache Redis-Warteschlangen auf Laravel Forge

Laravel Forge (*https://forge.laravel.com/*) ist ein Hosting-Management-Service von Taylor Otwell, dem Schöpfer von Laravel, mit dem es ein Kinderspiel ist, Redis-Warteschlangen einzusetzen. In jedem Server, den Sie mit Forge aufsetzen, ist Redis automatisch konfiguriert, sodass Sie in der Forge-Konsole einer beliebigen Website einfach auf die Registerkarte »Queue« gehen und auf »Start Worker« klicken können – und schon können Sie Redis als Warteschlangentreiber einsetzen. Dabei können Sie alle Standardeinstellungen beibehalten, und es ist darüber hinaus keine weitere Vorbereitung erforderlich.

Warteschlangen-Jobs

Erinnern Sie sich an unsere Bankanalogie? Jede Person in der Warteschlange der Bank ist – programmtechnisch gesprochen – ein *Job*. Warteschlangen-Jobs können je nach Kontext verschiedene Formen annehmen, etwa die von Datenreihen oder einfache Zeichenketten. In Laravel ist ein Job technisch betrachtet eine Collection mit Informationen, die den Namen des Jobs, die Daten-»Nutzlast«, die Anzahl der bisherigen Versuche, diesen Auftrag zu bearbeiten, und einige andere einfache Metadaten enthält.

Sie müssen sich aber um nichts davon groß kümmern: Laravel bietet uns diese Job genannte Struktur an, um einzelne Aufgaben – also ein bestimmtes Verhalten, das Ihre Anwendung zeigen soll – zu kapseln und sie zu einer Warteschlange hinzuzufügen und aus ihr auszulesen. Außerdem gibt es einfache Helfer, mit denen man Artisan-Befehle und E-Mails in die Warteschlange stellen kann.

Beginnen wir mit einem Beispiel, bei dem bestimmte Berechnungen zu Ihrem aktuellen Gesamtgewinn wiederholt vorgenommen werden sollen, wenn ein Benutzer einer SaaS-Anwendung sein Abonnement ändert.

Erstellen eines Auftrags

Wie immer gibt es dafür einen Artisan-Befehl:

```
php artisan make:job CrunchReports
```

Schauen wir uns Beispiel 16-1 an, um zu sehen, was dieser make-Befehl erzeugt.

Beispiel 16-1: Die Standardvorlage für Jobs in Laravel

```php
<?php

namespace App\Jobs;

use Illuminate\Bus\Queueable;
use Illuminate\Contracts\Queue\ShouldQueue;
use Illuminate\Foundation\Bus\Dispatchable;
use Illuminate\Queue\InteractsWithQueue;
use Illuminate\Queue\SerializesModels;

class CrunchReports implements ShouldQueue
{
    use Dispatchable, InteractsWithQueue, Queueable, SerializesModels;

    /**
     * Create a new job instance
     *
```

```
 * @return void
 */
public function __construct()
{
    //
}

/**
 * Execute the job
 *
 * @return void
 */
public function handle()
{
    //
}
}
```

Wie Sie sehen können, importiert diese Vorlage seit Laravel 5.3 die Traits `Dispatchable`, `Queueable`, `InteractsWithQueue` und `SerializesModels` und implementiert das Interface `ShouldQueue`. Vor Laravel 5.3 wurde ein Teil dieser Funktionalität über die übergeordnete Klasse `App\Jobs` bereitgestellt.

In der Vorlage werden auch zwei Methoden definiert: der Konstruktor, mit dem Sie Daten an den Job anhängen können, und die Methode `handle()`, die für die interne Logik des Jobs verantwortlich ist und in deren Methodensignatur Sie Abhängigkeiten injizieren können.

Die importierten Traits und das Interface fügen der Klasse Funktionen hinzu, damit der Job einer Warteschlange hinzugefügt werden und mit ihr interagieren kann. `Dispatchable` enthält Methoden, damit sich die Klasse selbst dispatchen kann; mithilfe von `Queueable` kann man festlegen, wie Laravel diesen Job in die Warteschlange stellen soll; durch `InteractsWithQueue` können Jobs während ihrer Bearbeitung die eigene Beziehung zur Warteschlange beeinflussen, sich z. B. selbst löschen oder erneut der Warteschlange hinzufügen; und `SerializesModels` gibt dem Job die Möglichkeit, Eloquent-Modelle zu serialisieren und zu deserialisieren.

Serialisierung von Modellen

Der Trait `SerializesModels` gibt Jobs die Möglichkeit, injizierte Modelle zu serialisieren, sie also in ein »flacheres« Format zu konvertieren, das in einem Datenspeicher wie einer Datenbank oder einem Warteschlangensystem gespeichert werden kann, sodass die `handle()`-Methode des Jobs Zugriff auf sie hat. Da es jedoch zu schwierig ist, ein komplettes Eloquent-Objekt zuverlässig zu serialisieren, sorgt der Trait dafür, dass nur die Primärschlüssel aller angehängten Objekte serialisiert werden, wenn der Auftrag in die Warteschlange verschoben wird. Wenn der Auftrag deserialisiert und bearbeitet wird, holt sich der Trait die Modelle anhand ihrer Primärschlüssel »frisch« aus der Datenbank. Das bedeutet vor allem, dass eine neue, aktuelle Instanz dieses Modells gebildet und nicht etwa auf den Zustand zurückgegriffen wird, in dem sich das Modell befand, als der Job in die Warteschlange gestellt wurde.

Füllen wir die Methoden unserer Beispielklasse mit Code wie in Beispiel 16-2.

Beispiel 16-2: Ein Beispiel-Job

```
...
use App\ReportGenerator;

class CrunchReports implements ShouldQueue
{
    use Dispatchable, InteractsWithQueue, Queueable, SerializesModels;

    protected $user;

    public function __construct($user)
    {
        $this->user = $user;
    }

    public function handle(ReportGenerator $generator)
    {
        $generator->generateReportsForUser($this->user);

        Log::info('Generated reports.');
    }
}
```

Wir erwarten hier, dass im Konstruktor eine User-Instanz injiziert wird, und für die Bearbeitung des Jobs in der handle()-Methode typehinten wir eine ReportGenerator-Klasse (von der wir hier der Einfachheit halber annehmen, dass wir sie an anderer Stelle bereits angelegt haben). Laravel liest den Typehint und injiziert die Abhängigkeit automatisch.

Einen Auftrag in eine Warteschlange stellen

Es gibt mehrere Methoden, mit denen Sie einen Job dispatchen können. Darunter befinden sich einige Methoden, die in Controllern zur Verfügung stehen, und ein globaler dispatch()-Helfer. Seit Laravel 5.5 gibt es aber eine noch einfachere und bevorzugte Variante: den Aufruf der Methode dispatch() direkt auf dem Job. Wenn Sie also Laravel 5.5 oder höher verwenden, ignorieren Sie einfach die ersten beiden Optionen – genauso wie wir es im weiteren Verlauf dieses Kapitels tun werden.

Um einen Job in die Warteschlange zu stellen, erzeugen Sie einfach eine Instanz und rufen dann deren dispatch()-Methode auf, wobei alle notwendigen Daten übergeben werden. Sehen wir uns dazu Beispiel 16-3 an.

Beispiel 16-3: Dispatching von Aufträgen

```
$user = auth()->user();
$daysToCrunch = 7;
\App\Jobs\CrunchReports::dispatch($user, $daysToCrunch);
```

Es gibt drei Einstellungen, mit denen Sie genau festlegen können, wie ein Job ausgeführt werden soll: die Verbindung, die Warteschlange und die Verzögerung.

Anpassen der Verbindung. Wenn Sie mehrere Verbindungen zu Warteschlangen parallel einsetzen, können Sie die gewünschte Verbindung festlegen, indem Sie onConnection() mit der dispatch()-Methode verketten:

```
DoThingJob::dispatch()->onConnection('redis');
```

Anpassen der Warteschlange. Innerhalb von Warteschlangen-Servern können Sie angeben, welcher benannten Warteschlange Sie einen Auftrag hinzufügen möchten. Sie könnten beispielsweise Ihre Warteschlangen nach deren Wichtigkeit differenzieren, indem Sie eine low und eine high benennen.

Mit der Methode onQueue() legen Sie fest, welcher Warteschlange Sie einen Job hinzufügen wollen:

```
DoThingJob::dispatch()->onQueue('high');
```

Anpassung der Verzögerung. Wie lange die Queue-Worker warten sollen, bevor sie einen Auftrag ausführen, können Sie mit der Methode delay() anpassen. Sie akzeptiert wahlweise eine ganze Zahl für die Anzahl der Sekunden oder eine *DateTime/ Carbon*-Instanz:

```
// Verzögert um fünf Minuten, bevor der Auftrag für die Queue-Worker
// freigegeben wird
$delay = now()->addMinutes(5);
DoThingJob::dispatch()->delay($delay);
```

Beachten Sie bitte, dass Amazon SQS keine Verzögerungen von mehr als 15 Minuten zulässt.

Ausführen eines Queue-Workers

Was genau ist ein Queue-Worker bzw. Warteschlangenarbeiter und wie funktioniert er? In Laravel ist das nichts anderes als ein Artisan-Befehl, der ausgeführt wird, bis er manuell gestoppt wird, und der dafür verantwortlich ist, Aufträge aus einer Warteschlange zu selektieren und auszuführen:

```
php artisan queue:work
```

Dieser Befehl startet einen Daemon, der eine Warteschlange »abhört«: Sobald darin Aufträge gefunden werden, wird der erste Job ausgelesen, bearbeitet und danach gelöscht – und dann der nächste ausgelesen und bearbeitet. Wenn es zu irgendeinem Zeitpunkt keine Aufträge mehr gibt, »schläft« der Daemon für eine konfigurierbare Zeit, bevor erneut überprüft wird, ob es wieder Aufträge gibt.

Sie können festlegen, wie viele Sekunden ein Job ausgeführt werden darf, bevor der Queue-Listener ihn stoppt (--timeout), wie viele Sekunden der Listener »schlafen« soll, wenn keine Aufträge mehr vorhanden sind (--sleep), wie viele Ausführungsversuche einem Job gestattet sind, bevor er gelöscht werden darf (--tries), auf welche Verbindung (angegeben als erster Parameter nach queue:work) und auf welche Warteschlangen der Worker hören soll (--queue):

```
php artisan queue:work redis --timeout=60 --sleep=15 --tries=3
    --queue=high,medium
```

Sie können mit php artisan queue:work auch einzelne Aufträge bearbeiten.

Fehlerbehandlung

Was geschieht, wenn mit einem Job während der Verarbeitung etwas schiefgeht?

Ausnahmen während der Bearbeitung

Wenn eine Ausnahme ausgelöst wird, gibt der Queue-Listener den Job frei und stellt ihn zurück in die Warteschlange. Der Auftrag wird so lange immer wieder freigegeben, bis er erfolgreich abgeschlossen oder das erlaubte Limit an Versuchen erreicht wurde.

Begrenzung der Anzahl der Versuche

Die maximale Anzahl der Versuche wird durch den Schalter --tries festgelegt, den man auch tatsächlich an die Artisan-Befehle queue:listen oder queue:work übergeben sollte.

Die Gefahr unendlicher Wiederholungen

Wenn Sie --tries nicht explizit festlegen, wird standardmäßig genau einmal probiert, einen vorliegenden Job auszuführen (entspricht --tries=1). Wenn Sie den Wert allerdings auf 0 setzen, erlaubt der Queue-Listener unendliche Wiederholungen. Kann – unter welchen Umständen auch immer – ein Job *nicht* erfolgreich beendet werden (z.B., weil er auf einem Tweet basiert, der inzwischen gelöscht wurde), dann würde Ihre Anwendung durch die unbegrenzten Wiederholungsversuche nach und nach blockiert werden.

In Versionen vor 6.0 lautete die Standardeinstellung jedoch --tries=0, sodass bei nicht spezifiziertem Parameter bei Ausführungsproblemen eine Dauerschleife drohte.

Die Dokumentation (*https://bit.ly/2RoGIqj*) und Laravel Forge empfehlen beide 3 als favorisierten Startwert für die maximale Anzahl von Wiederholungen. Erst wenn das nicht ausreicht, sollten Sie den Wert testweise ändern. Beginnen Sie also vorzugsweise mit:

```
php artisan queue:work --tries=3
```

Wenn Sie zu irgendeinem Zeitpunkt überprüfen möchten, wie oft bereits versucht wurde, einen Job auszuführen, können Sie die Methode attempts() auf dem Job selbst aufrufen, siehe Beispiel 16-4.

Beispiel 16-4: Überprüfen, wie oft bereits versucht wurde, einen Job auszuführen
```
public function handle()
{
    ...
    if ($this->attempts() > 3) {
        //
    }
}
```

Behandlung fehlgeschlagener Aufträge

Sobald ein Job seine zulässige Anzahl von Wiederholungsversuchen überschritten hat, wird er als »fehlgeschlagener« Job betrachtet. Selbst wenn es Ihnen nur darum geht, die Anzahl der Versuche zu begrenzen, müssen Sie auf jeden Fall zuerst die Datenbanktabelle »failed_jobs« erstellen.

Es gibt einen Artisan-Befehl, um die Migration für diese Tabelle zu erstellen, die danach natürlich auch noch ausgeführt werden muss:

```
php artisan queue:failed-table
php artisan migrate
```

Jeder Job, der die Anzahl der maximal erlaubten Versuche überschritten hat, wird dort abgelegt. Aber man kann mit gescheiterten Aufträgen noch einiges mehr machen.

Zuerst einmal können Sie für einen Job eine `failed()`-Methode einrichten, die ausgeführt wird, wenn der Job fehlschlägt (siehe Beispiel 16-5).

Beispiel 16-5: Definieren einer Methode, die ausgeführt wird, wenn ein Auftrag fehlschlägt
```
...
class CrunchReports implements ShouldQueue
{
    ...

    public function failed()
    {
        // Anweisungen, die bei einem Fehlschlag ausgeführt werden sollen
    }
}
```

Sie können aber auch einen globalen Handler für fehlerhafte Aufträge registrieren. Dazu müssen Sie den Code aus Beispiel 16-6, mit dem ein entsprechender Listener definiert wird, während des Bootstraps der Anwendung ausführen. Wenn Sie keine passende Stelle finden, können Sie den entsprechenden Programmabschnitt z. B. in der boot()-Methode von `AppServiceProvider` unterbringen.

Beispiel 16-6: Registrierung eines globalen Handlers für fehlerhafte Aufträge
```
// In einem beliebigen Service Provider
use Illuminate\Support\Facades\Queue;
```

```
use Illuminate\Queue\Events\JobFailed;
...
    public function boot()
    {
        Queue::failing(function (JobFailed $event) {
            // $event->connectionName
            // $event->job
            // $event->exception
        });
    }
```

Es gibt auch eine Reihe von Artisan-Tools, um mit der Tabelle der fehlgeschlagenen Aufträge zu interagieren.

queue:failed zeigt eine Liste mit fehlerhaften Aufträgen an:

```
php artisan queue:failed
```

Diese Liste könnte etwa so aussehen:

```
+----+------------+---------+---------------------+---------------------+
| ID | Connection | Queue   | Class               | Failed At           |
+----+------------+---------+---------------------+---------------------+
| 9  | database   | default | App\Jobs\AlwaysFails | 2019-12-26 03:42:55 |
+----+------------+---------+---------------------+---------------------+
```

Mit den angezeigten IDs können Sie einzelne fehlgeschlagene Aufträge mit dem Befehl queue:retry erneut starten:

```
php artisan queue:retry 9
```

Wenn Sie lieber gleich alle fehlgeschlagenen Aufträge erneut ausführen möchten, übergeben Sie all anstelle einer ID:

```
php artisan queue:retry all
```

Einen einzelnen fehlgeschlagenen Auftrag können Sie mit queue:forget löschen:

```
php artisan queue:forget 5
```

Alle fehlgeschlagenen Jobs können Sie mit queue:flush löschen:

```
php artisan queue:flush
```

Kontrolle der Warteschlange

Manchmal kann es vorkommen, dass man während der Bearbeitung eines Auftrags Bedingungen hinzufügen möchte, die den Auftrag beispielsweise für einen späteren Neustart freigeben oder ihn für immer löschen.

Um einen Auftrag aus der Bearbeitung wieder in die Warteschlange zurückzugeben, können Sie die Methode release() verwenden, siehe Beispiel 16-7.

Beispiel 16-7: Einen Auftrag zurück in die Warteschlange geben
```
public function handle()
{
    ...
    if (condition) {
        $this->release($numberOfSecondsToDelayBeforeRetrying);
    }
}
```

Wenn Sie einen Job während seiner Bearbeitung löschen möchten, können Sie die Bearbeitung einfach zu einem beliebigen Zeitpunkt mit `return` beenden wie in Beispiel 16-8. Das ist ein Signal an die Warteschlange, dass der Job ordnungsgemäß bearbeitet wurde und damit gelöscht werden kann.

Beispiel 16-8: Löschen eines Auftrags
```
public function handle()
{
    ...
    if ($jobShouldBeDeleted) {
        return;
    }
}
```

Warteschlange für andere Funktionen

Warteschlangen sind hauptsächlich für Jobs da, aber mit `Mail::queue` können Sie auch E-Mails in Warteschlangen stellen. Mehr dazu erfahren Sie in »Warteschlangen« auf Seite 413. Man kann auch Artisan-Befehle zu Warteschlangen hinzufügen – das war Thema in Kapitel 8.

Laravel Horizon

Laravel Horizon ist ein zusätzliches Verwaltungswerkzeug, das – wie einige der anderen Tools, etwa Scout, Passport usw., die wir behandelt haben – nicht zur Standard-Installation von Laravel gehört.

Horizon bietet eine Oberfläche, mit der man Redis-Warteschlangenaufträge managen kann. Sie können sehen, welche Aufträge fehlgeschlagen sind, wie viele sich noch in der Warteschlange befinden und wie schnell sie abgearbeitet werden. Sie können sich sogar Benachrichtigungen schicken lassen, wenn eine Warteschlange überlastet ist oder ausfällt. Abbildung 16-1 zeigt ein Horizon-Dashboard.

Die Installation und Ausführung von Horizon ist ziemlich einfach. Bei Interesse erfahren Sie in der umfangreichen Horizon-Dokumentation (*https://laravel.com/docs/horizon*), wie man Horizon installiert, konfiguriert und bereitstellt.

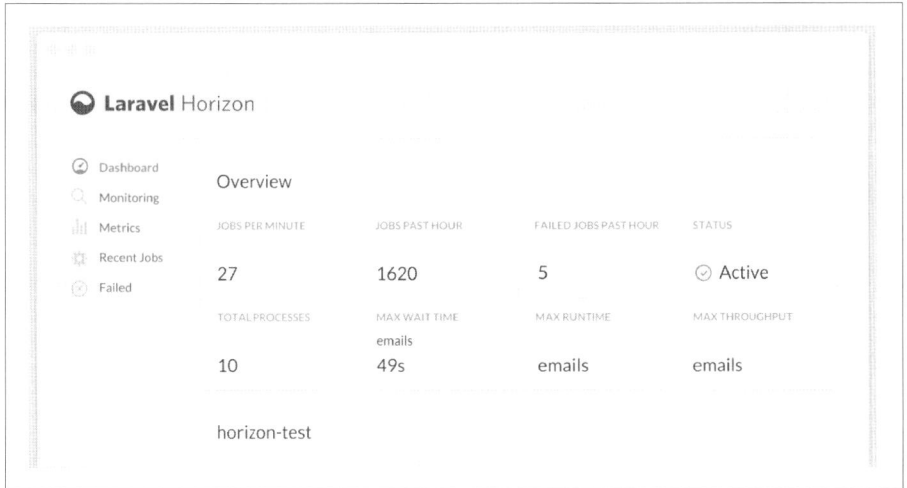

Abbildung 16-1: Das Dashboard von Laravel Horizon

Bitte beachten Sie, dass Sie mindestens Laravel 5.5 und PHP 7.1 benötigen, um Horizon ausführen zu können.

Ereignisse

Bei Jobs informiert der aufrufende Code die Anwendung, dass sie etwas *tun* soll: beispielsweise Aufgaben ausführen wie CrunchReports (um irgendwelche Berichte zu erstellen) oder NotifyAdminOfNewSignup (um einen Admin über neue Abonnenten zu unterrichten).

Bei einem Ereignis informiert der aufrufende Code stattdessen die Anwendung, dass etwas *passiert ist*: UserSubscribed oder UserSignedUp oder ContactWasAdded. Ereignisse sind also Benachrichtigungen, dass irgendetwas geschehen ist.

Einige dieser Ereignisnachrichten können vom Framework selbst ausgelöst werden. Eloquent-Modelle senden solche Nachrichten, wenn sie gespeichert, erstellt oder gelöscht werden. Man kann Ereignisse aber auch manuell im Anwendungscode auslösen.

Eine Ereignisnachricht bewirkt selbst nichts. Sie können jedoch *Event-Listener* binden, die auf das Eintreten bestimmter Ereignisse lauschen und darauf in bestimmter Weise reagieren. Es kann sein, dass es für ein bestimmtes Event keinen, einen oder viele unterschiedliche Event-Listener gibt.

Laravels Ereignissystem folgt dem Beobachter- bzw. »Pub/Sub«-Muster. Es gibt viele Ereignisnachrichten, die verbreitet werden; manche werden vielleicht nie »gehört«, andere dagegen mögen ein Dutzend Zuhörer haben. Die Ereignisse interessieren sich nicht dafür, ob sie irgendwo empfangen werden oder nicht.

Ein Ereignis auslösen

Es gibt drei Möglichkeiten, ein Ereignis auszulösen. Sie können die Event-Fassade verwenden, den Dispatcher injizieren oder den globalen event()-Helfer verwenden, wie in Beispiel 16-9 veranschaulicht.

Beispiel 16-9: Drei Möglichkeiten, um ein Ereignis auszulösen

```
Event::fire(new UserSubscribed($user, $plan));
// oder
$dispatcher = app(Illuminate\Contracts\Events\Dispatcher::class);
$dispatcher->fire(new UserSubscribed($user, $plan));
// oder
event(new UserSubscribed($user, $plan));
```

Im Zweifelsfall empfehle ich die Verwendung der globalen Hilfsfunktion.

Um ein Ereignis zu erzeugen, das später im Anwendungscode ausgelöst werden kann, verwenden Sie den Artisan-Befehl make:event:

```
php artisan make:event UserSubscribed
```

Das erzeugt eine Datei, die so ähnlich aussieht wie in Beispiel 16-10.

Beispiel 16-10: Die Standardvorlage für ein Laravel-Ereignis

```
<?php

namespace App\Events;

use Illuminate\Broadcasting\Channel;
use Illuminate\Broadcasting\InteractsWithSockets;
use Illuminate\Broadcasting\PresenceChannel;
use Illuminate\Broadcasting\PrivateChannel;
use Illuminate\Contracts\Broadcasting\ShouldBroadcast;
use Illuminate\Foundation\Events\Dispatchable;
use Illuminate\Queue\SerializesModels;

class UserSubscribed
{
    use Dispatchable, InteractsWithSockets, SerializesModels;

    /**
     * Create a new event instance
     *
     * @return void
     */
    public function __construct()
    {
        //
    }

    /**
     * Get the channels the event should be broadcast on
     *
```

```
     * @return \Illuminate\Broadcasting\Channel|array
     */
    public function broadcastOn()
    {
        return new PrivateChannel('channel-name');
    }
}
```

Schauen wir uns genauer an, was uns diese Datei bietet. SerializesModels funktioniert genauso wie bei Aufträgen; dadurch können Eloquent-Modelle als Parameter benutzt werden. InteractsWithSockets, ShouldBroadcast und die Methode broadcastOn() sorgen dafür, dass Ereignissen über WebSockets verbreitet werden können – darauf kommen wir in Kürze.

Es mag Ihnen seltsam erscheinen, dass es keine Methode handle() oder fire() gibt. Das liegt daran, dass es hier nicht darum geht, irgendeine Aktion auszuführen, sondern nur darum, bestimmte Daten zu kapseln. Der erste Teil dieser Daten ist der Name; UserSubscribed teilt uns mit, dass ein bestimmtes Ereignis stattgefunden hat: Ein Benutzer hat etwas abonniert. Der Rest der Daten besteht aus all jenen Informationen, die wir an den Konstruktor übergeben und mit dieser Entität verknüpfen.

Beispiel 16-11 zeigt, was wir mit diesem UserSubscribed-Event machen können.

Beispiel 16-11: Daten in ein Ereignis einbringen

```
...
class UserSubscribed
{
    use InteractsWithSockets, SerializesModels;

    public $user;
    public $plan;

    public function __construct($user, $plan)
    {
        $this->user = $user;
        $this->plan = $plan;
    }
}
```

Jetzt haben wir ein Objekt, das das Ereignis, das stattgefunden hat, angemessen repräsentiert: Der Benutzer $event->user hat sich für das Abo bzw. den Plan $event->plan angemeldet. Denken Sie bitte daran, dass man dieses Ereignis mit einer einzigen, einfachen Anweisung auslösen kann: event(new UserSubscribed ($user, $plan)).

Nach einem Ereignis »lauschen«

Wir haben jetzt ein Ereignis und wissen, wie man es auslöst. Schauen wir uns nun an, wie wir sein Eintreffen »erlauschen« können.

Zuerst erstellen wir einen Event-Listener. Nehmen wir an, wir wollen dem Betreiber der Anwendung jedes Mal eine E-Mail schicken, wenn sich ein neuer Benutzer anmeldet:

```
php artisan make:listener EmailOwnerAboutSubscription --event=UserSubscribed
```

Das erzeugt eine Datei wie in Beispiel 16-12.

Beispiel 16-12: Die Standardvorlage für einen Event-Listener

```php
<?php

namespace App\Listeners;

use App\Events\UserSubscribed;
use Illuminate\Contracts\Queue\ShouldQueue;
use Illuminate\Queue\InteractsWithQueue;

class EmailOwnerAboutSubscription
{
    /**
     * Create the event listener
     *
     * @return void
     */
    public function __construct()
    {
        //
    }

    /**
     * Handle the event
     *
     * @param  UserSubscribed  $event
     * @return void
     */
    public function handle(UserSubscribed $event)
    {
        //
    }
}
```

Hier findet die eigentliche Action statt – und zwar in der Methode handle(). Diese Methode erwartet, dass ihr ein Ereignis vom Typ UserSubscribed übergeben wird, um dann darauf zu reagieren.

Sorgen wir also dafür, dass eine E-Mail verschickt wird (Beispiel 16-13).

Beispiel 16-13: Beispielhafter Event-Listener

```php
...
use App\Mail\UserSubscribed as UserSubscribedMessage;

class EmailOwnerAboutSubscription
{
    public function handle(UserSubscribed $event)
```

```
    {
        Log::info('Emailed owner about new user: ' . $event->user->email);

        Mail::to(config('app.owner-email'))
            ->send(new UserSubscribedMessage($event->user, $event->plan));
    }
}
```

Nun noch eine letzte Aufgabe: Wir müssen diesen Listener so einstellen, dass er das Ereignis `UserSubscribed` auch tatsächlich »hört«. Das passiert in der Eigenschaft `$listen` der Klasse `EventServiceProvider` (siehe Beispiel 16-14).

Beispiel 16-14: Binden von Listenern an Events im EventServiceProvider
```
class EventServiceProvider extends ServiceProvider
{
    protected $listen = [
        \App\Events\UserSubscribed::class => [
            \App\Listeners\EmailOwnerAboutSubscription::class,
        ],
    ];
```

Wie Sie sehen, ist hier der Schlüssel eines jeden Array-Eintrags der Klassenname des Events, während der Wert ein Array von Listener-Klassennamen ist. Wir können also dem Ereignis `UserSubscribed` beliebig viele Klassennamen von Listenern hinzufügen, damit diese alle auf dieses Event reagieren.

Event Subscriber

Es gibt noch eine weitere Struktur, mit der Sie eine Beziehung zwischen Events und deren Listenern definieren können. In Laravel gibt es sogenannte *Event Subscriber* (*Ereignis-Abonnenten*): Das ist eine Klasse, die sowohl eine Sammlung von Methoden enthält, die als separate Listener für ganz bestimmte eindeutige Ereignisse fungieren, als auch die Zuordnung, welche Methode welches Ereignis behandeln soll. In diesem Fall lässt sich das einfacher zeigen als beschreiben: siehe Beispiel 16-15. Bitte beachten Sie, dass Event Subscriber nicht besonders häufig verwendet werden.

Beispiel 16-15: Beispiel eines Event Subscribers
```
<?php

namespace App\Listeners;

class UserEventSubscriber
{
    public function onUserSubscription($event)
    {
        // Bearbeitet das Ereignis UserSubscribed
    }

    public function onUserCancellation($event)
```

```
    {
        // Bearbeitet das Ereignis UserCanceled
    }

    public function subscribe($events)
    {
        $events->listen(
            \App\Events\UserSubscribed::class,
            'App\Listeners\UserEventSubscriber@onUserSubscription'
        );

        $events->listen(
            \App\Events\UserCanceled::class,
            'App\Listeners\UserEventSubscriber@onUserCancellation'
        );
    }
}
```

Eine Event-Subscriber-Klasse muss eine `subscribe()`-Methode enthalten, der eine Instanz des Event-Dispatchers übergeben wird. In dieser Methode koppeln wir Ereignisse und Zuhörer, auch wenn Letztere in diesem Fall nur Methoden innerhalb einer Klasse sind und keine eigenständigen Klassen.

Zur Erinnerung: Wenn ein @ inline benutzt wird, steht links davon der Klassenname und rechts der Methodenname. In Beispiel 16-15 legen wir also fest, dass die `onUserSubscription()`-Methode dieses Ereignis-Abonnenten auf alle `UserSubscribed`-Ereignisse hört.

Es gibt noch eine letzte Aufgabe: In `App\Providers\EventServiceProvider` müssen wir den Klassennamen unseres Abonnenten zur Eigenschaft `$subscribe` hinzufügen, siehe Beispiel 16-16.

Beispiel 16-16: Registrierung eines Ereignis-Abonnenten

```
...
class EventServiceProvider extends ServiceProvider
{
    ...
    protected $subscribe = [
        \App\Listeners\UserEventSubscriber::class
    ];
}
```

Broadcasting von Ereignissen über WebSockets und Laravel Echo

WebSocket (oft auch WebSockets genannt) ist ein Protokoll, das von Pusher (einem gehosteten WebSocket-SaaS) popularisiert wurde und mit dem man auf recht einfache Weise eine nahezu in Echtzeit stattfindende Kommunikation zwischen Webgeräten herstellen kann. Anstatt sich auf die Weitergabe von Informationen über HTTP-Anfragen zu verlassen, öffnen WebSockets-Bibliotheken eine direkte Verbindung zwischen dem Client und dem Server. WebSockets sind die Grundlage z.B. der Chatboxen in Gmail und Facebook, bei denen Daten in Echtzeit gesendet und empfangen werden und man als Nutzer nicht warten muss, bis eine Seite neu geladen ist oder Ajax Daten empfängt oder sendet.

WebSockets funktionieren am besten mit kleinen Datenschnipseln, die in einer Pub/Sub-Struktur übergeben werden – also genau wie bei Ereignissen in Laravel. Laravel verfügt über einen eingebauten Satz von Werkzeugen, um Ereignisse an einen WebSocket-Server zu übertragen. So ließe sich etwa ein MessageWasReceived-Event einrichten, das in der Benachrichtigungsbox eines bestimmten Benutzers oder einer Gruppe von Benutzern veröffentlicht wird, sobald in der Anwendung eine Nachricht für den oder die Empfänger eintrifft.

> **Laravel Echo**
>
> Laravel bietet auch ein noch leistungsfähigeres Tool, das speziell für komplexere Ereignisübertragungen entwickelt wurde. Wenn Sie eine Anwesenheitsbenachrichtigung benötigen oder ein umfangreiches Frontend-Datenmodell mit Ihrer Laravel-Anwendung synchronisieren möchten, schauen Sie sich bitte Laravel Echo an, das wir in »Fortgeschrittene Broadcasting-Werkzeuge« auf Seite 449 behandeln werden. Vieles von dem, was Echo ausmacht, ist schon im Laravel-Kern enthalten, aber Echo erfordert auch das Einbeziehen der externen JavaScript-Echo-Bibliothek, die wir uns in »Laravel Echo (die JavaScript-Seite)« auf Seite 452 genauer anschauen.

Konfiguration und Einrichtung

Schauen wir uns nun die Datei *config/broadcasting.php* an, in der sich die Konfigurationseinstellungen für das Event-Broadcasting befinden. Laravel unterstützt drei Treiber für das Broadcasting: Pusher, ein kostenpflichtiges SaaS-Angebot, Redis, für lokal laufende WebSocket-Server, und log, für lokale Entwicklung und Debugging.

Queue-Listener

Damit die Ereignisübertragung schnell genug arbeitet, übergibt Laravel die Ausführung der Übertragung an eine Warteschlange. Das bedeutet, dass ein Queue-Worker ausgeführt werden muss – oder der sync-Warteschlangentreiber für die lokale Entwicklung. Unter »Ausführen eines Queue-Workers« auf Seite 432 erfahren Sie, wie Sie einen Queue-Worker ausführen können.

Laravel schlägt eine Standardverzögerung von drei Sekunden vor, bevor der Queue-Worker nach neuen Aufträgen sucht. Bei der Ereignisübertragung könnte es aber durchaus passieren, dass einige Ereignisse ein oder zwei Sekunden benötigen, bis sie übertragen werden. Um das zu beschleunigen, können Sie die Warteschlangeneinstellungen so aktualisieren, dass z.B. nur eine Sekunde gewartet wird, bevor nach neuen Aufträgen gesucht wird.

Übertragung eines Ereignisses

Um ein Ereignis zu senden, müssen Sie es als Broadcast-Event markieren, indem Sie das Interface `Illuminate\Contracts\Broadcasting\ShouldBroadcast` implementieren. Diese Schnittstelle verlangt, dass die Klasse eine Methode `broadcastOn()` enthält, die ein Array von entweder Zeichenketten oder `Channel`-Objekten zurückgibt, die jeweils einen WebSocket-Kanal darstellen.

> ### Die Struktur von WebSocket-Ereignissen
>
> Jedes Event, das Sie mit WebSockets senden, kann drei primäre Eigenschaften haben: einen Namen, den Kanal und die Daten.
>
> Der *Name* eines Ereignisses könnte beispielsweise `user-was-subscribed` lauten, aber in Laravel wird standardmäßig der voll qualifizierte Klassenname des Ereignisses verwendet, also so etwas wie `App\Events\UserSubscribed`. Sie können den Standardnamen anpassen, indem Sie den gewünschten Namen in Ihrer Ereignisklasse an die optionale Methode `broadcastAs()` übergeben.
>
> Der *Kanal* beschreibt, welche Clients diese Nachricht erhalten sollen. Es ist ein weit verbreitetes Muster, für jeden Benutzer einen eigenen Kanal (z. B. `users.1`, `users.2` usw.) und möglicherweise einen weiteren Kanal für alle Benutzer (z. B. `users`) einzurichten sowie vielleicht Kanäle nur für Benutzer eines bestimmten Kontos (z. B. `accounts.1`).
>
> Wenn es sich bei dem zu benutzenden Kanal um einen privaten Kanal handelt, stellen Sie dem Kanalnamen `private-` voran, und wenn es sich um einen Präsenzkanal handelt, stellen Sie `presence-` voran. Ein privater Pusher-Kanal namens `groups.5` sollte also `private-groups.5` benannt sein. Wenn Sie Laravels `PrivateChannel`- und `PresenceChannel`-Objekte in der `broadcastOn()`-Methode verwenden, fügen diese die Präfixe automatisch hinzu.
>
> Wenn Sie mit öffentlichen, privaten und Präsenzkanälen nicht vertraut sind, beachten Sie den Hinweis unter »Der BroadcastServiceProvider« auf Seite 450.
>
> Die *Daten* sind die sogenannte Nutzlast, in der Regel JSON, und enthalten die für das Ereignis relevanten Informationen – vielleicht die Nachricht oder Informationen über den Benutzer oder den Plan –, auf die das empfangende JavaScript reagieren kann.

Beispiel 16-17 zeigt das `UserSubscribed`-Ereignis, das so modifiziert wurde, dass es auf zwei Kanälen übertragen wird: einer für den Benutzer, um diesem den Abschluss des Abonnements zu bestätigen, und einer für Administratoren, um diese über das neue Abonnement zu informieren.

Beispiel 16-17: Ein Ereignis, das auf mehreren Kanälen übertragen wird

```
...
use Illuminate\Contracts\Broadcasting\ShouldBroadcast;

class UserSubscribed implements ShouldBroadcast
{
    use Dispatchable, InteractsWithSockets, SerializesModels;

    public $user;
    public $plan;

    public function __construct($user, $plan)
    {
        $this->user = $user;
        $this->plan = $plan;
    }

    public function broadcastOn()
    {
        // Zeichenketten-Syntax
        return [
            'users.' . $this->user->id,
            'admins'
        ];

        // Kanalobjekt-Syntax
        return [
            new Channel('users.' . $this->user->id),
            new Channel('admins'),
            // Wenn es ein privater Kanal wäre: new PrivateChannel('admins')
            // Wenn es ein Präsenzkanal wäre: new PresenceChannel('admins'),
        ];
    }
}
```

Standardmäßig werden alle öffentlichen Eigenschaften Ihres Ereignisses als JSON serialisiert und als Daten mitgesendet. Damit könnten die Daten eines Broadcasts des `UserSubscribed`-Events wie in Beispiel 16-18 aussehen.

Beispiel 16-18: Beispiel eines Ereignis-Broadcasts

```
{
    'user': {
        'id': 5,
        'name': 'Fred McFeely',
        ...
    },
    'plan': 'silver'
}
```

Sie können das überschreiben, indem Sie aus der Methode `broadcastWith()` der Ereignisklasse ein Daten-Array zurückgeben wie in Beispiel 16-19.

Beispiel 16-19: Anpassen der Daten des Broadcasts
```
public function broadcastWith()
{
    return [
        'userId' => $this->user->id,
        'plan' => $this->plan
    ];
}
```

In welche Warteschlange Ihr Ereignis gestellt wird, können Sie in der Ereignisklasse über die Eigenschaft $broadcastQueue festlegen:

```
public $broadcastQueue = 'websockets-for-faster-processing';
```

Das könnte z. B. dann nützlich sein, wenn Sie verhindern möchten, dass andere Warteschlangenelemente die Ereignisübertragung verlangsamen: Echtzeit-WebSockets machen nicht besonders viel Spaß, wenn ein lang laufender Job, der in der Warteschlange weiter vorne rangiert, verhindert, dass Ereignisse zeitnah gesendet werden.

Sie können sogar erzwingen, dass ein bestimmtes Ereignis die Warteschlange komplett überspringt (mit dem Warteschlangen-Treiber »sync«, der vom aktuellen PHP-Thread verarbeitet wird), indem der Contract ShouldBroadcastNow implementiert wird (Beispiel 16-20).

Beispiel 16-20: Überspringen der Warteschlange
```
use Illuminate\Contracts\Broadcasting\ShouldBroadcastNow;

class UserSubscribed implements ShouldBroadcastNow
{
    //
}
```

Und schließlich können Sie wählen, ob ein bestimmtes Ereignis überhaupt gesendet werden soll, indem Sie eine broadcastWhen()-Methode wie in Beispiel 16-21 verwenden:

Beispiel 16-21: Bedingte Übertragung eines Ereignisses
```
public function broadcastWhen()
{
    // Benachrichtigen Sie mich nur, wenn sich Benutzer aus dem Weißen Haus anmelden
    return str_contains($this->user->email, 'whitehouse.gov');
}
```

Empfang der Nachricht

Wenn Sie sich dafür entscheiden, Ihren eigenen Redis-WebSockets-Server zu hosten, finden Sie in der Laravel-5.1-Dokumentation (*https://bit.ly/2VApJBb*) eine großartige Anleitung, wie man das mit socket.io und ioredis einrichten kann.

Zum Zeitpunkt der Veröffentlichung dieses Buchs verwenden Laravel-Entwickler als Lösung meistens Pusher (*https://pusher.com/*). Ab einem bestimmten Leistungsumfang sind die angebotenen Pläne kostenpflichtig, aber es gibt auch ein großzügiges kostenloses Angebot. Mit Pusher lässt sich sehr leicht ein einfacher WebSocket-Server einrichten, und das JavaScript-SDK erledigt nahezu die gesamte Authentifizierung und Kanalverwaltung, ohne großen eigenen Aufwand. SDKs sind für iOS, Android und viele weitere Plattformen, Sprachen und Frameworks verfügbar.

Seit einiger Zeit gibt es auch ein Tool namens Laravel WebSockets (*https://bit.ly/2HS4rur*), mit dem Sie Ihren eigenen Laravel-basierten, Pusher-kompatiblen WebSockets-Server hosten können. Sie können das Paket in Ihre aktuelle Laravel-Anwendung, aus der heraus Sie senden, integrieren oder in einen separaten Microservice installieren.

Wenn Sie sich für die Arbeit mit einem Laravel-WebSockets-Server entscheiden, können Sie alle Anweisungen in diesem Buch so befolgen, als ob Sie mit Pusher arbeiten würden, nur werden Ihre Konfigurationseinstellungen etwas unterschiedlich sein.

Einfaches Zuhören mit Pusher

Es ist hilfreich, wenn man versteht, wie man Laravels Broadcast-Events auch ohne Echo empfängt, selbst wenn man sich am Ende doch für Echo entscheidet. Da aber ein Großteil des unten gezeigten Codes dann überflüssig ist, würde ich empfehlen, diesen Abschnitt hier zwar zu lesen, aber mit einer möglichen Implementierung erst zu beginnen, wenn Sie auch den Abschnitt »Laravel Echo (die JavaScript-Seite)« auf Seite 452 gelesen haben. Entscheiden Sie am besten erst dann, welchen Weg Sie bevorzugen.

Um zu beginnen, sollten Sie sich die Pusher-Bibliothek und einen API-Schlüssel aus Ihrem Pusher-Konto besorgen und alle Ereignisse auf beliebigen Kanälen abonnieren, wie in Beispiel 16-22 zu sehen.

Beispiel 16-22: Grundlegende Verwendung von Pusher

```
...
<script src="https://js.pusher.com/4.3/pusher.min.js"></script>
<script>
// Pusher-Logging aktivieren - nicht in die Produktionsumgebung übernehmen
Pusher.logToConsole = true;

// Global (vielleicht); nur als Beispiel dafür, wie man Daten erhält
var App = {
    'userId': {{ auth()->id() }},
    'pusherKey': '{{ config('broadcasting.connections.pusher.key') }}'
};

// Lokal
var pusher = new Pusher(App.pusherKey, {
    cluster: '{{ config('broadcasting.connections.pusher.options.cluster') }}',
```

```
    encrypted: {{ config('broadcasting.connections.pusher.options.encrypted') }}
});

var pusherChannel = pusher.subscribe('users.' + App.userId);

pusherChannel.bind('App\\Events\\UserSubscribed', (data) => {
    console.log(data.user, data.plan);
});
</script>
```

Escaping von Backslashes in JavaScript

Da in JavaScript \ ein Steuerzeichen ist, müssen Sie grundsätzlich \\ schreiben, um in Zeichenketten einen Backslash darzustellen. Deshalb stehen in Beispiel 16-22 zwei Backslashes zwischen den einzelnen Namespace-Segmenten.

Um von Laravel aus in Pusher zu veröffentlichen, holen Sie sich Ihre Key-, Secrets-, Cluster- und App-ID aus Ihrem Pusher-Account und legen diese dann in Ihrer *.env*-Datei unter den Begriffen PUSHER_KEY, PUSHER_SECRET, PUSHER_APP_CLUSTER und PUSHER_APP_ID ab.

Besuchen Sie dann eine Seite Ihrer Anwendung, auf der das JavaScript aus Beispiel 16-22 eingebettet ist, lösen Sie in einem anderen Fenster oder im Terminal ein Broadcast-Ereignis aus und lassen Sie einen Queue-Listener laufen oder verwenden Sie stattdessen den sync-Treiber. Wenn Ihre Authentifizierungsinformationen korrekt eingerichtet sind, sollten jetzt im Konsolenfenster des Browser-Fensters, in dem die Seite mit dem Skript zu sehen ist, Ereignisnachrichten nahezu in Echtzeit erscheinen.

Mit dieser Funktion können Sie Ihre Benutzer ganz einfach über das Geschehen in Ihrer Anwendung auf dem Laufenden halten, sofern diese gerade eingeloggt sind. Sie können Benutzer beispielsweise über die Aktionen anderer Benutzer, über lang laufende und/oder gerade abgeschlossene Prozesse oder über die Reaktionen Ihrer Anwendung auf externe Aktionen wie eingehende E-Mails oder Webhooks informieren. Die Möglichkeiten sind endlos.

Voraussetzungen

Wenn Sie mit Pusher oder Redis senden möchten, müssen Sie die folgenden Abhängigkeiten einbringen:

- Pusher: pusher/pusher-php-server "~3.0"
- Redis: predis/predis

Bitte beachten Sie, dass das predis-Paket aktuell vom Autor nicht mehr weiterentwickelt wird. Möglicherweise wird das Paket deshalb in künftigen Laravel-Versionen nicht mehr unterstützt. Die Dokumentation empfiehlt deshalb, sicherheitshalber bereits jetzt umzusteigen auf phpredis (*https://bit.ly/2Yquf6W*).

Aus diesem Grund wurde auch der Standard-Redis-Client von predis auf phpredis umgestellt. Um weiterhin predis zu verwenden, sollte ggf. die Option redis.client in config/database.php auf predis gesetzt werden.

Fortgeschrittene Broadcasting-Werkzeuge

Laravel verfügt über einige weitere Tools, mit denen man auch komplexere Interaktionen im Event-Broadcasting durchführen kann. Diese Tools – eine Kombination aus Framework-Funktionen und einer JavaScript-Bibliothek – firmieren unter der Bezeichnung *Laravel Echo*.

Diese Framework-Funktionen arbeiten am besten, wenn Sie Laravel Echo in Ihrem JavaScript-Frontend verwenden (dazu kommen wir in »Laravel Echo (die JavaScript-Seite)« auf Seite 452), aber einige der Vorteile von Echo können Sie auch ohne die JavaScript-Komponenten nutzen. Echo funktioniert sowohl mit Pusher als auch mit Redis, in den Beispiele verwende ich hier aber nur Pusher.

Ausschließen des aktuellen Benutzers von Broadcast-Events

Jede Verbindung zu Pusher erhält zur Identifizierung eine eindeutige »Socket-ID«. Anhand dieser ID lassen sich bestimmte Sockets (Benutzer) vom Empfang bestimmter Broadcast-Events ausschließen.

Mit diesem Feature kann man also beispielsweise festlegen, dass bestimmte Ereignisse nicht an den auslösenden Benutzer gesendet werden. Wenn z. B. jedes Mitglied eines Teams benachrichtigt wird, wenn ein Teamkollege eine neue Aufgabe erstellt, soll dann etwa der Mitarbeiter, der diese Aufgabe gerade angelegt hat, selbst auch informiert werden? Normalerweise nicht – und deshalb gibt es die Methode toOthers().

Um sie einzusetzen, sind zwei Schritte erforderlich. Zuerst müssen Sie Ihr JavaScript so einrichten, dass es ein bestimmtes POST an /broadcasting/socket sendet, wenn die WebSocket-Verbindung initialisiert wurde. Dadurch wird die socket_id in der aktuellen Laravel-Session gespeichert. Echo erledigt das für Sie, aber Sie können es auch manuell durchführen – in den Echo-Quellcode-Dateien (*https://bit.ly/2CAM89w*) können Sie sehen, wie das funktioniert.

Des Weiteren sollte jede Anfrage, die das Skript sendet, einen X-Socket-ID-Header aufweisen, der die socket_id enthält. Wenn Sie Vue und Axios benutzen, wird das automatisch erledigt. Ansonsten zeigt Beispiel 16-23, wie man es mit Axios oder jQuery manuell durchführen kann. Beachten Sie bitte, dass Ihr Event den Trait Illuminate\Broadcasting\InteractsWithSockets verwenden muss, um die Methode toOthers() aufrufen zu können.

Beispiel 16-23: Senden der Socket-ID mit jeder Ajax-Anfrage

```
// Führen Sie dies direkt nach der Initialisierung von Echo aus
// Mit Axios:
window.axios.defaults.headers.common['X-Socket-Id'] = Echo.socketId();

// Mit jQuery
$.ajaxSetup({
    headers: {
        'X-Socket-Id': Echo.socketId()
    }
});
```

Nachdem Sie das erledigt haben, können Sie jedes Ereignis von der Übertragung an denjenigen Benutzer ausschließen, der es ausgelöst hat, indem Sie den globalen Helfer broadcast() anstelle des globalen Helfers event() verwenden und dann toOthers() verketten:

```
broadcast(new UserSubscribed($user, $plan))->toOthers();
```

Der BroadcastServiceProvider

Für alle anderen Echo-Funktionen müssen Sie sich im JavaScript beim Server authentifizieren. In App\Providers\BroadcastServiceProvider wird definiert, wie Sie den Zugriff von Benutzern auf private und Präsenzkanäle autorisieren.

Die beiden wichtigsten Maßnahmen sind die Definition der Middleware, die auf den Autorisierungsrouten verwendet wird, und die der Berechtigungseinstellungen für Ihre Kanäle.

Wenn Sie diese Funktionen verwenden möchten, müssen Sie die Zeile App\Providers\ BroadcastServiceProvider::class in *config/app.php* entkommentieren.

Und falls Sie diese Funktionen *ohne* Laravel Echo verwenden wollen, müssen Sie entweder manuell dafür sorgen, dass zusammen mit Ihren Authentifizierungsanfragen ein CSRF-Token gesendet wird, oder /broadcast/auth und /broadcast/ socket vom CSRF-Schutz ausschließen, indem Sie sie zur $except-Eigenschaft der Middleware VerifyCsrfToken hinzufügen.

Berechtigungsdefinitionen für WebSocket-Kanäle. Private und Präsenzkanäle müssen in der Lage sein, Ihre Anwendung zu pingen, um herauszufinden, ob der aktuelle Benutzer für diesen Kanal berechtigt ist. Verwenden Sie die Methode Broadcast ::channel(), um die Regeln für diese Berechtigungen in der Datei *routes/channels.php* festzulegen.

Öffentliche, private und Präsenzkanäle

Es gibt drei Arten von Kanälen in WebSockets: öffentliche, private und Präsenzkanäle.

Öffentliche Kanäle können von jedem Benutzer abonniert werden, unabhängig davon, ob jemand authentifiziert ist oder nicht.

Private Kanäle erfordern, dass sich das JavaScript des Endbenutzers gegenüber der Anwendung authentifiziert, um nachzuweisen, dass der Benutzer sowohl authentifiziert als auch berechtigt ist, diesem Kanal beizutreten.

Präsenzkanäle sind eine Art privater Kanal, aber anstatt den Nachrichtenversand zu ermöglichen, verfolgen sie einfach, welche Benutzer dem Kanal beitreten und ihn verlassen, und stellen diese Informationen dem Frontend der Anwendung zur Verfügung.

Broadcast::channel() erwartet zwei Parameter: erstens eine Zeichenkette, die den Kanal oder die Kanäle bezeichnet, und zweitens eine Closure, die definiert, wie

Benutzer für die im ersten Parameter festgelegten Kanäle autorisiert werden. Der Closure werden eine Instanz des aktuellen Benutzers als erster Parameter und alle passenden *variableNameHere*-Segmente als zusätzliche Parameter übergeben. Wird beispielsweise eine Channel-Autorisierungsdefinition, die als Zeichenkette teams.*teamId* vorliegt, mit dem Channel teams.5 verglichen, dann wird der Closure $user als erster und 5 als zweiter Parameter übergeben.

Wenn Sie die Regeln für einen privaten Kanal definieren, muss Ihre Broadcast ::channel()-Closure ein Boolean zurückgeben: Ist der Benutzer für diesen Kanal berechtigt oder nicht? Wenn Sie die Regeln für einen Präsenzkanal definieren, sollte Ihre Closure ein Array von Daten zurückgeben, die dem Präsenzkanal für alle Benutzer zur Verfügung stehen sollen, die Sie im Kanal anzeigen möchten. Beispiel 16-24 veranschaulicht die Definition von Regeln für beide Arten von Kanälen.

Beispiel 16-24: Definition von Berechtigungsregeln für private und Präsenzkanäle

```
...
// routes/channels.php

// Definieren Sie, wie der Zugang zu einem privaten Kanal authentifiziert werden soll
Broadcast::channel('teams.{teamId}', function ($user, $teamId) {
    return (int) $user->team_id === (int) $teamId;
});

// Definieren Sie, wie der Zugang zu einem Präsenzkanal
// authentifiziert werden soll; geben Sie alle Daten zurück,
// die die Anwendung über den Benutzer im Channel kennen soll
Broadcast::channel('rooms.{roomId}', function ($user, $roomId) {
    if ($user->rooms->contains($roomId)) {
        return [
            'name' => $user->name
        ];
    }
});
```

Sie fragen sich vielleicht, wie diese Informationen von Ihrer Laravel-Anwendung zu Ihrem JavaScript-Frontend gelangen. Die JavaScript-Bibliothek von Pusher sendet ein POST an Ihre Anwendung. Standardmäßig wird diese /pusher/auth ansteuern, aber falls Sie nicht die Frontend-Komponenten von Echo einsetzen, können Sie das anpassen, damit stattdessen Laravels Authentifizierungsroute /broadcast/auth als Ziel dient:

```
var pusher = new Pusher(App.pusherKey, {
    authEndpoint: '/broadcasting/auth'
});
```

Beispiel 16-25 zeigt, wie wir Beispiel 16-22 für private und Präsenzkanäle *ohne* Echos Frontend-Komponenten optimieren können.

Beispiel 16-25: Grundlegende Verwendung von Pusher für Privat- und Präsenzkanäle

```
...
<script src="https://js.pusher.com/4.3/pusher.min.js"></script>
<script>
    // Pusher-Logging aktivieren - nicht in die Produktionsumgebung übernehmen
    Pusher.logToConsole = true;

    // Global (vielleicht); nur als Beispiel dafür, wie man Daten erhält
    var App = {
        'userId': {{ auth()->id() }},
        'pusherKey': '{{ config('broadcasting.connections.pusher.key') }}'
    };

    // Lokal
    var pusher = new Pusher(App.pusherKey, {
        cluster: '{{ config('broadcasting.connections.pusher.options.cluster') }}',
        encrypted: {{ config('broadcasting.connections.pusher.options.encrypted') }},
        authEndpoint: '/broadcasting/auth'
    });

    // Privater Kanal
    var privateChannel = pusher.subscribe('private-teams.1');

    privateChannel.bind('App\\Events\\UserSubscribed', (data) => {
        console.log(data.user, data.plan);
    });

    // Präsenzkanal
    var presenceChannel = pusher.subscribe('presence-rooms.5');

    console.log(presenceChannel.members);
</script>
```

Wir haben jetzt die Möglichkeit, WebSocket-Nachrichten an Benutzer zu senden, je nachdem, ob sie den Autorisierungsregeln eines bestimmten Kanals genügen oder nicht. Wir können auch verfolgen, welche Benutzer in einer bestimmten Gruppe oder einem bestimmten Abschnitt der Website aktiv sind, und jedem Benutzer relevante Informationen über andere Benutzer in derselben Gruppe anzeigen.

Laravel Echo (die JavaScript-Seite)

Laravel Echo besteht aus zwei Teilen: den erweiterten Framework-Funktionen, die wir gerade behandelt haben, und einem JavaScript-Paket, das diese Funktionen nutzt und die Menge an Code, die man für leistungsstarke WebSocket-basierte Frontends benötigt, drastisch reduziert. Das Echo-JavaScript-Paket erleichtert die Verwaltung der Authentifizierung, Autorisierung und Abonnements von privaten und Präsenzkanälen. Echo kann mit den SDKs für Pusher (für Pusher oder einen benutzerdefinierten Pusher-kompatiblen Server) oder socket.io (für Redis) verwendet werden.

Echo in ein Projekt einbinden

Um Echo in JavaScript-Abschnitten Ihres Projekts zu verwenden, fügen Sie es mit `npm install --save` zu *package.json* hinzu (bitte achten Sie darauf, das entsprechende Pusher- oder `socket.io`-SDK ebenfalls einzubinden):

```
npm install pusher-js laravel-echo --save
```

Nehmen wir an, Sie benutzen eine einfache Laravel-Mix-Datei, die Ihre *app.js*-Datei mit Webpack kompiliert wie in Beispiel 16-26.

Beispiel 16-26: app.js mit Laravel Mix kompilieren
```
let mix = require('laravel-mix');

mix.js('resources/assets/js/app.js', 'public/js');
```

Laravels Standarddatei *resources/js/bootstrap.js* enthält ein gutes Beispiel für die Initialisierung einer Echo-Installation. In Beispiel 16-27 können Sie sehen, wie das Zusammenspiel zwischen *app.js* und *bootstrap.js* funktioniert.

Beispiel 16-27: Initialisierung von Echo in app.js und bootstrap.js
```
// app.js
require('./bootstrap');

// ... viele Vue-Sachen, sofern Vue bereits eingebunden wurde ...

// Fügen Sie Ihre Echo-Bindungen hier hinzu

// bootstrap.js

/**
 * Echo exposes an expressive API for subscribing to channels and listening
 * for events that are broadcast by Laravel. Echo and event broadcasting
 * allows your team to easily build robust real-time web applications.
 */

import Echo from 'laravel-echo';

window.Pusher = require('pusher-js');

window.Echo = new Echo({
    broadcaster: 'pusher',
    key: process.env.MIX_PUSHER_APP_KEY,
    cluster: process.env.MIX_PUSHER_APP_CLUSTER,
    forceTLS: true
});
```

Für den CSRF-Schutz müssen Sie noch ein `csrf-token-<meta>`-Tag zu Ihrer HTML-Vorlage hinzufügen:

```
<meta name="csrf-token" content="{{ csrf_token() }}">
```

Und natürlich muss die kompilierte *app.js* in Ihrem HTML-Template importiert werden:

```
<script src="{{ asset('js/app.js') }}"></script>
```

Jetzt sind wir startbereit.

> **Änderungen an der Konfiguration bei Verwendung des Laravel-WebSockets-Server-Pakets**
>
> Wenn Sie mit einem Laravel-WebSockets-Server arbeiten (mit dem Paket, das weiter oben unter »Empfang der Nachricht« auf Seite 446 beschrieben wurde), werden die Konfigurationsdetails in Beispiel 16-27 etwas anders lauten. Weitere Informationen finden Sie in der Laravel-WebSockets-Dokumentation (*https://bit.ly/2Txh2Wv*).

Verwendung von Echo für die einfache Ereignisübertragung

Der Einsatz von Echo für die einfache Ereignisübertragung unterscheidet sich nicht groß von der Verwendung von Pusher. Beispiel 16-28 zeigt, wie man Echo verwendet, um öffentliche Kanäle auf grundlegende Ereignisinformationen abzuhören.

Beispiel 16-28: Abhören eines öffentlichen Kanals mit Echo

```
var currentTeamId = 5; // Likely set elsewhere

Echo.channel(`teams.${currentTeamId}`)
    .listen('UserSubscribed', (data) => {
        console.log(data);
    });
```

Echo bietet einige Methoden zum Abonnieren verschiedener Arten von Kanälen; `channel()` abonniert einen öffentlichen Kanal. Beachten Sie bitte, dass es ausreicht, den eindeutigen Klassennamen des Ereignisses ohne weitere Namensraum-Segmente anzugeben.

Jetzt haben wir Zugriff auf die öffentlichen Daten, die als Teil der Ereignisbenachrichtigung weitergegeben wurden, dargestellt im Objekt `data`. Wir können auch `listen()`-Handler verketten, siehe Beispiel 16-29.

Beispiel 16-29: Verkettung von Event-Listenern in Echo

```
Echo.channel(`teams.${currentTeamId}`)
    .listen('UserSubscribed', (data) => {
        console.log(data);
    })
    .listen('UserCanceled', (data) => {
        console.log(data);
    });
```

Denken Sie daran, zu kompilieren und einzubinden!
Haben Sie diese Codebeispiele ausprobiert und dennoch keine Änderungen in Ihrem Browser gesehen? Vergessen Sie bitte nicht, für eine einmalige Kompilation npm run dev oder für eine ständige Überwachung auf geänderten Code plus sofortiger Rekompilierung npm run watch auszuführen. Und stellen Sie sicher, dass *app.js* tatsächlich irgendwo in Ihrer Vorlage eingebunden wurde.

Private Kanäle und grundlegende Authentifizierung

Echo besitzt auch eine Methode zum Abonnieren privater Kanäle: private(). Sie funktioniert genauso wie channel(), aber – wie zuvor bereits erwähnt – müssen die passenden Berechtigungen zum Empfang von Kanälen in *routes/channel.php* vorliegen. Im Gegensatz zu den SDKs müssen Sie kein private- vor den Kanalnamen setzen.

Beispiel 16-30 zeigt, wie man einem privaten Kanal namens private-teams.5 zuhören kann.

Beispiel 16-30: Abhören eines privaten Kanals mit Echo

```
var currentTeamId = 5; // Wird normalerweise an anderer Stelle gesetzt

Echo.private(`teams.${currentTeamId}`)
    .listen('UserSubscribed', (data) => {
        console.log(data);
    });
```

Präsenzkanäle

Echo erleichtert es auch, Präsenzkanälen beizutreten und darüber verbreitete Ereignisbenachrichtigungen empfangen zu können. Bei Präsenzkanälen wird die Methode join() verwendet, um sich an einen Kanal zu binden, siehe Beispiel 16-31.

Beispiel 16-31: Einen Präsenzkanal abonnieren

```
var currentTeamId = 5; // Wird normalerweise an anderer Stelle gesetzt

Echo.join(`teams.${currentTeamId}`)
    .here((members) => {
        console.log(members);
    });
```

join() abonniert den Präsenzkanal: mit here() können Sie das Verhalten bei Bei- oder Austritten von Nutzern festlegen.

Sie können sich einen Präsenzkanal wie eine »Wer ist gerade online?«-Sidebar in einem Chatroom vorstellen. Wenn Sie zum ersten Mal einem Präsenzkanal beitreten, wird der here()-Callback aufgerufen und eine Liste aller aktuellen Mitglieder bereitgestellt. Und jedes Mal, wenn Mitglieder beitreten oder den Kanal verlassen, wird dieser Callback mit der aktualisierten Liste erneut aufgerufen. Hier finden zwar keine Benachrichtigungen statt, aber Sie können Sounds abspielen, eine angezeigte Mitgliederliste aktualisieren oder beliebige andere Reaktionen auslösen. Für einzelne Ereignisse gibt es weitere spezifische Methoden, die Sie einzeln oder verkettet verwenden können (siehe Beispiel 16-32).

Beispiel 16-32: Abhören spezifischer Präsenz-Ereignisse

```
var currentTeamId = 5; // Wird normalerweise an anderer Stelle gesetzt

Echo.join('Teams' + currentTeamId)
    .here((members) => {
        // Wird ausgeführt, wenn Sie beitreten
        console.table(members);
    })
    .joining((joiningMember, members) => {
        // Wird ausgeführt, wenn ein anderes Mitglied beitritt
        console.table(joiningMember);
    })
    .leaving((leavingMember, members) => {
        // Wird ausgeführt, wenn ein anderes Mitglied den Kanal verlässt
        console.table(leavingMember);
    });
```

Ausschließen des aktuellen Benutzers

Wir haben bereits besprochen, wie Sie den aktuellen Benutzer ausschließen können, indem Sie den globalen Helfer broadcast() anstelle des globalen Helfers event()verwenden und dann die Methode toOthers() mit dem Broadcast-Aufruf verketten. Glücklicherweise erledigt Echo die JavaScript-Seite dieses Vorgangs für Sie.

Wie Sie sehen können, unternimmt die Echo-JavaScript-Bibliothek nichts, was Sie nicht auch selbst tun könnten – aber sie erleichtert viele gängige Arbeitsschritte und bietet eine sauberere, aussagekräftigere Syntax für WebSocket-Aufgaben.

Abonnieren von Benachrichtigungen mit Echo

Laravel bietet einen Broadcast-Treiber, mit dem Benachrichtigungen (Notifications) als Broadcast-Events versendet werden können. Mit Echo können Sie diese Benachrichtigungen mit der Anweisung Echo.notification() abonnieren, wie in Beispiel 16-33 gezeigt.

Beispiel 16-33: Abonnieren von Benachrichtigungen mit Echo

```
Echo.private(`App.User.${userId}`)
    .notification((notification) => {
        console.log(notification.type);
    });
```

Client-Ereignisse

Wenn Sie schnelle, performante Nachrichten zwischen Ihren Benutzern austauschen möchten, ohne dass die Nachrichten überhaupt Ihre Laravel-Anwendung erreichen – z. B. um Benachrichtigungen der Art »tippt gerade« zu senden – können Sie die Echo-Methode `whisper()` verwenden, wie in Beispiel 16-34 zu sehen.

Beispiel 16-34: Umgehen des Laravel-Servers mit der whisper()-Methode von Echo

```
Echo.private('room')
    .whisper('typing', {
        name: this.user.name
    });
```

Mit `listenForWhisper()` können Sie diese Nachrichten empfangen wie in Beispiel 16-35.

Beispiel 16-35: Abhören von Whisper-Nachrichten mit Echo

```
Echo.private('room')
    .listenForWhisper('typing', (e) => {
        console.log(e.name);
    });
```

Scheduler

Wenn Sie schon einmal einen Cron-Job geschrieben haben, wünschen Sie sich wahrscheinlich schon lange ein besseres Werkzeug. Nicht nur ist die Syntax kompliziert und frustrierend schwer zu behalten, Cron-Jobs und deren Zustände können auch nicht per Versionskontrolle gespeichert werden.

Mit Laravels Scheduler lassen sich geplante Aufgaben dagegen sehr einfach handhaben. Dabei schreiben Sie alle geplanten Aufgaben im Code und setzen dann einen einzelnen Cron-Job auf Ihre Anwendung an, der einmal pro Minute den Befehl php artisan schedule:run ausführt. Jedes Mal, wenn dieser Artisan-Befehl läuft, überprüft Laravel den Scheduler auf vorliegende geplante Aufgaben.

Folgender Cron-Job aktiviert diesen Befehl:

```
* * * * * cd /home/myapp.com && php artisan schedule:run >> /dev/null 2>&1
```

Es gibt viele Aufgabentypen und viele Möglichkeiten, deren Ausführung zeitlich zu planen.

In *app/Console/Kernel.php* gibt es eine Methode namens `schedule()`, in der Sie alle Aufgaben definieren können.

Verfügbare Aufgabentypen

Zunächst werfen wir einen Blick auf die einfachste Option: eine Closure, die jede Minute ausgeführt wird (Beispiel 16-36). Jedes Mal, wenn der Cron-Job den Artisan-Befehl `schedule:run` ausführt, wird auch diese Closure aufgerufen.

Beispiel 16-36: Planung einer Closure, die einmal pro Minute ausgeführt wird

```
// app/Console/Kernel.php
public function schedule(Schedule $schedule)
{
    $schedule->call(function () {
        CalculateTotals::dispatch();
    })->everyMinute();
}
```

Es gibt zwei weitere Arten von Aufgaben, die Sie planen können: Artisan- und Kommandozeilen-Befehle.

Um Artisan-Befehle zu terminieren, können Sie deren Syntax genauso übergeben, wie Sie sie auch von der Kommandozeile aus aufrufen würden:

```
$schedule->command('scores:tally --reset-cache')->everyMinute();
```

Als Shell-Befehle können Sie alle Anweisungen ausführen, die mit der PHP-Methode exec() aufrufbar sind:

```
$schedule->exec('/home/myapp.com/bin/build.sh')->everyMinute();
```

Verfügbare Zeitangaben

Das Schöne am Scheduler ist, dass Sie nicht nur die Aufgaben selbst im Code angeben können, sondern auch, wann genau sie ausgeführt werden sollen. Laravel erkennt eigenständig, wann eine bestimmte Aufgabe ausgeführt werden muss. Bei der Angabe everyMinute() ist das natürlich besonders einfach, denn die Antwort lautet aufgrund der ebenfalls minütlichen Definition des Cron-Jobs immer: Führe die Aufgabe aus. Aber es lassen sich in Laravel auch sehr komplexe Aufgaben einfach vorplanen.

Schauen wir uns einige der möglichen Optionen an, indem wir mit einer an sich monströsen Definition beginnen, die aber in Laravel sehr übersichtlich wirkt:

```
$schedule->call(function () {
    // Läuft einmal pro Woche am Sonntag um 23:50 Uhr
})->weekly()->sundays()->at('23:50');
```

Beachten Sie, dass wir Zeiten miteinander verketten können: Wir können die Frequenz und den Wochentag und die Uhrzeit festlegen – und noch einiges mehr.

Tabelle 16-1 zeigt eine Liste möglicher Datums-/Zeitmodifikatoren, die bei der Planung eines Jobs verwendet werden können.

Tabelle 16-1: Datums-/Zeitmodifikatoren für die Aufgabenplanung

Methode	Beschreibung
->timezone('Europe/Berlin')	Zeitzone festlegen
->cron('* * * * *')	Zeitplan mit traditioneller Cron-Notation festlegen
->everyMinute()	Jede Minute ausführen

Tabelle 16-1: Datums-/Zeitmodifikatoren für die Aufgabenplanung (Fortsetzung)

Methode	Beschreibung
->everyFiveMinutes()	Alle 5 Minuten ausführen
->everyTenMinutes()	Alle 10 Minuten ausführen
->everyThirtyMinutes()	Alle 30 Minuten ausführen
->hourly()	Jede Stunde ausführen
->daily()	Jeden Tag um 0:00 Uhr ausführen
->dailyAt('14:00')	Jeden Tag um 14:00 Uhr ausführen
->twiceDaily(1, 14)	Jeden Tag um 1:00 Uhr und 14:00 Uhr ausführen
->weekly()	Jede Woche ausführen (24:00 am Sonntag)
->weeklyOn(5, '10:00')	Jede Woche freitags um 10:00 Uhr ausführen
->monthly()	Jeden Monat ausführen (0:00 Uhr am 1. des Monats)
->monthlyOn(15, '23:00')	Jeden Monat am 15. ausführen um 23:00 Uhr
->quarterly()	Jedes Quartal ausführen (0:00 Uhr am 1. Januar, April, Juli und Oktober)
->yearly()	Jedes Jahr ausführen (0:00 Uhr am 1. Januar)
->when(closure)	Ausführen, wenn die Closure true zurückgibt
->skip(closure)	Ausführen, wenn die Closure false zurückgibt
->between('8:00', '12:00')	Aufgabe nur zwischen diesen Uhrzeiten ausführen
->unlessBetween('8:00', '12:00')	Aufgabe nur außerhalb dieser Uhrzeiten ausführen
->weekdays()	Nur an Wochentagen ausführen
->sundays()	Nur an Sonntagen ausführen
->mondays()	Nur an Montagen ausführen
->tuesdays()	Nur an Dienstagen ausführen
->wednesdays()	Nur an Mittwochen ausführen
->thursdays()	Nur an Donnerstagen ausführen
->fridays()	Nur an Freitagen ausführen
->saturdays()	Nur an Samstagen ausführen

Die meisten dieser Methoden können miteinander verkettet werden, sofern die entstehenden Kombinationen Sinn ergeben.

Beispiel 16-37 zeigt einige Kombinationen, die Sie in Betracht ziehen könnten.

Beispiel 16-37: Einige Beispiele für geplante Ereignisse

```
// Beide Aufgaben laufen wöchentlich am Sonntag um 23:50 Uhr
$schedule->command('do:thing')->weeklyOn(0, '23:50');
$schedule->command('do:thing')->weekly()->sundays()->at('23:50');

// Einmal pro Stunde, werktags, 8-17 Uhr
$schedule->command('do:thing')->weekdays()->hourly()->when(function () {
    return date('H') >= 8 && date('H') <= 17;
});
```

```
// Einmal pro Stunde, werktags, 8-17 Uhr - mit der Methode "between"
$schedule->command('do:thing')->weekdays()->hourly()->between('8:00', '17:00');

// Alle 30 Minuten ausführen, außer wenn der SkipDetector etwas anderes festlegt
$schedule->command('do:thing')->everyThirtyMinutes()->skip(function () {
    return app('SkipDetector')->shouldSkip();
});
```

Definieren von Zeitzonen für geplante Befehle

Sie können die Zeitzone für einen bestimmten geplanten Befehl mit der Methode timezone() definieren:

```
$schedule->command('do:it')->weeklyOn(0, '23:50')->timezone('Europe/Vienna');
```

In Anwendungen ab Laravel 5.8 können Sie unabhängig von der Anwendungszeitzone auch eine Standardzeitzone festlegen, in der alle geplanten Aufgaben definiert werden, indem Sie eine Methode scheduleTimezone() in App\Console\Kernel definieren:

```
protected function scheduleTimezone()
{
    return 'Europe/Vienna';
}
```

Blockierung und Überlappung

Wenn Sie vermeiden möchten, dass sich Ihre Aufgaben überschneiden – z.B., wenn Sie eine Aufgabe haben, die jede Minute läuft, aber manchmal länger als eine Minute dauern kann –, beenden Sie die Methodenkette der Zeitplanung mit withoutOverlapping(). Diese Methode überspringt eine Aufgabe, wenn die vorherige Instanz dieser Aufgabe noch ausgeführt wird:

```
$schedule->command('do:thing')->everyMinute()->withoutOverlapping();
```

Output von Aufgaben handhaben

Manchmal ist der Output geplanter Aufgaben wichtig, sei es für die Protokollierung, für Benachrichtigungen oder einfach nur um sicherzustellen, dass die Aufgabe tatsächlich ausgeführt wurde.

Wenn Sie den Output einer Aufgabe in eine Datei schreiben möchten, können Sie sendOutputTo() verwenden:

```
$schedule->command('do:thing')->daily()->sendOutputTo($filePath);
```

Wenn Sie die Ausgabe stattdessen an eine Datei *anhängen* möchten, verwenden Sie appendOutputTo():

```
$schedule->command('do:thing')->daily()->appendOutputTo($filePath);
```

Und wenn Sie die Ausgabe an einen bestimmten Empfänger senden möchten, schreiben Sie sie zuerst in eine Datei und fügen dann emailOutputTo() hinzu:

```
$schedule->command('do:thing')
    ->daily()
    ->sendOutputTo($filePath)
    ->emailOutputTo('me@myapp.com');
```

Stellen Sie sicher, dass die E-Mail-Funktionalität in der E-Mail-Konfiguration von Laravel korrekt eingerichtet ist.

Geplante Aufgaben mit Closures können keine Ausgaben senden
Die Methoden sendOutputTo(), appendOutputTo() und emailOutputTo() funktionieren nur bei Aufgaben, die mit command() geplant wurden. Sie können leider nicht bei Closures verwendet werden.

Vielleicht möchten Sie eine Ausgabe auch an einen Webhook senden, um sicherzustellen, dass Ihre Tasks korrekt ausgeführt wurden. Es gibt ein paar Dienstleister, die diese Art der Betriebszeitüberwachung (Uptime Monitoring) bieten, insbesondere Laravel Envoyer (*https://envoyer.io*), ein Bereitstellungsdienst ohne Ausfallzeiten, der auch Uptime Monitoring für Cron bietet, und Dead Man's Snitch (*https://deadmanssnitch.com*), ein Tool, das ausschließlich für die Uptime-Überwachung von Cron-Jobs entwickelt wurde.

Diese Dienste erwarten nicht etwa, dass ihnen etwas per E-Mail geschickt wird, sondern einen HTTP-Ping – deshalb gibt es die Methoden pingBefore() und thenPing():

```
$schedule->command('do:thing')
    ->daily()
    ->pingBefore($beforeUrl)
    ->thenPing($afterUrl);
```

Falls Sie diese Ping-Funktionen verwenden möchten, müssen Sie mit dem Composer Guzzle einbinden:

```
composer require guzzlehttp/guzzle
```

Aufgaben-Hooks

Da wir gerade beim Thema sind: Es gibt Hooks, um etwas *vor* und *nach* einer Aufgabe auszuführen, und zwar before() und after():

```
$schedule->command('do_thing')
    ->daily()
    ->before(function () {
        // Vorbereiten
    })
    ->after(function () {
        // Aufräumen
    });
```

Testen

Das Testen von Jobs oder irgendetwas anderem, das sich in einer Warteschlange befindet, ist einfach. In *phpunit.xml*, der Konfigurationsdatei für Tests, ist die Umgebungsvariable QUEUE_DRIVER standardmäßig auf sync gesetzt. Das bedeutet, dass Tests Ihre Aufträge oder andere Aufgaben in der Warteschlange synchron ausführen, also direkt in Ihrem Code, ohne sich auf ein Warteschlangensystem irgendeiner Art zu verlassen. Sie können sie also wie jeden anderen Code testen.

Wenn Sie jedoch nur überprüfen möchten, ob ein Job ausgelöst wurde, können Sie das mit der Methode expectsJobs() tun, siehe Beispiel 16-38.

Beispiel 16-38: Behaupten, dass ein Job der angegebenen Klasse geplant wurde
```
public function test_changing_number_of_subscriptions_crunches_reports()
{
    $this->expectsJobs(\App\Jobs\CrunchReports::class);

    ...
}
```

In Projekten ab Laravel 5.3 können Sie auch Behauptungen bezüglich eines spezifischen Jobs aufstellen, siehe Beispiel 16-39.

Beispiel 16-39: Verwenden einer Closure, um zu überprüfen, ob ein geplanter Auftrag bestimmte Kriterien erfüllt
```
use Illuminate\Support\Facades\Bus;
...
public function test_changing_subscriptions_triggers_crunch_job()
{
    ...
    Bus::fake();

    Bus::assertDispatched(CrunchReports::class, function ($job) {
        return $job->subscriptions->contains(5);
    });

    // Man kann auch assertNotDispatched() verwenden
}
```

Um zu testen, ob ein Ereignis ausgelöst wurde, haben Sie drei Möglichkeiten. Zuerst können Sie einfach überprüfen, ob das von Ihnen erwartete Verhalten eingetreten ist, ohne sich mit dem Ereignis selbst zu beschäftigen.

Zweitens können Sie ab Laravel 5.2 explizit behaupten, dass das Ereignis ausgelöst wurde wie in Beispiel 16-40.

Beispiel 16-40: Behaupten, dass ein Ereignis der angegebenen Klasse ausgelöst wurde
```
public function test_usersubscribed_event_fires()
{
    $this->expectsEvents(\App\Events\UserSubscribed::class);
```

```
    ...
}
```

Und schließlich können Sie einen Test gegen das ausgelöste Ereignis durchführen wie in Beispiel 16-41. Diese Möglichkeit gibt es seit Laravel 5.3.

Beispiel 16-41: Verwenden einer Closure, um zu überprüfen, dass ein Ereignis bestimmte Kriterien erfüllt

```
use Illuminate\Support\Facades\Event;
...
public function test_usersubscribed_event_fires()
{
    Event::fake();

    ...

    Event::assertDispatched(UserSubscribed::class, function ($e) {
        return $e->user->email = 'user-who-subscribed@mail.com';
    });

    // Man kann auch assertNotDispatched() verwenden
}
```

Ein weiteres häufiges Szenario: Sie möchten Code testen, in dem unter anderem auch Ereignisse ausgelöst werden, es soll aber auf diese Ereignisse nicht reagiert werden. Dazu lässt sich das ganze Ereignissystem mit der Methode withoutEvents() abstellen wie in Beispiel 16-42.

Beispiel 16-42: Deaktivieren von Event-Listenern während eines Tests

```
public function test_something_subscription_related()
{
    $this->withoutEvents();

    ...
}
```

TL;DR

Warteschlangen ermöglichen es Ihnen, Teile des Anwendungscodes vom synchronen Ablauf der Benutzerinteraktionen auszuklammern und einer dynamischen Sammlung von Befehlen zu übergeben, die von einem »Warteschlangenarbeiter« bzw. »Queue-Worker« verarbeitet werden sollen. Auf diese Weise können Ihre Benutzer die Interaktionen mit Ihrer Anwendung ungebremst weiterführen, während langsamere Prozesse asynchron im Hintergrund behandelt werden.

Jobs sind Klassen, mit denen ein Teil des Anwendungsverhaltens so gekapselt wird, dass dieser in eine Warteschlange verschoben werden kann.

Laravels Ereignissystem folgt dem Pub/Sub- oder Beobachter-Muster, sodass Sie an beliebiger Stelle im Code Benachrichtigungen über ein Ereignis senden bzw. broadcasten können, und es an anderer Stelle Zuhörer gibt, sogenannte Event-Listener, die diese Benachrichtigungen empfangen können und als Reaktion darauf bestimmte Aktionen ausführen. Mit WebSockets können Ereignisse auch an Frontend-Clients übertragen werden.

Laravels Scheduler vereinfacht die Planung von Aufgaben. Dazu führt ein minütlich laufender Cron-Job php artisan schedule:run aus, sodass selbst Aufgaben mit sehr komplexen Zeitplanungen festgelegt werden können, um deren korrekte und pünktliche Ausführung sich Laravel kümmert.

KAPITEL 17
Helfer und Collections

Wir haben bisher schon viele globale Funktionen behandelt: Das sind diese kleinen Hilfsfunktionen bzw. Helfer, die häufig vorkommende Aufgaben vereinfachen, wie beispielsweise dispatch() für Jobs, event() für Ereignisse oder app() für die Auflösung von Abhängigkeiten. Wir haben in Kapitel 5 auch bereits über Laravels Collections (die »Arrays auf Steroiden«) gesprochen.

In diesem Kapitel werden wir uns die gebräuchlichsten und leistungsfähigsten Helfer und einige Grundlagen im Umgang mit Collections anschauen.

Helfer

Eine vollständige Liste der Hilfsfunktionen, die es in Laravel gibt, finden Sie in der Dokumentation (*http://bit.ly/2HQKaFC*) – hier stellen wir eine Auswahl der nützlichsten Funktionen vor.

Seit Laravel 5.8 gelten alle globalen Hilfsfunktionen, deren Bezeichnung mit *array_* oder *str_* beginnt, und einige weitere Array- und Zeichenketten-Funktionen als veraltet (*deprecated*). Diese Helfer wurden in Laravel 6 entfernt, aber aus Gründen der Abwärtskompatibilität weiterhin in einem separaten Paket laravel/helpers zur Verfügung gestellt. Stattdessen können diese Hilfsfunktionen jetzt als Methoden der Klassen Illuminate\Support\Str und Illuminate\Support\Arr aufgerufen werden. Damit der in diesem Buch gezeigte Beispielcode auch mit früheren Versionen funktioniert, verwende ich vorerst noch die bisherigen Varianten. Installieren Sie deshalb bitte das Helfer-Paket, falls noch nicht geschehen:

    composer require laravel/helpers

In der folgenden Methodenübersicht nenne ich jeweils beide Bezeichnungen, also z.B. Arr::first *und* array_first.

Arrays

Die nativen Array-Funktionen von PHP sind bereits sehr mächtig, aber manchmal gibt es Standardaufgaben, die unhandliche Schleifen und Logikprüfungen erfordern. Die Array-Helfer von Laravel vereinfachen einige typische Array-Manipulationen:

Arr::first / array_first(*$array, $callback, $default = null*)
Liefert den ersten Array-Wert, der die Bedingung erfüllt, die in der angegebenen Closure definiert ist. Optional können Sie als dritten Parameter einen Standardwert festlegen. Hier ein Beispiel:

```
$people = [
    [
        'email' => 'm@me.com',
        'name' => 'Malcolm Me'
    ],
    [
        'email' => 'j@jo.com',
        'name' => 'James Jo'
    ],
];

$value = array_first($people, function ($person, $key) {
    return $person['email'] == 'j@jo.com';
});
```

Arr::get / array_get(*$array, $key, $default = null*)
Damit lassen sich auf einfache Weise Werte aus einem Array holen, wobei es mehrere Vorteile gibt: Es wird kein Fehler ausgelöst, wenn Sie nach einem Schlüssel fragen, der nicht existiert; Sie können im dritten Parameter Standardwerte angeben; und Sie können die Punktnotation verwenden, um verschachtelte Arrays zu durchlaufen. Zum Beispiel:

```
$array = ['owner' => ['address' => ['line1' => '123 Main St.']]];

$line1 = array_get($array, 'owner.address.line1', 'No address');
$line2 = array_get($array, 'owner.address.line2');
```

Arr::has / array_has(*$array, $keys*)
Damit lässt sich einfach überprüfen, ob ein Array einen bestimmten Schlüssel enthält, indem man die Punktnotation für das Durchlaufen verschachtelter Arrays verwendet. Als Parameter $keys kann ein einzelner Eintrag oder ein Array von Einträgen angegeben werden – es wird dann für jeden Eintrag überprüft, ob er im Array existiert:

```
$array = ['owner' => ['address' => ['line1' => '123 Main St.']]];

if (array_has($array, 'owner.address.line2')) {
    // Anweisungen hier ...
}
```

Arr::pluck / array_pluck(*$array, $key, $key_as = null*)
Liefert ein Array mit den Werten, die dem angegebenen Schlüssel $key entsprechen:

```
$array = [
    ['owner' => ['id' => 4, 'name' => 'Tricia']],
    ['owner' => ['id' => 7, 'name' => 'Kimberly']],
];

$array = array_pluck($array, 'owner.name');

// Liefert ['Tricia', 'Kimberly'];
```

Wenn Sie möchten, dass das zurückgegebene Array anhand eines anderen Schlüssels aus dem Quell-Array indiziert wird, können Sie die in Punktnotation notierte Referenz dieses Schlüssels als dritten Parameter übergeben:

```
$array = array_pluck($array, 'owner.name', 'owner.id');

// Liefert [4 => 'Tricia', 7 => 'Kimberly'];
```

Arr::random / array_random($array, $num = null)

Gibt einen zufälligen Eintrag aus dem angegebenen Array zurück. Der optionale Parameter $num gibt an, dass ein Array mit einer entsprechenden Anzahl an zufällig ausgewählten Ergebnissen zurückgegeben werden soll:

```
$array = [
    ['owner' => ['id' => 4, 'name' => 'Tricia']],
    ['owner' => ['id' => 7, 'name' => 'Kimberly']],
];

$randomOwner = array_random($array);
```

Zeichenketten

Genau wie bei Arrays gibt es auch bei Zeichenketten einige Aufgaben und Prüfungen, die mit nativen PHP-Funktionen zwar möglich, aber nur umständlich durchzuführen sind. Mit den Helfern von Laravel werden einige gängige Zeichenkettenoperationen schneller und einfacher:

e($string)

Ein Alias von htmlentities(); bereitet eine (oft vom Benutzer bereitgestellte) Zeichenkette für die sichere Ausgabe auf einer HTML-Seite vor. Zum Beispiel:

```
e('<script>Ein möglicherweise gefährlicher Angriff</script>');

// Gibt zurück: &lt;script&gt;Ein möglicherweise gefährlicher Angriff&lt;/script&gt;
```

Str::startsWith / starts_with($haystack, $needle), Str::endsWith / ends_with($haystack, $needle) und Str::contains / str_contains($haystack, $needle)

Gibt einen booleschen Wert zurück, der angibt, ob die angegebene Zeichenkette $haystack mit der gesuchten Zeichenkette $needle beginnt, endet oder diese enthält:

```
if (starts_with($url, 'https')) {
    // Hier Programmcode
}
```

```
if (ends_with($abstract, '...')) {
    // Hier Programmcode
}

if (str_contains($description, '1337 h4x0r')) {
    // Lauf weg
}
```

Str::limit / str_limit(*$value, $limit = 100, $end = '...'*)

Begrenzt eine Zeichenkette auf die angegebene Anzahl von Zeichen. Wenn die Zeichenkette kürzer ist als das angegebene Limit, wird einfach die gesamte Zeichenkette zurückgegeben; wenn sie länger ist, wird gekürzt, wobei dann entweder ... oder die Zeichenkette *$end* angefügt wird. Zum Beispiel:

```
$abstract = str_limit($loremIpsum, 30);

// Gibt zurück: "Lorem ipsum dolor sit amet, co..."

$abstract = str_limit($loremIpsum, 30, "&hellip;");

// Gibt zurück: "Lorem ipsum dolor sit amet, co&hellip;"
```

Str::is / str_is(*$pattern, $value*)

Gibt einen booleschen Wert zurück, der angibt, ob eine bestimmte Zeichenkette mit einem bestimmten Muster übereinstimmt oder nicht. Das Muster kann ein Regex-Muster sein, oder Sie verwenden Sternchen, um Platzhalterpositionen zu markieren:

```
str_is('*.dev', 'myapp.dev');            // true
str_is('*.dev', 'myapp.dev.co.uk');      // false
str_is('*dev*', 'myapp.dev');            // true
str_is('*myapp*', 'www.myapp.dev');      // true
str_is('my*app', 'myfantasticapp');      // true
str_is('my*app', 'myapp');               // true
```

Einen regulären Ausdruck an str_is() übergeben

Wenn Sie wissen möchten, welche Regex-Muster an str_is() übergeben werden dürfen, schauen Sie sich die folgende Funktionsdefinition an (aus Platzgründen verkürzt). Bitte beachten Sie, dass es sich um einen Alias von Illuminate\Support\Str::is() handelt:

```
public function is($pattern, $value)
{
    if ($pattern == $value) return true;

    $pattern = preg_quote($pattern, '#');
    $pattern = str_replace('\*', '.*', $pattern);
    if (preg_match('#^'.$pattern.'\z#u', $value) === 1) {
        return true;
    }

    return false;
}
```

Str::random / str_random($length = n)
: Gibt eine zufällige Zeichenkette mit alphanumerischen Zeichen in gemischter Groß-/Kleinschreibung mit der angegebenen Länge zurück:

```
$hash = str_random(64);

// Beispiel: J4OuNWAvY6OwE4BPEWxu7BZFQEmxEHmGiLmQncjOThMGJK7O5Kfgptyb9ulwspmh
```

Str::slug / str_slug($title, $separator = '-')
: Wandelt eine Zeichenkette in einen URL-freundlichen Slug um – wird gerne benutzt, um URL-Segmente aus einem Namen oder Titel zu generieren:

```
str_slug('How to Win Friends and Influence People');

// Liefert 'how-to-win-friends-and-influence-people'
```

Str::plural / str_plural($value, $count = n)
: Konvertiert eine Zeichenkette in ihre Pluralform. Diese Funktion unterstützt derzeit nur die englische Sprache:

```
str_plural('book');

// Liefert "books"

str_plural('person');

// Liefert "people"

str_plural('person', 1);

// Liefert "person"
```

($key, $replace = [], $locale = null)
: Übersetzt die angegebene Zeichenkette oder den angegebenen Schlüssel unter Verwendung der vorhandenen Lokalisierungsdateien:

```
echo __('Welcome to your dashboard');

echo __('messages.welcome');
```

Anwendungspfade

Wenn Sie mit dem Dateisystem zu tun haben, kann es oft mühsam sein, Links zu bestimmten Verzeichnissen zum Abrufen und Speichern von Dateien zu erstellen. Mit den folgenden Helfern können Sie schnell die vollqualifizierten Pfade zu einigen der wichtigsten Verzeichnisse Ihrer Anwendung herausfinden.

Bitte beachten Sie, dass alle diese Helfer ohne Parameter aufgerufen werden können; wird aber ein Parameter übergeben, dann wird er an die normale Verzeichnisstruktur angehängt und das Gesamtergebnis zurückgegeben:

app_path($append = '')
: Gibt den Pfad für das Verzeichnis *app* zurück:

```
app_path();

// Liefert z.B. "/home/forge/myapp.com/app"
```

base_path($path = '')
: Gibt den Pfad für das Stammverzeichnis Ihrer Anwendung zurück:

```
base_path();

// Liefert z.B. "/home/forge/myapp.com"
```

config_path($path = '')
: Gibt den Pfad für die Konfigurationsdateien Ihrer Anwendung zurück:

```
config_path();

// Liefert z.B. "/home/forge/myapp.com/config"
```

database_path($path = '')
: Liefert den Pfad für Datenbankdateien Ihrer Anwendung:

```
database_path();

// Liefert z.B. "/home/forge/myapp.com/database"
```

storage_path($path = '')
: Gibt den Pfad für das Verzeichnis *storage* Ihrer Anwendung zurück:

```
storage_path();

// Liefert z.B. "/home/forge/myapp.com/storage"
```

URLs

Die Pfade zu manchen Frontend-Dateien sind zwar konsistent, aber manchmal lästig zu tippen, z.B. der Pfad zu den Assets, aber auch dafür gibt es einige nützliche Helferlein. Allerdings gibt es auch Pfade, die tatsächlich variieren können, wenn sich Routendefinitionen verschieben oder neue Dateien mit Mix versioniert werden, sodass einige dieser Hilfsfunktionen auch nötig sind, um sicherzustellen, dass all Ihre Links und Assets korrekt funktionieren.

action($action, $parameters = [], $absolute = true)
: Gibt die vollständige URL zurück, sofern einer Controllermethode eine bestimmte, einzelne URL zugeordnet ist und der action()-Methode ein Controller-/Methodenpaar übergeben wird, entweder getrennt durch @ oder in Tupel-Notation:

```
<a href="{{ action('PeopleController@index') }}">Alle Personen anzeigen</a>
// oder in Tupel-Notation:
<a href=
```

```
    "{{ action([App\Http\Controllers\PeopleController::class, 'index']) }}">
    Alle Personen anzeigen
</a>

// Liefert <a href="http://myapp.com/people">Alle Personen anzeigen</a>
```

Wenn die Controller-Methode Parameter benötigt, können Sie diese als zweiten Parameter übergeben (als Array, wenn es mehr als einen erforderlichen Parameter gibt). Sie können die Parameter auch mit Schlüsseln versehen, wichtig ist nur, dass sie in der richtigen Reihenfolge stehen:

```
<a href="{{ action('PeopleController@show', ['id' => 3] }}">
    Zeige Person #3
</a>
// oder
<a href="{{ action('PeopleController@show', [3] }}">Zeige Person #3</a>

// Liefert <a href="http://myapp.com/people/3">Zeige Person #3</a>
```

Wenn Sie als dritten Parameter false übergeben, werden relative Links (*/people/3*) anstelle von absoluten (*http://myapp.com/people/3*) generiert.

route($name, $parameters = [], $absolute = true)
Gibt die URL für benannte Routen zurück:

```
// routes/web.php
Route::get('people', 'PeopleController@index')->name('people.index');

// Irgendeine View
<a href="{{ route('people.index') }}">Alle Personen anzeigen</a>

// Liefert <a href="http://myapp.com/people">Alle Personen anzeigen</a>
```

Wenn die Routendefinition Parameter erfordert, können Sie diese als zweiten Parameter übergeben (als Array, wenn mehr als ein Parameter erforderlich ist). Auch hier können Sie die Parameter mit Schlüssel versehen, wichtig ist wiederum nur die richtige Reihenfolge:

```
<a href="{{ route('people.show', ['id' => 3]) }}">Zeige Person #3</a>
// oder
<a href="{{ route('people.show', [3]) }}">Zeige Person #3</a>

// Liefert <a href="http://myapp.com/people/3">Zeige Person #3</a>
```

Wenn Sie als dritten Parameter false übergeben, werden keine absoluten, sondern relative Links generiert.

url($string) *und* secure_url($string)
Konvertiert beliebige Pfadzeichenketten in voll qualifizierte URLs (secure_url() ist das Gleiche wie url(), erzwingt aber HTTPS):

```
url('people/3');

// Liefert http://myapp.com/people/3
```

Wenn keine Parameter übergeben werden, liefert die Methode eine Instanz von Illuminate\Routing\UrlGenerator zurück, die eine Methodenverkettung ermöglicht:

```
url()->current();
// Liefert http://myapp.com/abc

url()->full();
// Liefert http://myapp.com/abc?order=reverse

url()->previous();
// Liefert http://myapp.com/login

// UrlGeneratoren verfügen über viele weitere Methoden ...
```

mix($path, $manifestDirectory = '')

Gibt für Assets, die mit Elixir versioniert werden, die voll qualifizierte URL für die versionierte Datei zurück, wenn der Methode der nicht versionierte Pfadname übergeben wird:

```
<link rel="stylesheet" href="{{ mix('css/app.css') }}">

// Liefert so etwas wie /build/css/app-eb555e38.css
```

Der elixir()-Helfer vor Laravel 5.4
In Projekten mit Versionen vor 5.4 sollten Sie den Helfer elixir() anstelle von mix() verwenden. Mehr dazu auch in der Dokumentation (*https://bit.ly/2ACcHu1*).

Verschiedenes

Es gibt noch ein paar andere nützliche globale Helfer, die ich empfehlen möchte. Natürlich sollten Sie sich bei Gelegenheit auch die komplette Liste (*https://bit.ly/2HQKaFC*) anschauen, aber die hier genannten sind auf jeden Fall einen genaueren Blick wert:

abort($code, $message, $headers), abort_unless($boolean, $code, $message, $headers) und abort_if($boolean, $code, $message, $headers)

Diese Methoden werfen HTTP-Exceptions. abort() löst die definierte Exception aus, abort_unless() wirft sie, sofern der erste Parameter false ergibt, und abort_if() erzeugt eine Ausnahme, sofern der erste Parameter true ergibt:

```
public function controllerMethod(Request $request)
{
    abort(403, 'You shall not pass');
    abort_unless(request()->filled('magicToken'), 403);
    abort_if(request()->user()->isBanned, 403);
}
```

auth()
: Gibt eine Instanz des Laravel-Authentifikators zurück. Wie bei der Auth-Fassade können Sie damit den aktuellen Benutzer ermitteln, nach dem Log-in-Status suchen und vieles mehr:

```
$user = auth()->user();
$userId = auth()->id();

if (auth()->check()) {
    // Hier Programmcode
}
```

back()
: Erzeugt eine »redirect back«-Antwort und leitet den Benutzer zurück zur vorherigen Seite:

```
Route::get('post', function () {
    ...

    if ($condition) {
        return back();
    }
});
```

collect($array)
: Konvertiert ein Array in eine Laravel-Collection:

```
$collection = collect(['Rachel', 'Hototo']);
```

Collections behandeln wir weiter unten in diesem Kapitel.

config($key)
: Liefert den Wert eines in Punktnotation angegebenen Konfigurationselements:

```
$defaultDbConnection = config('database.default');
```

csrf_field() *und* csrf_token()
: Erzeugt ein komplettes verstecktes HTML-Eingabefeld (csrf_field()) bzw. nur den entsprechenden Token-Wert (csrf_token()), um einem Formular die für eine CSRF-Verifizierung nötigen Angaben hinzuzufügen:

```
<form>
    {{ csrf_field() }}
</form>

// oder

<form>
    <input type="hidden" name="_token" value="{{ csrf_token() }}">
</form>
```

dd($variable...)
: Kurz für »dump and die«: Führt var_dump() für alle übergebenen Parameter aus und beendet dann die Anwendung mit exit(). Wird zum Debuggen verwendet:

    ```
    ...
    dd($var1, $var2, $state);
    ```

ddd($variable...)
: Kurz für »dump, die and debug«: Dieser globale Helfer kombiniert dd() mit der in Version 6.0 eingeführten mächtigen neuen Fehlerseite, die vom Paket Ignition bereitgestellt wird. So viel besser als nur dd()!

    ```
    ...
    ddd('text', $var1, $var2, $state);
    ```

env($key, $default = null)
: Gibt den Wert der angegebenen Umgebungsvariablen zurück:

    ```
    $key = env('API_KEY', '');
    ```

    Bitte denken Sie daran, +env()+ niemals außerhalb von Konfigurationsdateien zu verwenden.

dispatch($job)
: Dispatching eines Auftrags:

    ```
    dispatch(new EmailAdminAboutNewUser($user));
    ```

event($event)
: Löst ein Ereignis aus:

    ```
    event(new ContactAdded($contact));
    ```

factory($entityClass)
: Gibt eine Instanz des Factory Builders für die angegebene Klasse zurück:

    ```
    $contact = factory(App\Contact::class)->make();
    ```

old($key = null, $default = null)
: Liefert den alten Wert aus der vorhergehenden Übermittlung eines Formulars für den angegebenen Schlüssel, also den Namen eines Input-Felds, sofern dieser existiert:

    ```
    <input name="name" value="{{ old('value', 'Your name here') }}"
    ```

redirect($path)
: Gibt eine Umleitung auf den angegebenen Pfad zurück:

    ```
    Route::get('post', function () {
        ...
        return redirect('home');
    });
    ```

Ohne Parameter erzeugt dies eine Instanz der Klasse Illuminate\Routing\Redirector.

response($content, $status = 200, $headers)
Wenn Parameter übergeben werden, liefert die Funktion eine vordefinierte Instanz von Response zurück. Wenn keine Parameter übergeben werden, gibt sie eine Instanz der Response-Factory zurück:

```
return response('OK', 200, ['X-Header-Greatness' => 'Super great']);
```

```
return response()->json(['status' => 'success']);
```

view($viewPath)
Liefert eine View-Instanz:

```
Route::get('home', function () {
    return view('home'); // Liefert /resources/views/home.blade.php aus
});
```

Collections

Collections sind eines der mächtigsten, aber auch am meisten unterschätzten Features in Laravel. Wir haben sie bereits in »Eloquent-Collections« auf Seite 133 behandelt, aber hier folgt noch einmal eine kurze Zusammenfassung.

Collections kann man als »Arrays mit Superkräften« charakterisieren. Um Arrays zu durchlaufen, müssen diese normalerweise an PHP-Methoden wie array_walk(), array_map(), array_reduce() usw. übergeben werden, die oft eine verwirrend inkonsistente Syntax aufweisen. Arbeitet man mit Laravel-Collections, kann man dagegen konsistente, saubere, verkettungsfähige Methoden nutzen. Ich werde versuchen, Ihnen einen Vorgeschmack davon zu vermitteln, wie man mit Collections funktionaler und sauberer programmieren kann.

Wir werden hier also einige der Grundlagen zu Collections und ihrer Verwendung beim Programmieren behandeln, für einen tiefer gehenden Einblick möchte ich Ihnen aber Adam Wathans Buch *Refactoring to Collections* empfehlen.

Die Grundlagen

Collections gab es schon vor Laravel, sie sind also kein neues Konzept. Viele Programmiersprachen bieten von Haus aus ähnliche Möglichkeiten beim Umgang mit Arrays, aber als PHP-Programmierer konnten wir von so etwas bisher nur träumen.

Mit den array*()-Funktionen von PHP können wir bisher gerade so die Monstrosität, die in Beispiel 17-1 gezeigt wird, in die etwas weniger monströse Monstrosität verwandeln, die in Beispiel 17-2 gezeigt wird.

Beispiel 17-1: Eine typische, hässliche foreach-Schleife
```
$users = [...];

$admins = [];

foreach ($users as $user) {
    if ($user['status'] == 'admin') {
        $user['name'] = $user['first'] . ' ' . $user['last'];
        $admins[] = $user;
    }
}

return $admins;
```

Beispiel 17-2: Refactoring der foreach-Schleife mit nativen PHP-Funktionen
```
$users = [...];

return array_map(function ($user) {
    $user['name'] = $user['first'] . ' ' . $user['last'];
    return $user;
}, array_filter($users, function ($user) {
    return $user['status'] == 'admin';
}));
```

Wir haben jetzt eine temporäre Variable ($admins) entfernt und eine unschöne foreach-Schleife in zwei getrennte Aktionen umgewandelt: map und filter.

Es bleibt das Problem, dass die nativen PHP-Funktionen zur Manipulation von Arrays furchtbar und verwirrend sind. Schauen Sie sich einfach unser Beispiel an; array_map() erwartet als Parameter zuerst die Closure und dann das Array, während es bei array_filter() genau umgekehrt ist. Darüber hinaus hätten wir bei einem etwas komplexeren Beispiel Funktionen, die Funktionen einschließen, die Funktionen einschließen. Es ist ein ziemliches Chaos.

Laravels Collections basieren zwar auf der Leistungsfähigkeit der Array-Manipulationsmethoden von PHP, geben ihnen aber eine saubere, flüssige Syntax an die Hand – und fügen viele Methoden hinzu, die es im PHP-Werkzeugkasten gar nicht gibt. Mithilfe der collect()-Methode, die ein Array in eine Laravel-Collection verwandelt, können wir wie in Beispiel 17-3 vorgehen.

Beispiel 17-3: Refactoring der foreach-Schleife mit Collections
```
$users = collect([...]);

return $users->filter(function ($user) {
    return $user['status'] == 'admin';
})->map(function ($user) {
    $user['name'] = $user['first'] . ' ' . $user['last'];
    return $user;
});
```

Dies ist nicht einmal das extremste Beispiel. Es gibt viele Situationen, in denen die Reduzierung von Codezeilen und die erhöhte Einfachheit noch stärker ausfallen würden. Aber das gezeigte Beispiel hier ist *so typisch*.

Schauen Sie sich das Originalbeispiel an und wie verworren es ist. Es wird einem nicht vollständig klar, wofür ein bestimmter Abschnitt gut ist, bis man das gesamte Beispiel verstanden hat.

Der größte Vorteil von Collections besteht darin, dass die Arbeit mit Arrays in einfache, diskrete, verständliche Einzelschritte heruntergebrochen wird. Sie können jetzt beispielsweise etwas machen wie:

```
$users = [...]
$countAdmins = collect($users)->filter(function ($user) {
    return $user['status'] == 'admin';
})->count();
```

Oder etwas in dieser Art:

```
$users = [...];
$greenTeamPoints = collect($users)->filter(function ($user) {
    return $user['team'] == 'green';
})->sum('points');
```

Viele der Beispiele, die wir uns im weiteren Verlauf dieses Kapitels ansehen werden, beziehen sich auf die gerade vorgestelle, hypothetische $users-Collection. Jeder Eintrag im $users-Array repräsentiert einen einzelnen Benutzer. Die spezifischen Eigenschaften, die ein solcher Benutzer haben wird, können je nach Beispiel etwas variieren. Aber immer, wenn ab jetzt die Variable $users auftaucht, beziehen wir uns auf diese Collection.

Lazy Collections in Laravel 6

In Version 6.0 wurden die sogenannten Lazy Collections eingeführt, die die Collection-Klasse ergänzen, um mit sehr großen Datensätzen bei gleichzeitig geringem Speicherverbrauch arbeiten zu können. Dazu nutzt die LazyCollection-Klasse die Generatoren von PHP (*https://bit.ly/2YFYw25*).

Falls Sie also Anwendungen programmieren, die sehr hohe Speicheranforderungen haben, weil z. B. sehr umfangreiche Dateien (wie etwa Protokolldateien) oder große Datenmengen aus Datenbanken eingelesen werden müssen, können Lazy Collections für »Entspannung« sorgen. Dazu möchte ich Sie auf die entsprechende Dokumentation zu Lazy Collections (*https://bit.ly/2YvKG1Q*) verweisen.

Ein paar Methoden

Darüber hinaus gibt es noch viele weitere Möglichkeiten. Ich empfehle Ihnen, die Collections-Dokumentation (*https://bit.ly/2FwS1VN*) zu nutzen, um einen vollständigen Überblick über die vorhandenen Methoden zu bekommen. Die wichtigsten stelle ich Ihnen im Folgenden kurz vor:

all() *und* toArray()
: Wenn Sie Ihre Collection in ein Array konvertieren möchten, können Sie dies entweder mit all() oder toArray() tun. toArray() glättet nicht nur die Collection als solche, sondern auch alle darin enthaltenen Eloquent-Objekte zu einem klassischen Array. all() konvertiert *ausschließlich* die Collection selbst in ein Array; alle in der Collection vorhandenen Eloquent-Objekte bleiben als solche erhalten. Hier einige Beispiele:

```
$users = User::all();

$users->toArray();

/* Gibt zurück:
    [
        ['id' => '1', 'name' => 'Agouhanna'],
        ...
    ]
*/

$users->all();

/* Gibt zurück:
    [
        Eloquent object { id : 1, name: 'Agouhanna' },
        ...
    ]
*/
```

filter() *und* reject()
: Wenn Sie eine Teilmenge Ihrer ursprünglichen Collection erhalten möchten, indem Sie jedes Element durch eine Closure prüfen, können Sie die Methode filter() verwenden, die ein Element beibehält, wenn die Closure true zurückgibt, oder die Methode reject(), die ein Element beibehält, wenn die Closure false zurückgibt:

```
$users = collect([...]);
$admins = $users->filter(function ($user) {
    return $user->isAdmin;
});

$paidUsers = $user->reject(function ($user) {
    return $user->isTrial;
});
```

where()
: Mit where() kann man eine Teilmenge der ursprünglichen Collection bestimmen, bei der die Werte eines Schlüssels eine bestimmten Bedingung erfüllen müssen. Alles, was man mit where() machen kann, lässt sich auch mit filter() erreichen, aber es ist eine Abkürzung für ein gebräuchliches Szenario:

```
$users = collect([...]);
$admins = $users->where('role', 'admin');
```

first() *und* last()
: Mit first() können Sie den ersten und mit last() den letzten Eintrag aus einer Collection auslesen.

    Wenn Sie first() oder last() ohne Parameter aufrufen, erhalten Sie nur den ersten bzw. letzten Eintrag der Collection. Aber wenn Sie eine Closure übergeben, erhalten Sie stattdessen das erste oder letzte Element der Collection, das die Prüfung in der Closure mit true besteht.

    Manchmal setzt man diese Methoden ein, weil man tatsächlich das erste oder letzte Element benötigt. Manchmal stellt man damit aber sicher, dass man selbst dann, wenn man davon ausgeht, dass es sowieso nur ein Element gibt, auch tatsächlich nur ein einziges Element erhält:

    ```
    $users = collect([...]);
    $owner = $users->first(function ($user) {
        return $user->isOwner;
    });

    $firstUser = $users->first();
    $lastUser = $users->last();
    ```

    Sie können auch einen zweiten Parameter übergeben, der den Standardwert festlegt und als Fallback dient, wenn die Closure kein Ergebnis liefert, also kein Element der Collection die Bedingung erfüllt.

each()
: Wenn Sie mit jedem Element einer Collection eine Aktion ausführen, dabei aber weder einzelne Elemente noch die Collection als Ganzes verändern möchten, können Sie each() verwenden:

    ```
    $users = collect([...]);
    $users->each(function ($user) {
        EmailUserAThing::dispatch($user);
    });
    ```

map()
: Wenn Sie über alle Elemente in einer Collection iterieren und dabei Änderungen an ihnen vornehmen und eine neue Collection mit den durchgeführten Änderungen erhalten möchten, sollten Sie map() verwenden:

    ```
    $users = collect([...]);
    $users = $users->map(function ($user) {
        return [
            'name' => $user['first'] . ' ' . $user['last'],
            'email' => $user['email'],
        ];
    });
    ```

reduce()
: Wenn Sie ein einzelnes Ergebnis Ihrer Collection erhalten möchten, wie z. B. eine Anzahl von Elementen oder eine Zeichenkette, bietet sich reduce() an. Diese Methode funktioniert, indem sie einen Anfangswert (hier $carry)

annimmt und dann jedem Element der Collection erlaubt, diesen Wert in bestimmter Weise zu ändern. Sie können einen Anfangswert für diesen Übertragswert und eine Closure definieren, die den aktuellen Zustand des Übertrags und die Elemente, über die iteriert werden soll, als Parameter akzeptiert:

```
$users = collect([...]);

$points = $users->reduce(function ($carry, $user) {
    return $carry + $user['points'];
}, 0); // Beginnen Sie mit einem Übertrag von 0
```

pluck()

Wenn Sie nur die Werte für einen bestimmten Schlüssel aus jedem Element einer Collection herausziehen möchten, können Sie pluck() verwenden:

```
$users = collect([...]);

$emails = $users->pluck('email')->toArray();
```

chunk() *und* take()

Mit chunk() kann man Collections in mehrere Collections mit vordefinierter Größe aufspalten, während man mit take() genau die angegebene Anzahl von Elementen erhält:

```
$users = collect([...]);

$rowsOfUsers = $users->chunk(3); // Spaltet auf in Gruppen von drei Elementen

$topThree = $users->take(3); // Weist der Variablen die ersten drei Elemente
                              zu
```

groupBy()

Wenn Sie alle Elemente einer Collection nach den Werten einer Eigenschaft gruppieren möchten, können Sie groupBy() verwenden:

```
$users = collect([...]);

$usersByRole = $users->groupBy('role');

/* Gibt zurück:
    [
        'member' => [...],
        'admin' => [...],
    ]
*/
```

Sie können auch eine Closure übergeben und die Rückgabewerte benutzen, um die Datensätze nach diesen Werten zu grupppieren:

```
$heroes = collect([...]);

$heroesByAbilityType = $heroes->groupBy(function ($hero) {
    if ($hero->canFly() && $hero->isInvulnerable()) {
```

```
            return 'Kryptonian';
        }

        if ($hero->bitByARadioactiveSpider()) {
            return 'Spidermanesque';
        }

        if ($hero->color === 'green' && $hero->likesSmashing()) {
            return 'Hulk-like';
        }

        return 'Generic';
    });
```

reverse() *und* shuffle()

reverse() kehrt die Reihenfolge der Elemente in einer Collection um, während shuffle() sie randomisiert:

```
$numbers = collect([1, 2, 3]);

$numbers->reverse()->toArray(); // [3, 2, 1]
$numbers->shuffle()->toArray(); // [2, 3, 1]
```

sort(), sortBy() *und* sortByDesc()

Wenn die Elemente der Collection einfache Zeichenketten oder ganze Zahlen sind, können Sie sort() verwenden, um sie zu sortieren:

```
$sortedNumbers = collect([1, 7, 6])->sort()->toArray(); // [1, 6, 7]
```

Falls die Elemente komplexer sind, können Sie den Namen einer Eigenschaft oder eine Closure an sortBy() oder sortByDesc() übergeben, um das Sortierverhalten festzulegen:

```
$users = collect([...]);

// Sortiert ein Array von Benutzern nach der Eigenschaft 'email'
$users->sort('email');

// Sortiert ein Array von Benutzern nach der Eigenschaft 'email'
$users->sortBy(function ($user, $key) {
    return $user['email'];
});
```

count(), isEmpty() *und* isNotEmpty()

Sie können die Anzahl der Elemente in einer Collection mit count() abfragen oder überprüfen, ob eine Collection leer ist oder nicht:

```
$numbers = collect([1, 2, 3]);

$numbers->count();       // 3
$numbers->isEmpty();     // false
$numbers->isNotEmpty();  // true
```

avg() *und* sum()

Wenn Sie mit einer Collection arbeiten, die ausschließlich Zahlen enthält, können Sie mit avg() den Durchschnitt und mit sum() deren Summe berechnen:

```
collect([1, 2, 3])->sum(); // 6
collect([1, 2, 3])->avg(); // 2
```

Falls Sie mit Arrays arbeiten, können Sie die Bezeichnung einer Eigenschaft übergeben, mit deren Werten Sie arbeiten möchten:

```
$users = collect([...]);

$sumPoints = $users->sum('points');
$avgPoints = $users->avg('points');
```

Verwenden von Collections außerhalb von Laravel

Falls Sie sich jetzt ein wenig in Collections verliebt haben und sie auch in Nicht-Laravel-Projekten verwenden möchten, gibt es einen Weg. Mit Taylor Otwells Erlaubnis habe ich die gesamte Funktionalität der Collections in ein separates Projekt namens Collect (*https:// bit.ly/2f1It7n*) ausgelagert, und einige Entwickler meiner Firma synchronisieren es mit den laufenden Laravel-Releases.

Benutzen Sie einfach den Befehl composer require tightenco/collect, um die Klasse Illuminate\Support\Collection in eigenem, Laravel-unabhängigem PHP-Code zu verwenden – zusammen mit dem Helfer collect().

TL;DR

Laravel bietet eine Reihe von globalen Hilfsfunktionen, die verschiedenste Alltagsaufgaben deutlich beschleunigen und vereinfachen. Sie erleichtern die Manipulation und Inspektion von Arrays und Zeichenketten sowie die Generierung von Pfaden und URLs und bieten zudem einen einfachen, konsistenten Zugriff auf wichtige Funktionen.

Laravels Collections sind leistungsstarke Werkzeuge, um in PHP mit Collection-Pipelines zu arbeiten.

KAPITEL 18
Das Laravel-Ökosystem

Parallel zur fortschreitenden Evolution von Laravel hat Taylor Otwell eine Reihe von Tools entwickelt, um Leben und Arbeit von Laravel-Entwicklern zu unterstützen und zu vereinfachen. Ein Großteil seiner Arbeit ist direkt dem Kern des Frameworks zugute gekommen, aber es gibt eine ganze Reihe von separaten Paketen und SaaS-Angeboten, die dennoch einen wesentlichen Teil der Laravel-Erfahrung ausmachen.

Wir haben bereits einige dieser Angebote behandelt, und Sie erhalten im Folgenden Hinweise, an welchen Stellen im Buch weitere Informationen zu finden sind. Für die Tools, die wir nicht abgedeckt haben, gebe ich jeweils eine kurze Beschreibung und einen Link zur entsprechenden Website.

Tools, die in diesem Buch behandelt werden

Diese Werkzeuge haben wir uns bereits angesehen, aber es folgen einige kurze Erinnerungshilfen und Verweise auf die relevanten Stellen im Buch.

Valet

Valet ist ein lokaler Entwicklungsserver (für Mac, aber mit Forks für Windows und Linux), mit dem Sie Ihre Projekte ohne großen Aufwand und sehr einfach im Browser darstellen können. Sie können Valet global auf Ihrem lokalen Entwicklungsrechner mit Composer installieren.

Mit einigen wenigen Befehlen können Sie Nginx, MySQL, Redis u.v.m. in jeder Laravel-Anwendung auf Ihrem Rechner über eine .test-Domain verwenden.

Valet wird in »Laravel Valet« auf Seite 12 behandelt.

Homestead

Homestead ist ein Paket, das den Virtual-Machine-Manager Vagrant mit einer zusätzlichen, auf Laravel zugeschnittenen Konfigurationsschicht kombiniert.

Homestead wurde kurz in »Laravel Homestead« auf Seite 13 vorgestellt.

Der Laravel-Installer

Der Laravel-Installer ist ein Paket, das global in Ihrer lokalen Entwicklungsumgebung (über Composer) installiert wird, um auf einfache Art und Weise ein neues Laravel-Projekt aufzusetzen.

Der Installer ist in »Installation von Laravel mit dem Laravel-Installationsprogramm« auf Seite 14 beschrieben.

Mix

Mix ist ein Webpack-basiertes Frontend-Build-System. Es kann Babel, Browsersync und Ihre bevorzugten CSS-Pre- und Postprozessoren ausführen und bietet Hot Module Replacement, Code Splitting, Versionierung und vieles mehr. Mix hat Elixir ersetzt, ein Gulp-basiertes Werkzeug, das in Laravel für den gleichen Zweck verwendet wurde.

Mix wird in »Laravel Mix« auf Seite 157 behandelt.

Dusk

Dusk ist ein Frontend-Test-Framework, das zum Testen Ihrer gesamten Anwendung (inklusive JavaScript und allem anderen) entwickelt wurde. Es ist ein leistungsstarkes Paket, das Sie über Composer in Ihre Anwendung integrieren können und das für die Browser-Tests einen ChromeDriver-Server benutzt.

Dusk wird in »Testen mit Dusk« auf Seite 324 behandelt.

Passport

Passport ist ein leistungsstarker, einfach einzurichtender OAuth2-Server zur Authentifizierung von Clients, die auf Ihre APIs zugreifen. Es kann in Anwendungen als Composer-Paket installiert werden, sodass Sie Ihren Benutzern mit sehr geringem Aufwand einen vollständigen OAuth2-Flow anbieten können.

Passport wird in »API-Authentifizierung mit Laravel Passport« auf Seite 357 behandelt.

Horizon

Horizon ist ein Paket zur Überwachung von Warteschlangen, das Sie mit Composer in jede Anwendung einbinden können. Es bietet eine vollständige Benutzeroberfläche zur Überwachung von Zustand, Leistung, Fehlern und Verlauf aller Jobs in Redis-Queues.

Horizon wird kurz vorgestellt in »Laravel Horizon« auf Seite 436.

Echo

Echo ist eine JavaScript-Bibliothek, die zusammen mit einer Reihe von Verbesserungen des Benachrichtigungssystems von Laravel eingeführt wurde, um auf einfache Weise Events und Channels zu abonnieren, die von Ihrer Laravel-App über WebSockets gesendet werden.

Echo wird in »Laravel Echo (die JavaScript-Seite)« auf Seite 452 behandelt.

Tools, die in diesem Buch nicht behandelt werden

Hier geht es um einige Werkzeuge, die ich nicht behandelt habe, weil es den Rahmen dieses Buchs sprengen würde. Einige von ihnen benötigt man nur in besonderen Fällen (Cashier, um Zahlungen entgegenzunehmen; Socialite, um Log-ins mittels sozialer Medien zu ermöglichen usw.), andere aber benutze ich selbst praktisch jeden Tag (insbesondere Forge).

Hier folgen die Kurzbeschreibungen, wobei ich mit denjenigen beginne, denen Sie bei Ihrer Arbeit vermutlich am ehesten begegnen werden. Bitte beachten Sie, dass diese Liste keinen Anspruch auf Vollständigkeit erhebt!

Forge

Forge (*https://forge.laravel.com/*) ist ein kostenpflichtiges SaaS-Tool zur Erstellung und Verwaltung virtueller Server bei Hosts wie DigitalOcean, Linode, AWS und anderen. Es stellt Server (und einzelne Sites auf diesen Servern) mit allen Tools zur Verfügung, die Sie für die Ausführung von Laravel-Anwendungen benötigen, von Warteschlangen und Warteschlangen-Managern bis hin zu SSL-Zertifikaten von Let's Encrypt. Es kann auch einfache Kommandozeilen-Skripte einrichten, um Ihre Sites automatisch zu aktualisieren, wenn Sie neuen Code in GitHub oder Bitbucket hochladen.

Forge ist unglaublich nützlich, will man Websites schnell und einfach erstellen, erlaubt es aber auch, Anwendungen längerfristig oder bei steigenden Anforderungen weiterhin auszuführen. Sie können die Größe Ihrer Server anpassen, Lastverteilungs-Manager hinzufügen und private Netzwerke zwischen Ihren Servern einrichten und verwalten, all das ist mit Forge möglich.

Envoyer

Envoyer (*https://envoyer.io/*) ist ein kostenpflichtiges SaaS-Tool, das unter dem Stichwort »zero downtime PHP deployment« vermarktet wird, also damit wirbt, dass es Softverteilung ohne Ausfallzeiten ermöglicht. Im Gegensatz zu Forge setzt Envoyer keine Server auf und verwaltet auch keine. Seine Hauptaufgabe ist es, auf Trigger zu reagieren – normalerweise darauf, dass Sie neuen Code hochladen, aber

Sie können die Softverteilung auch manuell oder über Webhooks auslösen – und Ihre Deployment-Schritte als Reaktion darauf abzuarbeiten.

Envoyer kann dies auf drei Weisen erledigen, die allesamt besser sind als das Push-to-Deploy-Tool von Forge und die meisten anderen Push-to-Deploy-Lösungen:

1. Es verfügt über ein robustes Toolset für den Aufbau Ihrer Deploy-Pipeline als einfachen, aber leistungsstarken, mehrstufigen Prozess.
2. Es verteilt Ihre Anwendung mithilfe von Zero-Downtime-Bereitstellungen im Capistrano-Stil; jede neue Bereitstellung wird in einem eigenen Ordner gespeichert, und erst wenn der Build-Prozess erfolgreich abgeschlossen ist, wird dieser Ordner per Symlink mit dem Wurzelverzeichnis der Webanwendung verknüpft. Aus diesem Grund fällt der Server auch dann nicht aus, wenn etwa Composer neue Pakete installiert oder NPM Builds durchführt.
3. Dank des ordnerbasierten Systems kann man Änderungen schnell rückgängig machen und zu einer früheren Version zurückkehren; Envoyer aktualisiert nur den Symlink auf einen früheren Bereitstellungsordner, und unverzüglich wird wieder der ältere Build benutzt.

Sie können auch regelmäßige Zustandsüberprüfungen einrichten (das sind Pings zu Ihren Servern, die sofort eine Fehlermeldung auslösen, wenn kein HTTP-Statuscode 200 zurückgegeben wird). Oder eine sogenannte *Expectation (Erwartung)*, dass ein Cron-Job, der auf einem Ihrer Server läuft, regelmäßig eine bestimmte Envoyer-URL pingen wird, um beim Ausbleiben des Pings eine automatische Fehlermeldung von Envoyer zu erhalten. Zudem kann man sich Benachrichtigungen über wichtige Ereignisse in Chats schicken lassen.

Envoyer ist, anders als Forge, eher ein Nischenwerkzeug. Ich kenne nicht besonders viele Laravel-Entwickler, die auf Forge verzichten. Envoyer setzen dagegen nur diejenigen ein, für die es erforderlich ist, die Websites bei Problemen unbedingt ohne jegliche Verzögerung in einen früheren Zustand zurückzuversetzen, oder bei denen so viel (oder sehr *wichtiger*) Besucherverkehr auf den Websites herrscht, dass selbst zehn Sekunden Ausfallzeit hier und da ein großes Problem darstellen würden. Wenn Ihre Website in diese Kategorie fällt, ist Envoyer die Zauberlösung für Sie.

Cashier

Cashier (*https://bit.ly/2Or9V0r*) ist ein kostenloses Paket, das eine einfache Schnittstelle zu den Zahlungsdienstleistern Stripe und Braintree und vor allem deren Abonnement-Optionen bietet. Cashier stellt den Großteil der Grundfunktionen für Abonnenten bereit, z. B. für Änderungen des Abonnements, die Rechnungsverwaltung, die Bearbeitung von Webhook-Callbacks des Abrechnungsservice, die Verwaltung von Kündigungsfristen und vieles mehr.

Wenn Sie Ihren Benutzern erlauben möchten, sich für Abonnements mit Stripe oder Braintree anzumelden, wird Cashier Ihre Arbeit deutlich erleichtern.

Socialite

Socialite (*https://bit.ly/2TVjmvd*) ist ein kostenloses Paket, das es extrem einfach macht, Ihren Apps ein Log-in über soziale Medien (z. B. über Facebook oder Twitter, aber auch über GitHub oder Bitbucket) hinzuzufügen.

Nova

Nova (*https://nova.laravel.com/*) ist ein kostenpflichtiges Paket für den Aufbau von Verwaltungspanels. Eine durchschnittlich komplexe Laravel-App besteht in der Regel aus verschiedenen Bereichen: der öffentlich zugänglichen Website bzw. der Kundenansicht, dem Verwaltungsbereich für Änderungen an den Stammdaten (beispielsweise einer Kundenliste) und möglicherweise auch einer API.

Nova erleichtert die Einrichtung von Admin-Panels für Websites mithilfe von Vue und einer Laravel-API drastisch. Mit Nova kann man recht einfach CRUD-Seiten (Create, Read, Update, Delete) für alle Ihre Ressourcen generieren, also alle Seiten, um Daten anzulegen, zu lesen, zu ändern und zu löschen. Außerdem können zum gleichen allgemeinen Verwaltungsbereich komplexere benutzerdefinierte Ansichten für Ihre Daten, benutzerdefinierte Aktionen und Beziehungen für alle Ressourcen und sogar benutzerdefinierte Werkzeuge für Nicht-CRUD-Tools hinzugefügt werden.

Spark

Spark (*https://spark.laravel.com/*) ist ein kostenpflichtiges Paket zur Erstellung eines Software-as-a-Service-Angebots, das Zahlungen akzeptiert und die Verwaltung von Benutzern, Teams und Abonnements vereinfacht. Es bietet Stripe-Integration, Rechnungserstellung, Zwei-Faktor-Authentifizierung, Profilfotos für die Benutzer, Team-Management und -Abrechnung, Passwort-Rücksetzungen, Ankündigungen, API-Token-Authentifizierung und vieles mehr.

Spark setzt sich aus einer Sammlung von Routen und Vue-Komponenten zusammen. Spark sollte man gleich von Beginn an als Grundlage für ein neues Projekt verwenden, es ist nicht ratsam, es erst nachträglich bestehenden Anwendungen hinzuzufügen.

Lumen

Lumen (*https://lumen.laravel.com/*) ist ein kostenloses, auf APIs abzielendes Mikro-Framework, das aus verschiedenen Laravel-Modulen besteht. Da sich Lumen ganz auf APIs konzentriert, wurden viele der Module entfernt, die auf Nicht-API-Aufrufe abzielen (z. B. Blade als Template-Engine).

Diese Verschlankung bringt vor allem, jedoch auf Kosten einiger Annehmlichkeiten, Geschwindigkeitsverbesserungen.

Meine Empfehlung, was Lumen betrifft, lautet: Benutzen Sie Laravel statt Lumen, es sei denn, Sie stellen APIs bereit, die zu langsam performen, oder Sie wollen *definitiv* eine API im Mikroservice-Stil bauen und anbieten, bei der absolut keine Seitenansichten oder andere Finessen nötig sind, die Laravel sonst noch bietet.

Wenn Sie aber in Laravel APIs im Mikroservice-Format entwickeln und unbedingt ein paar Millisekunden an Geschwindigkeit gewinnen müssen, dann könnte Lumen die Lösung sein.

Envoy

Envoy (*https://bit.ly/2CDa9Ns*) ist ein lokaler Task-Runner, mit dem man allgemeine Aufgaben, die auf Remote-Servern ausgeführt werden sollen, definieren, diese Definitionen auch der Versionsverwaltung übertragen und sie einfach und vorhersehbar ausführen kann.

Werfen wir einen Blick auf das Beispiel 18-1, um einen Eindruck davon zu bekommen, wie so etwas aussehen kann.

Beispiel 18-1: Eine typische Envoy-Aufgabe

```
@servers(['web-1' => '192.168.1.1', 'web-2' => '192.168.1.2'])

@task('deploy', ['on' => ['web-1', 'web-2']])
    cd mysite.com
    git pull origin {{ $branch }}
    php artisan migrate
    php artisan route:cache
@endtask
```

Um dieses Beispiel auszuführen, geben Sie den folgenden Befehl an Ihrem lokalen Terminal ein:

```
envoy run deploy --branch=master
```

Telescope

Telescope (*https://bit.ly/2HQPg4B*) ist ein kostenloses Debugging-Werkzeug, das als Paket in allen Laravel-Anwendungen ab Version 5.7.7 installiert werden kann. Es bietet ein Dashboard, in dem Sie sich über den aktuellen Status von Jobs, Queue-Workern, HTTP-Requests, Datenbankabfragen und vieles mehr informieren können.

Vapor

Vapor (*https://bit.ly/2PklmrG*) ist eine speziell für Laravel entwickelte serverlose Plattform zum Deployment von Projekten. Vapor nutzt AWS Lambda als Infrastruktur für Laravel-Anwendungen und erleichtert deren komplexe Verwaltung, auch indem es diese Anwendungen mit SQS-Warteschlangen, Datenbanken, Redis-

Clustern, Netzwerken, CloudFront CDN und anderen Services integriert. Eine genauere Beschreibung der vielen Funktionen dieser automatisch skalierenden Bereitstellungsplattform Vapor finden Sie in der Dokumentation (*https://bit.ly/2qsXlpZ*).

Weitere Ressourcen

Ich habe viele der weiteren Ressourcen bereits erwähnt, aber der Übersichtlichkeit halber folgt hier eine – nicht vollständige – Liste von Ressourcen und Personen, die man beachten bzw. an die man sich wenden kann, um Laravel noch besser kennenzulernen:

- Laravel News (*https://laravel-news.com/*)
- Laracasts –- Video-Tutorials mit Jeffrey Way (*https://laracasts.com/*)
- @TaylorOtwell (*https://twitter.com/taylorotwell*) und @LaravelPHP (*https://twitter.com/laravelphp*) auf Twitter
- Onlinekurse von Adam Wathan (*https://adamwathan.me/*)
- Onlinekurse von Chris Fidao (*https://fideloper.com/*)
- The Laravel Podcast (*https://www.laravelpodcast.com/*)
- Die vielen Laravel-Chats; zum Zeitpunkt des Schreibens ist der Laravel-Discord-Server (*https://laravel.com/discord*) der vorrangige Ort, an dem Taylor Otwell und andere Mitwirkende am Projekt erreichbar sind, aber es gibt auch inoffizielle Kanäle auf Slack (*https://larachat.co/*) und IRC (#laravel auf Freenode).

Es gibt viele Blogs – ich betreibe selbst einen unter *mattstauffer.com* (*https://mattstauffer.com/*) –, und neben vielen anderen unglaublich hilfreichen Blogs gibt es von Tighten einen unter *tighten.co* (*https://www.tighten.co*). Dazu kommen zahlreiche ausgezeichnete Twitterer, eine Menge großartiger Paket-Autoren und einfach zu viele respektable und verdiente Laravel-Entwickler, als dass ich sie hier alle aufführen könnte. Es ist eine vielfältige und auf Austausch bedachte Community voller Entwickler, die gerne teilen, was sie gelernt haben und neu entdecken; es ist nicht schwer, gute Inhalte zu finden – es ist nur schwer, auch die nötige Zeit zu finden, alle Anregungen auch wirklich aufzunehmen.

Ich kann nicht jede Person oder Ressource nennen, die Ihnen auf Ihrer Entdeckungsreise in die Laravel-Welt nützlich sein könnte, aber wenn Sie mit den hier erwähnten Ressourcen und Unterstützern beginnen, ist das auf jeden Fall ein guter Anfang.

Glossar

ActiveRecord
Ein verbreitetes Muster für einen objektrelationalen Datenbank-Mapper, das auch von Eloquent verwendet wird. Bei ActiveRecord definiert die Modellklasse, wie Datenbankeinträge abgerufen und gespeichert *und* wie sie dargestellt werden sollen. Zusätzlich wird jeder Datenbankeintrag durch eine einzelne Entität in der Anwendung repräsentiert, und jede Entität in der Anwendung wird einem einzelnen Datenbankeintrag zugeordnet.

Akzessor
Eine Zugriffsmethode, die in einem Eloquent-Modell definiert ist und vorgibt, wie eine bestimmte Eigenschaft zurückgegeben wird. Mit solchen Akzessoren lässt sich festlegen, dass der Abruf einer bestimmten Eigenschaft eines Modells einen anderen (oder anders formatierten) Wert zurückgibt als den, der für diese Eigenschaft tatsächlich in der Datenbank gespeichert ist.

Anwendungstest
Oft als Akzeptanz- oder Funktionstests bezeichnet, überprüfen Anwendungstests das gesamte Verhalten einer Applikation, normalerweise an einer äußeren Grenze, z. B. indem ein DOM-Crawler verwendet wird – genau das bietet auch die Suite für Anwendungstests von Laravel.

API (Application Programming Interface)
Technisch gesprochen eine *Anwendungsprogrammierschnittstelle*, allerdings wird der Begriff am häufigsten eingesetzt, um eine Reihe von Endpunkten (und Anweisungen zu deren Verwendung) zu bezeichnen, die verwendet werden können, um HTTP-basierte Aufrufe zum Lesen und Ändern von Daten von außerhalb eines Systems auszuführen. Manchmal wird der Begriff auch verwendet, um den Satz von Schnittstellen zu beschreiben, die ein bestimmtes Paket oder eine bestimmte Bibliothek oder Klasse seinen Kunden bietet, sozusagen deren *Angebotscharakter* (engl. *affordance*).

Argument (Artisan)
Argumente sind Parameter, die an Artisan-Konsolenbefehle übergeben werden können. Argumente werden nicht mit -- eingeleitet oder von einem = gefolgt, sondern dürfen nur einen einzelnen Wert enthalten.

Artisan (dt. *Handwerker*)
Das Werkzeug, das es ermöglicht, mit Laravel-Anwendungen über die Befehlszeile zu interagieren.

Assertion (dt. *Behauptung*)
Beim Testen ist eine Assertion das Wesentliche: Man *behauptet*, dass etwas gleich etwas anderem (oder kleiner als oder größer als etwas anderes) sein sollte oder dass es eine bestimmte Anzahl haben sollte oder welche Bedin-

gung auch immer zutreffen soll. Solche *Behauptungen* können entweder bestanden werden oder sie scheitern.

Authentifizierung
Die korrekte Identifizierung als Mitglied oder registrierter Benutzer einer Anwendung. Eine erfolgreiche Authentifizierung definiert nicht, *was* eine Benutzerin oder ein Benutzer tun darf, sondern nur, *wer* er oder sie ist.

Autorisierung
Nachdem eine Authentifizierung erfolgreich war oder gescheitert ist, definiert die Autorisierung, was man aufgrund der stattgefundenen Identifikation in einer Anwendung tun darf. Bei der Autorisierung geht es um Zugriff und Kontrolle.

Autowiring (dt. *Automatische Verdrahtung*)
Als Autowiring bezeichnet man es, wenn ein Dependency Injection Container eine Instanz einer auflösbaren Klasse injiziert, ohne dass ein Entwickler explizit vorgegeben hat, wie diese Klasse aufgelöst wird. Bei einem Container ohne Autowiring können Sie ein einfaches PHP-Objekt ohne Abhängigkeiten erst einfügen, nachdem Sie es explizit an den Container gebunden haben. Mit Autowiring müssen Sie nur dann etwas explizit an den Container binden, wenn die Abhängigkeiten so komplex oder so vage sind, dass der Container diese nicht selbst bestimmen kann.

Beanstalk
Beanstalk ist eine Arbeitswarteschlange (engl. *work queue*). Beanstalk ist simpel und eignet sich hervorragend für die Ausführung mehrerer asynchroner Aufgaben – weshalb es in Laravel häufig als Treiber für Warteschlangen dient. *beanstalkd* ist der entsprechende Daemon.

Befehl
Die Bezeichnung für eine benutzerdefinierte Artisan-Konsolenaufgabe.

Blade
Laravels Template-Engine.

BrowserKit
Bis zur Laravel-Version 5.4 die Testsuite für DOM-basierte Interaktionen, ab 5.4+ verfügbar als separates Composer-Paket.

Carbon
Ein PHP-Paket, das die Arbeit mit Datumsangaben vereinfacht und ausdrucksstärker macht.

Cashier
Ein Laravel-Paket, das die Abrechnung mit den Zahlungsdienstleistern Stripe und Braintree, insbesondere im Abonnementbereich, einfacher, konsistenter und leistungsfähiger macht.

Closure
Eine Closure, auch als Funktionsabschluss bezeichnet, ist die PHP-Version einer anonymen Funktion. Eine Closure ist eine Funktion, die Sie als Objekt übergeben, einer Variablen zuweisen, als Parameter an andere Funktionen und Methoden übergeben und auch serialisieren können.

CodeIgniter
Ein älteres PHP-Framework, das als Inspiration für Laravel gedient hat.

Collection (dt. *Sammlung*)
Der Name eines Entwicklungsmusters und auch das Laravel-Werkzeug, das es implementiert. Collections sind ein bisschen wie Arrays auf Steroiden: Mit ihnen kann man Map-, Reduktions-, Filter- und viele andere leistungsstarke Operationen ausführen, die die nativen Arrays von PHP nicht bieten.

Composer
Der Abhängigkeitsmanager von PHP. Wie Ruby Gems oder NPM.

Container
So etwas wie ein Sammelwort. In Laravel bezieht sich »Container« auf den Anwendungscontainer, der für die Injektion von Abhängigkeiten verantwortlich ist. Der Container ist über app() zugänglich und auch für die Auflösung von Aufrufen von Controllern, Events, Jobs und Befehlen zuständig. Er ist quasi der Klebstoff, der eine Laravel-App zusammenhält.

Contract (dt. *Vertrag*)
Ein anderer Name für ein Interface.

Controller
Eine Klasse, die dafür verantwortlich ist, Benutzeranfragen an die Dienste und Daten der Anwendung weiterzuleiten und schließlich eine passende Antwort zurückzugeben.

CSRF (Cross-Site-Request-Forgery)
Ein bösartiger Angriff, bei dem eine externe Website Anfragen an Ihre Anwendung sendet, indem sie die Browser Ihrer Benutzer (wahrscheinlich mit JavaScript) übernimmt, während diese noch auf Ihrer Website angemeldet sind. Man könnte CSRF auch als *Website-übergreifende Anfragefälschung* übersetzen. Gegen einen solchen Angriff schützt man sich, indem man jedem Formular einer Website ein Token zuordnet und dieses nach dem Auslesen aus den per POST übergebenen Daten überprüft.

Dependency Injection (dt. *Injektion von Abhängigkeiten*)
Ein Entwicklungsmuster, bei dem Abhängigkeiten von außen – in der Regel über den Konstruktor – injiziert und nicht in der Klasse instanziiert werden.

Direktive
Ein Syntaxelement in Blade wie `@if`, `@unless` usw.

Dusk
Laravels Frontend-Testpaket, das ChromeDriver benutzt, um JavaScript (hauptsächlich Vue) und DOM-Interaktionen zu prüfen.

Eager Loading (dt. wörtlich *Eifriges Laden*)
Vermeidung von N+1-Problemen durch Hinzufügen einer zweiten, smarten Abfrage zur ersten Abfrage, um eine Reihe verwandter Elemente zu erhalten. Meistens hat man eine erste Abfrage, die eine Collection mit Elementen der Kategorie A ergibt. Aber oft hat jedes A viele Bs, und jedes Mal, wenn Sie die Bs zu einem bestimmten A benötigen, müssen Sie eine zusätzliche Abfrage ausführen. Eager Loading bedeutet, zwei Abfragen durchzuführen: Zuerst erhalten Sie alle As; und dann erhalten Sie *alle* Bs, die sich auf alle As aus der ersten Abfrage beziehen, in einer einzigen weiteren Abfrage. Zwei Abfragen, und fertig.

Echo
Ein Laravel-Produkt, das die Web-Socket-Authentifizierung und Synchronisierung von Daten vereinfacht.

Elixir
Laravels altes Build-Tool, das inzwischen durch Mix ersetzt wurde; ein Wrapper um Gulp.

Eloquent
Laravels ActiveRecord-ORM. Das Werkzeug, mit dem Sie beispielsweise das User-Modell definieren und abfragen können.

Envoy
Ein Laravel-Paket, mit dem man Skripte erstellen kann, um allgemeine Aufgaben auf entfernten Servern auszuführen. Envoy bietet eine Syntax zum Definieren von Aufgaben und Servern und ein Befehlszeilenprogramm zum Ausführen dieser Aufgaben.

Envoyer
Ein SaaS-Produkt der Laravel-Familie für Zero-Down-Time-Deployment (also Softwareverteilung ohne Ausfallzeiten), Multiserver-Deployment sowie Server- und Cron-Integritätschecks.

Event (dt. *Ereignis*)
Laravels Werkzeug, um Pub/Sub- oder Observer-Muster zu implementieren. Events signalisieren bestimmte Vorkommnisse oder Ereignisse (z. B. NewsletterAbonniert), und die im Event mitgeteilten Daten, die Payload oder »Nutzlast«, enthalten relevante Informationen dazu. Entworfen, um »abgefeuert« und dann »gehört« zu werden (oder »veröffentlicht« und »abonniert«, wenn Sie das Pub/Sub-Konzept bevorzugen).

Faker (dt. *Fälscher*)
Ein PHP-Paket, mit dem man Zufallsdaten generieren kann. Sie können solche generierten Daten für verschiedene Kategorien wie Namen, Adressen oder Zeitstempel anfordern.

Fassade (engl. *Facade*)
Ein Werkzeug in Laravel, das den Zugriff auf komplexe Werkzeuge vereinfacht. Fassaden bieten einen statischen Zugriff auf Kerndienste von Laravel. Da jede Fassade von einer Klasse im Container unterstützt wird, können Sie beispielsweise einen Aufruf wie `Cache::put();` durch einen zweizeiligen Aufruf der Art `$cache = app('cache'); $cache->put();` ersetzen.

Flag (dt. *Markierung*)
Ein Parameter, der ein- oder ausgeschaltet werden kann (Boolean).

fluent (dt. *flüssig*)
Methoden, die man miteinander verketten kann, bezeichnet man oft auch als »fluent« bzw. »flüssig«. Um eine flüssige Syntax zu ermöglichen, muss jede Methode die Instanz zurückgeben und sie für die weitere Verkettung vorbereiten. Das erlaubt Ausdrücke wie beispielsweise `People::where('age', '>', 14)->orderBy('name')->get()`.

Flysystem
Das Paket, das Laravel verwendet, um den Zugriff auf lokale und Cloud-Dateien zu ermöglichen.

Forge
Ein Laravel-Produkt, das es vereinfacht, virtuelle Server bei großen Cloud-Anbietern wie DigitalOcean oder AWS zu betreiben und zu verwalten.

FQCN (Fully Qualified Class Name)
Der vollständige, mit einem Namensraum versehene Name einer bestimmten Klasse, Eigenschaft oder Schnittstelle: vollqualifizierter Klassenname. Für die Klasse `Controller` lautet der vollqualifizierte Klassenname beispielsweise `Illuminate\Routing\Conroller`.

Gulp
Ein JavaScript-basiertes Build-Tool.

Helfer (engl. *Helper*)
Eine global aufrufbare PHP-Funktion, die den Einsatz anderer Funktionalität erleichtert – `last($array)` gibt beispielsweise das letzte Element eines Arrays zurück.

HMR (Hot Module Replacement)
Eine Technologie, die es ermöglicht, einzelne Module der Frontend-Abhängigkeiten einer aktiven Website neu zu laden, ohne die gesamte Datei neu laden zu müssen.

Homestead
Ein Laravel-Tool, das auf Vagrant aufsetzt und es erleichtert, Forge-ähnliche virtuelle Server für die lokale Laravel-Entwicklung einzurichten.

Horizon
Ein Laravel-Paket zur Verwaltung von Warteschlangen, das eine größere Nuancierung über Laravels Defaultwerte hinaus bietet und zudem Einblicke in den aktuellen und historischen Zustand der Queue Workers und ihrer Jobs ermöglicht.

Illuminate
Der oberste Namensraum aller Laravel-Komponenten.

Integrationstest
Integrationstests prüfen die Art und Weise, wie einzelne Einheiten zusammenarbeiten und Nachrichten übergeben.

IoC (Inversion of Control)
Ein Konzept, bei dem die »Kontrolle« darüber, wie man eine konkrete Instanz eines Interfaces erzeugt, dem übergeordneten Code des Pakets anstelle des untergeordneten Codes übergeben wird. Im Deutschen auch als *Umkehrung der Steuerung* oder *Steuerungsumkehr* bezeichnet. Ohne IoC könnten jeder einzelne Controller und jede Klasse entscheiden, welche Instanz von beispielsweise `Mailer` sie erzeugen möchten. IoC erlaubt es, dass der Low-Level-Code – die Controller und Klassen – einfach nach einem `Mailer` fragen, aber im High-Level-Konfigurationscode *einmal* pro Anwendung festgelegt ist, welche Instanz bereitgestellt werden soll, um diese Anfrage zu erfüllen.

Job
Eine Klasse, mit der eine einzelne Aufgabe gekapselt wird. Jobs sollen in eine Warteschlange platziert und asynchron ausgeführt werden können.

JSON (JavaScript Object Notation)
Eine Syntax zur Darstellung von Daten.

JWT (JSON Web Token)
Ein JSON-Objekt, das alle Informationen enthält, die zum Bestimmen des Authentifizierungsstatus und der Zugriffsberechtigungen eines Benutzers erforderlich sind. Dieses JSON-Objekt ist digital signiert, was es vertrauenswürdig macht, wozu HMAC oder RSA genutzt werden. Wird in der Regel im Header geliefert.

Mailable
Ein Entwurfsmuster, um das Senden von E-Mails funktional in einer einzelnen »Versendbar«-Klasse zu kapseln.

Markdown
Eine Formatierungssprache, die zur Formatierung von reinem Text und dessen Ausgabe in unterschiedlichen Ausgabeformaten entwickelt wurde. Wird häufig für die Formatierung von Text verwendet, das von einem Skript verarbeitet oder von Menschen in Rohform gelesen wird – zum Beispiel Git-READMEs.

Massenzuweisung (engl. *Mass assignment*)
Wenn einem Eloquent-Modell über ein Array viele Parameter auf einmal übergeben werden, um es zu erstellen oder zu aktualisieren.

Memcached
Ein Cache-Server, der im Hauptspeicher residiert, und deshalb eine einfache, aber schnelle Datenzwischenspeicherung erlaubt. Memcached unterstützt nur die Speicherung von Schlüssel/Wert-Paaren.

Middleware
Eine Reihe von Wrappern, die eine zentrale Anwendung umschließen und deren Input und Output filtern und ausgestalten.

Migration
Eine programmatische Anweisung zur Änderung des Schemas einer Datenbank, z. B. um Tabellen oder Spalten hinzuzufügen, zu ändern oder zu löschen.

Mix
Ein Frontend-Build-Tool, das auf Webpack basiert. Ersetzt seit Laravel 5.4 Elixir und dient u. a. dazu, Frontend-Assets (wie CSS oder JS) zu verketten, zu verkleinern und vorzuverarbeiten.

Mockery
Eine in Laravel enthaltene Bibliothek, mit der man PHP-Klassen in Tests simulieren kann.

Modell (engl. *Model*)
Eine Klasse, die verwendet wird, um eine bestimmte Datenbanktabelle darzustellen. In ActiveRecord-ORMs wie Laravels Eloquent wird dieselbe Klasse verwendet, um einen einzelnen Datensatz aus dem System darzustellen und mit der Datenbanktabelle zu interagieren.

Modellfabrik (engl. *Model factory*)
Ein Werkzeug, mit dem man definieren kann, wie die Anwendung eine Instanz eines Modells erzeugen kann, wenn es für Tests oder Seeding erforderlich ist. Wird normalerweise zusammen mit einem Datengenerator wie Faker eingesetzt.

Multitenancy (dt. *Mandantenfähigkeit*)
Wenn eine einzelne Anwendung mehrere Clients bedienen kann, von denen wiederum jeder seine Kunden besitzt. Dabei liegt es oft nahe, dass jeder Client der Anwendung sein eigenes Theme und seinen eigenen Domainnamen benutzt, um den eigenen Service gegenüber den Endbenutzern von den auf derselben Anwendung beruhenden Dienstangeboten der anderen Clients zu unterscheiden.

Mutator
Ein Werkzeug in Eloquent, mit dem Sie die Daten, die in einer Modelleigenschaft gespeichert sind, verändern können, bevor sie in die Datenbank geschrieben werden.

Nginx
Ein Webserver, dem Apache-Server ähnlich.

Notification (dt. *Benachrichtigung*)
Ein Laravel-Werkzeug, mit dem man eine einzelne Nachricht über unterschiedlichste Benachrichtigungskanäle (z. B. E-Mail, Slack, SMS) an einen oder mehrere Empfänger senden kann.

Nova
Ein kostenpflichtiges Laravel-Paket, mit dem man einer Laravel-Anwendung eine Verwaltungsoberfläche hinzufügen kann.

NPM (Node Package Manager)
Ein zentrales, webbasiertes Repository für Node-Pakete unter *npmjs.org*; auch ein Dienstprogramm, das auf Ihrer lokalen Maschine verwendet wird, um die Frontend-Abhängigkeiten eines Projekts in das Verzeichnis node_modules zu installieren, basierend auf den Spezifikationen in *package.json*.

OAuth
Das gebräuchlichste Authentifizierungs-Framework für APIs. OAuth bietet mehrere Grant-Typen, von denen jeder einen unterschiedlichen Ablauf beschreibt, wie Verbraucher die »Tokens« abrufen, verwenden und aktualisieren können, mit denen sie nach dem ersten Authentifizierungs-Handshake identifiziert werden.

Option (Artisan)
Wie Argumente sind Optionen Parameter, die an Artisan-Konsolenbefehle übergeben werden können. Sie werden mit -- eingeleitet und können als Flag (--force) oder zur Datenbereitstellung (--userId=5) verwendet werden.

ORM (objektrelationaler Mapper)
Ein Entwurfsmuster, bei dem in einer Programmiersprache Objekte verwendet werden, um die Daten einer relationalen Datenbank und deren Beziehungen untereinander darzustellen.

Passport
Ein Laravel-Paket, mit dem Sie einer Anwendung einen OAuth-Authentifizierungsserver hinzufügen können.

PHPSpec
Ein PHP-Test-Framework.

PHPUnit
Ein PHP-Test-Framework. Das am weitesten verbreitete PHP-Test-Werkzeug und mit dem Großteil von Laravels benutzerdefiniertem Testcode verknüpft.

Polymorphie
Bezogen auf Datenbanken ist damit die Möglichkeit gemeint, mit mehreren Datenbanktabellen, die ähnliche Eigenschaften haben, interagieren zu können. Eine polymorphe Beziehung ermöglicht es, Elemente mehrerer Modelle auf die gleiche Weise einzubinden.

Präprozessor
Ein Build-Tool, das eine Sonderform einer Sprache einliest (beispielsweise LESS als spezielle Form von CSS) und Code der »normalen« Sprache (hier CSS) ausgibt. Präprozessoren binden auf diese Weise Werkzeuge und Funktionen ein, die nicht in der Hauptsprache vorhanden sind.

Primärschlüssel (engl. *Primary key*)
Die meisten Datenbanktabellen enthalten eine Spalte, mit der eine Zeile eindeutig identifiziert wird. Diese wird als Primärschlüssel bezeichnet und allgemein mit id benannt.

Punkt-Notation (engl. *Dot notation*)
Erlaubt es, mit einem . mehrere Ebenen von Vererbungsbäumen einfach miteinander zu kombinieren. Ein Array ['besitzer' => ['adresse' => ['strasse' => 'Hauptstr. 1']]] besitzt beispielsweise drei Hierarchieebenen. Mit der Punkt-Notation könnten Sie »Hauptstr. 1« als "besitzer.adresse.strasse" referenzieren.

Queue (dt. *Warteschlange*)
Ein Stapel, dem Aufträge hinzugefügt werden können. Normalerweise mit einem Queue Worker (»Warteschlangenarbeiter«) verbunden, der Aufträge nacheinander aus der Warteschlange holt, sie bearbeitet und danach entfernt.

React
Ein JavaScript-Framework. Erstellt und gepflegt von Facebook.

Real-time facade (dt. *Echtzeit-Fassade*)
Ähnlich wie normale Fassaden, aber es wird keine separate Klasse benötigt. Echtzeit-Fassaden können verwendet werden, um Methoden einer beliebigen Klasse als statische Methoden aufrufbar zu machen, indem diese Klasse mit Facades\ vor ihrem Namensraum importiert wird.

Redis
Wie Memcached eine In-Memory-Datenbank, die einfacher aufgebaut ist als die meisten relationalen Datenbanken, dafür aber leistungsstark und schnell ist. Redis unterstützt nur eine sehr begrenzte Anzahl von Strukturen und Datentypen, gleicht dies aber durch Geschwindigkeit und Skalierbarkeit aus.

REST (Representational State Transfer)
Das heutzutage gebräuchlichste Programmierparadigma für APIs. Zu diesem Konzept gehört normalerweise, dass Interaktionen mit einer API jeweils separat authentifiziert werden und »zustandslos« sein sollten; zudem sollten die HTTP-Verben zur grundlegenden Differenzierung von Anfragen verwendet werden.

Route
Definition einer oder mehrerer Möglichkeiten, wie der Benutzer eine Webanwendung besuchen kann. Eine Route ist eine Musterdefinition; sie kann beispielsweise /users/5 oder /users oder /users/id lauten.

S3 (Simple Storage Service)
Amazons Cloud-Speicherdienst, mit dem man die Rechenleistung von AWS nutzen kann, um Dateien zu speichern und bereitzustellen.

SaaS (Software as a Service)
Webbasierte Anwendungen, für deren Nutzung man Geld bezahlt.

Scope (dt. *Bereich*)
Ein Werkzeug in Eloquent, um eine Abfrage konsistent und einfach einzugrenzen.

Scout
Ein Laravel-Paket für die Volltextsuche in Eloquent-Modellen.

Serialisierung
Der Prozess der Umwandlung komplexerer Daten (normalerweise ein Eloquent-Modell) in etwas Einfacheres (in Laravel normalerweise ein Array oder Daten im JSON-Format).

Service Provider (dt. *Dienstleister*)
Eine Struktur in Laravel, die Klassen und Containerbindungen registriert und bootet.

Socialite
Ein Laravel-Paket, mit dem einer Anwendung eine Authentifizierung über soziale Medien (z. B. eine Anmeldung über Facebook) hinzugefügt werden kann.

Soft Delete (dt. *Weiches Löschen*)
Markieren einer Datenbankzeile als »gelöscht«, ohne sie tatsächlich zu löschen; normalerweise gekoppelt mit einem ORM, das standardmäßig alle »gelöschten« Zeilen ausblendet.

Spark
Ein Laravel-Tool, mit dem man auf einfache Weise Abonnement-basierte SaaS-Anwendungen erstellen kann.

Symfony
Ein PHP-Framework, dessen Stärke es ist, exzellente Komponenten zu besitzen und diese anderen zugänglich zu machen. Die HTTP-Foundation von Symfony bildet das Herzstück von Laravel und jedem anderen modernen PHP-Framework.

Telescope
Ein Laravel-Paket, mit dem man seinen Anwendungen ein Debugging-Werkzeug hinzufügen kann.

Tinker
Laravels REPL (Read-Evaluate-Print-Loop). Ein Tool, das es Ihnen ermöglicht, komplexe PHP-Operationen im vollen Kontext Ihrer Anwendung von der Kommandozeile aus durchzuführen.

TL;DR
Steht für *too long; didn't read*, also *zu lang, nicht gelesen*. »Zusammenfassung«.

Type-Hinting
Erweiterung eines Variablennamens in einer Methodensignatur mit einem vorangestellten Klassen- oder Interface-Namen. Teilt PHP (und Laravel und anderen Entwicklern) mit, dass ausschließlich ein Objekt mit der angegebenen Klasse oder Schnittstelle als Parameter übergeben werden darf.

Umgebungsvariable (engl. *Environment variable*)
Variable, die in einer *.env*-Datei definiert wird – die übrigens immer von der Versionsverwaltung ausgeschlossen werden sollte, damit diese Datei nicht zwischen unterschiedlichen Umgebungen synchronisiert wird und alle sicherheitsrelevanten Angaben in ihnen vor der versehentlichen Verbreitung geschützt sind.

Unit-Test
Unit-Tests bzw. Modultests zielen auf kleine, relativ isolierte Einheiten ab – in der Regel eine Klasse oder Methode.

Vagrant
Ein Befehlszeilen-Tool, das es mithilfe vordefinierter Images erleichtert, virtuelle Maschinen auf einem lokalen Computer zu erstellen.

Valet
Ein Laravel-Paket (für macOS, aber es gibt Forks für Linux und Windows), um eine eigene lokale Entwicklungsumgebung aufzusetzen, ohne Vagrant oder virtuelle Maschinen einsetzen zu müssen.

Validierung
Überprüfung, dass Benutzereingaben den erwarteten Mustern entsprechen.

View (dt. *Ansicht*)
Eine individuelle Datei, die Daten aus dem Backend-System oder Framework übernimmt und in HTML umwandelt.

View Composer
Ein Werkzeug, mit dem man festlegen kann, dass bei jedem Laden einer bestimmten View automatisch ein bestimmter Datensatz bereitgestellt wird.

Vue
Ein JavaScript-Framework. Von Laravel bevorzugt. Geschrieben von Evan You.

Webpack
Technisch gesehen ein »Modul-Bundler«, also ein Werkzeug, das häufig verwendet wird, um Frontend-Build-Aufgaben auszuführen, insbesondere solche, bei denen CSS- und JavaScript- und andere Frontend-Dateien verarbeitet und in einem Format ausgegeben werden sollen, das für eine Produktionsumgebung gedacht ist.

Index

Symbole
:: (Doppelpunkt, doppelt), in Fassaden 289
-- (Bindestrich, doppelt), Artisan-Befehlsoptionen 209
? (Fragezeichen)
   Abfrageparameter 105
   bei optionalem Parameter 29
   nach optionalen Artisan-Befehlsargumenten 209
. (Punkt), Punkt-Notation 496
__()-Helfer 469
{ } (geschweifte Klammern)
   {!! !!}, Blade-Echo-Syntax, nicht maskiert 64, 197
   {{ }}, Blade-Echo-Syntax, maskiert 64, 197
   Artisan-Befehlsargumente umschließend 209
   Routenparameter umschließend 49, 186
@ (at-Symbol)
   in Blade-Direktiven 63
   vor Blade-Echo-Syntax 64
* (Sternchen), nach Array-Argumenten oder -Optionen 209
/ (Slash), Escape-Zeichen in Artisan-Befehlen 339
\ (Backslash), Escaping in Artisan-Befehlen 448
= (Gleichheitszeichen), in der Artisan-Argumentdefinition 209
=> (Pfeil), Tinker-Antworten vorangestellt 216
-> (Pfeil)
   JSON-Struktur durchlaufen 114
   Verkettungsmethoden 31, 35

1:1-Beziehung 138–140
1:n-Beziehung 138, 140–142

A
Abfrage-Parameter, Versionierung von Assets mit 163
Abhängigkeitsinjektion *siehe auch* Dependency Injection 279
Abmeldung, manuell 233
abort()-Helfer 58, 472
abort_if()-Helfer 59, 472
abort_unless()-Helfer 59, 472
Abrechnung *siehe* Cashier
Abschnitte, Blade 68–70
accepts()-Methode, Request 261
ACL (Access Control List) *siehe auch* Autorisierung 240, 243
actingAs()-Methode 309, 375
action()-Helfer 56, 470
ActiveRecord-Muster *siehe auch* Eloquent 115, 491
add()-Methode, Cache 387
addGlobalScope()-Methode 129
addSelect()-Methode, DB 106
after()-Methode, Aufgaben 461
after()-Methode, Blueprint 92
Ajax 54
Akzeptanztests *siehe* Anwendungstests
Akzessoren 130, 137, 155, 491
Algolia SDK 396
Aliasing, einer Blade-Komponente 75
all()-Methode, Collections 478
all()-Methode, Eloquent 119
all()-Methode, ParameterBag 259
all()-Methode, Request 182, 197, 258

499

all()-Methode, Session 384
allDirectories()-Methode, Storage 379
allFiles()-Methode, Request 261
allFiles()-Methode, Storage 379
Anforderungsobjekt 181–186
    Array-Input, Zugriff auf 184
Anfrageobjekt
    Lebenszyklus 253–255
anonyme Funktion *siehe* Closures
anticipate()-Methode, Artisan 212
Anwendung
    beenden 474
    Bootstrapping 254
    Kernel 254
    Lebenszyklus 253–256
Anwendungscontainer *siehe* Container
Anwendungstests 304
    Ausnahmebehandlung 310
    Definition 296, 491
    TestCase-Klasse 304
api.php-Datei 26
API-Ergebnisse
    filtern 347
    sortieren 345–346
api-Guard 236
api-Middleware 273
API-Ressourcen-Controller 48
API-Routen *siehe auch* Routen 26
APIs 337–376
    Authentifizierung mit API-Token 373
    Authentifizierung mit Passport 357–372
    benutzerdefinierte 404-Antworten 374
    Definition 491
    Eloquent-API-Ressourcen 351–356
    Ergebnisse filtern 347
    Ergebnisse paginieren 343
    Ergebnisse sortieren 345–346
    Ergebnisse transformieren 348–351
    Fallback-Route 374
    JSON für 338, 341, 345
    Lumen für 487
    Request-Header, lesen 342, 343
    Response-Header, senden 342
    Ressourcen-Controller 339–341
    REST-Stil von 337–338
    testen 374
    verschachtelte Beziehungen zwischen Ressourcen 349–351
    zustandslose 337

app, Artisan-Befehle 203
app.js-Datei 453
app.php-Datei 396
    Konfiguration 450
app()-Helfer 258, 282
append()-Methode, Storage 379
appendOutputTo()-Methode, Aufgaben 460
app_path()-Helfer 470
AppServiceProvider 292
app-Verzeichnis 16
argument()/arguments()-Methoden, Artisan 210, 491
Arr::first()-Methode 466
Arr::get()-Methode 466
Arr::has()-Methode 466
Arr::pluck()-Methode 466
Arr::random()-Methode 467
Arr(ay)-Klasse 465
array_*-Helfer 15
array_filter()-Methode, PHP 476
array_first()-Helfer 466
array_get()-Helfer 466
array_has()-Helfer 466
array_map()-Methode, PHP 476
array_pluck()-Helfer 466
array_random()-Helfer 467
Arrays
    als Artisan-Argumente oder -Optionen 209
    Collections als Alternative 134
    Collections im Vergleich zu 475
    Helfer für 465–467
    Konvertieren in Collections 473
Artisan
    Definition 491
artisan()-Methode 217
    TestCase 322
Artisan-Befehle 201–215
    als Aufgaben planen 458
    Aufruf aus Anwendungscode 208, 214
    Ausgabe während der Ausführung 213–214
    Backslash maskieren 339
    Behauptungen zur Artisan-Befehlssyntax 322
    Beispielbefehl 207
    benutzerdefinierte 206–214
    Definition 492
    Eingabeaufforderung 212

Eingaben verwenden 210–212
Fortschrittsbalken 214
grundlegende Befehle 202
Optionen für 202
Queueing 205
Testen 217, 322–323
Warteschlangen 436
Artisan-Datei 17
Artisan-Fassade 215
as()-Methode, Eloquent 145
ask()-Methode, Artisan 212
assert()-Methode, Dusk 332
assertCookie()-Methode, TestCase 308, 402
assertCookieExpired()-Methode, TestCase 308
assertCookieNotExpired()-Methode, TestCase 308
assertDatabaseHas()-Methode, TestCase 311
assertDatabaseMissing()-Methode, TestCase 311
assertDispatched()-Methode, TestCase 313
assertDontSee()-Methode, TestCase 307
Assertion, Definition 491
assertJson()-Methode, TestCase 307
assertNotDispatched()-Methode, TestCase 313
assertNothingSent()-Methode, TestCase 316
assertNotSent()-Methode, Benachrichtigungen 424
assertOk()-Methode, TestCase 307
assertPlainCookie()-Methode, TestCase 402
assertRedirect()-Methode, TestCase 308
assertSee()-Methode, TestCase 307
assertSent()-Methode, Benachrichtigungen 424
assertSentTo()-Methode, TestCase 316
assertSessionHas()-Methode, TestCase 307, 400
assertSessionHasAll()-Methode, TestCase 401
assertSessionHasErrors()-Methode, TestCase 308, 401
assertSessionMissing()-Methode, TestCase 401
assertStatus()-Methode, TestCase 307
assertViewHas()-Methode
    TestCase 307
    Testfall 84

Assets-Ordner 159
associate()-Methode, Eloquent 141
at-Symbol (@)
    in Blade-Direktiven 63
    vor Blade-Echo-Syntax 64
attach()-Methode, Dusk 328
attach()-Methode, Eloquent 146
attach()-Methode, Mailable 409
attachData()-Methode, Mailable 409
attachFromStorage()-Methode, Mailable 409
attempt()-Methode, Authentifizierung 232
attempts()-Methode, Jobs 433
attribute()-Methode, Dusk 327
Attribute-Casting 132
Aufgaben, Planung *siehe* Scheduler
Ausnahmebehandlung, HTTP-Tests 310
auth, Artisan-Befehle 203
Auth::routes()-Fassade 228, 229, 235
Auth.basic-Middleware 235
auth.php-Datei 237, 358
auth()-Helfer 223, 473
AuthController 219
@auth-Direktive, Blade 236
Authenticatable-Trait 223
AuthenticateSession-Middleware 234
Authentifizierung 219–240
    APIs zur 357–372
    Blade-Direktiven 236
    ConfirmPasswordController 227
    Contracts 222
    Definition 220, 492
    Dusk und 326
    Ereignisse 239
    Guards für 236–238
    Invalidierung von Sitzungen auf anderen Geräten 233
    LoginController 225–227
    manuell 233
    manuelles Abmelden eines Benutzers 233
    MustVerifyEmail-Trait 235
    RegisterController 224–225
    RegistersUsers-Trait 225
    Remember-me-Token 231
    ResetPasswordController 227
    Routen für die 228
    Routen-Middleware zur 234
    testen 249–251, 309
    VerificationController 227

Views zur 230
WebSocket *siehe* Echo
Auth-Fassade 223
Auth-Gerüst 230
Auth-Middleware 234
Authorizable-Trait 223, 245
authorize()-Methode, AuthorizesRequests-Trait 244
authorize()-Methode, Form Request 194
authorizeForUser()-Methode, AuthorizesRequests-Trait 244
authorizeResource()-Methode, AuthorizesRequests-Trait 244
AuthorizesRequests-Trait 244
Auth-Scaffolding 169
AuthServiceProvider 241, 246, 255, 371
Autorisierung 240–249
    Abfangen von Prüfungen 246
    Authorizable-Trait 223
    AuthorizesRequests-Trait 244
    Benutzer-Instanz überprüfen 245
    Definition 220, 492
    Gate-Fassade 242
    Regeln für 241
    Ressourcen-Gate 243
    Richtlinien 247–249
    Routen-Middleware zur 243
    Test 249–251
    Überprüfung in Blade 246
Autorisierungscode-Genehmigung, Passport 361–365
Autowiring 283, 492
avg()-Methode, Collections 482
avg()-Methode, DB 112
away()-Methode, Umleitung 56
AWS Lambda 488

B

back()-Helfer 56, 266, 473
Backslash (\), Escaping in Artisan-Befehlen 448
base_path()-Helfer 470
be()-Methode, TestCase 249
beanstalkd-Warteschlangen 428
Beanstalk-Queue 492
Bedingungen (Blade) 65
Befehle, Artisan *siehe* Artisan-Befehle
before()-Methode, Aufgaben 461
beginTransaction()-Methode, DB 115

belongsTo()-Methode, Eloquent 139, 140, 148
belongsToMany()-Methode, Eloquent 144
Benachrichtigungen 415–423
    abonnieren 456
    Broadcast-Benachrichtigungen 422
    Datenbank-Benachrichtigungen 422
    Definition 496
    erstellen 416–417
    Kanäle für 417
    Markdown 421
    senden 419
    Slack-Benachrichtigungen 423
    SMS-Benachrichtigungen 423
    testen 424
    unterstützte Treiber 420
    Warteschlange 419
Benutzerauthentifizierung *siehe* Authentifizierung
Benutzerautorisierung *siehe* Autorisierung
Benutzereingaben
    Anforderungsobjekt (Request-Objekt) 181–186
    Artisan-Befehle 210–212
    benutzerdefinierte Regeln 192
    Eloquent-Modell 196
    Form Requests 194–196
    hochgeladene Dateien 187–189
    in Controllern 44–45
    in Routenparametern 186
    Request-Objekt 258
    testen 198
    URLs 186
    validieren 189–191
Bereitstellungsplattform 489
Betriebssystemanforderungen XXII, 11
Beziehungen 137–150
    1:1- 138
    1:n- 140
    als Query Builder 141
    bei der Definition von Modellfabriken 100
    Eager Loading 151
    Lazy Eager Loading 152
    m:n- 143
    polymorphe 146, 149
    Serialisierung von 137
    Speichern verwandter Elemente 139
bigIncrements()-Methode, Blueprint 91

bigInteger()-Methode, Blueprint 90
binary()-Methode, Blueprint 90
bind()-Methode 284
Bindestrich, doppelt (--), Artisan-Befehlsoptionen 209
Bindung
    Aliase 285
    API-Ressourcen-Controller 48
    Daten an Views 76–78
    Klassen an Container 284–287
    PDO-Parameterbindung 104
    Routen-Modell-Bindung 49–51
    Singletons 285
Blade 63–84
    Abschnitte 68–70
    Authentifizierungs-Direktiven 236
    Autorisierungschecks in 246
    Bedingungen 65
    benutzerdefinierte Direktiven 79–82
    Definition 492
    Direktiven 63
    Grundlagen 63
    Komponenten und Slots 73–75
    Kontrollstrukturen 65–67
    Mandantenfähigkeit 81
    PHP echo 64
    Schleifen 66–67, 71
    Service Injection 78–79
    Stacks 72
    Teilansichten (Partials) 70–71
    Templates 40
    View Composer 76–78
    Vorlagen-Vererbung 67–75
Blade::if()-Methode 82
Blueprint-Klasse 90–92
boolean()-Methode, Blueprint 90
boot()-Methode, Eloquent-Modell 129
boot()-Methode, Service Provider 50, 238, 241, 255, 371
Bootstrap 167, 230
Bootstrapping 254
bootstrap-Verzeichnis 16
broadcast()-Helfer 450, 456
broadcastAs()-Methode, Events 444
Broadcast-Benachrichtigungen 422
Broadcasting *siehe* WebSockets
broadcasting.php-Datei 443
broadcastOn()-Methode, Events 439, 444
BroadcastServiceProvider 450
broadcastWith()-Methode, Events 445

browse()-Methode, Dusk 326
BrowserKit-Testing-Package 198, 324, 492
Browser-Tests 323–335
    Auswahl des Werkzeugs 323
    BrowserKit-Testing-Package 324
    Dusk *siehe auch* Dusk 324–335
build()-Methode, Mailable 407, 409
Bus-Fassade, testen 314

C
Cache
    für Ergebnisse benutzerdefinierter Direktiven 80
    für Routen 51
    genutzte Datenspeicher 87
    testen 401
    Zugriff 203, 386–388
cache, Artisan-Befehle 203
cache()-Helfer 386
Cache-Fassade 386
call()-Methode, Artisan 215
call()-Methode, Container 289
call()-Methode, TestCase 401
camel_case()-Helfer 174
can()-Methode, Authorizable-Trait 245
@can-Direktive, Blade 246
cannot()-Methode, Authorizable-Trait 245
@cannot-Direktive, Blade 246
CanResetPassword-Trait 223
cant()-Methode, Authorizable-Trait 245
capture()-Methode, Request 257
Carbon::now() 39
Carbon-Paket 386, 492
Cashier 486, 492
channel()-Methode, Broadcast 450
channel()-Methode, Echo 454
char()-Methode, Blueprint 90
check()-Methode, Autorisierung 223
check()-Methode, Dusk 328
choice()-Methode, Artisan 212
chunk()-Methode, Collections 480
chunk()-Methode, Eloquent 119
clear-compiled, Artisan-Befehl 202
click()-Methode, Dusk 328
clickLink()-Methode, Dusk 328
Closure Request Guard 238
Closures 26
    Artisan-Befehle definieren als 214
    Bindung an 284
    Definition 492

Routen definieren mit 26
View Composer mit 77
Cloud-Speicher *siehe* Speicherung
CodeIgniter 492
collect()-Helfer 133, 473, 476
collection()-Methode, API-Ressource 353
Collection-Klasse 104, 133–135
Collections 475–482
    Arrays konvertieren in 476
    Definition 492
    im Vergleich zu Arrays 475
    Serialisierung 135
    Verwendung außerhalb von Laravel 482
    zurückgegeben von Eloquent 133–135
comment()-Methode, Artisan 213
commit()-Methode, DB 115
@component-Direktive, Blade 74
Composer 12, 254
    Befehle 14
    Definition 492
    neue Projekte erstellen 14
    Service-Provider-Features mit 256
composer.json-Datei 17
composer.lock-Datei 17
config, Artisan-Befehle 203
config()-Helfer 473
config/app.php-Datei 396, 450
config/cache.php-Datei 385
config/scout.php-Datei 396
config/session.php-Datei 382
config_path()-Helfer 470
config-Verzeichnis 16, 18
confirm()-Methode, Artisan 212
ConfirmPasswordController 227
ConfirmsPasswords-Trait 228
Container 46
    Autowiring 283
    Bindungen registrieren für 292
    Definition 492
    Dependency Injection 279–281
    Klassen binden an 284–287
    Konstruktor-Injektion 287
    Methoden-Injektion 288
    Zugriff auf eine Fassaden-Klasse 290
    Zugriff auf Objekte 282
Contract *siehe auch* Interfaces 493
Contracts-Namespace 222
Controller 41–49
    API-Ressourcen-Controller 48
    Benutzereingaben verarbeiten 44–45

Controller/Methoden-Referenzsyntax 29
Definition 493
einzelne Aktion 48
erstellen 42–44
in MVC 24
Injizieren von Abhängigkeiten 46
Middleware 34
Namensräume 43
Ressourcen-Controller 47–49, 339–341
Routen mit 28
cookie()-Helfer, Cookies 390
cookie()-Methode, Request 262, 390
cookie()-Methode, Response 391
Cookie-Fassade 388
CookieJar-Klasse 389
Cookies 388–391
    in Laravel 388
    konfigurieren 389
    testen 401
    Verschlüsselung für 402
    Zugriff mit Cookie-Fassade 388
    Zugriff mit dem Helfer 390
    Zugriff über Request und Response 390
copy()-Methode, Mix 162
copy()-Methode, Storage 379
copyDirectory()-Methode, Mix 162
count()-Methode, Collections 481
count()-Methode, DB 111
count()-Methode, ParameterBag 259
Create, Read, Update, Delete *siehe* CRUD
create()-Methode, Modellfabriken 100, 121, 122
create()-Methode, Ressourcen-Controller 25
create()-Methode, Schema 90
CreateFreshApiToken-Middleware 367, 368
create_users_table-Migration 88, 220
Cron-Jobs, Scheduler als Alternative zu 457
CRUD (Create, Read, Update, Delete) *siehe auch* Ressourcen-Controller 42
CSRF (Cross-Site-Request-Forgery) 52–54, 453, 493
csrf_field()-Helfer 473
csrf_token()-Helfer 473
CSS
    Blade-Stacks für 72
    ohne Präprozessor, in Mix 161
    Postprozessor für 161
    Präprozessor für 158, 161

D

daily, Log-Kanal 394
DatabaseMigrations-Trait 302
database_path()-Helfer 470
DatabaseSeeder-Klasse 96
DatabaseTransactions-Trait 303
database-Verzeichnis 16
Dateien, hochgeladene 187–189, 380–381, 399
Datei-Response 265
Dateispeicherung
    Downloads 381
    Zugriff konfigurieren 377
Dateisystem-Speicher *siehe* Speicherung
Datenbank-Benachrichtigungen 422
Datenbanken *siehe auch* Eloquent 85–156
    Custom Guard Provider für 239
    Migrationen 88–96
    Paginieren von Ergebnissen 169
    Query Builder 102–115
    Seeding 96–102
    testen 154–155
    Tinker-Interaktionen mit 216
    Verbindungen einrichten 85–87
Datenbank-Tests 311, 326
Datenspeicherung *siehe auch* Datenbanken 377–403
    Anbieter hinzufügen 380
    Datei-Manager 377–380
    Storage-Fassade 378–380
    Uploads und Handhabung 380–381
datetime()-Methode, Blueprint 90
Datum und Zeit *siehe* Carbon-Paket
Datum und Zeit *siehe* Scheduler
Datum und Zeit *siehe* Zeitstempel
Datumsmutatoren 133
db, Artisan-Befehle 204
DB-Fassade 103
dd()-Helfer 474
ddd()-Helfer 474
Dead Man's Snitch 461
Debugging
    Dump-Server 216
    Telescope 488
decimal()-Methode, Blueprint 91
decrement()-Methode, Cache 387
decrement()-Methode, DB 113
default()-Methode, Blueprint 92
$defer-Eigenschaft 255

DeferrableProvider-Interface 255
define()-Methode, Modellfabrik 98
delay()-Methode, Benachrichtigungen 420
delay()-Methode, Jobs 432
delete()-Methode, DB 105, 113
delete()-Methode, Eloquent 124–126
delete()-Methode, Storage 379
deleted_at-Spalte 125
deleteDirectory()-Methode, Storage 380
deleteFileAfterSend()-Methode, Response 264
DELETE-Methode 25
    für Ressourcen-Controller 25
    Routen basierend auf 28
Dependency Injection 279–281
    Definition 493
    Konstruktor-Injektion 279, 281, 287
    Methoden-Injektion 280, 288
    Setter-Injektion 279
    Testen mit 292
Dependency-Injection-Container *siehe* Container
Deployment 488
    Vapor 488
destroy()-Methode, Ressourcen-Controller 25
detach()-Methode, Eloquent 146
Dienstanbieter 255
directories()-Methode, Storage 379
Direktiven (Blade) 63
    Aliasing von Komponenten 75
    Definition 493
Disk
    'local ' 378
    'public' 378
    's3 ' 378
disk()-Methode, Storage 378, 381
dispatch()-Helfer 431, 474
Dispatchable-Trait 430
dissociate()-Methode, Eloquent 141
distinct()-Methode, DB 109
dnsmasq 13
Doppelpunkt, doppelt (::), in Fassaden 289
double()-Methode, Blueprint 91
down, Artisan-Befehl 202
down()-Methode, Migrationen 88
download()-Methode, Response 59, 264
Download-Response 264
Downloads 381

drag()-Methode, Dusk 328
dragDown()-Methode, Dusk 328
dragLeft()-Methode, Dusk 328
dragRight()-Methode, Dusk 328
dragUp()-Methode, Dusk 328
dump()-Helfer 216
Dump-Server 216
dump-server, Artisan-Befehl 216
Dusk 324–335, 484
    Anpassen von Umgebungsvariablen 325
    Assertionen 330
    Auswahl von Selektoren 328
    Authentifizierung und Datenbanken 326
    Definition 493
    installieren 325
    Interaktionen mit Webseiten 327–329
    Komponenten 333–335
    Page-Klasse 331–333
    Pausen und Wartezeiten 329
    Tests schreiben 325

E

e()-Helfer 174, 467
each()-Methode, Collections 479
@each-Direktive, Blade 71
Eager Loading 151, 493
Echo 443, 447–448, 485
    Autorisierung für Kanäle 450–452
    Benachrichtigungen abonnieren 456
    Benutzer von Ereignissen ausschließen 449, 456
    Client-Ereignisse 456
    Definition 493
    Ereignisnachrichten empfangen 454
    Event Broadcasting 454
    JavaScript-Paket für 452–457
    Präsenzkanäle 455
    private Kanäle 455
    Service-Provider-Konfiguration 450–452
    Subskription von Kanälen 455
Echtzeit-Fassaden 291, 497
edit()-Methode, Ressourcen-Controller 25
Eins-zu-viele-Beziehung 138
elements()-Methode, Dusk 332
Elixir *siehe auch* Mix-Build-Tool 484
    Definition 493
    Passport-Frontend-Komponenten kompilieren 370
elixir()-Helfer 472

Eloquent 35, 85, 115–154
    Aggregate 120
    Akzessoren 130
    API-Ergebnisse filtern 347
    API-Ergebnisse sortieren 345–346
    API-Ergebnisse transformieren 348–351
    API-Ressourcen 351–356
    Attribut-Casting 132
    Benutzereingabe von 196
    Beziehungen 137–150
    Collections zurückgegeben von 133–135
    Daten abrufen 118–120
    Datumsmutatoren 133
    Definition 493
    Eager Loading 151
    Ereignisse 153–154
    Exceptions 119
    Geltungsbereiche (Filter) 126–129
    Inserts 120
    JSON-Ergebnisse für APIs 341
    löschen 124–126
    Massenzuweisung 122, 196
    Migration, anlegen mit Modell 117
    Modell erstellen 116
    Mutatoren 131
    Paginierung 169–171, 343
    Primärschlüssel 117
    Routenschlüssel anpassen 50
    Serialisierung 135–137
    Tabellenname 117
    Updates 121–123
    Volltextsuche 396–398
    Zeitstempel 117
    Zeitstempel aktualisieren 150–152
Eloquent-API-Ressourcen
    Attribute bedingt anwenden 356
    Beziehungen verschachteln 354
    Paginierung 355
    Ressourcen-Collections 353
    Ressourcen-Klasse erstellen 352
@else-Direktive, Blade 65, 246
@elseif-Direktive, Blade 65
E-Mail 405–425
    als Mailable 406–408
    Anhänge 410
    anpassen 409
    Benachrichtigungen 415–423
    Cloud-basiert 405
    erzeugen 406–408

HTML oder Nur-Text 409
Inline-Bilder 410
inspizieren 415
klassisch 406
konfigurieren 405
Logging 414
lokale Entwicklung 414
Mailables im Browser darstellen 413
manuell ändern 410
Markdown-Mailables 411–413
senden 408
testen 414
universelles 'to' 415
unterstützte Treiber 405
Vorlagen 408
Warteschlangen für 413, 436
emailOutputTo()-Methode, Aufgaben 461
E-Mail-Verifizierung
    Migrationen und 89
    MustVerifyEmail-Trait 235
    VerificationController 227
EncryptCookies-Middleware 402
@endcan-Direktive, Blade 246
@endcannot-Direktive, Blade 246
@endif-Direktive, Blade 65
@endsection-Direktive, Blade 69
ends_with()-Helfer 174, 467
@endunless-Direktive, Blade 65
Entwicklungsumgebung 12–18
enum()-Methode, Blueprint 91
env, Artisan-Befehl 202
.env.example-Datei 17
.env.test-Datei 301
env()-Helfer 19, 474
.env-Datei 17, 18, 19, 166
environment()-Methode 301
Envoy 488, 493
Envoyer 461, 485, 493
Ereignisse *siehe auch* Events 437–442
    Abonnenten 441
    auslosen 438–439, 474
    Authentifizierung 239
    Broadcasting über WebSockets *siehe* WebSockets
    Definition 493
    Eloquent 153–154
    Event Subscriber 441
    Fakes 312
    Listener erstellen für 439–442

Pub/Sub-Muster 437
    senden 438–439
    testen 462
Error Bags 173, 179
error()-Methode, Artisan 213
error()-Methode, Benachrichtigungen 421
$errors-Variable 173
ES6, JavaScript 162
event, Artisan-Befehle 204
Event::fake()-Methode, Eloquent 314
event()-Helfer 438, 474
Event-Fassade 438
Events *siehe auch* Ereignisse 10
ExampleTest.php-Datei 296
except()-Methode, Request 182, 259
Exceptions *siehe* Fehler und Ausnahmen
exists()-Methode, Request 259
exists()-Methode, Session 384
exists()-Methode, Storage 379
expectsOutput()-Methode, TestCase 322
expectsQuestion()-Methode, TestCase 322
$expression-Parameter, Blade 81
@extends-Direktive, Blade 69
extract()-Methode 165

F

factory()-Helfer 99, 474
Fähigkeiten (Regeln) für die Autorisierung 241
failed()-Methode, Jobs 434
fake()-Methode 313
Faker 295, 399, 493
Fallback-Routen 36
Fassaden 289–292
    Definition 494
    erstellen 291
    importieren 75
    Namensräume für 185, 290
    statische Aufrufe mit 27
    Unterstützungsklasse injizieren 291
    Zugriff auf die Klasse 290
Feature-Tests 296
Fehler und Ausnahmen
    beim Testen von Sessions 401
    durch Benutzereingaben 193
    HTTP 472
    in Message und Error Bags 173, 179
    von Eloquent 119
    von Jobs in der Warteschlange 433–435

Fehlerseite, Ignition 474
file()-Methode, Faker 400
file()-Methode, Request 187, 261
file()-Methode, Response 59, 265
file_get_contents()-Funktion 381
files()-Methode, Storage 379
filesystems.php-Datei 377
filled()-Methode, Request 259
Filter *siehe* Scopes
filter()-Methode, Collections 478
find()-Methode, DB 111
find()-Methode, Eloquent 118
findOrFail()-Methode, DB 111
findOrFail()-Methode, Eloquent 118
first()-Methode, Blueprint 92
first()-Methode, Collections 479
first()-Methode, DB 111
first()-Methode, Eloquent 118
firstOrCreate()-Methode, Eloquent 123
firstOrFail()-Methode, DB 111
firstOrFail()-Methode, Eloquent 118
firstOrNew()-Methode, Eloquent 123
Flag, Definition 494
flash()-Methode, Request 261
flash()-Methode, Session 385
flashExcept()-Methode, Request 262
flashOnly()-Methode, Request 261
Flash-Sitzungsspeicher 385
float()-Methode, Blueprint 91
Fluent Interface 103
fluent, Definition 494
flush()-Methode, Cache 388
flush()-Methode, Request 262
flush()-Methode, Session 384
flüssig, Definition 494
Flysystem-Paket 377, 380, 494
forceDelete()-Methode, Eloquent 126
@for-Direktive, Blade 66
@foreach-Direktive, Blade 66
@forelse-Direktive, Blade 66
forever()-Methode, Cache 387
Forge 428, 485, 494
forget()-Methode, Cache 388
forget()-Methode, Session 384
Form Requests 194–196, 275
Formular-Codierung 189
Fortschrittsbalken, Artisan 214
forUser()-Methode, Gate 242
FQCN (vollqualifizierter Klassenname) 494

Fractal-Paket 348
Fragezeichen (?)
   Abfrageparameter 105
   bei optionalem Parameter 29
   nach optionalen Artisan-Befehlsargumenten 209
Frameworks *siehe auch* Laravel 1–5
from()-Methode, Mailable 409
Frontend
   Frameworks 167
   Komponenten 168
   Presets 168
Funktionen *siehe* Hilfsfunktionen
Funktionstests *siehe* Anwendungstests

G

Gate-Fassade 242
Geltungsbereiche
   Eloquent 126
   Filter 126–129
   globale 128–129
   lokale 127
Generatoren, PHP 477
geschweifte Klammern ({ }), Routenparameter umschließend 49
get()-Methode, Cache 386
get()-Methode, Cookie 389
get()-Methode, DB 105, 111
get()-Methode, Eloquent 119
get()-Methode, ParameterBag 259
get()-Methode, Route 31
get()-Methode, Session 383
get()-Methode, Storage 379
get()-Methode, TestCase 305
getFacadeAccessor()-Methode 290
getJson()-Methode 306
GET-Methode 24
   für Ressourcen-Controller 25
   Routen basierend auf 28
getRealPath()-Methode, SplFileInfo 380
getVisibility()-Methode, Storage 379
.gitignore-Datei 17
Gleichheitszeichen (=), in der Artisan-Argumentdefinition 209
Grant-Typen, Passport 360–368
groupBy()-Methode, Collections 480
groupBy()-Methode, DB 109
Grunt 157
guard()-Methode 237

Guards 236–238
    benutzerdefinierter Provider 238
    Closure Request Guards 238
    Default ändern 237
    hinzufügen 237
    Provider für 236–238
    Treiber für 236, 238
guest()-Methode 223
    Umleitung 56
@guest-Direktive, Blade 236
Guest-Middleware 234
Gulp 157, 494
gulpfile.js 16

H

handle()-Methode, Events 440
handle()-Methode, Jobs 430
handle()-Methode, Request 254, 270–272, 275
has()-Methode, Cache 387
has()-Methode, Cookie 389
has()-Methode, Eloquent 141
has()-Methode, ParameterBag 259
has()-Methode, Request 183
has()-Methode, Session 384
HasApiTokens-Trait 358
hasCookie()-Methode, Request 262
hasFile()-Methode, Request 188, 261
hasMany()-Methode, Eloquent 140
hasManyThrough()-Methode, Eloquent 142
hasOne()-Methode, Eloquent 138
hasOneThrough()-Methode, Eloquent 142
having()-Methode, DB 109
havingRaw()-Methode, DB 109
Header *siehe* Request-Header
Header *siehe* Response-Header
header()-Methode, Request 260, 343
header()-Methode, Response 343
$headers-Array 277
HEAD-Methode 24
Helfer *siehe* Hilfsfunktionen
help, Artisan-Befehl 202
here()-Methode, Echo 455
$hidden-Eigenschaft 348
Hilfsfunktionen 465–475
    Definition 494
    für Arrays 465–467
    für Pfade 469

für URLs 470–472
für Zeichenketten 467–469
für Zeichenketten und Arrays vor Version 6 15, 173, 465
HMR (Hot Module Replacement) 165, 494
home()-Methode, Umleitung 56
Homestead 13, 483, 494
Horizon 436, 484, 494
Hot Module Replacement (HMR) 164, 494
.htaccess-Datei 254
htmlentities()-Funktion 64, 467
HTTP-Anfragen 58
HttpFoundation-Klassen 256
HTTP-Methoden (Verben) 24, 28, 52
HTTP-Methoden-Spoofing 52
HTTP-Request *siehe auch* Request-Objekt 253–262, 276–277
HTTP-Response *siehe auch* Response-Objekt 59, 262–269, 475
HTTPS-Request 276–277
HTTP-Tests 305–311
    Anpassungen 310
    Ausnahmebehandlung 310
    Authentifizieren von Antworten 309
    JSON-Tests 306
    $response-Objekt-Assertionen 307
    Standardseite 305
HTTP-Umleitungen 54–58, 473, 474

I

id()-Methode 223
if-Anweisungen 82
@if-Direktive, Blade 65
Ignition, Fehlerseite 474
Illuminate
    Collection 104
    Namensraum 494
@include-Direktive, Blade 70
increment()-Methode, Cache 387
increment()-Methode, DB 113
increments()-Methode, Blueprint 91
index.php-Datei 254
index()-Methode, Blueprint 92
index()-Methode, Ressourcen-Controller 25
info()-Methode, Artisan 213
@inject-Direktive, Blade 79
input()-Methode, Request 183, 185, 258
inRandomOrder()-Methode, DB 110
insert()-Methode, DB 105, 113

insertGetId()-Methode, DB 113
Installationsprogramm 14, 21
Installer-Tool 484
instance()-Methode, Mockery 320
Instanzen, Bindung an 285
integer()-Methode, Blueprint 90
Integrationstests 304, 494
intended()-Methode, Umleitung 57
InteractsWithQueue-Trait 430
InteractsWithSockets-Trait 449
Interfaces (Contracts) 222, 286
Intervention, Bibliothek 381
invoke()-Methode 49
IoC (Inversion of Control) 280, 292, 494
IoC-Container *siehe* Container
ip()-Methode, Request 260
is()-Methode, Request 260
isEmpty()-Methode, Collections 481
isJson()-Methode, Request 261
isMethod()-Methode, Request 184
isNotEmpty()-Methode, Collections 481
isValid()-Methode, Datei 188

J

JavaScript
    Backslashes maskieren in 448
    Echo-JavaScript-Paket *siehe auch* Echo 452–457
    Vendor-Extraktion, in Mix 165
    Verarbeitung, in Mix 162
    verketten, in Mix 161
JavaScript ES6 162
JavaScript Object Notation *siehe* JSON
JavaScript-Dateien, Blade-Stacks für 72
Jobs *siehe auch* Warteschlangen 429–432
    Anzahl der Versuche 433
    Definition 427, 495
    Dispatching 474
    einer Warteschlange hinzufügen 431
    erstellen 429–431
    fehlgeschlagen 433–435
    löschen 436
    Rückgabe in die Warteschlange 435
join()-Methode, DB 112
join()-Methode, Echo 455
js()-Methode, Mix 164
JSON (JavaScript Object Notation)
    API-Muster für 338
    API-Spezifikation für 345
    Definition 495
    Operationen 114, 135–137
    Response 265
    Standard-Zeichenkette als Schlüssel speichern 178
    testen 306
JSON Web Token (JWT) 367, 495
json()-Methode, Blueprint 91
json()-Methode, Request 184, 259
json()-Methode, Response 59, 265
jsonb()-Methode, Blueprint 91
jsonp()-Methode, Response 59
JWT (JSON Web Token) 367, 495

K

Kanäle, Logs 393–396
kebab_case()-Helfer 174
keep()-Methode, Session 385
Kernel 254
Kernel.php-Datei 272
key, Artisan-Befehle 204
keys()-Methode, Dusk 328
keys()-Methode, ParameterBag 259
Klammern { }
    {!! !!}, Blade-Echo-Syntax, nicht maskiert 64, 197
    {{ }}, Blade-Echo-Syntax, maskiert 64, 197
    Routenparameter umschließend 186
Klassen
    FQCN für 494
    View Composer mit 77
Klassenname, vollqualifizierter 494
Kommandozeilen-Befehle, als Aufgaben planen 458
Komponenten, Blade 73–75
Komponenten, Dusk 333–335
Konfigurationsdateien 16, 18, 236, 470
Konsolen-Komponente, Symfony 201
Konstruktor-Injektion 279, 281, 287
kontextuelle Bindung 287

L

Lambo 15
Laravel
    Community 8
    Dokumentation XXII
    Installationsprogramm 14, 21
    Installer 484

lokale Entwicklungsumgebung 12–18
Ökosystem 483–489
Online-Ressourcen 489
PHP-Versionen und -Erweiterungen 11
starten 21
Systemanforderungen XXII, 11
Versionen von *siehe* Versionen von Laravel
Vorteile von 5–7
Laravel Cahier *siehe* Cashier
Laravel Dusk *siehe* Dusk
Laravel Echo *siehe* Echo
Laravel Envoyer *siehe* Envoyer
Laravel Forge *siehe* Forge
Laravel Homestead *siehe* Homestead
Laravel Horizon *siehe* Horizon
Laravel Lumen *siehe* Lumen
Laravel Mix *siehe* Mix-Build-Tool
laravel new (Befehl) 14, 21
Laravel Nova *siehe* Nova
Laravel Passport *siehe* Passport-Paket
Laravel Scout 396
    bedingte Indizierung 398
    Installation und Konfiguration 396
    manuelle Auslösung 398
    Modell für die Indexierung kennzeichnen 396
    Operationen ohne Indizierung durchführen 397
    Suchindex 397
    testen 403
    unterstützte Treiber 396
    Warteschlange 397
Laravel Scout *siehe* Scout
Laravel Socialite *siehe* Socialite
Laravel Spark *siehe* Spark
Laravel Telescope *siehe* Telescope
Laravel Tinker *siehe* Tinker
Laravel Valet *siehe* Valet
Laravel Vapor *siehe* Vapor
laravel.log-Datei 414
laravel/ui-Paket 167, 230
Laravel-Ökosystem
    Cashier 486
    Dusk 484
    Echo 485
    Envoy 488
    Envoyer 485
    Forge 485

Homestead 483
Horizon 484
Lumen 487
Mix 484
Nova 487
Passport 484
Socialite 487
Spark 487
Telescope 488
Valet 483
Vapor 488
last()-Methode, Collections 479
lastModified()-Methode, Storage 379
later()-Methode, Mailable 413
latest()-Methode, DB 110
Lazy Collections 477
Lazy Loading 152
Lebenszyklus der Anwendung 253–256
LengthAwarePaginator-Klasse 170
line()-Methode, Artisan 213
links()-Methode 170
listen()-Methode, Echo 454
Listener, für Ereignisse 439–443
listenForWhisper()-Methode, Echo 457
loadMissing()-Methode, Eloquent 152
LogFake, Paket 403
Log-Fassade 289–292
Logging 289–292, 391–396, 414
    Gründe für den Einsatz 392
    Kanal 'daily ' 394
    Kanal 'single ' 393
    Kanal 'slack ' 394
    Kanal 'stack ' 395
    Kanäle 393–396
    testen 403
login()-Methode 226, 233
loginAs()-Methode, Dusk 326
LoginController 225–227
loginUsingId()-Methode 233
logoutOtherDevices()-Methode 233
Logs, Schreiben in 392
lokale Entwicklungsumgebung 12–18
Lokalisierung 175–179
    grundlegende 176
    Parameter übergeben 177
    Pluralisierung 177
    Standard-Zeichenkette als Schlüssel mit JSON speichern 178
longText()-Methode, Blueprint 91

$loop-Variable 66
Lumen 487

M

m:n-Beziehung 138, 143–146
mail.php-Datei 405, 415
Mailable *siehe auch* Markdown 495
Mail-Fassade, testen 315
Mailtrap 415
make, Artisan-Befehle 204, 206
make:controller, Artisan-Befehl 42, 44, 47
make:event, Artisan-Befehl 438
make:factory, Artisan-Befehl 98
make:job, Artisan-Befehl 429
make:mail, Artisan-Befehl 406, 411
make:middleware, Artisan-Befehl 270
make:migration, Artisan-Befehl 89
make:model, Artisan-Befehl 116, 340
make:policy, Artisan-Befehl 247
make:resource, Artisan-Befehl 352
make:seeder, Artisan-Befehl 97
make()-Methode, app 282
make()-Methode, Cookie 389
make()-Methode, Modellfabriken 100
make()-Methode, Response 59
makeDirectory()-Methode, Storage 380
makeVisible()-Methode, Eloquent 137
makeWith()-Methode, app 288
Mandantenfähigkeit 81, 495
map()-Methode, Collections 479
mapApiRoutes()-Methode, RouteService-
    Provider 274
mapWebRoutes()-Methode, RouteService-
    Provider 274
Markdown
    Benachrichtigungen 421
    Definition 495
    Komponenten 412
    Mailables 411–413
markdown()-Methode 411, 421
Massenzuweisung 122, 196, 495
max()-Methode, DB 111
Mbstring, PHP-Erweiterung 11
mediumInteger()-Methode, Blueprint 90
mediumText()-Methode, Blueprint 91
Memcached 87, 495
Message Bags 171–173, 179
message()-Methode, Request 192
MessageBag-Klasse 171–173

method()-Methode, Request 184, 260
Methoden 31
    Controller/Methoden-Referenzsyntax 29
    HTTP-Methoden (Verben) 24, 28
    Verkettung 31, 35
Methoden-Injektion 280, 288
Methoden-Spoofing, Formulare 51
Middleware 27, 269–275
    benutzerdefiniert 270–272
    Bindung 272–275
    Definition 495
    für Routengruppen 33–35
    Gruppen 273
    Parameter übergeben an 275
    routenbezogen 273
    vertrauenswürdige Proxys 276–277
    zur Authentifizierung 234
    zur Autorisierung 243
middleware()-Methode 34, 274
migrate, Artisan-Befehl 202, 204, 340
migrate:fresh, Artisan-Befehl 302
Migrationen 88–96
    Artisan-Befehl 95
    ausführen 95
    definieren 88–95
    Definition 495
    erstellen mit Eloquent-Modell 117
    Feldeigenschaften 92
    Fremdschlüssel 95
    Indizes hinzufügen 94
    Indizes löschen 94
    Spalten ändern 93–95
    Spalten anlegen 90–92
    Tabellen anlegen 90
    Tabellen löschen 92
min()-Methode, DB 111
mix.version()-Methode 163
mix()-Helfer 163, 165
Mix-Build-Tool 157–166, 484
    ausführen 159
    CSS ohne Präprozessor 161
    Dateien und Verzeichnisse kopieren 162
    Definition 495
    Hot Module Replacement 164
    JavaScript, verarbeiten 162
    JavaScript, verketten 161
    Pre- und Postprozessoren 161
    Source-Maps, erzeugen 160
    Umgebungsvariablen 166

Vendor-Extraktion 165
Versionierung 162–164
Verzeichnisstruktur für 159
Vue- und React-Komponenten 164
Mockery-Bibliothek 295, 318–321, 495
Mocking 317–321
modelKeys()-Methode, Collection 134
Modell
    Definition 495
    in MVC 23
Modellfabriken 98–102, 312, 495
Model-View-Controller (MVC)-Muster
    siehe MVC-Muster
morphs()-Methode, Blueprint 91
move()-Methode, Storage 379
Mutatoren 131, 495
MVC (Model-View-Controller)-Muster
    siehe auch Controller; Views 23
    grundlegendes Konzept 23
    Views 40

N

name()-Methode 31
Namenspräfixe, für Routengruppen 37
Namensräume
    App-Namespace, Standard ersetzen 203
    Backslashes maskieren in JavaScript 448
    Fassaden für Klassen mit Namensraum 75
    für Contracts 222
    für Controller 43
    für Fassaden 185, 290
    Illuminate 254
    make-Namespace, für Artisan 206
Namensraum-Präfixe, für Routengruppen 37
Nexmo 423
Nginx 496
Node Package Manager 160
Node.js, Installation 159
Notification-Fassade 316, 419
Notifications *siehe auch* Benachrichtigungen 416
    Definition 496
notifications, Artisan-Befehle 204
Notification-Trait 419
notify()-Methode, Notifiable 419
Nova 487, 496
now()-Helfer 39

NPM (Node Package Manager) 496
npm install, Befehl 453
nullable()-Methode, Blueprint 92
nullableTimestamps()-Methode, Blueprint 91

O

OAuth 2.0 *siehe auch* Passport-Paket 357, 496
objektrelationaler Mapper (ORM) *siehe auch* Eloquent 35, 496
Ökosystem, Laravel 483–489
old()-Helfer 58, 474
old()-Methode, Request 262
oldest()-Methode, DB 110
once()-Methode 233
onceUsingId()-Methode 233
onConnection()-Methode, Jobs 432
onConnection()-Methode, Mailable 414
Online-Ressourcen
    Fassaden-Dokumentation 291
    Laravel-Dokumentation XXII
    Valet-Dokumentation 13
only()-Methode, Request 123, 182, 197, 259
onlyTrashed()-Methode, Eloquent 126
onQueue()-Methode, Events 432
onQueue()-Methode, Jobs 432
onQueue()-Methode, Mailable 414
onUserSubscription()-Methode, Events 442
OpenSSL, PHP-Erweiterung 11
optimize, Artisan-Befehl 202
option()/options()-Methoden, Artisan 211, 496
OPTIONS-Methode 25
orderBy()-Methode, DB 109
orderBy()-Methode, Eloquent 118
ORM (objektrelationaler Mapper) *siehe auch* Eloquent 35, 496
orWhere()-Methode, DB 107

P

package, Artisan-Befehle 205
Package::make()-Methode, Eloquent 303
package.json-Datei 18
package-lock.json-Datei 18
Page-Klasse, Dusk 331–333
paginate()-Methode 169, 343
Paginator-Klasse 171

Paginierung 169–171, 355
ParameterBag-Klasse 259
Parameterbindung, PDO 104
@parent-Direktive, Blade 70
passes()-Methode, Request 192
passport:keys, Artisan-Befehl 372
Passport-Paket 357–372, 484
    Bereitstellung 372
    Definition 496
    Grant-Typen 360–368
    Gültigkeitsbereiche 370–372
    Installation 357
    Routen 358, 368
    Vue-Komponenten 369–370
PassportServiceProvider 358
Passwort-Grant, Passport 360
PATCH-Methode 25
path()-Methode, Request 260
pause()-Methode, Dusk 329
PDO, PHP-Erweiterung 11
PDO-Parameterbindung 104
Personal Access Client 366
Personal Access Tokens, Passport 365
Pfade
    für Fassaden 185
    Helfer für 469
Pfad-Präfixe, Routengruppen für 36
Pfeil (=>)
    Tinker-Antworten vorangestellt 216
Pfeil (->)
    Durchlaufen einer JSON-Struktur 114
    Verkettungsmethoden 31, 35
PHP
    Versionen und Erweiterungen 11
    Views gerendert mit 40
PHP-Generatoren 477
phpredis 448
PHPSpec 496
PHPUnit, Test-Framework 22, 295, 496
    Assertion-Syntax 297
    Methodennamen 300
phpunit.xml-Datei 18, 301
pingBefore()-Methode, Aufgaben 461
pjax()-Methode, Request 260
pluck()-Methode, Collections 480
Pluralisierung 173, 177
polymorphe Beziehungen 138, 146–150
polymorphe m:n-Beziehungen 149
Polymorphie 496

POST-Methode 24
    Benutzereingaben per 44
    für Ressourcen-Controller 25
    Routen basierend auf 28
Präprozessor 496
predis 448
prepend()-Methode, Storage 379
Primärschlüssel 496
primary()-Methode, Blueprint 92
priority()-Methode, Mailable 410
private()-Methode, Echo 455
progressAdvance()-Methode, Artisan 214
progressFinish()-Methode, Artisan 214
Projekte
    erstellen 14
    konfigurieren 18
    neu einrichten 14, 21
    Verzeichnisstruktur 15–18
provides()-Methode, Service Provider 256
$proxies-Array 276
Proxys, vertrauenswürdig 276–277
Pub/Sub-Muster 437, 443
public-Verzeichnis 16
pull()-Methode, Cache 386
pull()-Methode, Session 384
Punkt-Notation 496
push()-Methode, Session 384
Pusher 442, 447–452
put()-Methode, Cache 386
put()-Methode, Session 383
put()-Methode, Storage 379, 380
putFile()-Methode, Storage 379
PUT-Methode 25
    für Ressourcen-Controller 25
    Routen basierend auf 28

Q

Query Builder *siehe auch* Eloquent 102–115
    Aggregate 120
    bedingte Methoden 110
    Beziehungen als 141
    DB-Fassade für 103
    Deletes 113
    direkte SQL-Abfragen 104, 112
    einschränkende Methoden 106–109
    Ergebnisse zurückgeben 111
    Inserts 113
    Joins 112
    JSON-Operationen 114

mehrere Abfrageergebnisse, Format für 104
Methodenverkettung mit 105–114
modifizierende Methoden 109
Paginierung 169, 344
Parameterbindung 104
Transaktionen 114
Union 112
Updates 113
question()-Methode, Artisan 213
queue, Artisan-Befehle 205
queue:failed, Artisan-Befehl 435
queue:failed-table, Artisan-Befehl 434
queue:flush, Artisan-Befehl 435
queue:forget, Artisan-Befehl 435
queue:listen, Artisan-Befehl 433
queue:retry all, Artisan-Befehl 435
queue:retry, Artisan-Befehl 435
queue:work, Artisan-Befehl 432, 433
queue.php-Datei 428
queue()-Methode, Cookie 389
queue()-Methode, Mailable 413
Queueable-Trait 430
Queue-Fassade, testen 314
Queues *siehe auch* Warteschlangen 427
    Definition 496
Queue-Worker 432

R

radio()-Methode, Dusk 328
Rate Limiting 35
    dynamisches 35
raw()-Methode, DB 112
React 164, 167, 230, 497
react()-Methode, Mix 164
Read-Evaluate-Print-Loop (REPL) *siehe* Tinker
README.md-Datei 18
rechte Winkelklammer, dreifach (>>>), Tinker-Prompt 216
redirect()-Helfer 54–58, 266, 474
redirectPath()-Methode 225
Redis 87, 436, 446, 448, 497
    phpredis 448
    prcdis 448
reduce()-Methode, Collections 479
reflash()-Methode, Session 385
refresh()-Methode, Umleitung 56
RefreshDatabase-Trait 302

Refresh-Tokens 364
Regeln (Fähigkeiten) für die Autorisierung 241
regenerate()-Methode, Session 385
register()-Methode, RegistersUsers-Trait 225
register()-Methode, Service Provider 255, 284, 292
RegisterController 224–225
RegistersUsers-Trait 225
Regressionstests *siehe auch* Dusk 296
reguläre Ausdrücke
    Routenbeschränkung durch 29
    Übergabe an str_is() 468
reject()-Methode, Collections 478
release()-Methode, Jobs 435
remember()-Methode, Cache 387
rememberForever()-Methode, Cache 387
Remember-me-Token 231
rememberToken()-Methode, Blueprint 91
render()-Methode, Paginierung 170
REPL (Read-Evaluate-Print-Loop) *siehe* Tinker
Representational State Transfer (REST) 337–338
request()-Helfer 181, 185, 258, 347
Request-Fassade 181
Request-Header 343
Request-Objekt 181, 256–262
    Benutzer- und Anfragestatus-Methoden 260
    Benutzereingabe-Methoden 258
    Cookies lesen aus 390
    Datei-Methoden 261
    einfangen 257
    Form Requests 275
    Header für 342, 343
    JSON-Input, Zugriff auf 184
    Persistenz für Session-Interaktion 261
    testen 277–278
    Type-Hinting in Konstruktoren 46
    validate() 189
    Zugriff 257–262
reset()-Methode 227
resetPassword()-Methode 227
ResetPasswordController 227
resource()-Methode 243
resources-Verzeichnis 17
respondWithRoute()-Methode, API-Ressource 374

Responsable-Interface 267–269
response()-Helfer 59, 265, 475
Response-Header 343
Response-Objekt 262–269, 305–309
    benutzerdefiniert 59
    benutzerdefinierte Antwortmakros 267
    Cookies setzen 391
    Datei-Response 265
    Download-Response 264
    erzeugen 262
    Header für 343
    JSON-Response 265
    Lebenszyklus 253–254
    Responsable-Interface 267–269
    testen 277–278
    umleiten 265–266
    View-Response 264
Ressourcen, API 337, 349–351
Ressourcen, online *siehe* Online-Ressourcen
Ressourcen-Controller 47–49, 339–341
Ressourcen-Controller-Bindung 47
Ressourcen-Gate 243
Ressourcen-Ordner 159
REST (Representational State Transfer) 25, 337–338, 497
restore()-Methode, Eloquent 126
reverse()-Methode, Collections 481
rollBack()-Methode, DB 115
route, Artisan-Befehle 205
Route::apiResource()-Methode 341
Route::fallback()-Methode 374
Route::view() 41
route:cache, Artisan-Befehl 51
route:list, Artisan-Befehl 48
route()-Helfer 32, 471
route()-Methode 55
Routen
    Benennung 30
    Caching 51
    Daten in der URL 186
    definieren 26–32
    Definition 497
    fließende Definition 31
    für signierte Links vorbereiten 39
    gruppieren *siehe auch* Controller 33–38
    Handling 28
    Parameter für 29, 49–51, 186
    signiert 38–39
    testen 60

Verben für 28
verlassen 58
Routengruppen
    Fallback-Routen 36
    Middleware angewandt auf 33–35
    Namenspräfixe 37
    Namensraum-Präfixe 37
    Pfad-Präfixe 36
    Rate Limiting 35
    Subdomain-Routing mit 36
Routen-Middleware 234, 243
Routen-Modell-Bindung 49–51
    benutzerdefiniert 50
    implizite 49
routes.php-Datei 26, 273
routes()-Methode, Auth 228
RouteServiceProvider 255, 274
routes-Verzeichnis 17
rules()-Methode, Form Request 194

S

S3, Cloud-Speicher 378, 497
SaaS (Software as a Service) 497
Sass 158
save()-Methode, Eloquent 120
schedule, Artisan-Befehle 205
schedule:run, Artisan-Befehl 457
Scheduler 457–461
    Artisan-Befehle als Aufgaben 458
    Aufgaben-Output, Handhabung 460
    Aufgabentypen 457
    Closures als Aufgaben 457, 461
    Kommandozeilen-Befehle als Aufgaben 458
    Vermeidung von Aufgabenüberschneidungen 460
    Zeitangaben 458
    Zeitzonen für geplante Befehle definieren 460
scheduleTimezone()-Methode, Scheduler 460
Schleifen (Blade) 66–67, 71
Schlüssel, Standard-Zeichenkette speichern als 178
Scopes (Berechtigungen), OAuth 370–372
Scopes (Filter), Eloquent 497
Scout *siehe auch* Laravel Scout 396–398
    Definition 497
ScoutServiceProvider 396

searchable()-Methode 398
searchableAs()-Methode 396
Searchable-Trait 396
secret()-Methode, Artisan 212
@section-Direktive, Blade 68–70
secure()-Methode, Request 260
secure()-Methode, Umleitung 56
seeCookie()-Methode, TestCase 402
Seeder
   erstellen 97
   Modellfabriken für 98–102
Seeding 96–102, 312
seePlainCookie()-Methode, TestCase 402
segment()-Methode, Request 186
segments()-Methode, Request 186
Seitentests 305
Seitenumbrüche 169
select()-Methode, DB 104, 106
select()-Methode, Dusk 328
selectRaw()-Methode, DB 112
Semantic Versioning 5
send()-Methode, E-Mail 406
sendOutputTo()-Methode, Aufgaben 460
Serialisierung 135–137, 497
SerializesModels-Trait 430
serve, Artisan-Befehl 202
server.php-Datei 18
server()-Methode, Request 260
Service Provider 255–256, 292, 497
Service-Container *siehe* Container
Services, in eine View injizieren 78–79
services.php-Datei 405
session, Artisan-Befehle 205
session()-Helfer 383
session()-Methode, Request 382
Session-Fassade 382
Sessions 382–385
   Flash-Speicher 385
   konfigurieren 382
   testen 400
   unterstützte Treiber 382
   Zugriff 382
Setter-Injektion 279
setUp()-Methode 293
setVisibility()-Methode, Storage 379
share()-Methode 77
shouldBeSearchable()-Methode 398
ShouldBroadcast-Interface 444

ShouldBroadcastNow-Contract 446
shouldHaveReceived()-Methode, Mockery 321
shouldIgnoreMissing()-Methode, Mockery 319
shouldReceive()-Methode, Mockery 320
show()-Methode, Ressourcen-Controller 25
@show-Direktive, Blade 68
showLinkRequestForm()-Methode 227
showLoginForm()-Methode 226
showRegistrationForm()-Methode 225
showResetForm()-Methode 227
shuffle()-Methode, Collections 481
Sicherheit
   Authentifizierung *siehe* Authentifizierung
   Autorisierung *siehe* Autorisierung
   CSRF (Cross-Site-Request-Forgery) 52–54, 453
   Massenzuweisung 122, 196
   Skript-Injektion 197
   Verschlüsselung *siehe* Verschlüsselung
signedRoute()-Methode 39
signierte Route 38–39
signierte URL 38
Single Action Controller 48
single, Log-Kanal 393
singleton()-Methode 285
size()-Methode, Storage 379
skip()-Methode, DB 109
Skript-Injektion 197
slack, Log-Kanal 394
Slack-Benachrichtigungen 423
Slash (/), Escape-Zeichen in Artisan-Befehlen 339
@slot-Direktive, Blade 74
Slots, Blade 73
smallInteger()-Methode, Blueprint 90
SMS-Benachrichtigungen 423
snake_case()-Helfer 174
Socialite 487, 497
Soft Deletes 124–126, 497
softDeletes()-Methode, Blueprint 91, 125
sort()-Methode, Collections 481
sortBy()-Methode, Collections 481
sortByDesc()-Methode, Collections 481
Source-Maps, Mix 160
Spalten, anlegen 90–92

Spark 487, 497
Speicherung
    Cache 385–388
    Cookies 388–391
    Flash-Sitzungsspeicher 385
    Logging 391–396
    Session 382–385
    testen 398–403
SplFileInfo-Klasse 380
SQL-Abfragen, direkte *siehe auch* Query Builder 104
SQLite
    Abhängigkeiten für 93
    Ändern mehrerer Spalten 93
stack, Log-Kanal 395
Stacks, Blade 72
starts_with()-Helfer 174, 467
state()-Methode, Modellfabriken 101
statement()-Methode, DB 104
statische Aufrufe 27
stdClass-Objekt
    Antwort der DB-Fassade 104
    zurückgegeben in Schleifen 66
Sternchen (*), nach Array-Argumenten oder -Optionen 209
storage, Artisan-Befehle 205
storage:link, Artisan-Befehl 378
Storage-Fassade 317, 378–380
storage_path()-Helfer 378
storage-Verzeichnis 17
store()-Methode, Ressourcen-Controller 25
store()-Methode, UploadedFile 188, 381
storeAs()-Methode, UploadedFile 189, 381
Store-Klasse 382
Str::after()-Methode 174
Str::before()-Methode 174
Str::camel()-Methode 174
Str::contains()-Methode 174, 467
Str::endsWith()-Methode 174, 467
Str::is()-Methode 174, 468
Str::kebab()-Methode 174
Str::limit()-Methode 174, 468
Str::plural()-Methode 174, 469
Str::random()-Methode 469
Str::singular()-Methode 174
Str::slug()-Methode 174, 469
Str::snake()-Methode 174
Str::startsWith()-Methode 174, 467

Str::studly()-Methode 174
Str::title()-Methode 174
Str(ing)-Klasse 465
str_*-Helfer 15, 173
str_contains()-Helfer 174, 467
streamDownload()-Methode, Response 60
string()-Methode, Blueprint 90
str_is()-Helfer 174, 468
str_limit()-Helfer 468
str_plural()-Helfer 174, 469
str_random()-Helfer 469
str_singular()-Helfer 174
str_slug()-Helfer 174, 469
studly_case()-Helfer 174
Subdomain-Routing 36
subject()-Methode, Mailable 409
subscribe()-Methode, Events 442
sum()-Methode, Collections 482
sum()-Methode, DB 112
Symfony 4, 497
    HttpFoundation-Klassen 256
    Konsolen-Komponente 201
    Übersetzungskomponente 178
sync()-Methode, Eloquent 146
Synchronizer Tokens, Passport 367–368
Systemanforderungen XXII, 11

T

table()-Methode, Artisan 213
take()-Methode, Collections 480
take()-Methode, DB 109
Task::all()-Abfrage 41, 44
Teilansichten (Partials) 70–71
Telescope 488, 497
Templates *siehe* Blade
Templates *siehe* Views
temporarySignedRoute()-Methode 39
TestCase.php-Datei 296
TestCase-Klasse 304
@test-DocBlock 300
Testen 295–335
    APIs 374
    Artisan-Befehle 217, 322–323
    Authentifizierung und Autorisierung 249–251
    Benachrichtigungen 424
    Benutzereingaben 198
    Browser 323–335
    Cache 401

Cookies 401
Datenbankoperationen 154–155
Datenbank-Tests 311
Dependency Injection beim 292
Ereignis-Fakes 312
Ergebnis eines gescheiterten Tests 299
Frontend-Komponenten 179
Grundlagen 296–300
HTTP-Tests 305–311
Inversion der Kontrolle beim 292
Laravel Scout 403
Logging 403
Mail-Fakes 315
Methodennamen vor Laravel 5.4 251
Mocking 317–321
Modellfabriken 312
Notification-Fakes 316
Request und Response 277–278
Routen 60
Seeding 312
Sessions 400
Speicherung 398–403
Storage-Fakes 317
Tests benennen 300
Traits für das 302–303
Umgebung für das 301
Views 83–84
Warteschlangen 462–463
Warteschlangen-Fakes 314
Tests
  anlegen 22
  ausführen 22
tests-Verzeichnis 17, 296
text()-Methode, Blueprint 91
text()-Methode, Dusk 327
text()-Methode, Mailable 409
thenPing()-Methode, Aufgaben 461
time()-Methode, Blueprint 91
timestamp()-Methode, Blueprint 91
timestamps()-Methode, Blueprint 91
timezone()-Methode, Aufgaben 460
Tinker 215, 497
tinker, Artisan-Befehl 202
tinyInteger()-Methode, Blueprint 90
title_case()-Helfer 174
TL;DR XXIII, 498
to()-Methode 55
toArray()-Methode, API-Ressource 352
toArray()-Methode, Collections 478
toArray()-Methode, Eloquent 135

toBroadcast()-Methode, Benachrichtigungen 422
toDatabase()-Methode, Benachrichtigungen 422
toJson()-Methode, Eloquent 135
Token, CSRF 52–54
Tokenizer, PHP-Erweiterung 11
toMail()-Methode, Benachrichtigungen 421
toNexmo()-Methode, Benachrichtigungen 423
toOthers()-Events 456
toOthers()-Methode, Events 449
toResponse()-Methode, Response 267
toSearchableArray()-Methode 396
toSlack()-Methode, Benachrichtigungen 423
trans()-Helfer 177
transaction()-Methode, DB 115
Transaktionen 114
trashed()-Methode, Eloquent 126
truncate()-Methode, DB 113
TrustedProxy-Paket 276–277
TwigBridge-Paket 64
type()-Methode, Dusk 327
Type-Hinting 46, 286, 498

U

Übersetzung *siehe* Lokalisierung
Übersetzungskomponente, Symfony 178
ui, Artisan-Befehl 167, 230
ui:auth, Artisan-Befehl 169, 230
Umgebungsvariablen
  Definition 498
  Einstellung für Tests 301
  Mix 166
  zurückgeben 474
Umleitungen 54–58
uncheck()-Methode, Dusk 328
union()-Methode, DB 112
unionAll()-Methode, DB 112
unique()-Methode, Blueprint 92
unique()-Methode, Faker 99
Unit-Tests
  Definition 296, 498
  einfache 303
  Generieren in PHPUnit 299
universelles 'to', für E-Mail 415
unless()-Methode, DB 110
@unless-Direktive, Blade 65
unsearchable()-Methode 398
unsigned()-Methode, Blueprint 92

up, Artisan-Befehl 202
up()-Methode, Migrationen 88
update()-Methode, DB 105, 113
update()-Methode, Eloquent 121–123
update()-Methode, Ressourcen-Controller 25
updateExistingPivot()-Methode, Eloquent 146
UploadedFile-Klasse 188, 261, 399
url()-Helfer 30, 471
url()-Methode, Dusk 332
url()-Methode, Request 260
URLs
    Benutzereingaben aus URL-Segmenten 186
    Benutzereingaben in Routenparametern 186
    Helfer für 470–472
user()-Methode 223, 237
User-Modell 220
username()-Methode 226
uuid()-Methode, Blueprint 91

V

Vagrant *siehe auch* Homestead 96
    Definition 498
    Migrationen mit 96
Valet 12, 483, 498
validate()-Methode 58
validate()-Methode, Controller 189–193
validateLogin()-Methode 226
Validator, Klasse 191
validator()-Methode 225
Validatoren 172
Validierung von Benutzereingaben 189–191
    Anzeige von Fehlermeldungen 193
    benutzerdefinierte Regeln 192
    Definition 498
    manuelle Validierung 191
    validate()-Methode, Controller 189–193
    Validierungsregeln 191
value()-Methode, DB 111
value()-Methode, Dusk 327
Vapor 5, 488
vendor, Artisan-Befehle 205
vendor.js-Datei 165
vendor-Verzeichnis 17
Verbindungstabelle 143–146
VerificationController 227
VerifiesEmails-Trait 227

Verkettungsmethoden 31, 35
Verschlüsselung
    für Cookies 402
    key:generate und 204
    Schlüsselerzeugung für OAuth-Server 358
    von Session-Daten 382
Versionen von Laravel XXIII
Versionen von Laravel, nach 5.1
    ACL (Access Control List) 240
Versionen von Laravel, nach 5.2
    Richtlinien-Methoden 248
Versionen von Laravel, nach 5.3
    Echtzeit-Fassaden 291
Versionen von Laravel, nach 5.4
    API-Ressourcen 348
    BrowserKit 198
    RefreshDatabase-Trait 302
    Testmethoden-Nomenklatur 198
Versionen von Laravel, nach 5.5
    Sitzungen auf anderen Geräten invalidieren 233
    TrustedProxy-Paket 276
Versionen von Laravel, nach 5.6
    E-Mail-Logging 415
    E-Mail-Verifizierung 229, 235
Versionen von Laravel, nach 5.7
    Aufruf von Artisan-Befehlen 215
    automatische Richtlinienerkennung 247
    Cache-Lebensdauer 386
    DeferrableProvider-Interface 255
    Hilfsfunktionen 465
    Log-Kanal 'stack' 395
    Mockery-Instanzen an den Container binden 320
    SMS-Benachrichtigungen 423
    Zeitzonen für geplante Befehle definieren 460
Versionen von Laravel, nach 5.8
    Lazy Collections 477
Versionen von Laravel, vor 5.2
    Authentifizierungswächter 237
    bedingte Abfrageänderungen 347
    .env.testing 301
    fließende Routendefinition 31
    Middleware-Gruppen 273
    render()-Methode, Paginierung 170
Versionen von Laravel, vor 5.3
    API-Token-Authentifizierung 373
    assertViewHas()-Methode 84

Authentifizierungscontroller 219
DB-Fassade, Ergebnisse 104
Eloquent-Ergebnisse 119
$expression-Parameter 81
Fabrik-Zustände 102
Form Requests 195
klassische E-Mail 406
$loop-Variable 66
PHP und Erweiterungen 11
Ressourcen-Controller anlegen 44
Richtlinien-Methoden 248
Routendatei 26
withCookie()-Methode, Response 391
Versionen von Laravel, vor 5.4
    elixir()-Helfer 472
    Namen von Testmethoden 83, 155, 251, 402
    Routengruppen ändern 34
    testen 297
    Testmethoden 61
    Übersetzungshelfer 177
Versionen von Laravel, vor 5.5
    Aufruf der validate()-Methode in Controllern 190
    manuell gebundene Befehle 207
    manuelle Paket-Registrierung 205
    Modellfabrikdatei 98
    Registrierung von Service Providern 396
    Routen in Ressourcen-Controllern 339
Versionen von Laravel, vor 5.6
    CSRF-Helfer in 53
    Fallback-Routen 36
Versionen von Laravel, vor 5.7
    Artisan-Tests 322
    Assets-Ordner 159
Versionen von Laravel, vor 6.0
    Änderungen an Artisan-Befehlen 202
    Anzahl Ausführungsversuche von Warteschlangen-Jobs 433
    E-Mail-Verifizierung 229
    Hilfsfunktionen für Zeichenketten und Arrays 15, 173, 465
    make:auth, Artisan-Befehl 231
Versionierung, in Mix 162–164
via()-Methode, Benachrichtigungen 417, 418
viaRemember()-Methode 232
viaRequest()-Methode, Authentifizierung 238

Viele-zu-viele-Beziehung 138
View Composer 41, 76–78, 498
view, Artisan-Befehle 206
view()-Helfer 77, 264, 475
view()-Methode, Response 264
View-Antworten 264
Views 40–41
    Daten binden an 76–78
    Definition 498
    in MVC 23, 40
    laden 40
    testen 83–84
    Variablen übergeben 40, 75
$visible-Eigenschaft 348
Volltextsuche, Scout-Paket für 396–398
Vue 164, 167, 230, 369–370, 498
    Testen 323
Vue Resource, Bibliothek 54

W

waitFor()-Methode, Dusk 329
waitForLink()-Methode, Dusk 330
waitForLocation()-Methode, Dusk 330
waitForMissing()-Methode, Dusk 329
waitForReload()-Methode, Dusk 330
waitForRoute()-Methode, Dusk 330
waitForText()-Methode, Dusk 329
waitUntil()-Methode, Dusk 330
wantsJson()-Methode, Request 260
Warteschlangen 427–436
    Anzahl der Versuche für Jobs 433
    Arbeiter *siehe auch* Queue-Worker 432
    dispatching Jobs in 474
    Fehlerbehandlung 433–435
    für Artisan-Befehle 205, 436
    für E-Mail 413, 436
    für Jobs 429–432
    Jobs erstellen in 429–431
    Jobs hinzufügen 431
    Jobs löschen in 436
    Konfiguration 428
    Provider und Treiber 428
    Rückgabe von Jobs 435
    testen 462–463
    Vorteile von 428
web.php-Datei 26
web-Guard 236
web-Middleware 273
Webpack 157, 162, 498

webpack.mix.js-Datei 18, 157
Webrouten *siehe auch* Routen 26
Website-Ressourcen *siehe* Online-Ressourcen
WebSocket-Authentifizierung *siehe* Echo
WebSockets 442–457
    Autorisierung für Kanäle 450–452
    Benutzer von Ereignissen ausschließen 449
    Echo für 447
    Ereignisbenachrichtigungen empfangen 446–457
    Ereignisse übertragen 444–446
    Ereignisstruktur 444
    Kanäle für 444, 450–452
    Konfiguration 443
    Pub/Sub-Muster 443
    Service-Provider-Konfiguration 450–452
    unterstützte Treiber 443
when()-Methode, DB 110
whenAvailable()-Methode, Dusk 329
where()-Methode, Collections 478
where()-Methode, DB 106
where()-Methode, Eloquent 119
whereBetween()-Methode, DB 108
whereExists()-Methode, DB 108
whereIn()-Methode, DB 108
whereNull()-Methode, DB 108
whereRaw()-Methode, DB 108
@while-Direktive, Blade 66
whisper()-Methode, Echo 456
with()-Methode 57–58, 77
with()-Methode, Eloquent 152
withCookie()-Methode, Response 391
withcount()-Methode, Eloquent 152
withErrors()-Methode 173

withExceptionHandling()-Methode 311
withHeaders()-Methode 310
withInput()-Methode 57
withoutExceptionHandling()-Methode 311
withoutGlobalScope()-Methode 129
withoutGlobalScopes()-Methode 129
WithoutMiddleware-Trait 302
withoutOverlapping()-Methode, Aufgaben 460
withoutSyncingToSearch()-Methode 397
withPivot()-Methode, Eloquent 144
withSession()-Methode 310
withSwiftMessage()-Methode, Mailable 410
withTrashed()-Methode, Eloquent 126

X
X-, vor Headernamen 342

Y
@yield-Direktive, Blade 68

Z
Zeichenketten
    Hilfsfunktionen 173, 467–469
    Lokalisierung 175–178
    Pluralisierung 173, 177
Zeit und Datum *siehe* Carbon-Paket
Zeit und Datum *siehe* Scheduler
Zeit und Datum *siehe* Zeitstempel
Zeitstempel 121
    aktualisieren durch verknüpfte Datensätze 150–152
    Datumsmutatoren und 133
zufällig generierte Daten 99
Zugriffsmethode 491

Über den Autor

Matt Stauffer ist Entwickler und Lehrkraft. Er ist Partner und technischer Direktor bei Tighten (*https://tighten.co/*), bloggt auf *mattstauffer.com* und moderiert den Laravel-Podcast und »The Five-Minute Geek Show«.

Kolophon

Das Tier auf dem Cover von »Laravel – Eine umfassende Einführung« ist ein Spießbock (*Oryx gazella*), auch Gemsbock oder Oryx genannt. Diese Großantilope lebt in den Wüsten von Südafrika, Botswana, Simbabwe und Namibia. Letzterem dient sie sogar als Wappentier.

Der Spießbock wird bis zu 1,20 Meter groß (Schulterhöhe) und kann 180 bis 240 Kilogramm wiegen. Die Tiere sind in der Regel hellgrau oder braun. Markant sind die feine schwarz-weiße Gesichtszeichnung und die schwarzen und weißen Streifen, die sich vom Kinn bis zur Unterkante des Halses und am Bauch sowie an den Beinen entlangziehen. Die eindrucksvollen geraden Hörner, die bis zu 1,50 Meter lang werden können, werden bei ritualisierten Revierkämpfen zum Imponieren dem Gegner gezeigt, es kommt allerdings nur selten zu schweren Verletzungen. Bei vielen Völkern des südlichen Afrikas werden den Hörnern magische Kräfte zugesprochen, und im mittelalterlichen England wurden sie als Einhornhörner auf Märkten verkauft.

Obwohl die Hörner der Tiere begehrte Jagdtrophäen darstellen, blieb die Population im gesamten südlichen Afrika in den letzten Jahrzehnten überraschend stabil. 1969 wurden einige Tiere im Süden von New Mexico ausgewildert. Diese Population ist mittlerweile auf 3.000 Tiere angewachsen.

Spießböcke sind perfekt an das Wüstenleben angepasst, da sie lange ohne Trinkwasser auskommen können. Das funktioniert nur, weil sie weder keuchen noch schwitzen und ihre Körpertemperatur an heißen Tagen einige Grad über den normalen Wert ansteigen kann. Wegen der klimatischen Bedingungen sind Spießböcke nachtaktive Tiere, die tagsüber unter Büschen und Bäumen ruhen. In freier Wildbahn beträgt ihre Lebenserwartung ungefähr 18 Jahre.

Alltagshelfer für Webentwickler – kompakt, nützlich und
immer griffbereit

Lars Peterke
Vue.js – kurz & gut
ISBN 978-3-96009-092-2
Print: 14,90 € (D), E-Book: 11,99 € (D)

Mit diesem Buch erhalten Entwickler schnell einen Überblick über den Funktionsumfang von Vue.js: von den Grundlagen bis zu komplexeren Vue-Projekten.

Eric A. Meyer
CSS – kurz & gut
ISBN 978-3-96009-091-5
Print: 14,90 € (D), E-Book: 11,99 € (D)

Diese informative und kompakte Kurzreferenz ist für Webdesigner und Webentwickler ein äußerst nützliches Nachschlagewerk im Alltag. Für CSS3.

www.oreilly.de

Skalierbare Projekte, weniger Bugs

und: wieder Spaß beim Programmieren

Boris Cherny
Programmieren in TypeScript
ISBN 978-3-96009-122-6
2019, 328 Seiten
Print: 34,90 € (D), E-Book: 27,99 € (D)

Programmierer, die mit dynamisch typisierten Sprachen arbeiten, wissen nur zu genau, wie schwierig es ist, mit einer umfangreichen Codebasis zu arbeiten und viele Entwickler einzubinden. TypeScript, eine Programmiersprache aus dem Hause Microsoft, bringt Struktur in Ihren Code, verbessert seine Lesbarkeit und prüft ihn frühzeitig auf Fehler.

In diesem Buch lernen Programmierer mit JavaScript-Grundkenntnissen, wie die Konzepte hinter TypeScript gedacht sind und wie man die Sprache sicher beherrscht.

www.oreilly.de

Webdesign-Hürden spielend und kreativ überspringen – mit Code!

Lea Verou
CSS Secrets
ISBN 978-3-96009-025-0
2016, 400 Seiten, in Farbe
Print: 34,90 € (D), E-Book: 27,99 € (D)

Die international bekannte CSS-Expertin Lea Verou stellt in CSS Secrets 47 neue und inspirierende Techniken und Tipps vor, mit denen Sie als CSS-Entwickler typische Webdesign-Probleme lösen können. Über die konkreten Tipps hinaus profitieren Sie vor allem von Leas ausgeprägtem analytischem Talent.

Rezensieren
Sie dieses Buch

Senden
Sie uns Ihre Rezension
unter **www.oreilly.de/rez**

Erhalten
Sie Ihr Wunschbuch aus
unserem Verlagsangebot